城市轨道交通供电工程施工技术手册

杨建国　主编

中国铁道出版社

2013年·北　京

内 容 简 介

《城市轨道交通供电工程施工技术手册》是为了适应我国城市轨道交通建设高潮而编制的专业施工工具书，其汇集了城市轨道交通供电系统的基本知识，同时也为同行业提供了必要的设备性能及所涉及的施工工艺。

本书共10章，包括设备运输、安装、电气试验等内容。可供城市轨道交通施工、设计人员参考。同时，也可供大中专院校作为教学资料参考。

图书在版编目（CIP）数据

城市轨道交通供电工程施工技术手册/杨建国主编
.—北京：中国铁道出版社，2013.7
ISBN 978-7-113-17028-8

Ⅰ.①城… Ⅱ.①杨… Ⅲ.①城市铁路—供电系统—工程施工—技术手册 Ⅳ.①U239.5—62

中国版本图书馆CIP数据核字（2013）第210629号

书　　名：城市轨道交通供电工程施工技术手册
作　　者：杨建国　主编

责任编辑：王明容　　**编辑部电话：**010－51873138　　**电子信箱：**tdpress@126.com
封面设计：郑春鹏
责任校对：马　丽
责任印制：陆　宁

出版发行：中国铁道出版社（100054，北京市西城区右安门西街8号）
网　　址：http://www.tdpress.com
印　　刷：三河市航远印刷有限公司
版　　次：2013年7月第1版　　2013年7月第1次印刷
开　　本：787 mm×1 092 mm　1/16　**印张：**31　**字数：**781千
书　　号：ISBN 978-7-113-17028-8
定　　价：120.00元

前　言

目前，我国的城市轨道交通建设事业发展的势头愈演愈烈，各个大中城市都在扮演强势角色，力争兴建自己城市的轨道交通。而大部分的建设任务也需要有资质、有能力的施工企业勇于承担。当前，除了铁路系统的施工队伍按专业加入到城市轨道交通建设里来，也还有一些其他施工队伍将进入这支建设大军。在我国的轨道交通建设还没有像现在这样的规模时，当时笔者所服务的单位正在各大城市参与轨道交通施工，因此笔者就萌发了编写一本可以全面了解并掌握相关的施工技术的关于城市轨道交通施工书籍的想法。

目前，笔者有幸参与了新版国家标准《地铁施工规范》的制、修、订工作，从而使这本施工手册的内容也由开始的牵引供电工程，补充扩编为轨道交通供电系统工程，虽然书名只有两个字之差，但书的结构和内容就有了巨大的变化，能够与现场真实情况相结合，给工程管理提供方便。写这本书的目的就是规范施工技术，规范施工管理，配合新版《地下铁道施工规范》的实施。

这本施工手册共包括10章内容，根据新版《地下铁道施工规范》的内容，涉及110 kV系统的组合电器及油浸变压器、35/10 kV系统的干式整流、配电变压器和相关的开关柜、1500/750 V整流装置及直流开关柜、低压400 V配电开关柜、电气设备试验等内容。

本施工手册内容编写人员分工：

第一章：杨建国

第二章：高占奎

第三章：杨建国、高占奎、刘强、刘东坡、张发明、田宇、张江、吴建德、陈模标、吴阶矿、李增利、程峰、刘平、赵立峰、赵惠超、续永刚

第四章：韩兰贵、杨建国、续永刚

第五章：王雅刚

第六章：杨建国、高占奎、程峰、李增利

第七章：高占奎、杨建国、郝卫国

第八章：杨建国

第九章：杨建国、续永刚

第十章:吴胜祥、李书全、张永康、苏保卫

笔者同时对罗兵、李增山、赵海亮、钟辉、曹明、陈海婷、张 鹃等同事表示衷心的感谢,感谢他们提供具体资料及帮助;在这里同时感谢参考资料及设备生产企业资料的作者,没有他们的奉献精神,这本施工手册也是难以完成的,在此深表谢意!

由于笔者水平有限,不妥之处在所难免,恳切希望广大读者不吝指正。

目　录

第 1 章　城市轨道交通概述 …… 1

1.1　轨道交通溯源 …… 1
1.2　城市轨道交通的基本类型 …… 2

第 2 章　轨道交通供电系统的结构形式 …… 13

2.1　地铁的供电方式 …… 13
2.2　轨道列车的供电方式 …… 14
2.3　城市轨道交通变电所工程 …… 16

第 3 章　城市轨道交通变电所工程施工 …… 22

3.1　变电所工程施工程序 …… 22
3.2　变电所工程施工准备 …… 23
3.3　设备基础槽钢的安装 …… 24
3.4　变电所接地系统安装 …… 27
3.5　电缆支架、桥架的安装 …… 32
3.6　设备的运输和就位 …… 35
3.7　盘、柜等的开箱检查及就位 …… 43
3.8　电气设备的轨道车运输及就位 …… 44
3.9　变压器网栅安装 …… 46
3.10　箱式变电站的运输和就位 …… 48
3.11　110 kV 系统设备安装 …… 52
3.12　交流中压设备安装 …… 89
3.13　整流机组安装 …… 142
3.14　直流设备安装 …… 182
3.15　400 V 设备安装 …… 214
3.16　其他盘、柜的安装 …… 235
3.17　变电所电缆敷设及电缆头制作 …… 264
3.18　电缆二次配线 …… 267
3.19　变电所孔洞的封堵 …… 270
3.20　变电所受电启动及送电开通 …… 272

第 4 章　城市轨道交通接触网施工 …… 275

4.1　概述 …… 275

4.2　接触网的组成 …… 276
4.3　接触网工程施工程序 …… 278
4.4　施工调查与测量 …… 281
4.5　门形支架的安装 …… 283
4.6　支持定位装置及下锚装置安装 …… 289
4.7　附加线架设及接触悬挂架设 …… 292
4.8　刚性悬挂接触线的安装 …… 304
4.9　接触悬挂调整 …… 312
4.10　分段绝缘器和隔离开关的安装及调试 …… 313
4.11　牵引回流系统安装 …… 321
4.12　静调电源柜安装 …… 329
4.13　冷滑试验及送电开通 …… 334

第5章　城市轨道交通接触轨施工 …… 337

5.1　接触轨系统的构成和技术特征 …… 337
5.2　钢铝复合接触轨的应用环境 …… 338
5.3　钢铝复合接触轨系统组件及特点 …… 339
5.4　钢铝复合接触轨安装 …… 345

第6章　城市轨道交通环网电缆工程 …… 353

6.1　环网电力电缆布置的基本结构形式及供电方式分类 …… 353
6.2　中压网络常用的两种接线形式 …… 353
6.3　集中式供电方式环网电力电缆布置的基本结构形式 …… 354
6.4　分散式供电方式环网电力电缆布置的基本结构形式 …… 356
6.5　电缆支架和桥架的安装 …… 357
6.6　环网电缆敷设 …… 361
6.7　电缆头制作与安装 …… 365
6.8　电缆试验及电缆线路故障分析 …… 384

第7章　城市轨道交通杂散电流防护系统及钢轨电位限制装置施工 …… 386

7.1　杂散电流的形成及危害 …… 386
7.2　杂散电流的防治措施 …… 386
7.3　杂散电流腐蚀防护措施对相关专业的要求 …… 387
7.4　杂散电流监测及排流系统施工 …… 391
7.5　杂散电流自动监测系统安装 …… 394
7.6　排流柜安装 …… 398
7.7　单向导通装置安装 …… 402
7.8　钢轨电位限制装置 …… 407

第8章　综合接地系统 …… 421

8.1　综合接地系统概念 …… 421
8.2　综合接地系统工程的专业分工 …… 421
8.3　综合接地系统的构成原则 …… 424
8.4　综合接地系统的施工要点 …… 425

第9章　再生电能吸收装置 …… 426

9.1　再生制动能量的利用 …… 426
9.2　HXXS系列再生电能吸收装置 …… 429

第10章　供电系统电气试验 …… 444

10.1　概述 …… 444
10.2　变电所一次设备单体试验 …… 445
10.3　变电所二次设备单体试验 …… 473
10.4　变电所的整组传动试验 …… 476
10.5　变电所外的电气设备试验 …… 479

附录　高压电气设备工频耐压试验电压标准 …… 485

参考资料 …… 486

后记 …… 487

第1章　城市轨道交通概述

随着工业生产的发展、人口的高度集中、世界各大中城市区域性的城市化进程的不断扩大、交通运输量的飞速增长以及盲目发展汽车工业和私人小汽车，已在很多国家的大城市造成交通拥堵、噪声大、空气污染等严重的社会问题，迫使各国政府必须在城市公共交通方面作出明智的抉择，为城市的可持续发展制定必要的发展规划。

由于地面发展的空间已十分狭小，继续在大城市中发展地面交通，必将面临占地困难、破坏城市景观、地面道路交叉拥堵等问题。因此，缓解城市交通拥堵的首选方案就是将地面交通转入地下，发展地下轨道交通，充分发挥其高速、安全、正点、便捷的特点。

城市轨道交通是组成城市公共交通的骨干网络。它具有节能、占地少、运量大、无污染、运输安全正点等特点，属于绿色环保交通体系，符合可持续发展的原则，特别适合于人口密集的大中城市公共交通事业的发展。

1.1　轨道交通溯源

法国人巴斯卡于1662年在巴黎首创无轨公共马车，由于其乘坐价格低廉，被戏称为“五毛钱的马车”。它有固定的运行线路和班次，城市公共交通从此诞生，无轨公共马车是城市公共交通的先驱。

1827年，世界上第一条有轨公共马车出现在美国纽约百老汇的大街上，这种交通工具是英国人约翰·乌特兰于1775年发明的。欧洲中世纪的道路状况不佳，乘客坐在设备简陋而又颠簸的马车上极不舒服，相比之下，这种在轨道上行驶的马车算是较为舒适的了。有轨马车是靠马匹牵引车辆、车轮在钢制轨道上滚动行驶的交通运输工具，可搭载双倍于普通马车的乘客和货物。由于它比无轨公共马车更有效率、更舒适，因而大受欢迎，并在世界各国的城市中得到大面积的效仿和应用。截止到1879年，法国巴黎已有38条公共有轨马车路线。

1876年，从英属马恩岛到格拉斯港的马车铁路开通(见图1-1-1)。这条拥有30辆各种客车的线路，受到英国游客的喜爱。130多年后的今天，这条线路成为世界仅存的有轨马车旅游线路。

图1-1-1　格拉斯港的有轨马车线路

在19世纪70年代后，由于电车及此后汽车的出现，有轨马车逐渐退出了历史舞台。公共有轨马车是现代城市轨道交通发展的雏形。

1.2 城市轨道交通的基本类型

城市轨道交通的种类繁多，一般可分为缆索铁路、空中悬挂铁路、城市铁路、市郊铁路、地下铁道、有轨电车、轻轨铁路、独轨铁路、机场铁路、新交通系统、磁悬浮铁路等。

城市轨道交通中的轨道结构大多采用钢轨线路的轮轨结构，只有单轨铁路和磁悬浮铁路采用混凝土轨道梁结构。

1.2.1 缆索铁路

缆索铁路是通过设在地面上的传动装置（蒸汽机或电动机）带动绞车和钢索牵引车辆在钢轨上运行的登山用交通工具。

世界上最早的缆索铁路修建在美国旧金山，它于1873年8月2日作为城市交通工具投入运营，这条铁路长853 m，两端高差33.6 m，由英国人安德鲁·史密斯设计，缆车沿着轨道运行，这条轨道中间敷设着由一个金属槽保护着不断运行的缆索。一台稳定的蒸汽发动机在街道下不停地向缆索做功，依靠缆车下的机械装置抓住或释放这条缆索，从而保持车辆的运营。这条缆索铁路至今仍作为旅游设施在营业。

我国香港特别行政区目前仍然在运营当中的缆索铁路如图1-2-1所示，位于香港岛的太平山山顶公园的东侧，1888年5月30日建成通车，到目前已有120多年的历史。该线路长1 371 m，高差373 m，轨距1 524 mm。1926年由蒸汽动力牵引改造为电力牵引，1989年改造为计算机自动化管理。该线路配备两辆铝制的车厢，一节上、一节下往复运转。在车厢前进的方向，有一小间驾驶室，但无人驾驶，也不准许游客入内。中途停靠4～5个车站，每站约停1 min时间，由控制室集中控制。车厢内的座位和靠背均是木制的（木板条），虽然简陋，但仍保留着古老的色彩。

图1-2-1　香港太平山山顶缆索铁路

另外值得一提的是奥地利萨尔茨堡的要塞铁路如图1-2-2所示。萨尔茨堡要塞建于1077年，由大主教格博哈德主持修建，后由雷翁哈德·冯克罗查赫主教进行了扩建。要塞完全继承了中欧城堡风格，城堡中建有城堡博物馆和莱纳政权博物馆，博物馆展览的内容包括城堡历史、萨尔茨堡的武器手工业以及司法权史。1891年8月，萨尔茨堡地区委员会作出决定，建造一条要塞铁路。仅用了78天时间，这座被萨尔茨堡居民们亲切地称为“水罐铁路”的项目完工了。

图1-2-2　萨尔茨堡要塞铁路

“水罐铁路”这个名字源于缆车所应用的一种技术，而这种技术恰恰是车辆运行所需要的。在山顶车站，人们在车辆的底盘容器里灌上水，通过重量平衡的办法把固定在同一根缆绳上的缆车从山谷牵引上来。每辆车搭载的乘客数量不同，就需要加入不同数量的水。44 年后这种车辆牵引系统实现了电气化。在城堡铁路建成 120 多年后的今天，它已经发展成为现代化的缆索铁路之一。

1.2.2　空中悬挂铁路

德国乌帕塔尔市有一条独特的空中悬挂铁路。这条铁路修建于 1898～1901 年期间，当时在埃尔伯费尔德和巴尔门这两个城镇之间急需修建一条新的交通线路，由于地面上已经没有空地，所以科隆的工程师尤金·朗格提出的在乌帕河上架设悬挂式铁路的设计方案被采纳。这条铁路于 1898 年开始建设，1900 年 10 月 24 日德国皇帝威廉二世亲自乘车参与了空中铁路的试验，1901 年 3 月 1 日正式运营。这条空中悬挂铁路为全钢结构，其工程技术在当时是最先进的。线路全长 13.3 km，从佛奥文克尔开始的 3 km 长的区段建设在凯撒大道上空，其余 10 km 则架设在乌帕河上空，全线设 17 座车站。100 多年后的今天，这条空中铁路依然是世界上独一无二的悬挂式铁路。21 世纪之初，德国对这条空中铁路进行了全面的维修，希望它再继续运行 100 年。

图 1-2-3　行驶在乌帕河上的乌帕塔尔悬挂列车

悬挂铁路沿着河道高架在河面上，如图 1-2-3所示。它不影响地面上的车辆行驶和人员往来，大大节省了宝贵的城市土地。看上去不那么安全的悬挂车辆，其实十分安全，运行 100 多年来仅仅在 1950 年发生过一次意外。当时一个马戏团想让它的一头小象乘坐悬挂列车观光，但是小象却受到了惊吓，它冲破车厢倒栽下来，幸运的是，它只受了点轻伤。

1.2.3　城市铁路

在一般情况下，凡是为城市交通服务的所有轨道交通设施都可以称其为城市铁路。城市铁路主要是在现有铁路的基础上，利用较少的投资建设联络线或支线，在城市圈概念下开行环中心城市和卫星城之间的大运量旅客列车，并在此基础上完善与地铁、轻轨等交通线路的连接，逐步实现各种轨道交通车辆的共轨运营。我国除了城市轨道交通之外，基本上还没有开发出真正意义上的城市铁路。不过在北京、上海、广州、重庆等铁路枢纽地区，如果要开发建设城市铁路，还是有一定的基础和条件的，目前部分城市已经开始着手前期的调研工作，估计在 2020 年前后必定会有一定数量的城市铁路在我国出现。

国外开发的城市铁路，基本上是以国家干线铁路在城市中的铁路枢纽为基础，修建一些必要的支线和联络线形成环线网络，开行城市公交化的旅客列车，辅以与地铁、轻轨列车共轨运营的措施。以站距短、停站多、密度大为特点，主要用于缓解城市公共交通的压力。

1.2.4　市郊铁路

顾名思义，市郊铁路专指由城市中心开往郊区的铁路。一般利用国家干线铁路或修建专用线路，开行往返于城市中心区到卫星城或卫星城之间的旅客列车。此种列车以站距较大、停站少、密度小为特点，主要用于通勤、旅游以加强市郊之间的联系。我国各主要铁路枢纽城市开行的市郊旅客列车种类繁多，除了主要用于铁路职工及其子女通勤和通学的市郊列车外，目前开行的市郊旅游列车比重逐步加大，形成热点。

北京在奥运会开幕前夕，开通了连接北京北到延庆的市郊轨道交通线——S2 线，如图1-2-4所示，并于 2008 年 8 月 6 日正式运营。这是国内第一条名副其实的市郊铁路，它是利用既有线路经过改造而成的。“S2 线”由北京北站（西直门）至延庆站，全长 82 km。开行的列车采用国产新型内燃动车组，沿途交替停靠清华园、清河、昌平、南口、八达岭等车站。设计时速为 160 km/h，平均时速为平原 120 km/h，进山区后为45 km/h。该动车组在乘车环境和舒适度方面，与现在京包线上运行的其他列车相比，均有较大改观。

图 1-2-4　北京市郊铁路“S2 线”

1.2.5　地下铁道

地下铁道泛指修建在各大中城市地下的轨道交通线路，由于地下铁道所处的城市环境和建设条件的不同，其部分线路可能采用地面线路或者采用高架线路。

世界上第一条地下铁道 1856 年在英国伦敦的法灵顿街和帕丁唐路之间修建，全长 6.2 km。1863 年 1 月 10 日建成通车，当时采用由铁路公司租借的蒸汽机车牵引。1890 年 12 月 18 日，英国伦敦南部威廉王街到斯托克威尔的地下铁道建成开通，成为世界首条采用电力牵引的地下铁道。

我国的第一条地下铁道于 1969 年 10 月在北京基本建成，于 1971 年 1 月开始试运营，如图 1-2-5 所示。运行区段从北京火车站至西郊苹果园，全长 23.6 km，共有 17 个车站。

目前我国建成并投入运营地下铁道或其他类型轨道交通的城市还有天津、上海、广州、大连、南京、深圳、重庆、武汉、长春、沈阳、杭州和香港等。

1.2.6　有轨电车

世界上第一列有轨电车 1881 年在德国柏林工业博览会上亮相并进行了展示。世界上第一个投入商业运营的有轨电车系统，于 1888 年在美国弗吉尼亚州的里士满市建成开通。

1908 年我国第一条有轨电车线路在上海建成开通，随后大连、北京、天津、沈阳、长春、鞍山等城市的有轨电车也相继建成，在城市公共交通中发挥了骨干作用。

随着汽车工业的崛起，大量汽车拥上街头，有轨电车速度低、运量小、舒适性差、技术落后等缺陷暴露无遗，再者城市道路的面积明显不能维持有轨发电车运输发展的需要。从 20 世纪 50 年代开始，世界上各大城市纷纷拆除有轨电车线路，我国各城市的有轨电车也基本拆除，而如图 1-2-6 所示的长春旧式有轨电车一直保留到新的轻轨线路建成为止。

随着人口的集中和城市规模的扩大，城市交通量急剧增长，城市道路的建设速度与汽车增长的数量产生了尖锐的矛盾。各大中城市加快了发展立体化的快速轨道交通，来解决城市的环境保护、能源结构和可持续发展等战略问题。在世界范围内，又掀起了修建轻便轨道交通的热潮。

图 1-2-5　北京地铁

图 1-2-6　长春旧式有轨电车

为了缓解 2004 年雅典奥运会的交通压力，希腊雅典市政府投资兴建的从雅典市中心至比雷埃夫斯港的有轨电车线路，如图 1-2-7 所示，于 2004 年 7 月 19 日在奥运会开幕前顺利开通。

图 1-2-7　雅典新建有轨电车线路

位于雅典北部地区的奥林匹克综合体育中心和南部地区的法里罗奥运场馆区以及海林尼科奥运场馆区，是雅典奥运会比赛场馆最为集中的地区。这条有轨电车线路的开通，把雅典奥运会的三大场馆集中区连接了起来。

奥运会期间交通压力最大的是雅典市中心通往奥林匹克综合体育中心的轻轨 1 号线，每天乘车的人次接近 40 万。由于这条轻轨线还通往南部法里罗海滨，所以它是奥运会期间雅典交通的“瓶颈”，也是让奥运会组织者最担心的地方。随着有轨电车线路的开通，轻轨 1 号线的压力大大减轻。这条有轨电车线路还与轻轨 1 号线相连，人们换乘非常方便。

1.2.7　轻轨铁路

1978 年 3 月在布鲁塞尔召开的国际公共交通联合会会议上，确定了新型有轨电车交通的统一名称，即 LRT(Light Rail Transit)，简称轻轨交通或轻轨铁路。我国在对轻轨和地铁的称谓上有混乱的地方，比如长春轻轨与上海、天津、武汉轻轨就不是一回事，长春轻轨是纯粹的现代有轨电车；而上海、天津、武汉轻轨的客运量明显高出长春轻轨，采用的客运车辆与地铁也几乎没有区别。

图 1-2-8　台北“大众捷运”系统

轻轨铁路也分为地下、地面和高架三种结构形式，它与地下铁道的主要区别在运输能力方面。地下铁道的运输能力为 4 万～6 万人次/h，轻轨铁路运输能力为 3 000～11 000 人次/h。

我国台湾省 1996 年 3 月在台北市建成轻轨铁路——“大众捷运”系统，也就是我们所说的地铁，如图 1-2-8 所示。该系统由 6 条线路组成，分别是淡水线、木栅线、中和线、板桥线、新店线和南港线，全长 67.2 km，共有 62 个车站。该系统日均载客量为 92 万人次，最高时可达到 104 万人次。如果以每千米载客量来计算，它属于世界上使用密度比较高的大众交通工具。台北的轻轨线路从严格意义上来讲，只有木栅线属于轻轨，而且还是自动导轨系统。

我国大陆修建的第一条轻轨铁路是长春市轻轨1号线，从长春火车站至卫星广场站，全长14.6 km。其中高架线路1 km，地下和半地下线路1 km，沿线设17座车站，平均站间距0.86 km。采用接触网供电方式，供电电压为DC 750 V。全线设有牵引变电所6座、控制中心1座、停车场1座。长春市轻轨1号线采用VVVF控制技术的国产低地板C型轻轨列车，列车长28.76 m，额定载客300人，最高运行速度70 km/h，旅行速度为20～30 km/h。

图1-2-9　天津津滨轻轨铁路

我国目前最长的轻轨铁路是天津津滨轻轨铁路，如图1-2-9所示。天津津滨轻轨铁路从天津市经济技术开发区第八大街至市区中山门，全长45.41 km，每千米造价约1.33亿元。其中高架线路39.92 km，地面线路5.5 km，全线设19座车站，采用接触网供电方式，供电电压为DC 1 500 V。

1.2.8　独轨铁路

独轨铁路属于城市轨道交通中的中等运量的公共交通系统，可划分为悬挂式和跨座式两个系列。其中悬挂式一般采用桁架梁或钢制箱型梁结构，分别采取在桁架梁内铺设钢轨和钢轮转向架传动或橡胶充气轮胎转向架在底部开口的箱型梁内传动；跨座式一般采用混凝土轨道梁结构，传动采用橡胶充气轮胎，且由橡胶轮胎承担行走和导向。前面1.2.2节介绍的空中悬挂铁路就是独轨铁路的一种形式。

独轨铁路的特点是能够适应各种复杂地形的要求，且建设工期短，在相同条件下工程造价只相当于地铁的1/3，并具有通过60‰以上大坡道和100 m以下曲线半径的能力。

日本从1950年开始进行独轨铁路的研究，1957年在东京都的上野动物园建成自行开发的第一条悬挂式独轨铁路，采用钢制箱形梁结构，主要用于运送游客兼作城市公共交通的试验线。

日本1964年建成连接东京市中心至羽田机场的跨座式独轨铁路，全长13.1 km，其中海上部分7.1 km，陆地部分6 km，成为出入羽田机场的主要交通工具。该独轨铁路采用混凝土轨道梁结构，列车4辆编组，发车间隔为4.5 min。

我国从20世纪末开始研究独轨铁路，最具代表性的属张家界武陵源景区十里画廊的观光电车。1998年，张家界振升旅游实业有限公司开发了十里画廊观光电车。所谓的观光电车其实就是跨座式独轨铁路，十里画廊跨座式旅游观光电车由南车株洲电力机车公司制造，钢结构的轨道架设高度不超过1 m，观光电车车体采用半封闭式玻璃钢结构，造型优美、色彩与景点底色和谐、强度好、耐腐蚀、不导电、安全性好，如图1-2-10所示。

图1-2-10　武陵源景区十里画廊跨座式独轨观光电车

十里画廊观光电车线路全长约10 km，设起点与终点两个车站，在起点与终点之间为一环形线路。列车供电系统采用侧向安全滑触线受电，供电电压为交流三相380 V，列车最高行驶速度10 km/h，旅行速度3 km/h，列车五辆编组，最大载客量含司机30人。列车行走线路与旅客徒步旅游路线全程采用栏杆隔离，安全可靠；观光电车全程行驶在风景秀丽的十里画廊景区。

重庆市建成的跨座式轻轨二号线如图1-2-11所示，东起商业中心较场口，西至大渡口区钢铁基地新山村，全长19.15 km，设18座车站。工程一次规划设计，分两期建设实施。一期工程较场口至动物园段14.35 km，设13座车站、两座主变电站、1座控制中心，是我国首次引进的具有国际先进水平的跨座式单轨系统，能够适应沿线特殊地形的要求。线路纵贯长江和嘉陵江间狭长的渝中半岛，穿行于中梁山至真武山之间的低丘地带。

图1-2-11　重庆跨座式轻轨

1.2.9　机场铁路

机场铁路，也即通常所称的机场联络线，机场联络线从市区到机场的距离一般不会超过30 km，乘车时间一般需要10～45 min。机场联络线的建立一般采取三种方案，一是修建专用快速铁路，二是利用国家干线或地方市郊铁路网修建支线或延长线，三是利用城市轨道交通系统修建直达机场的快速交通线路。目前，机场铁路采用的轨道交通模式多种多样，既有常规铁路，也有地下铁路。随着科学技术的进步，采用混凝土轨道梁结构形式的独轨铁路和磁悬浮铁路也在机场铁路的建设方面得到应用。

机场铁路基本上属于城市轨道交通范畴。随着城市规模的扩大和民航运量的大幅度增加，普通公路乃至高速公路已经很难承担机场和城市之间的旅客运输能力。随着形形色色城市轨道交通的建立，机场联络线也就应运而生。

世界上最早修建的机场联络线于20世纪50年代出现在英国伦敦的盖特威克机场至维多利亚火车站之间，便于换乘，能够满足非伦敦地区居住旅客直接换乘其他列车继续旅行的愿望。

我国香港特区的机场快线即属于地铁形式的机场铁路，该地下铁路同时承担机场快线（全长35.3 km）和地铁东涌线（全长31.1 km）两条线路的运输能力。其中机场快线直接为往来香港新机场的旅客服务，而东涌线则为地区客运服务。香港机场快线于1998年7月6日投入运营，最高行驶速度为135 km/h。

由上海地铁2号线龙阳路车站至浦东国际机场的上海磁悬浮列车示范运营线，如图1-2-12所示，就是典型的磁悬浮铁路在机场铁路中应用的模式，该项目引进德国的Transrapid

技术,同时也是中国建成的世界上第一条高速商业运营线,该线路全长约 30 km,最高时速为 430 km/h。

图 1-2-12　上海磁悬浮列车示范运营线

1.2.10　新交通系统

新交通系统是以改善大城市的交通措施为目的而开发研究的,其线路一般是利用公路、铁路及河流等地区的上层空间采取高架方式,但在个别区段也可采用地面或地下方式,以降低工程造价。新交通系统的实用化已有十多年的历史,主要以世界各大城市轨道交通中采用小断面车辆、桥梁、隧道的线性电机驱动系统、AGT 系统和单轨运输系统为具体表现,新交通系统采用站距短、停车多、密度大的运营方式,以便与城市的公共交通系统相互匹配,达到分散客流的目的。

新交通系统的特点主要有以下几个。

1. 采用电力牵引,没有空气污染。
2. 由于采用橡胶轮胎,大幅度地降低了运营及振动噪声。
3. 线路采用高架方式,与其他交通设施完全隔离,不必担心交通拥堵。
4. 线路的正点运营率和安全可靠性明显提高。
5. 站间距小,方便旅客换乘。
6. 车辆小型化、轻量化,显著降低了工程的建设费用。
7. 运营管理系统全部采用电子计算机技术,全面提高了系统的自动化水平。

日本横滨市金泽新城区在 20 世纪 80 年代初期,为了解决公共汽车运量不足的现象,决定兴建介于地铁和公共汽车之间中等运量的新型交通设施。根据城市总体规划,1982 年 12 月决定开工建设全长 10.6 km 的新交通系统。该系统线路全部为高架形式,最小曲线半径为 50 m,最大坡度为 40‰,于 1989 年 7 月 5 日建成开通。

横滨新交通系统的车辆在混凝土轨道上运行,完全实现了无人自动化驾驶。该系统的车辆可由两侧导向或中间导向,采用第三轨供电方式,供电电压为 DC 750 V。

新加坡 LRT 轻轨系统采用橡胶车轮的车厢在高架水泥路面上行驶,如图 1-2-13 所示,依靠车底的导向轮和路面中间的导轨进行导向,与日本的新交通系统(AGT)相类似。我国香港赤鱲角国际机场于 1997 年开通了全长约 1 km 的 APM 新交通系统,北京首都国际机场于 2008 年奥运会之际开通了全长约 4 km 的 APM 新交通系统,如图 1-2-14 所示。广州珠江新城在 2010 年世界大学生运动会前开通了线路总长约 3.94 km 的 APM 新交通系统。

图 1-2-13　新加坡 LRT 轻轨

图 1-2-14　首都国际机场 APM 系统

除上述新交通系统方式之外，线性电机驱动的新交通系统，由于车体结构小，隧道断面也相应减小，故被称为“小型地铁”或“微型地铁”。线性电机驱动系统仍然采用轮轨传动结构，只是采用线性感应电动机驱动。目前日本大阪的地铁 7 号线和东京地铁的 12 号线采用的就是线性电机驱动列车。

1.2.11　磁悬浮铁路

目前，世界上的磁悬浮铁路的工作原理主要包含电磁悬浮和电动悬浮两种方式，并已经达到实际应用的水平。

电磁悬浮就是对车载的、置于导轨下方的悬浮电磁铁通电励磁而产生电磁场，电磁铁与轨道上的电磁构件(钢质导轨或长定子直线电机定子铁芯)相互吸引，将列车向上吸起悬浮于轨道上，电磁铁和电磁轨道之间的悬浮间隙一般为 8～10 mm。列车通过直线电机牵引行走，通过控制悬浮电磁铁的励磁电流保证稳定的悬浮间隙。最新的电磁式悬浮列车以德国的 Transrapid 08 高速类型(如图 1-2-15 所示)和日本的 HSS-T100L 中低速类型(如图 1-2-16 所示)为代表。

图 1-2-15　德国 Transrapid 电磁悬浮车

图 1-2-16　日本 HSS-T100L 型电磁悬浮车

电动悬浮就是列车运动时，车载磁体(一般为低温超导线圈或永久磁铁)的运动磁场在安装于线路上的悬浮线圈产生感应电流，两者相互作用，产生一个向上的磁力，将列车悬浮于路面上一定的高度(一般为 100～150 mm)，列车运行靠直线电机牵引。与电磁式相比，电动式磁浮在静止的时候不能悬浮，在低速运行时列车依靠橡胶轮胎支撑和导向。当列车加速达到

150 km/h 后，列车进入与线路完全无接触的悬浮状态。电动式磁悬浮列车以日本的 MLX 型为代表。

高速和低速磁悬浮列车的牵引电机都是直线电机，一般分为两种形式，即长定子直线同步电机和短定子直线感应电机。

当采用长定子直线同步电机时，电机的定子沿整个线路铺设，电机的转子安装在车上，直接在线路上实现牵引能量的转换。在高速运行中车与线路之间完全无接触，因此长定子直线同步电机适合高速磁悬浮列车的牵引。德国的 Transrapid 磁悬浮列车（最高运行速度达 400～500 km/h）和日本的 MLX 磁悬浮列车（最高运行速度达 500～550 km/h）都采用长定子直线同步电机牵引，主要用于大城市之间的旅客运输。

当采用短定子直线感应电机时，电机的定子安装在车上，而转子安装在轨道上。运行时需要地面供电装置向列车接触供电，不能实现车和线路之间的完全无接触运行，所以只适合用在低速磁悬浮列车上，日本的 HSST 磁悬浮列车（最高运行速度为 100 km/h 左右）被称为低速磁悬浮列车，主要用于城市内部或市中心与郊区之间的旅客运输。

德国的 Transrapid 磁悬浮列车和日本的 HSST 磁悬浮列车采用普通导体通电励磁，产生电磁悬浮力和导向力，因而又称为常导磁悬浮列车。

日本的 MLX 磁悬浮列车利用安装在车辆上的低温（绝对温度 4.2 K）超导线圈，产生强磁场，因而又称为超导磁悬浮列车。

在上述三个有代表性的磁悬浮列车系统中，德国的 Transrapid 系统最接近实用，上海磁悬浮列车示范运营线就是引进该技术建设的世界上第一条高速商业运营线。

1. 国际上已经达到应用水平的磁悬浮技术

1934 年德国人获得世界上第一项有关磁悬浮技术的专利。由于当时技术和工艺条件的限制，在此后 30 多年的时间里，磁悬浮技术没有得到明显的发展。

自 19 世纪 60 年代末开始，德国因为环境和能源问题迫切需要开发新的高速交通工具。1969 年，德国联邦交通部、联邦铁路和工业界共同参与“高运力快速铁路的意见”课题。1971 年 2 月，第一辆磁悬浮原理车 MBB 和一段 600 m 长的试验线路投入试验运行。1976 年研制的“彗星号试验车”，首次证明磁悬浮列车可以以 400 km/h 以上的速度运行。1979～1984 年在埃姆斯兰地区建设完成 21.5 km 长的试验线路和试验中心。1983 年 6 月 30 日 Transrapid 系统投入试验运行。为了提高试验速度，1984 年决定在 TVE 区扩建南环线，并于 1987 年建成。1988 年 Transrapid 06 试验速度达到 412.6 km/h。

1991 年底德国得出 Transrapid 技术已经成熟的结论。1997 年 4 月德国决定建造柏林和汉堡之间的磁悬浮铁路商业运营线。该线全长 292 km，原计划 1998 年下半年开工，2005 年投入商业运行，后因为德国实际经济发展情况及客流量原因取消建设计划。

1962 年日本开始磁悬浮交通技术的研究工作。1972 年第一辆由日本国铁开发研制的电动磁悬浮原理车 ML100 被介绍给了观众。该车在 480 m 长的试验线路上达到 60 km/h 的速度。1975 年开始在日本南部九州半岛的宫崎建造试验设施，1979 年长约 7 km 的试验线路投入使用。1987 年 3 月新的电动磁悬浮系统试验车 MLU002 开始在宫崎试验线路上运行。该车长 22 m，重 17 t，可载客 44 人，设计车速为 420 km/h。1989 年不载客试验速度达到 494 km/h。1996 年宫崎试验线关闭。因为宫崎试验线的坡道不能满足接近实际应用试验条件的需要，日本运输省于 1997 年 4 月建成山梨试验线投入试验运行。山梨试验线主要包括 18.4 km 长的试验线路、变电站、试验中心和两列电动磁悬浮系统试验车（分别称为 MLX01

和 MLX02)。1999 年 4 月五辆编组的 MLX01 实现了 552 km/h 的载人运行。

19 世纪 70 年代中期为了开发一种联系机场和市区的速度快、噪声低、乘坐舒适的交通工具,日本航空公司开始组织对磁悬浮技术的研究。1975 年试制成功电磁支撑和导向的第一辆试验车。此后在 1978～1989 年相继研制成功 HSST02～HSST05 型试验车。1990 年,日本对 HSST 磁悬浮系统与德国 Transrapid 系统进行比较和评估后,得出 HSST 和 Transrapid 接近实用的结论,并计划研制 HSST-100S 型磁悬浮列车。

1991 年在名古屋附近的大江建成一条新的面向应用的试验线。对 HSST-100S 型磁悬浮列车进行了 100 多项面向应用要求的运行试验,最高运行速度达到 130 km/h。1995 年在 HSST-100S 的基础上,又研制了一台新的样车,称为 HSST-100L。HSST-100L 是一列两辆编组用于商业运营的样车。从 1995 年开始,在大江的试验线路上进行运行试验。日本在名古屋东部丘陵地区从 2001 年起开始建造一条 9.2 km 长的 HSST 低速商业运营线,于 2005 年日本国际博览会开幕前投入使用,并将其作为博览会参观者乘坐的主要交通运输工具。该名古屋东部丘陵线采用的运营车辆与 HSST-100L 型基本相当,为 3 辆编组(MC1＋M＋MC2),额定载客量为 244 人(坐席 104 个),最高运行速度 100 km/h。

2. 我国目前自行研制磁悬浮技术的水平

在 20 世纪七八十年代,我国科技工作者对于磁悬浮交通系统的新技术的进展就给予关心和注意。国家科委在“八五”期间组织了“磁悬浮列车关键技术”科技攻关。由铁道科学研究院牵头,国防科技大学、中科院电工所、西南交通大学参加。1996 年 4 月,科技部又组织了“九五”国家重大软课题“磁悬浮列车重大技术经济问题研究”。对日本超导高速磁悬浮列车、德国高速磁悬浮列车和日本低速 HSST 磁悬浮列车作了专题分析研究。并结合我国实际,探讨我国发展磁悬浮列车的可行性和基本思路。1999 年,科技部又组织了“九五”攻关软课题“我国第一条高速磁悬浮列车试验运行线的可行性研究”,进一步消化、吸收德国 TR 电磁吸引式高速磁悬浮列车技术。并以引进德国 TR 技术为基础进行了试验运行线选线和方案比较,提出了建设上海示范运行线的建议。

国防科技大学的磁悬浮技术研究工作始于 1980 年,先后研究过几个小型磁悬浮实验系统。1989 年,集悬浮、导向和推进为一体的小型磁悬浮模型样车研制成功,可在 10 m 长的轨道上往复运行。根据规划,北京至八达岭高速公路通车后,高速公路出口处建有停车场,停车场到八达岭长城景区的距离为 2.6 km,必须修建一条旅游连接线将游客运送到长城景区。考虑到磁悬浮列车具有无污染、低噪声、乘坐舒适平稳的特点,以及国防科技大学在“八五”科技攻关中取得的进展,北京控股有限公司与国防科技大学合作,于 2001 年 7 月研制成功了 GMS-03型试验车,以期在八达岭投入观光运用。

西南交通大学从 1986 年开始研究磁悬浮列车技术,1994 年研制成功我国第一辆重 4 t 可载人磁悬浮列车及其试验线,并通过科技成果鉴定。该成果获得 1996 年铁道部科技进步二等奖和 1997 年国家科技进步三等奖。“九五”期间,西南交通大学承担了国家重点攻关项且“常导短定子磁悬浮列车工程关键技术研究”和国家高技术研究发展计划(863)项目“高温超导磁悬浮列车系统实验装置”。为了使西南交通大学磁悬浮列车技术走向实际应用,在学校的主持下,联合长春客车厂和株洲电力机车研究所成立了产学相结合的磁悬浮列车研制生产联合体,同时还与地方多家设计及工程单位合股组建了交大青城磁悬浮列车工程发展有限公司,负责成都青城山磁悬浮列车工程试验示范线的建设与试验。上述两条磁悬浮列车由于种种客观原因都没有进行工程实践。

中科院电工所在 20 世纪 70 年代初期开展了直线电机的研究，在“八五”期间“磁悬浮列车关键技术”科技攻关中，中科院电工所承担了直线电机研制项目，对超导推斥式磁悬浮列车复杂的多回路、无铁芯的电磁系统进行了理论研究。利用电路回路法，研究了空间磁场，计算了推力、悬浮力和导向力，其结果在第 14 次国际磁浮和驱动技术会议上发表。

3. 世界上其他国家对磁悬浮技术的研究概况

美国从 20 世纪 60 年代初开始磁悬浮铁路的研究，1989 年由铁路总署、陆军工兵总部和能源部牵头，数家公司和大学参加评估磁悬浮列车的价值。美国政府在 1998 年的预算中投入 10 亿美元用于规划和建造一条磁悬浮铁路，由联邦铁路部门支持，进行基于德国 TR 技术的推广和应用。经过前期研究，从最初的 7 条线路中选出两条线路，进入法定的规划程序。这两条线路是巴尔的摩—华盛顿特区和匹兹堡机场—匹兹堡绿城。美国麻省理工学院从 70 年代开始 Magplane 概念的研究，在国家科学基金资助下，完成了一个 1/25 的试验模型，在 100 m 的试验轨道上，进行过 5 代车的数百次试验；建立了全尺寸的 6 维仿真模型，对列车的各种性能进行了仿真试验。Magplane 概念的结构非常简单，很有特色，但尚未进行工程试验，其商业运用尚需时日。

电动磁悬浮系统在英国的发展得到了英国铁路协会的认同，1974 年在德比进行了电动磁悬浮列车的运行试验。试验车长 3.5 m、重 3 t，线路长 100 m。为了将伯明翰机场的终端与国际博览会展区及火车站连接起来，建造了一条 620 m 长的磁悬浮铁路，该线路于 1984 年投入载客运行，速度达到 50 km/h。1996 年伯明翰磁悬浮铁路关闭停运。

由于机动车辆的废气造成严重的空气污染，前苏联从 20 世纪 70 年代中期就已经在进行电磁和永磁磁悬浮技术的理论和实践方面的研究。80 年代初在阿拉木图城区制定磁悬浮铁路设计方案。研究表明，磁悬浮铁路相对地铁来说，建造费用较低。由于当时在磁悬浮和导向技术方面还存在问题，该发展计划被取消。80 年代在莫斯科附近的腊锦卡娅的磁悬浮铁路设施中，一辆重 18 t 的磁悬浮列车在 600 m 长的试验线上进行了试验运行。随着苏联的解体，由于经济上的原因，再未进行有组织的面向应用的磁悬浮铁路的研究和开发。

法国曾研究过一种用于城市交通的磁悬浮铁路的方案。它的特点是采用电磁式的支撑和导向系统及所谓的 U 型线性电动机驱动，主要用于市郊运输，车速可达 150 km/h。1983～1984 年间，在 Grenoble 附近，通过旋转的直线电机试验台，对直线感应电机进行了试验，速度达到 300 km/h。80 年代中期以来没有进行过有组织、有影响的磁悬浮铁路的技术研究。

韩国在 1988～1994 年进行过低速常导磁悬浮铁路的研究，曾于大田科技展览会上展出一辆磁悬浮列车和一段 500 m 长的线路。磁悬浮试验车运行速度达到约 60 km/h。韩国磁悬浮列车的结构和尺寸都与日本的 HSST100 型磁悬浮列车相近。

瑞士在 20 世纪 70 年代提出瑞士地铁的概念。地铁为上下行，一个方向一根内径 5 m 的地下管道，车辆采用磁悬浮导向系统，与轨道无接触，避免了摩擦，采用直线电机驱动，速度达到 500 km/h。1989～1993 年，进行了瑞士地铁技术和经济初步的可行性研究。90 年代得到政府和工业界的支持，主要研究内容由瑞士联邦工学院和 90 家私人公司进行。目前正进行试验室研究和进一步论证瑞士地铁技术和经济可行性，并计划在 2020 年建成瑞士地铁线路。

第 2 章　轨道交通供电系统的结构形式

在世界城市轨道交通建设的初期，即 1890 年 12 月 18 日英国建成开通世界第一条采用电力牵引的地下铁道以来，由于地下铁道采用电力牵引方式的耗电量相当惊人，因此初期建设电力牵引地下铁道的国家或地铁公司屈服于社会舆论的压力，在地铁牵引供电系统中建立了独立的发电设施。例如，法国巴黎的地铁供电系统中就曾建有一座 360 MW 的专用电厂，而英国伦敦的地铁供电系统同样建有一座 10 MW 的专用电厂向地铁的牵引变电所供电。

随着科学技术的不断发展，牵引供电系统的技术水平和设备的质量性能不断得到提高与进步，目前世界各国的城市轨道交通供电系统基本上由国家电力公司提供牵引供电电源。

2.1　地铁的供电方式

2.1.1　集中供电方式

所谓集中供电，就是在地铁沿线根据用电需求设有若干座专为地铁供电的变电所，即主变电所，每座主变电所由城市电网提供两路电源，再由主变电所集中对地铁牵引、动力系统负荷供电，如图 2-1-1 所示。一般地铁建设的主变电所数量较少，供电负荷较大，而且馈出供电距离较远，因此不仅要求主变电所具有大容量的变压器、大容量的传输系统，而且必须接入电压等级较高的电源。上海明珠线采用的就是集中供电方式，主变电所进线电压为 110 kV，馈线传输电压，也就是牵引供电交流系统的电压为 35 kV，动力配电传输电压为 10 kV。

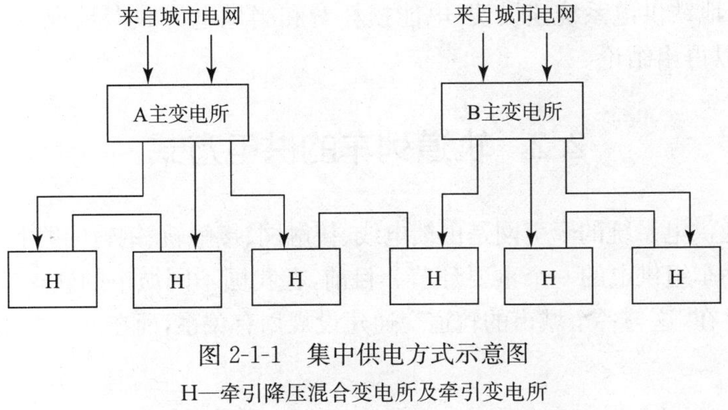

图 2-1-1　集中供电方式示意图
H—牵引降压混合变电所及牵引变电所

2.1.2　分散供电方式

在地铁沿线根据负荷情况建造若干座开闭所(所谓开闭所，就是将城市电源与牵引降压混合变电所或降压变电所合建在一起)，每座开闭所由城市电网提供两路电源，由开闭所对本所、相邻变电所牵引、动力系统供电，如图 2-1-2 所示。其中由开闭所馈向混合变电所的为馈出线;由混合变电所馈向开闭所的为联络线,用于开闭所之间的联络。当一座开闭所故障时,相邻开闭所通过联络线对其进行供电。开闭所与相邻变电所电压等级相同,由于地铁沿线开闭所数量较多,一般采用 10 kV 电压等级。如北京城市地铁线路通常采用的就是分散供电的方式,电压等级为 10 kV。

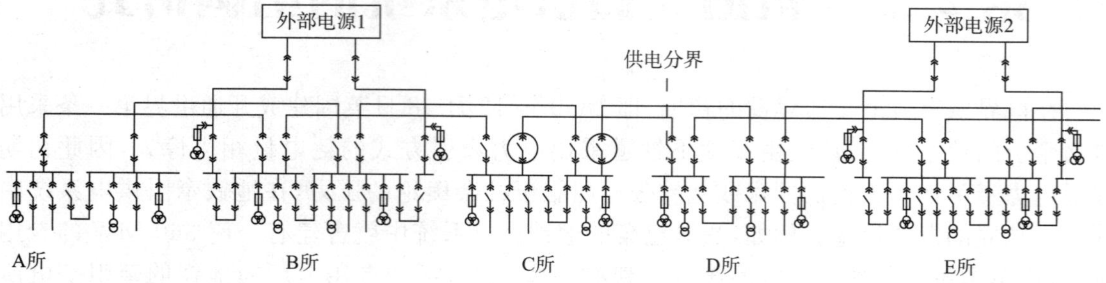

图 2-1-2　分散供电方式示意图

K—开闭所;H—牵引降压混合变电所

2.1.3　混合供电方式

混合供电方式是指由上述两种供电方式组合而成的供电方式,目前北京 1 号线采用的就是混合供电方式。

至于采用哪一种供电方式最为合理,与城市电力系统的电源分布有直接关系。对于电力资源缺乏的城市,采用集中供电方式无疑最好;对于电力资源比较丰富的城市,具体采用哪一种供电方式,需要进行技术经济比较才能确定。

由于地铁牵引侧直流供电回路为双边供电方式,当相邻的两个变电所电源出现偏差时,在极端情况下将造成牵引变压器出力不均的现象,直接影响变压器的寿命,由此引发了对电力系统的干扰和影响。因此,外部供电线路的电压波动范围、电压的闪变影响、供电线路的故障率和连接点的短路容量等问题,才是决定选取哪一种供电方式的先决条件。至于经济方面,重点涉及电源建设费、地铁供电系统建设费、电能损耗费和当地电力收费情况等方面的影响,通过详细的计算就可以得出结论。

2.2　轨道列车的供电方式

城市轨道交通供电系统的牵引网是由馈电线、接触网、接触轨、钢轨回路和回流线等组成,是供电系统中向电动车组供电的一个重要环节。目前,在我国不同城市的轨道交通中,接触网、接触轨供电方式都存在,这与各个城市的轨道交通建设规划有关系,而在同一城市基本上都是采用统一的供电方式。

2.2.1　第三轨供电方式

所谓的第三轨应该称为"接触轨",也就是在轨道线路外侧单独架设一根与轨道平行的专门为列车供电的轨道,由列车上的集电靴(受电器)在第三轨上取得电能。接触轨的供电电压通常为 DC 600～1 500 V,与轨道交通列车的规格形式有直接关系。我国北京、天津、武汉的地下铁道和轻轨系统采用的即是第三轨供电方式。

我国20世纪80年代前地铁采用的接触轨基本上是低碳钢钢轨。从20世纪70年代开始，钢铝复合材质的接触轨在欧洲、美洲和亚洲一些国家的轨道交通建设中得以采用，这种接触轨具有质量轻、导电性能高、损耗低及轨面磨耗小的优点。虽然钢铝复合材质的接触轨前期工程投资成本明显提高，但从长远的运营观点来看，由于降低了运营损耗及轨面的磨耗，减少了运营维护和购买电力的费用，因此在我国许多城市轨道交通工程中也已经得到运用，估计今后应用的范围会逐步扩大到所有采用第三轨供电方式的工程建设当中。

接触轨与列车上的集电靴之间接触的受流方式，大致可以分为上部、下部和侧面受流方式三种。北京的地铁1号线、地铁2号线、地铁13号线和地铁八通线及天津的地铁工程全部采用上部受流方式，武汉轻轨则采用下部受流方式，重庆跨座式轻轨以及北京准备建设的低速磁悬浮新路采用的均是侧面受流供电方式。

为了防范接触轨供电方式当中杂散电流对铁路沿线构筑物内金属结构件的电腐蚀，提高供电质量，减小电能损耗，目前许多国家根据兴建城市轨道交通的资金来源和支付能力，采用前期工程投资额比较高的由第三轨供电和第四轨回流的供电方式，以减少应对杂散电流的后期投入成本。

2.2.2 地面第三轨供电方式

由于受到客观因素的限制，在法国又发明了与以往不同的第三轨供电方式，即在走行轨的中间地面上设置第三轨的供电方式。法国波尔多市在规划3条全长43.7 km的城市轻轨铁路时，市政当局为了维护本市的视觉形象，明确规定该轻轨铁路在市中心区域不得采用高架桥及高架供电线路，在规定区域外则采用接触网供电方式。由阿尔斯通交通公司为首组成的投资集团中标为该系统提供所需设备，为了达到市政当局及投标文件的规定，该投资集团最终选定采用Innorail公司的APS无线控制地面供电系统，采用该系统的关键技术是必须同时采用双供电制式的轻轨车辆。

轻轨第一期工程中的10.5 km将使用该供电系统，以取代普通的侧面第三轨的供电线路或架空接触网线路。其中包括穿越市中心街道的行驶区段和跨越加仑河老石桥的A线路、通往Telence的B线路，以及在C线路的Quinconces和Saintjean之间的两个500 m区段。18.7 km长的第二期工程中大约有3.5 km也同样使用新的供电系统。

很明显，在街道运行区段安装导轨是非常危险的。新的供电系统只保证在轻轨车辆的正下方覆盖范围内的接触轨有电，克服了导轨存在的危险性。安装在车辆中心下部的集电靴周围的数字天线为供电轨监测转换器提供信号，接到信号后转换器启动向两侧的供电轨供电。工字形供电轨道的中心部位有4个DC 750 V的铜线槽、中性汇流线、通信线路和辅助设备。工字形供电轨每段长8 m，每段供电轨中间由3 m长的中性段分开。中性段上安装了平行的塑料接触条，为集电靴提供连续的运行表面。当轻轨车辆通过时，每个相距22 m的电源控制装置启动带电区段。在车站停车时，司机从地面供电系统转换到架空线路系统。

这项技术除了用于法国波尔多市之外，还在巴黎、南特等城市得到应用，并出口到世界其他国家。

目前，北京正在建设的西郊电车线也规划采用地面第三轨供电技术。

2.2.3 四轨供电方式

重庆单轨跨座式轨道交通新线采用的牵引网即是第三轨供电、第四轨回流的供电方式。

选择并采用单轨跨座式车辆主要也是根据重庆的地理环境特点所决定的。车辆的供电制式为 DC 1 500 V。一期工程线路正线长度为 14.35 km，共设车站 14 座，车辆段及维修基地 1 处。牵引网接触线及回流线采用轨道梁侧面刚性接触悬挂方式，如图 2-2-1 所示。采用的牵引网第三轨供电、第四轨回流的供电方式，可以节省防迷流的建设投资，而且不必担心对建筑结构钢筋的腐蚀。北京地铁建设公司规划修建的西郊线中低速磁悬浮线路，也将采用第三轨供电、第四轨回流的供电方式。

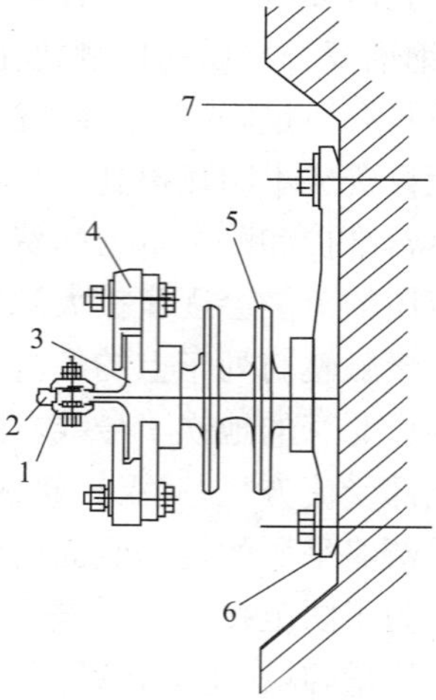

图 2-2-1　牵引网安装方式示意图
1—铝合金线夹；2—梯形接触线；3—T 形汇流排；4—压板；5—绝缘子；6—绝缘子底座；7—桥梁结构侧面

2.2.4　接触网供电方式

提高线路的供电电压，可以延长供电距离，减小线路的损耗。当供电电压高于 DC 800 V 时，为了提高线路的安全等级并保证一定的绝缘强度或绝缘距离，则多采用接触网供电方式。在城市轨道交通的地面和高架区段，接触网支持装置的安装方式与我国的电气化铁路接触网安装方式基本相同，只是在配件选材方面存在差异。我国上海、广州的地下铁道 1、2 号线全部采用接触网供电方式，长春、天津的轻轨系统的 1 号线也同样采用接触网供电方式。

架空接触网的悬挂型式可分为柔性和刚性悬挂两种。由于接触网供电方式的特点是经常处于动态运行的工况下工作，因此要求其必须具备极高的运行可靠性。

柔性悬挂的承力索和接触线沿轴向采用张力下锚补偿装置，线材的蠕变长度受外界环境温度变化的影响，固定金具串动回转范围比较大，当发生断线故障时将影响一个锚段内车辆的运行。

刚性悬挂适合用于大容量、高速度及多功能的运营线路。在城市轨道交通的隧道内，由于刚性悬挂在受流性能和经济技术等综合指标方面比柔性悬挂更具有优越性，因此在美国、日本、瑞士和西班牙应用比较广泛。我国原来只在广州地铁 1 号线坑口隧道示范段采用了刚性悬挂的试验。经过几年的试运行，证明其技术性能和弓网关系等技术参数达到设计规定，刚性悬挂可以满足时速 100 km/h 以上的速度要求。北京地铁 6 号线由于运营的车辆为 8 辆编组，考虑运输量的加大及经济效益的合理性，也已采用刚性悬挂接触网。

2.3　城市轨道交通变电所工程

城市轨道交通的变电所类型较多，按变电所的用途可分为主变电所、牵引变电所和降压变电所等，由于供电方式的不同，供电系统的结构形式也有所不同。

我国目前的轨道交通供电方式主要分为集中供电方式和分散供电方式两种。集中供电方式的特点是集中接收外来等级较高的电源，内部自成系统，系统内部存在多级电源转换，其变电所可分为主变电所、中心降压变电所、降压变电所和牵引变电所等类型。分散供电方式的接入的外电源电压等级较低，内部电压转换较少，其变电所可分为开闭所、降压变电所和牵引变电所等类型。

地上或高架区段的轨道交通线路，变电所可利用的空间较大，如果牵引变电所和降压变电所处于同一站点时，变电所可合并在一处，称为混合变电所，即牵引降压变电所。

地铁变电所的用电负荷较大，由于部分地下车站空间不足，因此设两个降压变电所，分别设在车站的两端，一个称为降压变电所，一个称为跟随变电所，在降压变电所中增加2路馈出，馈至跟随变电所，在跟随变电所中设两台变压器，低压接线方式与降压变电所相同，两个降压变电所共用一套控制系统，一般设在降压变电所内。

2.3.1　集中供电方式下的变电所结构及主接线

以上海地铁1、2和3号线为代表的集中供电方式存在多种电压等级，主变电所从城市电网取得两路110 kV独立电源，然后通过主变压器将电压降到35 kV，经过35 kV电缆线路向各牵引变电所和中心降压变电所送电。中心降压变电所的主要功能是将35 kV电压降为10 kV电压，通过10 kV电缆向各车站的10 kV降压变电所供电，如图2-3-1所示。

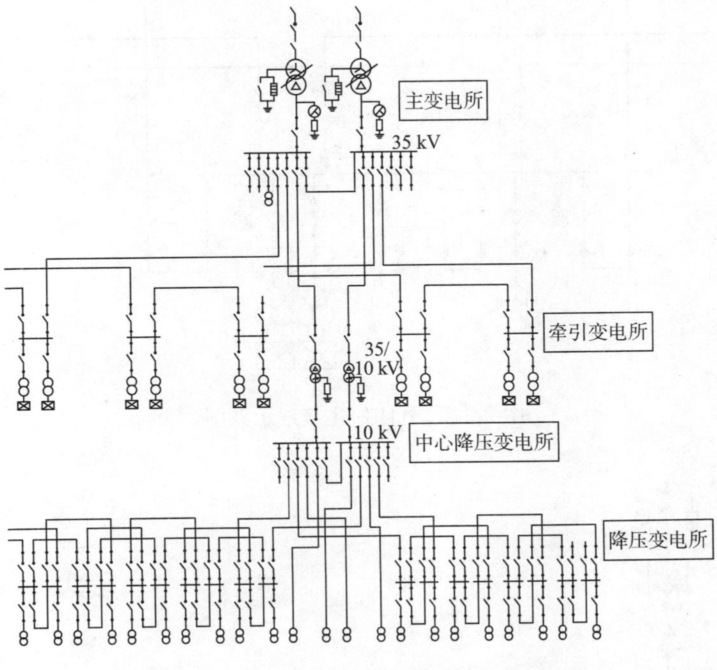

图2-3-1　上海明珠线的供电系统主接线示意图

以上海8号线和9号线为代表的集中供电方式与之相比，供电系统中减少了10 kV系统，主变电所从城市电网取得两路110 kV独立电源，然后通过主变压器将电压降到35 kV，经过35 kV电缆线路向各牵引变电所和降压变电所送电。系统中不再设中心降压变电所。

部分城市轨道交通的主变电所外部电源为35 kV电源，主变电所从城市电网取得两路35 kV独立电源，然后通过主变压器将电压降到10 kV，经过10 kV电缆线路向各牵引变电所和降压变电所送电。

以上海明珠线的供电系统为例，在正常工况下，主变电所的两路110 kV电源和两台主变压器同时分列运行。如果一路电源故障，合上主变电所的35 kV母线分段开关，由另一路电源供电。当一主变电所解列，且35 kV线路无故障的情况下，合上35 kV环网开关，由另一主变电所负担全线的牵引及动力负荷。

集中供电方式与城市供电网的接口非常少，内部自成系统，当地铁运营中发生故障需要改变运行方式时，地铁内部可以自行调整，操作方便，易于调度，工作效率较高。在网压波动方面，由于地铁内部是一个相对独立的小型电网，牵引负荷产生的电压波动和闪变在地铁供电系统内部经过二级变压器的转换，使其逐渐变得平衡，对城市电网其他用户影响较小。

2.3.2　分散供电方式下的变电所结构及主接线

分散供电方式以北京地铁 13 号线为代表，在地铁沿线建造若干开闭所，每座开闭所由城市电网提供两路电源，由开闭所对地铁其他变电所提供牵引、动力电源。开闭所通常与降压变电所、牵引变电所合建在一处。在分散供电方式下，供电系统分为开闭所、牵引变电所和降压变电所。开闭所接线方式如图 2-3-2 所示，降压变电所的接线方式如图 2-3-3 所示。

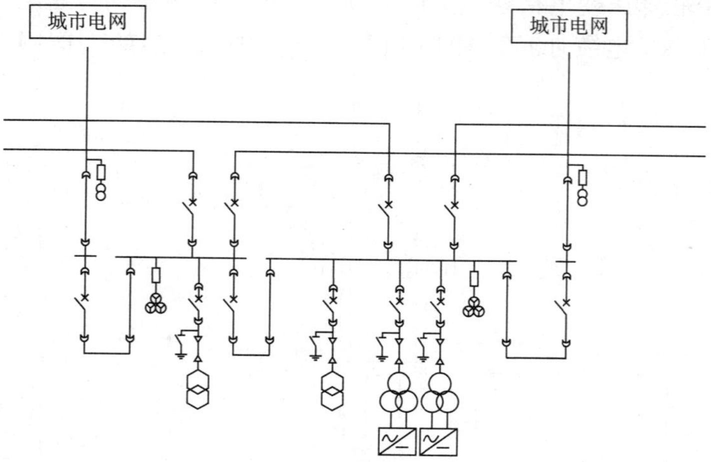

图 2-3-2　开闭所主接线示意图

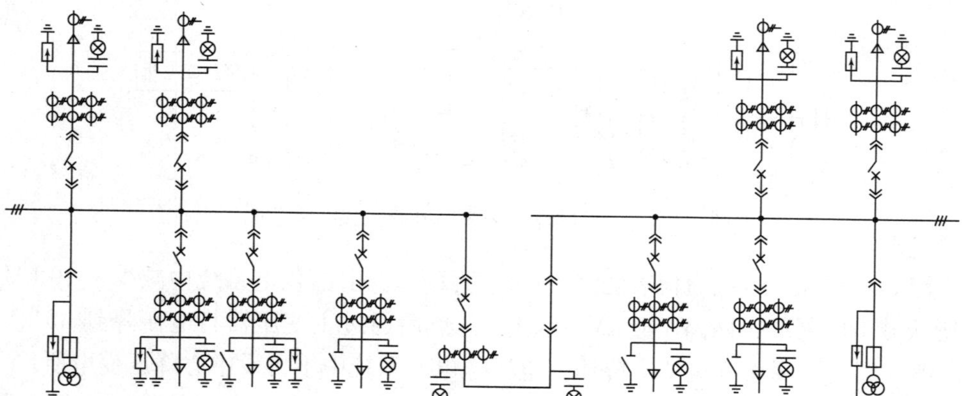

图 2-3-3　降压变电所主接线示意图

分散供电方式一次性投资比集中供电方式低，采用的设备较少，但与城市电网的接口较多，在改变运行方式时，需向供电局申请。另外，由于电源等级较低，供电质量不易保证。

2.3.3　牵引系统的运行方式

牵引变电所通过牵引变压器、整流装置和直流开关装置将较高的进线电源降压至整流所需的电压等级，经整流后再由直流电缆送至牵引网上，供机车用电。同时，利用列车走行轨作为回流线，通过回流电缆与牵引变电所负极柜相接，由此构成牵引供电回路。

牵引系统的高压侧一般接在同一段母线上，两台整流机组并列运行，当正线上一台整流机组发生故障时，另一台整流机组也退出运行。图 2-3-4 所示为牵引变电所的一种单独的接线方式，图2-3-5所示是牵引降压混合变电所的接线方式。

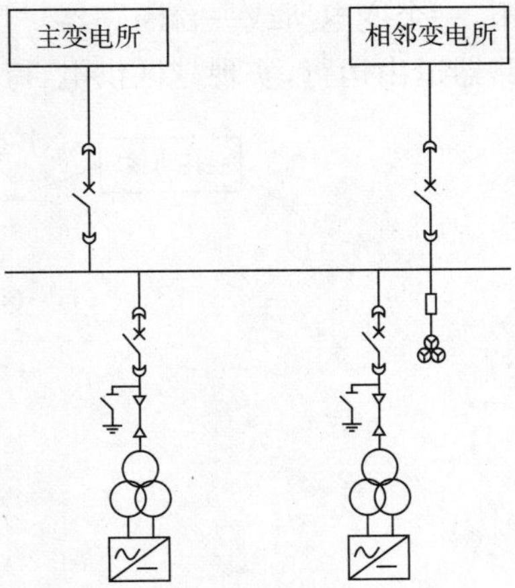

图 2-3-4　牵引变电所接线图

轨道交通供电系统牵引变电所的主接线是构成轨道交通供电系统的重要环节，主接线的确定与轨道交通供电系统、牵引变电所本身运行的可靠性、灵活性和经济性密切相关，并且对电气设备选择、配电装置的布置、继电保护和控制方式的拟定有较大影响。

根据城市轨道交通牵引负荷的特点和国内外的运营经验，牵引变电所主接线的直流部分，分为单母线和备用母线两种方式。两种接线形式在国内外轨道交通供电系统中的应用都很广泛。

直流备用母线方式是将备用断路器接在直流备用母线上，如图 2-3-6 所示。

备用母线方式最早用于轨道交通牵引变电所直流母线的接线方式之一，其历史较长。由于以前电气设备的可靠性不高，采用此种方式可以减少故障时间。例如，当 10 号馈线断路器发生故障时，通过远方调度的倒闸作业，10 号断路器退出运行，闭合隔离开关 14、16，将备用断路器 90 投入运行，仍然可以保证本回路供电，不必等到检修人员到场，即可完成倒闸作业，在一定程度上减少了由于设备故障而影响的运营时间；而其缺点是接线形式复杂，一次电气设备较多，继电保护相对复杂，设备一次性投资较高。备用母线的方式适合于无越区供电方式的轨道交通线路上使用。

单母线方式的特点是接线形式简单，一次性设备投资较少，缺点是故障断路器的倒闸操作需要检修人员到场后方能完成。单母线方式特别适合用于设置有越区供电功能的供电系统使

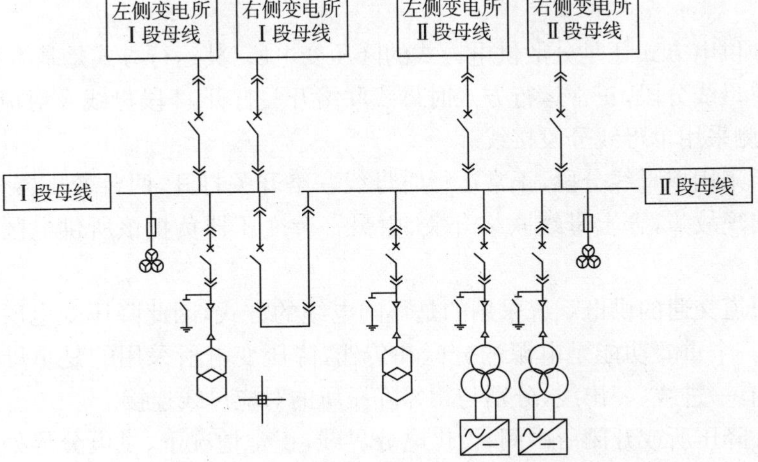

图 2-3-5　牵引降压混合变电所接线图

用，一个变电所或一台断路器一旦发生故障，通过远方调度进行倒闸作业，使故障变电所或断路器退出运行，实现越区供电，待故障排除后，再恢复正常的供电。

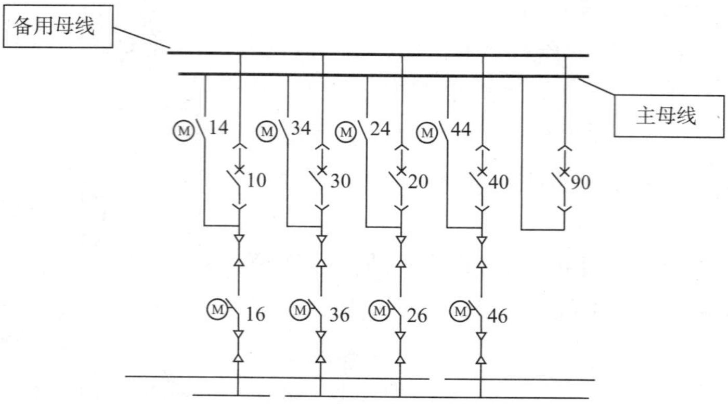

图 2-3-6　直流备用母线接线方式

供电臂正常情况下由相邻的两个变电所同时供电，称为双边供电，牵引系统的运行方式分为有越区供电方式和无越区供电方式两种，由于运行方式选择的不同，直流馈线开关的布置方式也会不同。

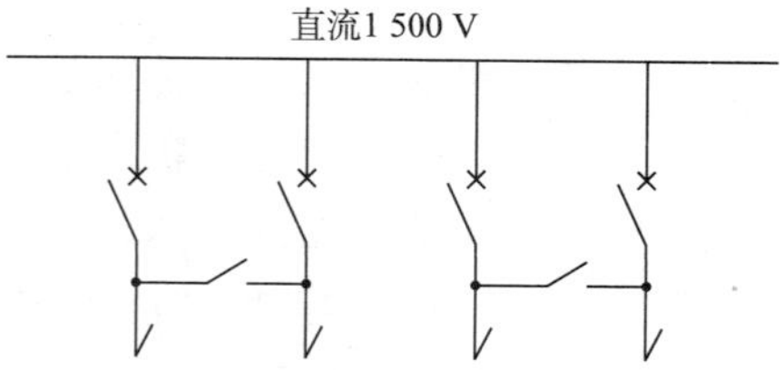

图 2-3-7　牵引降压直流接线方式

越区供电方式的直流馈线开关布置方式中设置联络隔离开关，如图 2-3-7 所示，正常情况下，中间的联络隔离开关打开，四个馈线开关闭合，供电臂由相邻的变电所实现双边供电。如果该变电所发生故障，该变电所将退出运行，馈线隔离开关打开，中间的联络开关闭合，由相邻牵引变电所实行越区供电。

无越区供电方式的接线方式中，没有中间的联络隔离开关，如图 2-3-6 所示，如果变电所发生故障，则故障变电所退出运行，供电臂暂时由相邻变电所单独供电。

2.3.4　降压系统的运行方式

无论是集中供电方式还是分散供电方式的降压变电所，其运行方式是基本相同的，即降压所高压侧采用单母线分段，正常运行方式时母线联络开关打开，2 段母线及对应的配电变压器分列运行，低压侧采用单母线分段接线。

中心降压所采用单母线分段，正常运行时母线联络开关打开，两台变压器分列运行，如果一个高压回路出现故障，合上母线联络开关，由另一台变压器负担该所供电区域的动力照明负荷。

由于城市轨道交通的供电系统采用的是环网电缆的方式，因此降压变电所除了进行电压转换外，其还有一个重要功能是电源的分配和传输，降压变电所采用的是单母线分段运行方式，每段母线上有一进线、一出线，分别与相邻降压所的对应母线连接。

在两个中心降压所或开闭所中间，设供电分界线，正常情况下，供电分界处的环网开关打开，一旦一边因故障失电，环网开关闭合，由一个中心降压变电所或开闭所负担整个供电臂的供电。

2.3.5　城市轨道交通变电所的布置

城市轨道交通的变电所一般都设在车站内或车站旁，变电所为室内布置，在特殊地段，因受空间或供电距离的影响，部分变电所可能设在区间。为了方便运营和管理，区间变电所有可能采用箱式变电站，站内无人值班。

变电所的设备较重，为了方便设备的安装，在地面段或高架段，变电所的位置通常位于车站建筑物的底层。

地下车站通常分为两层，即站厅层和站台层，站厅层为地下一层，站台层设在地下二层。因车站结构的不同，变电所布置也有所不同，设在站厅层的变电所，在设计阶段便考虑了设备进出通道，一般情况下，在变电所预留了设备吊装孔，设备可以从吊装孔进入。设在站台层的变电所，其设备运输一般没有吊装孔，需要利用轨道车将设备运入。

第3章　城市轨道交通变电所工程施工

3.1　变电所工程施工程序

变电所的施工程序可分为总体施工程序和单项工程施工程序两种。总体施工程序将各分部和分项工程作业集合在一起，按其在全部工程的施工顺序及工序衔接要求编制，合理进行施工的顺序安排；单项工程施工程序按分部或分项工程编制，是专为某种施工作业或某种设备安装项目制订的操作顺序或工艺顺序。变电所工程施工流程图如图3-1-1所示。

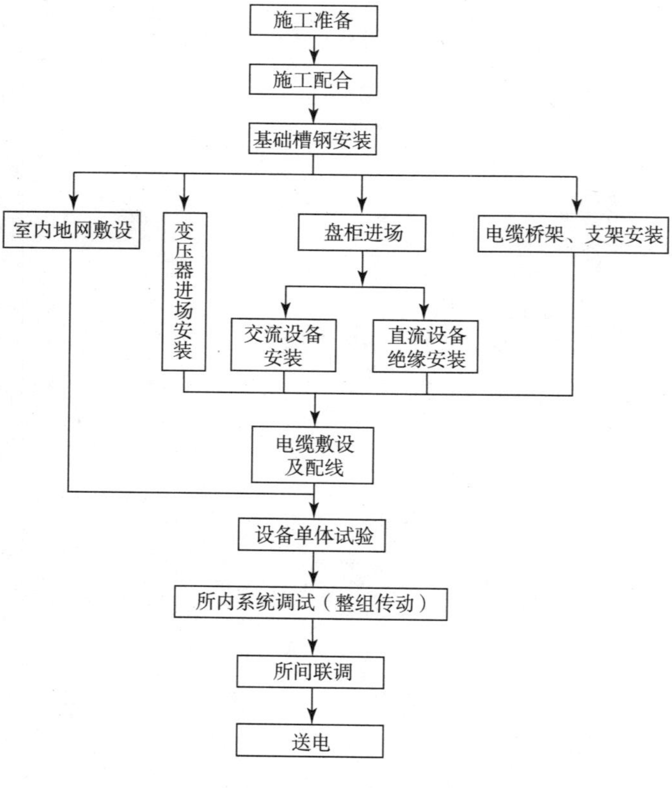

图3-1-1　变电所工程施工流程图

由于城市轨道交通变电所设在地铁车站内，变电所设备安装与车站的装修工程密切相关，需要两方密切配合。在变电所装修工作开始前，首先进行设备基础槽钢的安装，在地面装修开始时，设备安装单位应与装修单位加强沟通，确保变电所槽钢与地面保持水平一致，在施工中不能将基础槽钢移位或变形。

在变电所装修完成后，可以开始设备的进场安装。

城市轨道交通的供电系统的安装与调试的过程有自己的显著特点，由于轨道交通系统中的用电设备较多，带电调试是一个很长的过程，因此，变电所安装结束后，就要马上进行送电，送电以后，才能进行整个系统的联调。

轨道交通供电系统均设立供电控制中心，随着科学技术的发展，系统越来越先进和完善，同时施工中需要大量的调试工作，因此，变电所送电后，还有大量的调试、试验工作需要完成，送电成功后并不意味着施工结束。

3.2　变电所工程施工准备

施工准备是整个施工过程的基础，它对于全面控制工程进度，确保施工工期，降低工程成本，起着非常重要的作用。承包商要积极争取业主、设计、监理以及运营单位的支持和协助，科学、认真、全面地完成施工准备工作。

3.2.1　施工技术准备

1. 熟悉、审核设计图纸

依据国家标准、设计说明书以及建设方要求，熟悉设计图纸，对平面布置图、安装图进行全面、细致、认真的审核。审核平面布置图的合理性，平面布置图与现状的相符性，平面布置图与安装图、零件图、基础图是否配套。审核安装图各部尺寸的准确性。

2. 设计交底、图纸会审

参加设计交底、图纸会审和测量交桩，对图纸审核中产生的疑问进行澄清，进一步明确设计意图，掌握整个工程的设计特点。

3. 现场调查

(1)实地核对设计文件内容。

(2)调查前期工程的进展情况，以便合理安排施工计划。

(3)调查公路运输情况及大型设备运输就位的条件。

(4)调查工程沿线施工场地及通信设施可资利用情况。

(5)调查先期或协作单位施工配合的条件。

4. 施工测量

施工测量是施工技术工作的基础，通过施工测量确定施工安装的具体位置，对整个系统的正常运行、合理维护起着非常重要的作用。

(1)按照平面布置图确定起测点位置，并核对起测点标高，确保设备的安装位置准确无误。

(2)测量各预埋件的准确位置及预留尺寸，确认与设计图纸无误。

5. 设计图纸二次校核

在现场调查和施工测量的基础上进行设计图纸的二次校核，将现场实际与设计不符之处归纳总结。

6. 施工技术交底

(1)设计文件技术交底，包括整个工程的设计特点、设计技术要求，平面布置的设计思路，安装形式所采用的新技术、新材料，本工程施工中需特别重视的新工序和将要采用的新工艺。

(2)沿线地下构筑物和管线资料、地质勘察和气象资料技术交底。

(3)现场调查和施工测量结果技术交底。

(4)施工作业指导书技术交底。

(5)施工安全及工程质量创优技术交底。

7. 施工人员培训、考核

(1)在开工前,由企业主管教育的部门牵头组织对参加施工的全部人员,进行全面技术质量、安全方面的培训和考核。

(2)培训内容主要包括:学习国家标准、设计文件、技术交底资料以及施工作业指导书,掌握本工程的施工特点,学习新材料、新技术、新工艺在本工程中的应用以及实际操作方法,学习机械设备的操作方法,掌握安全操作规程。

3.2.2 施工物资准备

施工物资是施工的基础和关键,工程开始前应及时组织施工技术人员进行提料,并按照工期安排及预期的施工进度,由物资部提出全部物资的具体供货时间,并与供货商签订合同,确保物资供应。

1. 依据设计平面布置图及安装图、设计技术交底及图纸会审纪要、有关设计变更通知,及时组织技术人员编制物资供应计划。

2. 按照施工进度计划,明确各种物资供货时间,以确保施工的正常需要。

3. 编制物资计划时,明确各种材料和设备的名称、规格、材质,以确保物资部门订购的设备和材料完全符合设计要求。

3.2.3 施工机械设备及通信设备准备

施工准备阶段,施工机械设备将陆续到达,机械管理工程师要制订机械设备的放置计划、运行计划和开工前的检修、维护计划,并一步落实到位。联系现场附近的大型修理厂,以备不时之需。

在地下段设备安装和调试过程中,通信联络工具的准备是一个重要环节,在工程开通前没有正式的通信系统,因此在系统调试时需要解决通信问题。

3.2.4 现场施工准备

组织搭建临时设施,统筹安排,合理分工,为业主、监理单位代表以及施工队伍创造一个良好的办公和居住环境,建设优质样板工地,搞好各种安全栏、板报、标志牌等设施,绿化环境、保持清洁卫生,也为下一阶段的正式开工创造一个有利的条件。

3.2.5 消防设施准备

制订变电所施工的消防措施,针对施工现场的具体情况,准备好变电所的消防设施,如灭火器、消防器具等。

3.3 设备基础槽钢的安装

变电所的各类设备一般均安装在基础槽钢上,因此,施工首先要安装设备的基础槽钢,基础槽钢的安装要与土建单位密切配合才能完成,在前期工程的主体结构完成且装修未开始前,进行基础槽钢的安装工作。基础槽钢安装完成后,才能进行地面的装修,确保基础槽钢与地面保持水平。

3.3.1　工艺流程

基础槽钢安装工艺流程如图 3-3-1 所示。

图 3-3-1　基础槽钢安装工艺流程图

3.3.2　劳动组织

基础槽钢安装工作中的劳动组织见表 3-3-1。

表 3-3-1　基础槽钢安装的劳动组织

序号	项　目	人　数	主 要 职 责
1	负责人	1	安装总负责
2	技术人员	1	测量定位
3	安装组	6	槽钢搬运安装
4	电焊工	1	负责焊接工作
5	安质员	1	安全防护

3.3.3　施工机具准备

基础槽钢安装的施工机具准备见表 3-3-2。

表 3-3-2　基础槽钢安装的施工机具准备

序号	名　称	规　格	单位	数量	用　　途
1	载重汽车	3 t	辆	1	材料工具运输
2	面包车	17 座	辆	1	人员运输
3	粉包		只	1	画线
4	冲击电钻		台	1	打孔
5	交流弧焊机	13 kW/24.5 kV·A	套	1	槽钢焊接
6	电源配电箱		套	2	临时用电
7	水准仪		套	1	测量
8	电工工具		套	4	槽钢安装
9	撬棍		根	2	槽钢调整
10	钢卷尺		只	2	测量
11	万用表		块	1	测量

3.3.4 施工准备

1. 与装修单位联系，办理施工交桩手续。

2. 依据设计图纸，复核槽钢的规格型号、结构层预留孔洞是否与设计相符。

3. 与车站管理单位联系施工用电。

4. 根据施工图纸以及结构层预留孔洞的位置，测量出基础槽钢的安装位置，应使基础槽钢与墙面保持平行。

5. 根据成列开关柜排列情况，复核一次电缆、二次电缆孔位置。

3.3.5 固定角钢安装

1. 槽钢位置确定后，将固定角钢用胀锚螺栓固定在结构层上。

2. 固定角钢的固定间距宜为 1 m 左右，应在槽钢两侧固定。根据设计要求及设备安装方案，槽钢具有两种安装方式，如图 3-3-2 所示，可根据需要按示意图进行安装。

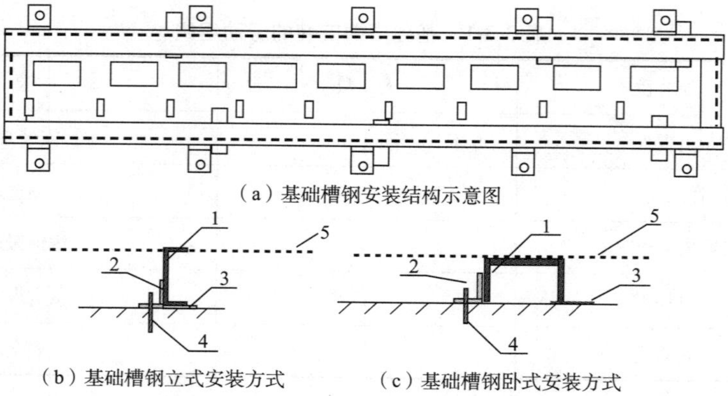

图 3-3-2　基础槽钢安装示意图

1—槽钢；2—角钢；3—预埋钢板；4—膨胀螺栓；5—地平线

3.3.6 槽钢安装

1. 根据装修层的地面标高用水准仪测量基础槽钢的安装高度，如果安装高度不够，在槽钢下面放置垫铁进行调整，满足要求后用电焊机将槽钢点焊在固定角钢上。

2. 两根槽钢调平后，应复核两根槽钢之间的平行距离、对角线、水平度，确定无误后将槽钢焊接牢固。

3. 基础槽钢需要两处接地，将接地扁钢在槽钢的侧面与槽钢进行焊接，搭接长度为扁钢宽度的 2 倍，且至少焊接 3 个棱边，焊接必须牢固无虚焊，焊接部位必须做防腐处理。

4. 槽钢焊接完毕之后，槽钢的整体应刷上两道防锈漆。

5. 槽钢安装完成后及时填写安装技术记录。

3.3.7 技术要求

1. 基础槽钢安装应与墙面平行，安装位置应满足设备安装要求。

2. 基础槽钢应与地面标高一致，误差应不大于＋2 mm；前后槽钢间距应相互平行，误差应不大于2 mm。

3. 两根槽钢应保持在同一水平面上，误差每米不应大于1 mm，全长不应大于5 mm。

3.4　变电所接地系统安装

轨道交通的变电所的接地比较复杂，现在我国大多数的轨道交通的接地设计均采用车站综合接地网的形式。接地网一般由站前施工单位完成，在各类变电所内，通常各设计单位是在变电所设置总接地铜排，并采用绝缘法安装，放射式接线，分别引至各类配电装置接地处；以及沿变电所内墙壁设置接地干线扁钢的形式，实现变电所工作及保护接地。站前工程一般在变电所预留两处接地钢板，供变电所的施工单位进行接地系统的连接。在接地系统连接前需对预留的接地钢板的接地电阻进行测试，接地电阻值应满足设计要求。

变电所内的接地干线一般有两种形式，通常为矩形钢材或矩形铜材，其安装方式也有所不同。接地干线一般用于连接变电所的电缆支、桥架，设备底座槽钢及金属门窗等。

全线各变电所均设置一块接地铜排，供变电所各部分共同接地。

关于各类接地线及接地铜排的防腐措施，除接地铜排外，如果设计没有特殊要求的话，一律涂刷黑色油漆。一般情况下，设计均规定接地铜排采用彩色条纹漆涂刷，但为了符合国家标准的规定，接地铜排必须采购带镀银或镀锡层的产品，以保证达到母线连接的要求。

每个变电所的接地和车站其他专业设备的工作和保护接地，以及低压配电保护、防静电保护、屏蔽体接地、等电位连接等共同组成车站综合接地网。

全线各变电所之间还要按设计要求，全部用区间接地干线连接起来，组成全线的综合接地系统，供沿线各个专业的强、弱电设备接地使用。

3.4.1　接地铜排的安装

变电所的接地铜排的型号通常为TMY-100×10，长度根据变电所的需要由设计明确在施工图纸上规定，接地铜排需绝缘安装，绝缘子选用户内支持绝缘子，一般选用ZNA-6MM型绝缘子。接地铜排通过接地电缆与接地扁钢或设备相连接。接地铜排的安装方式如图3-4-1所示。

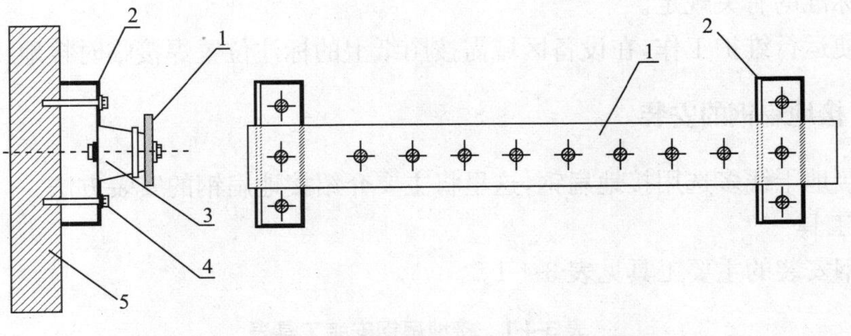

图3-4-1　接地铜排安装示意图

1—接地铜排；2—槽钢；3—户内支持绝缘子(ZNA-6MM)；

4—膨胀螺栓(M12×120)；5—侧墙

变电所的接地干线在设计没有规定的情况下，一律按照国家标准规定采用矩形铜母线制作。当设计有具体的要求时，按设计要求制作。接地干线如果能够在土建工程未完成前，也就是在地面装修前，在得到建设单位许可、征得土建单位配合的情况下，尽量提前进行施工，这样可以减少装修层的维护工作量，也可以保证电气安装工程完工后房屋的整齐美观。接地干线安装的具体形式，每个变电所不尽相同，图 3-4-2 所示为上海轨道交通 3 号线某停车场变电所的接地平面布置形式，仅供参考。

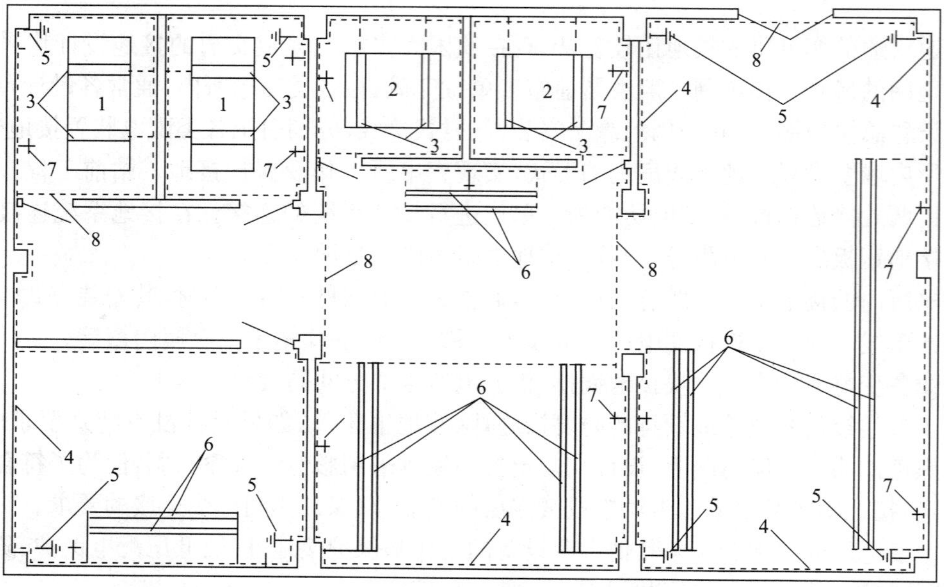

图 3-4-2　上海某停车场牵引降压混合变电所室内接地平面布置示意图(局部)

1、2—利用配电和牵引变压器基础槽钢作接地体；3—基础槽钢；4—镀锌扁钢沿墙明敷；5—与预埋钢板焊接；6、8—镀锌扁钢沿地暗敷；7—临时接地端子

以图 3-4-2 所示室内降压牵引混合变电所接地平面示意图为例进行说明：接地材料全部采用镀锌扁钢，规格为 40 mm×4 mm，室内接地干线沿墙明敷，距地面 300 mm，接地干线需与房屋结构柱上的预埋钢板焊接，通过屋门及过道处的接地干线允许暗敷。室内设备底座和盘柜屏底座的预埋槽钢通过暗敷接地线与接地干线连接在一起。接地干线穿墙时，应加 PVC 阻燃套管保护，其管的两端口应用防火堵料封堵。施工方法按常规的工艺标准执行，其施工质量应符合国家标准的有关规定。

为了方便运行维护工作，在设备区域需按图纸上的标注位置焊接临时接地线连接端子。

3.4.2　接地扁钢的安装

变电所接地干线多选用接地扁钢，这里将主要介绍接地扁钢的安装方法。

1. 主要工具

接地扁钢安装的主要工具见表 3-4-1。

表 3-4-1　接地扁钢安装工具表

序号	名称	规格	单位	数量	用途
1	钢卷尺	30 m	只	1	测量
2	冲击电钻		台	1	打孔

续上表

序号	名称	规格	单位	数量	用途
3	交流弧焊机	13 kW/24.5 kV·A	套	1	接地线焊接
4	母线煨弯机		套	1	扁钢煨弯
5	母线切割机		台	1	扁钢切割
6	电工工具		套	2	
7	手锤		把	2	
8	射钉枪		把	2	

2. 工艺流程

接地扁钢安装工艺流程如图 3-4-3 所示。

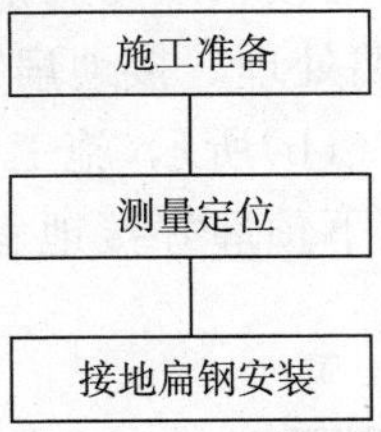

图 3-4-3　接地扁钢安装工艺流程图

3. 施工准备和测量定位

(1)认真分析施工图纸,依据设计图纸,复核扁钢的规格型号。

(2)根据施工图纸以及房屋门口的位置,测量出接地扁钢的安装位置及尺寸。

4. 接地扁钢安装的技术要求

(1)沿墙明敷的接地母线距地面高度宜为 300 mm,与墙间隙约为 10～15 mm,用 S 形卡子固定在墙上,水平直线段卡子的间距宜为 500～1 500 mm,垂直敷设段间距宜为 1.5～3 m,转弯处宜为 300～500 mm。接地线在水平、垂直敷设时,在直线段上不应有高低起伏或者弯曲现象。根据设计和设备安装要求的不同,具体安装方式有接地扁钢在墙上安装方式(一)(如图 3-4-4 所示)和接地扁钢在墙上安装方式(二)(如图 3-4-5 所示)。推荐选用安装方式(二),既方便施工,也方便运营维护。

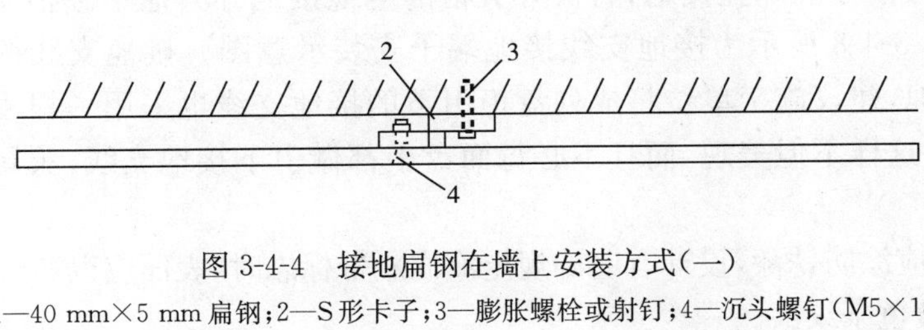

图 3-4-4　接地扁钢在墙上安装方式(一)

1—40 mm×5 mm 扁钢;2—S 形卡子;3—膨胀螺栓或射钉;4—沉头螺钉(M5×18)

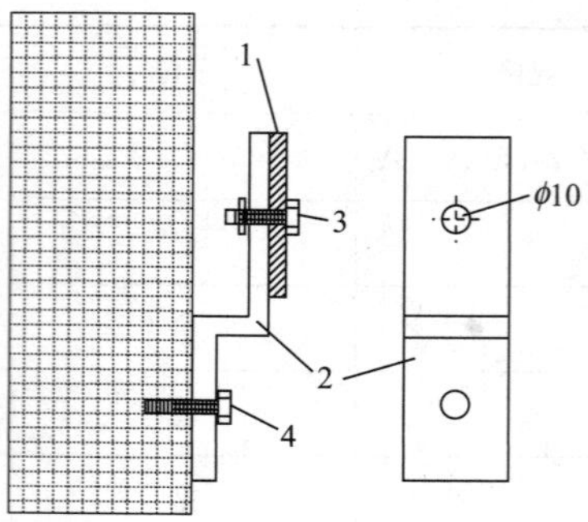

图 3-4-5　接地扁钢在墙上安装方式(二)

1—接地扁钢;2—S形卡子;3—连接螺栓(带帽及垫圈);4—膨胀螺栓或射钉

(2)接地干线穿墙时,应加 PVC 阻燃套管保护,其管的两端口应用防火堵料封堵。

(3)接地线之间的连接采用搭接焊,搭接长度为扁钢宽度的 2 倍,且至少焊接 3 个棱边,焊接必须牢固无虚焊,焊接部位必须做防腐处理。接地扁钢的 T 形连接头正确的连接方式如图 3-4-6(a)所示,错误的连接方式如图 3-4-6(b)所示,施工中必须避免。

(4)接地干线通过门口时,应在地面下预埋好接地扁钢,在门口的两端分别与接地扁钢连接,连接方式如图 3-4-7 所示。

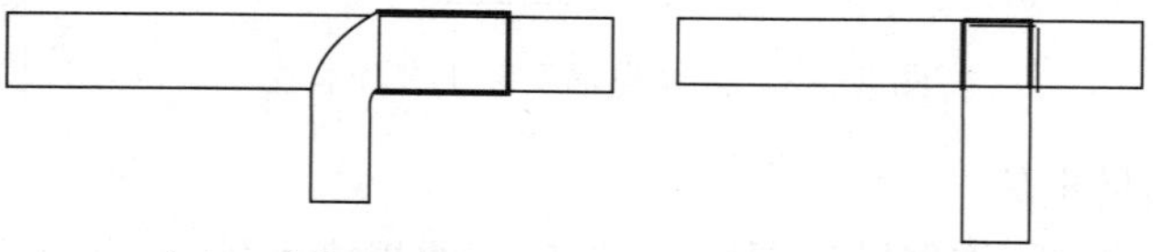

(a) 正确的T形连接　　(b) 错误的T形连接

图 3-4-6　接地扁钢 T 形连接示意图

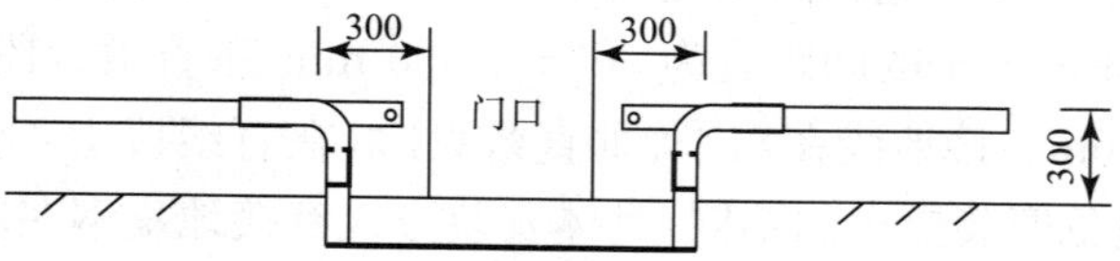

图 3-4-7　接地干线过门口安装示意图

(5)成列开关柜接地母线应有两处接地,接地端子应在焊接接地支线时预留在设备开孔的下方,也就是引向开关柜的电缆支沟内,如图 3-4-8 所示。变压器中性点接地及外壳接地,交、直流及中央信号屏外壳接地,直流开关柜的电缆接地等其他单独柜体外壳接地均应留有接地端子,图 3-4-8 所示为接地支线接地端子安装示意图。接地支线的接地端子主要用于电缆铠装接地,建议施工单位将成列盘柜引下的接地支线也采用一根水平设置的扁钢连接成一个整体,这样不但美观,而且不必每面盘柜都做引下接地支线,头尾两端引下接地支线即可。

(6)接地扁钢应涂防锈漆,设计有明确规定涂刷彩带标志时,表面应以 20 mm 相等宽度的间隔涂刷绿色和黄色条纹漆。

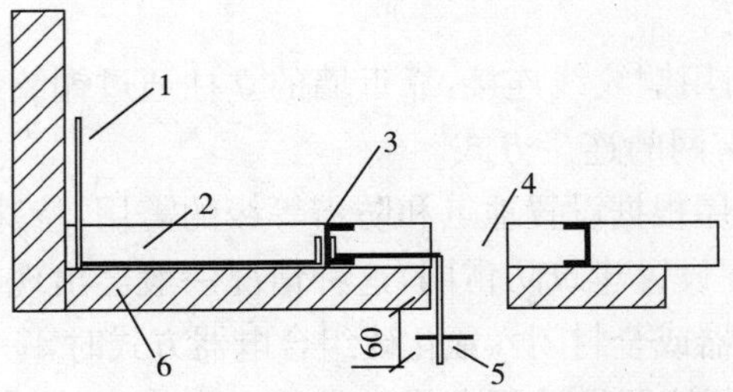

图 3-4-8　接地支线接地端子安装示意图

1—接地扁钢；2—装修层；3—设备基础槽钢；4—设备开孔；5—接地支线扁钢开孔；6—结构层

3.4.3　接地系统的连接

1. 接地电缆或接地扁钢与预埋钢板的连接方式

城市轨道交通的变电所接地系统的室外部分由土建施工单位完成，通常采用综合接地网的方式，在变电所内将预留两处预埋钢板，接地电缆与两处预埋钢板相连接。接地电缆或接地扁钢不能直接与接地钢板连接，必须通过连接扁钢与其连接，连接方式如图 3-4-9 和图 3-4-10 所示。

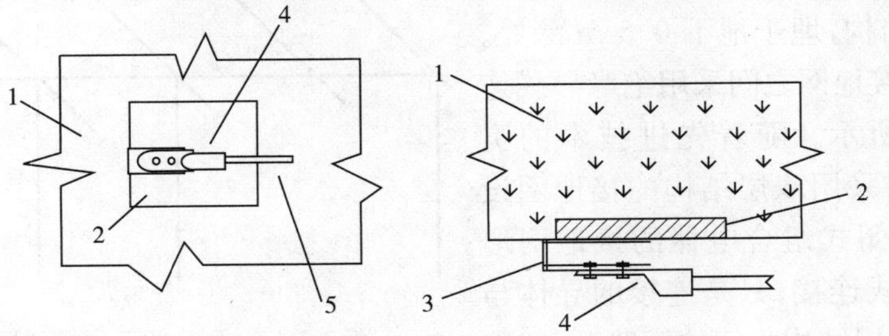

图 3-4-9　接地电缆或接地扁钢与预埋钢板的连接方式(一)

1—侧墙；2—接地钢板；3—连接扁钢；
4—双孔铜接线端子；5—接地电缆

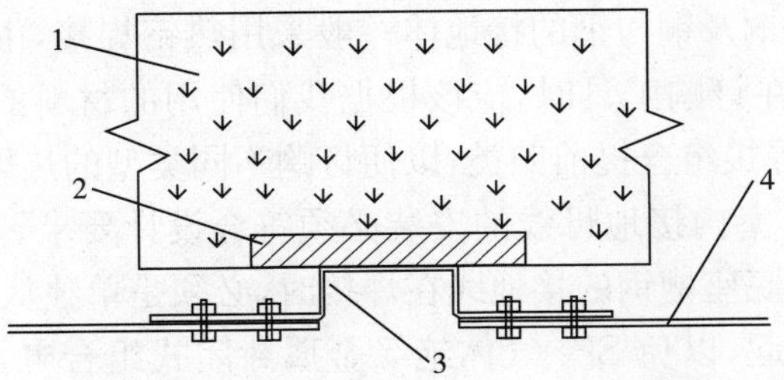

图 3-4-10　接地电缆或接地扁钢与预埋钢板的连接方式(二)

1—侧墙；2—接地钢板；3—连接扁钢；4—接地扁钢

连接扁钢与变电所接地扁钢的规格型号相同，连接扁钢与接地钢板通过焊接的方式搭接，搭接长度为扁钢宽度的 2 倍，且至少焊接 3 个棱边，焊接应牢固无虚焊，焊接部位必须做防腐处理。

2. 接地扁钢与变电所电缆支架的连接方式

变电所的电缆支架必须与接地系统连接，接地扁钢与电缆支架之间按设计要求的连接方式进行连接，电缆支架上的接地扁钢通过电缆与接地铜排连接。

3. 接地扁钢与设备的连接方式

变电所各设备均有接地母排或接地端子，利用铜绞线将其与接地扁钢连接。铜绞线的规格必须符合国家标准的规定。

变压器网栅立柱与网门用铜绞线连接，靠近墙的立柱通过铜绞线与干线接地扁钢连接。

4. 接地扁钢与建筑防雷网的连接方式

在地上或主变电所的房屋根据设置地点和防雷等级的需用，特殊场所设计可能会根据国家标准的规定，为变电所的房屋设置建筑防雷网，这种情况一般会出现在地上或主变电所当中，尤其是采用室内安装油浸变压器或全封闭六氟化硫组合电器方式时，一般会采用建筑防雷网。

当采用建筑防雷网时，要按照设计要求将室内每一个防雷接地盒内的接地端子与室内接地干线进行连接。连接完成后，要对建筑防雷网的接地电阻值进行测量，应符合设计要求。

5. 绝缘金属封闭式组合电器的接地体的连接

一般情况下，SF_6气体绝缘金属封闭式组合电器的接地网设置为闭合环状。为了安全起见，国外还有将接地网设计成双层结构的，现在这种双层结构的接地网设计技术也被引用到国内来了。其主接地网为 30 m×30 m 的网格，埋于地下 1 m 深处；辅助接地网为 2 m×2 m 网格结构，埋于地下 0.5 m 深处。辅助接地网与主接地网之间采用绝缘导线连接，如图 3-4-11 所示。随着先进技术的引进，国内工程也有采用双层结构的接地网设计的绝缘金属封闭式组合电器的接地网形式。所谓绝缘导线连接，只是连接的导体与大地绝缘，屏蔽双层结构之间的短路，一般选用绝缘导线或直接使用接地材料连接，然后用自融绝缘胶带缠绕，只要绝缘强度大于 3 kV 即可，总之要符合设计要求。同时还需要注意一点，现在的变电所工程一般也采用了铜或铜包钢的接地网材料和技术，这就要求我们必须改善以往的施工工艺。铜与铜及铜与钢的接地体一般采用热镕焊接，由于它们的形状与截面及材质不统一。因此，我们在订购工具时，应该根据我们使用的材料的材质规格和截面进行区分，将可能遇到的接地体焊接组合提前归类，以便订购不同类型的热熔焊接熔腔及焊药。

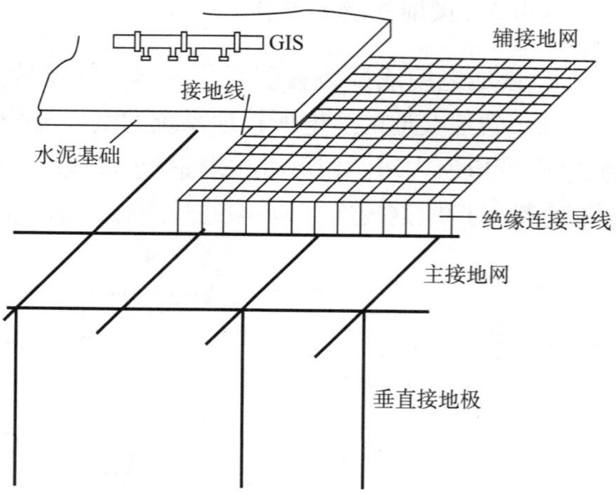

图 3-4-11　GIS 的双层接地网布置示意图

另外，需要注意的是，室内接地母线的安装必须符合设计要求。尤其是 SF_6 气体绝缘金属封闭式组合电器的安装底座槽钢的接地线在焊接时，必须是单独从接地网引来的，切不可与电缆沟内接地母线混在一起，以免 SF_6 气体绝缘金属封闭式组合电器发生内部故障时，造成低压或二次回路返向击穿。

3.5　电缆支架、桥架的安装

变电所的电缆支架、桥架有多种型式，支架通常可分为“F”形和“门”形两种，如图 3-5-1 所示。电缆支架的结构型式选择可结合现场的实际情况进行。“F”形结构简单，施工方便，适用于电缆较少或电缆较轻的场所；“门”形结构复杂，要求安装精度较高，适用于电缆较多或电缆较重的场所。

笔者认为“门”形结构的电缆支架设计得不够人性化，为什么这样说呢？这种结构形式不论用在变电所还是用在电缆线路上，对施工单位都是无所谓的事情，只要你能够设计出来，就一定能够将电缆敷设进去。但要考虑实际运用效果如何。

运营维护要处理故障电缆怎样解决，结果就是牵一发而动全身，遇到此种情况，故障电缆只是其中一小部分，可是在“门”形结构的电缆支架上的电缆数量很多，而且大多数都是粗壮的电力电缆，还不是一两根。施工时，由于不带电，任何环境下都能够施工。运营当中遇到故障电缆时，抽，抽不动；拽，拽不出来，那才叫急人呢。最后只有采取最简便处理的方法：两侧终端头据下来拉倒。笔者走访20个世纪五六十年代建造的发电厂、变电所，由于当时条件的限制，电缆普遍直接铺设在电缆沟底部，没有电缆支架，废旧电缆和故障电缆全部去除终端头，直接放在沟底了事。北京地铁环线、1号线也存在这种现象，虽然经过了改造，恐怕以前在底层的废旧电缆也未必能清理干净了。所以希望设计人员深入现场，解决实际问题，把我们的工作做得更好、更扎实。

电缆支架、桥架的安装样式多种多样，可安装成悬吊式、直立式、侧壁式等，应结合现场的实际情况进行安装。现在我国有许多工厂生产配套的电缆支架和桥架，施工单位只要根据施工图纸的要求进行订货就可以了。

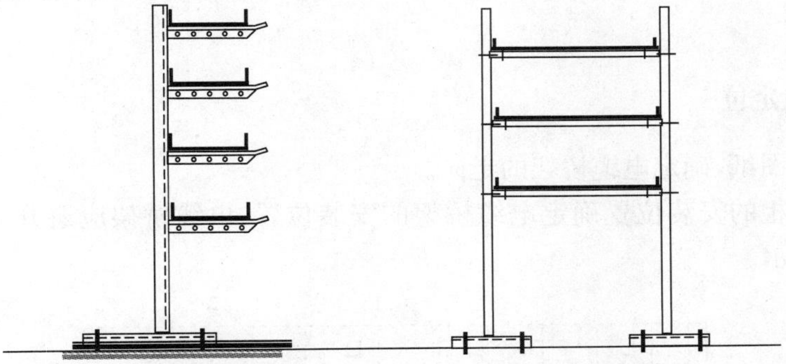

（a）“F”形电缆支架　　（b）“门”形电缆支架

图3-5-1　电缆支架的结构型式

电缆桥架的防腐分为一般静电喷塑、镀锌、热浸锌、喷漆、镀锌镍和真空渗锌等方式，根据安装场所的不同，采用的防腐措施也会有所不同，应按设计要求订货和验收。

电缆支架是支撑电缆桥架和电缆的主要部件，它主要由立柱、横撑、立柱底座、托臂等组成。支架立柱安装间距设计无具体规定时，一般情况下不应大于1.5 m，安装位置可根据施工的具体情况作适当的调整，以方便电缆敷设。

电缆桥架分为直通式、水平弯通、水平三通、水平四通等形式，每一节与相邻节采用螺栓连接，在连接处还需要利用铜绞线进行接地连接。

建议各个设计单位将各种电缆桥架、支架、吊架全部设计为绝缘安装，从设计环节就杜绝杂散电流的影响。其实绝缘安装也只是在原来螺栓的基础上增加一个带凸台的尼龙垫圈而以，再配合尼龙垫圈的孔径修改一下支架的螺栓孔径即可。

图3-5-2　电缆支架、桥架安装工艺流程图

3.5.1　工艺流程

电缆支架、桥架安装工艺流程如图3-5-2所示。

3.5.2　主要工具

电缆支架、桥架安装的主要工具见表3-5-1。

表 3-5-1　电缆支架、桥架安装工具表表

序号	名称	规格	单位	数量	用途
1	粉包		只	1	画线
2	线坠	0.5 kg	只	1	立柱找正
3	水平尺	300 mm	只	1	桥架找平
4	钢卷尺	5 m	只	1	测量
5	线绳	ϕ1.0 mm	米	50	测量
6	铅笔		支	2	画线
7	冲击电钻	13 mm	台	1	打孔
8	电工工具		套	4	桥架安装

3.5.3　施工准备

1. 变电所电缆夹层地面应平整清洁，夹层高度应满足桥架安装需要。

2. 复核电缆桥架的规格、型号，与设计图纸应一致，检查电缆桥架外表，应光滑平整，镀锌层均匀。

3.5.4　测量定位

1. 依据设计图纸，确定电缆桥架的走向。

2. 根据开关柜的安装位置确定电缆桥架的安装位置，电缆桥架应避开高压电缆进出位置，如图 3-5-3 所示。

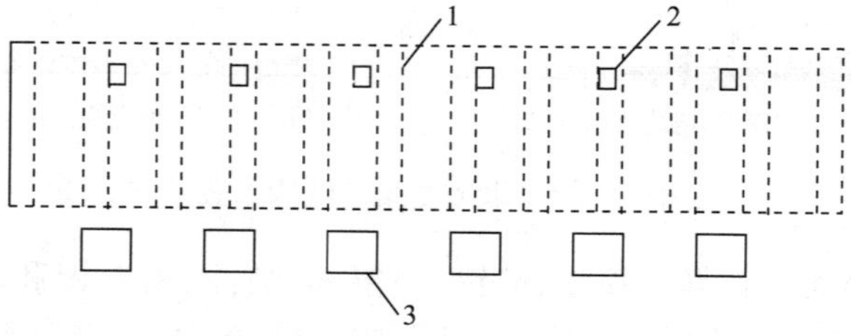

图 3-5-3　电缆桥架安装位置示意图

1—电缆桥架；2—控制电缆孔；3—高压电缆孔

3.5.5　立柱安装

1. 根据已测量出的立柱安装位置，用墨斗标出两列立柱的中心线。

2. 根据立柱的安装孔距打孔安装膨胀螺栓，先在一列的两端各安装一个立柱，将立柱安装调整垂直后，绑扎线绳作为基准线，以便于其他立柱的安装调整。

膨胀螺栓打孔安装时，要根据设计要求采取措施防止膨胀螺栓与结构钢筋偶然连接或接触，以避免给杂散电流制造通路。

3. 当立柱安装在不平整或倾斜地面时，可在立柱下面加垫垫片进行调整。

3.5.6　桥架安装

1. 立柱安装完毕后，按设计图纸和产品说明书安装桥架托臂，托臂应固定牢固。

2. 安装完一层托臂应及时安装电缆桥架，电缆桥架应安装水平、连接牢固。

3.5.7　接地线安装

1. 接地线应安装在桥架立柱上，在立柱的下部距地面 300 mm 处敷设接地扁钢，接地扁钢与桥架立柱应用电焊或采用螺栓连接固定，应符合设计要求。

2. 扁钢与扁钢搭接处采用焊接，通常接地线应分别从两端与接地母排连接。

3. 电缆桥架与立柱间及桥架间的连接缝之间应用软铜编织线连通，截面不小于 30 mm^2，如图 3-5-4 所示。

4. 桥架安装结束后及时填写安装技术记录。

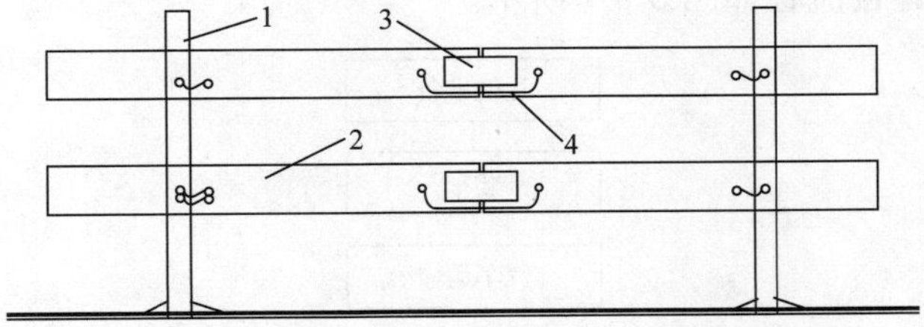

图 3-5-4　电缆桥架连接处的接地线

1—电缆支架；2—电缆桥架；
3—电缆桥架连接板；4—连接软铜线

3.5.8　技术要求

1. 电缆桥架安装位置正确，同一层托臂要安装在同一平面上，相邻托臂高低偏差不大于 5 mm。

2. 立柱间距均匀，排列整齐。立柱的垂直偏差不大于 5 mm。

3. 电缆桥架接地扁钢敷设正确、连接可靠，接头焊接处应及时进行防腐处理。

4. 接地扁钢至少两处与夹层接地母排连接。

5. 电缆桥架如果超过 30 m，按规定设置伸缩缝。

3.5.9　安全注意事项

1. 电缆夹层施工时应保证有足够的照明设施。

2. 在电缆夹层中进行电焊作业时，要有通风设施及必要的换气措施。

3. 在夹层内施工时，设备孔洞处应设防护，以防设备层坠物伤人。

4. 在夹层内施工动火应根据有关规定提前办理动火证，施工现场应配备灭火器材。

3.6　设备的运输和就位

城市轨道交通线路一般贯穿市区，车站分为地面车站、高架车站、地下车站等多种形式。大部分变电所作为车站组成的一部分，其结构并非统一，设备运输时需根据各站变电所房建实际情况，采取不同的施工方案。

部分变电所可能位于距离较大的区间或隧道中，在施工中，设备的运输非常不便。

近年来，我国的轨道交通供电系统中，开始采用箱式牵引变电站，每座箱式牵引变电站的质量重达 40～50 t，体积庞大，运输非常不便。

设备由工厂至施工单位的中心料库的运输，通常由供货商负责，本节内容不作介绍，本节主要介绍设备由中心料库运至施工现场的内容。

3.6.1　电气设备的汽车运输

高架区段和地面段的变电所一般位于地面，工程在设计时，变电所就预留了设备的运输通道，因此设备的运输较为方便。部分地下变电所预留了设备吊装孔，用汽车将设备直接运至设备吊装孔处。

1. 设备运输流程

电气设备的汽车运输流程如图 3-6-1 所示。

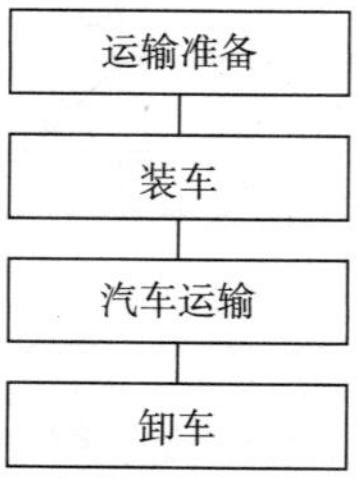

图 3-6-1　电气设备的汽车运输流程

2. 运输准备

设备运输的准备工作是一项非常重要的工作，准备工作的好坏将直接关系到设备是否能够顺利并安全地运至安装地点。运输准备工作分为道路情况调查、运输车辆和吊装设备的安全检查、工机具的安全检查、运输人员的安全培训等内容。运输准备的一个重要内容是选择一个适合设备运输的天气。

首先是道路情况调查，调查由工厂或中心料库至设备安装地点的道路情况，调查的内容见表 3-6-1。

表 3-6-1　道路调查内容表

序号	调　查　内　容
1	道路情况是否适合设备运输，车辆装载设备后的高度是否可以通过，沿途是否有限高的设施等
2	道路是否有交通管制
3	道路中的桥梁是否能够承载运输车辆
4	道路是否单行
5	道路桥涵的高度是否能够满足设备运输

车辆准备主要是运输汽车和吊车的准备。根据运输设备的不同，选择不同的运输和吊装工具。如运输开关柜，可选择 5 t 或 8 t 的载重汽车，吊车选用 12 t 汽车吊车；运输整流变压器，可选择载重 30 t 的汽车和 30 t 的汽车吊车等。汽车和吊车的额定载荷能力应满足设备运输的要求。对于主变电所的电气设备和箱式变电站的运输，还应该提前编制运输方案，报业主及地方有关安全管理部门审批。同时，应该编制相关的安全应急预案，以防出现意外情况。

所有运输使用的工机具，在使用前均需认真检查，并由安全人员签字认可，方可使用，应仔细检查钢丝绳、捆车器、固定绳、紧线器和手扳(拉)葫芦等，不能存在侥幸心理，要做到万无一失。

人员培训是一个重要的环节，参加运输的人员必须全部进行培训，树立安全意识并熟悉安全注意事项，建立指挥体系和联络方法。

3. 劳动组织

电气设备的汽车运输劳动组织见表3-6-2。

表3-6-2　电气设备的汽车运输劳动组织表

序号	项目	人数	主要职责
1	施工负责人	1	负责设备运输指挥与协调工作
2	技术负责人	1	负责设备运输安装的技术工作
3	安全负责人	1	负责设备运输安装的安全质量工作
4	物资负责人	2	负责设备厂家的联络工作、设备开箱检查、资料收集工作
5	防护	2	负责施工现场的安全防护工作
6	设备运输组	20	变压器、开关柜进场
7	后勤组	2	负责后勤保障工作

4. 工器具准备

电气设备汽车运输的工器具准备见表3-6-3。

表3-6-3　电气设备汽车运输的工器具准备表

序号	名称	规格	单位	数量	用　途
1	吊车	25 t	台	1	设备吊装
2	汽车	5 t	辆	1	工具、材料运输
3	液压运输车	3 t	辆	2	开关柜运输
4	液压千斤顶	CBR-2A	台	4	变压器升落
5	液压千斤顶	16 t	台	4	变压器升落
6	倒链	3 t	台	2	设备牵引
7	链条葫芦	5 t	台	2	变压器牵引
8	钢丝绳套子	20 t　$L=3$ m	根	2	吊装牵引变压器
9	钢丝绳套子	ϕ16 mm×5 m	根	2	变压器、开关柜吊装
10	钢丝绳套子	ϕ16 mm×2 m	根	2	变压器、开关柜吊装
11	尼龙吊装绳	5 t	根	2	直流柜吊装
12	撬棍	1.5 m	根	6	
13	小绳		米	20	
14	对讲机		台	4	
15	口哨		个	1	指挥
16	应急灯		盏	4	照明
17	安全带		条	2	
18	大扳手	$L=300$ mm	把	1	
19	十字镐		把	5	清理场平
20	铁锹		把	10	清理场平

5. 装车

(1)设备的装车前检查，首先应检查运输车辆和吊装车辆是否满足载荷要求，汽车的车况、油料等是否满足要求。确认天气情况，在天气恶劣的情况下，禁止装车。

(2)设备吊装时应设专人指挥，起吊现场应设好防护措施。

(3)设备吊装时吊车应支垫稳固，吊车的起吊能力应符合设备的要求。

(4)吊装时钢丝绳载重能力及起吊夹角应符合有关要求。

(5)吊装时吊钩应位于起吊绳的中间位置，起吊绳的夹角应小于60°。设备吊离地面或车体100 mm时应停止起吊，检查设备是否垂直，起吊绳是否牢固，检查无误后方可起吊。用吊车将设备吊至运输汽车上，用捆车器、麻绳或手扳葫芦等固定牢固。要有防止设备侧倾的措施，在汽车运输过程中，不得使设备前后左右晃动。在起吊过程中，吊臂下方、钢丝绳的周围和被起吊物的下面，严禁有人逗留或通过。

(6)设备在装卸和运输过程中，不应有严重的冲击和振动。运输前后设备外观应无损伤，连接应无松动，绝缘良好。变压器在运输安装过程中，应有防雨、防潮措施。

6. 汽车运输

设备运输按照事先调查好的行车路线行进，运输速度一般不得超过40 km/h或符合当地交通管理部门的有关规定，设备运输过程中，在设备运输车辆前后应各有一辆车进行护送。

7. 卸车

设备运到变电所设备进口处后，车辆停稳，拆除固定部分，将设备先用吊车吊到地面，然后进行设备开箱。

3.6.2 设备开箱检查及就位

利用汽车运输的设备开箱检查及就位有以下几种情况。

1. 变电所内地平高于室外地平，且无伸延出室外的设备运输平台或设备运输平台不适用变压器运输。通常采用的运输方法如图3-6-2所示。用枕木搭设运输平台，汽车吊将变压器等设备从运输车上吊至枕木运输平台上，然后采用自锚滑行法进行运输。

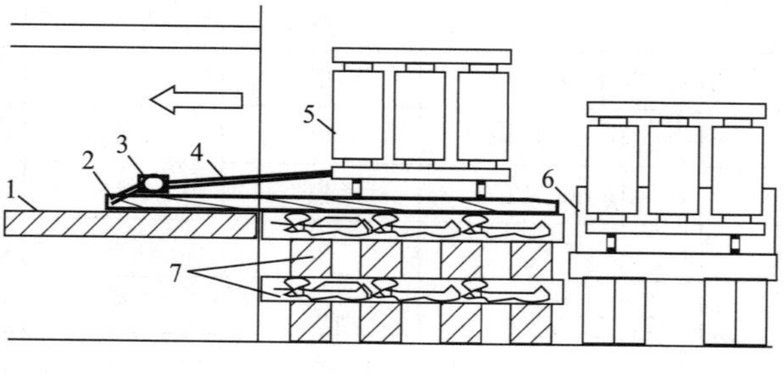

图3-6-2 地上变电所变压器进场就位示意图(一)

1—变压器室地平；2—钢轨；3—倒链；
4—链条；5—变压器；6—拖车；7—枕木平台

2. 变电所伸延室外的设备运输平台适用变压器进场运输。运输方法如图3-6-3所示。需用提醒的是由于伸延室外的设备运输平台本身的结构强度是否满足承重要求，需要进一步检查确认；当不能满足要求时，必须加支撑物以满足运输及承重需要。

3. 变电所处于车站的站厅层，并且变电所预留有设备吊装孔。运输方法如图3-6-4所示。

无论采用以上哪种结构形式，均可以通过搭建枕木平台及敷设导轨，利用起重机、千斤顶等机具将变压器平稳移至牵引运输轨道。

现以地下变电所为例，介绍地下变电所牵引或配电变压器进场、开箱检查和安装。

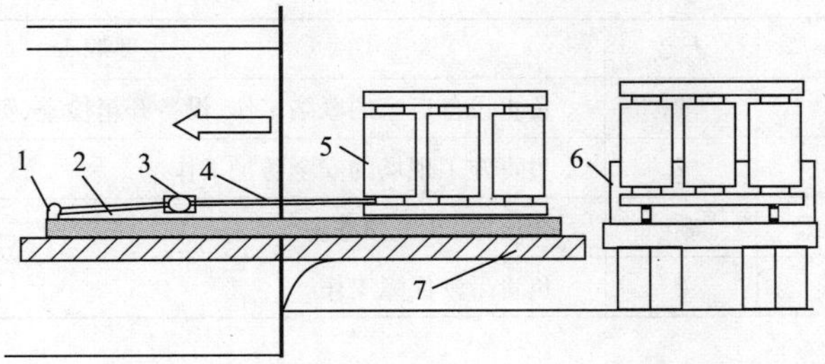

图 3-6-3　地上变电所变压器进场就位示意图(二)

1—牵引环；2—钢轨；3—倒链；
4—链条；5—变压器；6—拖车；7—安装平台

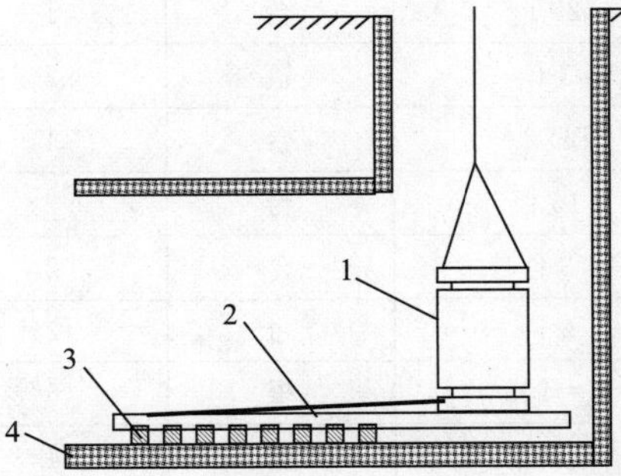

图 3-6-4　地下变电所变压器由吊装孔进场就位示意图

1—变压器；2—钢轨；3—枕木；4—结构层

1. 工艺流程

地下变电所变压器开箱检查及就位工艺流程如图 3-6-5 所示。

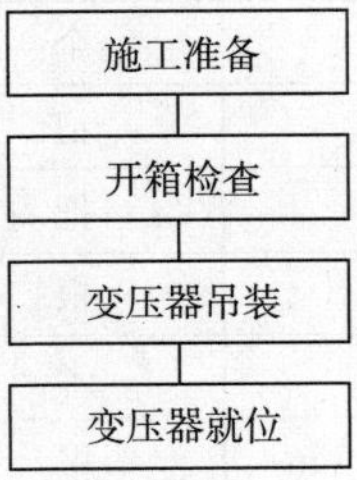

图 3-6-5　地下变电所变压器开箱检查及就位工艺流程图

2. 劳动组织

地下变电所变压器开箱检查及就位的劳动组织见表 3-6-4。

表 3-6-4　地下变电所变压器开箱检查及就位的劳动组织表

序号	项目	人数	主要职责
1	施工总负责人	1	负责设备就位指挥与协调工作
2	现场指挥	1	负责设备就位安装的指挥工作
3	技术负责人	1	负责设备就位安装的技术工作
4	安全负责人	1	负责设备就位安装的安全质量工作

续上表

序号	项目	人数	主要职责
5	物资负责人	2	负责设备厂家的联络工作、设备开箱检查、资料收集工作
6	防护	2	负责施工现场的安全防护工作
7	设备运输安装组	20	变压器、开关柜进场
8	后勤组	2	负责后勤保障工作

3. 工器具准备

地下变电所变压器开箱检查及就位的工器具准备见表3-6-5。

表3-6-5　地下变电所变压器开箱检查及就位的工器具准备表

序号	名称	规格	单位	数量	用途
1	吊车	25 t	台	1	设备吊装
2	液压运输车	3 t	辆	2	开关柜运输
3	液压千斤顶	CBR-2A	台	4	变压器升落
4	液压千斤顶	16 t	台	2	变压器升落
5	倒链	3 t	台	2	设备牵引
6	链条葫芦	5 t	台	2	变压器牵引
7	钢轨	L=4 m	根	6	变压器滑行
8	鱼尾板		块	4	钢轨连接
9	定位杆	L=1.6 m	根	2	固定钢轨
10	钢丝绳套子	20 t　L=3 m	根	2	吊装牵引变压器
11	钢丝绳套子	ϕ16 mm×5 m	根	2	变压器、开关柜吊装
12	钢丝绳套子	ϕ16 mm×2 m	根	2	变压器、开关柜吊装
13	尼龙吊装绳	5 t	根	2	直流柜吊装
14	扒钉		个	200	固定操作台
15	起钉器		把	4	设备开箱拆箱
16	手锤	6 磅	把	2	搭建操作台
17	撬棍	1.5 m	根	6	
18	小绳		米	20	
19	钢管(滚杠)	ϕ50 mm×1.5 m	根	20	
20	铝合金人字梯	3 m	架	2	设备拆箱
21	钢锯		把	1	
22	木锯		把	1	
23	对讲机		台	4	
24	口哨		个	1	指挥
25	应急灯		盏	4	照明
26	安全带		条	2	
27	大扳手	L=300 mm	把	1	
28	十字镐		把	5	清理场平
29	铁锹		把	10	清理场平

4. 材料准备

地下变电所变压器开箱检查及就位的材料准备见表3-6-6。

表3-6-6　地下变电所变压器开箱检查及就位的材料准备表

序号	名称	规格	单位	数量	用途
1	枕木		根	150	搭建操作台
2	木板		块	20	铺设道路
3	大木方		根	10	升落设备
4	小木方		块	50	升落设备
5	黄油		袋	1	钢轨润滑
6	U形环	ϕ20 mm　ϕ16 mm	个	10	吊装设备
7	铁线	4.0 mm	kg	20	
8	防护绳		m	50	安全防护
9	棉纱布		kg	50	设备防护
10	钢板		块	8	设备运输
11	定位螺栓		套	4	变压器定位

5. 工序操作要点

(1)施工准备

①整修变压器拖车进场通道，拆除妨碍拖车进场的各种障碍物。

②沿拖车入所路径，检查道路情况，并修整压实。

③在吊装孔下口搭建设备进场平台(见图3-6-4)，在地面上布置枕木，枕木布放要整齐、平稳，在枕木上安装钢轨，如果一节钢轨的长度不够，可利用鱼尾板将多根钢轨连接起来。

④在滑轨两侧端头位置安装定位杆，拧紧定位螺母，保证滑轨的轨距和变压器室的两根导轨的间距相等，防止变压器在牵引过程中滑轨出现横向移动。钢轨安装完成后，在钢轨的上部涂黄油。

(2)设备开箱检查

①大型设备，如配电和整流变压器等，应将设备吊到地面上进行开箱检查，开箱人员应服从统一指挥，待吊车将设备放稳吊臂移开后，才能进行开箱检查。开箱时严禁撬棍、起钉器等铁器碰击设备外壳。拆卸下的包装板应及时搬到安全的地方，以防钉子扎脚伤人。

②施工单位应根据设备吊装的前后顺序进行设备开箱检查，并做好记录。检查核实设备的型号、规格、数量是否与设计图纸相符，紧固螺栓是否牢靠，防护油漆是否完整。

③检查设备的装箱单、合格证、使用说明书、备品备件等技术资料是否齐全，并做好收集工作。

④设备开箱检查工作无论是在现场进行或是材料集散地进行，都必须填写开箱检查记录，其格式见表3-6-7。

(3)变压器吊装

①变压器吊装时吊勾应位于起吊绳的中间位置，起吊绳的夹角不应小于60°。变压器吊离地面或车体100 mm时应停止起吊，检查变压器器身是否垂直，起吊绳是否牢固，检查无误后方可起吊。

②根据施工图纸确定变压器的安装方向，变压器吊装落地时调整变压器高低压侧方向。

将变压器平稳地吊到安装平台的钢轨上。

(4)牵引滑行

①在滑轨牵引侧端头挂上 U 形环及钢丝绳套，在变压器牵引耳或底座槽钢上套挂 U 形环。将倒链的链条放至适当长度，链条的吊钩挂在 U 形环上，倒链的挂钩挂在钢丝绳套上，并稍稍用力张紧链条。

②检查牵引系统的钢丝绳套、挂钩等是否固定牢靠。

③检查滑轨是否稳固，与其相关的枕木是否牢固。

④每 2 人一组拉动倒链，使变压器在滑轨上缓慢滑行。滑行中要注意变压器的行进方向，随时纠正偏移。

⑤变压器滑到基础中心位置时，停止牵引。

(5)位置调整

①检查变压器长、短轴中心是否与基础中心线重合，变压器的主体应成水平状态，偏差不得超过±20 mm。

②当变压器位置需要调整时，可用倒链牵拉变压器调整方向侧的牵引耳，在变压器基础面上加垫钢板，在变压器和钢板之间加入直径不小于 10 mm 的钢筋，使变压器在基础上进行少量位移，达到修正偏差的目的。

表 3-6-7 设备开箱检查记录表

设备名称		到货日期		检查日期	
规格型号		制造厂		数量	
出厂编号		出厂日期			
安装地点		检查地点			
设备包装情况					
磁件是否完整					
是否有漏油(气)等异常现象					
油位		气体压力			
零配件及附件是否齐全且与装箱单相符					
外观有无机械损伤或缺陷					
说明书、合格证、试验报告等技术文件是否齐全					
检查意见					
检查负责人		物资负责人		技术负责人	

(6)变压器就位

①用千斤顶顶起变压器，撤除滑轨，落座就位。

②若变压器装有滚轮，变压器就位后可将滚轮用能拆卸的制动装置加以固定。如要求将变压器滚轮拆下，用膨胀螺栓将变压器底座槽钢固定在地面上，滚轮作为移交物资妥善保存。

(7)质量控制点

①变压器在装卸和运输过程中，不应有严重的冲击和振动。运输前、后变压器外观应无损伤、连接应无松动，绝缘良好。

②变压器就位时要保证安装方向符合设计要求。

③变压器在运输及进场过程中，应有防雨及防潮措施。

④滑轨安装要平行、稳固，轨间距离应保证变压器滑行的稳定。严禁在变压器长轴两端同时顶升变压器。

⑤牵引或顶升变压器时，两台倒链或千斤顶的操作速度要平衡一致，动作要协调。牵引速度应不超过 0.2 km/h。

(8)安全控制点

①变压器的起重、装卸和进场运输，应有专人负责指挥，施工人员应各负其责。

②起重工作开始前，应检查起吊、搬运工机具及绳索的质量是否良好，接头处必须牢固，不符合要求的严禁使用。

③起重物必须绑牢，吊钩应挂在变压器的重心或指定的起吊位置。

④在起吊、牵引过程中，受力钢丝绳的周围、下方、内角侧和起吊物的下面，严禁有人逗留或通过。

⑤临时用枕木平台，必须基础牢固，台面水平。

⑥用千斤顶顶起变压器时，必须随时在变压器下垫以坚实的木板，以防止千斤顶发生故障时变压器倾倒。

3.7　盘、柜等的开箱检查及就位

城市轨道交通变电所除配电、整流变压器的进场就位外，其他大型设备的进场就位可根据其重量配备相应的手推式液压叉车，不仅可以提高工作效率，而且可以有效防止施工过程中变电所地面受力不均而导致局部破损的情况。下面以无安装平台的地上变电所为例，介绍盘、柜的进场。

3.7.1　施工流程

地上变电所盘、柜开箱检查及就位的施工流程如图 3-7-1 所示。

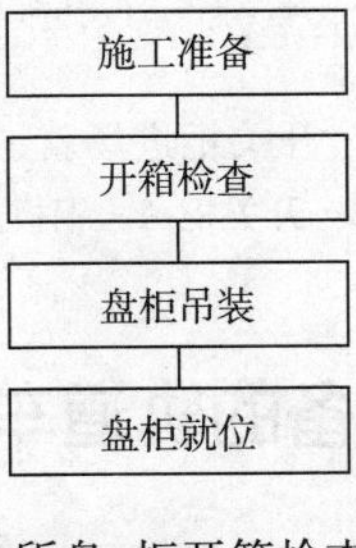

图 3-7-1　地上变电所盘、柜开箱检查及就位施工流程图

3.7.2　操作要点

1. 施工准备

(1)劳动组织、工器具准备和材料准备见前述。

(2)根据各变电所设备运输的时间安排及设备进场位置，安装单位应在施工前将设备吊装现场清理平整，吊车、汽车运输路径应垫平夯实。施工当天应提前 1 h 将所用的工具材料运到施工现场。

(3)在变压器室大门外搭枕木平台,如前述。平台与室内地面相平。枕木平台需用扒钉搭建牢固。在枕木平台上铺一块钢板,钢板外沿要与平台外沿相齐,钢板内沿要伸入到变电所地面上。

2. 设备开箱检查

(1)开关柜等设备应吊到地面上进行开箱,开箱人员应服从统一指挥,待吊车将设备放稳吊臂移开设备后,才能进行开箱检查。开箱时严禁撬棍、起钉器等铁器碰撞设备外壳。拆卸下的包装板应及时搬到安全的地方,以防钉子扎脚伤人。

(2)施工单位根据设备吊装的前后顺序进行设备开箱检查,并做好记录。检查核实设备的型号、规格、数量是否与设计图纸相符,紧固螺栓是否牢靠,防护油漆是否完整。

(3)检查设备的装箱单、合格证、使用说明书、备品备件等技术资料是否齐全,并做好资料收集和开箱检查记录工作。

3. 设备吊装和就位

(1)吊车应尽量靠近设备吊装孔位置,吊车四脚应支垫稳固牢靠。

(2)设备吊装时,钢丝绳应拴在设备的专用吊耳上。起吊时应听从专人指挥,起吊速度应均匀。设备起吊离开地面 100 mm 时应停止起吊,检查设备是否平稳,钢丝绳是否牢固,检查无误后再重新起吊。

(3)用吊车可将开关柜等直接吊至安装平台上的液压叉车上,如图 3-7-2 所示。移动叉车,将开关柜等设备移动到安装位置,移动时要平稳,开关柜周围要有人扶持,防止设备倾倒。

(4)各种盘、柜的安装工作在本手册的有关章节有具体的介绍,在这一节重点介绍运输方法。

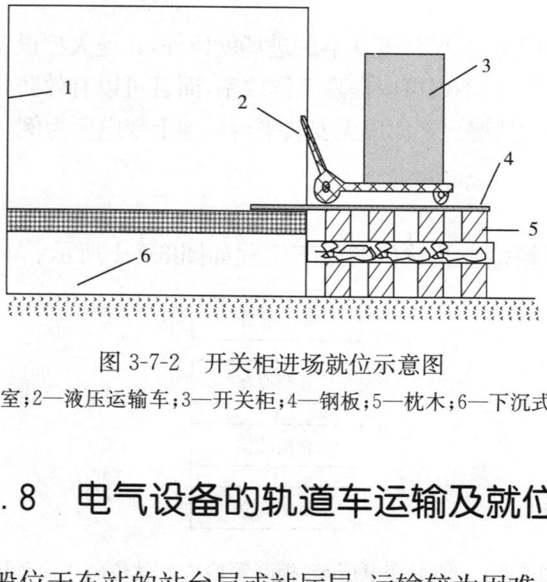

图 3-7-2　开关柜进场就位示意图

1—高压室;2—液压运输车;3—开关柜;4—钢板;5—枕木;6—下沉式电缆室

3.8　电气设备的轨道车运输及就位

地下段的变电所一般位于车站的站台层或站厅层,运输较为困难,处于站台层的变电所通常没有预留设备吊装孔,设备运输主要采用轨道车运输方式,首先将设备装至轨道车上,运至变电所然后进行安装。

地下变电所的设备轨道车运输方式为:在本地生产的设备,运输的方法是将设备由生产工厂直接运输至轨道车停车线,非本地生产的设备,将由工厂负责将设备运输至中心料库,由施工单位负责从中心料库运至停车线。在停车线将设备装上轨道平板车,然后由轨道车将设备运至变电所。

3.8.1　运输准备

在地面运输的准备工作参考前述设备汽车运输方案，在地下段运输还需调查轨道的情况和接触网的情况。调查轨道是否具备行车条件，接触网的高度是否能够满足设备运输要求。

在停车线找一能够停放汽车和吊车的平台，将设备吊至轨道车上。此时要注意，由于变压器的质量和体积较大，在轨道平板上或在变电所旋转不便，所以在装车过程中，要精心计算好变压器的安装方向，保证变压器的安装一次到位，不再进行方向调整。

变压器如利用钢轨运输时，设备起吊离开地面 100 mm 后应将设备包装底盘及运输滚轮卸掉，以便于变压器在钢轨上运输。

设备吊装完毕后应将设备之间加垫防护垫进行防护，轻型设备应用绳索捆扎固定，以免轨道车移动时设备之间发生摩擦、碰撞损伤设备。

3.8.2　盘、柜的运输及就位

利用汽车将设备运输至停车线的轨道车旁，利用吊车将设备吊到轨道车平板上，此时要注意，设备在轨道平板上放置要平稳，设备尽量放置在平板中间，设备在平板车上的摆放宽度不得大于平板车的宽度。

利用轨道车运输设备时，设备装上轨道平板后，施工负责人、安质负责人应及时进行设备安全检查，检查设备是否平稳，绑扎是否牢固，检查无误后由施工负责人发令轨道车启动运行。

将设备固定在轨道车上时，轨道车将以 20～30 km/h 的速度前进，一直到变电所的安装平台处。

在轨道平板车和站台之间放上钢板，用液压运输车将开关柜等设备运进变电所，开关柜运进室内后应放在基础槽钢的两侧，开关柜下方应支垫方木以便于安装时开关柜移动；开关柜在运输过程中两侧应设专人扶持，以防开关柜倾倒。

3.8.3　牵引变压器就位

轨道车运行至变电所门口后，采取在轨轮两侧穿上铁鞋制动措施，轨道车两侧 100 m 处设防护人员防护，变压器运输采用自锚滑行方式，如图 3-8-1 所示。

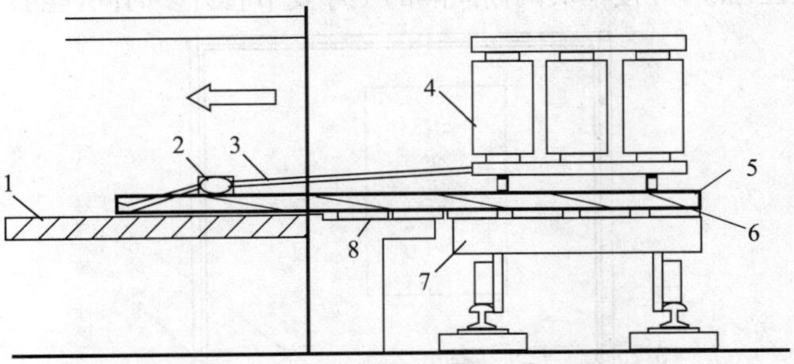

图 3-8-1　变压器进场就位示意图

1—变压器室地平面；2—倒链；3—链条；4—变压器；5—滑轨；6—木板；7—轨道车；8—站台

用两台液千斤顶将变压器长轴的一端同时顶起，在变压器下方垫上方木，然后顶起另一端，在变压器的下方放上滑轨。

滑行轨的宽度应根据变压器底座宽度来定。滑行轨用 4 根一定长度的钢轨制作，应根据现场实际情况确定钢轨的选用长度，钢轨之间用鱼尾板连接，两条滑行轨之间的距离用可调定位杆调节固定。滑行轨组装完成后，在钢轨上面涂抹黄油以增加润滑度，钢轨的现场具体布置形式如图 3-8-2 所示。

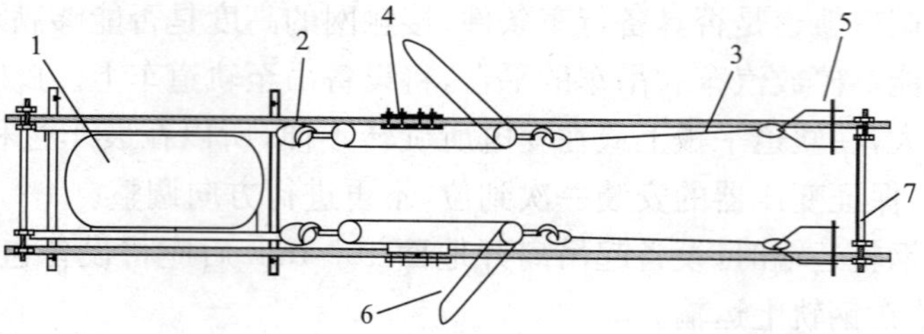

图 3-8-2　变压器滑动运输示意图

1—变压器；2—钢丝套；3—钢丝绳；4—鱼尾板；5—U 形环；6—倒链；7—定位杆

用液压千斤顶将变压器顶起放在滑行轨上，检查变压器的安装方向是否正确。利用钢轨端部的连接孔作为两个倒链的下锚处，穿上 U 形环，套上钢丝绳，挂上倒链，在变压器下部吊环上穿上牵引绳套，将倒链放开挂上牵引绳套，两组倒链同时张紧后，检查各部分紧固件是否正常。在统一指挥下两组倒链同时牵引，速度应均匀一致。为了防止变压器倾斜，需在变压器的安装孔上安装 4 个定位螺栓。

变压器滑行至安装位置后，复核变压器中心线与基础型钢的中心线，应相互吻合。用两台千斤顶顶起变压器长轴的一端垫上方木，再顶起另一端垫上方木，撤除滑行轨。然后用千斤顶慢慢将变压器落在基础型钢上。如果变压器安装位置稍有偏差，用千斤顶顶变压器底座型钢即可调整到位。

3.9　变压器网栅安装

根据设计要求，在变压器间隔靠近走廊一侧安装有防护网栅，以便将运营、检修、观察人员与变压器隔开，如图 3-9-1 所示。图示为房屋内安装的防护网栅间隔，由于其安装形式为一面式安装，建议采用先将网栅间隔按整体式焊接工序进行施工，如图 3-9-2 所示，然后再进行网栅间隔的安装。这样比采用先焊接立柱，然后焊接单块网栅间隔的工序要节省许多时间，能够大大提高工效。

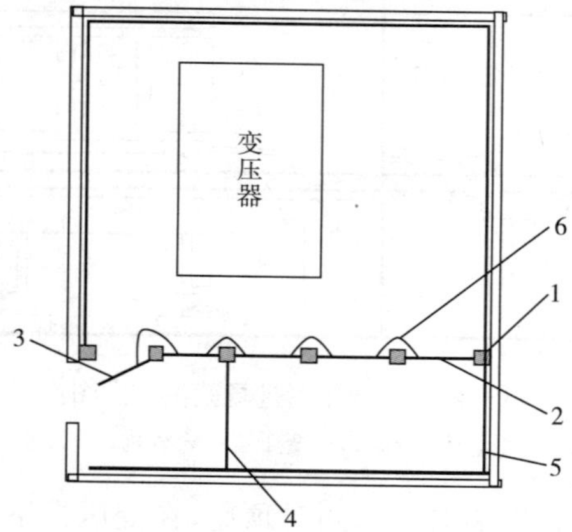

图 3-9-1　变压器网栅安装示意图

1—立柱；2—网栅；3—网门；4—接地扁钢；5—接地干线；6—接地线

3.9.1　整体式焊接工序

1. 根据设计图测设网栅立柱在地面及墙上的安装中心位置，并检查所有立柱预埋件、预留孔的位置及高程是否满足设计要求，并测设安装中心线。

2. 搭设工作平台，工作平台的大小应根据网栅间隔的具体尺寸确定，根据平面图，建议工作平台的尺寸大于变电所网栅间隔的尺寸，以避免尺寸过小影响连续作业。

3. 将网栅板块和立柱按确定的装配顺序正面朝下平铺在工作平台上，检查网板结构和立柱的规格和型号是否符合要求，检查板框和立柱的相关尺寸和位置是否相互一一对应。无误后，用绑线将所有网板结构和立柱临时固定，然后从一侧开始进行焊接。

4. 对焊接好的网栅结构进行一次全面检查，确认无误后，用三根截面为 50 mm×50 mm 的木方子按上、中、下把网栅结构如图 3-9-2 所示绑扎成一个牢固的整体，以便搬运及安装。木方子的长度应与已装配好的结构长度相等为宜。

5. 将网栅结构立起来，进行正面结构的补焊。

6. 将装配好的网栅结构整体搬运到安装位置，立柱根部对准预埋件或预埋孔，结构呈 45°立起直至垂直于地面，用木方子等将其支撑起来，并保持在垂直状态，仔细调整其位置，使之整体处于安装中心线上，固定所有支撑物确保其位置不变。

7. 按设计方式固定网栅结构。

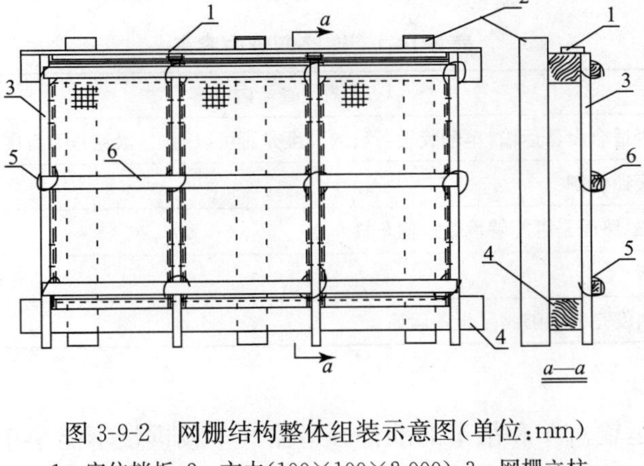

图 3-9-2　网栅结构整体组装示意图(单位：mm)

1—定位挡板；2—方木(100×100×2 000)；3—网栅立柱；
4—木方子(100×100×L)；5—镀锌铁线；6—方木(50×50×L)

3.9.2　技术要求

1. 网门的安装要能灵活转动。开合角度应尽量的大。

2. 在立柱内侧应有止挡，防止门向变压器侧开合。具体的方法可在立柱上焊接两块小扁钢。

3. 网栅距变压器的距离应符合规定，绝对不能小于 0.7 m。

4. 网栅组装时应用地线将所有的网栅立柱联成一个整体，再在两侧集中接地。立柱的接地可通过扁钢与接地干线相连。扁钢可明敷在地面上，但应刷上漆，且涂刷上地线标志色。

3.10　箱式变电站的运输和就位

随着供电系统的发展，箱式变电站也逐渐应用在轨道交通供电系统中。近年来，我国也逐渐开始采用箱式牵引变电站。

以直流 1 500 V 牵引变电站为例，箱式变电站的外形尺寸约为 19 m×4.2 m×3.7 m，质量约为 50 t。其外形相当于一个大型集装箱。在设备运输过程中，需要有相当实践经验的单位进行组织和运输。

箱式变电站通常由供货商负责将设备由工厂运输到港口码头或火车站的货场，然后由承包商负责由码头或车站将设备运输到安装现场。

3.10.1　运输准备

设备运输的准备工作是一项非常重要的工作，准备工作的好坏将直接关系到设备是否能够安全地运至安装地点。运输准备工作分为道路情况调查、运输车辆安全检查、吊装设备安全检查、工机具安全检查和运输人员的安全培训等内容。要重视在运输过程中的天气情况，运输时应选择一个适合设备运输的天气。

1. 道路情况调查

调查由工厂或中心料库至设备安装地点的道路情况，调查的内容见表 3-10-1。

表 3-10-1　道路调查内容表

序号	调　查　内　容
1	道路情况是否适合设备运输，车辆装设备后的高度是否可以通过，沿途是否有限高的设施等
2	道路是否有交通管制
3	道路中的桥梁、路面是否能够承载运输车辆
4	道路是否单行
5	道路桥涵的高度是否能够满足设备运输

2. 车辆准备

车辆准备主要是运输汽车和吊车的准备。运输汽车载重量不能小于 50 t，汽车吊车以 80 t 的为宜。变电站的其他设备较小，可以选择 5～20 t 的汽车，另外需一台 12 t 的吊车。

3. 工机具的准备

所有运输使用的工机具，在使用前均需认真检查，并由安全人员签字认可，方可使用，应仔细检查钢丝绳、捆车器、固定绳、紧线器和手扳葫芦等内容，不能存在侥幸心理，要做到万无一失。

4. 人员培训

人员培训是一个重要的环节，全体运输人员必须参加企业主管教育的部门或项目部组织的安全培训，树立安全意识和操作注意事项。要建立指挥体系和联络方法。

运输时间的选择非常重要，宜选择在双休日或夜间进行。如果要夜间运输，要重视夜间的照明和防护，运输人员白天要休息好，保证夜间施工精力集中。

5. 劳动组织

箱式变电站运输和就位的劳动组织见表 3-10-2。

表 3-10-2　箱式变电站运输和就位的劳动组织表

序号	项　目	人　数	主　要　职　责
1	现场指挥	1	负责设备运输安装的指挥工作
2	技术负责人	1	负责设备运输安装的技术工作
3	安全负责人	1	负责设备运输安装的安全质量工作
4	物资负责人	2	负责设备厂家的联络工作、设备开箱检查、资料收集工作
5	防护	2	负责施工现场的安全防护工作
6	设备运输安装组	20	变压器、开关柜进场
7	后勤组	2	负责后勤保障工作

6. 工器具准备

箱式变电站运输和就位的常用工器具见表 3-10-3。

表 3-10-3　箱式变电站运输和就位的常用工器具表

序号	名　称	规　格	单　位	数　量	用　　途
1	指挥车			1	
2	吊车	80 t	台	1	变电站吊装
3	吊车	12 t	台	1	辅助工器具吊装
4	运输汽车	50 t	辆	1	变电站运输
5	运输汽车	5 t	辆	2	工具、材料运输
6	运输汽车	20 t	辆	1	变电站设备运输
7	面包车			1	工作人员运输
8	液压运输车	3 t	辆	2	工器具运输
9	液压千斤顶	CBR-2A	台	4	设备升落
10	液压千斤顶	30 t	台	4	变电站升落
11	倒链	20 t	台	2	设备牵引
12	链条葫芦	20 t	台	2	变电站牵引
13	钢丝绳套子	50 t　$L=3$ m	根	2	吊装牵引变电站
14	尼龙吊装绳	5 t	根	2	直流柜吊装
15	撬棍	1.5 m	根	6	
16	小绳		米	20	
17	对讲机		台	4	
18	口哨		个	1	指挥
19	应急灯		盏	4	照明
20	安全带		条	2	
21	大扳手	300 mm	把	1	
22	十字镐		把	5	清理场平
23	铁锹		把	10	清理场平
24	钢轨	$L=4$ m	根	8	变电站滑行
25	鱼尾板		块	8	钢轨连接
26	支撑杆		根	4	固定钢轨

7. 材料准备

箱式变电站运输和就位的常用材料见表 3-10-4。

表 3-10-4　箱式变电站运输和就位的材料准备

序号	名　称	规　格	单　位	数　量	用　途
1	枕木		根	若干	搭建操作台
2	木板		块	若干	铺设道路
3	大木方		根	若干	升落设备
4	小木方		块	若干	升落设备
5	黄油		袋	2	钢轨润滑
6	U 形环	ϕ20 mm　ϕ16 mm	个	10	吊装设备
7	铁线	4.0 mm	kg	20	
8	防护绳		m	50	安全防护
9	棉纱布		kg	50	设备防护
10	钢板	δ=10 mm	块	若干	设备运输
11	定位螺栓	M16×80	套	8	变电站定位

3.10.2　装车

设备装车前的检查，首先应检查运输车辆和吊装的车辆是否满足要求，汽车的车况、油料等是否满足要求。确认天气情况，在天气恶劣的情况下，禁止装车。

设备吊装时应设专人指挥，起吊现场做好安全防护措施。

设备吊装时吊车应支垫稳固，吊车的起吊能力应符合设备的要求。

吊装时钢丝绳载重能力及起吊夹角应符合规程要求。

吊装时吊钩应位于起吊绳的中间位置，起吊绳的夹角应不小于 60°。吊离地面或车体100 mm时应停止起吊，检查器身是否垂直，起吊绳是否牢固，检查无误后方可起吊。用吊车吊至运输汽车上，用捆车器、麻绳或手扳葫芦等固定牢固。要有防止设备侧倾的措施，在汽车运输过程中，不得使设备前后左右晃动。在起吊、牵引过程中，吊臂、钢丝绳的周围、下方、内角侧和起吊物的下面，严禁有人逗留或通过。

变电站在装卸和运输过程中，不应有严重的冲击和振动。运输前后外观应无损伤，连接应无松动，绝缘应良好。在运输安装过程中，应有防雨、防潮措施。

3.10.3　汽车运输

设备运输按照事先调查好的行车路线行进，运输速度不得超过 20 km/h，在设备运输过程中，在设备运输车辆前后应各有一辆车进行护送。

3.10.4　卸车平台的搭建

箱式变电站主要是为了节约空间和方便管理，所以箱式变电站通常设在高架区段的桥梁下面，因此，箱式变电站不能直接由吊车将其就位。通常在安装位置旁搭建卸车平台，将变电站卸在平台上后，通过人工牵引的方式将变电站运输至安装位置。

3.10.5　卸车平台的地基处理

如果卸车平台下的地面是公路或较硬的土地，可以采用图 3-10-1 所示的方法进行处理。在地面上铺钢板，主要为了增加地面的承载能力和保护地面。

如果卸车平台下的地面是耕地或较软的土地，可以采用图 3-10-2 所示的方法进行处理。在松软的土地上进行打桩增密处理，以增加地基的承载能力，增密桩采用直径 150 mm 的圆木桩，木桩间距将视土质情况控制在 0.5～1 m 之间。

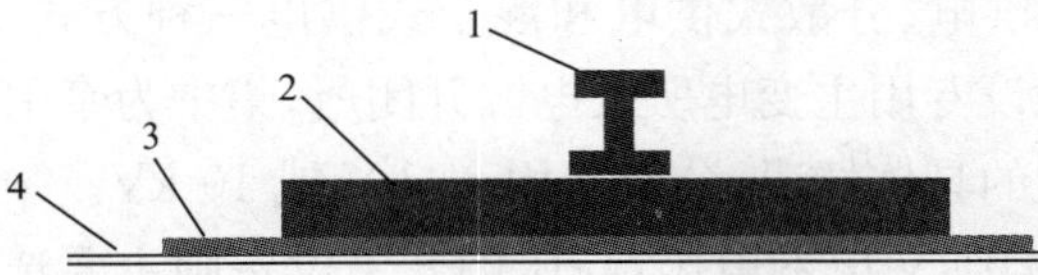

图 3-10-1　箱式变电站卸车平台地基图(一)

1—钢轨；2—枕木；3—钢板；4—地面

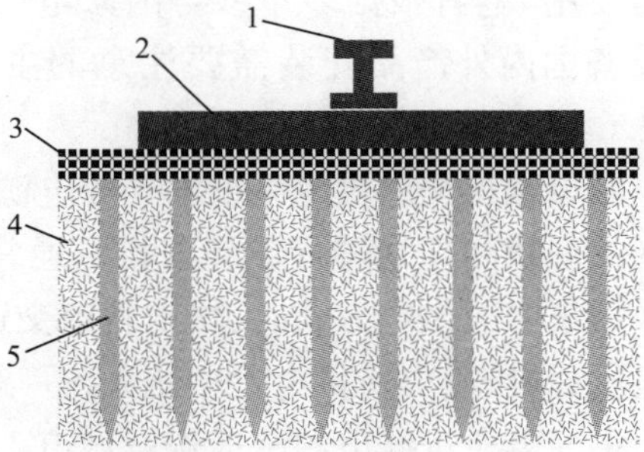

图 3-10-2　箱式变电站卸车平台地基图(二)

1—钢轨；2—枕木；3—碎石；4—软土；5—圆木桩

3.10.6　卸车和就位

可利用吊车将箱式变电站从运输车上吊到卸车平台上。利用自锚式滑行的原理将箱式变电站移动到安装位置。自锚式滑行的方法如图 3-10-3 所示。

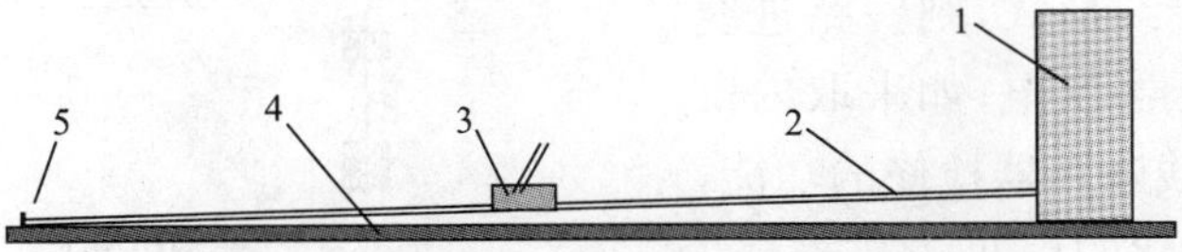

图 3-10-3　箱式变电站牵引就位

1—箱式变电站；2—钢丝绳；3—倒链或手扳葫芦；4—钢轨；5—锚环

滑行轨的宽度应根据变电站底座宽度来定。滑行轨用 4 根 4 m 长的钢轨制作，如果钢轨长度不够，可接长钢轨，两根钢轨之间用鱼尾板连接，两条滑行轨之间的距离用可调定位杆调节固定。滑行轨组装完成后，在钢轨上面涂抹黄油以增加润滑度。

用吊车将变电站放在滑行轨上，检查安装方向是否正确。利用钢轨的连接孔作为两个倒链的下锚处，穿上 U 形环，套上钢丝绳，挂上倒链或手扳葫芦，在变电站下部吊环上穿上牵引钢丝绳套，将倒链放开挂上牵引钢丝绳套，两组倒链同时张紧后，检查各部分紧固件是否正常。在统一指挥下 4 组倒链同时牵引，速度应均匀一致。为了防止变电站倾斜，需在变电站的安装孔上安装 4 个定位螺栓。

变电站滑行至安装位置后，复核变电站中心线与基础型钢的中心线，应相互吻合。用 4 台千斤顶顶起变电站的一端(变电站长轴的一端)垫上方木，再顶起另一端垫上方木，撤除滑行轨。然后用千斤顶慢慢将变电站落在基础型钢上。如果变电站安装位置稍有偏差，用千斤顶顶起变电站底座型钢即可调整到位。

3.11 110 kV系统设备安装

本节所介绍的油浸变压器和全封闭组合电器没有具体的指向性。从目前各地建设轨道交通主变电所的情况来看，选择先进技术、安全系数高的进口设备的趋向比较明显。但是，根据国家规定城市轨道交通选购设备国产化率要达到70%以上的要求，几乎就必须选购国产设备，实际情况并不是这样。为了使这本手册能够与新颁布的《地铁工程施工规范》配套使用，笔者根据多年参与国家电气化铁路建设的经验以及参考相关资料，重点将这两种设备国内外产品安装需要注意的主要内容归纳在一起，供施工单位在进行此项施工时参考。

城市轨道交通供电系统的外部电源供电方案，一般根据城市轨道交通的线网规划及城市电网的现状和规划进行设计安排。通常有集中式供电、分散式供电和混合式供电三种方式。当采用集中式供电方式时，城市轨道交通供电系统设专用主变电所及电源开闭所，集中为牵引变电所、降压变电所供电。中压系统一般根据当地的具体情况，分别采用35 kV或10 kV。

主变电所进线电源一般选取城市110 kV或220 kV电网电压，高压侧开关设备则主要选择六氟化硫金属全封闭式组合电器，主变压器则选择油浸式有载调压变压器。其主接线形式一般以线路变压器组为多，如图3-11-1所示。但也不排除采用内、外桥型接线，以及环进环出的接线方式，主要取决于城市电网的发展规划。

图3-11-1所示为从城市110 kV电网引入两路电源，两路电源均为主电源，进线接线一般采用线路变压器组形式，分列运行。如采取外跨条接线形式，则一路进线可以同时为两台变压器供电；如采取内桥式接线，则增加了进线断路器检修的功能，同时提高变电所自动化的程度。

在本节内容当中，增加了施工填写设备安装技术记录的内容；同时，在变压器安装内容当中增加了安装过程质量控制检查记录的内容。为了减小本手册的篇幅，全书只在本节安排了这两种表格的内容，供有兴趣的施工企业及为加强班组技术管理建设的项目经理部参考。

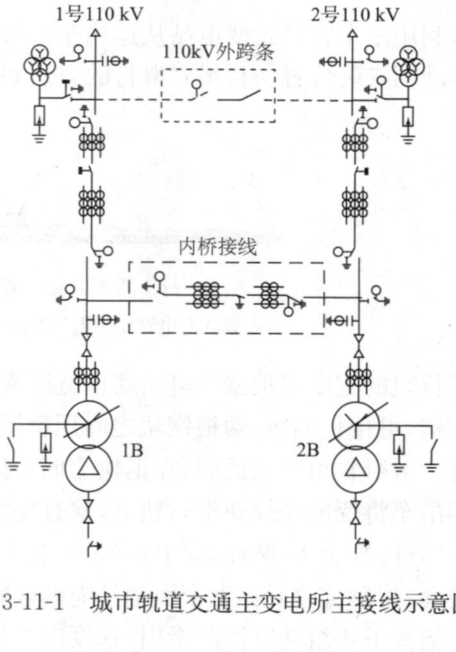

图3-11-1 城市轨道交通主变电所主接线示意图

笔者觉得一个企业技术管理工作做的好不好，不在表面，而是根基，也就是现在所谓的企业文化。虽然我们填写的这些安装技术记录、过程质量控制检查记录不在规定上缴的竣工档案资料范围之内，有无用之功的感觉，但确实是一个企业施工过程的真实佐证。有这样的一个记录，也是进行施工经验反思的依据，促使企业发现不足，进一步搞好施工技术管理工作，满足客户的需求，并使企业站稳已经占有的市场。同时，也是做好运行维护工作的根本。

3.11.1　油浸变压器安装

3.11.1.1　适用范围

适用于城市轨道交通主变电所工程额定电压在 110～220 kV 及以下户内、户外型油浸变压器的安装。

3.11.1.2　作业内容

110 kV 及以下主变压器安装：基础测设纵横中心线，变压器二次搬运就位，器身加垫板固定，变压器吊芯检查、变压器附件安装，抽真空、注油，油密性试验检查，接地线安装，母线连接，通风装置安装，绝缘油耐压试验及简化分析。

3.11.1.3　施工技术标准

1. 油浸变压器在装卸和运输过程中不应有严重冲击和振动，运输倾斜角不得超过 15°。充氮气或干燥空气运输的变压器，在运输途中应保持气体压力在 0.01～0.03 MPa 的正压。

2. 装卸时，吊装或顶升的受力点应符合制造厂的要求，受力应均匀。钟罩式变压器起吊时，应将钢丝绳系在下节油箱专供整体起吊的吊耳上，并必须经钟罩上节相对应的吊耳导向。

3. 设备到达现场后，应及时进行下列外观检查。

(1)油箱及所有附件应齐全、无锈蚀及机械损伤，密封应良好。

(2)油箱箱盖或钟罩法兰及封板的连接螺栓应齐全，紧固应良好，无渗漏。

(3)充油套管的油位应正常，无渗油，瓷件完好。

(4)充气运输设备的气压正常。

4. 油浸变压器就位后，应进行器身检查。当满足下列条件之一时，可不进行器身检查。

(1)制造厂规定可不进行器身检查者。

(2)容量为 1 000 kV · A 及以下，且运输过程中无异常情况者。

(3)就地生产仅作短途运输的油浸变压器，如果事先参加了制造厂的器身总装，质量符合要求，且在运输过程中进行了有效的监督，未发生异常情况者。

5. 器身检查时，应符合下列要求。

(1)周围空气温度不宜低于 0 ℃，器身温度不应低于周围空气温度。当器身温度低于周围空气温度时，应将器身加热，宜使其温度高于周围空气温度 10 ℃。

(2)空气相对湿度应小于 75%，器身暴露在空气中的时间不得超过 16 h。空气相对湿度或露空时间超过规定时，应采取相应可靠的防潮措施。

暴露时间计算的条件为：带油运输的变压器由开始放油时算起，不带油运输的变压器由揭开顶盖或打开任一堵塞算起，到开始抽真空或注油为止。

(3)器身检查时，场地四周应清洁并设有防尘措施。在雨雪天或雾天，不应在室外进行器身检查。

6. 器身或钟罩起吊时，吊索与铅垂线的夹角不宜大于 30°，且两侧应一致，起吊过程中器身与箱壁不得碰撞和摩擦。

7. 器身检查的项目和要求如下。

(1)器身内部的运输支撑和各部位应无移动，运输用的临时防护装置及临时支撑应拆除，并经过清点做好记录备查。

(2)所有螺栓应紧固，并有防松措施；绝缘螺栓应无损坏，防松绑扎完好。

(3)铁芯检查项目：

①铁芯应无变形、铁轭与夹件间的绝缘应良好。

②铁芯应无多点接地。

③铁芯外引接地的变压器拆开接地线后，铁芯对地绝缘应良好。

④打开夹件与铁轭接地片后，铁轭螺杆与铁芯、铁轭与夹件、螺杆与夹件间的绝缘应良好。

⑤当铁轭采用钢带绑扎时，钢带对铁轭的绝缘应良好。

⑥打开铁芯屏蔽接地引线，屏蔽绝缘应良好。

⑦打开夹件与线圈压板的连线，压钉绝缘应良好。

⑧铁芯拉板及铁轭拉带应紧固，绝缘良好。

(4)绕组检查项目：

①绕组绝缘层应完整，无缺损、变位现象。

②油路应无堵塞。

③绕组的压钉应紧固，防松螺母应锁紧。

(5)引出线绝缘包扎牢固、无破损及扭弯现象；引出线绝缘距离应合格，固定牢靠；引出线的裸露部分应无毛刺或尖角，其焊接应良好；引出线与套管的连接应牢靠、接线正确。

(6)调压切换装置的连接应紧固、正确；各分接头应清洁，且接触紧密、弹力良好；所有接触部分用 0.05 mm×10 mm 塞尺检查，应塞不进去；转动接点应正确停留在各自位置上，且与指示器所指位置一致；切换装置的拉杆、分接头凸轮、小轴及销子等应完整无损；转动盘应动作灵活、密封良好。

(7)绝缘屏障应完好，固定牢固、无松动现象。

(8)检查各部位应无油泥、水滴和金属屑末等杂物。

8. 器身检查完毕后，应用合格的变压器油进行冲洗，并清洗油箱底部，不得留有杂物。箱壁上的阀门应开闭灵活、指示正确。

9. 变压器基础应水平，装有气体继电器的变压器应使其顶盖沿继电器气流方向有 1%～1.5%的升高坡度(制造厂规定不需安装坡度者除外)。

装有滚轮的变压器，其滚轮应能灵活转动。在设备就位后，应将滚轮用能拆卸的制动装置加以固定。

10. 所有法兰连接处应用耐油密封垫圈密封。密封垫圈应清洁，无扭曲、变形、裂纹和毛刺，规格尺寸应正确。法兰连接面应平整、清洁，安装后橡胶密封垫的压缩量不宜超过其厚度的 1/3。

11. 冷却装置安装应符合下列要求。

(1)散热器安装前用合格的绝缘油冲洗干净，并将残油排尽；阀门及法兰连接处密封应良好；安装完毕后应即注满油。

(2)风扇电动机及叶片安装应牢固，转动应灵活，转向应正确，运转时应无振动、过热，电源配线应采用耐油绝缘导线。

12. 储油柜安装应符合下列要求：

(1)安装前应清洗干净。

(2)隔膜应完整、无破损，胶囊作充气检查应不漏气。

(3)胶囊在储油柜中应安装正确，不应扭偏；胶囊口的密封应良好，呼吸应畅通。

(4)油标指示必须与储油柜的真实油位相符；油位表动作应灵活，其信号接点位置应正确，绝缘应良好。

13. 套管安装应符合下列要求：

(1)瓷套表面应无裂纹、伤痕,套管、法兰颈部及均压球内壁应清洁,充油套管应无渗油现象,油位指示正常;套管应经试验合格。

(2)充油套管的内部绝缘受潮时,应进行干燥处理。

(3)高压套管穿缆的应力锥应进入套管的均压罩内,其引出端头与套管顶部接线柱连接处应擦拭干净、接触紧密。

(4)套管顶部结构的密封垫应安装正确、密封良好;连接引线时,不应使顶部结构松扣;对于采用螺杆式引出端子的套管,应安装转换端子后再与母线连接;不得将线夹直接与螺杆式引出端子连接。

(5)充油套管的油标应面向外侧,套管末屏接地应良好。

14. 气体继电器安装前应经检验合格,安装应水平,方向应正确,连接密封应良好,且试验合格。

15. 安全气道的内壁应清洁,隔膜应完好,其材质和规格应符合产品的要求,不得任意代用。采用压力释放装置时,其安装方向应正确。

16. 吸湿器油封的油位应在油面线上或按产品的技术要求安装,吸湿剂应经干燥处理后(呈蓝色)再装入吸湿器,连接管的密封应良好。

17. 净油器内部应干净,吸附剂应干燥,其滤网的安装方向应正确。

18. 温度计安装前应进行校验,信号接点的动作应正确,导通应良好;顶盖上温度计座内应注以变压器油,密封应良好;膨胀式信号温度计的金属软管不得有压扁或急剧扭曲,其弯曲半径不得小于 50 mm。

19. 绝缘油应按要求试验合格后方可注入变压器中。取样试验数量应符合下列要求:大罐油,每罐均应取样;小桶油应按表 3-11-1 的要求取样。不同牌号的绝缘油混合使用时,应先做混油试验。

表 3-11-1　小桶绝缘油取样数量

每批油的桶数	取样桶数
1	1
2～5	2
6～20	3
21～50	4
51～100	7
101～200	10
201～400	15
401 以上	20

20. 向变压器注油宜从下部油阀进油,注油速度不宜大于 100 L/min。110 kV 及以上的变压器宜采用真空注油,但不宜在雨天或雾天进行。

21. 注油完毕后,110 kV 及以下变压器静置 24 h 后,220 kV 及以上变压器静置 48 h 后,应将各部位的残余气体排尽。

22. 变压器安装完毕后,应在储油柜上用气压或油压进行整体密封试验,其压力为

0.03 MPa,试验持续时间为 24 h,应无渗漏。整体运输的变压器可不做整体密封试验。

3.11.1.4　施工准备

1. 参照《铁路通信、信号、电力、电力牵引供电工程施工安全技术规程》(TB 10306)的规定,制定专项施工方案,并按规定进行申报、审批和备案。

2. 对已浇筑完成的变压器基础的高程进行检验与校核,然后进行基础纵横轴线的测量与放线,并检查其方正程度及安装螺栓孔的间距是否符合产品规定。同一安装轴线上的变压器基础,应当一次完成测设工作。

3. 施工班组技术员组织学习变压器安装作业指导书,并按作业对象对施工人员进行技术交底,班组长向施工人员交代施工项目的安全注意事项。

4. 按照企业的技术管理规定,组织设备的开箱检查。参加开箱检查的人员除技术管理规定的人员和部门外,尚应通知监理、设备运营接管单位的代表参加。

所有检查项目依照先外观、后内部的程序进行。

5. 进行变压器安装前,应及时了解并掌握当地气象台站近期的天气预报情况,并建立联络关系。

6. 按表 3-11-2～表 3-11-4 的要求,做好劳动组织、施工机具、设备材料的准备工作。

(1)油浸变压器安装的劳动组织见表 3-11-2。

表 3-11-2　油浸变压器安装的劳动组织

序号	工程项目	人　数		
		主变压器	电抗器	小变压器
1	施工负责人	2	1	1
2	技术负责人	1	1	1
3	变压器就位	12	4	4
4	吊芯检查	8	—	—
5	附件安装	8	—	—
6	滤油	6	2	2
7	现场材料工具保管员	1	1	—
8	司助人员	2	2	—

(2)油浸变压器安装的施工机具见表 3-11-3 所示。

表 3-11-3　油浸变压器安装的施工机具

序号	名称	规格	单位	数　量	
				室外设备	室内设备
1	汽车吊	8 t	辆	1	—
2	行吊			—	1
3	钢丝绳套		副	2	—
4	尼龙吊装带		根	2	—

续上表

序号	名称	规格	单位	数量	
				室外设备	室内设备
5	经纬仪		套	1	1
6	水平仪		套	1	1
7	水平尺		把	—	1
8	套筒扳手		套	1	1
9	力矩扳手		套	2	1
10	螺丝刀	150 mm	把	2	2
11	电焊机	交流	台	1	1
12	梯子	$L=4$ m	座	2	1
13	白布		m^2	4	—
14	电工工具	个人	套	9	6
15	电气试验设备		套	1	1
16	硬杂木板	400 mm×50 mm	块	—	实需
17	无缝钢管滚杠	ϕ50 mm～ϕ80 mm	根	—	实需
18	小滚杠(圆钢)	ϕ20 mm	根	实需	实需
19	钢板	1 000 mm×400 mm	块	实需	实需
20	滤油机	真空式	套	1	1
21	滤油管路	耐压橡胶管	m	实需	实需

注:此表不包含起吊主变压器使用的大容量吊车,如果现场需要请单独提报计划。

(3)油浸变压器的安装设备材料见表3-11-4。

表3-11-4 油浸变压器的安装设备材料

序号	名称	规格	单位	数量	
				室外设备	室内设备
1	氮气	工业纯	kg	实需	实需
2	充气管路	橡胶管	m	实需	实需
3	减压阀	实需	套	1	1
4	扁钢接地线	设计	kg	实需	实需
5	棉纱		kg	实需	实需
6	油漆	黑、灰	kg	实需	实需
7	扁油刷	1.5寸	把	实需	实需
8	套头棉毛衫		套	2	2
9	储油罐	8 t	个	2	—
10	废油桶	100 kg	个	1	—

3.11.1.5　主变压器安装程序

1. 工艺流程

主变压器安装工艺流程如图 3-11-2 所示。

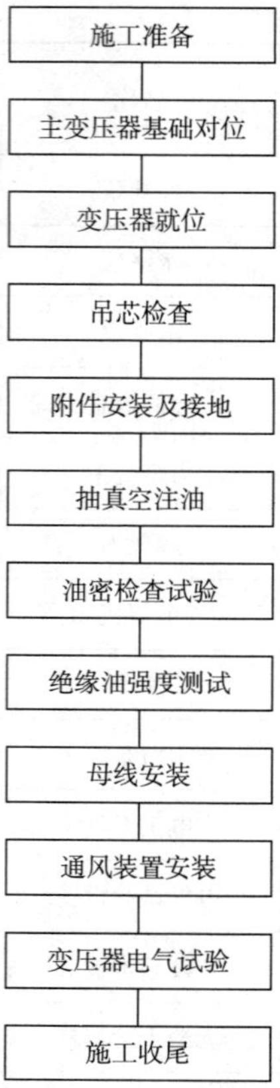

图 3-11-2　主变压器安装工艺流程图

2. 操作要点

(1)施工准备

按本工艺前述的要求进行施工准备。

(2)主变压器基础对位及就位

①无论采用任何一种二次搬运方法，待运至主变压器安装位置后，都需要将变压器就位于基础上。

②变压器纵横中心线与基础上标注的纵横中心线重合后，采用滑动或滚动方法将变压器就位于基础的中心线上。

③当需要仔细调整变压器的安装位置时，可采用小滚杠加钢垫板的形式进行调整。

(3)主变压器吊芯检查

①吊芯准备

a. 编制吊芯技术措施，并进行工序技术交底和人员分工。

b. 准备好吊芯用的材料及检查时需使用的工具，并登记数量。

c. 清除作业场地内的杂物，做好防尘和防雨、防潮措施。

d. 准备好绝缘油过滤系统且达到随时开动功能；补充用变压器油应事先过滤好。滤油机操作应该按照滤油机操作程序进行。

②排油、拆除连接部件

a. 测量并记录场地内的环境气温及大气相对湿度。

b. 在环境温度及大气相对湿度符合技术要求和情况下，连接输油管道，打开器身顶部注油阀，使油面与大气接触。开始记录器身暴露时间。

c. 排油时，先启动滤油机，当滤油机进入工作状态后，再缓缓打开油箱底部放油阀，将器身内的变压器油排入储油罐内。

d. 当油面低于铁芯上铁轭后，即可拆卸分接开关的操作机构及绝缘连杆。将它们用塑料布包好，以防受潮。拆卸前应记下分接开关位置并做好上标记。

e. 对已装好低压侧及铁芯接地绝缘套管的变压器，应打开套管座侧面的工作孔，将芯部低压侧引线从套管上拆下来，用绝缘带固定于铁芯上适当位置，不得影响钟罩起吊。拆下来的零配件，交材料保管员清点记录并保管。

f. 油位低于油箱下部法兰盘后，即可按对角线方向成对称拆卸法兰连接螺栓，先普遍松一遍，然后再逐个拆下来，清点数量后妥善保管。

g. 油箱内的油排净后，及时拆除排油管路，在储油罐内对绝缘油进行循环过滤。

③起吊钟罩

a. 在专用的吊环上系上钢丝绳，调整吊车吊臂使吊钩位于钟罩中心。

b. 在钟罩四角的法兰盘上绑扎晃绳，并在四角利用法兰螺栓孔穿入四根引导定位钢筋。

c. 钟罩起吊开始时，引导定位钢筋应有专人把持，配合人员用撬棍撬接缝处，吊起约100 mm后，暂停起吊。检查起吊中心和重心受力情况并稳定钟罩。如一切正常便继续起吊，当起吊高度超过引导钢筋时，用晃绳稳定钟罩。

d. 当钟罩吊至芯部以上时，旋转吊臂将钟罩放置在铺有干净滤油纸的枕木上。

④芯部检查及清洗

a. 在铁芯上面苫盖白布，防尘防污。铁芯上部检查人员应穿胶底鞋，衣兜内必须清理干净一切杂物，并经过安全员的检查方可开始登上铁芯作业。

b. 检查铁芯应无位移、无损伤变形，穿芯螺杆、压钉用扳手逐个进行紧固检查。

c. 打开上、下轭铁与夹铁间的接地片，用兆欧表测量穿芯螺杆与铁芯，铁轭与夹铁及夹铁对穿芯螺杆的绝缘电阻应符合规定；铁芯外引接地的变压器，拆开接地线后，铁芯对地绝缘应良好。

d. 检查绕组绝缘层，应完整、无缺损、无变形。各绕组排列整齐，间隙均匀，油路无堵塞。绕组的压钉应紧固，拧紧锁紧螺母，绝缘垫块应紧固、完整、无脱落现象。

e. 电压抽头切换装置的各分接头与线圈的连接应紧固正确；各分接头应清洁、接触紧密、弹性良好；接触部分用0.05 mm×10 mm塞尺检查，应塞不进去；转动接点位置正确并与指示器所指位置一样；切换装置的拉杆、分接头凸轮、小轴、销子应完整无损；转动盘动作灵活、密封良好。检查后三相凸轮要返回原来位置。

f. 引出线绝缘包扎紧固，无破损、拧弯现象，引出线绝缘距离合格，固定牢靠，其支架应牢固；引出线裸露部分无毛刺或尖角，焊接质量良好，接线正确。

油箱内部应清洁、无锈蚀。

g. 检查结束后，用绝缘带把高低压侧引线和接地引线绑扎在正对钟罩手孔位置下方，便于引线与套管连接。

h. 用合格的变压器油自上而下对铁芯及绕组进行冲洗，用油刷清理干净油箱底部的杂质及污物，从油箱底放油孔将油放尽。

i. 检查调整好法兰密封圈位置；清点所用工具及剩余材料的数量，做好恢复钟罩的准备工作。

对于不需要起吊钟罩进行芯部检查的变压器，一般制造厂会在变压器箱体上预留人孔，以方便现场人员进行变压器芯部检查。当遇到这种情况时，工作人员要穿戴套头棉毛衫，进入器身前应经过安全员的检查确认后，方可进入器身。检查项目同上述内容，检查时，器身内外工作人员应相互配合进行。

⑤装回钟罩

a. 吊复钟罩时速度要平稳，四角晃绳用力要均匀。吊起后将底部擦拭干净。下落时要对正中心位置，下落时速度要慢，不得与线圈碰撞，接近合拢时从四角上下法兰穿入引导钢筋。

b. 钟罩落定后，检查密封圈有无位移，然后摘除吊钩。

c. 穿好连接螺栓，带上螺母。然后从四角按对角线方向成对称拧紧螺母，拧紧时用力要均匀。

当天如果不能继续进行安装作业，可将器身内充满变压器油，待下一个工作日再继续进行附件安装。变压器油的绝缘强度必须满足要求，可以不抽真空，按常规方法注油（油箱注油量必须浸没变压器的上轭铁），然后封闭所有打开的法兰盖板和堵塞。

⑥连接部件安装

a. 按相序标志装回各分接开关的连杆和机构。安装时要端平操作机构，使连杆垂直，然后慢慢地往分接开关主轴上套。当连杆接头与主轴接触后，稍稍左右转动连杆，使连杆接头套在分接开关主轴的销钉上。两者套上之后，旋转操作机构，操作应灵活。确认分接开关在各挡位及极限位置无误后，紧固机构固定螺栓在额定位锁定。

b. 恢复低压套管、接地套管、中性点套管的引线，盖严手孔。

一般情况下，短距离运输的变压器厂家及引进国外的同类产品，在合同中即规定不需要现场进行吊芯检查。在这种情况下，对于有铁芯定位装置的变压器，要根据具体情况具体分析，国内的变压器生产厂家采用的定位形式比较简单，就是利用箱体上的法兰盖板焊接一个立柱型圆锥体插入上轭铁的预留孔或单独焊接的角钢中，如图 3-11-3 所示。工厂规定安装过程中将这个法兰盘翻个面就可以了，不过一般工程中技术人员会安排重新加工一个法兰盘，以免影响变压器的外观效果，同时避免器身上突出的金属立柱造成变压器引线的瞬间短路事故。

由国外引进的变压器的定位装置，一般是在上轭铁上部直接焊接一个直径 200～300 mm 的圆柱体，圆柱体直接镶入变压器顶部的专用法兰盘当中，如图 3-11-4 所示。工厂规定由现场工作人员在安装变压器附件时，更换定位装置与箱体之间的绝缘衬垫，只要求绝缘电阻符合产品的规定。绝缘衬垫也就是厚度为 3 mm 左右的电工纸板。对于不需要现场进行吊芯检查的变压器，也需要利用变压器器身上的人孔，进入变压器内部芯部检查。

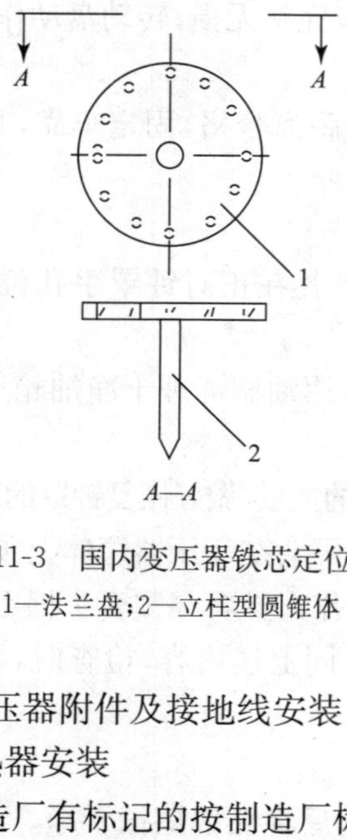

图 3-11-3　国内变压器铁芯定位装置

1—法兰盘；2—立柱型圆锥体

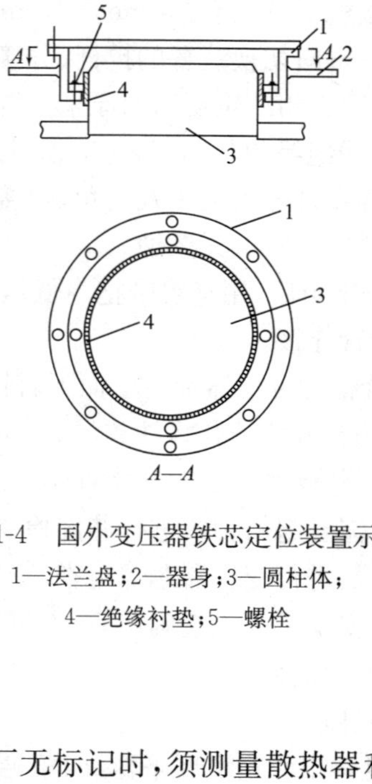

图 3-11-4　国外变压器铁芯定位装置示意图

1—法兰盘；2—器身；3—圆柱体；
4—绝缘衬垫；5—螺栓

(4)变压器附件及接地线安装

①散热器安装

a. 制造厂有标记的按制造厂标记进行装配；制造厂无标记时，须测量散热器和油箱连接法兰的孔距，进行尺寸选配，并编好标记。

b. 拆下散热器集油管封板，按施工技术标准进行散热器的清洗，然后用白布蘸汽油擦净法兰接合面。散热器的清洗工作最好在施工准备阶段完成，否则影响安装作业持续进行。

c. 检查油箱蝶阀密封情况，卸下法兰封板，擦净法兰接合面，擦净(或更换)密封胶垫，在胶垫两个接合面涂抹密封胶，然后将胶垫镶入法兰槽内。

d. 吊起散热器(靠油箱侧有排气孔的为散热器上端，靠外侧有排气孔为下端)至油箱近旁，调整高度和位置，使法兰相接，注意密封垫不要错位，带上螺母，并对角拧紧。依次安装全部散热器。安装完毕，打开所有散热器下部的蝶阀，让变压器油充满整个散热器，观察有无漏油现象。

②净油器安装

a. 拆开净油器法兰封板及上下盖板，擦净净油器内壁及管路污渍，用合格的变压器油清洗。然后装好下盖及滤网。

b. 装入制造厂规定重量的经干燥和用合格变压器油清洗干净并浸泡 24 h 后的吸附剂，以装满内腔为宜，装好上盖和连接管路。

c. 关闭油箱蝶阀，取下连接法兰封板，擦净法兰接合面及密封胶垫，涂上密封胶。

d. 把净油器装于箱体机座上，按对角拧紧螺母。打开下蝶阀和放气阀，让变压器油充满净油器，同时观察有无漏油现象。

③油枕安装

a. 打开油枕端盖及气体继电器连接的法兰封板，将内壁擦洗干净。

b. 将胶囊顺油枕方向放置平整，胶囊口安装不允许皱褶，要严密且畅通，方向不应扭转。

c. 向胶囊内充 2 kPa 氮气作漏气检查，经检查无漏气后，将压力泄放，装上端盖及与气体继电器连接的法兰封板。

d. 将油标管擦干净，装上浮子，轻轻拧紧固定螺母，将油标管固定，根据产品说明书规定做好油位标志线。

e. 打开小油枕端盖，从油标呼吸塞处注入变压器油，同时，用手不断挤压小胶囊，排尽小胶囊内的空气，当油标浮子浮起时，从油标放油塞处放油，使浮子落到油标底部后，关闭放油塞，装上呼吸塞。

对于采用油位计的变压器油枕，工作人员必须穿戴特殊准备的套头棉毛衫，以全身进入变压器油枕的方式，按产品的技术规定，以油枕内外相互配合的形式，测量油枕中浮子的飘浮尺寸，对照检查油位计的指示位置，油位计的指示位置与浮子的飘浮尺寸应一致，且误差符合产品的规定。

f. 吊装油枕前，先将油枕与托架的连接螺栓松开，将油枕就位后，拧紧托架固定螺栓。

④防爆筒或压力释放阀安装

a. 拆除防爆筒封板，清洗防爆筒内壁，装好隔膜或防爆玻璃，其材质应符合制造厂的规定。

b. 打开油箱顶部防爆座的封板，擦净接合面，在密封胶垫两侧涂抹密封胶，镶入密封槽内。

c. 将防爆筒吊至油箱顶部，喷口朝外，用螺栓固定于防爆筒座上，防爆筒与油枕间如有支承座，应予以连接。

d. 打开压力释放阀下盖板，清洗其内壁。

e. 重复操作本条 b. 的程序。将压力释放阀正确安装在器身上，注意二次接线孔应位于压力释放阀的下方。压力释放阀就位后，打开运输锁闭系扣，使之处于正常工作位置。

⑤安装高压套管

a. 对于已完成电气性能试验且合格的高压套管，用汽油擦净瓷套表面及法兰接合面，检查套管油位及有无渗油现象。

b. 拆下高压套管上端的接线板、导电密封头，从上向下穿入 1 根 $\phi 1.5$ mm 镀锌铁线。

c. 拆下油箱上高压套管座封板，清洗套管座法兰，擦净密封胶垫，涂抹密封胶，镶入法兰密封槽内。当变压器设计装有套管升高座时，首先安装套管升高座，套管升高座也需要如前述清洗，然后再安装套管。

d. 将高压套管吊起，油标朝外，放气塞在最高位置，吊至套管座上方时，将高压侧接线端部拴在提前穿入的细铁线上。牵引套管内的铁线，落钩时要稳要慢，要扶正套管，不要碰撞套管座，在法兰相接的同时将细铁线牵出套管顶端，上好法兰连接螺栓，穿上销子，上好导电座密封头和接线板。依次装好其他高压套管。高压套管的起吊方法可以参考图 3-11-6 所示。

110 kV 的套管高约 3 m,质量在 2 t 以下,一般在户外及户内变电所与架空线路或电缆线路相连接。由于套管的安装地点相距 10 m 以上,因此户外安装需要吊臂具有能够伸出 17 m 以上的吊车,一般需要使用 16 t 液压汽车吊车。现场在起吊时可参照图 3-11-5 所示的方法,即在套管法兰的 4 个吊耳上绑扎尼龙吊绳,挂在吊车的吊钩上,并在吊钩上再挂一个 2 t 的链条葫芦,在链条葫芦的吊钩上挂一根尼龙吊绳,绑扎在套管的颈部。在吊离地面约 1 m 的时候,收紧链条葫芦的吊绳,使套管由水平状态转换为倾斜或垂直状态,如图 3-11-6 所示。

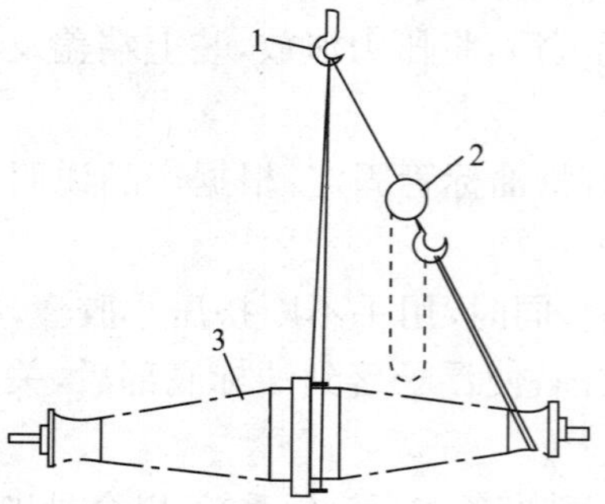

图 3-11-5　110 kV 套管在起始状态示意图

1—吊钩;2—2 t 葫芦链条;3—110 kV 套管

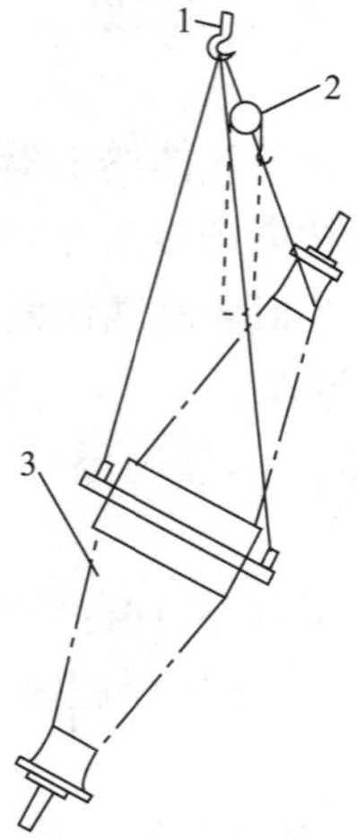

图 3-11-6　110 kV 套管在起吊过程状态示意图

1—吊钩;2—2 t 葫芦链条;3—110 kV 套管

⑥安装气体继电器

a. 打开试验合格的气体继电器封板,擦净连接法兰接合面,解除内部绑扎绳,手动触试开口杯和挡板动作应灵活。

b. 拆下油箱和油枕与气体继电器相连接的法兰封板,并擦净接合面和密封胶垫,涂抹密封胶,镶入密封槽内。

c. 将气体继电器置于两法兰中间,箭头指向油枕侧,适当拨动油枕,调整好位置和间隙,如胶垫无错位,便可对角拧紧连接螺栓。

d. 拧紧油枕与支架的连接螺栓。

⑦变压器接地线安装

a. 用独立的接地线将变压器接地套管的引线直接与接地网进行连接。

b. 用扁钢(铜)接地线将变压器底座的接地螺栓与接地网进行连接。

c. 接地线的制作标准应符合国家标准的有关规定。

(5)抽真空注油及补充注油

连接抽真空系统。根据产品说明书的要求连接抽真空管路,将抽真空管路连接到油枕上部或其他指定部位。变压器包括两种注油方式:一是变压器全部一次安装完毕,直接抽真空注油;二是在原先常规油的基础上的抽真空补充注油。下述步骤同时适用于这两种注油方式。

抽真空注油及补充注油的操作步骤如下。

①打开所有散热器和冲击油压继电器的蝶形阀门，使变压器全部油路畅通。检查并拧紧各类放气塞、油堵及进出油阀门，保证变压器处于全密封状态。

②安装真空泵及其冷却系统，并进行空载试验和常规保养。一般情况下，真空泵循环冷却用水量不应少于 2 m³，以降低温升。

③连接储油柜至真空泵间的抽真空管路，由于抽真空管路上端直接连接在储油柜顶部的真空阀门上，因此在安装后要将管路固定牢靠，不得使阀门承受额外应力，以防损坏。

④利用从变压器上拆下的、运输中用的氮气压力监测计量器具，改制成图 3-11-7 所示的真空度检测及充氮压力监测导管组合计量器具(此时图中 5 端接真空计以测真空度)，连接在从储油柜引下的吸湿器连管末端；其中真空计与连接嘴之间用直径为 6 mm 左右的橡胶管连接，接口处应涂敷密封脂。

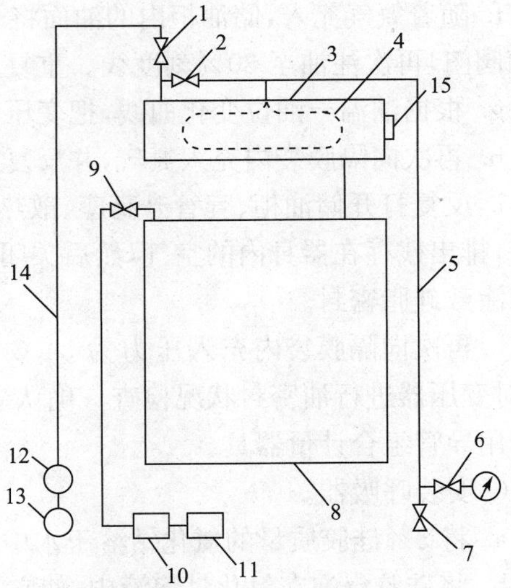

图 3-11-7　变压器抽真空注油的现场布置示意图
1—抽真空阀门；2—连通阀门；3—储油柜；4—隔膜袋；
5—呼吸器配管；6—压力计阀门；7—真空计阀门；
8—变压器；9—注油阀门；10—真空滤油机；
11—储油罐；12—真空泵；13—循环水泵；
14—抽真空配管；15—油位计

⑤检查抽真空系统和真空度监测装置的配管，应如图 3-11-7 所示，所有连接部位的密封应完好。

⑥确认上列检查合格后，按以下步骤操作，进行抽真空作业前的漏泄率检查。

a. 启动循环水泵，使真空泵冷却系统率先运转。

b. 打开变压器抽真空阀门 1 及连通吸湿器连管的连通阀门 2(参见图 3-11-7)。

c. 启动真空泵，投入抽真空系统。

d. 打开真空计阀门，记录抽真空开始时间，监视真空度上升速率，每小时记录一次真空度值。

e. 当变压器内的真空度达到 667 Pa 时，关闭抽真空阀门 1，停止真空泵运转。30 min 后，记录真空计读数，与停机前的真空度比较，其下降值即为该变压器的漏泄率。一般情况下，漏泄率不大于 130 Pa，即认为合格。超过时，应对变压器的密封状况进行全面检查。缺陷处理后，应重新检测漏泄率。

⑦真空漏泄率符合规定后，启动抽真空系统，在保持 667 Pa 真空度的情况下，连续抽真空 12 h，并每小时做一次真空度记录。

⑧变压器真空注油的操作步骤如下。

a. 连接变压器与真空滤油机之间的输油管路，并将变压器主体及输油管路金属连接管部分可靠接地。

b. 在变压器的真空度及连续抽真空时间达到规定时，打开注油阀门向变压器注油，注油量为油位计的 30%刻度线。注油过程中，真空泵应持续运转，并保持 800 Pa 的真空度。

c. 注油量符合要求后，停止注油，关闭注油阀门，继续抽真空作业。

d. 15 min 后，停止真空泵运转，关闭抽真空阀门 1 及连通阀门 2，拆下真空计，在原与真空计连接处换接氮气瓶管路。

e. 通过真空计阀门 7 向隔膜袋内缓缓充入氮气，破坏原真空状态。

f. 随着氮气充入，储油柜内的油面将下降，当油位计指示10%刻度线时，停止充氮。打开注油阀门，再次注油至30%刻度线。重复上述操作，至隔膜袋内达到大气压力为止。

g. 根据油温－油位变化曲线，把变压器油位调整到比正常情况下高出10%的油面上。

h. 再次向隔膜袋内充入氮气，并反复加压至9.8～14.7 kPa范围内后，保持压力不变。

i. 反复打开储油柜、套管升高座、散热器、气体检出继电器和冲击油压继电器等附件的放气塞，排出残存在器身内的空气，然后关闭所有放气塞。位于储油柜顶部的放气塞，排气拧紧后应涂敷硅脂密封。

j. 再次向隔膜袋内充入压力为34.3 kPa的氮气，在保持压力不变的情况下，静置24 h后，对变压器进行油密封状况检查。确认变压器密封状况良好后，排放储油柜内的氮气，拆除测量用导管组合计量器具。

⑨安装呼吸器。

a. 将3%硅胶质量的氯化钴溶于水中，水量以能被硅胶全部吸附为宜。

b. 将硅胶浸泡在氯化钴溶液中，使它充分吸收，直至硅胶变为粉红色。

c. 将粉红色硅胶在115～120 ℃的烘箱内干燥处理，至全部变为蓝色为止。降温后装入呼吸器内。

d. 取下呼吸器罩、密封胶圈，在罩内注入变压器油至油面线后，将罩装上，密封胶圈不再装回。

⑩安装温度计。

a. 将温度计表面擦干净，固定在表座上，检查指针是否在整定位置。

b. 打开变压器顶盖上的测温座盖，擦净内腔，注入少量变压器油，插入测温包，油位以浸没测温包为宜，拧紧盖上的螺栓。

c. 将毛细管理顺，多余部分盘成直径不小于50 mm的圆圈，用卡子固定在变压器适当部位的油箱上。

(6)母线安装

①根据变电所母线平面布置图及母线结构剖面图的设计要求，测量母线引下线的长度，安装变压器的母线引下线。

②对于室内安装的变压器，由于其位于室内，基本上采用高压电缆引入或由SF_6组合电器直接连接。当采用高压电缆连接时，电缆终端头的制作必须是由经过专门培训并考核合格取得操作许可证的专门人员进行。

(7)风扇安装及配线

①风扇托架安装要水平、牢固。拉筋要调直，位置处于散热器中心。

②用500 V兆欧表测量风扇电机绝缘，其阻值应不低于0.5 MΩ。

③将风扇固定在托架上，拨动风扇叶片应转动灵活。

④分别测量主接线盒至风扇分线盒及各分线盒间的环形电源供电回路的长度，将电缆和蛇皮管按测量长度下料。

⑤将电缆穿入蛇皮管，两端剥出芯线，校出并标上A、B、C相别。

⑥将蛇皮管两端分别卡在接线盒上。中间固定在油箱上，将电缆芯线按相别接到主接线盒和风扇分线盒端子上，形成供电环路。

⑦用500 V兆欧表校核回路接线。检查主接线盒及各分线盒的熔断器是否齐全，规格型号是否相符。

⑧用临时电源通电试验，检查电机转向是否正确，转动是否平稳灵活，有无卡阻、摩擦和振

动现象。

(8)变压器电气试验

①班组技术人员在变压器注油完毕以后，110 kV 及以下变压器静置 24 h 后，应将变压器各部位的残余气体排尽，测试绝缘油的绝缘强度，并取油样送当地电力公司指定电气试验部门进行绝缘油的简化分析。

②试验人员按照国家电气试验标准进行变压器的电气性能试验。如果试验结果一切正常，则安装工作全部结束。

(9)施工收尾

①清理现场施工剩余材料，将剩余的变压器油装入运输用绝缘油桶内，并按规定进行保管。

②对损伤的变压器表面油漆进行修补，若已经露出金属部分，则要按常规刷防锈漆、补腻子、涂刷面漆。

③填写变压器安装技术记录，见表 3-11-5 和表 3-11-6。考虑一个工作日可能安装不能结束，因此分为两个表，分别记录一个工作日应完成的内容。

表 3-11-5　油浸变压器安装技术记录(一)

安装地点		施工日期	年　月　日		
型号规格					
制造厂		产品名称		型号	
出厂序号		制造年月		相数	
额定频率		冷却方法		连接组标号	
额定容量		额定电压		额定电流	
阻抗电压		空载电流		空载损耗	
短路损耗		油重		器身重	
总重		绝缘油规格		套管形式	
抽头电压		充氮运输的变压器在安装前其氮气压力表压力			MPa
器身检查：					
日期		气候温度		相对湿度	%
起止时间		器身外露时间			
检查负责人		工作人员			
内部检查记录：					
铁芯有无移位		线圈绝缘是否完整		铁芯有无多点移位	
各部螺栓是否紧固		引出线绝缘是否完好		电压切换装置检查结果	
穿芯螺栓对夹铁绝缘电阻	MΩ	穿芯螺栓对铁芯绝缘电阻	MΩ	铁芯对夹铁绝缘电阻	MΩ
绝缘摇表型号		规格			
有载调压切换装置的安装：(安装负责人　　　　)					
传动机构固定是否牢靠		操作是否良好		切换装置工作顺序是否符合出厂记录	
联锁动作是否正确		转动机构固定是否牢靠		操作是否灵活	
施工日期		记录人员			
主管工程师		施工负责人			
检查工程师		监理工程师			

表 3-11-6　油浸变压器安装技术记录(二)

冷却装置的安装				安装负责人	
阀门是否灵活		箭头方向是否正确		有无渗油现象	
储油柜的安装				安装负责人	
安装前是否清洗		胶囊是否完整无损		有无漏气现象	
充油套管的安装				安装负责人	
油位指示是否正常				有无渗油现象	
气体继电器的安装				安装负责人	
安装前是否经检验整定				顶端上标志箭头是否指向储油柜	
安全气道的安装				安装负责人	
安装前内壁是否清理干净				隔膜是否完整	
净油器和呼吸器的安装				安装负责人	
净油器安装位置是否正确				吸湿剂是否干燥	
温度计的安装				安装负责人	
安装的温度计是否经过检验				信号接点动作是否正确	
变压器顶盖上的温度计座内是否注入变压器油				密封是否良好	
变压器顶盖向气体继电器方向的升高坡度是否符合厂家规定					
备注：					
施工日期			记录人员		
主管工程师			施工负责人		
检查工程师			监理工程师		

3.11.1.6　质量标准

1. 油浸变压器的安装调整的整个过程应遵循技术标准的规定，并提前通知监理工程师旁站检查。施工单位适时进行质量过程控制。

2. 油浸变压器安装后的质量标准应满足《地下铁道工程施工质量验收标准》的规定，并按规定进行自检和填写自检记录。

3. 推荐施工班组填写变压器安装过程质量控制检查记录，见表 3-11-7～表 3-11-11 所示。此检查记录一般情况下应由班组技术员或安质员填写，不过在特殊情况下，也可由班组掌握安装程序的高级技工来填写。

3.11.1.7　安全及环境保护要求

1. 油浸变压器安装的安全注意事项

(1)油浸变压器安装工程应制定专门的施工安全技术措施。

(2)设备开箱及搬运时应注意保护设备表面油漆涂层。整体或金属附件吊装时，应采用专用钢丝绳套进行吊装；吊装套管时，应采用尼龙吊装带进行吊装。

(3)对油浸变压器安装进行抽真空时，应时刻注意真空泵的运转情况，保持冷却水的饱满和温度状态。在严寒的冬季停止工作时，要将真空泵冷却系统的冷却水排放干净，防止把真空泵冻裂。

(4)对于器身或附件出现漏油现象时，应由制造厂的专业人员进行现场处理，严禁施工人员私自进行处理。

2. 油浸变压器安装的环境保护事项

(1)施工过程中报废的污油应装入专用废油桶之中，然后统一进行处理。严禁泼洒在土壤中，污染环境。

(2)施工过程中的废弃物应及时分类妥善处理，运至当地环保部门指定地点。

3.11.1.8　过程质量控制检查记录

笔者通过工程实践并参考有关资料，编制了变压器安装过程质量检查控制表，见表3-11-7～表3-11-11所示，内容分别为变压器安装工程的施工准备、设备现场验收、安装前的准备工作、内部检查、安装阶段过程质量检查控制表。当然并没有标准规范规定要这样做，笔者这是在抛砖引玉，提出工程质量应该这样管理，才能够做到心中有数，才能够放心，才能够经得起时间的检验。因此，也希望广大施工企业能够依靠这个模式编制出更多项目的质量控制表格。

表3-11-7　变压器安装——施工准备阶段过程质量检查控制表

作业项目	作业质量要求	检查结果
技术准备	1. 根据施工及验收规范和变压器安装说明书，编制变压器安装施工方案。 2. 依据审核批准的施工方案，进行技术交底、组织分工和开展其他准备工作。 3. 准备安装试验记录及施工安装技术记录表格	
施工用工机具和材料准备	1. 起重机械和吊索器具应经过受力计算，并保证其性能、状态良好、合格。 2. 按施工方案确定施工用工机具，应准备齐全、合格。 3. 按施工预算的数量及质量要求准备合格的施工材料	
现场布置	1. 根据施工平面布置图，确定油务设施、变压器附件及起重机的停放位置。连接油务处理管道，油罐底部应垫有道木并具有一定的坡度。要求油务设施的布置清晰整齐。抽真空设施不应离变压器太远。 2. 清理现场，搭设工棚，安装施工电源	
基础验收	1. 变压器基础及相关的构筑物达到安装的强度；预埋件及预留孔符合设计，并应符合变压器的安装尺寸；基础标高及水平误差应符合设计或制造厂要求。 2. 基础周围有足够宽敞的场地，道路畅通；周围无低洼水坑，杂物清理干净。 3. 隐蔽工程合格，接地可靠。 4. 基础平台应平整并符合规定；高低误差不大于3 mm，坡度倾斜符合变压器制造厂及有关规定的要求。 5. 变压器周边设备的土建基础牢固可靠，依照图纸进行施工	
施工现场环境的检查	现场环境湿度不大于80%，无风沙、杂物，环境整洁	

现场记录人	现场技术员	审核负责人	制表部门

表3-11-8　变压器安装——设备现场验收阶段过程质量检查控制表

作业项目	作业质量要求	检查结果
开箱验收检查	1. 所有附件及备件的包装和密封应该良好。 2. 按装箱单检查清点，规格应符合设计要求，附件备件齐全，完好无损。 3. 产品的技术文件、试验报告应齐全	
外观检查	1. 油箱及附件完好、无损伤，密封良好；油箱钟罩法兰及各封板螺栓齐全紧固，无渗漏现象；充油套管的油位正常、无渗漏，瓷件无损伤。 2. 充气运输的变压器，其箱内压力应为正压，压力值应保持在0.01～0.03 MPa之间。 3. 冲击记录仪的记录数据应在允许范围之内	

续上表

作业项目	作业质量要求	检查结果
验收记录	1. 现场验收应有制造厂、监理、建设单位及施工单位的人员共同参加。 2. 对开箱及验收情况应予以记录并共同签认，对存在的问题应确定处理方法及时间	
现场保管	1. 冷却器、油枕等部件应密封良好，底部垫高、垫平放置。 2. 绝缘材料应置于干燥的室内存放保管	

现场记录人	现场技术员	审核负责人	制表部门

表 3-11-9　变压器安装——安装前的准备工作阶段过程质量检查控制表

作业项目	作业质量要求	检查结果
绝缘油的处理	1. 应储存在密封清洁的专用油罐内，对新油应取样做简化分析，各项指标应符合 GB 7595 规定的质量要求。 2. 经真空滤油机净化处理，各项指标应达到合格标准	
附件检查试验	冷却器检查与试验 1. 外观无锈蚀、无碰撞变形，上下口法兰端面平整。 2. 按规定压力值进行密封试验，用气压或油压检查。其压力为 0.4 MPa，持续 30 min应无渗漏，密封良好。 3. 用合格的绝缘油对冷却器进行循环冲洗，并将残油放净。 4. 油泵及油流继电器完好无损。 储油柜检查与试验 1. 表面无锈蚀、无碰撞变形，油位计指示准确。 2. 胶囊和隔膜应做检漏试验，试验时充气压力和时间按制造厂规定进行，胶囊应排气完全。 3. 内部应清洁干燥。 4. 油位计动作应灵活、无卡阻，指示正确。 升高座检查与试验 1. 应无变形、无锈蚀、无渗漏。 2. 二次端子板绝缘电阻不小于 1 MΩ。 3. 按 GB 50150 进行电流互感器测试，应满足规定要求。 套管的检查与试验 1. 表面完好，内壁清洁干燥。 2. 按制造厂规定进行检漏试验，应满足规定要求。 3. 按 GB 50150 进行电气试验，项目应齐全且合格。 4. 变压器套管在检修、试验中应放置在专用的套管支架上，支架应固定良好。 其他附件的检查与试验 1. 气体继电器经检测测试合格。 2. 压力释放装置应有出厂试验报告，否则应做动作压力试验。 3. 充氮装置按规定进行检验整定，触点动作应正确，导通良好。 残油试验与干燥判断——注油排氮条件 1. 内部充气压力大于 0.01 MPa。 2. 残油耐压大于 30 kV。 3. 含水量小于 30×10^{-6}(体积比)	

现场记录人	现场技术员	审核负责人	制表部门

表 3-11-10　变压器安装——内部检查阶段过程质量检查控制表

作业项目	作业质量要求			检查结果
环境条件	1. 周围空气温度不得低于 0 ℃，器身温度不得低于周围空气温度，应选择晴朗干燥天气进行检查。 2. 空气相对湿度小于 65%，器身暴露在空气中的时间不得超过 16 h，时间计算从开始放油到开始抽真空			
内部检查对作业人员的要求	1. 进入器身检查的人员不宜超过 3 人，并应有制造厂人员参加，检查项目和缺陷处理由制造厂人员确认并记录。检查过后注意不要遗漏工具。 2. 检查人员应穿洁净的专用工作服及鞋帽，不得携带除工具外的其他金属物；内部检查过程中应设专人监督、传递信息；内部检查时应向器身内部吹送干燥空气；所有工器具应登记记录，并设专人负责管理			
内部检查项目	1. 器身定位件应固定牢固，拆除运输支架。 2. 铁芯拉带应紧固，拉带与夹件的接地良好，用 2 500 V 兆欧表检查，铁芯的绝缘电阻应符合 GB 5015 规定要求，拉带的绝缘良好，铁芯不得多点接地。 3. 引线的外包绝缘应无损伤，支撑件无损坏，绝缘螺栓紧固齐全。 4. 所有紧固件应紧固。 5. 调压选择开关引线绝缘无损伤、连接紧固，支撑件及所有部件完整，选择开关切换灵活、接触良好，切换时间符合制造厂规定。 6. 器身内无杂物，底部无油污			
现场记录人	现场技术员	审核负责人	制表部门	

表 3-11-11　变压器安装——安装阶段过程质量检查控制表

作业项目	作业质量要求	检查结果
安装前的检查	1. 释放器身内部充置的氮气压力。 2. 变压器中心线纵横误差不大于 3 mm，水平误差不大于 5 mm	
电流互感器安装	安装方向正确，密封垫使用得当，铭牌朝外，放气塞处于最高位置	
高压套管安装	1. 如果套管受潮，应进行干燥处理，并进行真空注油，引出线接口处应严格按照厂家的制造要求进行密封，油位计朝外，末屏可靠接地。 2. 密封良好，不漏油，密封垫完好，油位计朝外，末屏可靠接地，无扭曲变形，压缩量不宜超过其厚度的 1/3	
零序套管安装	油位计朝外，末屏可靠接地。密封良好，不漏油，密封垫完好，无扭曲变形，压缩量不宜超过其厚度的 1/3	
附件安装	升高座安装： 1. 按制造厂编号吊装，放气塞应处于最高位置，小套管应不渗油。 2. 密封垫位置正确并无移位，紧固螺栓时，应按对角线均匀紧固。 套管安装： 1. 吊索连接可靠，平衡保险绳绑扎牢靠。 2. 进入器身时应调整好套管的倾斜角度，与升高座的倾斜角度相同后缓缓下落，严防碰撞。 3. 引线连接可靠，密封良好。引线头与端子连接紧密，并应保证密封良好。 4. 套管油标朝外，末屏可靠接地。 5. 套管安装前应提前将其竖立起来，油位应正常，无漏油现象，导电管及均压球内外应清洁。 定位装置现场处理： 1 对于国内的产品，将其定位法兰翻面即可或更换一个新的法兰盘。 2 对于引进设备，根据制造厂的规定更换绝缘衬垫。 冷却器安装： 1. 冷却器、支座、连管等应按照制造厂编号进行吊装，冷却器应平稳起吊移动，避免碰撞，密封垫位置正确，螺栓紧固均匀。	

续上表

作业项目	作业质量要求	检查结果
附件安装	2. 应彻底清洗外接管路的内壁，冷却器安装完毕应立即注满油。带潜油泵的冷却器起吊时应采取“空翻”的方法，以防损坏油泵。 真空注油： 1. 变压器各处密封完毕，连接好抽真空及注油管路，为防止真空泵油倒吸入油箱内，抽真空回路应该装设隔离罐或电磁逆止阀。注油过程中保持真空。 2. 对允许抽同样真空度的部件，与变压器本体一起抽真空，将不能同时抽真空的部件，与变压器本体隔离。抽真空时应监视箱壁变形情况，其最大变形值不得超过壁厚的 2 倍。注油速度应符合产品说明书的规定。 3. 当真空残压小于 133 Pa，连续保持 24 h 以上，即可开始注油。 4. 注油过程中保持器身真空状态，应从变压器底部注油，注油速度不宜超过 100 L/min，真空净油机的出口油温不得高于 50 ℃。 5. 抽真空至 0.02～0.03 MPa 时，应停泵，检查变压器密封情况。 6. 注入的绝缘油各项指标应达到 GB 7595《运行中变压器油质量标准》的要求	
有载调压的净油机的安装	净油机进出油管道、阀门应清洗干净，法兰连接紧密、无渗油，与有载开关进出油管道的连接应正确	
压力释放器的安装	安装方向正确，导油管设置符合设计要求，密封良好。触点动作正确，绝缘良好	
气体继电器安装	安装前应检查并解除绑扎带，应水平安装，箭头指向储油柜，连接法兰处密封良好，导气管按编号连接，内部应清洁，连接密封应良好	
测温装置安装	1. 温度表经校验合格，测温座内应注满变压器油，并密封良好，无渗油。 2. 温度表的金属软管不得压扁或急剧扭曲，其弯曲半径不得小于 50 mm	
储油柜安装	无水汽进入，不允许偏离图纸要求的安装距离，安装过高导致油压过大，安装过低套管将不能完全注满油。防止油囊安装中破损，充入气体应适量。下面介绍两种储油柜安装方式。 1. 胶囊式储油柜的安装。进行胶囊排气。打开储油柜上部排气孔，由注油管将油注满储油柜，直至排气孔出油，关闭注油管和排气孔。从变压器下部油阀排油，此时空气经吸湿器自然进入储油柜胶囊内部，至油位计指示正常油位时为止。 2. 隔膜式储油柜的安装。注油前应首先将磁力油位计调整至零位，然后打开隔膜上的放气塞，将隔膜内的气体排除，再关闭放气塞。由注油管向隔膜内注油，达到比指定油位稍高位置，再次打开放气塞充分排除隔膜内的气体，直到向外溢油为止，经反复调整达到指定油位。发现储油柜下部集气盒油标指示有空气时，应用排气阀进行排气。 比正常油位低时的补油。利用集气盒下部的注油管接至滤油机，向储油柜内注油，注油过程中发现集气盒中有空气时应停止注油，打开排气管的阀门向外排气，如此反复进行，直至储油柜油位达到要求为止	
吸湿器安装	注油后安装吸湿器，并将润滑阀安装在操作位置	
放气检查	打开变压器上所有排气塞，直到油流不再产生泡沫为止。要防止排气塞拆卸过松，油压迫使油流喷出	
储油柜连管安装	确保连管被放置和支撑在指定位置，管路中的阀门应操作灵活，开闭位置正确，密封良好，使其免于张力和振动，与带电部分保持足够的安全距离	
气体继电器安装	保证箭头方向指向储油柜，与本体平面保持有 1.5%～3%的倾斜度，方向正确，密封良好，继电器本身测试检验合格，符合运行要求	
内部引线安装	舞动范围小，舞动间距有足够的安全距离	
高压引线安装	导线有足够的载流能力，无断裂、损伤现象，接触良好，并符合 GBJ 149 的有关规定	
低压引线安装	导线搭接面光滑、无毛刺，螺栓紧固、美观，搭接面牢固，并符合 GBJ 149 的有关规定	

续上表

作业项目	作业质量要求			检查结果
本体接地线安装	按照产品说明书的技术要求及 GB 50169 的有关规定，进行变压器的接地线安装，应牢固可靠			
有载调压开关控制线的连接	进行导线连接时，电源侧应确保无电状态，连接操动机构部分时，要依照图纸，确保接线正确			
风扇电动机控制线的连接	进行导线连接时，电源侧应确保无电状态，连接操动机构部分时，要依照图纸，确保接线正确。注意相序的调整，保证风扇的转向一致			
冷却器检查	各个密封垫的压缩量足够，各个阀门指向和位置符合产品技术规定，仪表安装齐全且到位			
风扇检查	风扇转向正确一致，确保热量的有效散出			
各个部件油位检查	油位适当，需注意季节对油位的影响，夏季油位不高于油箱高度的 2/3，冬季油位不低于油箱高度的 1/3			
补充注油	1. 补充注油应通过储油柜上的加油阀，并经过静油机注入到额定油位。 2. 注油时应排放本体及附件内的空气。 3. 静置 12 h 后取样试验			
收尾工作	1. 所有阀门位置状态正确。启动冷凝器，对所有放气部位进一步放气，启动有载调压净油机，使气体继电器、油枕等处进一步放气。 2. 调整本体及有载分接开关的储油柜至适当位置。 3. 充油套管的油位应正确，套管顶部结构的接触及密封应良好。接地小套管应可靠接地，备用电流互感器二次端子接地可靠。 4. 铁芯接地套管与变压器外壳应可靠接地。 5. 清洁变压器本体，表面应无油迹、无污物残留。 6. 补刷表面油漆剥落处			
整体密封检查	变压器安装完毕后，应在储油柜上用油压或气压进行变压器整体密封试验，试验压力 0.03 MPa，持续时间为 24 h，变压器应无渗漏油现象			
交接试验及验收检查	交接试验符合 GB 50150 的规定，验收检查符合相关验收标准的规定			
现场记录人	现场技术员	审核负责人	制表部门	

3.11.2　六氟化硫全封闭组合电器安装调整

3.11.2.1　适用范围

适用于城市轨道交通主变电所工程额定电压在 110 kV 及以上户内、户外型六氟化硫全封闭组合电器(简称 GIS)的安装调整。

3.11.2.2　作业内容

110 kV 落地布置方式安装的户内、户外型六氟化硫组合电器的安装调整：基础施工质量检查、设备开箱检查，组合电器单元安装，操动机构安装，母线管安装，检查各单元 SF_6 气体压力值，连接第一相与操动机构之间的传动杆，根据产品说明书的要求进行手动合闸检查，同时检查各相拐臂的行程，符合规定后，连接相关单元，并重复上述的拐臂行程检查；三相行程全部调整好后，将三相组合电器的相关单元依次补充 SF_6 气体至规定值，接引试验电源进行电动操作检查，应达到产品安装技术质量标准，并填写设备安装技术记录。

3.11.2.3　施工技术标准

1. GIS到达现场的接收、装卸、检查及储存

(1)GIS到达现场后不得倒置、碰撞或剧烈振动，并应及时进行开箱检查。检查是否存在损坏现象，备品配件及相关资料是否齐全。发现异常情况或问题，要及时与制造厂联系解决。

(2)GIS安装前，其本体上的阀门或法兰盖板均不得打开，防止破坏本体的密封导致绝缘件受潮。对于充有SF_6气体的安装单元，尚应检查气体压力是否符合制造厂的要求，并做好记录。

(3)在GIS到达现场的开箱检查过程，应按预先制定的安装计划，将各电气单元按产品的组装顺序排列在预定位置。

(4)在安装地点做短期保管时，应符合产品的技术要求。

2. GIS的基础

(1)基础的整体水平偏差小于5 mm。

(2)断路器本体各单元基础的水平偏差小于2 mm，相间水平偏差小于5 mm。

(3)断路器单元各组与各相关单元基础在纵横轴线上的偏差小于5 mm或产品技术文件的要求。

(4)基础预埋件及预留沟槽管道的位置应与产品技术要求一致。

3. GIS的安装

(1)GIS的安装应该按产品的作业指导文件进行。

(2)GIS各功能单元(隔离开关、接地开关、互感器、避雷器、母线管等)在基础上的固定方式、顺序应符合产品技术要求。相关单元的支架必须安装水平，各自的整体水平偏差应不大于2 mm。

(3)GIS各功能单元在纵、横轴安装方向上与安装中心线的偏差应不大于3 mm。

(4)并列安装的断路器单元，在纵、横轴方向和绝对标高方面的偏差不得大于±2 mm。

(5)GIS母线管单元在安装前，必须进行检查清扫。母线、触头和母线管内壁不得有金属粉末、油污、划痕和凸凹不平之处。清扫应使用无纤维脱落的纺织品蘸无水酒精擦拭，不得使用普通棉麻纺织品进行清扫。

(6)在进行隔离开关相间和操动机构箱转轴传动杆装配时，应确认隔离开关各触头处于同一终点位置，操作检查操动机构连杆在合闸及分闸终了位置时，连杆距分合闸止钉的间隙应符合产品的技术要求。

(7)互感器、避雷器单元的安装应该按产品的作业指导文件进行，安装前应进行绝缘检查。互感器绕组对地的电阻，用500 V摇表检测其绝缘值不应小于5 000 MΩ；避雷器本体对地的电阻，用2 500 V摇表检测其绝缘值不应小于1 000 MΩ。

(8)在母线管单元间及母线管与各功能电器单元连接的母线膨胀补偿器或伸缩节，其连接后的拉伸或压缩长度，应在产品要求的允许调整偏差范围之内。

(9)离相母线管单元之间、三相共筒式母线管单元之间，以及母线管与各功能电器单元之间及各功能单元本体之间的接地连接必须符合产品的技术要求。

(10)进行法兰连接时，密封圈表面应清洁，无变形、破损现象，密封槽内表面应光洁、无划痕等缺陷，并分别用酒精将尘土等污物擦洗干净。在密封槽外侧按产品要求涂密封胶，密封圈应密贴地镶入密封槽中。紧固法兰螺栓应按对角线依次拧紧连接螺栓，且紧固力矩值应符合产品的技术要求。

(11)安装过程中凡是提前打开法兰密封盖板待连接的单元，应按产品技术文件要求进行临时遮盖防护。

(12)凡是单独包装运输的互感器、避雷器，在安装前必须进行电气性能试验，合格后方可进行安装。

4. GIS的真空处理及充气

(1)GIS安装后，断路器、互感器、避雷器等单元一般不需进行抽真空处理；母线管、母线膨胀补偿器、伸缩节等单元应按产品技术文件要求进行抽真空处理。

(2)需抽真空处理的安装单元，抽真空时其真空度必须达到1 mmHg或产品的技术要求，且真空度的保持时间及真空泄漏率必须符合制造厂的要求。

(3)抽真空处理合格的安装单元，及不需抽真空处理的单元安装后，应按制造厂要求充入SF_6气体，充气除达到额定压力外，尚应满足SF_6气体压力－温度补偿特性曲线的要求。充气过程中应同时进行与GIS相关的SF_6气体温度补偿压力开关动作值及断路器单元的报警、闭锁值及其他单元报警值的试验、调整及确认。

(4)充入SF_6气体的安装单元，应按产品要求的检测方法测定装配部位的SF_6气体泄漏率，凡是泄漏率不合格的部位，都要进行重新装配。泄漏率检测合格的安装单元，应按产品要求静置24 h后再进行SF_6气体含水量测定。判定标准：断路器单元含水量小于150×10^{-6}(体积比)，其他安装单元含水量小于250×10^{-6}(体积比)。

3.11.2.4　施工准备

(1)参照《铁路通信、信号、电力、电力牵引供电工程施工安全技术规程》(TB 10306)的规定，制定专项施工方案，并按规定进行审批和备案。

(2)对已浇筑完成的设备基础所有部位的高程进行检验与校核，然后进行基础纵横轴线的测量与放线，并检查其方正程度及安装螺栓孔的间距是否符合产品规定。

(3)班组技术员按作业对象对施工人员进行技术交底，班组长向施工人员交代施工项目的安全注意事项。

(4)按照企业的技术管理规定，组织设备的开箱检查。参加开箱检查的人员除技术管理规定的人员和部门外，尚应通知监理、设备运营接管单位的代表参加。

所有检查项目依照先外观、后内部的程序进行。

(5)按照表3-11-12～表3-11-14的要求，做好劳动组织、施工机具、设备材料的准备工作。

①六氟化硫全封闭组合电器安装调整的劳动组织见表3-11-12。

表3-11-12　六氟化硫全封闭组合电器安装调整的劳动组织

序号	项目	室外设备安装人数	室内设备安装人数
1	施工负责人	1	1
2	技术负责人	1	1
3	吊车司机	2	2
4	安装调整	6	4
5	试验人员	3	3
6	辅助人员	3	2

②六氟化硫全封闭组合电器安装调整的施工机具见表 3-11-13。

表 3-11-13　六氟化硫全封闭组合电器安装调整的施工机具

序号	名称	规格	单位	数　量	
				室外设备	室内设备
1	汽车吊	8 t	辆	1	—
2	室内行车	5 t	台	—	1
3	六氟化硫检漏仪		台	1	1
4	SF_6 气体回收装置		套	1	1
5	充气减压阀		套	1	1
6	充气胶管		根	1	1
7	套筒扳手		套	1	1
8	力矩扳手		套	2	1
9	螺丝刀	150 mm	把	2	2
10	电焊机	交流	台	1	1
11	尼龙吊装带		根	4	2
12	人力铲车		台	—	1
13	经纬仪		套	1	1
14	水平仪		套	1	1
15	水平尺		把	—	1
16	梯子	$L=4$ m	座	2	1
17	电工工具	个人	套	9	6
18	手电筒		个	2	—
19	无纺布		m^2	3	1
20	吸尘器		台	1	—
21	电气试验设备		套	1	1

③六氟化硫全封闭组合电器安装调整的设备材料见表 3-11-14。

表 3-11-14　六氟化硫全封闭组合电器安装调整的设备材料

序号	名称	规格	单位	数　量	
				220 kV 及以下	35 kV 及以下
1	SF_6气体	工业纯	kg	实需	实需
2	氮气	工业纯	kg	实需	实需
3	圆钢接地线	ϕ10 mm	kg	实需	实需

续上表

序号	名称	规格	单位	数　量	
				220 kV及以下	35 kV及以下
4	棉纱		kg	实需	实需
5	油漆		kg	实需	实需
6	扁油刷	1.5寸	把	实需	实需
7	机构摇把		把	实需	实需

3.11.2.5　110 kV及以下六氟化硫全封闭组合电器施工程序

1. 工艺流程

六氟化硫全封闭组合电器安装工艺流程如图3-11-8所示。

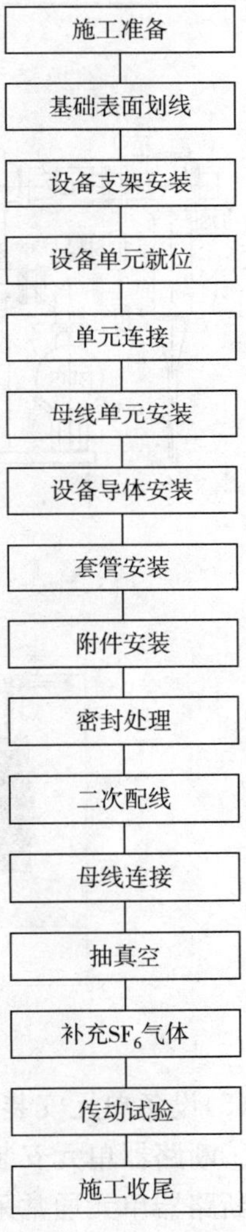

图3-11-8　六氟化硫全封闭组合电器安装工艺流程图

2. 操作要点

(1)施工准备

①按本节的要求，对照设计图纸进行设备的检查与核对，并按规定进行保管。按本节的前述内容完成全部准备工作。

②约请建设、监理、设备运营接管单位的代表对专项施工方案进行讨论，对需要改进的地方提出修改方案或措施。

③按批准的专项施工方案，检查室内安装六氟化硫组合电器的场所，其配套安装的SF_6气体泄漏监控报警系统和强力通风装置绝缘是否良好，动作是否正常可靠。

(2)基础表面划线

①依基础的设计中心线检查，确认基础的外形尺寸符合设计要求。基础纵横轴线相互垂直，高程符合设计要求。

②依基础的中心平分线检查地脚螺栓或预留孔的位置是否符合产品的技术规定，与设备地座的安装孔应一一对应。

(3)设备支架安装

①对于没有设备支架的设备单元，直接按产品说明书的要求进行设备单元安装。

②对于有设备支架的安装单元，则先安装设备支架；但要根据具体情况确定安装时机，如若不是第一安装单元的支架，则按照安装顺序进行安装。

(4)设备单元就位

六氟化硫组合电器的安装程序一般都是从进线侧开始，以进线杆塔中心连线或室内墙壁中心线为准，确定进线单元的起始安装位置。

根据设计确定的安装位置将进线单元就位于预定位置上，第一安装单元必须就位于基础的安装中心线上，力争避免出现偏差，以有利于后续的安装程序顺利进行。

六氟化硫组合电器的常见基本结构如图3-11-9所示，常规室内型组合电器的平面布置图如图3-11-10所示。

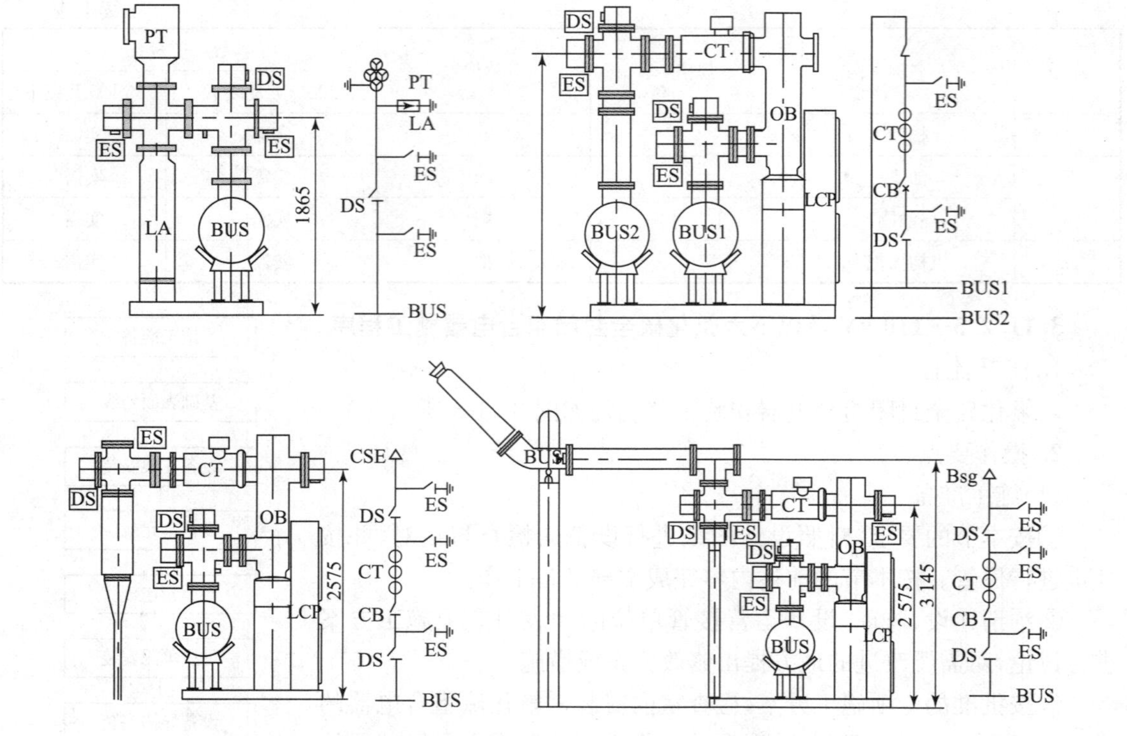

图 3-11-9　六氟化硫组合电器的常见基本结构示意图

ES—接地开关；DS—隔离开关；PT—电压互感器；

BUS—母线管；CT—电流互感器；CB—断路器；LCP—操动机构

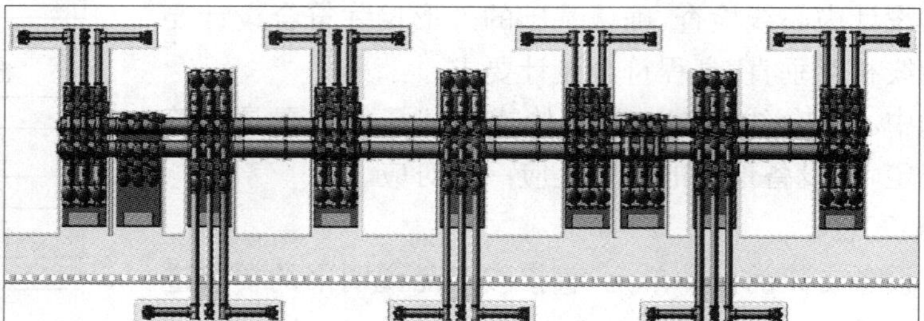

图 3-11-10　双回路进线 GIS 平面布置示意图

(5)设备单元安装

①断路器单元安装

断路器单元通常采用两种布置方式，根据 GIS 的电压而定，一般 220 kV 以下的用立式断路器，220 kV 以上的用卧式断路器。

断路器的本体结构如图 3-11-11 所示，图中 1 是断路器外壳，由铝合金板焊成圆筒形，内部装有灭弧室 2 和断路器的开断装配 3，它的里面装有导电杆 22 的导向装置，绝缘撑杆和并联电容器 23。为了保证电场保持均匀，在所有的导电元件周围都装有屏蔽罩 4，5 为灭弧室的排气罩。在本体的上部，装有上部引线装配 8，它与 L 形触头 10 相连，这套装置都固定在盆形绝缘子 6 上面，它的作用是支持母线，同时也将压力不同的气室分开。绝缘子外缘与金属法兰盘浇铸在一起，母线座浇铸在盆形绝缘子的中间，通过它将母线连接起来。13 为断路器的上盖，上面装有防爆装置 XB、密度计 WS 和辅助气嘴 15。在本体的下部设有下部引线装配 7，它与刀形触头 9 相连，也可装在盆形绝缘子的上面。11 为过滤器，里面装有吸附剂。12 为断路器尾罩，在上面装有主气嘴 14。在所有的元件的接合处，都装有密封环。20、21 为螺栓。

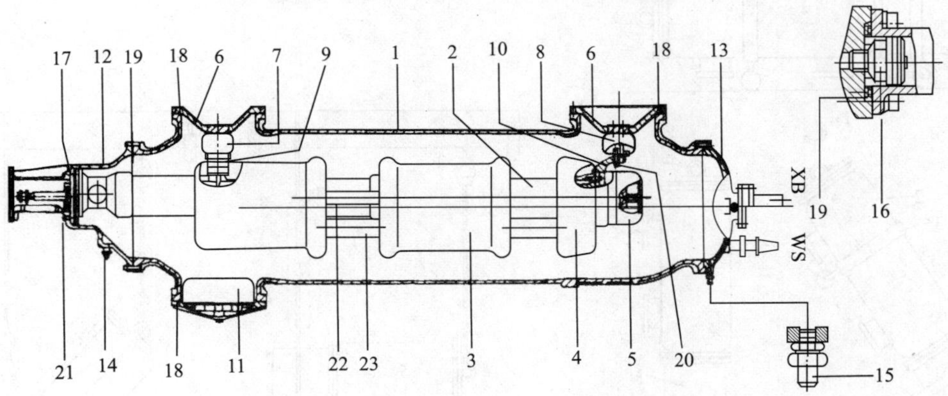

图 3-11-11　GIS 的断路器本体结构

1—断路器外壳；2—灭弧室；3—开断装配；4—屏蔽罩；5—灭弧室排气罩；6—盆形绝缘子；7—下部引线装配；8—上部引线装配；9—刀形触头；10—L 形触头；11—过滤器；12—断路器尾罩；13—上盖；14—主气嘴；15—辅助气嘴；16—堵头螺钉；17、18、19—密封环；20、21—螺栓；22—导电杆；23—并联电容器

断路器的开断装配如图 3-11-12 所示，从图中可知每相断路器因断口数量不同，有两个灭弧室或三个灭弧室以及相应的开断装配，断口的数量与断路器的容量有关。图中 1 是灭弧室的传动杆，2 为绝缘套，3 为绝缘支架，支持着开断装配和灭弧室。4 为绝缘板。断路器在合闸和分闸时，各个灭弧室里的触头应同步动作，故此在触头之间用绝缘传动杆 5 和 6 相连，由于绝缘杆的尺寸不同，图中分别使用不同的序号表示。7 为灭弧室的屏蔽罩，8 为固定屏蔽罩的定位销钉。9 为下灭弧室，10 为上灭弧室，11 为固定屏蔽罩的定位销钉。12 为并联电容器，它可以减低断路器开断时的过电压值，电容值根据断路器的额定电压不同，而采用不同的数值，每一个断口并联两组，每组由电容片串联而成。13 为断路器的固定触头，与上引线装配连接，14 为屏蔽罩，15 为固定螺钉。

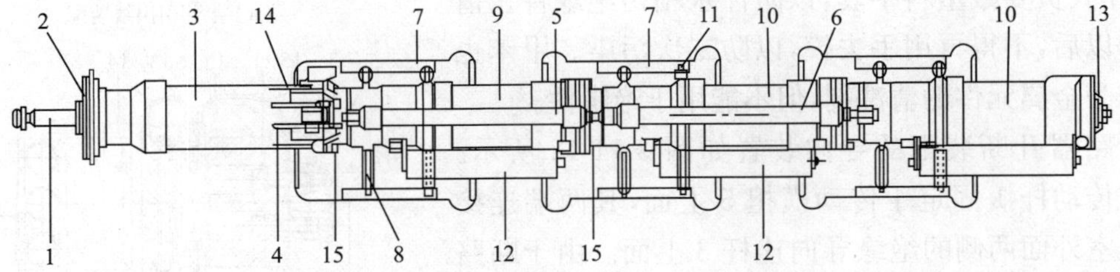

图 3-11-12　断路器的开断装配剖面图

1—传动杆；2—绝缘套；3—绝缘支架；4—绝缘板；5、6—绝缘传动杆；7—屏蔽罩；8、11—定位销钉；9—下灭弧室；10—上灭弧室；12—并联电容器；13—固定触头；14—屏蔽罩；15—螺钉

断路器单元一般由工厂以卧式状态运输到现场，到达施工现场后进行安装时，必须使用厂家提供的专用工具进行二次搬运和起吊，如图 3-11-13 所示。图中 3 是断路器外壳上安装的专用工具；4 是断路器操动机构上安装的专用工具；5 是断路器由水平状态转换为垂直状态时的专用工具。

如现场没有专用工具，则可在行车大梁上挂一个 2 t 的链条葫芦，断路器的吊耳穿过尼龙吊绳挂在行车的吊钩上，其操动机构通过尼龙吊绳挂在 2 t 的链条葫芦上，如图 3-11-14 所示。

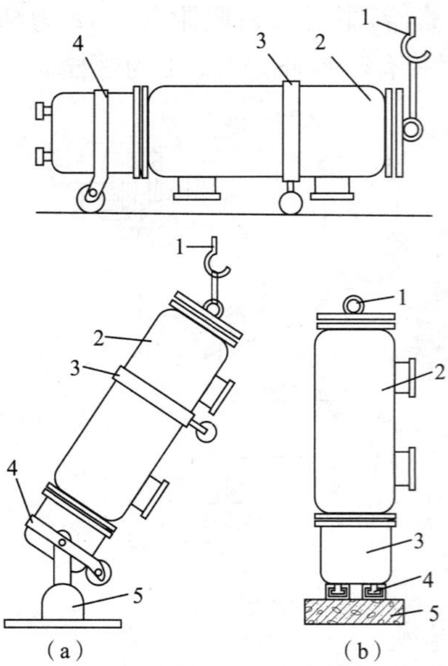

图3-11-13　装于断路器上的专用工具示意图

1—吊钩；2—断路器；3、4、5—专用工具

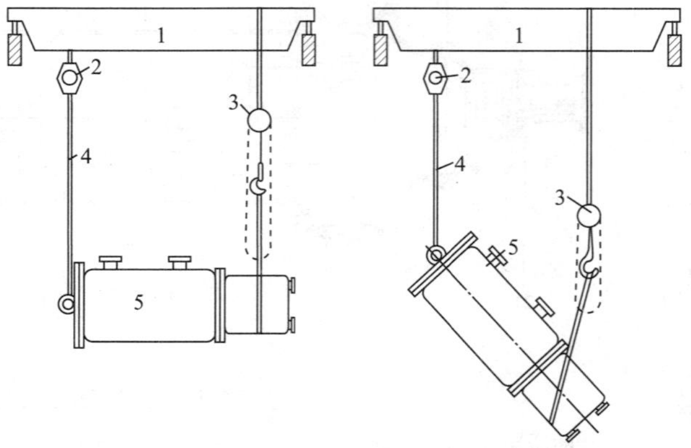

图 3-11-14　利用行车和链条葫芦将断路器旋转示意图

1—行车；2—吊钩；3—链条葫芦；4—尼龙绳；5—断路器

GIS 设备单元连接的金属表面和绝缘件的表面要进行仔细的检查和清洗。首先检查其表面有没有划痕、凸凹不平之处，若有则用刮刀将凸出之处刮平。然后用 280 目金刚砂布将刮平处磨光，并用吸尘器将金属粉末吸除。严禁用嘴吹，以免扩大污染范围。金属粉末吸除干净后，用洁净的无纺布蘸无水酒精将表面擦干净，然后用清洁的塑料薄膜把法兰盘罩起来，安装时再揭开塑料薄膜。

金属表面或绝缘件的表面有油浸渍污物时（包括内表面），用洁净的无纺布蘸无水酒精将表面擦干净，然后用清洁的塑料薄膜把法兰盘罩起来。清理绝缘件时，工作人员要戴塑料手套，以防汗水粘污绝缘件。清洁干净以后，不得再用手去摸，以防二次污染。甲苯也可以作为金属元件的清洗剂，但不能用于绝缘件。

断路器开断装配的导向装置如图 3-11-12 所示。图中主传动杆 1 固定于传动横担 5 上面，其两端连接在灭弧室外面两侧的绝缘导向连杆 3 上面。由于断路器的开合速度很高，因此要求传动杆作直线运动，不得摆动，故在横担两侧装有两对导向滑块，控制滑块的摆动，以确保传动杆作直线运动。

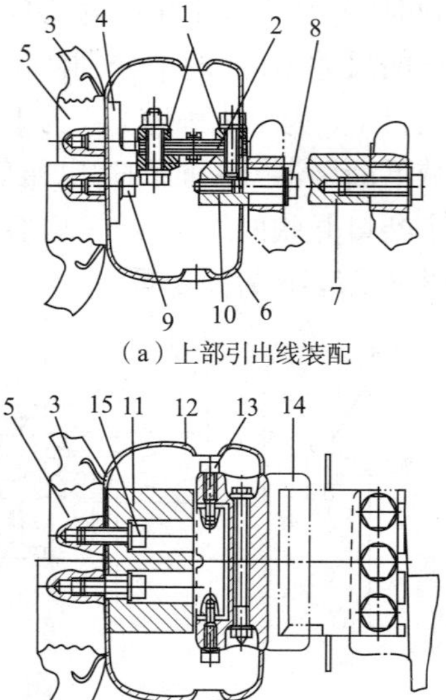

图 3-11-15　断路器引出线装配图

1—导电板；2—叠式导电片；3—盆形绝缘子；4—导电法兰；5—母线接头座；6、12—屏蔽罩；7—L 形引出线；8、10—中间导电板；9、13、15—螺栓；11—E 形触头座；14—刀形触头

断路器的引出线装配如图 3-11-15 所示。其中图 3-11-15(a)为上部引出线装配图，在灭弧室的 L 形引出线连板，通过螺栓和导电板 1 与叠式导电片 2 连接。盆形绝缘子 3 中央浇铸了母线接头座 5，用螺栓 9 与导电法兰 4 连接。为了保证电场均匀，在导电触头装配

上面安装屏蔽罩。7为L形引出线，8为与中间导电板相连接的螺栓，它们与断路器的固定触头相连接，通过它与下部的引出线装配相连接。图3-11-15(b)为断路器下部的引出线装配。通过灭弧室的刀形触头14和螺栓13与E形触头座11相连接，通过螺栓15固定在盆形绝缘子的母线触头座上，从而与电源相连接。

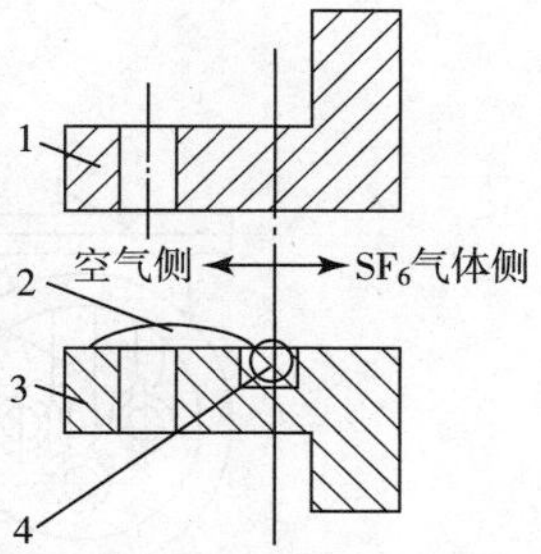

图3-11-16　法兰盘密封工艺示意图

1—上法兰盘；2—密封胶；
3—下法兰盘；4—密封圈

GIS设备的法兰盘接口都是用密封圈密封，首先检查法兰盘表面有无污渍和污物，如有按上述办法处理。检查确认法兰盘表面清洁后，进入下一步工序。在法兰槽的外侧，即与空气接触的那一侧涂上一圈密封胶，如图3-11-16所示。在法兰盘外侧涂一圈密封胶的作用是防止金属氧化和潮气侵入到GIS内部，其工艺步骤如下：检查密封圈的尺寸是否与法兰盘的密封槽配合一致，有无损伤之处。全部符合要求后，用无水酒精将密封圈和密封槽清洗干净，靠近空气的那一侧涂上一圈密封胶。安装时，用两根定位钢筋对准上、下或左、右法兰螺栓孔，当两个安装单元靠近或相遇时，用四根法兰连接螺栓对称插入连接孔，用手拧紧螺母，然后安装全部螺栓，最后用固定扳手紧固，并用力矩扳手检查验证。

②母线管单元安装

母线管单元安装的主要工作内容包括母线绝缘子、母线检查清洗，母线管与其他单元连接，母线安装，母线管密封。本工艺以离相母线管单元的安装工艺进行介绍，三相共筒式母线管单元与离相母线管单元的安装方式基本相仿，不再赘述。

母线绝缘子包括两种类型，一种是盆形绝缘子，如图3-11-17所示，其中又分为密封型和非密封型；密封型主要用于断路器等需要密封的单元，非密封型主要用于安装后需要抽真空的单元，例如隔离开关及接地开关单元。另一种是棒式绝缘子，如图3-11-18、图3-11-19所示。

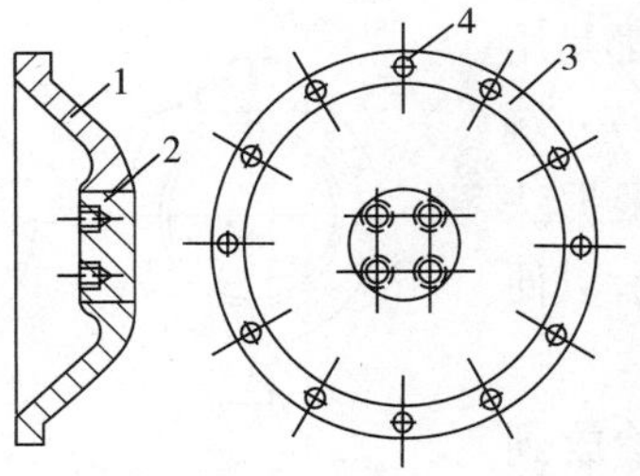

图3-11-17　盆形绝缘子示意图

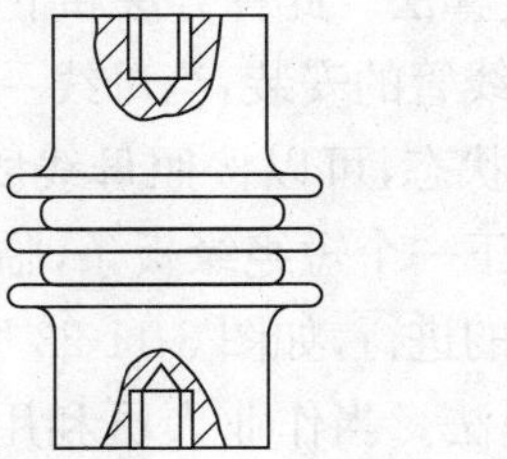

图3-11-18　棒式绝缘子示意图

母线管单元安装前的检查工作如前述操作，进行母线管连接时，其原来用于运输的密封圈和螺栓都要按规定更换新的(设备随带配件)。母线在制造厂一般采取以下包装方式运输：一种是用塑料管或木箱包装运输；另一种是把母线装在母线管当中，两端用运输罩固定之后，充入SF_6气体运输，防止潮气侵入。

母线管触头座的检查内容包括：导电触头的尺寸与母线的外径相互匹配，均压罩安装位置正确，并与被屏蔽导体之间的间隙均匀，没有凸凹不平及划痕等现象。母线与触头座连接之前，固定触头的螺栓用防锈油涂抹后，再滴上几滴防松油。母线与触头座连接的方法如图3-11-20所示。

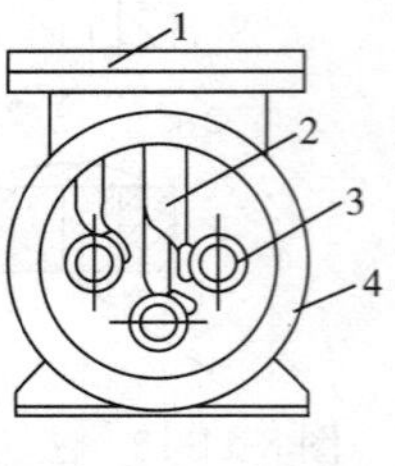

图 3-11-19　支持管形母线的棒式绝缘子示意图

1—绝缘板；2—棒式绝缘子；

3—管形母线；4—GIS 设备外壳

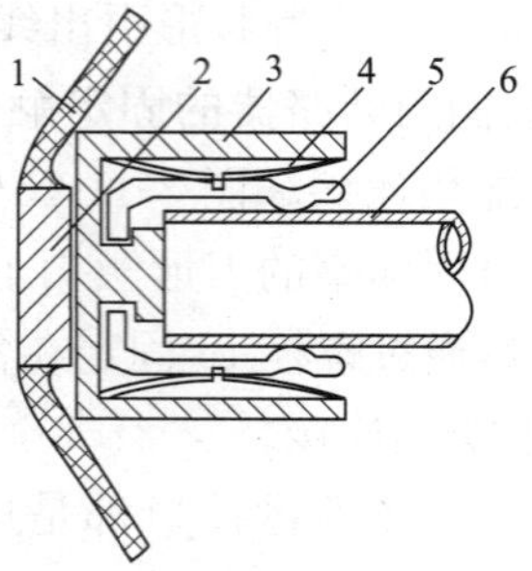

图 3-11-20　母线与触头座连接示意图

1—盆形绝缘子；2—导电座；3—触头盒装配；

4—压紧弹簧；5—指形触头；6—管形母线

由于有的母线段较长，用人力将母线插入母线管触头座比较困难，现场可按图 3-11-21 所示，制作一套或使用厂家提供的母线压杆装配，让它临时固定在 GIS 母线管的法兰盘上，进行母线压紧。

单独包装运输的母线常用安装方法有以下几种方式可供选择。

a. 母线安装专用工具法。用工厂提供的母线装卸车（见图 3-11-22）和母线压杆装置进行母线的安装。首先将母线装卸车清理干净，把母线装卸车放入 GIS 母线管内，作业人员将母线抬放到母线装卸车上，向前推进。母线装卸车高度和中心位置制造厂已经设计好了，只要把母线放到母线装卸车上，母线就自动对准了导电座的触头中心，就可以准确套入，它不会撞坏触头，也不必担心母线对不正触头座。

母线抵达触头座后，需要一定的力才能插入触头座，此时可用厂家提供的母线压杆装置将母线牢固地插入触头座，其方法如图 3-11-21 所示，把母线压杆装置的支持板固定在 GIS 母线管的法兰盘上，中间压杆的推进头插入管形母线的中心，此时推进头的外沿压住管形母线的四周，把手柄压下去，压杆推着母线向前套进触头。

b. 木板支撑法。此种方法和下面介绍的尼龙绳法都是用于中等长度母线管的安装，当母线一端插入触头座后，另一端不能处于悬空状态，可以按照母线所处位置用绝缘板根据法兰盘的宽度加工一个短绝缘板条，临时安放悬空的母线，以便于下一步工作的进行，如图 3-11-23 所示。

c. 尼龙绳法。当作业人员利用其他方法将母线抬放到或插入触头座后，该端即被固定；而母线另一端悬空，可用尼龙绳将母线临时固定。然后用母线压杆装置将母线压入触头座，此时如图 3-11-24 所示。

d. 中心定位架法。当母线管竖立安装时，安装侧需要使用母线中心定位支架卡住，使母线保持垂直状态。此时母线中心定位支架固定在 GIS 母线管的法兰盘上，如图 3-11-25所示，母线卡在支架处，必须使用橡胶垫保护管形母线不受伤害。

对于 GIS 各相关安装单元之间的管形连接母线，由于其长度有限，直接用人力安装即可。

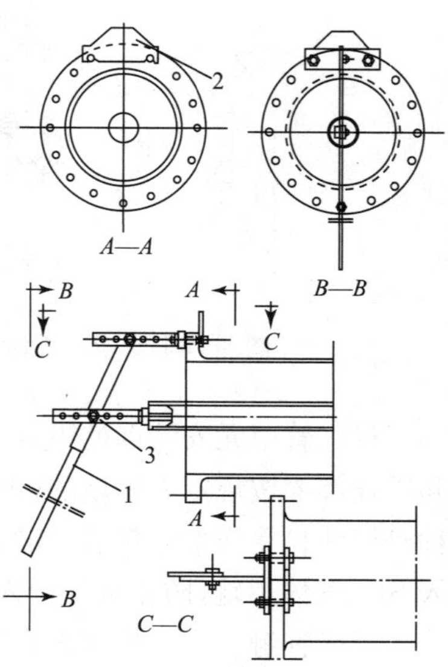

图 3-11-21　母线压杆装配示意图

1—压杆把手；2—支持板；3—压杆

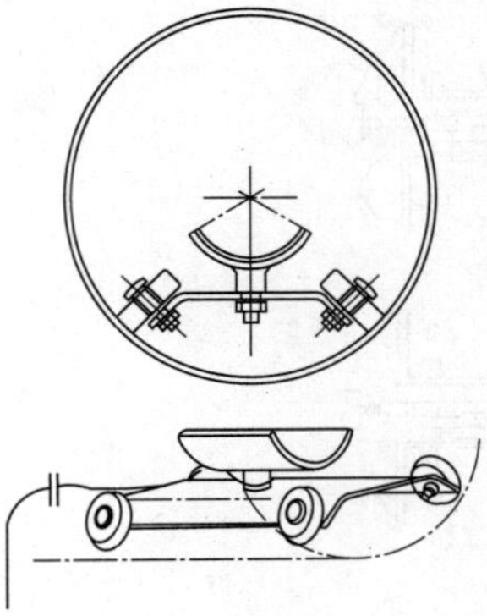

图 3-11-22　母线装卸车示意图

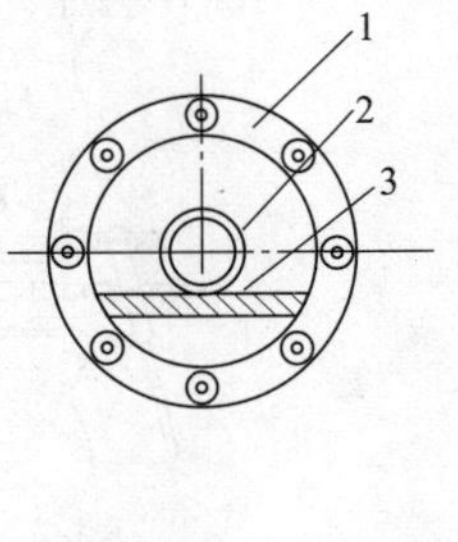

图 3-11-23　母线临时支撑板示意图

1—法兰盘；2—管形母线；3—绝缘板

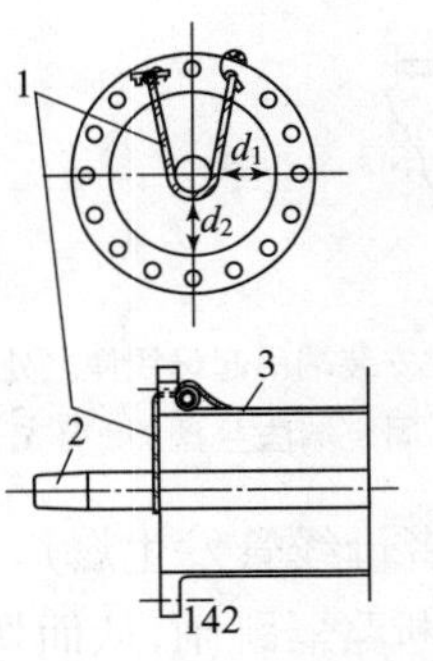

图 3-11-24　尼龙绳起吊母线示意图

1—尼龙绳；2—母线；3—GIS 母线管外壳

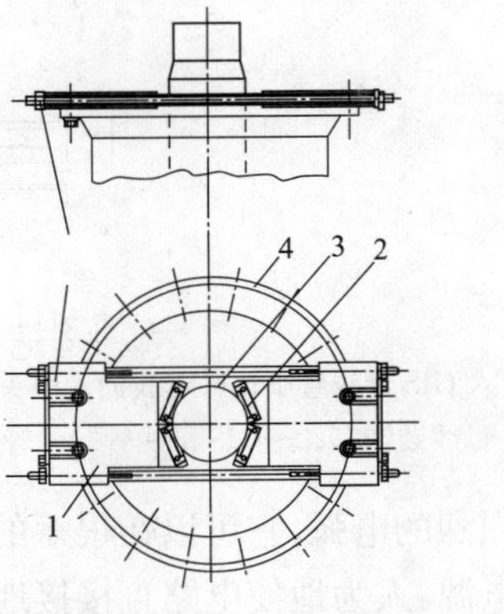

图 3-11-25　定位中心架固定母线示意图

1—定位中心架；2—橡胶垫；3—母线；4—母线管法兰

管形母线的安装过程必须注意保持工具的清洁，如母线装卸车只能用于 GIS 母线管，用前应清理干净才允许使用，用完之后又要清理干净后，装入塑料袋中保存，决不能作为现场的运输工具使用。长大管形母线的安装，可按照图 3-11-26 所示进行。首先将清理干净的管形母线放在母线装卸车上，推进母线装卸车，待母线刚好与触头座接触时停下来，如图 3-11-26(a)所示，然后利用厂家提供的母线压杆装置将管形母线插入触头座，此时用手电筒同时检查对准或插入情况，直到完全插入为止，如图 3-11-26(b)所示。在安装端将母线提起，把母线装卸车拉出来，如图 3-11-26(c)所示。在安装端将母线利用尼龙绳法提起来，使之处于母线管中心位置，如图 3-11-26(d)所示。在进行下一步安装之前，应该遵循技术规定的要求，利用塑料薄膜将母线管法兰遮盖起来，防止潮气侵入。

③隔离开关单元安装

GIS 设备的电场是稍不均匀电场，两极要做成同轴圆柱体。为此 GIS 隔离开关不能和常规隔离开关一样做成刀闸式的，而必须做成圆柱体，采取插拔形式的结构。

GIS 隔离开关根据用途不同有三种型式。第一种是只切断主回路，使电的主回路有一个断开点；第二种是接地开关，将主回路通过这种开关直接接地，也就是直接接在母线管的外壳；第三种是快速接地隔离开关。上述三种隔离开关均不能切断主电流，只能切断电容电流和电感电流。而快速接地隔离开关能合上接地短路电流。这是因为当 GIS 设备内部发生接地短路时，在母线

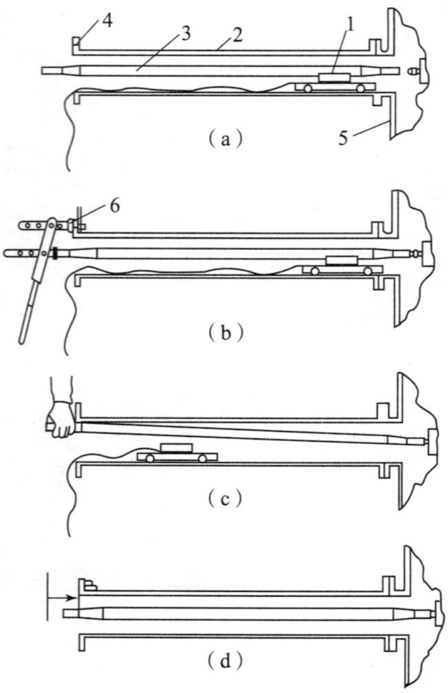

图 3-11-26　母线安装步骤示意图

(a)母线运入 GIS 母线管中；(b)母线插入触头座；(c)退出母线装卸车；(d)在安装端吊起母线使之处于中心位置

1—母线装卸车；2—GIS 母线管；3—管形母线；4—安装端法兰盘；5—固定端法兰盘；6—压杆装置

管里会产生强烈的电弧，它可以在很短的时间内将外壳烧穿或者母线管发生爆炸。为了能够及时切断电弧电源，人为地使电路直接接地，通过继电保护装置将断路器跳闸，从而切断故障电流，保护设备不致损伤过大。快速接地隔离开关通常安装在进线侧。图3-11-27所示为三相单极隔离开关每相配备一台操动机构。图 3-11-28 所示为三相隔离开关共用一台操动机构。将操动机构安装在第一相，用连杆和中间齿轮箱连接起来。由于 GIS 设备布置的需要，三相隔离开关不能设置在同一水平线上，这时如果要用一台操动机构传动三相隔离开关的话，必须利用工厂提供的曲折连杆通过齿轮箱连接三相隔离开关，如图 3-11-29 所示。

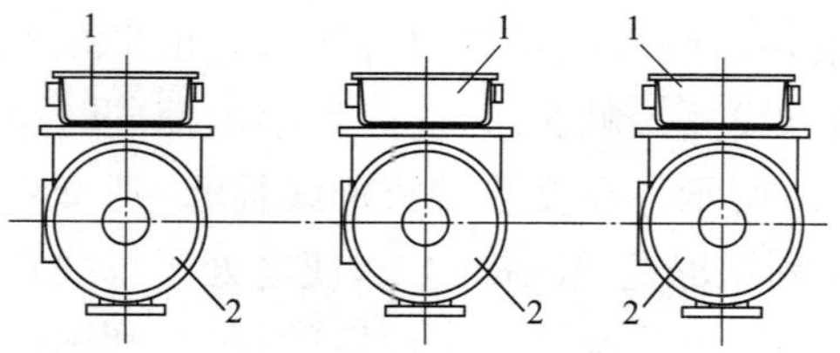

图 3-11-27　三相隔离开关每相配一台操动机构示意图

1—操动机构；2—单相隔离开关

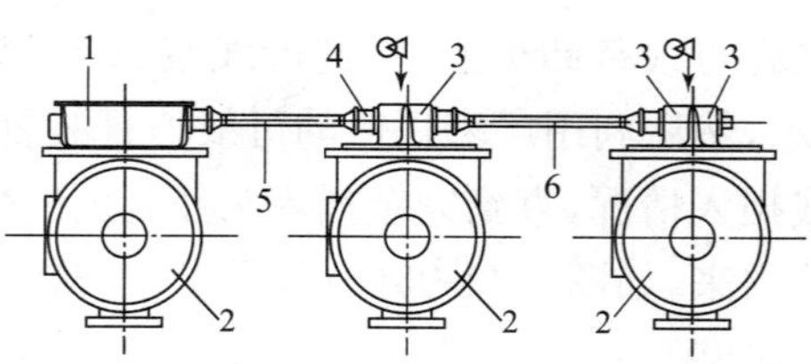

图 3-11-28　三相隔离开关配单台操动机构示意图

1—操动机构；2—隔离开关；3—中间齿轮箱；4—短管；5、6—连接杆

接地隔离开关是由一台隔离开关与接地基本单元组合而成。

GIS 隔离开关为了满足各种用途，一般都制作成积木式单元，这些单元基本在制造厂定型，供设计人员根据需要进行选配。隔离开关单元的基本形式如图 3-11-30 所示。

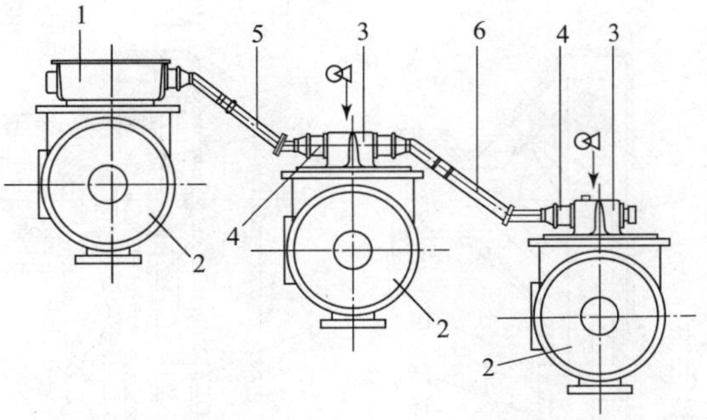

图 3-11-29　曲折连接的三相隔离开关示意图

1—操动机构；2—隔离开关；3—中间齿轮箱；4—短管；5、6—曲折连杆

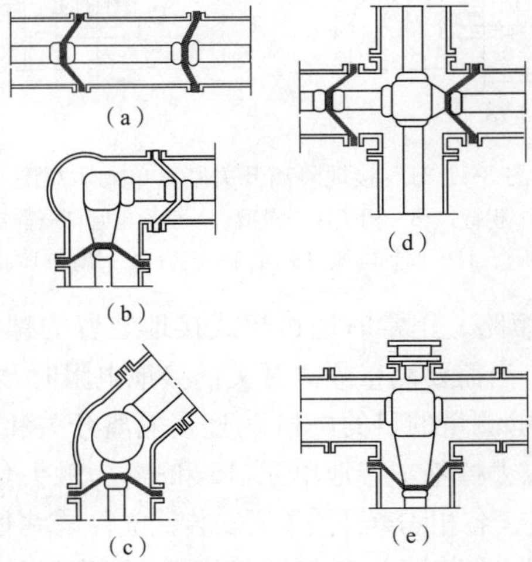

图 3-11-30　隔离开关模件示意图

(a)电流直线方向流动的模件；(b)电流方向转 90°的模件；(c)电流方向转 120°～150°的模件；(d)电流从一点向四个方向流动的模件；(e)电流直线方向流动，同时带有转 90°的模件

图 3-11-31 所示为基本接地单元的结构图。图中 1 为接地基本单元的外壳，通过 GIS 设备的接地母线与变电所的接地网连接在一起，而基本接地单元的触头套 9 与外壳连接在一起。动导电管 7 通过过渡接触片与触头套紧密接触，即动导电管是直接接地的。2 为操作轴，它与操动机构相连，操作轴可旋转 90°，从剖面图 $A—A$ 可以看到操作轴与拐臂 3 连接，拐臂两端在销子 4 和 5 上面，销子 5 可以沿着滑槽 6 滑动，当操作轴旋转 90°时，想要拐臂旋转，但由于销子 4 和 5 的限制，不能旋转，从而使销子 5 沿滑槽前进，带动销子 4 向下运动，从而带着动导电管 7 往下移动，插入到隔离开关的静触头 8 里面，从而达到隔离开关接地的目的。相反的运动，使销子 5 退出滑槽，则可使销子 4 向上运动，带着动导电管上拔而达到分闸的目的。

从图 3-11-31 中可以看到，固定在接地基本单元外壳上的触头套 9，通过若干片过渡接触片 10 与动导电管紧密地接触着，因此基本单元的动触头是永久接地的。只要它与隔离开关的触头座接触，隔离开关就接地了。此处运用过渡接触片的目的，主要为了避免铝制触头套和铜制动导电管之间发生电腐蚀。

为了方便测量接地开关动、静触头之间的接触电阻值，在接地基本单元上装有同轴电缆接头盒 11。里面装有一根同轴电缆 12，外面用保护套管 13 套着。同轴电缆的一端接在触头套的屏蔽罩上，在接地基本单元本体和隔离开关本体的连接法兰之间，要垫上绝缘板使两者绝

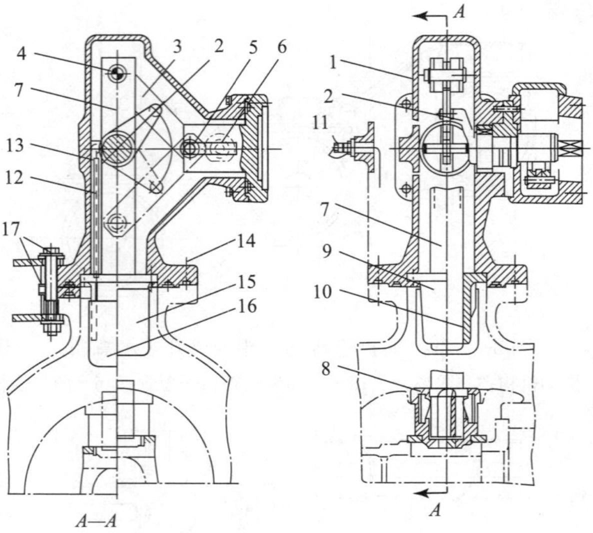

图 3-11-31 接地隔离开关基本单元示意图

1—外壳；2—操作轴；3—拐臂；4、5—销子；6—滑槽；7—动导电管；8—静接地触头；9—触头套；10—过渡接触片；11—电缆接头盒；12—同轴电缆；13—保护套管；14—螺栓；15、16—屏蔽罩；17—绝缘板装配

缘，以避免测量接触电阻时短路。正常时通过桥式接地装置的螺栓相通，不切断整个接地回路，从而保证设备可靠接地。当需要测量隔离开关的接地电阻时，才将桥式接地装置的螺栓拆去一边，使两者不通，达到能够测量的目的。14 为连接隔离开关和基本接地单元的螺栓，当隔离开关不需要接地时，就可以去掉基本接地单元，15 和 16 为触头套的屏蔽罩。

三相联动隔离开关的安装。各相隔离开关单元安装就位后，参考图 3-11-32 所示的隔离开关安装示意图进行各相连杆的装配。在装配之前，需要确认所有隔离开关及手动和电动操动机构均处于“断开”位置，齿轮箱 7 与传动箱之间用短管 3 进行连接，短管与齿轮箱的连接方法如图 3-11-32 所示；万向接头 11 与六角形连杆 4 的两端用销钉 12 连接，然后再分别与齿轮箱和传动箱之间连接。三相全部按上述方法进行连接，最后按产品说明书的要求进行手动和电动操作功能的传动检查。

隔离开关的联锁装置检查。将隔离开关处于“闭合”状态，将操作钮打到“手动操作”位置，然后再打到“非工作合闸”位置并进行检查，应达到以下要求。

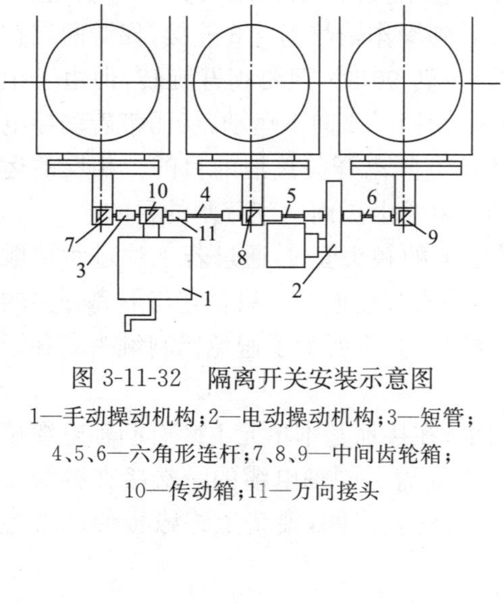

图 3-11-32 隔离开关安装示意图

1—手动操动机构；2—电动操动机构；3—短管；4、5、6—六角形连杆；7、8、9—中间齿轮箱；10—传动箱；11—万向接头

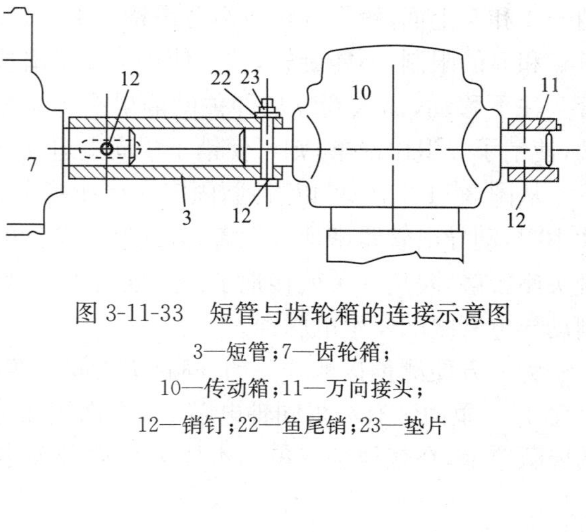

图 3-11-33 短管与齿轮箱的连接示意图

3—短管；7—齿轮箱；10—传动箱；11—万向接头；12—销钉；22—鱼尾销；23—垫片

a. 操动机构应不能进行电动操作。

b. 且不能再插入操作手柄。

c. 旋钮应能用挂锁锁住。

将操作方式打到“电动操动”位置进行检查，应达到以下要求。

a. 操动机构应能进行电动操作。

b. 手动操作手柄应不能插入。

单相隔离开关的安装方法与三相隔离开关基本相同，只是没有中间齿轮箱和连杆。

④母线膨胀补偿器安装

GIS设备是由各个单元和基本单元组成，若全部采用刚性连接，则元件将会受到破坏。因为各个元件的材质不同，因此膨胀系数不一样，各个元件的伸长和缩短不一样，在温度变化时，元件的温度应力就不相同，当应力超过某一允许值时，GIS的元件就会受到损伤。例如母线管的法兰与胶垫之间就会产生缝隙，引起GIS设备漏气。因此GIS设备连接时要采用一部分软连接，以补偿温度的变化，这种补偿装置就是母线膨胀补偿器。

另外，在GIS设备安装过程中，必然会存在误差，必须使用母线膨胀补偿器进行调整，因此母线膨胀补偿器是GIS设备中不可缺少的元件。

由于GIS设备的容量不同，负荷电流大小不一样，因此母线膨胀补偿器的规格也不相同，由于规格不同，所以在同一温度下的补偿值也不会相同。因此，现场在进行进货检验时要认真核对产品规格型号，确认母线膨胀补偿器符合产品技术规定。安装时，要注意各种规格的母线膨胀补偿器安装位置一定要正确，母线膨胀补偿器的安装、拆卸应使用厂家提供的专用工具进行。有关专用工具的使用方法请参照产品说明书的要求进行操作。

⑤GIS设备的接地连接

GIS设备的接地对GIS来讲特别重要，因为GIS的外壳包裹着母线，相当于环绕着载流导体的感应线圈，它在外壳感应产生电压，并通过感应电流。若为离相式GIS设备，其感应电流的数值与主电路的电流差不多相等，将引起涡流，使金属零件发热，同时也减小设备容量。如果接地不良，将产生危及人身安全的电压。同时接地电流严重干扰电子元件，为此，GIS设备必须遵照设计和生产厂家的要求进行接地。

由于接地电流比较大，故接地引线一般都使用铜材，其连接必须可靠，接触良好，否则将引起接头发热。GIS外壳的接地线一般都是用螺栓连接，所以其接头必须处理好，使其接触电阻减小至最低。GIS设备的接地线必须保证其连续性和完整性，凡是法兰盘的连接处都要用接地跨条连接，其跨接位置和方式应符合制造厂的规定。跨条常用两种连接方式，一种是直接跨过连接，如图3-11-34所示；另一种是桥型连接，如图3-11-35所示。

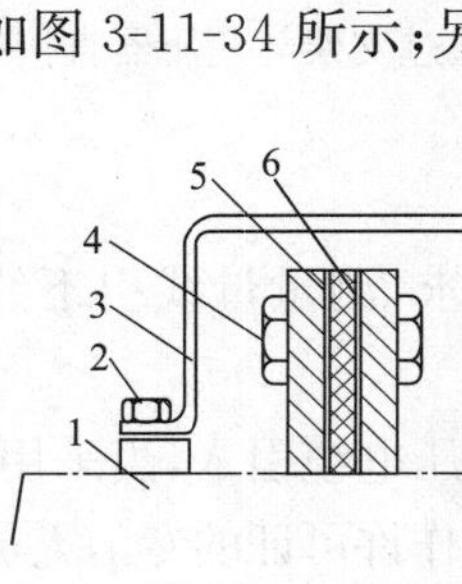

图3-11-34　接地线直接跨过法兰连接示意图

1—设备外壳；2—螺栓；3—外跨条；

4—螺栓；5—绝缘垫；6—法兰盘

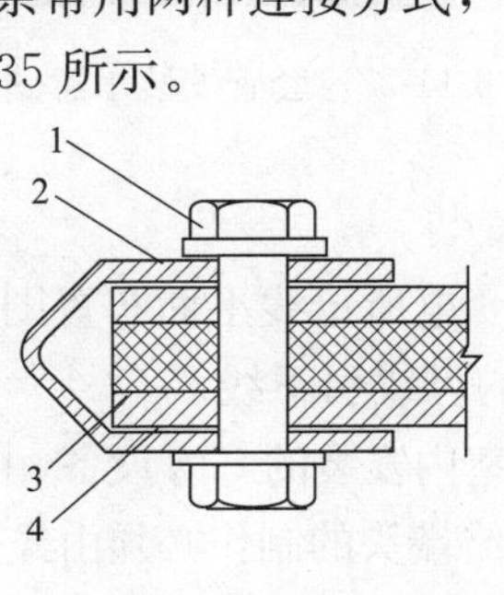

图3-11-35　接地线桥型连接跨过法兰连接示意图

1—螺栓；2—跨条；3—绝缘垫；4—法兰盘

图 3-11-34 所示为直接跨过法兰连接接地线，安装时先用不锈钢钢丝刷刷净接地端子的氧化层，用细砂布抛光，然后用白布蘸无水酒精擦净端子表面污渍。同时用钢丝刷刷净接地线接触面的氧化层，用白布擦干净，在接地线和接地端子的表面涂以一层电力脂后，再用钢丝刷刷一次，然后用白布把原来涂上去的电力脂擦净，立刻再涂上一层电力脂以防止接触面氧化。此时将螺栓紧固，最后用扭矩扳手检查紧固情况。

图 3-11-35 所示为桥型连接跨过法兰连接接地线，用厂家提供的抛光轮，安装在手电钻上，将接地线和法兰连接处的接触面抛光，采用上述处理方法完成接触面的处理，并进行连接。如果厂家规定整个法兰连接的每个螺栓连接处都要进行接地连接的话，由于一个法兰盘有十几条接地线，在安装时应逐个进行，安装完一个再安装另一个，严禁将螺栓全部打开，以防法兰密封圈移位造成漏气。

上述两种跨接方式都是比较陈旧的方法，根据接触引进国外的相关设备来看，它们都是直接利用法兰盘的沿口制作凸台钻孔，采用铜条直接跨接两个法兰盘的沿口之间，法兰盘沿口制作的凸台是在加工法兰盘的过程中，按照材质及连接要求直接选用适合的方式焊接在法兰盘上，施工过程当中接触面不需要进行特殊处理，见图 3-11-36 所示。

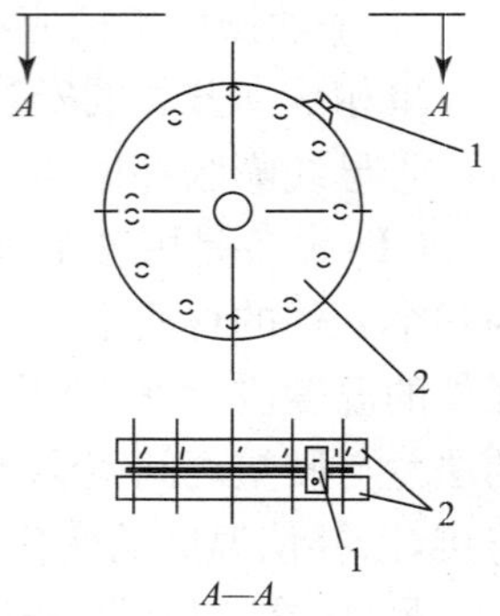

图 3-11-36　利用法兰盘的沿口接地连接示意图
1—接地铜条；2—法兰盘

⑥GIS 套管安装

110 kV 的套管高约 3 m，质量在 2 t 以下，其安装方法与油浸变压器的套管安装一样，采用同类安装方法即可。

当室内 GIS 的高压侧引线为架空线路时，其高压套管则安装在 GIS 的端部，如图 3-11-37 所示。

如果在采用室内 GIS 设备的同时采用户内安装油浸变压器的安装方式，一般情况下将会采用 GIS 母线管的形式直接与变压器进行连接，如图 3-11-38 所示。

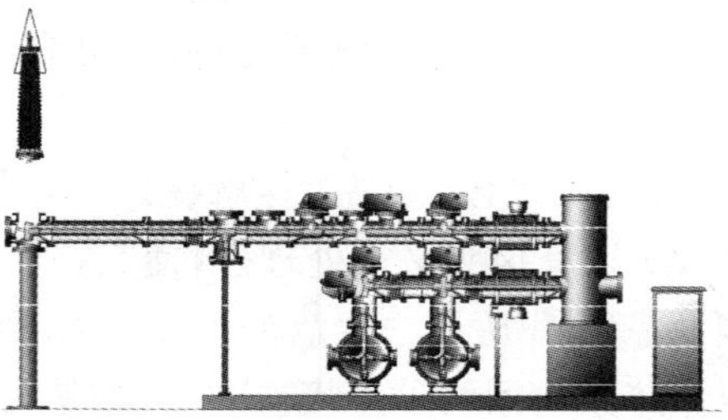

图 3-11-37　套管安装示意图

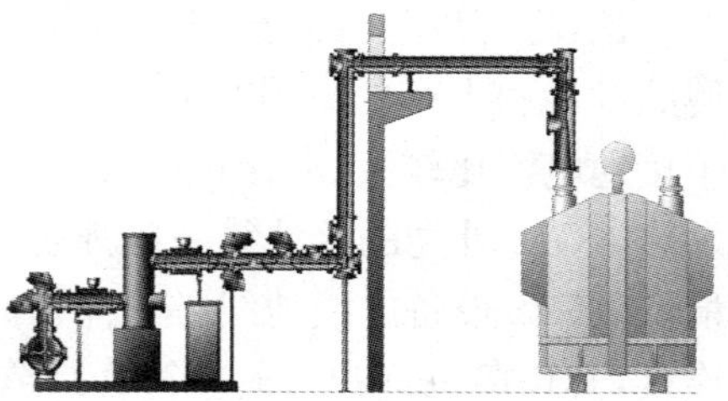

图 3-11-38　母线通过支架与变压器直接连接

⑦母线安装

a. 根据变电所母线平面布置图及母线结构剖面图的设计要求，测量母线引下线的长度，安装变压器的母线引下线。

b. 对于室内安装的 GIS 设备，由于其位于室内，有可能采用高压电缆引入，当采用高压电缆连接时，电缆终端头的制作必须由经过专门培训并考核合格取得操作许可证的专门人员进行。

⑧就地控制柜安装

就地控制柜开箱后，应检查内部的元器件、仪表有无损伤，规格是否与设计相符，柜体有无变形，油漆是否完整，电气设备有无受潮现象。就地控制柜应遵循本手册盘柜组立的工艺步骤进行施工，二次配线应遵循国家标准的规定，施工单位应制定相应的施工技术指导手册。

⑨GIS设备抽真空与补充 SF_6 气体

GIS设备抽真空系统装配如图3-11-39所示，根据环境保护的规定，抽真空时现场必须配备 SF_6 气体回收设备。按示意图要求，先将高压软管一端接在GIS某一个气室的阀门，另一端接在气体处理车或抽真空系统的接头上。抽真空时，启动真空泵，打开阀门3对各个气室进行抽真空。当真空度达到50 Pa时，维持2 h，气室的真空度应维持不变，证明气室密封良好。如果发现真空度下降，则要找到漏气的地方进行处理。寻找漏气的地方一般用肥皂水检查，不允许用其他方法，以策安全。

GIS补充 SF_6 气体系统装配如图3-11-40所示，图中的 SF_6 气瓶12的压力有7.8 MPa和12.25 MPa两种，现场可以根据需要选用。通过减压阀3将 SF_6 气体降低到充气压力。通过蒸发器4和干燥器5来减少 SF_6 气体的水分。过滤器6则是防止尘埃进入 SF_6 气体中。为了防止 SF_6 气体回流，在气体处理车的出口装有逆止阀9。为了防止意外原因造成气体处理车气体压力增高，还需要装设安全阀8及压力表7和真空表或真空计13，用于监视气体处理车的压力和真空度。充气过程如下。

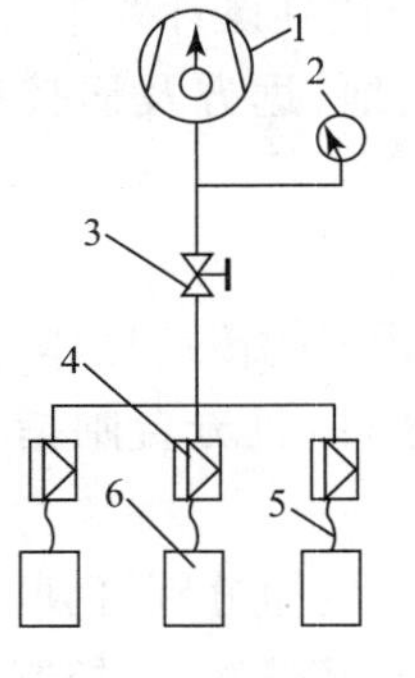

图3-11-39　GIS气室抽真空系统示意图

1—真空泵；2—真空表；3—阀门；4—接头；5—高压软管；6—GIS气室

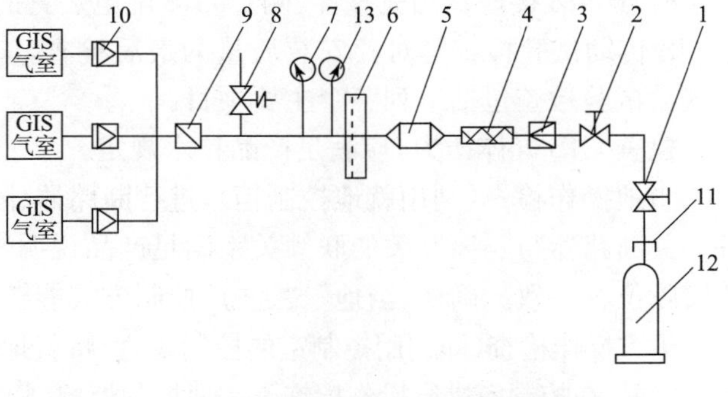

图3-11-40　补充 SF_6 气体系统示意图

1—角阀；2—截止阀；3—减压阀；4—蒸发器；5—干燥器；6—过滤器；7—压力表；8—安全阀；9—逆止阀；10、11—接头；12—SF_6气瓶；13—真空计

首先打开 SF_6 气瓶的角阀1，然后打开截止阀2，SF_6 气体通过减压阀3、蒸发器4、干燥器5、过滤器6达到逆止阀9。经过高压软管的接头10而充气到GIS设备的各个气室中去。

运行中的GIS设备，是各个制造厂根据设备电压等级的不同规定了断路器室、母线室、避雷器室、互感器室、充气高压套管的 SF_6 气体额定运行压力值，各个气室详细的 SF_6 气体额定运行压力数据值，可在厂家的产品技术说明书及安装指导手册中查找。各气室的 SF_6 气体压力应满足设备安全运营的要求。

⑩其他设备单元安装

对于常规设备，如电流和电压互感器、避雷器、操动机构、密度计等单元组件，本工艺不一一介绍，具体的安装方法和步骤可参见产品说明书。

(6)传动试验

虽然GIS设备在制造厂做过严格的各项试验，但其出厂前必须全部拆卸成完全能够满足运输要求的组件，运达施工现场进行组装(也即现场安装)。由于在现场的安装过程当中，还可能出现连接不当、型号不对、绝缘部件受污染等意外情况，因此在现场安装过程当中还需要重新进行试验，以确保运行安全。

这里所说的传动试验应该包括安装现场电气设备必须的单体试验，断路器、隔离开关闭锁回路试验，控制保护回路试验，断路器分合闸动作时间试验等以及 GIS 安装后的整组试验。一般在上述试验全部完成后，才进行最后一项现场试验检查。

安装 GIS 过程中的电气试验包括下列各个主要项目。

①测量电压互感器的变比、极性、励磁特性曲线。

②测量电流互感器的变比、极性、励磁特性曲线。

③测量避雷器的交流参考电压、直流参考电压和阻抗电流。

④测量合闸电阻的阻值，应符合制造厂的规定。

⑤测量操动机构的合闸、跳闸线圈的电阻值。

⑥测量操动机构的合闸、跳闸的动作电压值及其范围。

⑦测量操动机构的跳闸、重合闸下的气体压力下降值。

⑧测量操动机构的合闸时间、跳闸时间、三相同期时间。

⑨试验断路器、隔离开关、接地开关之间的联锁性能和闭锁关系，应符合设计要求。

⑩检查 GIS 接地线的完整性，测量 GIS 配电装置的接地电阻值，应达到设计要求。

GIS 传动试验检查是对其安装质量的最后检查，应分步骤进行当地、远方及遥控操作检查。传动试验检查包括下列各个主要项目。

①检查 GIS 气体压力，应满足产品技术规定。

②当地操作检查（利用就地控制柜），进行断路器、隔离开关、接地开关的传动操作检查，确认各相关断路器与隔离开关的联锁关系满足产品说明书规定的联锁条件，且分合闸指示器与开关实际位置一致。确认“当地”、“远方”控制方式能够可靠闭锁。

③远方操作检查（即利用控制室的控制盘）。将就地控制柜控制方式旋钮分别打到“当地”、“远方”位置，在控制室进行操作检查。就地控制柜控制方式旋钮打到“当地”位置时，控制室内操作应当无效。当同一电源回路的断路器处于合闸位置时，隔离开关不能分闸；且隔离开关电动操作与手动操作互相闭锁。两条进线电源回路的断路器不能同时处于合闸状态，相互闭锁要可靠。

④当外部条件完全具备时，应能够按设计说明书规定的程序进行远方或遥控操作。

(7)施工收尾

①清理现场施工剩余材料，将 SF_6 气瓶挪入室内仓库，并按规定进行保管。

②对损伤的 GIS 表面油漆进行修补，若已经露出金属部分，则要按常规刷防锈漆、补腻子、涂刷面漆。

③填写六氟化硫组合电器安装技术记录（见表 3-11-15）。

表 3-11-15　六氟化硫组合电器安装技术记录

<table>
<tr><td>安装地点</td><td colspan="2"></td><td>施工日期</td><td colspan="2"></td></tr>
<tr><td>型号</td><td colspan="2"></td><td>出厂编号</td><td colspan="2"></td></tr>
<tr><td>制造厂</td><td colspan="2"></td><td>出厂日期</td><td colspan="2"></td></tr>
<tr><td>额定电压(kV)</td><td colspan="2"></td><td>额定电流(A)</td><td colspan="2"></td></tr>
<tr><td>断路器单元
运输充气压力</td><td colspan="5">A 相_______(kPa)；B 相_______(kPa)；C 相_______(kPa)</td></tr>
<tr><td>操动机构类型</td><td></td><td>操作方式</td><td></td><td>操作电压(压力)</td><td></td></tr>
<tr><td>安装调整情况
简要介绍</td><td colspan="5"></td></tr>
</table>

续上表

断路器单元补充 六氟化硫气体压力	A相＿＿＿(kPa)；B相＿＿＿(kPa)；C相＿＿＿(kPa)		
母线单元补充 六氟化硫气体压力	A相＿＿＿(kPa)；B相＿＿＿(kPa)；C相＿＿＿(kPa)		
其他单元补充 六氟化硫气体压力	A相＿＿＿(kPa)；B相＿＿＿(kPa)；C相＿＿＿(kPa)		
高压套管补充 六氟化硫气体压力	A相＿＿＿(kPa)；B相＿＿＿(kPa)；C相＿＿＿(kPa)		
施工负责人		单位工程负责人	
质量检查员		监理工程师	

3.11.2.6　质量标准

1. GIS设备安装调整的整个过程应遵循技术标准的规定，并提前通知监理工程师旁站检查。施工单位适时进行质量过程控制。

2. 设备安装调整后的质量标准应满足《地下通道供电工程施工质量验收标准》的规定，并按规定进行自检和填写自检记录。

3.11.2.7　安全及环境保护要求

1. 六氟化硫组合电器安装的安全注意事项

(1)开箱及搬运时应注意保护设备表面油漆涂层，吊装时，应采用尼龙吊装带进行吊装。

(2)SF_6气体比空气重，在SF_6大量出现时会排挤空气，在封闭区间内会因无空气而造成窒息危险，应设有通风装置。气体回收时应使用专用设备，不要排放到大气中。

2. SF_6设备安装的安全注意事项

(1)SF_6设备的安装不得与房建工程同时施工，当与其他安装工程交叉施工时，必须采取相应的防护措施。

(2)SF_6设备应在安装现场附近进行开箱检查，拆箱后应及时将箱板等杂物清理干净，以免阻塞通道、拌摔伤人或钉子扎脚。

(3)移动SF_6设备时，应组织足够的人力，实行统一指挥，防止发生倾倒事故。

(4)对重心不稳的SF_6设备，在安装固定牢固以前，应有防止倾倒的措施；在底部加垫铁时，不得将手伸入设备底部。

3. 环保要求

(1)SF_6气体应妥善保管，严禁向大气中直接排放SF_6气体，应尽量避免SF_6气体泄漏污染周围环境。

(2)施工过程中的废弃物应及时分类妥善处理，运至当地环保部门指定地点。

3.12　交流中压设备安装

牵引变电所整流机组中压交流侧主接线有两种接线方式：一种方式为两套整流机组分别

接至两段母线上;另一种方式为两套整流机组接至同一段母线上。

1. 两套整流机组分别接至中压两段母线上,有利于两路电源的负荷平衡。这样做是有条件的,即牵引变电所两路中压电源电压需平衡或差别甚微,如牵引变电所两路中压电源电压不平衡,则会引起两套整流机组负荷不均衡,有时差别比较大,造成一套整流机组重载而另一套轻载。

2. 两套整流机组均接至同一段母线上,这样做有利于两套整流机组负荷的平衡,也有利于构成等效 24 脉波整流。城市电网的实际情况是很难保证两路电源电压平衡,故在牵引变电所的主接线中,一般将两套整流机组接至同一段母线上。

牵引变电所变压器中压交流侧主接线有 4 种接线方式,下面分别对 4 种接线方式进行介绍。

1. 单母线分段,两台牵引变压器和两台配电变压器分别接于两段母线,如图 3-12-1 所示。这样接线的优点是两段母线负荷平衡,缺点是如两路电源电压有差异,容易使两台牵引变压器出力不均,形成一台重载、一台轻载,况且不能构成等效 24 脉波整流。北京地铁早期工程即采用这种接线。

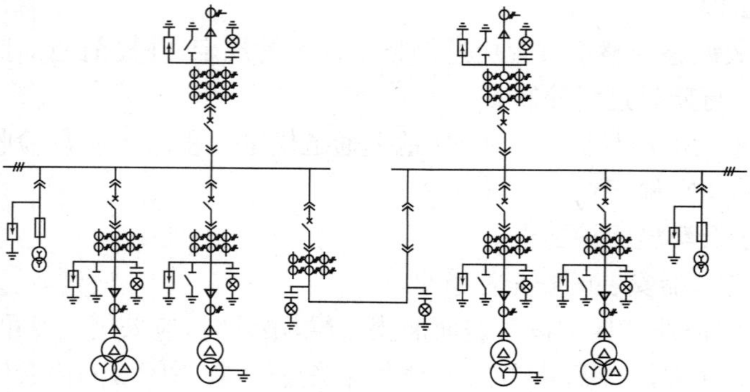

图 3-12-1　牵引变电所交流侧主接线(一)

2. 单母线分段,两台牵引变压器接于同一段母线,两台配电变压器分别接于两段母线上,如图 3-12-2 所示。这样接线的优点是两台牵引变压器出力平衡,可以构成等效 24 脉波整流。目前国内地铁建设多采用这种接线方式。

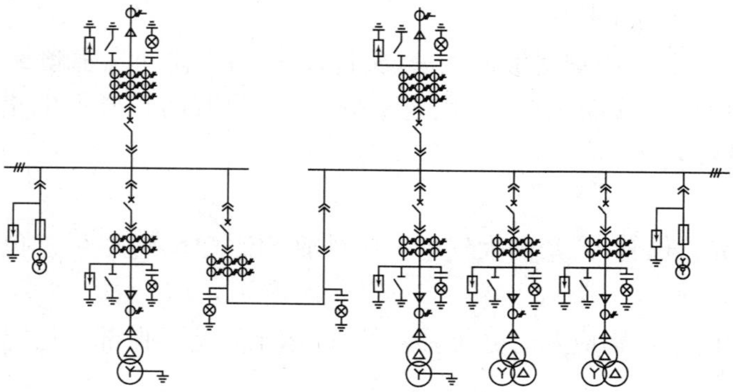

图 3-12-2　牵引变电所交流侧主接线(二)

3. 单母线分段,设三段母线,电源母线可形成环网供电,两台配电变压器分别接于两段电源母线上，两台牵引变压器接于第三段母线上，如图3-12-3所示。其双路电源一主一备，自动切换，德黑兰地铁即采用这种接线方式。

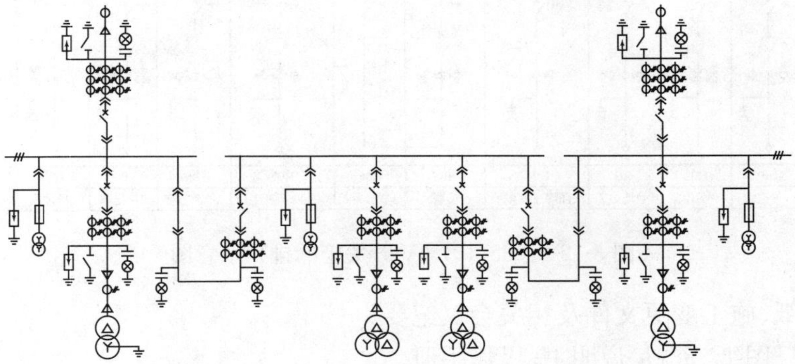

图3-12-3 牵引变电所交流侧主接线(三)

4. 单母线不分段，两台牵引变压器接于一段母线上，如图3-12-4所示。其双路电源一主一备，自动切换，适用于单独建设的牵引变电所或箱式变电站。上海地铁的1号线、2号线的箱式变电站即采用这种接线方式。

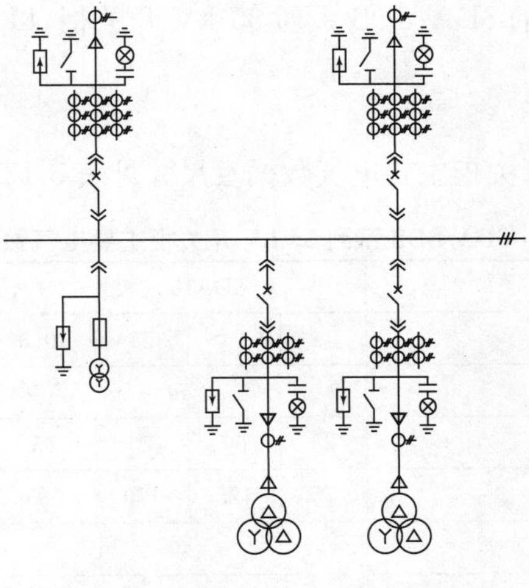

图3-12-4 牵引变电所交流侧主接线(四)

以上牵引变电所的4种交流中压主接线，根据不同的需求，皆可以采用。目前国内用的比较多的是第二种方案。

牵引变电所交流侧的35 kV开关柜的排列形式，如图3-12-5所示，一般情况下这种排列组合方式也适用于10 kV系统开关柜的排列。需要施工单位注意的重点问题是开关柜的排列顺序必须符合设计要求，并与主接线图进行核对，对核对结果有疑问或不明确的问题，应先行联系设计，确认无误后再进行安装。

牵引变电所35(10) kV开关柜的安装应执行下列技术标准及有关图纸和资料。

1. 电气装置安装工程电缆线路施工及验收规范(GB 50168)；
2. 电气装置安装工程盘、柜及二次回路接线施工及验收规范(GB 50171)；
3. 电气装置安装工程母线装置施工及验收规范(GB 50149)；
4. 电气装置安装工程高压电器施工及验收规范(GB 50147)；

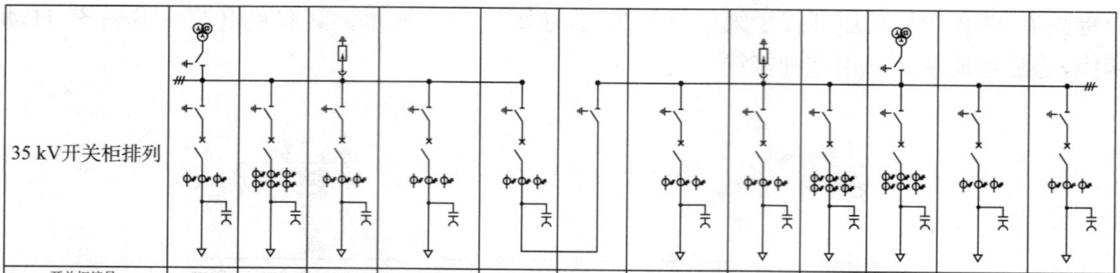

开关柜编号	H01	H02	H03	H04	H05	H06	H07	H08	H09	H10	H11	H02
用途	1号进线	1号出线	1号动力变	跟随降压变电所	母联	母联提升柜	跟随降压变电所	2号动力变	2号出线	2号进线	1号整流变压器	2号整流变压器

图 3-12-5　35(10) kV 开关柜的排列示意图

5. 施工图纸、施工变更文件及相关会议纪要；

6. 设备出厂图纸、资料、说明书、操作手册。

3.12.1　上海西门子 35 kV 金属全封闭六氟化硫气体绝缘中压开关柜

全封闭六氟化硫气体绝缘中压开关柜产品主要用于地铁供电系统的各类变电所 10 kV、35 kV 配电装置中，现在选择的产品范围比较大，国内引进技术生产该产品的厂家有上海西门子(中国)有限公司、ABB(中国)高压设备有限公司和沈阳高压成套开关厂等。这里介绍上海西门子(中国)有限公司生产的 8DA/8DB 系列 35 kV 开关柜，以方便施工单位进行施工安装及调整时参考。

1. 主要电气数据及尺寸

8DA/8DB 系列 35 kV 开关柜主要电气数据及尺寸见表 3-12-1。

表 3-12-1　8DA/8DB 系列 35 kV 开关柜主要电气数据及尺寸

系　　列	8DA10 三极				8DB10 三极			
最大电压(kV)	12	24	36	40.5	12	24	36	40.5
频率(Hz)	50				50			
工频耐受电压(kV)	28	50	70	85	28	50	70	85
雷电冲击耐受电压(kV)	75	125	170	185	75	125	170	185
最大短路开断电流	40				40			
最大短时耐受电流(kA)	40				40			
最大短路关合电流(kA)	100				100			
最大峰值耐受电流(kA)	100				100			
最大母线电流(kA)	4 000				4 000			
最大馈线电流(kA)	2 500				2 500			
宽度 B_1(mm)								
断路器柜	600							
隔离开关柜	600							
母线耦合柜	600							
母线联络柜	2×600				2×600			
电缆联络柜	2×600				2×600			
备用柜	600				600			

续上表

系　　列	8DA10 三极	8DB10 三极
边柜 B_2(国内称边盘)(mm)		
	152	220
深度 T(mm)		
	1 625	2 660
高度 H_1(mm)		
标准	2 350	2 350
采用加高的低压室	2 700	2 700
带防短路母线接地开关	2 700	2 700
高度 H_2(mm)		
标准	1 850	2 100
带防短路母线接地开关	1 980	2 210
带顶部母线联络装置	2 320	2 570

2. 开关柜主体结构形式

8DA10/8DB10 系列开关柜按规格型号序列分为单母线和双母线结构，8DA 系列为三极单母线结构，如图 3-12-6 所示；8DB 系列为三极双母线结构，如图 3-12-7 所示。

该系列开关柜主要以断路器柜和隔离开关柜、母线联络柜为生产样板，可以根据用户的不同要求为用户进行特殊设计或不同的搭配组合。该系列开关柜进出线完全采用电缆连接，母线联络柜由两面开关柜组成，母线在柜内进行连接。所有开关柜上均装设有带电显示器，清晰明了，断路器柜和隔离开关柜、母线联络柜的主接线如图 3-12-8、图 3-12-9 所示。

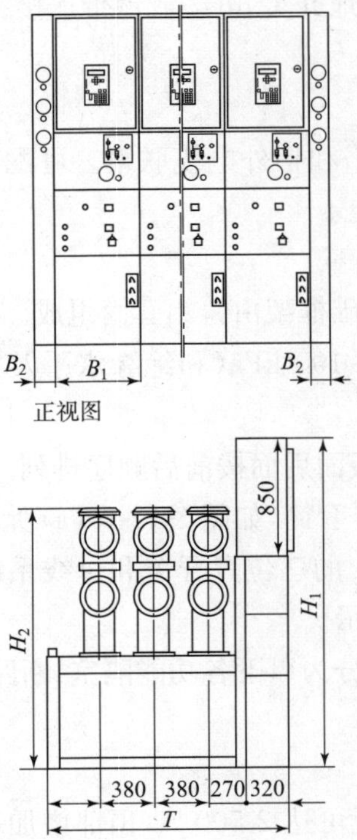

图 3-12-6　8DA 系列开关柜结构示意图

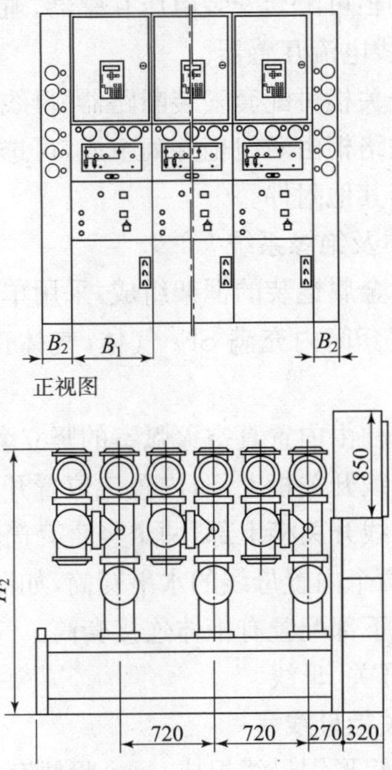

图 3-12-7　8DB 系列开关柜结构示意图

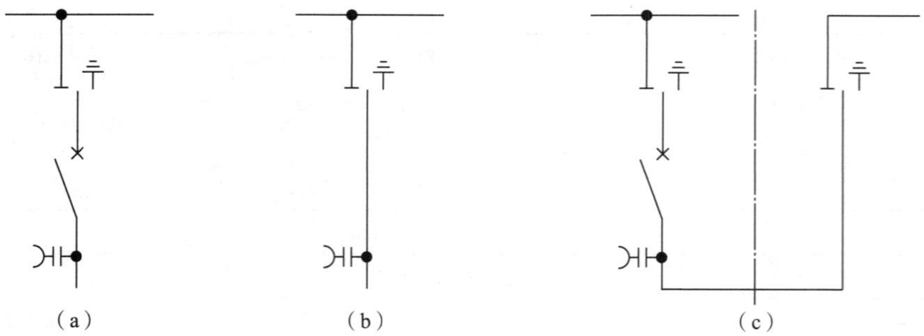

图 3-12-8 单母线开关柜主接线示意图

(a)断路器柜;(b)隔离开关柜;(c)母线联络柜(由两个单柜组成)

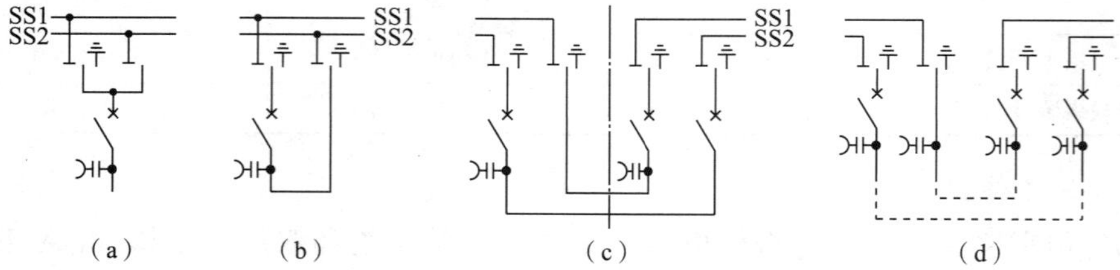

图 3-12-9 双母线开关柜主接线示意图

(a)断路器柜;(b)母线耦合柜;

(c)母线联络柜(由两个单柜组成);(d)母线联络柜(柜间电缆连接)

单母线 8DA 系列和双母线 8DB 系列三相开关柜可配套安装以下设备和附件。

断路器柜可配套安装电压互感器、避雷器、防短路接地开关、电缆或铜带连接、顶部安装联络母线、母线电流互感器。

隔离开关柜可配套安装断路器、母线连接头。

母线联络柜由两组柜并列组成,可选择柜内母线联络和柜外电缆联络。可配套安装断路器和母线等其他附件。

3. 柜体及绝缘系统

柜体由金属铠装的框架组成,采用单极金属封闭,基础框架由铸铝套筒组成。

开关柜套筒内充满 SF_6 气体,气体正常压力为 50～100 kPa(和绝缘水平及额定电流有关)。

柜体极柱由内置真空灭弧室的竖立套筒组成,在柜板面后面按前后顺序排列。

在单母线开关柜上部,内置三位置开关和母线的水平套筒,如图 3-12-10(a)所示。

在双母线开关柜上部,两个竖直套筒内置母线系统 1 的三位置开关和母线系统 2 的隔离开关,还有两个内置母线的水平套筒,如图 3-12-10(b)所示。

开关柜下部配置有柜体连接套筒。气密隔板将极柱分为以下各功能隔室:断路器、三位置开关、隔离开关、母线。

(1)开关柜母线室

母线由矩形铜母线组成,每个母线套筒每相额定电流可达 2 500 A,顶部增加一组母线套筒后每相额定电流可达 4 000 A(母线套筒上下排列),每个母线段安装在套筒内的十字绝缘件上,三相母线安装在相互独立的、前后排列的母线隔室内,各个母线隔室的气体监视逐相分

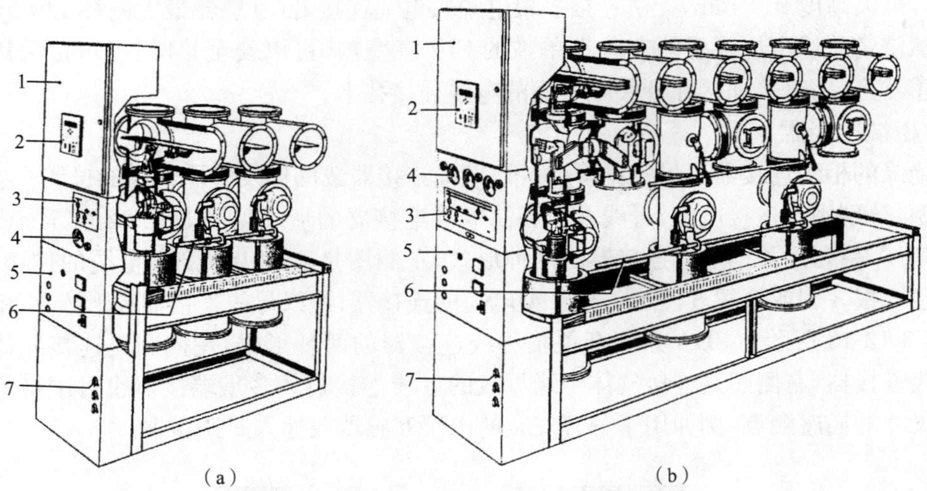

图 3-12-10　单母线和双母线开关柜结构示意图

(a)单母线开关柜;(b)双母线开关柜

1—低压室;2—电气控制板;3—三位置开关的操作机构和联锁及三位置开关和断路器的机械开关位置指示;4—各个气室的气体压力表;5—断路器操作机构;6—真空灭弧室操作杆;7—三位置开关操作杆

开。在单母线开关柜中,对应三位置开关导通位置的触头直接安装在母线上;在双母线开关柜中,母线通过软连接连接到隔离开关隔室的气密套管上。相同柜宽的开关柜其水平布置的母线套筒通过扩展片和扩展块实现纵向连接和补偿。

(2)三位置开关

三位置开关的操作寿命可达 2 000 次,采用 SF_6 绝缘,断口更小,设计更紧凑;操纵杆和触片采用统一的旋转轴,开关柜控制面板上开关位置指示准确可靠,在此寿命期内免维护。

三位置分别是闭合、断开、接地。

闭合:触片连接至母线,母线和断路器间的主回路导通。

断开:母线和断路器间的主回路分闸,隔离断口间可承受耐压。

接地:触片连接至母线套筒内的接地触头,将断路器合闸实现馈线接地。

图 3-12-11 所示,为三位置开关三种工作状态示意图。

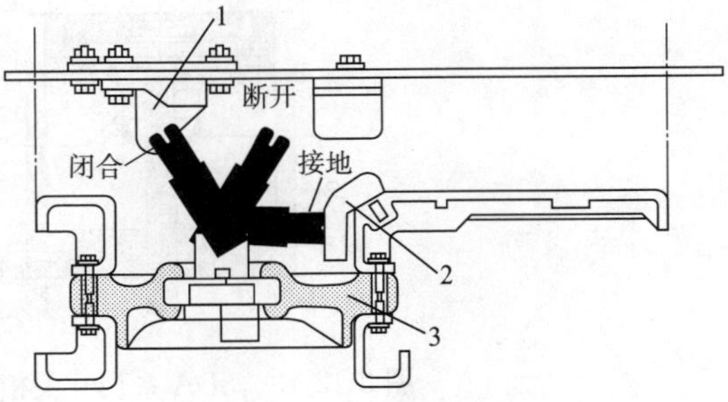

图 3-12-11　三位置开关三种工作状态示意图

1—隔离开关触头;2—接地触头;3—衬套

触片下的气密隔板将母线隔室和断路器隔室完全隔离,两室 SF_6 气体互不流通,各自保持自己的密封和压力。

(3)真空断路器

真空灭弧装置布置在充满 SF_6 气体的开关柜套筒内,在 10 000 次操作寿命内免维护;操作机构安装在气室外控制面板的后面;操作动力通过同一操纵杆从操作机构传至三相断路器极柱,操作机构在 30 000 次操作寿命内免维护。

(4)电流、电压互感器的安装位置

环形电流互感器可以安装在母线上(互感器最大内径 300 mm,最大高度 160 mm)、断路器套管上(互感器最大内径 300 mm,最大高度 214 mm)、柜体连接处(互感器最大内径

300 mm，最大高度 214 mm，无法连接多根电缆）、电缆连接处（互感器最大内径 140 mm）。

环氧浇铸绝缘电压互感器安装在单独的 SF_6 气室内，可以安全接触；也可以采用直接插接式互感器产品，直接插接在开关柜下面的电缆插接孔上。

（5）柜端连接器

全绝缘的柜端连接器可用于锥形（内锥）电缆连接器或固体及气体绝缘的母线。连接器有多种类型，分别用于连接电缆、母线及设备。电缆连接器的形式见图 3-12-12 所示；图 3-12-12 所示为 8DA 系列开关柜电缆连接器的两种形式，左侧图是连接 1 根 2 型电缆的连接器；右侧图是连接 2 根 3 型或 2 根 3 型加 1 根 2 型电缆的连接器；绝缘母线连接器的形式如图 3-12-13 所示，图 3-12-13 所示为 8DA 系列开关柜母线连接器的两种形式，左侧图是连接固体绝缘母线的母线连接器；右侧图是连接气体绝缘母线的母线连接器。多重端接器也可配备适合不同连接器尺寸的插座触点，例如用于分开安装的电压互感器或插入式避雷器。

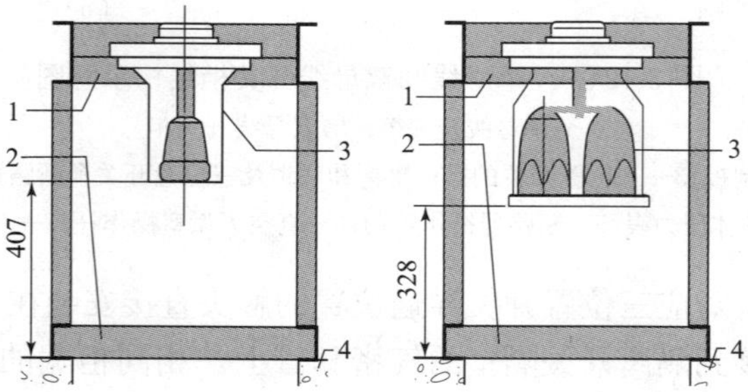

图 3-12-12 8DA 系列开关柜绝缘母线连接器结构形式示意图

1—上支架；2—下支架；

3—固体（左）和气体（右）绝缘电缆连接器；4—开关室底板

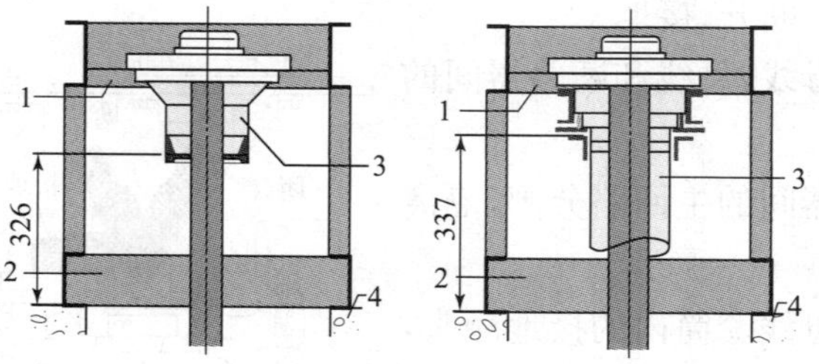

图 3-12-13 8DA 系列开关柜绝缘母线连接器结构形式示意图

1—上支架；2—下支架；

3—固体（左）和气体（右）绝缘母线；4—开关室底板

插接式电缆连接器与电缆截面积的配合见表 3-12-2 所示。

表 3-12-2 插接式电缆连接器与电缆截面积的配合

连接器号码	额定电压(kv)	
	12	40.5
1	240 mm^2	—
2	120～300 mm^2	185 mm^2
3	400～630 mm^2	240～500 mm^2

开关柜的控制面板特点：

机械控制面板位于低压室下部，驱动部件和操作机构相连，模拟图上配置有机械开关位置指示器，和开关位置指示器对应的驱动孔和控制元件均有明显的标识。

开关柜采用机械联锁，其操作面板及各种功能按钮的示意图见图3-12-14所示，三位置开关的操作（隔离及接地功能）和真空断路器间双向联锁，对应断路器的不同位置，可选择钥匙（4）打开或闭锁隔离（3）和接地功能（2）的驱动孔。若真空断路器在合闸位置无法用选择钥匙（4）打开驱动孔（2、3），操纵杆可插入打开的驱动孔内。若隔离或接地未操作到位，操纵杆和选择钥匙均无法取出，可通过操作真空断路器电气辅助开关或断路器跳闸机械闭锁连杆（13）使馈线可靠接地，确保线路上的安全。

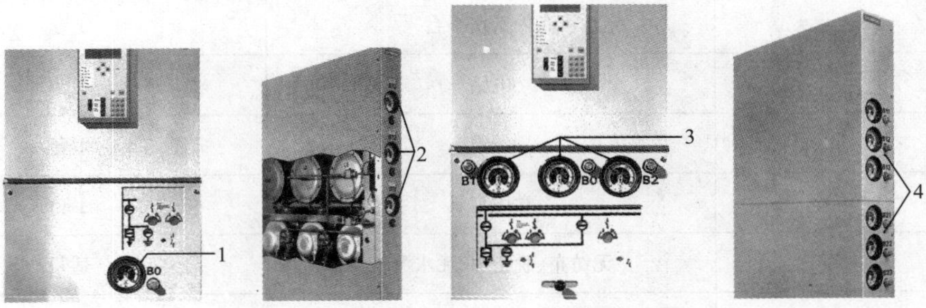

（a）　（b）

图3-12-14　开关柜气体压力表安装位置示意图

（a）单母线开关柜面板及边盘上的气体压力表；（b）双母线开关柜面板及边盘上的气体压力表

1—安装在开关柜面板上的断路器极柱的气压表；2—安装在边盘上的各相母线气压表；

3—安装在开关柜面板上的断路器和隔离开关极柱的气压表；4—安装在边盘上的各相母线气压表

（6）开关柜气体压力监视

开关柜SF_6气体压力表分别安装在面板和边盘（边柜）上，如图3-12-14所示，单母线开关柜的气体压力表在每段母线的每相上安装一只，三只压力表集中安装在边盘上。三个断路器极柱共用一只气体压力表，安装在面板上。双母线开关柜的气体压力表在每个母线系统的每相上安装一只，集中安装在一侧的边盘上，断路器极柱、第一母线系统的三位置开关和第二母线系统的隔离开关在面板上各安装一只气体压力表。

3.12.2　金属全封闭六氟化硫气体绝缘中压开关柜安装工艺

1. 施工准备

按照有关标准、规范的规定及施工承包合同的要求，做好劳动组织、施工机具、设备材料的准备工作。同时，完成作业人员的岗前培训及施工技术交底工作。

（1）劳动组织

35 kV中压开关柜安装的见表3-12-3。

表3-12-3　35 kV中压开关柜安装的劳动组织

序号	作业组	人　数	备　　注
1	施工负责人	1	主持安装调试工作，负责施工安全
2	技术负责人	1	负责施工技术工作
3	安质负责人	1	负责安全质量工作
4	开箱检查	6	与安装工作同步进行时
5	开关柜安装调整	6	开关柜安装调整

(2)工机具准备

35 kV 中压开关柜安装的见表 3-12-4。

表 3-12-4 35 kV 中压开关柜安装的常用工机具准备

序 号	名 称	数 量
1	门型吊装支架	1 套
2	升降式小车及叉车	各 1 台
3	配套专用工具	1 套
4	高处工作平台	1 套
5	电钻	1 台
6	丝锥	1 套
7	常用工具	1 套
8	无纺布、脱脂棉、无水酒精	适量
9	润滑剂	适量
10	大功率风扇	实需
11	除湿机	实需
12	电热风机	实需

注:10、11、12 三项机具一般应用在潮湿的地下变电所,其数量应根据变电所的结构进行准备。

(3)材料准备

35 kV 中压开关柜安装的见表 3-12-5。

表 3-12-5 35 kV 中压开关柜安装的材料准备

序号	名 称	规 格	单 位	数 量
1	铅笔	HB	支	1
2	电力复合脂		kg	0.5
3	钢锯条		根	10
4	防锈漆		kg	1
5	调和漆	灰	kg	0.5
6	毛刷	1.5 寸	把	2
7	镀锌螺栓带帽	M10×30	套	4
8	线绳	ϕ1.0 mm	kg	0.2
9	棉布	背心布	kg	2

2. 工艺流程

35 kV 中压开关柜安装的工艺流程如图 3-12-15 所示。

图 3-12-15　35 kV 中压开关柜安装工艺流程图

3. 操作要领

(1)施工准备

①复核设备的安装孔距及电缆进出孔位置是否和设计图纸相符。

②复核基础槽钢安装位置及水平度与直线度是否满足施工要求。

③检查现场施工环境是否满足开关柜拼接要求,即现场应无粉尘。

④设备运到施工现场后,及时进行开箱检查,检查开关柜外壳是否有碰撞痕迹,各部位螺栓应紧固,油漆完整,无锈蚀现象。

⑤检查开关柜规格是否与设计相符,产品说明书、合格证、备品配件等技术资料是否齐全,并做好收集及检查记录等工作。

(2)盘柜组立

①根据开关柜的安装孔尺寸,在槽钢上定出第一面开关柜安装孔位置,然后用钢卷尺定出所有开关柜的安装孔位置,并复核安装孔对角线是否相等。

②安装孔位置无误后用手电钻在槽钢上打孔,用攻丝器攻丝。

③用液压叉车将开关柜运至基础槽钢附近后,利用门型吊装支架将第一面开关柜安装到位,调整开关柜使其与地面垂直。用同样方法将第二面开关柜运至第一面柜附近约 1 m 远(以能容一人宽的距离为限)的位置,调整使两柜盘面保持在同一水平面上。

④用吸尘器将开关柜外表面清扫干净后,卸下母线套筒防护罩并拆除母线套筒外侧法兰挡板。

⑤检查套筒内母排固定螺栓是否缺失,松开母线双层铜排间的连接螺栓并取出套筒内的干燥剂。

⑥打开母线套筒上法兰盘,用洁净的无纺布或脱脂棉蘸无水酒精(或丙酮)将套筒内表面、法兰连接面及母线铜排清理干净。

⑦将硅脂均匀涂抹至法兰连接面及法兰密封圈上,将密封圈按压到法兰连接面处凹槽内。

(3)盘柜装配

①用跨顶平行移动第二面柜缓慢接近第一面柜,移动过程中,在柜顶母线套筒操作法兰孔处及两柜连接处观察母线搭接情况,如出现母线连接错位及相邻盘柜不在同一水平面等情况,应及时调整。两柜母线及套筒法兰完全接触后,检查接触面吻合情况,如有错位应及时调整。

②在柜顶母线套筒法兰孔处用力矩扳手将两面柜的母线铜排连接螺栓拧紧,对操作孔再次清洁后,放入干燥剂,按产品规定力矩连接套筒法兰盘。

③将第二面开关柜在槽钢上进行固定。

(4)盘柜固定

①依此方法,完成后续盘柜安装。每面盘的固定点不得少于两处。

②全部盘柜安装固定完毕后,安装成列盘柜两端的边盘,并按产品说明书的要求,将母线测量压力计的管路与母线管的压力接口连接起来。

(5)接地线安装

①检查确认开关柜本体的所有母线套筒和断路器极柱等处的接地连接没有遗漏,且连接可靠。

②将柜间的接地铜排连接完成后,测量确认所有接地铜排已贯通,并在成列开关柜的两端用 50 mm^2 软铜编织线将柜接地铜排与变电所接地扁钢连接起来,设计没有规定时,接地线数

量应不少于两处。

(6)充气

①开关柜安装完毕后,应及时进行充气。如开关柜安装后不能及时充气且空气湿度较大,则首先应将边盘处及开关柜上套筒法兰盘打开,更换安装时放入的干燥剂。

②将充气管分别连接到开关柜面板上的气孔上,对母线气室、母线 PT 气室及断路器气室进行抽真空处理,直至开关柜面板的气压表显示母线气室内空气压力接近 -1×10^{4} kPa(或 -100 bar)再持续抽 1 h,即达到标准。

③用微水仪检测气瓶内的六氟化硫气体微水含量,应小于 150×10^{-6}(体积比)。

④将六氟化硫气瓶接到充气小车上的气阀上,通过小车上与开关柜气孔连接的充气管按照开关柜说明书要求进行充气。第一次充气的充气量不宜太多,控制在气压表充气气压上下限刻度范围之间的中间值即可,以免由于温度升高气体膨胀而造成气室气压超过规定的上限值。

4. 施工标准

(1)盘、柜独立或成列安装时,其水平度、垂直度以及盘、柜面不平度和盘、柜间接缝的标准应符合表 3-12-6 的要求。

表 3-12-6　盘、柜独立或成列安装时的允许误差

序号	项　目		允许偏差(mm)
1	垂直度		<1.5
2	水平度	相邻两盘、柜顶部	<2
		成列盘、柜顶部	<4
3	不平度	相邻两盘、柜面	<1
		成列盘、柜面	<4
4	盘、柜间接缝		<2

(2)盘、柜的接地要牢固,接触良好。接地线规格为 50 mm^2 软铜编织线。

(3)电缆头插接之前,应先将避雷器安装完毕。

(4)母线套筒连接完毕后,应在其内放置干燥剂并在开关柜安装完毕后及时进行抽真空及充气。

(5)35 kV 开关柜气室充气压力值应符合表 3-12-7 要求。

表 3-12-7　35 kV 开关柜气室充气压力值

序号	项　目	气体压力值(kPa)	
		压力范围	推荐值
1	母线气室	50～120	80
2	母线 PT 气室	30～90	50
3	断路器气室	80～150	100

(6)用微量水测试仪测试微量水时,应在开关柜气室充气 24 h 后进行。测试数据应符合下列规定。

①与灭弧室相通的气室,应小于 150×10^{-6}(体积比)。

②不与灭弧室相通的气室,应小于 500×10^{-6}(体积比)。

5. 安全注意事项

(1)盘、柜在安装时要避免强烈振动,移动盘柜时,应用液压叉车或门型吊装架移动,严禁用撬棍直接撬动盘柜。

(2)推动液压小车时应缓慢行进。要注意盘、柜体的行进方向,随时纠正,防止倾斜。

(3)盘、柜搬运安装时,要防止挤压手、脚和盘、柜上的设备。

(4)盘、柜在未固定牢固前应有防倾倒措施。

(5)母线对接时,应先将套筒内母线双层铜排间的连接螺栓松开,以免铜排受损变形。

(6)变电所施工应对预留孔洞进行防护,防止坠人、坠物。

3.12.3 厦门 ABB 生产的 UniGear ZS1 开关柜

UniGear ZS1 铠装式金属封闭开关柜广泛用于交通运输行业、工业系统、公用事业及电站、服务行业等,产品选择范围很多。这里重点介绍厦门 ABB 开关有限公司生产的 UniGear ZS1 铠装式金属封闭开关柜,以方便施工单位进行施工安装及调整。

UniGear ZS1 开关设备包括单母线柜、双母线柜和双层柜。

3.12.3.1 UniGear ZS1 单母线开关柜

1. 单母线柜主要电气数据及尺寸

UniGear ZS1 单母线开关设备主要技术数据,见表 3-12-8。

表 3-12-8 UniGear ZS1 单母线开关设备主要技术数据

项目	单位	参数		
额定电压	kV	7.2	12	24
额定绝缘电压	kV	7.2	12	24
额定工频耐受电压	kV/1 min	32	42	65
额定雷电冲击耐受压	kV	60	75	125
额定频率	Hz	50～60	50～60	50～60
额定短时耐受电流	kA/3 s	50	50	25
额定峰值耐受电流	kA	125	125	63
内部燃弧耐受电流	kA/1 s	40	40	25
	kA/0.5 s	50	50	—
主母线额定电流	A	4 000	4 000	2 500
分支母线额定电流	A	630	630	630
		1 250	1 250	1 250
		1 600	1 600	1 600
		2 000	2 000	2 000
		2 500	2 500	2 300
		3 150	3 150	—
		3 600	3 600	2 500
分支母线额定电流(带强制风冷)	A	4 000	4 000	—

注:24 kV 负荷开关柜的耐压是 50 kV/min。

UniGear ZS1 单母线开关设备(12 kV/31.5 kA)尺寸见表 3-12-9 所示。

UniGear ZS1 单母线开关设备(12 kV/40 kA)尺寸见表 3-12-10 所示。

UniGear ZS1 单母线开关设备(12 kV/50 kA)尺寸见表 3-12-11 所示。

表 3-12-9 UniGear ZS1 单母线开关设备(12 kV/31.5 kA)尺寸

深(mm)		1 340					1 340					1 340				
高(mm)		2 100/2 200/2 595					2 100/2 200/2 595					2 100/2 200/2 595				
带压通道柜高(mm)		2 675					2 675					2 675				
宽(mm)		650					800					1 000				
额定电流(A)		630	1 250	1 600	2 000	2 500	630	1 250	1 600	2 000	2 500	630	1 250	1 600	2 000	2 500
IF	进线/馈线单元	√	√						√						√	√
BT	母联单元		√						√							√
R	提升单元		√	√	√	√										
RM	带 PT 的提升单元		√	√	√	√										
M	PT 单元	√														
IFD	直接进线/馈线单元		√								√					
IFDM	带计量的直接进线/馈线单元		√								√					
DF	负荷开关单元							√								

表 3-12-10 UniGear ZS1 单母线开关设备(12 kV/40 kA)尺寸

深(mm)		1 340					1 390			1 340					1 390		
高(mm)		2 100/2 200/2 595					2 100/2 200/2 595			2 100/2 200/2 595					2 100/2 200/2 595		
带压通道柜高(mm)		2 675					2 675			2 675					2 675		
宽(mm)		800					800			1 000					1 000		
额定电流(A)		630	1 250	1 600	2 000	2 500	3 150	3 600	4 000	630	1 250	1 600	2 000	2 500	3 150	3 600	4 000
IF	进线/馈线单元		√	√	√							√	√	√	√	√	√
BT	母联单元		√	√	√									√	√	√	√
R	提升单元		√	√	√	√	√	√	√								
RM	带 PT 的提升单元		√	√	√	√	√	√	√								
M	PT 单元	√															
IFD	直接进线/馈线单元		√			√											
IFDM	带计量的直接进线/馈线单元		√			√											

表 3-12-11　UniGear ZS1 单母线开关设备(12 kV/50 kA)尺寸

深(mm)		1 340					1 390			1 340					1 390		
高(mm)		2 100/2 200/2 595					2 100/2 200/2 595			2 100/2 200/2 595					2 100/2 200/2 595		
带压通道柜高(mm)		2 675					2 675			2 675					2 675		
宽(mm)		800					800			1 000					1 000		
额定电流(A)		630	1 250	1 600	2 000	2 500	3 150	3 600	4 000	630	1 250	1 600	2 000	2 500	3 150	3 600	4 000
IF	进线/馈线单元		√	√									√	√	√	√	√
BT	母联单元		√	√										√	√	√	√
R	提升单元		√	√		√									√	√	√
RM	带 PT 的提升单元		√	√		√									√	√	√
M	PT 单元	√															
IFD	直接进线/馈线单元		√			√											
IFDM	带计量的直接进线/馈线单元		√			√											

UniGear ZS1 单母线开关设备(24 kV/25 kA)尺寸如表 3-12-12 所示。

表 3-12-12　UniGear ZS1 单母线开关设备(24 kV/25 kA)**尺寸**

深(mm)		1 700					1 700				
高(mm)		2 325/2 720					2 325/2 720				
带压通道柜高(mm)		2 675					2 675				
宽(mm)		800					1 000				
额定电流(A)		630	1 250	1 600	2 000	2 500	630	1 250	1 600	2 000	2 500
IF	进线/馈线单元	√	√				√	√	√	√	√
BT	母联单元		√				√	√	√	√	√
R	提升单元		√	√	√	√					√
RM	带 PT 的提升单元		√	√	√	√					
M	PT 单元	√									
IFD	直接进线/馈线单元		√								√
IFDM	带计量的直接进线/馈线单元		√			√					
DF	负荷开关单元						√				

2. 开关柜主体结构形式

UniGear ZS1 单母线开关设备是一种铠装式金属封闭中压开关设备,适宜户内安装。

该开关柜的结构为单层中置式,各隔室通过金属隔板相互隔离,同一隔室的各部件以空气作为绝缘介质。

UniGear ZS1 单母线开关设备是模块型式的开关设备,由若干标准单元组合而成。通过单元的组合及元件仪表的选取,产品易于组成多种解决方案。

开关设备维护和服务均可在柜前进行,主开关和接地开关均可在柜前闭门操作,开关设备可靠墙安装。UniGear ZS1 单母线开关设备可装设真空断路器、真空接触器,装设在同一型号开关柜上的主开关都是可互换的,这使得单一用户界面的应用成为可能,即 ABB 可为用户提供标准统一的服务、维护和运作。ABB 还可提供固定式负荷开关柜,完善了主开关的应用范围。

开关设备可装设传统的互感器和保护继电器,也可装设新型的传感器和智能型控制/保护单元。

单母线每台开关设备包括 3 个高压隔室,如图 3-12-16 所示。

3 个高压隔室包括主开关室(A)、母线室(B)和电缆室(C)。每台开关设备还包括一个低压室(D),所有二次元件、二次电缆等都装在低压室内。有的开关柜上还装设有泄压通道(E),用于在内部燃弧产生时,泄放燃弧气压。

(1)主母线

母线隔室内的主母线有矩形铜母线或"D"形母线两种方式。"D"形母线材料为铝或铜,接触面镀银并套着热缩绝缘层。根据开关柜载流量大小,可选用单"D"或双"D"形母线。双"D"母线由两根"D"形母线拼接构成一个外径为 10 mm 的圆形空芯导电体。这样不论从散热、电场分布以及动稳定等方面看,它都具有优越的性能。

当主母线电流不大于 2 500 A 时,可选用矩形铜母线方案。其中 24 kV UniGear ZS1 只有矩形母线方案。

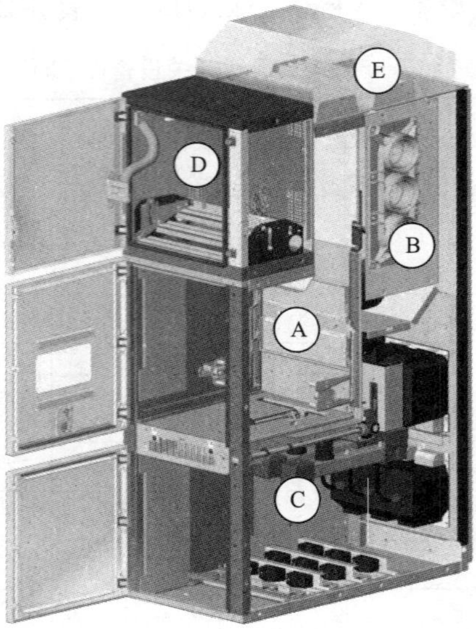

图 3-12-16　单母线开关柜功能隔室分布示意图

A—主开关室；B—母线室；C—电缆室；D—低压室；E—泄压通道

母线是在开关柜拼接后，逐段固定在分支母线上，无须绝缘子支撑。

母线以高强度的螺栓连接，螺栓上下都配有碟形防松垫圈，母线接头处设有专用的绝缘罩，这样，在整个母线隔室内没有任何裸露的带电体。

为了使开关柜相互隔离及承受短路电动力的作用，母线隔室的柜间均装设隔板及套管。

(2)VD4 真空断路器

在目前所有的配电领域中都扮演着重要角色的 VD4 真空断路器的参数能满足所有 UniGear ZS1 开关设备的要求。ABB 所生产的真空断路器凝结了 ABB 几十年开发和应用真空灭弧室的智慧，具有优异的电气和机械性能、极高的使用寿命并且免维护，并具有更加紧凑和创新的结构。ABB 开发和生产了适用于中压领域的所有规格的真空灭弧室，包括使用在断路器上的和使用在接触器上的真空灭弧室。VD4 断路器的灭弧室利用高真空作为灭弧和绝缘的介质。得益于真空的良好的灭弧性能和先进的开断技术，可以做到极低截流值的开断，没有任何过电压产生。在开断后，真空中的电介质强度恢复速度相当快，因此不会有重击穿的现象出现。极柱断路器的触头位于灭弧室中，电弧的熄灭在灭弧室中完成。

VD4 断路器的外观样式如图 3-12-17 所示，VD4 断路器的灭弧室浇注在环氧树脂的极柱之中，浇注式的设计使极柱更加坚固，也使真空灭弧室免受外力的破坏，并且避免了积尘和潮湿对绝缘的影响，3 150 A 及以上额定电流的真空断路器为装配式。

图 3-12-17　VD4 真空断路器的外观

VD4 断路器使用了最先进的开断技术：开断中低电流时利用横向磁场触头灭弧，而开断大电流时利用纵向磁场触头灭弧。每一种灭弧方式都能使弧柱均匀地分布在触头表面上，从而使断路器在各种电流情况下都能最有效地完成开断任务。

真空灭弧室的机械结构相对简单,绝缘的陶瓷外壳两端被不锈钢密封构成灭弧室的腔体,中间是开断和承载电流的触头。触头是由一个采用适当的材料(铜铬合金、铜和钢)组成的多层的结构,这保证了在任何正常和短路电流下,断路器都能表现出良好的性能,并且还有高电热导率和长机械寿命。多层的触头是在高真空的环境下焊接而成,因此触头中不含任何可电离的杂质。触头分离时产生的电弧中包含着熔融和汽化状态的金属材料,电弧由外加电场维持,当回路电流过零时,电弧自然熄灭。监视灭弧室的真空度是没有必要的,灭弧室在整个服务期内是完全密封并且免维护的。

VD4 真空断路器配有弹簧储能操动机构,无论合闸还是分闸特性都不受人为因素影响。储能机构可以由人工储能或是利用储能电机储能。利用面板上的分合闸按钮可以进行手动分合闸操作,也可以利用脱扣器(合闸脱扣器、分闸脱扣器或低电压脱扣器等)对断路器进行电动分合闸。

断路器通常都装配有防跳装置,以避免由于同时到来的分合闸命令而产生的误动作。断路器的人机界面是在前面板上提供了用户操作的界面,在面板上装配有分闸按钮、合闸按钮、计数器、断路器分合闸状态指示器、断路器储能状态指示器、手动储能装置、低电压脱扣器的禁用选择器等。VD4 断路器配有传统的弹簧操作机构,这套机构可以被依靠电磁力驱动的电磁操动机构所替换,这就是 VM1 系列真空断路器。除了操动机构,在前面所提到的断路器的所有特性都没有任何改变。相比起传统的弹簧操动机构而言,VM1 电磁操动机构仅由极少的基本元件构成。

(3)手车底盘

断路器安装在一个金属的手车底盘上,手车底盘具有一套驱动机构,使得操作者可以在开关柜门关上的情况下将断路器移进或移出。由于开关柜本身是由金属材料构成,所以手车底盘可以提供有效的接地,另外,手车底盘还安装了专门的接地装置,直接连到开关柜的接地母线上去。

(4)手车电动机驱动装置

当开关柜配置 REF542+智能型控制/保护单元时,可根据客户需要,在断路器手车的基础上,增设电动机驱动装置,实现断路器手车在开关柜内试验/隔离位置与工作位置间的电动移进和移出。同时,在原有机械联锁的基础上,还可通过与 REF542+智能型控制/保护单元的逻辑编程功能的配合,实现电气与机械双重联锁。在提高开关设备的自动化程度的同时,进一步提高了开关设备的安全可靠性。当不需要电动操作时,可切换为手动操作方式。

(5)VC 中压接触器

V-Contact(VC)中压接触器适用于操作特别频繁的场合,其外观如图 3-12-18 所示。

VC 接触器可用于操作和保护电动机、变压器和功率因数补偿装置。与适当的熔断器配合,它可用于最大短路容量达 1 000 MV·A 的系统中。

VC 接触器在 400 A 开断电流下可完成 100 000 次分合操作,符合 AC3 类标准。

VC 接触器整体框架由一整块环氧树脂构成,树脂框架中安装有真空灭弧室、传动机构、操动电磁铁、宽电源模块、辅助开关和附件。

VC 真空接触器有 V7(额定电压 7.2 kV 及以下)和 V12(额定电压 12 kV 及以下)两种基本型号,VC 真空接触器有机械或电气闭锁两种闭锁方式。VC 接触器和 ABB 公司生产的其他断路器有着良好的机械互换性,同

图 3-12-18　V-Contact (VC) 中压接触器的外观

一台开关柜可以自由地选择任一种开关元器件安装。当开关柜配置 REF542＋时，可根据客户需要增设电动机驱动装置。

①电气自保持操作机构。主触头的合闸由电磁铁机构驱动，而分闸则由分闸弹簧完成。当持续的电压加载到电磁铁驱动机构上时，接触器保持在合闸位置。当电压消失时，接触器立刻分闸。

②机械自保持操作机构。带有机械自保持装置的操作机构可以在接触器合闸后自动将触头自保持在合闸位置，这样，即使外加电源消失，断路器也不会分闸。机械自保持装置包括快速动作的分闸脱扣器、分闸按钮和熔丝触发脱扣器。

(6)熔断器

VC 真空接触器可以安装中压熔断器实现进一步的保护功能。接触器、熔断器和保护装置的配合符合 ICE 60 470 标准对 C 类元器件的要求。

熔断器安装框架一般会按照 DIN 43625、BS 2692 标准，对熔丝平均安装尺寸和撞针类型的规定事先进行调整。

下列的熔断器可以被使用：DIN 标准型号，长度为 192 mm、292 mm、442 mm；BS 标准型号，长度为 235 mm、305 mm、410 mm、和 553 mm。

熔断器安装框架装有一套自动分闸装置，它可以保证即使只有一相熔断器熔断，接触器也能立刻分闸。同样，它也能保证只要有一相熔断器未安装，接触器就不能合闸。

用于变压器保护的熔断器代号为 CEF，用于马达和电容器保护的熔断器代号为 CMF。

(7)电压转换器

VC 接触器可以安装一个带保护熔断器的两极式的电压转换器，它提供了操作机构驱动线圈动作所需的能量。另外，电压转换器还可作为开关柜上的其他耗能元件(如指示灯、信号装置、辅助继电器等)的电源，输出功率最大为 50 V · A。

(8)辅助手车

当需要时，UniGear ZS1 开关设备可装配各种辅助手车，以满足运行操作或维护工作的需要。

下面分别介绍 4 种辅助手车类型。

①无关合能力的接地手车。这种手车的功能与无关合能力的接地刀闸相同。因此，它没有在故障状态下接地带电回路的能力。接地手车用来提供一个额外的可靠的接地以确保人身安全，适用在某些运行和维修工作流程中对此有要求的场合。

当要使用接地手车时，首先将原来开关柜中的主开关(断路器或接触器等)抽出。接地手车带有闭锁机构，可以防止带电时误将接地手车移进。无关合能力的接地手车有两种形式：按 UniGear ZS1 开关设备的结构，接地主母线系统的手车在手车移进的阶段，仅抬起上侧活门并将连接上部进线(即主母线系统)的触头接地。同理，接地馈线电缆的手车在手车移进的阶段，仅压下开关柜下侧的活门，并将连接下部出线(即馈线电缆)的触头接地。这种手车也适用于母联柜当中，在这种情况下，它们可以接地上部触头，也可以接地下部触头。

②有关合能力的接地手车。这种手车的功能与有关合能力的接地刀闸相同。有关合能力的接地手车由一台只有上接线端(接地母线)或只有下接线端(接地馈线电缆)的断路器构成。无接线端的一侧由一根铜排短接并经由手车底盘接地。它拥有与断路器相同的特性，如在线路故障的状况下接地或开断带电回路。因此它可用于对有故障可能的线路提供一个非常有效的接地。它也可以在远方控制下进行快速地分合闸操作。当要使用接地手车时，需先将原来

开关柜中的主开关(断路器或接触器等)抽出。接地手车带有闭锁机构,可以防止带电时误将有关合能力的接地手车移进。

有关合能力的接地手车有主母线系统接地车和电缆接地车两种形式。

③电缆测试手车。电缆测试手车使得在测试馈线电缆时无需进入带电隔室,也不需要将电缆从开关柜上拆卸下来。当要使用电缆测试手车时,需先将原来开关柜中的主开关(断路器或接触器等)抽出。电缆测试手车在手车移进的过程中,仅压下开关柜下侧的活门,并利用其自身的触臂连接到待测的电缆上。电缆测试手车只能用在进/出线柜。

④隔离手车。隔离手车可以将开关柜的上下触头直接相连。利用断路器形式的极柱来连接隔离的母线,可以避免受到环境的影响,非常的安全和可靠。在进线/出线柜中它将主母线和馈线连接起来,在母联柜中,它连接了两个母线系统。隔离手车可以代替断路器使用在UniGear ZS1开关设备中,在发散式网络中完成进线/出线柜的功能。隔离手车也可以用于通过电缆完成两台开关柜之间的连接,这种连接方式需采用双开关柜结构,每台开关柜均为母联形式,第一台配断路器,第二台配隔离车。

(9)NAL型负荷开关

开关柜DF单元装配了NAL型负荷开关,如图3-12-19所示。这种单元可用于开关并保护负荷、变压器或是变电站中的辅助变压器。NAL负荷开关是中压空气绝缘开关元件,它包含一个固定式的支撑(由上下绝缘子构成)、触头系统(动触头和静触头)和闭锁夹(熔断器或绝缘排)。

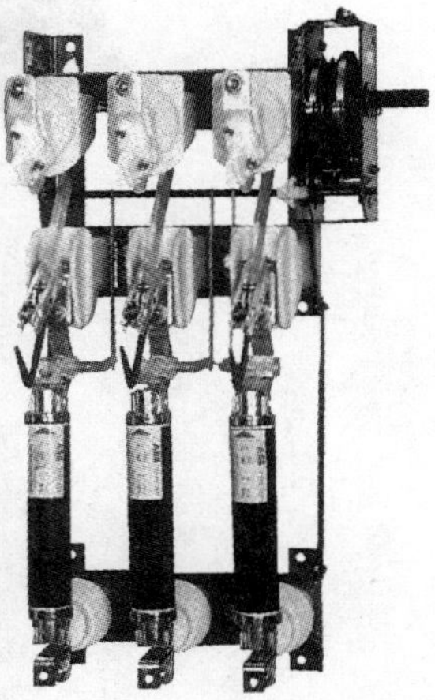

图3-12-19　NAL型负荷开关示意图

负荷开关一熔断器组合拥有两副动触头刀闸系统,主触头通过负荷电流,弧触头只在开关分合闸的过程中通过电流。这种方案使主触头工作压力较轻,因此开关元件的电气性能十分稳定。在负荷开关开断过程中,顶部的绝缘气缸中的空气被一个活塞压缩。在触头分离的瞬间,压缩空气从一个特殊的喷口吹出,冷却并去除电弧中的导电离子。这使电弧的电阻逐渐地增大,最终使电弧得到熄灭。气缸中的活塞与负荷开关的弧触头同步运动,这保证了最强大的气流出现在触头分离的瞬间,使负荷开关具有稳定的熄弧能力。DF单元可以安装绝缘排(NAL负荷开关)或是中压熔断器(NALF负荷开关一熔断器组合)。

NALF负荷开关一熔断器组合使用,符合DIN 43625标准的熔断器,并有一套熔断器脱扣自动触发机构。保护变压器的熔断器代号为CEF。每个DF单元都安装有一台具备关合能力的接地开关以将电缆接地。负荷开关一熔断器组合如同接地开关一样,可从开关柜面板上进行手动操作。两者的位置都可以通过开关柜上的一个窗口直接观察到。

DF单元可以装配三相互感器,也可以装配测量传感器。DF单元包含母线隔室和馈线隔室两个高压隔室,负荷开关一熔断器组合和电缆接头都在馈线隔室之中。当接地刀闸关合时,高压隔室自动隔离。一个绝缘的活门将负荷开关一熔断器组合的固定触头完全隔开,使操作者不可能接触到上部的触头。这使得我们可以在开关柜运行的时候对电缆和熔断器进行检修。负荷开关一熔断器组合、接地刀闸和馈线室门相互闭锁,以确保人身安全,防止误操作。

每个单元都为安装低压设备和接线设置了低压隔室。所有的单元隔室都能从前面进入,这样即使开关柜靠墙安装,也能进行维修和保养。

(10)互感器

①电流互感器。电流互感器用环氧树脂浇注而成,通常用于向测量和保护装置传递信息。电流互感器包括具有相关性能和精度等级并适合安装要求的一个线束铁芯或带一个或多个铁芯的套管棒。

电流互感器符合 IEC 60044－1 和 GB 1208 标准。额定电流小于 2 500 A 时采用中型或长型块装电流互感器,如图 3-12-20 所示。

(a)　(b)　(c)

图 3-12-20　NAL 型电流互感器示意图

(a)1 250 A 电流互感器;(b)2 500 A 电流互感器;(c)3 150 A 电流互感器

额定电流为 3 150～4 000 A 时采用环形电流互感器,如图 3-12-21 所示。电流互感器通常安装在负荷侧来测量相电流,也可安装在电源侧测量母线电流或实现特殊保护方案。

环形电流互感器用环氧树脂浇注而成,通常用于向测量和保护装置传递信息。环形电流互感器可用于测量相电流和检测接地故障电流,符合 IEC 60044-1 和 GB 1208 标准。

②电压互感器。电压互感器用环氧树脂浇注而成,通常用于向测量和保护装置传递信息,可固定安装或安装在互感器小车上,符合 IEC 60044-2 和 GB 1207 标准,如图 3-12-22 所示。

电压互感器分为单极或双极电压互感器,并具有适合相连设备功能要求的性能和精度等级。

当电压互感器安装在小车上时,配有熔断器,任何一相熔断器熔断都将发出触点信号。采用小车式电压互感器可在开关柜运行时更换熔断器。在柜门关闭时移出小车后,金属活门将自动关闭隔离带电部分。

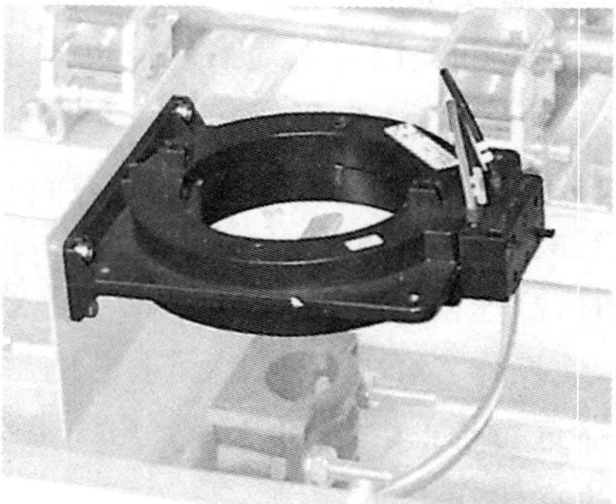

图 3-12-21　环形电流互感器示意图

(11)传感器

固定式电压互感器可直接安装于母线系统上的专门隔室。电气测量和保护数字技术的引入大大地改变了互感器性能。和传统的系统相比,模拟量的输入电平已显著地降低。有鉴于此,ABB 引入一种理想的完全具有新一代元器件特性的新型传感器。

UniGear ZS1 开关设备可装设 KEVCD 型传感器,其电流可达 2 500 A。电流和电压传感器或电流传感器可做在同一个树脂块内。电压传感器也包括连接电压指示器的容性分压装置,如图 3-12-23 所示。

图 3-12-22　带熔断器的电压互感器小车示意图

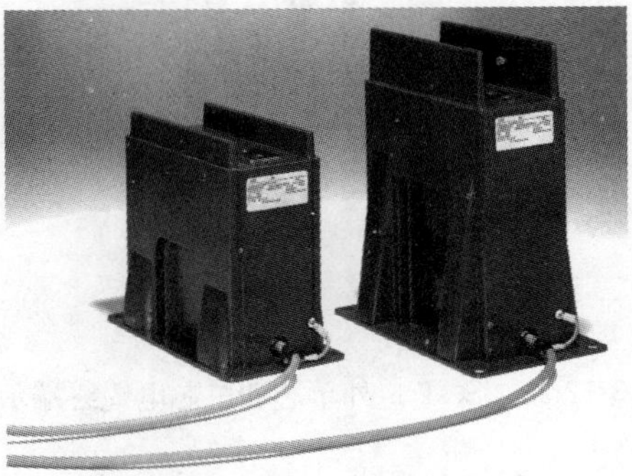

图 3-12-23　KEVCD 型传感器示意图

3. 接线图

典型的单线方案接线图,如图 3-12-24 所示。

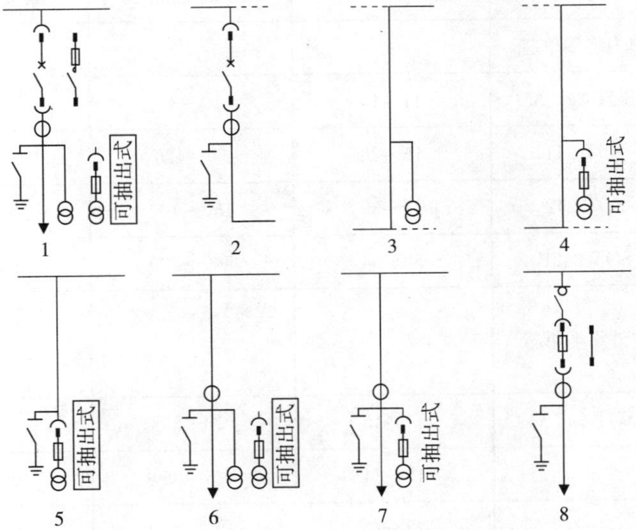

图 3-12-24　典型方案的单线示意图

1—进线/馈线单元(IF);2—母联单元(BT);3—提升单元(R);4—带 PT 的提升单元(RM);
5—PT 单元(M);6—直接进线/馈线单元(IFD);7—带计量的直接进线/馈线单元(IFDM);8—负荷开关单元(DF)

4. 电缆终端头

厂家推荐采用 SOT6-36 kV 冷套式户内和户外电缆终端头,此种终端头适用于 6～36 kV 带有铝或铜导体的单芯或三芯 XLPE 绝缘电缆的冷套式终端头,符合:CENELEC、HD 628. 1S1、HD 629. 1S1、IEEE 48、GB/T 12706. 4 标准。

这种冷套式电缆终端头由橡胶制成，集成了电场控制和顶部密封装置。户外型号具有伞群，加长了爬距。终端产品可用于单芯或三芯电缆，如图 3-12-25 和图 3-12-26 所示。

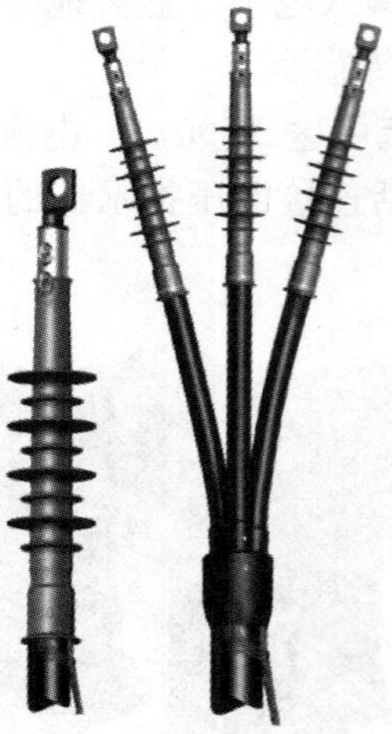

图 3-12-25　SOT 户外单芯和三芯电缆终端示意图

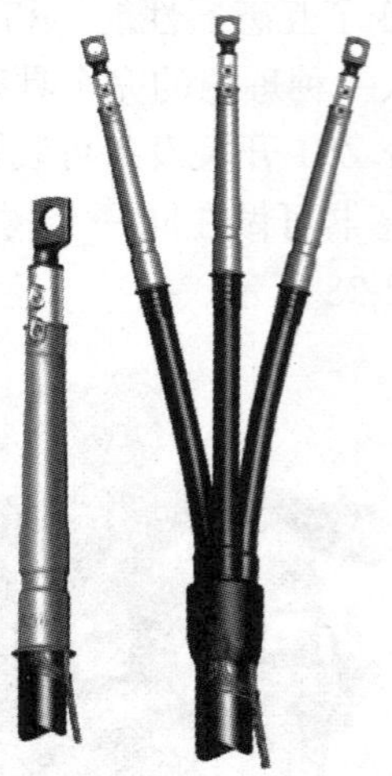

图 3-12-26　SOT 户内单芯和三芯电缆终端示意图

电缆终端型号及相关数据见表 3-12-13。

表 3-12-13　电缆终端型号及相关数据

产品	产品	XLPE 绝缘外径(mm)	导体横截面面积		
			12 kV(mm^2)	24 kV(mm^2)	36 kV(mm^2)
户内终端三芯	户内终端单芯		—	—	—
SOT 241 A-3	SOT 241 A	11～15	10～35	10	—
SOT 241-3	SOT 241	15～28	50～120	25～120	—
SOT 242-3	SOT 242	25～39	150～400	150～400	—
SOT 242 B-3	SOT 242B	38～54	500～630	500～630	—
户外终端三芯配分支密封套	户外终端单芯				
SOT 243 A-3	SOT 243A	11～15	10～35	10	—
SOT 243-3	—	15～24	35～95	25～70	—
SOT 244-3	—	22～33	120～240	95～240	—
SOT 245-3	—	31～40	300～400	300～400	—
户外终端三芯	户外终端单芯				
SOT 243-3	SOT 243	15～24	25～95	25～70	—
SOT 244-3	SOT 244	22～33	120～240	95～240	—
SOT 245-3	SOT 245	31～40	300～400	300～400	—

续上表

产品	产品	XLPE 绝缘外径(mm)	导体横截面面积		
			12 kV(mm^2)	24 kV(mm^2)	36 kV(mm^2)
SOT 246-3	SOT 246	38～54	500～630	500～630	—
户内/户外终端三芯	户内/户外终端单芯				
SOT 361-31	SOT 361	26～39	—	—	70～185
SOT 362-31	SOT 362	38～54	—	—	240～400

注意:因各电缆厂家生产标准不同,选择产品时请以 XLPE 绝缘外径为标准

UniGear ZS1 单母线开关设备特别适用于采用单芯电缆的场合。对于采用三芯电力电缆的场合,厂家推荐采取将电缆头置于柜外的安装形式,如图 3-12-27 所示。

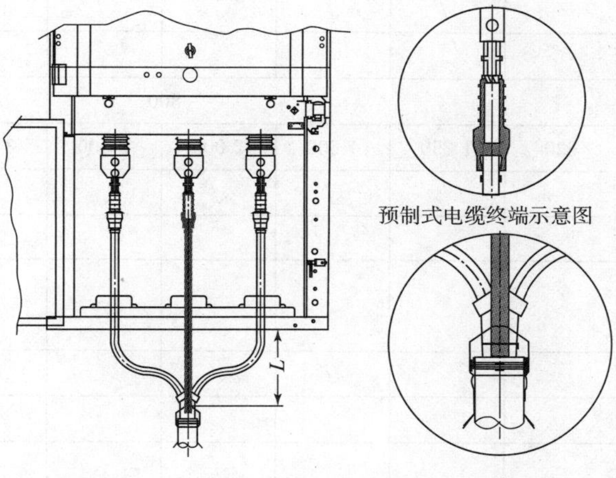

图 3-12-27　采用三芯电力电缆的场合推荐方式示意图

L 的长度根据电缆芯线截面的大小而定,应保证电缆芯线垂直穿过开关柜底板

3.12.3.2　UniGear ZS1 双母线开关柜

1. 双母线柜主要电气数据及尺寸

UniGear ZS1 双母线开关设备主要技术数据见表 3-12-14。

表 3-12-14　UniGear ZS1 双母线开关设备主要技术数据

额定电压	kV	12
额定绝缘电压	kV	12
额定工频耐受电压	kV/1 min	42
额定雷电冲击耐受电压	kV	75
额定频率	Hz	50～60
额定短时耐受电流	kA/3 s	31.5
额定峰值耐受电流	kA	80
内部燃弧耐受电流	kA/1 s	31.5
主母线额定电流	A	1 250、1 600、2 000、2 500、3 150
分支母线额定电流	A	630、1 250、1 600、2 000、2 500、3 150
分支母线额定电流(带强制风冷)	A	3 600、4 000

UniGear ZS1 双母线开关设备尺寸见表 3-12-15 所示。

表 3-12-15 UniGear ZS1 双母线开关设备尺寸

	宽(mm)	650							
	额定电流(A)	630	1 250	1 600	2 000	2 500	3 150	3 600	4 000
IF	进线/馈线	√	√						
IF	进线/馈线(复式)								
IF	带 PT 的进线/馈线(复式)								
BTT	横向母联		√						
M	PT	√							
BTL	纵向母联								
RL	纵向提升		√	√	√	√			
RML	纵向提升								
	宽(mm)	800							
	额定电流(A)	630	1 250	1 600	2 000	2 500	3 150	3 600	4 000
IF	进线/馈线			√	√				
IF	进线/馈线(复式)								
IF	带 PT 的进线/馈线(复式)								
BTT	横向母联			√	√				
M	PT								
BTL	纵向母联			√	√				
RL	纵向提升						√		
RML	带 PT 的纵向提升						√		
	宽(mm)	1 000							
	额定电流(A)	630	1 250	1 600	2 000	2 500	3 150	3 600	4 000
IF	进线/馈线					√			
IF	进线/馈线(复式)						√		
IF	带 PT 的进线/馈线(复式)						√		
BTT	横向母联					√	√		
M	PT								
BTL	纵向母联					√	√		
RL	纵向提升								
RML	带 PT 的纵向提升								
深(mm)		2 021							
高(mm)		2 075							
高(带泄压通道)(mm)		2 700							

如果进线柜是复式的 IF/IFM、M、BTL、RL 和 RLM，可以与 A 段和 B 段母线连接。

2. 双母线开关柜主体结构形式

大多数的开关设备用于单母线运行系统，与双母线开关设备相比，单母线开关设备具有操作维护简单，占用空间少、设备所需费用少等优点。但是在某些场合，双母线开关设备具有单母线开关设备所无法替代的优点。

双母线开关设备适用于以下场合：进线柜配置的主开关是非同期性断路器；在紧急情况下，根据负荷的重要程度，有选择地遮断负荷；特殊的负荷从普通的电网中隔离；使检查和维护更为灵活，无需停电；当开关柜需要扩展拼柜时，无需停电。

双母线系统有两种不同的方案：两套母线系统，两套隔离开关，一台断路器(纯双母线系统)；两套母线系统，两个断路器室，配一或两台断路器(复式双母线系统)。

两种方案都提供完整的备用母线系统(母线系统间是完全隔离的)以及稳定的、持续不中断的运行方式。

UniGear ZS1 双母线开关设备具有 UniGear ZS1 系列产品的所有特点。开关柜可配置断路器或接触器，采用与常规开关柜相同的附件。所用的重要的元器件与单层开关柜完全相同，因此能保证 UniGear ZS1 系列开关设备服务和维护程序的一致性。

开关柜可根据现场的要求进行布置。但是，按照技术文献，所有的配置必须是以下两种方案之一：带母联开关的双母线系统或双母线分段系统。

UniGear ZS1 双母线开关柜包括四个单独的高压隔室：主开关室、母线室 1、母线室 2 及电缆室。所有的隔室都由金属隔板分隔开。在开关柜顶的前部隔室是低压室，用来装设二次仪表与元件，如图 3-12-28 所示。

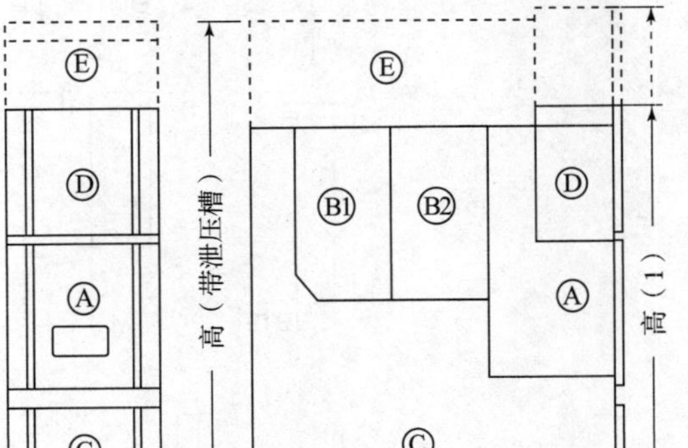

图 3-12-28　UniGear ZS1 双母线柜结构示意图

A—主开关室；B1—母线室 1；B2—母线室 2；C—电缆室；D—低压室；E—泄压通道

通常情况下，抗内部燃弧型的开关设备顶部装有泄压槽，用来排出内部故障电弧产生的气体压力。每个高压隔室的顶部都装有泄压板，当内部故障电弧发生时，气体的压力打开泄压板，故障电弧产生的气体进入泄压槽。

主开关的操作通道在开关设备的正面。借助于专用的车体，将主开关(断路器、接触器、计量小车等)可从相关的隔室中移出。

母线隔室和电缆隔室的通道位于开关设备的背面。所有的常规操作都在柜前进行，但是部分的维护和安装需要在开关设备的后部进行，如图 3-12-29 和图 3-12-30 所示。

图 3-12-29　双母线开关柜操作孔

图 3-12-30　双母线开关柜高压母线室

由于结构的原因，双母线开关设备无法对所有的隔室和元件提供充足的前部通道，由此双母线开关柜不允许靠墙安装，其正面结构如图 3-12-31 所示。

3. 接线图

双母线开关柜典型方案的单线示意图，如图 3-12-32 所示。

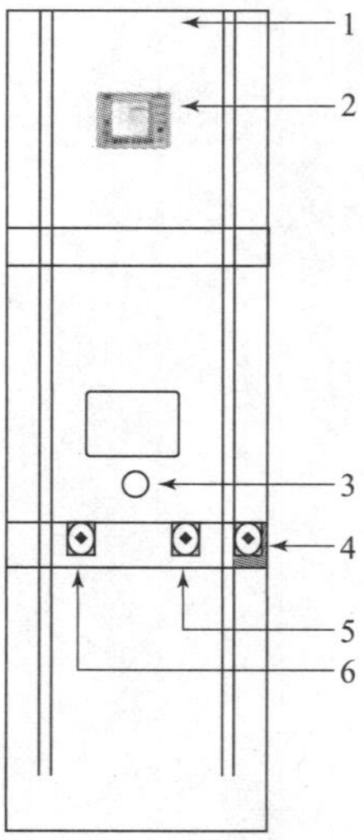

图 3-12-31　双母线开关柜正面结构

1—主开关室门板；2—控制单元；
3—主开关手车摇进/摇出操作孔；
4—接地开关操作孔；5—隔离开关操作孔
（母线 1）；6—隔离开关操作孔（母线 2）

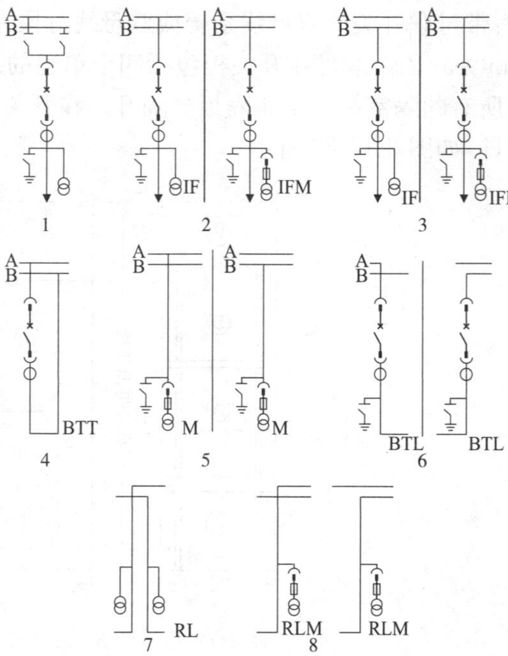

图 3-12-32　双母线开关柜典型方案的单线示意图

1—进线/馈线单元(IF)；2—IF/IFM 母线(A)进线(复式)；
3—IF/IFM 母线(B)进线(复式)；4—横向母联单元(BTT)；
5—PT 单元(M)；6—纵向母联单元(BTL)；7—纵向提升单元(RL)；
8—带 PT 手车纵向提升单元(RLM)

3.12.3.3　UniGear ZS1 双层柜

1. UniGear ZS1 双层柜主要电气数据及尺寸

UniGear ZS1 双层柜主要电气数据见表 3-12-16。

表 3-12-16　UniGear ZS1 双层柜主要电气数据

额定电压	kV	7.2	12
额定绝缘电压	kV	7.2	12
额定工频耐受电压	kV/1 min	32	42
额定雷电冲击耐受电压	kV	60	75
额定频率	Hz	50～60	50～60
额定短时耐受电流	kA/3 s	50	50
额定峰值耐受电流	kA	125	125
内部燃弧耐受电流	kA/3 s	40	40
	kA/0.5 s	50	50
主母线额定电流	A	1 600	1 600
分支母线额定电流	A	630	630
		1 000	1 000
		1 250	1 250
		1 600	1 600

UniGear ZS1 双层柜柜体尺寸见表 3-12-17 所示。

表 3-12-17　UniGear ZS1 双层柜柜体尺寸

宽(mm)		650							
额定电流(A)		630	1 250	1 600	2 000	2 500	3 150	3 600	4 000
IF	进线/馈线		√	√					
IF	进线/馈线(复式)								
IF	带 PT 的进线/馈线(复式)								
BTT	横向母联		√						
M	PT	√							
BTL	纵向母联		√						
RL	纵向提升		√	√	√	√			
RML	带 PT 的纵向提升		√	√	√	√			
宽(mm)		800							
额定电流(A)		630	1 250	1 600	2 000	2 500	350	3 600	4 000
IF	进线/馈线			√	√				
IF	进线/馈线(复式)								
IF	带 PT 的进线/馈线(复式)								
BTT	横向母联			√	√				

续上表

宽(mm)		800							
额定电流(A)		630	1 250	1 600	2 000	2 500	350	3 600	4 000
M		PT							
BTL		纵向母联			√	√			
RL		纵向提升						√	
RML		带 PT 的纵向提升						√	
宽(mm)		1 000							
额定电流(A)		630	1 250	1 600	2 000	2 500	3 150	3 600	4 000
IF	进线/馈线					√			
IF	进线/馈线(复式)						√		
IF	带 PT 的进线/馈线(复式)						√		
BTT	横向母联					√	√		
M	PT								
BTL	纵向母联					√	√		
RL	纵向提升								
RML	带 PT 的纵向提升								
深(mm)		2 021							
高(mm)		2 075							
高(带泄压通道)(mm)		2 700							

如果进线柜是复式的 IF/IFM、M、BTL、RL 和 RLM,可以与 A 段和 B 段母线连接。

2. 双层开关柜主体结构形式

UniGear ZS1 双层柜由两个完全独立的单元叠加而成,具有 UniGear ZS1 系列产品的共同特点。

UniGear ZS1 双层柜的每个单元可装设断路器或其他的主开关,而且所有的附件和单层柜都是通用的,从而保证了与单层柜相同的运行和维护程序。

UniGear ZS1 双层柜主要立足于节省使用空间,与传统的开关设备相比,占地面积可减少30%～40%。UniGear ZS1 双层柜可在大量使用馈线柜的场合中使用,装设的主开关为断路器和接触器。它能被用作额定电压不大于 12 kV 的电动机控制中心。

UniGear ZS1 双层柜母线系统的额定电流是上、下层母线电流之和。双层柜两侧都可和单层柜直接拼接。双层柜的安装和维护在开关柜的背面进行,同时所有的操作都在开关柜正面进行。

每台开关柜由两个分层的单元(第一层和第二层)组成,每一单元由单独的三个高压隔室组成:主开关室(A)、母线室(B)和电缆室(C)。各功能隔室通过金属隔板相互隔离,如图3-12-33所示。双层柜的内视图,如图 3-12-34 所示,双层柜的正面视图,如图 3-12-35 所示。

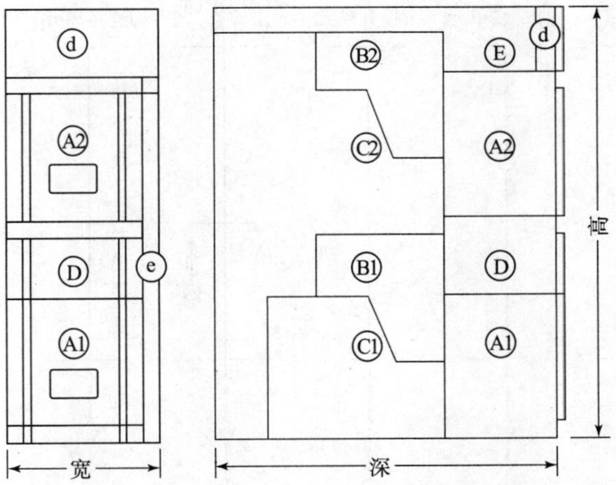

图 3-12-33　UniGear ZS1 双层柜结构示意图

A—主开关室；B—主母线室；C—电缆室；D—低压室；E/e—泄弧通道

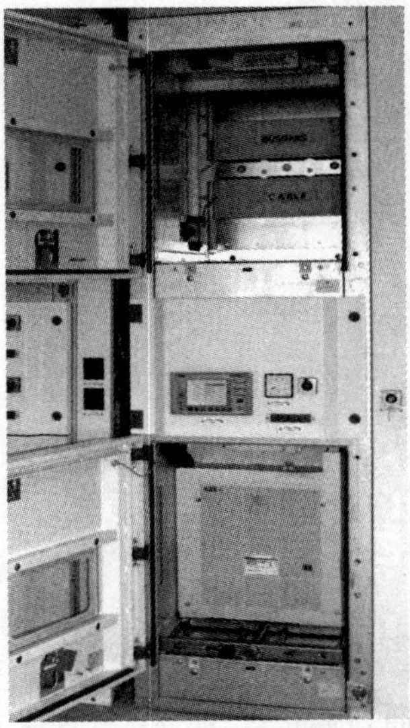

图 3-12-34　双层开关柜门内视图

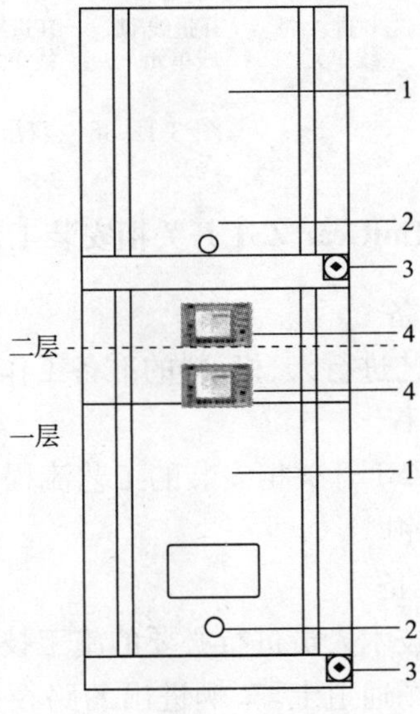

图 3-12-35　双层开关柜正视图

1—主开关室门板；2—主开关手车摇进/摇出操作孔；

3—接地开关操作孔；4—控制单元

UniGear ZS1 双层柜可用于两种组合：纯双层柜或单、双层柜组合。

纯双层柜可使用以下典型方案：进线、母联、提升、母线测量和馈线。

单、双层柜组合方案：单层柜用于进线、母联、提升，而双层柜用于母线测量和出线。

纯双层柜可以达到最大程度地减少占地面积的目的，但只用于额定电流有限制的地方（进线电流不大于 1 600 A）。它通常用于馈线数量不多的本地配电系统中。另一方面，单、双层组合方案可用于高额定电流（进线电流最大为 3 150 A）和有大量馈线的主配电系统中。

3. 接线图

双层开关柜典型方案单线图，如图 3-12-36 所示。

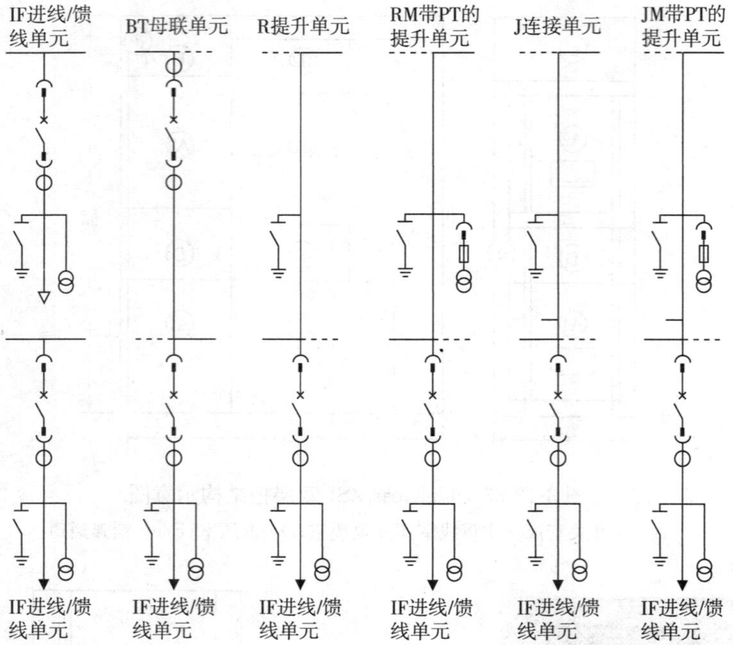

图 3-12-36　双层开关柜典型母线单线示意图

3.12.4　UniGear ZS1 开关柜安装工艺

1. 施工准备

按前述工艺进行人、机、料的准备工作，不再赘述。

2. 工艺流程

UniGear ZS1 开关柜安装的工艺流程如图 3-12-37 所示。

3. 操作要领

(1)施工准备

作业项目技术人员进行必要的施工技术交底。

开关柜进场通道上，车辆进出的路径范围内，道路畅通，地面平整并压实。拆除路径范围内相应的障碍物。设备室门前的场地应平整压实，无其他任何杂物。

进场过程中可以采用手动液压叉车进行设备运输，手动液压叉车具有灵活方便、重心低、效率高等优点，可以满足车站站台、变电所净空低、面积狭小的环境特点。

为了防止设备进场时将土建装修层压坏以及磕坏墙角、台阶，在设备运输的途中在地面铺设开关柜的包装板或专购的纤维板，在墙角、台阶处也使用包装板保护。

(2)开关柜进场

在地上变电所设备进出口外搭建枕木平台，至与室内地面相平。在枕木平台上放一块厚度大于 4 mm 的钢板，钢板的一端搭在室内地面上。钢板的室内一侧在钢板与地面间加垫一块橡胶缓冲垫，防

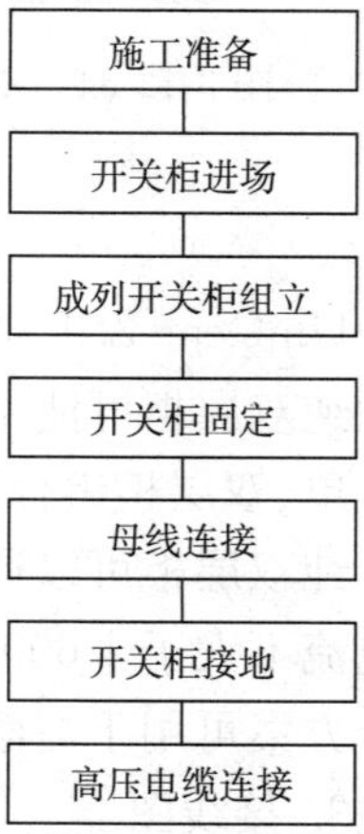

图 3-12-37　UniGear ZS1 开关柜安装工艺流程图

止叉车从钢板向地面滚动时对地面的冲击损坏。将手动液压叉车推至钢板上,等开关柜设备吊起后放在叉车上。若环境限制吊车不能使用,可利用千斤顶或撬棍将设备升起后,直接将叉车推入开关柜下,落下开关柜并将其推入室内。

将手动叉车推至室内指定位置,卸下。

对于地下变电所的开关柜进场,可以采用轨道车进行设备运输,搭建小的枕木平台,钢板直接搭在轨道车平板上,其他步骤基本相同。

(3)成列开关柜组立

按照设计文件规定,将开关柜按顺序搬放到安装位置。

将成列开关柜大致调水平,然后从成列开关柜一端的第一面开始调整其水平度与垂直度,合格后将其固定牢靠。其余的开关柜以第一面为标准逐个调整,使其水平、垂直;开关柜间接缝密贴,模拟线对齐,然后安装开关柜间连接螺栓。当开关设备多于10台时,最好从中间开始安装。

(4)开关柜固定

每面开关柜按照设备的要求与基础槽钢进行螺栓固定。

成列开关柜固定完毕后,将开关柜脱落油漆的部位用设备厂家提供的原色油漆补刷。

(5)开关柜母线连接

在母线室的背后有一块可拆卸的盖板,取下后可以很方便地进入母线室进行母线安装。

柜内母线厂家已配备,柜体间联络母线安装应按相序、编号、方向和标志正确放置,根据开关柜额定电流等级逐柜安装母线,母线的搭接面应连接紧密,并应在接触面上均匀涂一层电力复合脂。连接螺栓用力矩扳手紧固,其紧固力矩值应符合表3-12-18的规定。如果是镀银连接面,必须用不含金属的干净无纺布进行清洁,严禁使用金属刷或砂纸类材料进行清洁;未镀银的连接面可采用金属刷清洁或采用不含金属的干净无纺布进行清洁。母线安装完成后要进行核相。母线验收合格后应对所有螺栓进行紧固检查,确认达到标准要求的用油性记号笔画上记号,防止个别螺栓没有紧固。

母线均需包热缩套管,连接螺栓用绝缘罩罩住。

表3-12-18 钢制螺栓紧固力矩标准值

序号	螺栓规格(mm)	力矩值(N·m)
1	M8	8.8～10.8
2	M10	17.7～22.6
3	M12	31.4～39.2
4	M14	51.0～60.8
5	M16	78.5～98.1

(6)开关柜接地

按照设备厂家要求将所有开关柜内接地铜排贯通连接,并连接牢固可靠。

在独立或成列开关柜的两端采用软铜编织线将开关柜内接地铜排与变电所接地可靠连接起来。

(7)开关柜与高压电缆连接

室内电缆终端头采用刚性卡子固定,然后与盘柜内端子相接,端子处不得受机械应力。芯线之间应保证足够距离。电缆头上应有明显的相色标志，并与系统的相位一致。在电缆端就位处，避免线芯错动，以免影响电缆终端头密封效果。

为了避免三芯电缆在三相电流不平衡时，铠装层因感应电势可能产生放电现象，也为了试验检查护层的绝缘情况，铜屏蔽和钢铠应分别接地。电缆通过零序电流互感器时，电缆金属护层和接地线应对地绝缘。电缆接地点在互感器以下时，接地线应直接接地，接地点在互感器以上时，接地线应穿过互感器接地。

4. 开关柜安装的质量标准

(1)开关柜独立或成列安装时，其水平度、垂直度以及开关柜面不平度和开关柜间接缝的标准应符合本手册表 3-12-6 的要求。

(2)开关柜的接地要牢固，接触良好。开关柜的漆层完整无损伤，修补后的颜色尽量和原色一致。

(3)开关柜母线连接符合制造厂的规定，且母线搭接面按照施工标准规定涂抹电力复合脂，相色标志正确，紧固力矩达到规定要求。

(4)开关柜的模拟线成列柜应整齐划一，其误差不应超出视差范围，并应完整，安装牢固，色泽符合规定。

5. 施工安全注意事项

(1)考虑到地下车站比较潮湿，在设备开箱前需准备大功率风扇、除湿机，对设备房间进行充分除湿。

(2)开关柜在安装时要避免强烈振动。

(3)推动开关小车应缓慢行进。要注意开关柜体的行进方向，随时纠正，防止倾斜。

(4)开关柜搬运安装时，要防止挤压手、脚和开关柜上的设备。

(5)开关柜在未固定牢固前应有防倒措施。

(6)开关柜安装完毕后，需使用塑料布将盘柜包封，防止灰尘、潮气侵入。

(7)设备进场后，需派专人看守，防止设备被损坏。

3.12.5 厦门 ABB 生产的 ZX2 开关柜

厦门 ABB 开关有限公司生产的 ZX2 开关柜，在我国城市轨道交通工程中成功应用于广州地铁、深圳地铁、上海地铁、天津津滨轻轨等，其具有一定的代表性。下面分别介绍其设备概况及施工工艺，供设计、施工时参考。

1. ZX2 开关柜概述

该系列开关柜可以分为单母线及双母线设计，采用不锈钢壳体，模块化设计，母线连接采用插接式技术，无需气体操作。2 号及 3 号内锥式电缆插接系统，可连接固体绝缘母线。功能隔室完全隔离，所有危险部件全部封闭，高压部件完全密闭，不受外界环境影响，现场海拔对绝缘强度无影响。

采用六氟化硫(SF_6)气体绝缘，气密的母线室和断路器室，额定电压从 12 kV 到 40.5 kV 等级，额定电流最大可达 2 500 A，短时耐受电流可达 40 kA。在单母线设计中"主母线电流"最高可达 4 000 A。SF_6绝缘使开关设备尺寸最小化，与传统开关设备相比，空间节省达 70% 以上。

ZX2 开关柜采用先进的元器件与最新的开关设备制造技术，采用智能化控制系统和传感技术。适于户内安装，工厂化装配。运往工地的设备已通过型式试验。

ZX2 开关柜基本类型：进线柜和馈线柜、单母线和双母线分段柜、单母线和双母线母联柜、单母线和双母线提升柜、双母线计量柜。

ZX2 开关柜附加设备：适用于单母线的母线计量系统。

ZX2 开关柜系统柜内设备：真空断路器、单母线和双母线系统。

母线室 1 配置三工位隔离/接地开关，功能有母线连接、隔离、接地。

母线室 2 配置隔离开关，功能有母线连接、隔离。

有关技术方面的设计和开关柜设备的详细内容可在订货文件中查到，包括技术数据、设备清单、设计图纸等。

ZX2 开关柜满足下列标准：VDE 0670 和 IEC 62271-100、601298、60694；VDE 0373 和 IEC 60376、60480；GB 3906、GB/T 11022、GB/T 1984；DL/T 403、DL/T 404。

开关柜安装及运行期间，要遵守相关的 IEC、VDE 规范，及国家或地方的相关工作安全导则，还应考虑 ABB 公司提供的有关资料。

2. ZX2 开关柜的使用条件

(1)正常使用条件

环境温度：最高环境温度 40 ℃；最高日平均温度 35 ℃；最低环境温度(户内)－15 ℃。

海拔高度：最高海拔高度 1 000 m。

大气环境：环境大气不能受污秽、烟尘、腐蚀性或可遂性气体等的严重污染。

地震烈度：不大于 8 度。

(2)特殊使用条件

特殊使用条件由用户和制造商协商解决，对于各种特殊使用条件应提前向制造商咨询。

海拔高度大于 1 000 m：对于更高的海拔高度须调整气体监视系统。

更高的环境温度：降低载流能力，提供额外的散热风冷设备。

在高湿度、温差较大或波动较快的地区，采取措施预防凝露现象，如安装加热器。

3. 开关柜外形尺寸和质量

双母线柜宽 600 mm，额定电流 1 250 A 的标准柜重约 1 200 kg。

双母线柜宽 800 mm，额定电流 2 000 A 的标准柜重约 1 700 kg。

双母线柜宽 800 mm，额定电流大于 2 000 A 的标准柜重约 1 750 kg。

ZX2 型单母线和双母线开关柜的基本尺寸如图 3-12-38 和图 3-12-39 所示。

额定电流大于 2 000 A 的开关柜需要安装冷却风扇，柜体高度增加 200 mm，达 2 500 mm 或 2 800 mm。

4. ZX2 开关柜的结构、原理和接线

通过图 3-12-40 ZX2 基本结构图和图 3-12-40 所示其原理接线图，我们可以大致了解 ZX2 双母线 1 250 A 开关柜具体装配形式，对后面的安装工作有比较积极的指导意义。

内部燃弧故障产生的压力可以有效地由压力释放通道 A、B、C 和 E 排出，如图 3-12-38 及图 3-12-39 所示。当内部燃弧故障发生时，压力释放盘将会打开，参见图 3-12-40 所示。当断路器室 H 发生内部燃弧故障时，压力释放盘 17 打开，气体通过压力释放通道 E、C、A 排出；当母线室发生内部燃弧故障时，压力释放盘 26 打开，气体通过压力释放通道 B 排出。当电缆室 I 发生内部燃弧故障时，压力释放板打开，气体通过压力释放通道 E、C、A 排出。

以单个柜体为单元，通过插接式母线连接装置 23 进行母线连接。

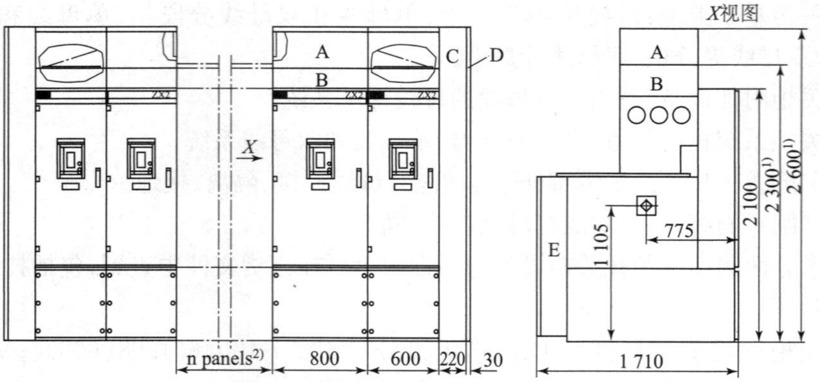

图 3-12-38　单母线系统的尺寸(图中所示开关柜额定电流≤2 000 A)
A—带吸收装置的压力释放通道;B—顶部压力释放通道;
C—侧面压力释放通道;D—终端盖板(边盘);E—背部压力释放通道

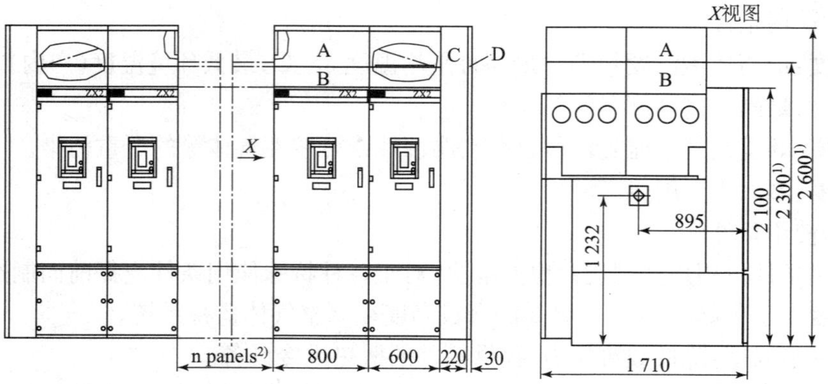

图 3-12-39　双母线系统的尺寸(图中所示开关柜额定电流≤2 000 A)
A—带吸收装置的压力释放通道;B—顶部压力释放通道;
C—侧面压力释放道;D—终端盖板(边盘)

ZX2 开关柜主要接线形式如图 3-12-42 和图 3-12-43 所示。

5. 开关柜的基本配置

(1)开关柜气室

高压带电部分安装于充满干燥绝缘气体的封闭气室内,完全保证不受外界气候的影响。

同一开关柜内,断路器室与母线室被分隔成两个不同的气室,如图 3-12-44 所示,不同开关柜间的气室也相互独立。不同气室内气体的工作压力,由具备温度补偿功能的传感器进行监测:压力传感器 7 用于断路器室,压力传感器 4、21 用于母线室 1、2(见图 3-12-40)。当气室内的压力低于“最小工作压力”时,将发出报警信号。

当内部燃弧故障使气室内气体压力急剧上升同时伴随大电流出现时,智能型控制/保护单元 REF542+将发出分闸指令。在现场安装过程中,各气室内需要取出运输过程中放置在气室内的袋装气体干燥剂,重新放置新的袋装气体干燥剂。

(2)真空断路器 VD4X

真空断路器 VD4X 的外观如图 3-12-45 所示。

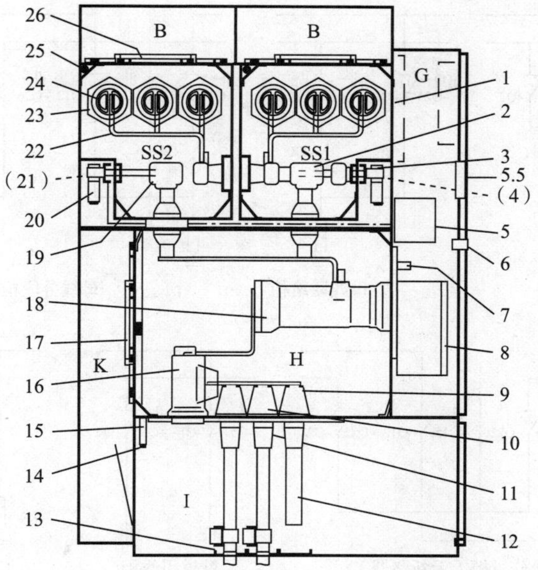

图 3-12-40 ZX2 双母线 1 250 A 开关柜基本结构

SS1—母线室 1;SS2—母线室 2;B—顶部压力释放通道;

K—背部压力释放通道;G—控制小室;H—断路器室;I—电缆室

1—柜体;2—隔离开关/接地开关－Q1/－Q5(三工位开关);3—三工位开关操动机构;4—母线室 1 压力传感器;

5—智能型控制/保护单元 REF542＋;5.5—智能型控制/保护单元 REF542＋人机界面;6—电容分压装置测试插口;

7—断路器室压力传感器;8—断路器操动机构;9—电缆或测试接头插口;10—电缆插口;11—电缆插头;12—避雷器;

13—电缆底板;14—接地系统连接母线;15—主接地母线;16—组合式电流/电压传感器;17、26—压力释放盘;

18—断路器;19—隔离开关－Q2;20—隔离开关操动机构;21—母线室 2 压力传感器;22—分支母线;

23—插接式母线连接装置;24—主母线;25—干燥剂

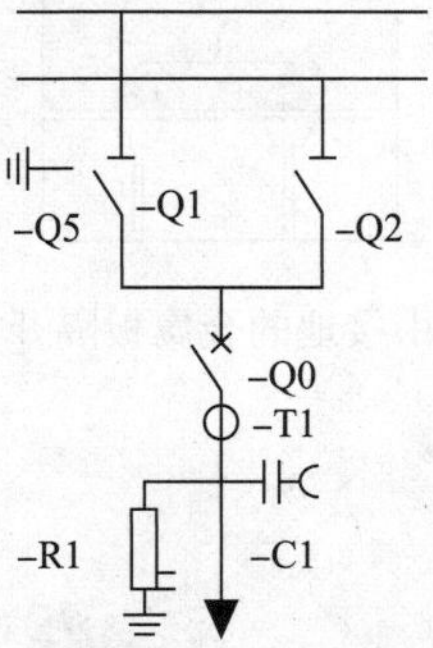

图 3-12-41 双母线开关柜原理示意图

-Q0—断路器;-Q1/-Q5—三工位开关;-Q2—隔离开关;-Tl—电流传感器;-Rl—电压传感器;-Cl—电容分压装置

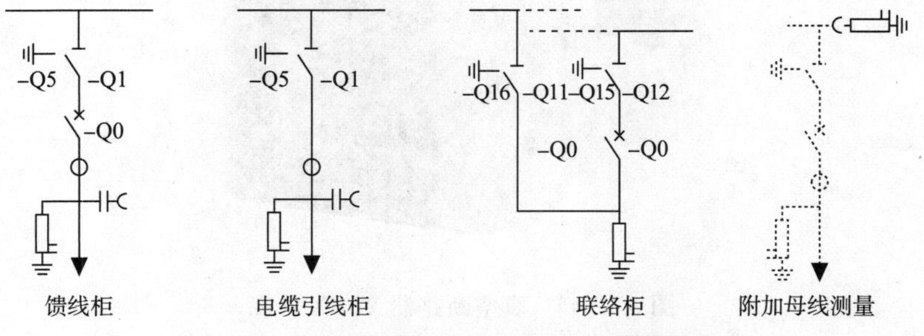

图 3-12-42 单母线系统 ZX2 柜型主接线示意图

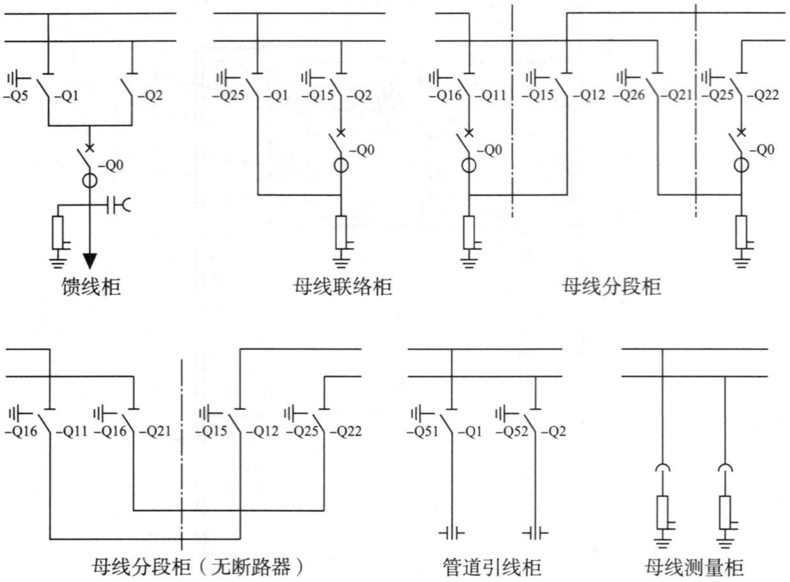

图 3-12-43　双母线系统 ZX2 柜型主接线示意图

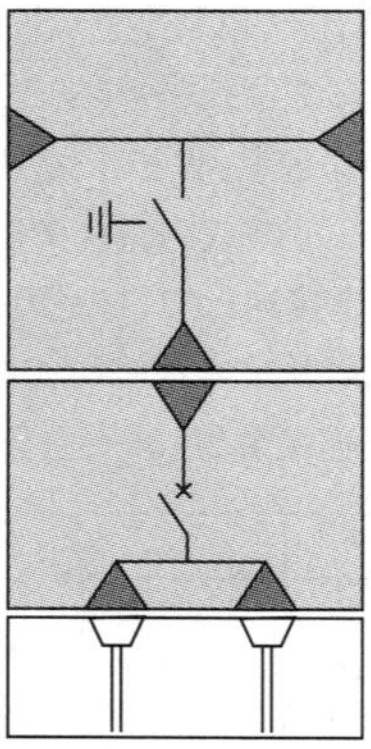

图 3-12-44　功能隔室间由接地的金属板隔开，高压气室均为气密系统

图 3-12-45　真空断路器 VD4X 外观

图 3-12-40 所示真空断路器 18 具有合、分额定电流，开断短路电流，与三工位开关 2 配合进行接地操作等功能。接地功能将通过三工位开关和断路器来实现。此种接地方式能提供可靠的接地功能。断路器的三相极柱水平放置于断路器室(H)内。为了便于检修，断路器的操动机构放置在气室外，通过气密套管与断路器极柱相连。

(3)三工位隔离/接地开关 UX2TE

图 3-12-40 所示三工位开关安装在母线室 1 内，开关可由电机操作，其操动机构模块安装于控制小室内，此操动机构模块包括驱动电机、位置指示器(传感器及机械指示器)和紧急手动操动机构。三工位开关的功能包括母线连接、隔离、接地。三工位开关的三个开断位置通过操动机构清楚地分开，中间为隔离位，在两个极限位置，三工位开关分别处于母线连接位置和接地位置。

(4)隔离开关 UX2T

图 3-12-40 所示柱状隔离开关-Q2 由电机操作，它位于母线室 2 内，其操动机构模块位于气室外，驱动电机则安装于柜体的背部并由一块可拆卸的封板封闭，UX2T 隔离开关的位置指示器(传感器及机械指示器)及紧急手动操动机构均安装在控制小室(G)内。UX2T 隔离开关的结构与三工位开关基本相同，不同的是没有接地功能。

(5)传感器系统

图 3-12-40 所示传感器与传统的电磁式互感器相比，传感器体积小，同时，它可以很方便地为智能型控制/保护单元 REF542＋提供所需数据。ZX2 开关柜内使用了以下传感器:组合式电流/电压传感器 16，绝缘气体压力传感器 4、7、21，断路器位置、三工位开关位置、隔离开关位置传感器，断路器弹簧储能状态传感器。

传感器的安装位置:电流传感器及电压传感器位于断路器室的后部，外部连接插口可以将信号线经过电缆室 1 引至智能型控制和保护单元 REF542＋。压力传感器 B0G 用于检测断路器室内气体压力，置于控制小室 G 内。B1G 用于检测母线室 1 内气体压力，置干控制小室 G 内。B2G 用于检测母线室 2 内气体压力，置于柜后，位于隔离开关-Q2 的驱动电机安装基板旁。

开关位置传感器 B0E 和 B0A 用于检测断路器的位置状态，安装于机构主轴上。B1E、B1A、B5E 和 B5A 用于检测三工位开关状态，安装于控制小室 G 内。B2E 和 B2A 用于检测隔离开关 Q2 状态，安装于控制小室 G 内。传感器 B0S 用于检测弹簧储能机构的储能状态，安装于断路器操动机构内。

(6)高压电缆室电缆插接

图 3-12-46 所示为电缆插接系统，该系统符合 DIN 47637 标准，插入式电缆插口 9、10(见图 3-12-40)安装于被气体密封的断路器室的底板上，起到分隔气室与电缆室的作用。

(7)智能型控制/保护单元 REF542＋

智能型控制/保护单元 REF542＋安装在开关柜的前门面板上，如图 3-12-47 所示，其集成了以下功能:主母线保护、分支母线保护、控制、测量、位置显示、故障信号和报警，及与上级监控系统的连接。REF542＋同时控制 ZX2 开关柜的联锁及操作顺序(如隔离、回路连接及接地)。通过 LED 显示器可以显示各开关位置的单线图及电流值、电压值、功率计量、有功功率、无功功率及操作次数，运行时间等数据可以在液晶显示器上显示，其他信息如报警和故障信号，通过发光二极管配合文字进行显示。通过光缆，智能型控制/保护单元 REF542＋可以与上级监控系统相连，光缆可以避免电磁波对通信信号的干扰。

图 3-12-46　内锥式电缆插头插座连接

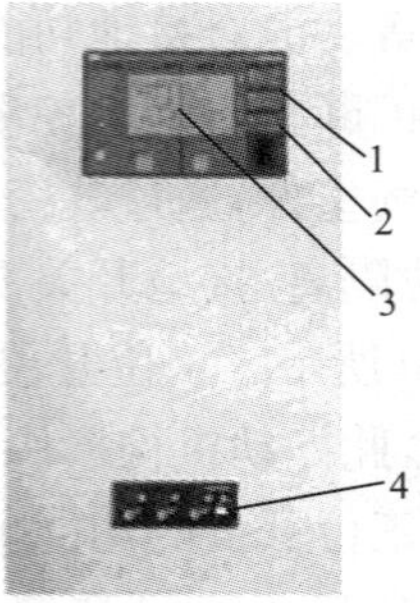

图 3-12-47　智能型控制/保护单元 REF542＋

1—智能型控制/保护单元；2—LCD 显示器；3—LED 显示器；4—测试插口

3.12.6　ZX2 开关柜安装工艺

1. 施工准备

参考前面的各专项施工工艺介绍，进行各项相关的施工准备工作。此工艺不再赘述。

2. 工艺流程

ZX2 开关柜安装工艺流程如图 3-12-48 所示。

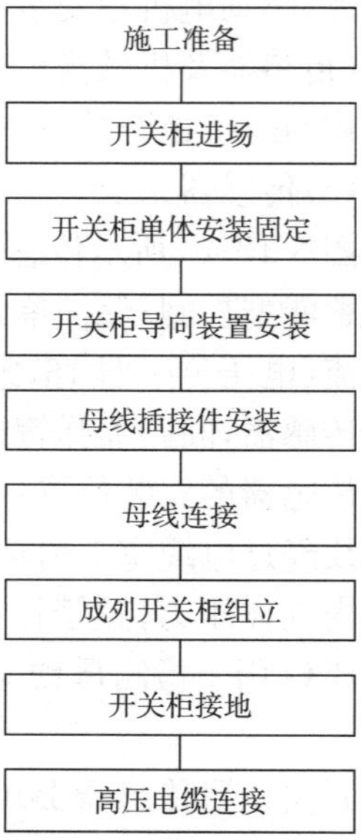

图 3-12-48　ZX2 开关柜安装工艺流程图

3. 操作要领

(1)施工准备

①在安装之前，开关设备安装场地必须已经完工，且具有良好照明及安装工作所需的电源。

②房间必须干燥，房门能上锁锁闭，具有良好的通风设备。

③所有的预备工作，例如为铺设电力电缆所需的开孔及管道等必须到位。

④安装场所必须保证满足国家标准 GB/T 11022 户内开关设备安装条件。

(2)ZX2 型开关柜安装工作必要的常识

①螺栓锁紧扭矩要求

开关柜安装应使用标准强度 88 级别的螺栓。具体锁紧扭矩的要求详见表 3-12-19，该锁紧扭矩适用于未涂润滑脂的螺栓连接。

表 3-12-19　螺栓锁紧扭矩要求(单位 N·m)

螺栓规格	M5	M8	M10
锁在 T 型螺母上的螺栓(安装框架)	—	26	—
焊接螺栓上的螺母	3	12.5	—
锁至拉钉的螺栓	—	18～24	25～48
锁至铝板上的锤头螺栓	—	25	—
锁至内锥插座的螺栓	—	20	20
其他 88 级螺栓	—	26	50

②带硅橡胶绝缘件的插接件的处理

对于母线插座上所使用的硅橡胶绝缘件、母线堵头、插接式电缆的插头和电缆插座用的堵头等物料，仅在安装过程中，对即将使用的硅橡胶件进行处理。

按照以下流程来准备硅橡胶绝缘件安装：检查硅橡胶绝缘件，清洁硅橡胶绝缘件，将硅橡胶绝缘件涂上润滑脂，清洁母线插座及连接铜棒和外锥形电缆套管。

a. 检查硅橡胶绝缘件。只在即将安装前，才能去除元件上的保护性的包装，在安装前检查硅橡胶绝缘件是否完好，其表面不得有气泡、划痕、损伤、磨损、异物等缺陷。如果发现硅橡胶绝缘件上有任何损伤，只有经过 ABB 的售后服务部门的工程师确认同意后，该材料才能使用。

b. 清洁硅橡胶绝缘件。在即将装配前按照以下流程来清洁硅橡胶绝缘件。

使用柔软干净的无毛纸去除硅橡胶件上多余或被污染的油脂。必要时，需配合使用强力清洁剂 M. X. T. 60（设备附带材料）和柔软的无毛纸清洁硅橡胶件。

产品只能使用 M. X. T. 60 作为清洁剂，将无毛纸用清洁剂稍弄湿，只可使用适中的力度擦拭母线连接用硅橡胶绝缘件的黑色区域，不可从黑色区域向浅色的绝缘表面擦拭。注意避免将黑色的导电物质带到浅色的绝缘区域。在使用 M. X. T. 60 清洁剂清理后，再使用干的无毛纸擦净硅橡胶绝缘件。

因为清洁剂会使硅橡胶产生些许膨胀，所以需要将硅橡胶件放置于空气中干燥约 15 min。

c. 在硅橡胶绝缘件上涂抹润滑脂。在母线连接部分上的硅橡胶绝缘件，均匀地涂抹硅橡胶绝缘件上浅色的外部；在母线连接部分上的堵头，均匀地涂抹堵头上浅色的外部；插接式电压互感器的插头或测试插头，均匀地涂抹硅橡胶绝缘件。各种绝缘件所需润滑脂涂抹量见表 3-12-20。

表 3-12-20　硅橡胶绝缘件上所需润滑脂的涂抹量

部　件	润滑脂用量
母线连接部分上的硅橡胶绝缘件	每个绝缘件大概 20 g
电压互感器的硅橡胶绝缘件，电缆插座的堵头，双面母线套管的堵头	每个绝缘件大概 10 g

各类接插元件的绝缘件处理方法，如图 3-12-49 所示，将润滑脂均匀地涂抹在硅橡胶绝缘件上。清洁母线插座、连接套管、电缆插座、测试插座和外锥头，使用清洁剂 M. X. T. 60 清洁元件，清洁后要尽快装配部件以防止其受到污染。

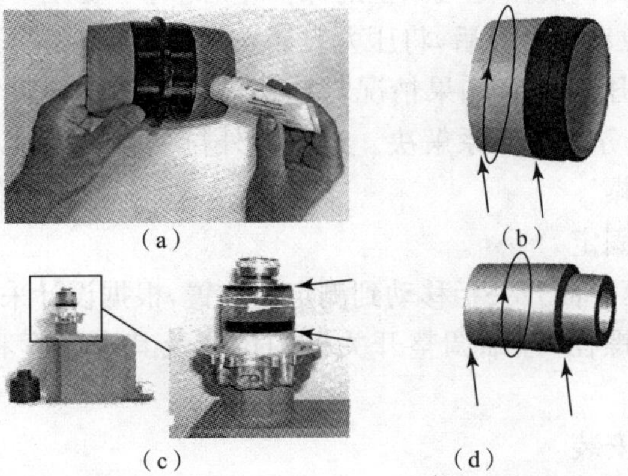

(a)　(b)　(c)　(d)

图 3-12-49　各类接插元件润滑剂涂抹区域

(a)将润滑剂涂抹在硅橡胶浅色区域；(b)将润滑剂涂抹在母线套管堵头上两个箭头之间的浅色区域；(c)将润滑剂涂抹在电缆插头上两个箭头之间的浅色区域；(d)将润滑剂涂抹在电缆插座堵头上两个箭头之间的浅色区域

③使用六氟化硫(SF_6)绝缘气体时的相关操作

根据设计原理，在现场安装柜体时无需对气室内的六氟化硫(SF_6)绝缘气体进行回收和充气的操作。

产品生产厂家规定，只有经过专业培训的人员才能对六氟化硫(SF_6)绝缘气体进行相应处理。并在操作时参照产品手册“使用六氟化硫(SF_6)绝缘气体时的相关操作说明”进行操作。

在运行中的开关柜的所有气室必须充有足够压力的绝缘气体。绝缘气体的压力在开关设备运行期间由密度传感器(带温度补偿)进行监测。

如果绝缘气体压力低于告警信号要求的水平，就会通过控制单元上的 LED 或警告灯发出需进行补气的报警信号。

④基础框架

一般情况下，广泛采用基础槽钢的形式进行配电盘和开关柜的安装。当使用人工的架高活动地板时，采用基础框架的承重部分将作为开关柜体的主要支撑，因而不需要额外再使用地基框架。基础框架在活动地板中的安装方式应符合设计要求，如果是混凝土地基，则必须要在地基上埋设预埋钢板。在没有埋设预埋钢板的情况下，需要提前准备膨胀螺栓。基础框架安装时，必须保证其符合如下平整度及直线度要求：平整度允许公差±1 mm/m；直线度允许公差，每米内最大不超过 1 mm，框架全长度范围内不超过 2 mm。基础框架与预埋钢板之间一般采用电焊焊接或膨胀螺栓固定，无论采用哪种形式，基础框架与室内接地干线的连接点不得少于两处。如若工程采用工厂提供的标准地基框架，则其安装必须符合产品的技术规定。

(3)开关柜进场

应该根据每个变电所的具体情况，进行开关柜的进场搬运工作。

同时，依据相关版本产品说明书，检查每一台开关柜各气室的压力。ZX2 型开关柜设备基本上由 3 个气室所组成，每个气室均装有一个充气阀。断路器室和前部母线室的充气阀位置位于低压室里，打开低压室门就可以从前部看到并可触及。后部母线室的充气阀位于后上部盖板的后面。

在安装过程之中使用产品提供的带温度补偿的压力表对每个气室的气体压力进行检测。如果后母线室安装有盖板则在安装过程中需要拆除。

操作方法：按逆时针方向旋出充气阀上的保护帽，此时不要压下充气阀上的阀门芯，以免气体从阀门处泄漏。当拉动锁紧环后，将压力表插入充气阀。观察压力表上的读数(相对值)，并换算为 20 ℃时的相对压力值。如果情况与此不同，或安装现场的海拔高度大于 1 000 m 时，请与生产厂家现场服务人员联系解决。最后向外拉动锁紧环，以拔出带温度补偿的压力表，旋紧充气阀上的保护帽。

(4)开关柜单体安装固定

将进入安装现场的第一面开关柜移动到测定的位置，根据设计采用的固定方式要求，在基础槽钢钻孔或焊接地脚螺栓，仔细调整开关柜的位置及其水平度和垂直度，使其达到规定要求。

(5)开关柜导向装置安装

使用螺栓和碟形垫片将母线室两侧上部的支架朝向扩展方向各锁紧两个导向销，如图 3-12-50 和图 3-12-51 所示。如果是双母线结构的分段隔离开关柜，需要在断路器室母线套管下方额外增加一个紧固支架。使用螺母和碟形垫片将导向销紧固在支架上，详细情况资料请参考相应的设计和产品说明书。

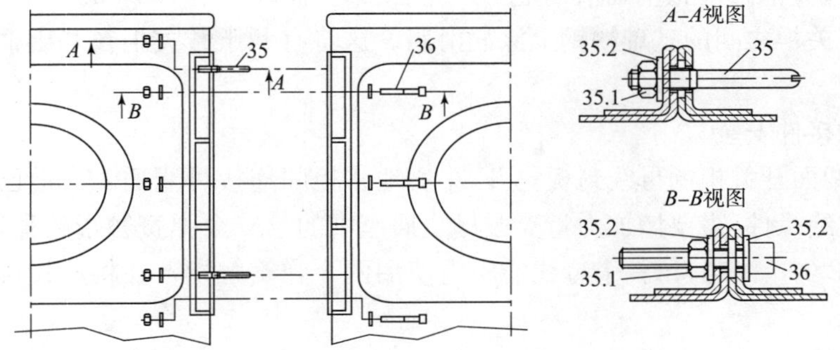

图 3-12-50　从右侧拼柜示意图

35—M10 定位销；36—六角螺栓 M10×50；35.1—M10 六角螺母；35.2—弹簧垫片

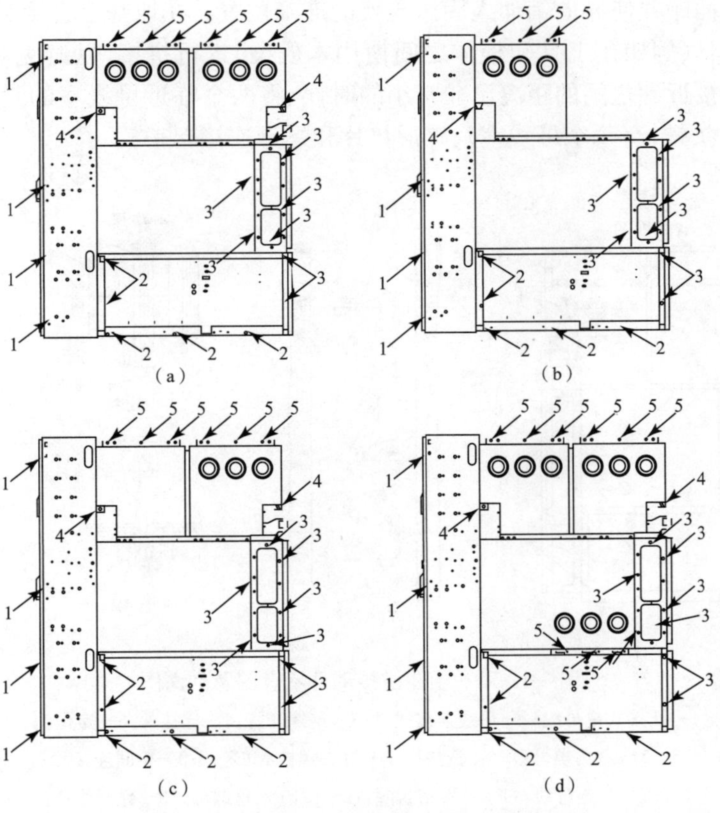

图 3-12-51　ZX2 开关柜柜间连接点示意图

(a)双母线柜；(b)单母线柜(母线室在前部)；

(c)单母线柜(母线室在后部)；(d)双母线分段隔离柜

1—圆柱头螺栓 M8×25，碟形垫片 M8(2 个)；2—六角头螺栓 M8×25，碟形垫片 M8(2 个)；

3—圆柱头螺栓 M8×25，碟形垫片 M8(1 个)；4—垫块，圆柱头螺栓 M8×40，碟形垫片 M8(2 个)；

5—圆柱头螺栓 M10×50，碟形垫片 M10(2 个)

当两台开关柜拼柜时，导向销只能安装在已经安装固定好的开关柜上。当柜体竖立放置时，导向销仍保持在原位置而无须拆除。将导向销涂上润滑脂，以确保可以更好地滑动。将更多的柜体模块依次准确地安放在指定的位置。

(6)成列开关柜拼装

将第二面开关柜搬运到基础槽钢上，移动到距第一面开关柜 700 mm 处，待母线插接件安装后，在两面开关柜之间的基础槽钢上涂润滑脂。这将有利于开关柜在基础框架或基础槽钢上直立滑动。

(7)母线插接件安装

将相邻的两面开关柜的母线封板打开，小心地将柜间连接母线插入先前已安装好的柜体上，然后再插入绝缘件，需要增加力量克服母线插座中的第二个弹簧触指的弹簧力(当额定电流大于或等于 2 000 A 时，每一个母线插座内使用两个弹簧触指)，并将连接母线插入母线插座的确定位置。

(8)母线连接

参照图 3-12-52 所示的方法进行操作，缓慢移动第二面开关柜，并保持母线插接件的水平状态。将第二面开关柜的柜体小心地向已装好的系统移动，并防止翻倒。通过这种方式将连接母线插入母线插座并使导向销伸入固定支架的准确位置。在地基上直接对开关柜大表面的区域利用挤压工具(例如在工具和柜体之间使用木质梁)进行拼接，以避免对开关柜的损伤。但两台开关设备接近到之间的距离已非常小的时候，将两个临近母线室的紧固支架通过 3 个 M10×50 的圆柱头螺栓(每个母线室)、碟形垫片和螺母连接起来。

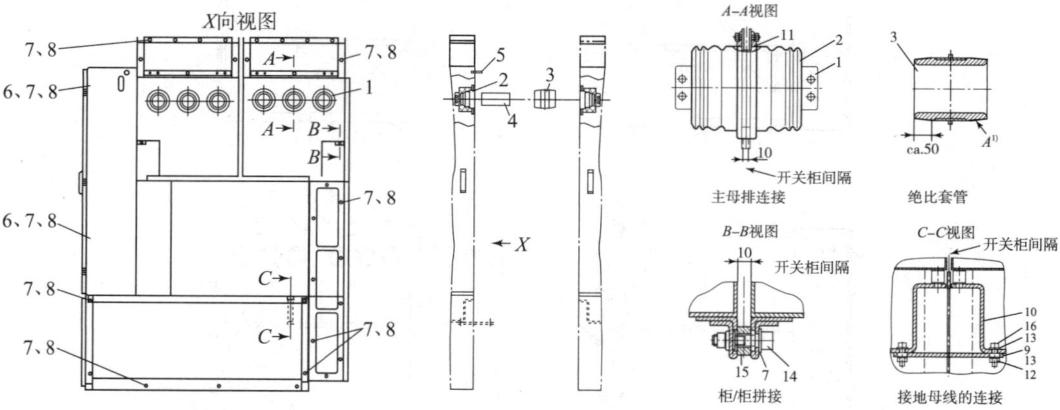

图 3-12-52　柜体拼接部件示意图及剖面图

1—插接式主母线；2—母线连接插口；3—绝缘套管；4—连接件；5—定位销；
6—M8 六角螺母；7—弹簧垫片；8—沉头螺栓 M8×25；9—柜间连接片；
10—主接地母线；11—O 形密封圈；12—M10 六角螺母；13—弹簧垫片；
14—沉头螺栓 M8×40；15—垫块；16—沉头螺栓 M10×35

最初只需将螺栓轻轻拧上带紧即可。在每个连接点使用 1 个 M8×40 的圆柱头螺栓、碟形垫片和螺母，将两台柜体临近的两个母线室上的支架连接起来。在两个支架间的缝隙处使用一块垫块用于连接支架。如果后部的母线室不带盖板，从后部的母线室很容易靠近支架，而当有前部母线室时，则容易通过打开的低压室接近支架。最开始的时候，只需轻轻拧上螺栓即可。依照示意图中的相关要求将螺栓拧紧以便将两台开关柜连接在一起。要依照通过对角线将螺栓连接完全紧固。检查柜体是否对齐并按照上述操作将其与基础槽钢紧固在一起。依次完成所有开关柜的安装。

(9)接地母线连接

待全部开关柜安装完毕，即可安装随产品附带的接地铜排，接地铜排需要在成列柜之间贯通连接，应按照图3-12-53所示的方式，进行柜体之间接地铜排的连接。在这里需要提醒施工人员注意的是，不要依照经验进行施工，要仔细通读产品说明书，详细了解每次订货中同型号产品的形式是否一致。比如，厦门ABB公司的每批ZX2产品接地铜排的连接方式就存在不完全一样的形式，要认真读取产品说明书的详细内容。

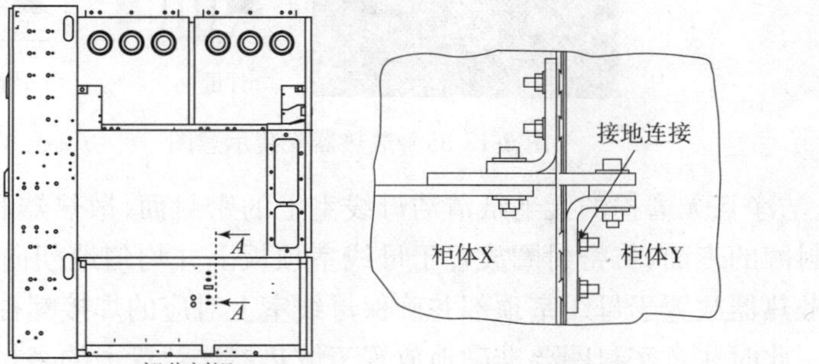

图3-12-53　安装接地铜排及连接件

(10)开关柜附件安装

①备用母线插座的封堵

在两侧开关柜的外侧，按照正常工作时的要求，需将可扩展母线插座装上绝缘堵头。一般安装在可扩展柜的母线室侧的压板(即成列柜两侧的端柜)，如图3-12-54所示。压板用于将绝缘堵头固定在相应的位置上。如果原来的端柜的可扩展母线插座上未带有绝缘堵头，必须依照相关部分的要求及附带提供的安装图纸将绝缘堵头装上。严格禁止在母线插座处于完全开放的状态下将开关设备投入运行。

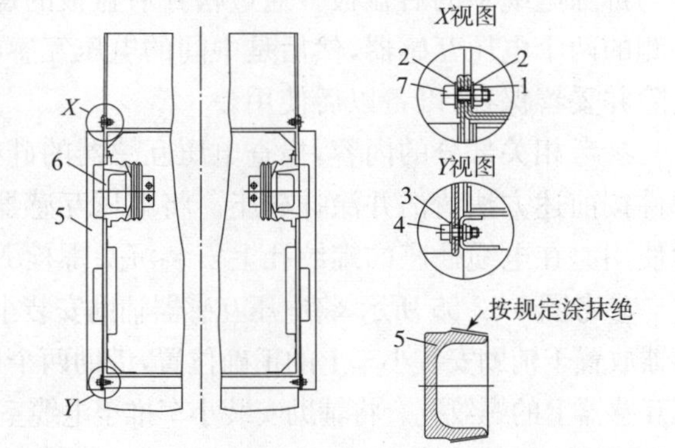

图3-12-54　绝缘堵头及端盖板安装示意图

1—M10六角螺母；2—M10弹簧垫片；3—M8弹簧垫片；4—M8×25沉头螺栓；5—端盖板；6—主母线封盖；7—M10×30沉头螺栓

②散热器的安装

作为厂家所提供的标准配备，散热器用于额定电流大于2 000 A的柜型上。通常情况下，出厂时散热器已安装在柜体上，在特殊情况下母线室的散热器也可能在现场安装。需安装散热器的母线室在运输前要先充入N_2(氮气)。相关气体操作的要求请参考“使用六氟化硫(SF_6)绝缘气体时的相关操作说明”部分。

散热器的质量在90 kg左右，要使用适合的提升装置用于散热器的安装。建议至少要有两名装配工人执行这一操作，并遵循国家有关安装方面的安全规定，以防止事故产生。应根据所提供的相关安装图纸进行散热器的安装，如图3-12-55所示。

装配工作必须在一个尽可能干净且无尘的环境下进行，首先挤压充气口的阀针将母线室内的气体(N_2)释放到大气中，从而可以使内外压力大小趋于一致。拆下散热器上运输时安装的盖板和母线室的压力释放盖板。将原来运输过程中放在气室内的干燥剂取出，放入同等数量的新的袋装干燥剂进行替换。然后立刻开始装配工作.尽可能减少对干燥剂效能的影响。

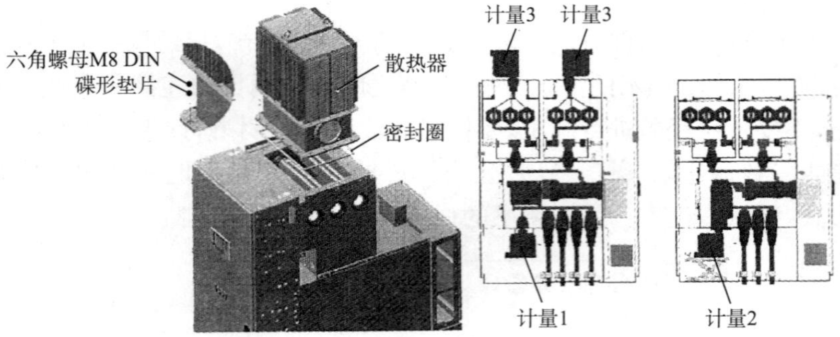

图 3-12-55　散热器安装示意图

使用干燥、洁净且无磨损的无毛纸清洁母线室上的密封面、散热器和密封圈，用少量的硅脂涂抹整个密封圈的表面，将密封圈放置于母线室顶板上并均匀地朝向开口位置。使用合适的起吊装置将散热器放置于母线室顶部并确保母线室上对应的焊接螺柱能插入散热器的法兰盘上的开孔中。此时注意密封圈要准确地放置于散热器法兰盘上的密封槽中。使法兰盘上的开孔中心对准对应的焊接螺柱。对于未涂润滑脂的焊接螺栓，采用 12 N·m 的扭矩扳手，以对角线的方式将所有的平垫、弹性垫片和螺母锁紧在焊接螺栓上，以固定散热器。

最后根据操作说明将气室(母线室和散热器)抽空并充入 SF_6 气体，然后对气室进行泄漏率检测。

③安装电压互感器

拆除电缆室的后盖板。通过松开后盖板的螺栓并将电缆室的底部的横梁拆除。先安装靠外侧的两个电压互感器，然后是中间的电压互感器。将电压互感器的硅橡胶部件上的保护帽去除并妥善保存，以备以后使用。

参考相关部分的内容，检查电压互感器的硅橡胶部件是否有损伤。电压互感器的硅橡胶部件按前述方法清洁并涂抹硅脂。将电压互感器安装插座上的防尘盖去除并存放好，以备以后使用。在电缆插座的螺纹孔上安装沉头螺栓 M8×30(除非已经安装)，将螺纹孔接地。

参考图 3-12-55 所示，将电压互感器辅助安装小车放置于电缆室前部。借助吊装工具将电压互感器放置于辅助安装小车上的正确位置，借助两个用于对准中心的位于辅助工具上的垫片对正电压互感器上的螺纹孔。将辅助安装小车推至电缆室中电压互感器插座下的对应的准确位置上。摇动手柄将电压互感器升至最顶点。要确保将电压互感器的硅橡胶件插入插座时没有阻碍。压下本互感器前的锁板并将锁销滑向左边，直到限位。这样电压互感器就会被锁紧到正确的位置。将辅助小车摇下至最低处终止位置。按下解锁片使辅助小车脱离，并从电缆室中拉出来。尽可能擦去电压互感器法兰盘上的油脂。按同样的方式安装其他电压互感器。装上固定板并确保它已上挂锁。在电压互感器的二次插座上插上二次插头，用插头上带的锁扣将插头在插座上锁好。确认插头插在了正确的互感器上。将电缆室底部的横梁重装上。将电缆室门装上并锁上螺栓。

④压力释放通道和端盖板的安装

依据随开关设备所提供的相应图纸安装压力释放通道和端盖板，如图 3-12-56 所示。

⑤避雷器安装

将电缆室封板拆除，安放在不被其他人员踩踏处。取下测试插座内的防尘盖或堵头，并妥善保管以便运营维护时使用。按照图 3-12-57 所介绍的方式把避雷器安装到指定位置上，利用厂家提供的二次配线将避雷器接地端子与开关柜主接地铜排连接起来，把电缆室的封板装回。

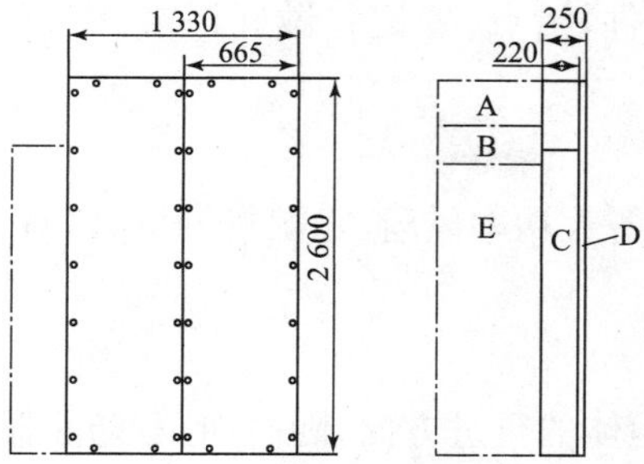

图 3-12-56　压力释放通道右侧安装示意图

A—带吸收装置的压力释放通道；B—顶部压力释放通道；
C—侧面压力释放通道；D—端盖板；E—柜体

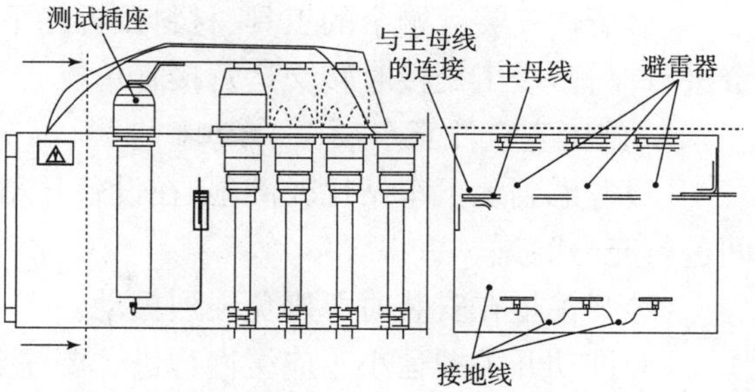

图 3-12-57　避雷器安装示意图

(11)电缆的连接

按照施工工序的安排，在安装互感器之前先不要进行连接电力电缆的工作，根据生产厂家现场服务人员的安排，对开关柜抽真空并补充充气。且在对开关设备系统完成高压试验后，再进行电缆的连接。将电缆插头插入开关柜底部电缆插口中并用螺栓固定。将电缆对齐后固定在电缆夹上，用电缆密封插头封好其他未使用的插口。

插接式电力电缆头的制作请参阅本书的有关介绍。插接式电力电缆头的安装方式如图 3-12-58 所示。

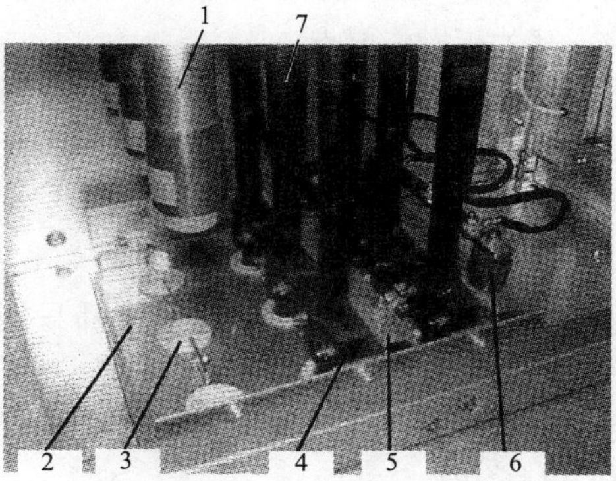

图 3-12-58　电缆固定方式示意图

1—避雷器；2—底板；3—密封圈；
4—电缆固定卡子；5—电缆固定卡子固定架；
6—接地母线支撑绝缘子；7—电力电缆

控制电缆及其接线在电缆室右侧的电缆槽中(用于外部接线)，利用控制室内的插接头形成柜间连接。依照设计图纸采用连接和跨接的方式将进线和馈线侧二次电缆连接在一起。

(12)安装工作收尾

清理柜体表面以及控制室，检查柜体漆层是否损坏。重新装好在安装过程中拆除的部件，如操动机构、电缆通道等的盖板，从开关柜中取走所有的工具以及其他非柜体的部件。确认周围环境处于正常状态。

填写开关柜施工安装技术记录。

4. 开关柜安装的质量标准

(1)开关柜独立或成列安装时，其水平度、垂直度以及开关柜面不平度和开关柜间接缝的标准应符合本手册表 3-12-6 的要求。

(2)开关柜的接地要牢固，接触良好。开关柜之间的接地连线及与接地干线的连接应作导通检查。

(3)开关柜母线连接符合制造厂的产品规定，紧固力矩达到规定要求。

(4)开关柜的模拟线成列柜应整齐划一，其误差不应超出视差范围，并应完整，安装牢固，色泽符合规定。

(5)开关柜表面漆层完整、无损伤，修补后的颜色尽量和原色一致。

(6)清理安装后剩余的工具、材料及拆卸下来的附件，清点、登记并做好记录，作为移交物资进行保管，竣工交接时转交运营接管单位。

5. 施工安全注意事项

(1)考虑到地下车站比较潮湿，在设备开箱前需准备大功率风扇、除湿机等机具，对设备房间进行充分除湿。

(2)开关柜在安装时要避免强烈振动。

(3)推动开关搬运小车应缓慢行进。要注意开关柜体的行进方向，随时纠正，防止倾斜。

(4)开关柜安装时，要防止挤压手、脚和开关柜上的设备。

(5)开关柜在未固定牢固前应有防倒措施。

(6)严禁安装操作过程中，作业人员在开关柜顶部站立或行走。

(7)开关柜安装完毕后，需使用塑料布将盘柜包封，防止灰尘、潮气侵入。

(8)设备进场后，需派专人看守，防止设备被损坏。

6. 开关柜操作要点

所有与开关设备运行相关的操作都必须符合相应的电气装置安装工程国家标准的规定。从本节开始，在安装工艺后面增加相关系统设备特殊的操作要点介绍。

(1)一般性规则

三工位开关的机械结构明确地定义了三个工作位置，即“接通”、“隔离”和“接地预备”。对运行电流的接通与隔离及接地操作都只能由断路器完成，如图 3-12-59 和图 3-12-60 所示。图 3-12-61～图 3-12-63 说明的是基于一个典型的开关系统，如何依靠母线联络柜对母线段进行接地操作的基本顺序。为防止产生误操作，操作机构配有机械或电气闭锁，且柜间也有作为选项的电气闭锁。

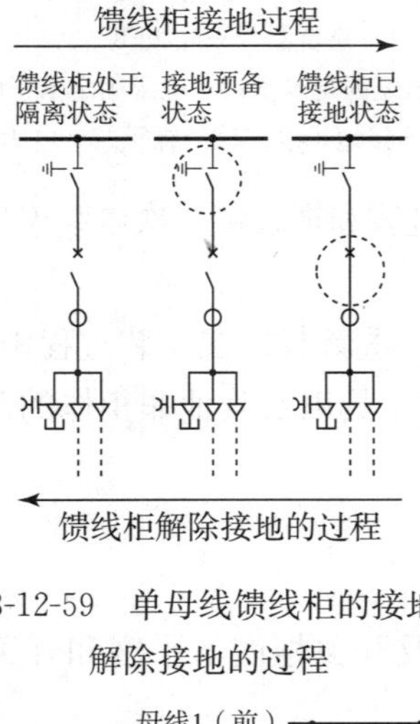

图 3-12-59　单母线馈线柜的接地及解除接地的过程

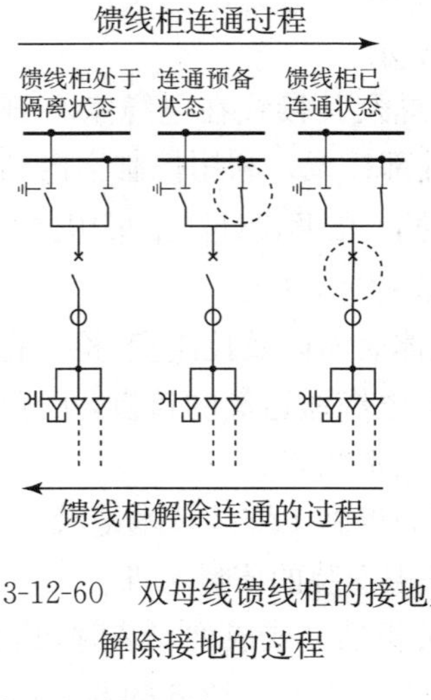

图 3-12-60　双母线馈线柜的接地及解除接地的过程

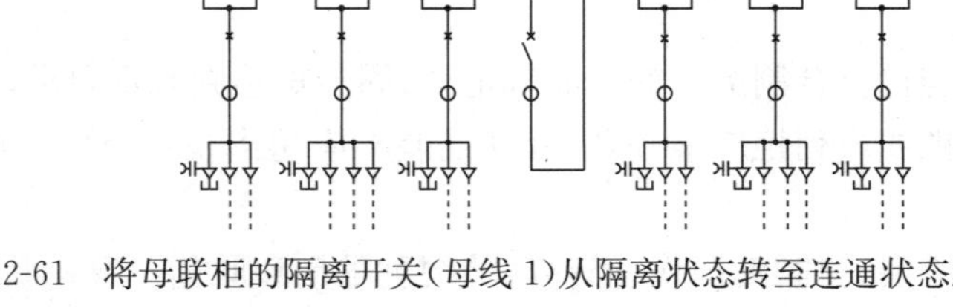

图 3-12-61　将母联柜的隔离开关(母线 1)从隔离状态转至连通状态示意图

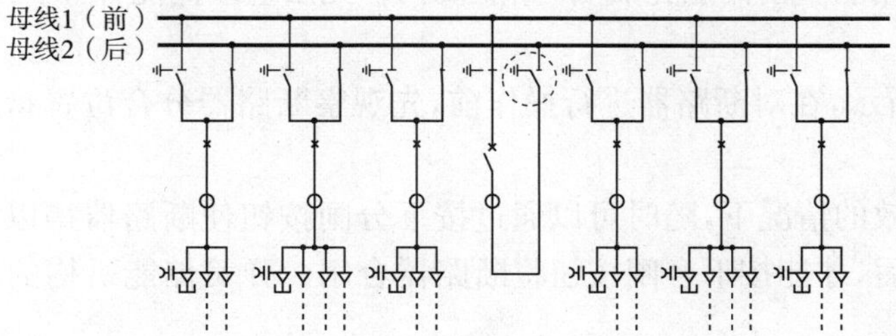

图 3-12-62 将母联柜的隔离开关(母线 2)从隔离状态转至接地状态示意图

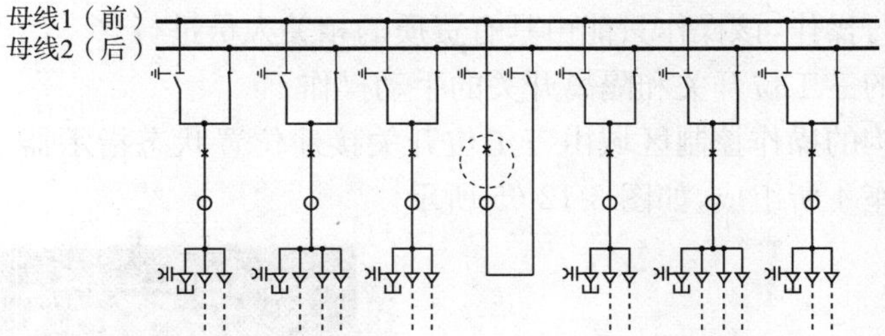

图 3-12-63 将母联柜的断路器合闸从而实现对母线 1 的接地示意图

只有在断路器分闸时，才能操作三工位开关(隔离和接地功能)。在隔离开关分闸后，才能对接地开关进行操作。同理，只有当接地开关分闸后，才能对隔离开关进行操作。关于开关设备中电气闭锁的详细情况，请参考相关订货文件中的说明(例如双母线系统中的隔离柜一隔离柜闭锁)和柜间电气闭锁。

(2)电气操作

一般情况下，所有的开关柜设备都通过以下的电气方式进行操作。

综合保护控制单元采用传统的“合闸(ON)”和“分闸(OFF)”按钮。一般情况下，低压室要处于关门状态。打开低压室门需打开门锁。

断路器、三工位开关和隔离开关的合分闸都通过“合闸(ON)”和“分闸(OFF)”按钮进行操作。开关设备的状态位置由 LED 灯或其他可选择添加的电气/机械棒状指示器所显示出来。

(3)紧急情况下的手动操作

在辅助电压、断路器的储能电机、三工位开关或隔离开关的驱动电机失效的情况下，就需要采用紧急手动操作。这时，柜体上的操作机构可以被机械闭锁或非机械闭锁。

对于双母线柜，在带有机械联锁时，紧急手动操作无法实现对母线的连续性改变，因为机械联锁会阻止馈线柜中的两台隔离开关同时合闸。

紧急手动操作需要在低压室门打开后进行。打开低压室门可能会对联锁系统产生干涉，对电气保护采取不正确的维护方式会导致其失效。一旦柜体没有安装机械联锁，则就失去了能阻止非正确操作的能力。

在紧急手动操作前，要将三工位隔离开关电动驱动机构和断路器操作机构(脱扣器和储能马达)的 mcbs 开关拨至“OFF”位置。

①断路器的紧急手动操作

在辅助电压或储能弹簧的储能马达失效的情况下，可以通过手动方式完成储能，如图 3-12-64所示。要完成手动储能，需要将手动储能手柄插入插座并连续操作约 25 次，直至储能状态指示器显示已储能。当储能完成后，储能机构将无法继续储能，同时手动储能操作手柄也将无法继续操作。

如图 3-12-64 所示，在对断路器进行操作前，先观察断路器分合位置指示器 4 显示的当前状态。

在辅助电压失效的情况下，随时可以通过按下分闸按钮使断路器得以分闸。只有在弹簧储能机构完成储能后，才能按下合闸按钮将断路器合闸。弹簧储能机构的状态由机械指示器显示。

断路器操作机构可选配闭锁电磁铁，在特定情况下选配的闭锁电磁铁，可以闭锁断路器的机械合闸按钮。在供电电压失效的情况下，此闭锁将生效。若要解除该闭锁电磁铁，需对断路器内的操作机构进行操作，该操作只能由具有资质的相关人员进行。

②紧急情况下的三工位开关和隔离开关的手动操作

三工位开关机构的操作控制区域由三工位开关接地位置状态指示器 1、机械连锁活页盖板 3 和操作手柄插座 4 所组成，如图 3-12-65 所示。

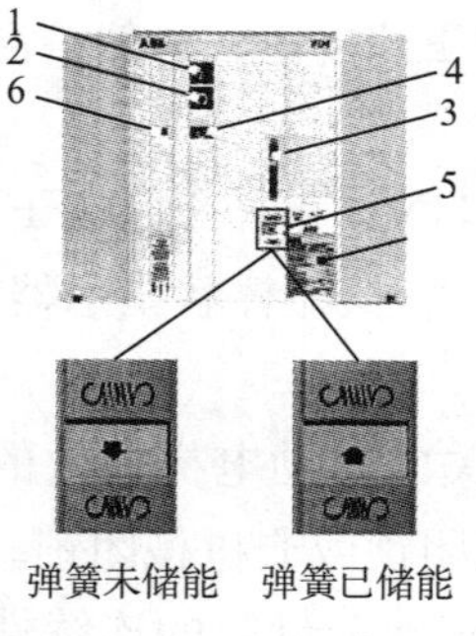

图 3-12-64　储能弹簧的手动储能操作

1—断路器合闸按钮；2—断路器分闸按钮；3—储能弹簧的手动储能操作的手柄插座；4—断路器位置指示器；5—储能弹簧状态指示器；6—操作计数器

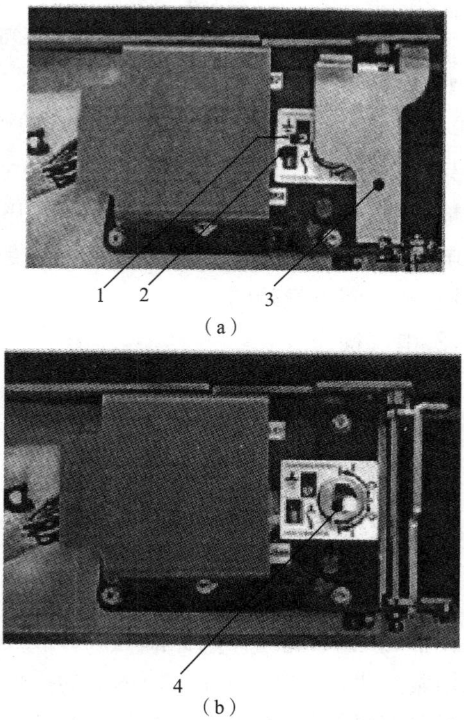

图 3-12-65　三工位开关和隔离开关控制区域示意图

(a)连锁活页盖板关闭状态；(b)连锁活页盖板打开状态

1—三工位开关接地位置状态指示器；2—隔离开关接地位置状态指示器；3—机械连锁活页盖板；4—操作手柄插座

隔离开关机构的操作控制区域由隔离开关接地位置状态指示器 2、机械连锁活页盖板 3 和操作手柄插座 4 所组成，如图 3-12-65 所示。

操作条件：需要利用手柄对开关进行手动操作。

在对三工位开关或隔离开关进行操作前，先观察开关位置状态指示器。将相应开关设备的断路器分闸。将机械联锁活页盖板向右侧翻开(见图3-12-66)，如果断路器处于合闸状态，则该活页盖板将无法被翻开。

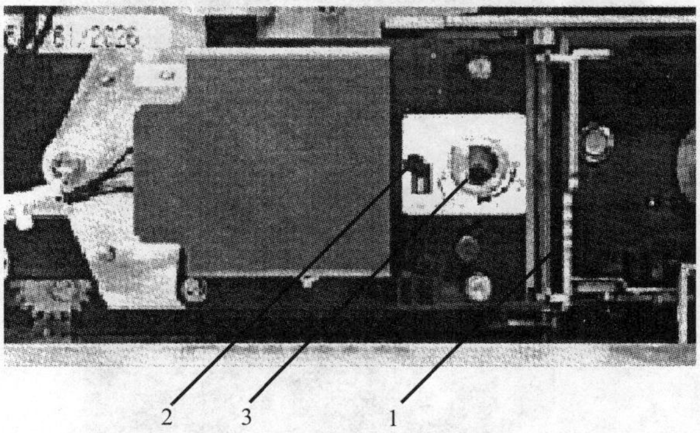

图3-12-66　连锁活页盖板打开时开关机构控制区域示意图

1—机械连锁活页盖板处于打开状态；2—开关位置状态指示器；3—操作手柄插座

在双母线系统中，当机械连锁活页处于使用状态时，则柜体中的三工位开关和隔离开关处于闭锁状态。只有在其中一开关处于分闸位置时，才能翻开另一开关的活页盖板。

将手柄端头插入三工位开关机构操作孔，操作时只能按规定方向转动手柄。

将接地开关或隔离开关从分闸状态转到合闸状态需要将操作手柄旋转约24圈，反过来也是一样的。

接地开关分→合：要实现接地开关的合闸，需将手柄沿着逆时针方向转动至极限位置，抽出操作手柄完成操作后，将活页盖板重新合上。

隔离开关分→合：要实现隔离开关的合闸，需将手柄沿着顺时针方向转动至极限位置，抽出操作手柄完成操作后，将活页盖板重新合上。

接地开关合→分→隔离开关合：将手柄沿着顺时针方向转动至极限位置，此时三工位开关应处于隔离位置。抽出操作手柄后再重新将手柄插入操作孔，然后将手柄沿着顺时针方向转动至极限位置。抽出操作手柄，完成操作后，将活页盖板重新合上。

隔离开关合→分→接地开关合：将手柄沿着逆时针方向转动至极限位置，此时三工位开关应处于隔离位置。抽出操作手柄后再重新将手柄插入操作孔，然后将手柄沿着逆时针方向转动至极限位置。抽出操作手柄完成操作后，将活页盖板重新合上。

如果开关柜是装有闭锁电磁铁RL4(Q1Y1)的三工位开关机构，当带有机械联锁活页盖板(见图3-12-67)时，双母线分段隔离柜中的提升柜需安装闭锁电磁铁。一旦辅助电压失效，闭锁电磁铁将会始终保持闭锁状态，即阻止活页盖板被翻开。

要能让活页盖板翻动，就需要使用合适的工具夹住闭锁电磁铁上的闭锁销的末端向外轻轻拉出。这样就能够通过露出来的手柄操作孔对机构进行操作，闭锁电磁铁上的闭锁销的操作如图3-12-67所示方法。

隔离开关分→合：要实现隔离开关的合闸，需将手柄沿着顺时针方向转动至极限位置，抽出操作手柄完成操作后，将活页盖板重新合上。

隔离开关合→分：要实现隔离开关的分闸，需将手柄沿着逆时针方向转动至极限位置，抽出操作手柄完成操作后，将活页盖板重新合上。

(a)

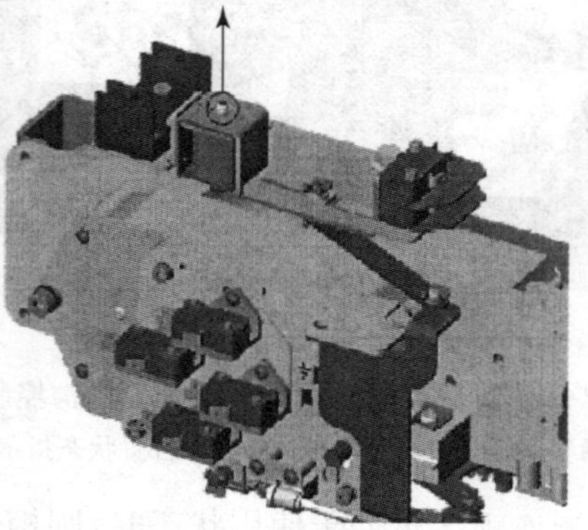

(b)

图 3-12-67　三工位开关机构控制区域示意图

(a)系统 1,对一台双母线分段柜中的电磁铁(Q1Y1)进行解锁;

(b)系统 2,对一台双母线分段柜中的电磁铁(Q1Y1)进行解锁

③防误操作保护/相关联锁

为了防止误操作,ZX2 开关柜具有完善的联锁功能。断路器、三工位开关及隔离开关的操作可以通过就地/远方选择开关的选择在柜前或控制室进行控制,柜前的操作通过 REF542＋来进行联锁。此时,可参考开关柜控制保护二次回路接线图及本手册图 3-12-41 所示双母线开关柜原理图和 REF542＋产品说明书进行操作。

联锁包括开关的限位闭锁、隔离开关-Q1 或-Q2 与接地开关-Q5 的联锁、隔离开关-Q1 或-Q2与断路器-Q0 的联锁、断路器-Q0 与接地开关-Q5 的联锁、隔离开关-Q1 与隔离开关-Q2 的联锁、隔离开关-Q1 和-Q2 与母联断路器的相关联锁、母线分段隔离开关与分支母线隔离开关的联锁(仅用于无断路器的母线连接方案)。

当二次回路失电时,隔离开关可以进行手动操作。

④单母线系统中分支母线接地(见图 3-12-59)

a. 手动接地。断路器 Q0 分闸、隔离开关-Q1 分闸、接地开关-Q5 合闸,检测回路状态(通过 REF542＋或电容分压装置实现),确认回路失电。断路器 Q0 合闸(只有 REF542＋检测到回路失电时,才可以操作)。确保开关不会重新连接至高压回路(断开微型空气开关 F101 和 F106),使用标识显示此开关柜处于接地状态。

b. 自动接地。在 REF542＋上选择自动接地功能(此项功能需订货时确认)。初始条件:断路器分闸。选择并启动自动接地:隔离开关 Q1 分闸,接地开关 Q5 合闸,自动检测回路状态,确认回路失电。断路器 Q0 合闸,微型空气开关 F101、F106 分闸,REF542＋液晶屏上显示反馈信息“安全接地”。

c. 取消分支母线接地。开启控制小室门,手动将微型空气开关 F101、F106 合闸。断路器 Q0 分闸。

⑤单母线系统中主母线的接地(见图 3-12-59)

主母线接地与开关柜的方案配置有关,在具有母联/提升(单母线分段)方案的系统中,允许将一段主母线接地。

a. 手动接地。利用母联/提升柜进行接地:母联断路器 Q0 分闸;将所有与接地主母线相连的隔离开关-Q1 分闸;母联/提升柜隔离开关(-Q11 或-Q12)合闸,位于待接地母线反方向侧的接地开关(-Q15 或-Q16)合闸;母联断路器 Q0 合闸,微型空气开关 F101 和 F106 分闸。使用标识显示此段母线处于接地状态。本段母线处于接地状态,所有位于接地母线段的隔离开关均被闭锁。

b. 自动接地。在 REF542＋上选择自动接地功能(此项功能需订货时确认)。

初始条件:母联断路器 Q0 分闸,所有位于接地母线段的隔离开关 Q1 分闸。选择并启动自动接地功能:母联/提升柜(-Q11 或-Q12)隔离开关合闸,位于待接地母线反方向侧的接地开关(-Q15 或-Q16)合闸断路器 Q0 合闸,微型空气开关 F101 和 F106 分闸。REF542＋液晶屏上显示反馈信息"安全接地",使用标识显示此段母线处于接地状态。

c. 取消本段母线接地。开启控制小室门,手动将微型空气开关 F101、F106 合闸。母联断路器 Q0 分闸。

d. 通过分支母线及空置的电缆插口进行主母线接地。初始条件:分支母线已接地,所有与待接地主母线相连的隔离开关处于分闸状态。

操作顺序:在空置插口与主接地母线 14 间设立短接桥;断路器分闸,接地开关分闸,隔离开关合闸;断路器合闸,微型空气开关 F101 和 F106 分闸。使用标识显示此段主母线处于接地状态。确保所有相关的开关柜不被操作。

⑥双母线系统中对分支母线的接地(见图 3-12-60)

a. 手动接地。分支母线的接地:断路器 Q0 分闸,隔离开关-Q1 及-Q2 分闸。接地开关 QS 合闸。检测回路状态通过 REF542＋或电容分压装置实现,确认回路失电。断路器 Q0 合闸(只有 REF542＋检测到回路已失电时,断路器才可以操作)。确保开关不会重新连接至高压回路(微型空气开关 F101 和 FI06 分闸),使用标识显示此开关柜处于接地状态。

b. 自动接地。在 REF542＋上选择自动接地功能(此项功能需订货时确认)。初始条件:断路器 Q0 分闸。选择并启动自动接地功能:隔离开关-QI 和-Q2 分闸;接地开关-Q5 合闸,检查回路状态,确认回路失电(通过 REF542＋实现);断路器 Q0 合闸;微型空气开关 F101、F106 分闸。REF542＋液晶屏上显示反馈信息"安全接地",使用标识显示此开关柜处于接地状态。

c. 取消分支母线接地。开启控制小室门,手动将微型空气开关 F101、F106 置于合闸位置,断路器 Q0 分闸。

⑦双母线系统中主母线的接地(见图 3-12-60)

主母线接地与开关柜的方案配置有关,在具有母联方案的系统中,允许将一段母线接地。

a. 手动接地。

(a)母线 1:母联柜断路器分闸,母联柜隔离开关-Q2 分闸,所有与待接地母线相连的隔离开关-Q1 分闸,母联柜隔离开关-Q1 合闸,母联柜接地开关-Q15 合闸. 母联柜断路器合闸,微型空气开关 F101、F102 和 F106 分闸。使用标识显示此段母线处于接地状态。母线 1 上的此段母线被接地,所有位于接地母线段的隔离开关均被闭锁。

(b)母线 2:母联柜断路器分闸,母联柜隔离开关-Q1 分闸,所有与待接地母线相连的隔离开关 Q2 分闸；母联柜隔离开关-Q2 合闸；母联柜接地开关 Q25 合闸，母联柜断路器合闸，微型空气开关 F101、F102 和 F106 分闸。使用标识显示此段母线处于接地状态。母线 2 上的此段母线被接地，所有位于接地母线段的隔离开关均被闭锁。

b. 自动接地。在 REF452＋上选择自动接地功能(此项功能需订货时确认)。初始条件：母联柜断路器 Q0 分闸，相应母线上的所有断路器分闸。

(a)母线 1：母联柜隔离开关-Q2 分闸，母联柜隔离开关 Q1 合闸，母联柜接地开关 Q15 合闸，母联柜断路器合闸，微型空气开关 F101、F102 和 F106 分闸。REF542＋液晶屏上显示反馈信急“母线 1 安全接地”，使用标识显示此段母线处于接地状态。母线 1 上的此段母线被接地，所有位于接地母线段的隔离开关均被闭锁。

(b)母线 2：母联柜隔离开关-Q2 分闸，母联柜隔离开关-Q1 合闸，母联柜接地开关-Q15 合闸，母联柜断路器合闸，微型空气开关 F101、F102 和 FI06 分闸。REF542＋液晶屏上显示反馈信息“母线 2 安全接地”，使用标识显示此段母线处于接地状态。母线 1 上的此段母线被接地，所有位于接地母线段的隔离开关均被闭锁。

c. 取消本段母线接地。开启控制小室门，手动将微型空气开关 F101、F102 和 F106 置于合闸位置。母联柜断路器 Q0 分闸。

3.13 整流机组安装

3.13.1 整流机组工作原理概述

在牵引变电所内通过整流变压器与整流装置将交流中压 AC 35 kV 或 AC 10 kV 降到 AC 1 200 V 或 AC 590 V(610 V)，经整流器整流转换成 DC 1 500 V 或 DC 750 V 向接触网(轨)供电。每座牵引变电所内，由整流变压器和整流器组成整流机组。24 脉波整流电路由两组 12 脉波整流电路构成，12 脉波整流电路由两个 6 脉波 3 相整流桥并联组成。其中一个 3 相整流桥接向整流变压器的二次侧星形绕组，另一个 3 相整流桥接向整流变压器的二次侧三角形绕组。由于每台整流变压器二次侧星形绕组和三角形绕组相对应的线电压相位错开 $\pi/6$，便可以得到两个三相桥并联组成的 12 脉波整流电路。当供给两台 12 脉波整流器的整流变压器高压网侧并联的绕组分别采用±7.5°外延三角形连接时，两套整流机组并联运行构成等效 24 脉波整流。12 脉波整流电路接线图如图 3-13-1 和图 3-13-2 所示。

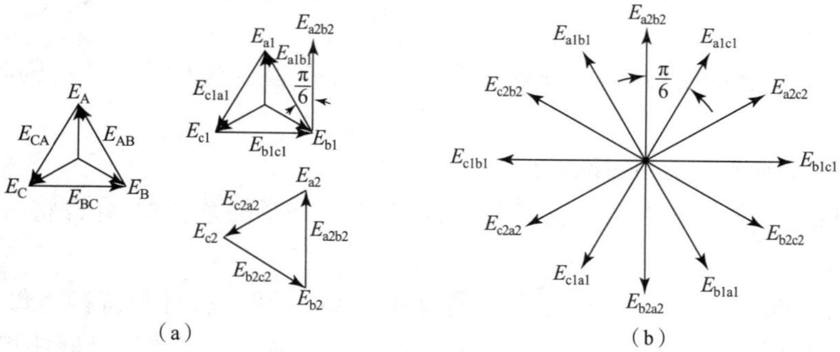

图 3-13-1 12 脉波整流电路接线图

(a)变压器原、副边电压矢量图；(b)整流换相顺序图

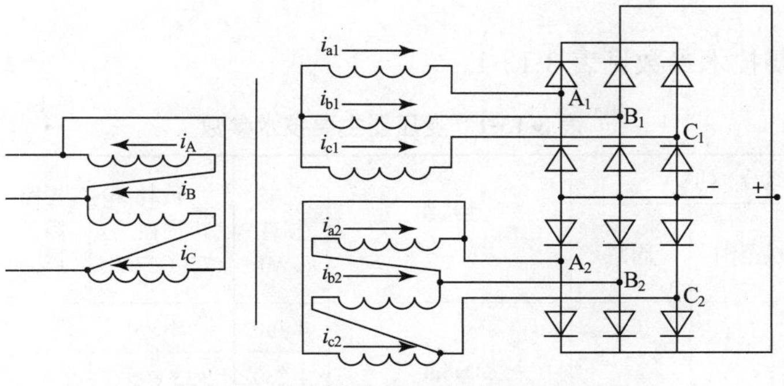

图 3-13-2 12 脉波整流电路原理接线图

3.13.2 干式变压器

本节重点介绍上海沪光变压器有限公司生产的干式牵引整流变压器及北京华泰变压器有限公司和广东顺特电气公司生产的干式配电、牵引变压器，这三个公司的产品都是以引进技术来提高本公司产品的市场占有率。

3.13.2.1 上海沪光 ZQSCB 系列树脂绝缘干式移相牵引整流变压器

1. 牵引整流变压器概述

ZQSCB 系列树脂绝缘干式移相牵引整流变压器(以下简称变压器)系上海沪光变压器有限公司消化吸收德国 HTT 公司制造薄绝缘环氧浇注干式变压器的技术自行设计开发的新产品。产品已顺利通过国家变压器质量监督检验中心全套例行试验、型式试验和特殊试验，产品符合国家、部有关标准要求。

2. 产品型号说明

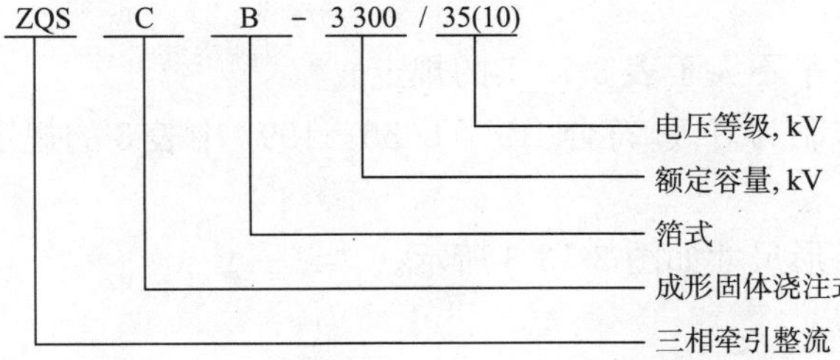

3. 适用范围

变压器用于城市轨道交通的牵引整流变电所，适用于变电所三相 50 Hz/35 kV(10 kV)等级的 24 脉波整流。

正常使用条件如下。

最高气温：+40 ℃。

最高日平均气温：+30 ℃。

最高年平均气温：+20 ℃。

最低气温：−10 ℃(最低储存温度−30 ℃)。

空气温度为 25 ℃时，相对湿度不超过 95%。

海拔不超过 1 000 m。

电源电压的波形应近似正弦波。

三相电源电压的波形应近似对称。

4. 技术参数

(1)变压器主要技术参数见表 3-13-1。

表 3-13-1　变压器主要技术参数

额定容量（kV·A）	电压组合*（kV）			连接组标号**	空载损耗（W）	负载损耗（75 ℃）（W）	短路阻抗（%）	空载电流（%）	声级 L_{PA}(dB)
	网侧	分接范围	阀侧						
1 600	35	±2×2.5%	2×1.2	Dy5d0（网侧移相+7.5°）Dy7d2（网侧移相−7.5°）	3 460	12 600	8	0.3	45
2 200					4 280	13 800		0.3	45
3 300					6 000	16 600		0.3	46
4 000					6 940	19 000		0.25	47
4 400					7 500	21 200		0.25	48

注：* 可供 10 kV 电压等级的变压器。

　　* * 可供其他连接组标号的变压器。

(2)变压器二组阀侧空载电压不平衡率不大于 0.2%。

(3)网侧对阀侧绕组(两组阀侧绕组短路时)的短路阻抗 U_K 应符合表 3-13-1 的规定。

(4)网侧绕组对任一组阀侧绕组的短路阻抗 U_B(50%IN1)满足下列要求。

①两组 U_B(50%IN1)不平衡率小于 2%；

②两组 U_B(50%IN1)的偏差与空载电压不平衡率互补。

(5)变压器绝缘水平符合 GB 1094.11—2007 表 6 的规定。

(6)变压器局部放电量不大于 5pC。

(7)变压器的绝缘等级为 F 级，绕组的平均温升不大于 68.5 K。变压器的冷却方式为空气自冷式(AN)。

(8)变压器的声级水平不大于表 3-13-1 的规定。

(9)变压器标准工作制为Ⅵ级，符合 JB/T 8636—1997 中表 3 的规定。

5. 外形尺寸

(1)干式变压器的外形尺寸如图 3-13-3 所示。

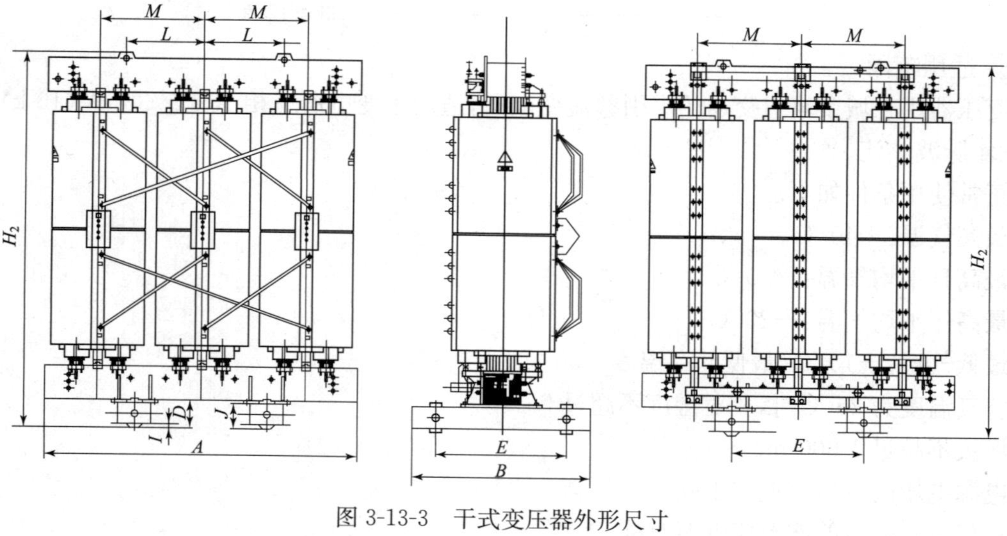

图 3-13-3　干式变压器外形尺寸

干式变压器外形尺寸和质量见表 3-13-2 所示。

表 3-13-2　干式变压器外形尺寸和质量

型号	A	B	H_1	H_2	E	M	L	D	I	J	质量(kg)
ZQSCB-3300/35	2 580	1 460	2 830	2 760	1 070	860	645	220	30	190	11 320
ZQSCB-3300/33	2 580	1 460	2 790	2 720	1 070	860	645	220	30	190	11 590
ZQSCB-4000/35	2 730	1 460	2 810	2 750	1 070	910	685	220	30	190	13 100
ZQSCB-4400/33	2 760	1 460	2 910	2 850	1 070	920	690	220	30	190	14 000

(2)低压接线端子尺寸如图 3-13-4 所示。

6. 主要结构简介

(1)产品总体结构为三相轴向双分裂式，由 2 台分别移相＋7.5°和－7.5°的 6 相 12 脉波的变压器组成。每台变压器的网侧分成上下两组支路并连接成 D，两组阀侧线圈沿轴向置于同一铁芯柱上，各自接成 y 和 d 分别引出，即分裂成两个支路。

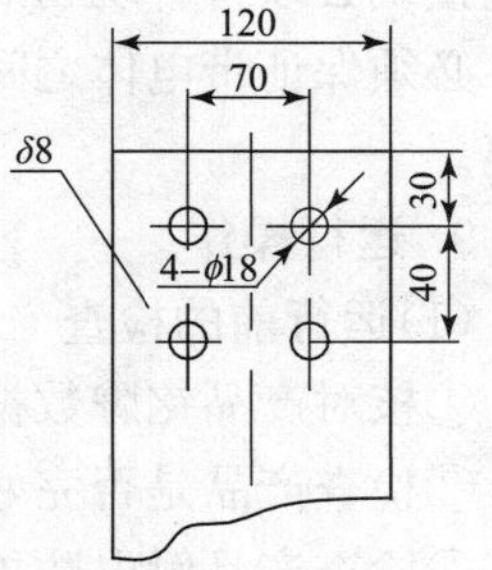

图 3-13-4　接线端子尺寸

(2)主线圈和移相线圈都设置分接挡，每一分接挡都满足有关技术条件对相位角差的要求，保证变压器在每一分接状态下，网侧移相角都确保满足 $\alpha=\pm7.5°$，并且使移相角的精度误差控制在 $\alpha=\pm7.5°\times(1\pm2.5\%)$。

(3)铁芯采用优质晶粒取向冷轧硅钢片，在全自动斜线剪切后，用先进的级叠式四阶梯接缝叠积构成。心柱用绝缘材料 DMD 和 PET1822 带，铁芯表面采用特殊树脂密封粘固防锈，可有效降低变压器的空载损耗和噪声。

(4)线圈采用铜质材料作导体，玻璃纤维和环氧树脂复合料作绝缘组成，高压线圈采用 Q(ZY/XY)B-2/200 型高温度漆包电磁线绕制，低压线圈采用铜箔绕制，采用德国 HTT 浇注技术，环氧层厚度为 2.5～5 mm。

(5)铁芯夹紧采用平钢板夹件，内拉板结构，使产品高低压线圈的气道上下没有夹件钢的阻挡，提高了线圈散热效果。线圈夹紧采用弹性双压钉结构。

(6)产品夹件上设有 4 个 ϕ40 mm 起吊孔，用于变压器起吊。变压器的底座上装有可拆卸的滚轮，轮中心距(纵向、横向尺寸)按图 3-13-3。

(7)产品设有温度过热保护装置，过热保护装置主要通过温控仪和预埋在上层阀侧线圈内的铂电阻实现对变压器温度检测和控制。不仅可以显示变压器线圈的动态温度，还可起到过热保护作用。出厂设定值：130 ℃报警，150 ℃跳闸。

7. 吊运和保管

(1)起吊

产品夹件上设有4个 ϕ40 mm的起吊孔,用来提升整个变压器。严禁用2个起吊孔吊起变压器。起吊时,吊绳与垂线之间的夹角不得大于30°。

(2)运输

由于本产品质量较重,外形尺寸也较大,因此必须采用大型平板运输车运输。运输过程中应谨慎小心,防止车速过快而导致剧烈振动。

(3)保管

产品应储存在室内。储存室必须有防止机械损伤、防滴、防溅、防尘、防日照等保护措施,必须有适当的通风。变压器储存室温度最低−30 ℃,最高环境温度+50 ℃。

8. 安装

(1)产品安装场所必须符合安全要求,应确保其通电后不可能被人所触及。

(2)为了散发其运行时的热量,必须采取适当的措施保持室内的通风。应该用对角气流通过变压器。气流应从下部进入室内,由上部排出;产品应安装在离墙壁及其他物体500 mm以上的地方,以保证其周围空气的流动。

(3)所有端子的连接必须正确。端子的位置见外形图上的端子标志。由电缆或母线组成的连接线必须符合现场的变压器使用规程和电气系统规程的规定。

必须保证带电体之间及带电体对地之间的最小绝缘距离,特别是电缆至网侧线圈之间的距离。

9. 运行操作

(1)运行前的检查

①核对产品铭牌数据是否符合订货合同,检查出厂文件是否齐全。

②检查产品是否完好无损,零部件是否完好和有无松动位移,紧固件是否紧固。

③检查产品触电防护和安全距离是否符合有关规定,接地保护接触是否良好。

④检查线圈分接位置是否符合系统电压等级的要求。改变分接挡接线片应对主线圈及移相线圈同时进行,并且主线圈与移相线圈必须在同一分接位置上。

(2)运行前的试验

①目测带电零件之间、带电零件对地之间及电缆对网侧线圈之间的绝缘距离是否符合有关规定。

②对各自独立的线圈作电气检查,检查线圈之间和线圈对地之间绝缘是否良好。若因异常情况使变压器受潮,绝缘电阻将明显减小,如果绝缘电阻值低于3 000 Ω/V(运行电压)(20 ℃测量),则变压器必须进行干燥处理。

③当需要对产品作绝缘验收时,其试验电压不得超过出厂试验电压的85%。

④产品应先进行持续时间为4 h的空载运行,在试运行过程中,检查变压器的空载电流和噪声是否正常。

(3)运行

①产品的标准工作制等级为Ⅵ级。按GB/T 3859.1—1993标准规定,必须满足:

100% I_N 连续运行;150% I_N 2 h;300% I_N 1 min(I_N 以额定电流标幺值表示)。

②产品在额定状态下运行时,其绕组的平均温升不大于68 K。在不超过F级标准规定的绕组温升前提下,可在限定时间内作超铭牌容量的运行。允许过载量与环境温度和变压器的

初始负载有关。因此在超铭牌运行时，应密切观察绕组的温度。

③当变压器须作过电压运行时，最大允许的工频电压不超过空载电压的105%。

④过热保护。产品装有温度显示过热保护装置。功能设有三相温度巡回显示，最高温度显示及超温报警、超温跳闸、断线报警。出厂设定为130 ℃报警，150 ℃跳闸。

10. 维护、保养、修理

(1)维护保养

产品的维护主要是除尘，尤其是除去绝缘表面的积尘，以免影响散热效果，操作人员可按下列程序进行保养。

①对线圈引线和温度监视器进行外观检查。

②可用吸尘器、压缩空气或氮气进行除尘。压缩空气或氮气应是干燥的，其气压不超过0.2 MPa，绝缘子、分接引线端子及其他绝缘零件的表面应用干布擦净。

③检查所有温度仪表的线路是否正常。

④按常规测量绝缘电阻并记录数值。

⑤检查紧固件是否紧固，电力线路连接是否可靠。

(2)修理

用户需要调换损坏的零件时，可与厂家销售部联系。写明变压器的出厂序号，厂家会提供相应的服务。

3.13.2.2　北京华泰F级绝缘树脂绝缘干式变压器

北京华泰变压器有限公司生产的容量为1 600 kV·A、2 000 kV·A整流变压器和容量为500～1 250 kV·A配电变压器在北京地铁工程中得到广泛应用。

1. 正常使用条件

(1)海拔不超过1 000 m。

注：海拔超过1 000 m时，按GB 6450—1986的3.2.3条和4.2条进行修正。

(2)环境温度：

最高温度	+40 ℃
最高日平均气温	+30 ℃
最高年平均气温	+20 ℃
最低气温	−30 ℃(适用于户外式)
	−5 ℃(适用于户内式)

(3)电源电压波形应近似于正弦波。

(4)多相变压器所连接的电源电压应对称。

2. 技术规格及尺寸

SCB10-1600/10树脂绝缘干式电力变压器的结构及外形尺寸如图3-13-5所示，其技术数据见表3-13-3。

现代变压器产品为了全面满足用户的需求，大部分都提供防护外壳，给现场施工带来了极大的方便，同时也增强了对运营维护人员的安全防护。北京华泰变压器有限公司为北京各条地铁线的干式配电、整流变压器提供了防护外壳。针对SCB10-1600/10树脂绝缘干式电力变压器的防护外壳的尺寸及装配图，如图3-13-6所示。该防护外壳采取上部进线、右侧出线的接线方式。

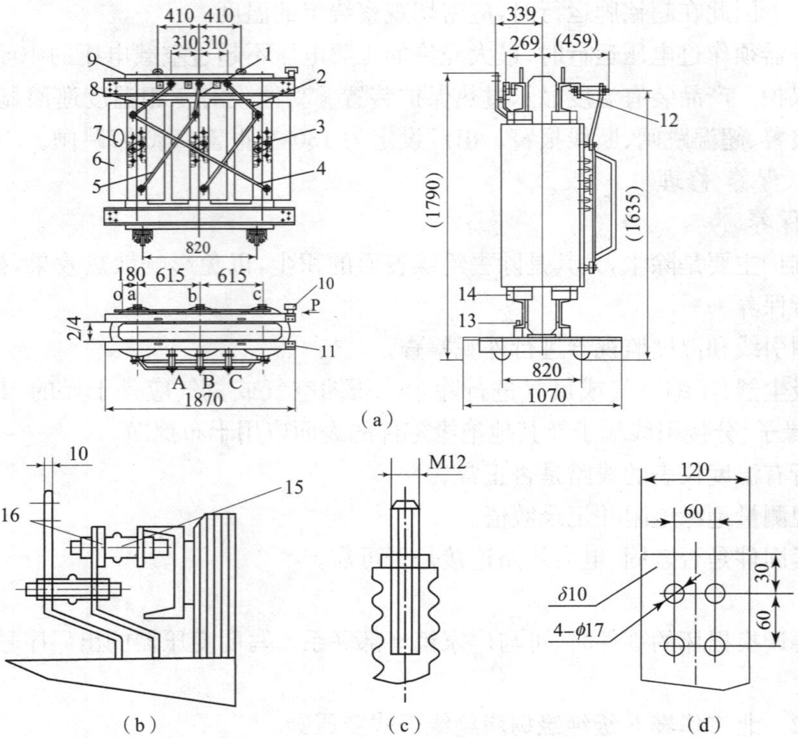

图 3-13-5　配电变压器结构及外形尺寸示意图

(a)结构和外形尺寸；(b)低压接线端子连接示意图；(c)高压出线端子示意图；(d)低压出线端子示意图

1、2、4、5、8—连接杆；3—连接板；6—变压器线圈；7—标志牌粘贴图；9—铁芯；10—温控仪；11—铭牌；12—接线板；13—接地螺栓；14—绝缘装配；15—绝缘子；16—低压封线

表 3-13-3　SCB10-1600/10 树脂绝缘干式电力变压器的技术数据

额定容量(kV·A)	额定电压	连接组标号	空载损耗(W)	负载损耗(125 ℃)(W)	短路阻抗(%)	空载电流(%)
	(10 000±2)×2.5%/400 V					
1 600	额定电流	Dyn11	2 450	12 923	7.24	0.27
	92.4/2 309 A					

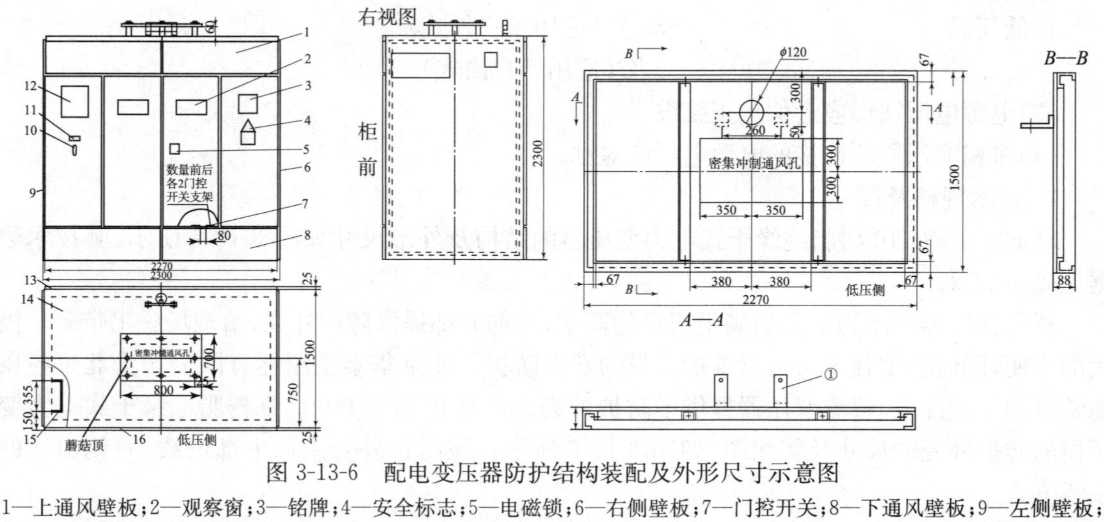

图 3-13-6　配电变压器防护结构装配及外形尺寸示意图

1—上通风壁板；2—观察窗；3—铭牌；4—安全标志；5—电磁锁；6—右侧壁板；7—门控开关；8—下通风壁板；9—左侧壁板；10—消音开关；11—标牌；12—温控仪；13—高压侧面板；14—防护结构顶盖；15—柜体电气联锁装置；16—低压侧面板

3. 运行前应处理的问题

(1)变压器在运行前应清扫,擦拭各个部位(特别是绝缘垫块处)。检查并清除掉入铁芯与内侧线圈之间、高低压线圈之间以及各个线圈风道内的金属或非金属异物。使用1 000 V兆欧表测试变压器线圈的对地绝缘电阻,若绝缘电阻值低于表3-13-4所列的数值,应采取措施将其提高。

表3-13-4　不同电压等级的绝缘电阻

电压等级(kV)	1	3	6	10	20	35
绝缘电阻(MΩ)	5	20	20	30	50	75

(2)温控器的接线及使用见温控器使用说明书。当变压器进行工频耐受电压试验时,为了防止温控器被高电压击毁,必须将温控器上的传感器总成插头与温控器本体分离。试验完毕恢复时应拧紧插头的螺栓。

(3)对于安装在变压器上的有载分接开关及风机等,在变压器投入运行前应参照相应的使用说明书进行必要的试运转。

4. 变压器在运行中应注意的问题

(1)变压器在运行过程中,应经常对其进行监视和检查,若发现有异常现象或有碍变压器正常运行的情况发生,应立即停电处理。情况严重时应尽快与厂家联系解决。

①监视变压器运行时的声音及温度。

②监视、检查变压器的线圈、铁芯及封线的外观,查看线圈有无损伤、变色的现象发生;灰尘堆积的程度以及线圈上各类标志损坏、脏污的情况。

③监视风冷装置、有载分接开关及测温装置等各个部件的状况。

(2)变压器在运行过程中,一定要防止水滴滴落在变压器上,并应避免日光直接照射线圈。

(3)变压器在运行过程中,应防止人手及身体碰触线圈树脂层的表面。

浇注线圈树脂层表面的对地电压基本上等于线圈内部带电导体的对地电压值,见下式:

$$U_s = U_o \cdot \left(\frac{\varepsilon_e \cdot t_a}{\varepsilon_a \cdot t_e + \varepsilon_e \cdot t_a}\right)$$

式中　U_s——线圈树脂层表面的对地电压(V);

U_o——线圈内部带电导体的对地电压(V);

t_a——线圈树脂层表面对地距离(mm);

t_e——线圈树脂层厚度(mm);

ε_a——空气的介电常数,$\varepsilon_a \approx 1.0$;

ε_e——树脂的介电常数,$\varepsilon_e \approx 5.0$。

对于10 kV级,三相星接的线圈,$U_o = 10\ 000/\sqrt{3} = 5\ 774$ V,若$t_a = 150$ mm,$t_e = 1.5$ mm,则

$$U_s = 5\ 762\ \text{V}$$

虽然线圈树脂层的绝缘电阻相当大,当人摸、触时可将充电电流限制到很小的数值,但仍会受到强烈的电冲击,导致其他的危险情况出现。

为了防止发生意外的触电事故,出厂变压器线圈表面均粘贴有表示危险的标志,以提醒人们注意。

(4)关于励磁涌流问题。变压器在投入运行的合闸瞬间,被施电压侧的绕组中将会有过渡电流产生,即励磁涌流。该电流数值的大小、持续时间的长短与以下因素有关。

①合闸时电源电压的相位。最大的励磁涌流发生在合闸瞬间电源电压相位过零的情况下。

②铁芯中的剩磁。剩磁越大，励磁涌流的数值越大。

③变压器的容量。容量越小，励磁涌流的倍率(励磁涌流第一个周波的峰值与额定电流峰值之比)越大，而持续时间越短。

④变压器的相数。相同容量下，单相变压器的励磁涌流倍率较之三相变压器的大。

⑤两台以上变压器并联运行时，若其中一台已处于运行状态，其他变压器再投入运行时，已运行的变压器线圈中也会有很大的励磁电流流过，且持续的时间也比单独投入时长。

变压器投入运行前，应参看随机附带的"技术数据"表中该变压器的励磁涌流峰值及衰减时间常数，以选择、整定高压侧保护装置的各有关数值，保证变压器顺利地投入运行。

由于熔断器的熔断时间–电流特性是用有效值表示的，所以应按下式将"技术数据"表中给出的励磁涌流峰值换算成有效值。

$$I_{\phi} = \frac{i_{\mathrm{p}}}{\sqrt{2}} \cdot \alpha$$

式中　I_{ϕ} ——相励磁涌流的有效值为(A)；

i_{p} ——相励磁涌流峰值(A)；

α ——换算系数，$\alpha \approx 0.6$。

5. 关于超铭牌额定值负载能力问题

(1)变压器的使用寿命

变压器在运行过程中，是允许短时间超铭牌额定值负载的，其前提条件是不得损害其正常的使用寿命。

变压器的使用寿命可用下式来表示：

$$L = a \cdot \mathrm{e}^{-b\theta_{\mathrm{wh}}}$$

式中　L ——变压器的使用寿命；

θ_{wh} ——变压器绕组的热点温度(°C)；

a ——与绝缘材料相关的系数；

b ——与绝缘材料相关的系数，对于干式变压器，$b=0.069\ 3$。

干式变压器在标准规定的温度下运行，可以预期有30年的使用寿命。变压器的寿命与其绕组的热点温度是密切相关的；绕组热点温度相对于标准规定的额定值每升高或降低10 K，变压器的寿命损失将增加一半或减少一倍。这一法则是确定变压器超铭牌额定值负载能力的重要根据。在这一法则的制约下，为了保证干式变压器的正常使用寿命，变压器短时超铭牌额定值负载运行时，必须注意以下因素。

①环境温度；

②过负载前的起始负载率(负载率为相对于铭牌额定值负载电流的百分率)；

③变压器的热时间常数。

(2)F级绝缘树脂浇注干式变压器的超铭牌额定值负载能力

①变压器过负载能力的确定原则。

a. 标准温度按IEC 905《干式变压器负载导则》，见表3-13-5。

b. 变压器的超铭牌额定值负载的负载率最大不宜超过150%。

c. 绕组热点温升与平均温升的比值$Z=1.25$。

表 3-13-5　变压器标准温度

绝缘系统的温度等级	正常使用寿命的温度标准值		绝缘材料最高允许温度(℃)
	绕组平均温升限值(K)	绕组额定热点温度(℃)	
F	100	145	155

d. 负载率的指数 $q=1.6$(q 用以表示平均温升随负载电流变化而变化的关系)。

②变压器允许超铭牌额定值的负载率见产品使用说明。

6. 定期保养

干式变压器在运行一段时间后,应停电进行以下必要的检查和保养。

(1)检查线圈、铁芯、封线、分接端子及各部位的紧固件,查看有无损伤、变形、变色、松动、过热痕迹及腐蚀等现象产生,若有不正常的情况,应查明原因,采取必要的措施。

(2)清除变压器上的灰尘。凡手能触及的部位都应用干布等擦拭,但不得使用挥发性的清洁剂。铁芯、线圈内部难以擦拭到的部位,应使用压缩空气将灰尘吹净。压缩空气的流动方向应与变压器运行时冷却空气的流动方向相反。

(3)装有风机的变压器也应清除风机内的灰尘和积土(注意勿使风机的叶片因受力而变形),并检查风机轴承的润滑脂,必要时应予以补充或更换。

对于有载调压干式变压器的有载分接开关,可按其使用说明书的规定进行检查和保养。

检查、保养完毕,变压器再次投入运行前,应认真检查有无金属或非金属异物掉落,遗留在线圈、铁芯内及绝缘件上。还应进行绝缘电阻测试,测试数值不应低于表 3-13-4 的规定值。

3.13.2.3　顺特电气树脂绝缘干式电力变压器

顺特电气公司生产的树脂绝缘干式配电变压器及整流变压器在上海、北京等城市的轨道交通工程中都有比较广泛的应用。

1. 设备使用条件

环境温度不高于 40 ℃,海拔不超过 1 000 m。若环境温度高于 40 ℃或海拔超过 1 000 m 时,应按 GB 6450 的有关规定作适当的定额调整。

保护等级有 IP00、IP20、IP23 等型式。

冷却方式有空气自冷(AN)和强迫风冷(AF)两种。对自然空冷(AN)和强迫风冷(AF)的变压器,均需保证变压器具有良好的通风能力。当变压器安装在地下室或其他通风能力较差的环境时,须增设散热通风装置,通风量按每 1 kW 损耗需 2～4 m^3/min 风量选取。

2. 技术参数和外形尺寸

ZQSCB9－2000/2×0.59 型整流变压器外形尺寸为 2 800 mm(长)×1 700 mm(宽)×2 200 mm(高),主要技术参数见表 3-13-6。

顺特电气公司生产的各类变压器基本上形式相同,外观规格统一,如图 3-13-7 所示。

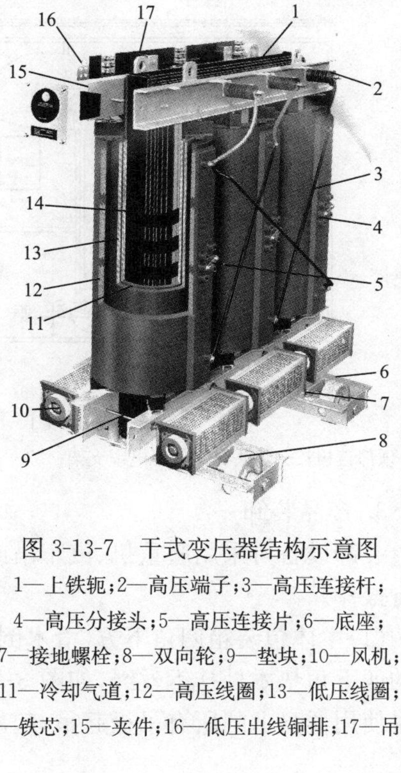

图 3-13-7　干式变压器结构示意图

1—上铁轭;2—高压端子;3—高压连接杆;4—高压分接头;5—高压连接片;6—底座;7—接地螺栓;8—双向轮;9—垫块;10—风机;11—冷却气道;12—高压线圈;13—低压线圈;14—铁芯;15—夹件;16—低压出线铜排;17—吊环

表 3-13-6　产品主要技术参数

额定容量(kV·A)	电压组合(kV)			连接组标号	空载损耗(W)	负载损耗(75 ℃)(W)	短路阻抗(%)	空载电流(%)
	网侧	分接范围	阀侧					
2 200	10	±2×2.5%	2×0.59	D(+7.5°)y11d0 D(−7.5°)y11d0	390	10 900	7.24	0.226

现代变压器产品为了全面满足用户的需求，大部分都提供防护外壳，给现场施工带来了极大的方便，同时也增强了对运营维护人员的安全防护。顺特电气为北京地铁亦庄线提供的干式整流变压器的防护外壳的尺寸及装配如图 3-13-8 所示。变压器高低压接线端子的规格如图 3-13-9 所示。

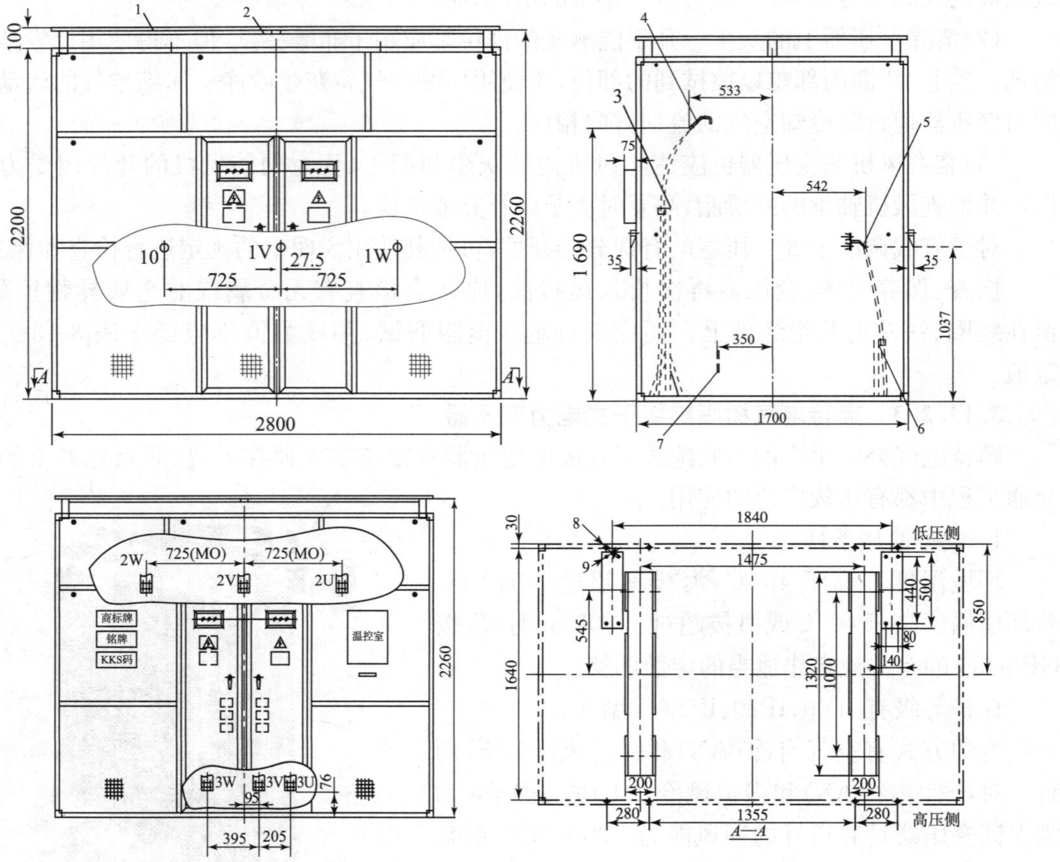

图 3-13-8　干式变压器防护结构示意图

1—顶部盖板；2—盘头；3—低压电缆支架；4、7—低压端子；5—高压端子；6—高压电缆支架；8—外壳固定孔；9—支架固定孔

3. 产品装卸

装卸设备可采用起重机、汽车吊或叉车等起吊设备，装卸时应严格按照国家有关装卸规程进行操作。

(1)主体包装箱四角下方(滑木倒角处附近)喷有“由此起吊”标志符号。起吊时，应在包装箱的四下角垫木处挂钢丝绳，如图 3-13-10 所示；如没有包装箱或变压器从包装箱吊出时，应同时使用器身上的所有吊板起吊，起吊钢丝绳之间的夹角不得大于 60°，如图 3-13-11 所示。

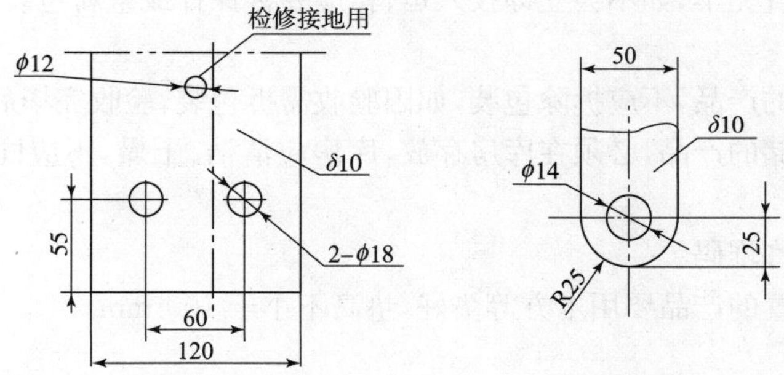

（a）　　　（b）

图 3-13-9　干式变压器高低压接线端子示意图

(a)低压接线端子;(b)高压接线端子

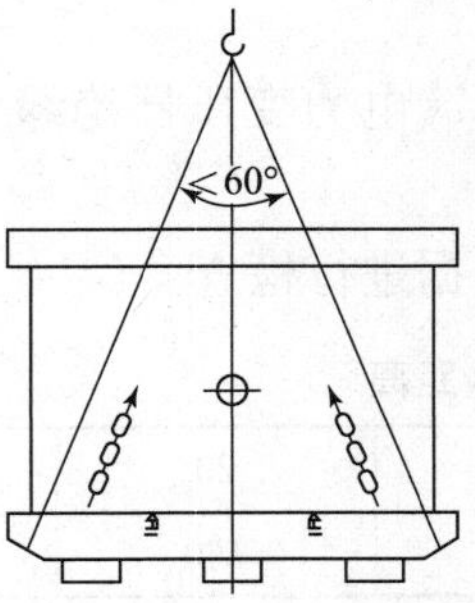

图 3-13-10　设备带包装箱起吊

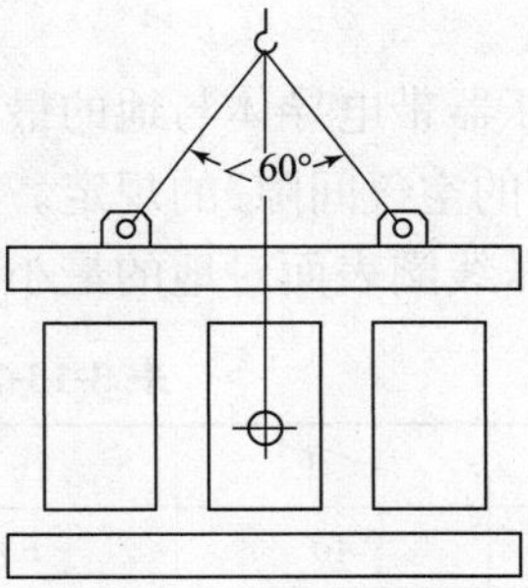

图 3-13-11　设备无包装箱起吊

(2)主体包装箱箱面喷有重心标志符号,如重心明显偏离中心位置,起吊时应调整钢丝绳的长短,使吊钩正对箱体重心,产品装卸过程中,应小心轻放。

4. 产品运输

(1)产品可用火车、轮船、汽车和飞机等交通工具进行运输,装运产品的火车车厢、轮船船舱和汽车车厢需保持清洁,无污染物。

(2)产品装车情况必须符合运输规程中的要求,并将产品安放牢固,在运输过程中不允许有摇晃碰撞和移动的现象。

(3)无包装箱的变压器,随附带的零件、配套件、出厂文件等另装成箱,与变压器一起发运。

(4)无包装的产品通过小车、夹件、吊耳等孔牢固地固定在运输车上,不得绑拉线圈、绝缘子、垫块、引线等易损件,以防拉坏产品。产品运输过程中,其倾斜度不得大于30°。

(5)产品在车站码头中转或终点卸下后,不许堆码,同时下边要用木方等垫好,垫高不小于100 mm。

5. 产品检查验收

用户收到变压器后,应即进行检查。

(1)检查产品的铭牌数据与订货合同是否相符,如产品型号、额定容量、额定电压、连接组标号、阻抗电压等。

(2)检查出厂文件(产品合格证、试验报告、装箱单、安装使用说明书等)是否齐全。

(3)检查包装箱内零部件是否与装箱单相符。

(4)检查产品运输过程中有无损伤,产品零部件是否损伤和移位,接线是否松动、断裂,绝缘是否有破损,是否有污物或异物等。同时,如有运输时使用的垫木等物,必须把它们挪开。

(5)产品开箱检查完毕,如不会立即投入运行,应妥善保存或重新包装好,以防损防盗。

6. 仓储保管

(1)需仓储保管的产品,不应拆除包装,如因验收需拆包装,验收完毕后应恢复包装。

(2)对需长期仓储的产品,必须在库房存放,库房应清洁、干燥,不应同时储存活性化学药品和腐蚀性物品。

(3)所有产品不许堆码。

(4)短期户外放置的产品要用木方等垫好,垫高不小于100 mm。

7. 产品安装

(1)安装前应认真阅读产品说明书、产品铭牌和产品外形尺寸图,了解产品质量、安装方法等内容,准备好相应的起吊设备和工具。

(2)产品安装时,一般离开墙壁和其他障碍物300 mm,相邻变压器之间应有300 mm的距离。

(3)变压器带电导体与地的最小安全距离应符合GB 10237《电力变压器绝缘水平和绝缘试验外绝缘的空气间隙》的规定。

(4)高压线圈表面对地的最小安全距离按表3-13-7所示数据进行检查。

表3-13-7 高压线圈表面对地的最小安全距离

高压(kV)	≤1	6	10	15	20	35
净距(mm)	40	60	90	120	160	250

(5)一般情况下,变压器可直接放置在使用场地,安装检查完毕即可投入运行。对于有防震和其他特殊要求的情况,安装变压器的地基应埋置螺栓,螺栓位置应参照变压器外形尺寸图,使之与变压器安装孔相对应。安装时卸下变压器的小车轮,通过埋地螺栓把变压器固定。

(6)带电零部件之间连接必须牢固,紧固件的预紧扭矩按表3-13-8所列数据进行紧固。

表3-13-8 变压器紧固件紧固扭矩值

规格	M10	M12	M16	M20
预紧扭矩(N·m)	30	33	35	45

8. 运行前的检查

(1)检查所有紧固件、连接件是否松动,并重新紧固一次。

(2)检查运输时拆下的零部件是否重新安装妥当,并检查变压器是否有异物存在,如有过多的灰尘,必须按有关规定进行清理。

(3)检查风机、温控设备以及其他辅助器件能否正常运行。对三相电源风机,应注意其转向,风机正常转向时风从线圈底部向上吹入线圈,否则就为反转,参照其说明书及时变更电源的相序。对温控、温显等其他辅助设备,参照其使用说明书正确可靠地接线。

9. 运行前的试验

变压器运行前应作如下试验。

(1)测量绕组在所有分接位置下的直流电阻。

(2)按GB 50150规定进行极性的判断,测量绕组在所有分接下的电压比,并进行连接组标号的判定。

(3)检查变压器箱体和铁芯是否永久性接地。

(4)线圈绝缘电阻的测试。一般情况下(温度20～30 ℃,湿度≤90%),用2 500 V兆欧表测量,高压线圈对低压线圈及地的绝缘电阻≥300 MΩ,低压线圈对地的绝缘电阻≥100 MΩ。

在比较潮湿的环境条件下,变压器的绝缘电阻值会有所下降。一般地,若每1 000 V额定电压,其绝缘阻值不小于2 MΩ(1 min 25 ℃时的读数),就能满足运行要求。但是,如变压器遭受异常潮湿发生凝露现象,则不论其绝缘电阻如何,在其进行耐压试验或投入运行前,必须进行干燥处理。

(5)铁心绝缘电阻的测试。一般情况下(温度20～30 ℃,湿度≤90%),用2 500 V兆欧表测量,铁芯对夹件及地的绝缘电阻≥2 MΩ,穿心螺杆对铁芯及地的绝缘电阻≥2 MΩ。

同样,在比较潮湿的环境下,此值会下降,只要其绝缘阻值≥0.1 MΩ即可运行。一般可通过干燥处理,使其达到要求。

(6)对于有载调压变压器,应根据有载调压分接开关使用说明书作投入前的必要检查和试验。

(7)外施工频耐压试验,试验电压为出厂试验电压的85%。

10. 变压器投入运行

(1)变压器投入运行前,应根据变压器铭牌和分接指示牌将分接片调到合适的位置。

①无载调压时,应根据电网电压把调压分接头的连接片按铭牌和分接指示牌上的标志接到相应的位置上。

例如,对电压为(10 000±2)×2.5% V的变压器,其铭牌电压如下。

Ⅰ.　10 500 V
Ⅱ.　10 250 V
Ⅲ.　10 000 V
Ⅳ.　9 750 V
Ⅴ.　9 500 V

若当地电网电压为10 kV,则分接片应接第3挡,如图3-13-12(a)所示;当输出电压偏高时,在确保高压断电情况下,将分接头的连接片往上接,见图3-13-12(b)所示的第2挡;当输出电压偏低时,在确保高压断电情况下,将分接头的连接片往下接,见图3-13-12(c)所示的第4挡。

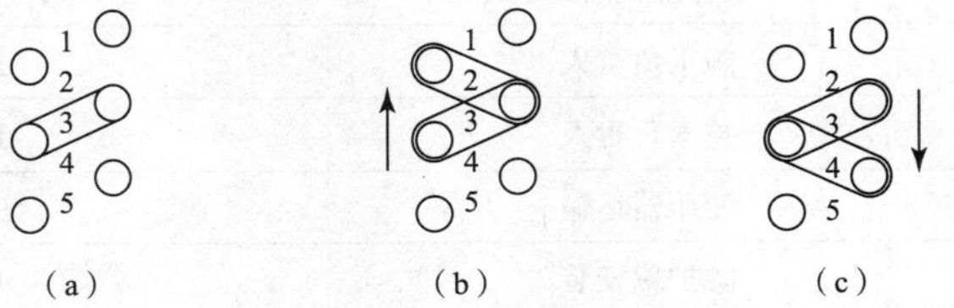

图3-13-12　变压器分挡连接片示意图
(a)正常挡位;(b)输出电压偏高时;
(c)输出电压偏低时

②有载调压时,请参看有载调压分接开关使用说明书,在断电情况下,分接开关调试正常后方可投入运行。

(2)变压器有温度控制箱和温度显示仪时,请参看温度控制箱和温度显示仪使用说明书,在温控与温显调试正常后,先将变压器投入运行,后投入温控和温显。

(3)变压器应在空载时合闸投运,合闸涌流峰值最高可达8～10倍额定电流,对变压器的电流速动保护设定值应大于涌流峰值。

(4)变压器投入运行后,所带负荷应由轻到重,且检查产品有无异响,切忌盲目一次大负载投入。

(5)变压器过负荷运行应按照IEC 905《干式电力变压器负载导则》或厂家《干式变压器技术手册》过载能力曲线。

(6)变压器退出运行后，一般不需要采取其他措施即可重新投入运行。但是，如果是在高湿度下且变压器已发生凝露现象，那么必须经干燥处理后，变压器才能重新投入运行。

11. 变压器维护

为了保证变压器能正常运行，需对它进行定期检查和维护。

(1)一般地，在干燥清洁的场所，每年或更长一点时间进行一次检查；在其他场合，例如可能有灰尘或化学烟雾污染的空气进入时，每3～6个月进行一次检查。

(2)检查时，如发现有过多的灰尘聚集，则必须清除，以保证空气流通和防止绝缘击穿，特别要注意清洁变压器的绝缘子、下垫块凸台处，并使用干燥的压缩空气(2～5个大气压)吹净通风气道中的灰尘。

(3)检查紧固件、连接件是否松动，导电零件有无生锈、腐蚀的痕迹，还要观察绝缘表面有无爬电痕迹和炭化现象，必要时应采取相应的措施进行处理。

(4)变压器运行若干年(建议5年)后，可按运行前的试验项目进行绝缘电阻的测试，来判断变压器能否继续运行，一般无须进行其他测试。

12. 安全注意事项

(1)变压器安装完毕投入运行前，对于无外壳的变压器，应在变压器的周围安装隔离栏栅，以避免意外事故发生。

(2)变压器投入运行以后，禁止触摸变压器主体，以防事故发生。

(3)变压器的试验、安装、维护必须由有资格的专业人员承担。

3.13.2.4 变压器安装

1. 施工准备

(1)劳动组织

变压器安装的劳动组织见表3-13-9。

表3-13-9 变压器安装的劳动组织

作业内容	人　数	备　注
施工负责人	1	施工组织
技术负责人	1	技术质量
变压器运输	6	全体参加
防护罩安装	4	分组
接地线安装	2	分组

(2)常用工机具

变压器安装的常用工机具见表3-13-10。

表3-13-10 变压器安装的常用工机具

序号	名　称	规格	单位	数量	用　途
1	运输车辆	5 t	辆	2	工具、材料运输
2	运输车辆	20 t	辆	1	变电站设备运输
3	液压运输车	3 t	辆	2	工器具运输
4	液压千斤顶	CBR-2 A	台	4	设备升落
5	倒 链	20 t	台	2	设备牵引

续上表

序号	名　称	规格	单位	数量	用　途
6	钢丝绳套子	50 t　$L=3$ m	根	2	吊装牵引变电站
7	撬　棍	1.5 m	根	6	
8	小　绳		米	20	
9	对讲机		台	4	
10	口哨		个	1	指挥
11	应急灯		盏	4	照明
12	安全带		条	2	
13	大扳手	300 mm	把	1	
14	十字镐		把	5	清理场平
15	铁 锹		把	10	清理场平
16	钢 轨	$L=4$ m	根	8	变压器滑行
17	鱼尾板		块	8	钢轨连接
18	定位杆		根	4	固定钢轨

(3)常用材料

变压器安装的常用材料见表 3-13-11。

表 3-13-11　变压器安装的常用材料

序号	名　称	规格	单位	数量	用　途
1	枕木		根	若干	搭建操作台
2	木板		块	若干	铺设道路
3	大木方		根	若干	升落设备
4	小木方		块	若干	升落设备
5	黄油		袋	2	钢轨润滑
6	U 形环	ϕ20 mm　ϕ16 mm	个	10	吊装设备
7	铁线	4.0 mm	kg	20	
8	防护绳		m	50	安全防护
9	棉纱布		kg	1	设备防护
10	钢 板	δ10 mm	块	若干	设备运输

2. 工艺流程

变压器的安装工艺流程如图 3-13-13 所示。

3. 操作要点

(1)施工准备

①施工技术及安全技术交底。应向全体参加施工的人员明确施工质量要求及必要的安全注意事项。

②测量基础位置及基础槽钢位置。具体测量基础距墙壁的距离和基础槽钢在基础上的位置及间距是否与设计和产品图纸相符，允许误差应符合施工规范的规定。

③测设变压器防护外壳的安装位置。除基准线可以利用墙壁或基础外缘引出外，建议现场利用经纬仪测设防护外壳的安装中心线，以保证不会出现偏差。

④根据施工安排准备施工工机具及所有材料。

(2)安装滑轨

①轨道平板车驶近变电所，平板车上的变压器正对着变压器室大门(或进场通道)时停车下闸，如图 3-13-14 所示。

②用千斤顶顶升变压器后在变压器下加垫木方，直到变压器底座槽钢的底面高出站台顶面的垂直距离能穿入滑轨。

如果轨道平板车的顶面高度高于站台，则顶升变压器至变压器底座槽钢与平板车之间的距离能穿入滑轨即可。

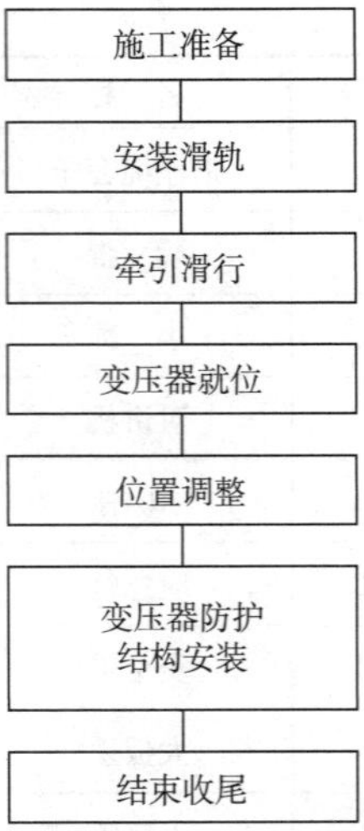

图 3-13-13　变压器安装工艺流程图

③按图 3-13-14 所示，在变压器下穿入滑轨。

在滑轨下加垫木板，保证滑轨水平。

如果轨道车高度低于站台，在轨道车侧滑轨下加垫木板；如果轨道车高于站台，在站台侧滑轨下加垫木板。

④在滑轨两侧端头位置安装定位杆，拧紧定位螺母，保证滑轨的轨距和变压器室的两根导轨的间距相等，防止变压器在牵引过程中滑轨出现横向移动。

⑤在滑轨顶面上涂抹黄油，将变压器落在滑轨顶面上。在滑轨牵引侧端头套挂 500 mm长的钢丝绳套。在变压器牵引耳或底座槽钢上套挂 U 形环。

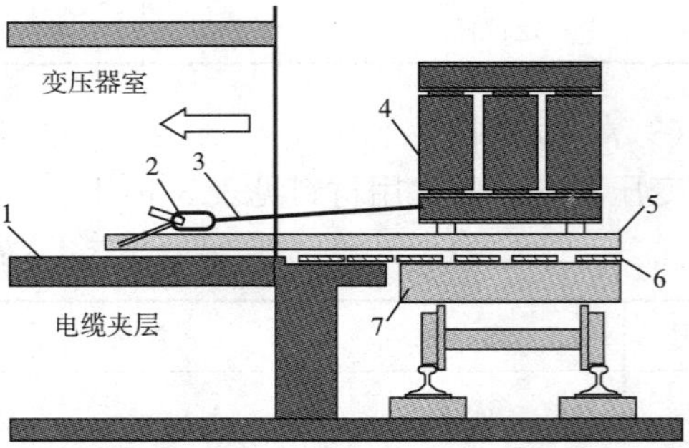

图 3-13-14　变压器轨道车进场就位示意图

1—变压器室地坪；2—倒链；3—链条；4—变压器；5—滑轨；6—木板；7—运输平板车

⑥将倒链的链条放至适当长度，链条的挂钩挂牢 U 形环，倒链的吊钩挂牢 500 mm 长的钢丝绳套，并稍稍张紧链条。

(3)牵引滑行

①检查牵引系统的钢丝绳套、挂钩等是否固定牢靠，滑轨是否稳固。

②每 4 个人一组摇动倒链，使变压器在滑轨上缓慢滑行。滑行中要注意变压器的行进方向，随时纠正偏移。

③变压器滑到基础中心位置时，停止牵引。

(4)变压器就位

①用千斤顶顶起变压器，撤除滑轨，落座就位。

采用此方案时，如果变压器质量较轻，而且变压器的滚轮的尺寸较小，可以将滑轨改为 10 号槽钢，将槽钢开口向上放置，顶起变压器后将槽钢放置在滚轮下方，然后落下变压器牵引。采用此种方法较简便，适合小容量的配电变压器的运输。

②根据设计和产品的要求，在需要拆除变压器下部滚轮时，应该在变压器落在基础上的同

时将变压器滚轮卸下。

(5)位置调整

①检查变压器长、短轴中心是否与基础中心线重合,变压器的主体应成水平状态,偏差不得超过±2 mm。

②用倒链牵拉变压器调整方向侧的牵引耳,使变压器在基础上进行少量位移,达到修正偏差的目的。

(6)变压器防护结构安装

①根据提前测设的变压器防护外壳中心线,依照产品厂家提供的安装图纸,测设防护外壳的地脚螺栓安装位置,并在规定位置钻孔,安装预埋螺栓或膨胀螺栓。

②依防护外壳的大面(表面尺寸最大),先行安装。需要注意的是,在安装过程当中防护外壳应该有人一直扶持着,螺栓稍稍拧紧即可,不要完全拧紧。

③依次将四块立面全部组立起来后,拧紧四块立面之间的连接螺栓,确认四块立面完全方正之后,将全部地脚螺栓拧紧。

④对于有电缆支架的变压器防护外壳,按照产品图纸要求安装电缆支架的附件,并检查其安装强度,应符合相关标准的规定。

对于从上部进线的变压器防护外壳,安装防护外壳的顶盖的时候要注意顶盖的安装方向。

⑤最后安装变压器防护外壳的顶盖,由于变电所地方狭窄,且不具备吊车或倒链的使用条件,比较简单的办法就是用人力抬起来直接安装。

⑥安装变压器测温装置表计并安装变压器与测温装置之间的连接线缆,先安装变压器侧的 A/D 转换插头,然后按产品规定在适当位置安放线缆,最后连接测温装置。

(7)结束收尾

①根据本书有关章节的要求制作电缆终端头,并进行绝缘检查及电缆终端头安装。

②根据施工规范和设计图纸的要求,进行变压器和防护外壳的接地线连接。

③修补变压器和防护外壳的油漆脱落处,并清理施工现场的环境,填写变压器安装技术记录。

4. 施工技术标准

(1)变压器在装卸和运输过程中,不应有严重的冲击和振动。运输前、后变压器外观应无损伤,连接应无松动,绝缘良好。

(2)变压器就位时要保证安装方向符合设计要求。

(3)变压器在运输及进场过程中,应有防雨及防潮措施。

(4)牵引或顶升变压器时,两台倒链或千斤顶的操作速度要平衡一致,动作要协调。牵引速度应不超过 0.2 km/h。

(5)滑轨安装要平行、稳固,轨间距离应保证变压器滑行的稳定。

(6)严禁在变压器长轴一侧的两端同时顶升变压器。

5. 安全注意事项

(1)设备进出场地过程中,运输平板车应用制动铁鞋做防溜措施。

(2)变压器在运输平板车上应有固定措施,防止平板车行进过程中变压器倾覆。

(3)变压器的起重、装卸和进场运输,应有专人负责指挥,施工人员应各负其责。

(4)起重工作开始前,应检查起吊、搬运工机具及吊索的质量是否良好,接头处必须牢固,不符合要求的严禁使用。

(5)起吊重物必须绑牢,吊索应挂在变压器的指定的起吊位置。

(6)在起吊、牵引过程中，受力钢丝绳的周围、下方、转角内侧和起吊物的下面，严禁有人站立或停留。

(7)用千斤顶顶起变压器时，必须随时在变压器下垫以坚实的木板，以防止千斤顶发生故障时，变压器倾斜翻倒。

3.13.3　整流器

本节重点介绍上海整流器厂、北京华泰、西安永电三个公司生产的整流器，最后综合三个公司的产品统一介绍一种安装工艺。

3.13.3.1　上海 ZQA-2 400/1 500-(B6U)2P 整流器

上海整流器厂有限公司为上海轨道交通 10 号线和 11 号线牵引变电所系统安装工程提供直流 1 500 V 整流器柜。

1. 使用范围

整流器用于城市轨道交通牵引变电站作直流电源，符合中华人民共和国专业标准 GB 3859《半导体变流器》。

2. 使用条件

整流器应在下列正常工作条件下使用。

(1)网侧电压波动范围

整流变压器网侧额定电压 35 kV，最高电压 40.5 kV。

(2)环境与冷却条件

①海拔高度不超过 1 000 m。

②整流器运行温度的最低值为－10 ℃，停止使用期间的最低温度不低于－40 ℃。

③相对湿度：月平均值不大于 90%（25 ℃），日平均值不大于 95%，有凝露发生。

④运行地点无导电、爆炸尘埃，无腐蚀金属和破坏绝缘的气体或蒸汽。

⑤地震烈度：≤7 度。

3. 整流器的型号含义

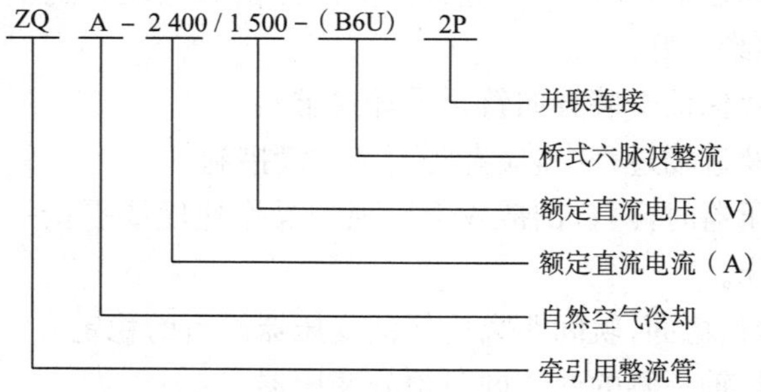

4. 工作原理

(1)整流变压器的二组低压绕组之间相位差 30°引入整流器。整流器由两个三相桥式整流电路并联组成 12 脉波整流，每个桥臂有 2 个平板压接式整流管并联，使用正向峰值压降值相近的整流管并联，以获得相近的电流分配。

整流变压器的网侧绕组用延长三角形接线，一台整流变压器移相＋7.5°，另一台整流变压器移相－7.5°，二台整流器组成 24 脉波整流。

(2)整流器的交流输入接有电阻、电容组成的交流操作过电压抑制电路，抑制整流变压器空载或轻载时断开交流开关所产生的过电压，兼抑制整流元件的换相过电压。整流器的直流侧接有压敏电阻等组成的过电压抑制电路，抑制直流回路中电感所引起的过电压，兼抑制交流操作过电压。

(3)整流器采用快速熔断器、交流开关和直流开关作综合过载、短路保护。当整流管反向击穿引起内部短路时，快速熔断器熔断以防止事故扩大。

(4)整流器采用温度继电器作为附加保护，当母排温度超过 90 ℃或整流管散热器温度超过 150 ℃时，温度继电器触点闭合，接通报警、跳闸回路，交流开关跳闸。

(5)快速熔断器用熔断器上的微动开关来监控。当快速熔断器熔断时，微动开关的触点信号送入 PLC。PLC 根据逻辑判断，得出是报警还是跳闸，做出相应的信号输出。当一只快速熔断器熔断时，发出报警信号，能继续以额定直流电流工作。当整流桥中任意两只快速熔断器熔断时，发出跳闸信号。压敏电阻用与其串联的熔断器上的微动开关监控。

(6)在整流桥的门上安装显示交流开关通/断的位置显示器、直流电压表以及文本显示器。

5. 技术性能及电气参数

(1)交流输入：2×3ϕ50 Hz，1 200 V，816 A(979 A)。

(2)额定输出直流电压：1 500 V。

(3)额定输出直流电流：2 400 A。

(4)过载能力符合负载等级Ⅵ级的要求，即 100％额定电流输出连续，150％额定电流输出 2 h，300％额定电流输出 1 min。

(5)在额定输入和额定输出的条件下，其损耗功率不大于 8 kW。

(6)在直流输出发生短路时，直流开关协调正确动作，整流器无损坏。

6. 结构特点

整流器外形尺寸 1 200 mm×1 250 mm×2 200 mm(宽×深×高)，其柜体正面门上绘有整流电路原理模拟图，如图 3-13-15 所示。

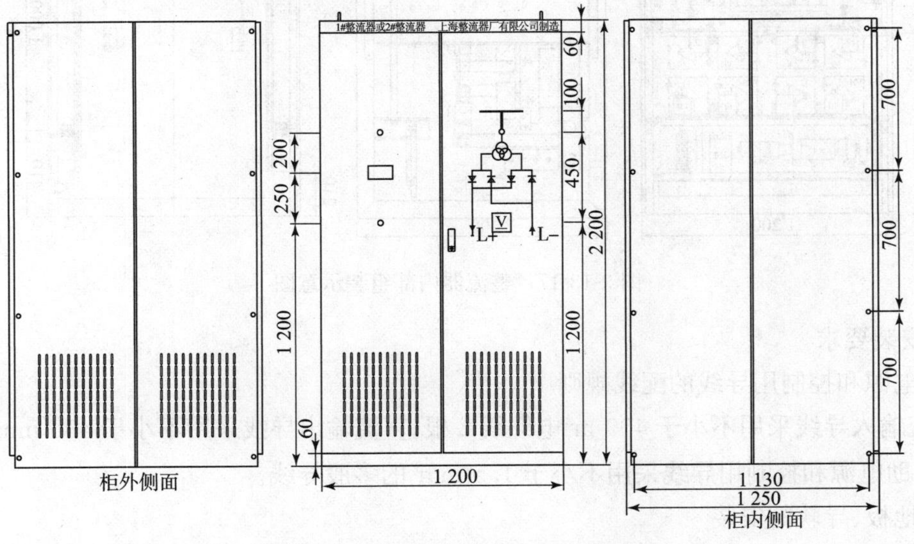

图 3-13-15　整流器外形尺寸示意图

主电路是双桥并联，每个桥臂并联两个整流管。快速熔断器上的微动开关信号接入 PLC 中，做逻辑保护；整流器柜进出线采取上进下出方式，如图 3-13-16 所示。

柜体在组立、拼装过程中，应使柜间连接螺栓由负极柜穿入整流器柜，并应保证柜体的门开启角度不小于 90°。整流器内部组装的结构形式，如图 3-13-17 所示。

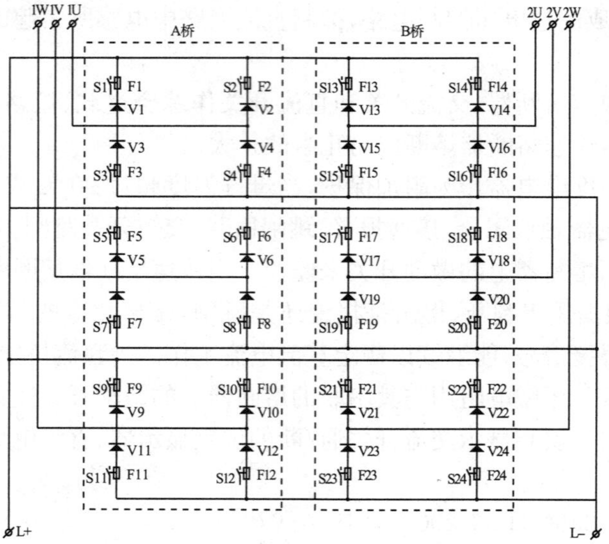

图 3-13-16　整流器主电路示意图

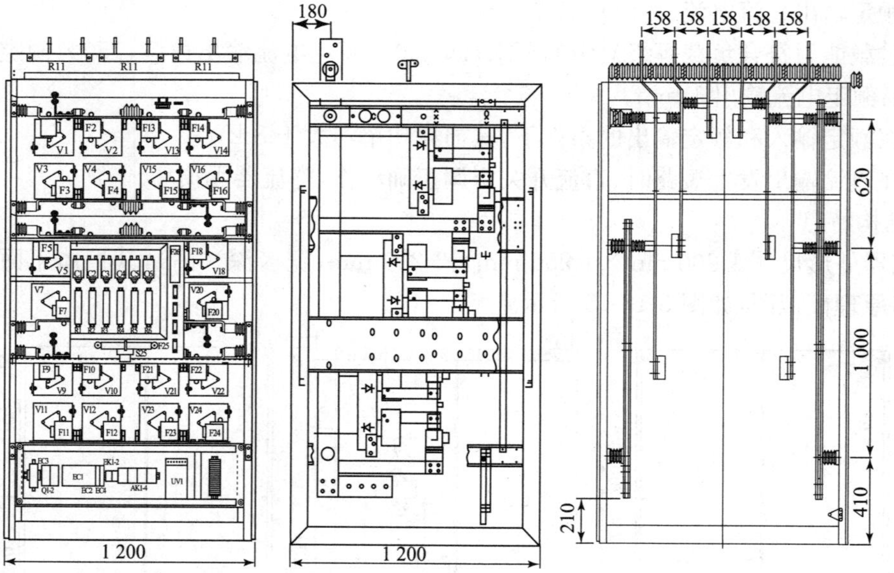

图 3-13-17　整流器内部组装示意图

7. 安装要求

(1)电源和控制用导线的配线规则

交流输入导线采用不小于 400 m^2电缆线 2 根，直流输出导线采用不小于 400 mm^2电缆线 5 根。辅助电源和控制用导线采用不小于 1.5 mm^2的多股导线。

(2)地板、导轨的安装

为设备就位所需之地板、导轨的安装以及钻孔和上螺钉的方法按设计布置图、安装图进行。

(3)安全警告及注意事项

①在安装工作开始之前，应检查整流器的编号是否符合图纸规定。

②整流器不能倒置。

③整流器用铲车搬运时，铲的长度必须大于柜尺寸，防止倾倒，用吊车、行车搬运时需用 4 个吊环，不能用 2 个吊环，防止柜架变形。

④电缆必须置于电缆架上。

⑤整流变压器至整流器的电缆长度应该相等。

⑥为防止杂物、水、小动物进入整流装置内，在整流器顶部安装临时顶盖。临时顶盖在整流器送电前拆除。

⑦安装交流输入电缆时，安装人员在安装台上操作，禁止踩踏整流器顶部的临时顶盖，防止损坏零部件。

(4)接地及其连接

接地用的多股导线，截面不小于 240 mm^2。整流器接地电缆连接至负极柜。

(5)通风

整流器应安装在通风良好的场所，空气交换量应大于 60 m^3/min。

(6)绝缘测试方法

整流器安装就位后，用 1 000 V 兆欧表测量柜架对地的绝缘电阻，其阻值应不小于 2 MΩ。

(7)气候防护、灰尘防护和其他的环境防护

①整流器投运前，用鼓风机排除牵引变电站的潮气。

②整流器应保持清洁，使用吹风机，气压 500 mm，气流量 25 m^3/min，吹去浮灰，使用柔软抹布清除绝缘上油污，不能使用回丝、棕刷，因为残留回丝、棕丝会引发短路。

③牵引变电站应防止飞蛾进入。

(8)安装所需工具的功能及建议数量

套筒扳手 M16、M10 各 1 套；呆扳手 M16、M10 各 1 套；内六角扳手 S=6(紧固 M8×40 内六角圆柱头螺钉)2 个。

8. 设备操作要点

(1)运行操作顺序

①合上辅助电源的断路器。

②观察 PLC 状态显示灯(PWR、RUN、ERR、START、IN、OUT)显示状态。

PWR：当控制器通电时，该指示灯亮。

RUN：当控制器正在执行程序时，该指示灯亮。

ERR：控制器发生错误时，该指示灯亮。

START：通过闪烁指示用户程序的特定状态。

IN：当对应的输入点接通时，该指示灯亮。

OUT：当对应的输出点接通时，该指示灯亮。

表 3-13-12 列出了主控制器、对等控制器的不同指示灯状态。

指示灯状态：○关闭；◎闪烁；●发光。

表 3-13-12　主控制器、对等控制器的不同指示灯状态

指示灯状态	主控制器或对等控制器
运行○ 绿色◎ ●	应用程序未执行 控制器处于停止状态或执行出错 控制器处于运行状态

续上表

指示灯状态	主控制器或对等控制器
故障○ 红色◎ ●	正常 应用程序不可执行 内部错误
启动 绿色	由用户或应用程序通过系统位%S69 控制无效 由用户或应用程序通过系统位%S69 控制

③交换机面板指示灯定义。

POW:电源及运行指示,绿色,常亮。

Link/ACT:端口连接,常亮,绿色,端口已连接;闪烁,有以太网包通过。

DupleX:端口全双工/半双工连接指示,常亮,绿色,全双工;不亮,半双工。

100M:端口速率指示,常亮,绿色,100 Mbit/s 速率;不亮,10 Mbit/s 速率。

Port123 为相对应端口的状态指示。

④关上整流器前门、后门。

⑤交流开关合闸。

⑥观察前门上的位置显示器,应在垂直位置;在空载情况下,直流电压表指示在1 680 V左右。

(2)停止操作顺序

①断开交流开关。

②观察前门上的位置显示器,应在水平位置。

(3)注意事项

①整流器正常运行时,不需要专人值守。

②整流器应尽量避免在空载情况下断开交流开关,停止运行时,应先断开交流开关,后断开直流开关。

③牵引变电站在网侧和直流侧须设避雷器,以抑制雷击过电压。

④交流开关的电流整定应避开整流变压器的励磁涌流。

⑤直流开关的逆流整流应避开整流器合闸时产生的瞬时逆向电流。

⑥不允许开门运行。

⑦整流器投运前,如湿度大,有凝露发生,合上辅助电源的断路器 Q2,启动加热器,消除器件上的凝露。整流器投运前,加热器退出。

⑧当整流器发生故障时,操作人员应排除故障后才能合闸,否则可能扩大事故范围,造成更大损失。

⑨整流器出厂时底部封板没加工散热孔,以防电缆层积水,影响整流器安全运行,确认电缆层不积水,底部封板再加工散热孔,以利于整流器散热。

9. 维护与检修

(1)设备的维护与检修

①在开始维护和检修整流器前,必须先断电,再开门。断电的程序必须是先断开交流高压开关,再断开直流开关、负极开关,然后才能打开门。用测电棒测一下主电路是否有电,确定没有电后才能进行维护和检修。(注意:辅助电源开关断开后,端子上可能还有电,如交流跳闸回

路上的端子、辅助电源进线端子等。)

②观察主电路上阻容是否有异常(接头是否完好),快速熔断器上的微动开关是否动作,线是否有脱落,PLC 状态是否正常。

③整流器应保持清洁,每月应清除整流管外壳和绝缘子上的积灰。使用吹风机、柔软抹布清除积灰,不能使用回丝、棕刷,因为残留回丝、棕丝会引起短路。每年应复测整流管的反向重复峰值电压,反向峰值电压低于 3 800 V 的整流管应予更换。每次投入运行前,应清除蜘蛛网等异物,以防短路。

④根据运营单位管理内容,填写维护工作记录。

(2)故障查找

整流器的故障点查找一般来说是很明确的,可从 SCADA 上显示的故障点来确定,也可从整流器柜门上的文本显示器先确定故障的性质,然后再打开门查找故障点。同时 PLC 上的 I/O状态指示灯也可帮助我们迅速查找故障点,详见 PLC 上 I/O 信息定义表(表 3-13-13),所以整流器的故障查找是很方便的。

(3)故障排除

当整流器发生故障时,维修人员找到故障点并排除故障,如果故障是在主电路上发生,上电前一定要先对主电路和对柜体进行绝缘检测(主电路对柜体≥2 MΩ、柜体对地≥2 MΩ, 1 000 V兆欧表),确认没有短路才能合闸,否则可能扩大事故范围,造成更大损失。

①当快速熔断器熔断时,应检查整流管的反向峰值电压。由于整流管安装是两个管芯一组,所以只能用排除法进行。

②更换快速熔断器之前,先将快速熔断器上的微动开关拔出,快速熔断器更换后再将微动开关卡在熔断器上,并检验微动开关动作情况。

③更换整流管,其正向峰值电压降与并联的整流管的正向峰值电压降之差小于0.05 V。用清洁的布清洁散热器的台面和整流管的接触面,用硅脂(上海树脂厂有限公司生产的 295-3 硅脂)均匀涂抹。用 18 N·m 的力矩扳手紧固整流组件螺母,测量整流管的反向峰值电压,以检验安装是否正确。

④更换 PLC,注意新的 PLC 中是否有程序,同时注意通信地址是否正确。

⑤整流器做绝缘测试时,须将二次回路的开关电源及 PLC 断开,避免造成器件的损坏。

总之整流器的维修、维护最重要的是注意整流器的绝缘,很多问题出现,都和绝缘有关,在平时的维护、维修中要着重注意。

表 3-13-13　PLC 故障信息表

序号	故障信息	PLC 定义
1	A 桥 F1 熔断器损坏	%M0(置“1”)
2	A 桥 F2 熔断器损坏	%M1(置“1”)
3	A 桥 F3 熔断器损坏	%M2(置“1”)
4	A 桥 F4 熔断器损坏	%M3(置“1”)
5	A 桥 F5 熔断器损坏	%M4(置“1”)
6	A 桥 F6 熔断器损坏	%M5(置“1”)
7	A 桥 F7 熔断器损坏	%M6(置“1”)
8	A 桥 F8 熔断器损坏	%M7(置“1”)

续上表

序号	故障信息	PLC定义
9	A桥F9熔断器损坏	%M8(置“1”)
10	A桥F10熔断器损坏	%M9(置“1”)
11	A桥F11熔断器损坏	%M10(置“1”)
12	A桥F12熔断器损坏	%M11(置“1”)
13	B桥F13熔断器损坏	%M12(置“1”)
14	B桥F14熔断器损坏	%M13(置“1”)
15	B桥F15熔断器损坏	%M14(置“1”)
16	B桥F16熔断器损坏	%M15(置“1”)
17	B桥F17熔断器损坏	%M16(置“1”)
18	B桥F18熔断器损坏	%M17(置“1”)
19	B桥F19熔断器损坏	%M18(置“1”)
20	B桥F20熔断器损坏	%M19(置“1”)
21	B桥F21熔断器损坏	%M20(置“1”)
22	B桥F1熔断器损坏	%M21(置“1”)
23	B桥F1熔断器损坏	%M22(置“1”)
24	B桥F1熔断器损坏	%M23(置“1”)
25	整流管超温跳闸	%M24(置“1”)
26	母排超温跳闸	%M25(置“1”)
27	压敏电阻损坏	%M26(置“1”)
28	柜门打开报警	%M27(置“1”)
29	交流辅助电源失电报警	%M28(置“1”)
30	整流器故障报警	%M33(置“1”)
31	A桥熔断器跳闸	%M34(置“1”)
32	B桥熔断器跳闸	%M35(置“1”)
33	整流器过热报警	%M90(置“1”)
34	整流器温度模拟量输出	%MW100(置“1”)

3.13.3.2 北京华泰 ZQA-2200/750 整流器

北京华泰生产的 ZQA-2200/750 系列整流器在北京市地铁建设工程中应用十分广泛。

1. 使用范围

本整流器用于城市地铁及城市轨道交通牵引变电所作直流电源,符合中华人民共和国专业标准 JB/T 9689—1999《牵引变电站用整流器》的规定。

2. 使用条件

整流器应在下列正常工作条件下使用。

(1)海拔高度不超过 1 000 m。

(2)整流器运行的环境温度最低不低于−15 ℃、最高不高于+40 ℃。

(3)整流器停止使用期间环境温度不低−30 ℃。

(4)空气最大相对湿度不超过 90%,相当于空气温度(20±5) ℃。

(5)无剧烈振动和冲击以及垂直倾斜度不超过5%的场合。

(6)输入电压幅值波动范围不超过5%,短暂波动(小于1 s)不超过±10%。

3. 型号含义

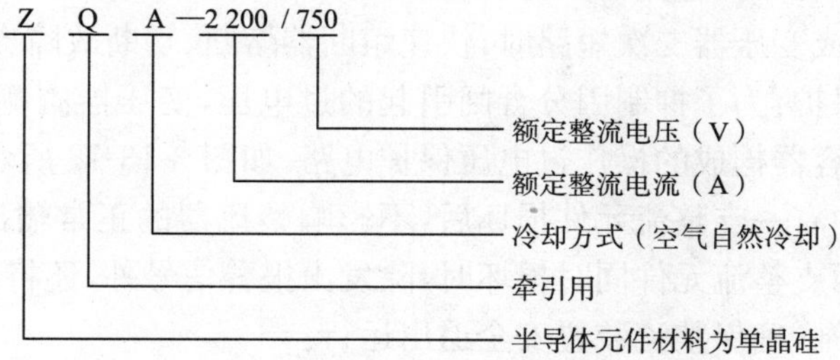

4. 技术参数

(1)交流电源频率:50 Hz。

(2)整流线路:三相桥单机组12相整流。

(3)额定交流电压:610 V。

(4)额定交流电流:2×898 A。

(5)额定整流电压:750 V。

(6)额定整流电流:2 200 A。

(7)负载等级:Ⅵ级,即100%额定电流连续输出,150%额定电流输出2 h,300%额定电流输出1 min。

(8)冷却方式:空气自冷。

(9)效率:在额定输入输出的条件下 η=99.6%(整流器效率)。

5. 工作原理

(1)整流变压器的两组低压绕组之间相位差30°引入整流器。整流器内由两个三相桥式整流电路并联组成12脉波整流。每个桥臂采用2支ZP2000-32平板式元件并联。并联的2支元件选用正向伏安特性相近似的整流管,使每桥臂均流系数均达到95%以上,其原理接线图如图3-13-18所示。

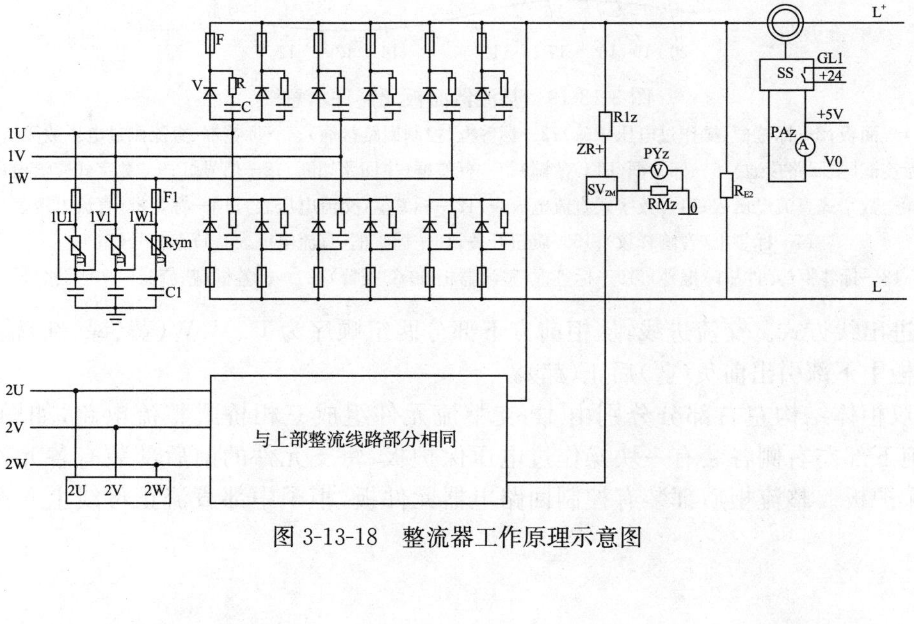

图3-13-18　整流器工作原理示意图

(2)硅元件配用SRH287系列热管型散热器,由于该散热器具有极高的导热性和很好的等温性,因而它能传递很大的热流,使散热器的面积得以充分的利用,具有更低的热阻,是自冷元件理想的散热器。

(3)每只硅元件串有西安整流器厂生产的RS8-800V/1900 A-P106N的快速熔断器1只。当整流管反向击穿造成变压器二次短路时,快速熔断器熔断、切断故障支路,防止事故扩大。

(4)操作过电压保护:为了抑制因分合闸引起的过电压,变压器阀侧接有角形接法的压敏电阻和星形接法的电容器构成的操作过电压保护电路,如图3-13-18所示。

(5)当各整流臂中有一支整流元件损坏后,不影响整流器的正常输出,只发出声光报警信号;当同一整流臂内两支整流元件同时损坏时,除发出报警信号外,还将发出跳闸动作信号,将整流器交流进线侧跳闸,确保整流装置安全退出运行。

6. 外形尺寸及结构

(1)整流器柜体外形尺寸。ZQA-2 200/750整流器外形尺寸为2 360 mm×1 200 mm×2 300 mm(宽×深×高)。

(2)结构。整流器为KS电器设备,柜式结构前后均有可开闭的门,左右侧有可拆卸的封闭板以便安装与检修。整流器左侧前门上设有数字式温度表、数字式直流电压表和数字式直流电流表,用以显示柜内温度、直流电压、直流电流。还装有显示故障元件相对位置,控制回路,主回路通、断的信号灯,故障指示信号灯及控制回路电源开关和音响释放旋钮,如图3-13-19所示。

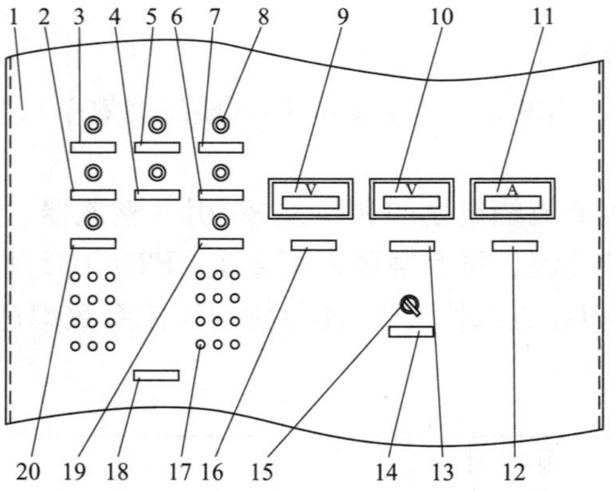

图3-13-19　整流器面板元器件示意图

1—面板;2—标签框(操作过电压故障);3—标签框(控制回路接通);4—标签框(直流侧过电压故障);5—标签框(主回路接通);6—标签框(PLC故障);7—标签框(主回路切断);8—信号灯;9—数字式交流电压表;10—数字式直流电压表;11—数字式直流电流表;12—标签框(交流电压表);13—标签框(直流电压表);14—标签框(音响释放);15—旋钮开关;16—标签框(直流电流表);17—信号灯;18—标签框(元件故障报警);19—标签框(整流器柜90 ℃报警);20—标签框(整流器柜70 ℃报警)

(3)进出线方式。交流进线:从柜前方下部分两组顺序为U、V、W(黄、绿、红)输入;直流线:可从柜中下部引出前负(蓝)后正(赭)。

(4)双柜体结构左右部分分别由12支整流元件组成三相桥式整流电路,如图3-13-20所示。柜下部左右侧各装有一块操作过电压保护板,每支元件的前后部装有各元件的换向过电压保护板。整流柜后部装有控制回路电器元件板,柜子中部直流正母线上套有电流传感器。

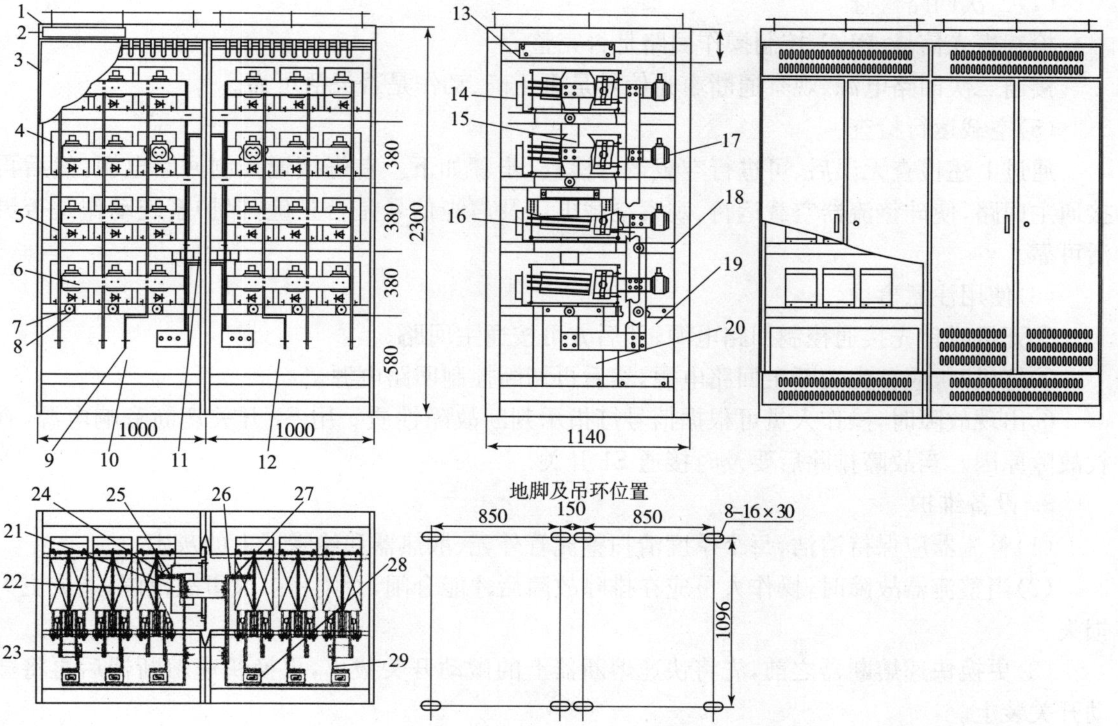

图 3-13-20　整流器柜装配示意图

1—柜体；2—产品铭牌；3—面板；4—元件组；5、6、9、15～17、22～27、29—铜排；7—绝缘子；8—支撑板；10—传感器板；11—胶板；12—电器元件板；13—泻放电阻；14—阻熔板；18—横撑；19—操作过电压板；20—直流过电压保护板；21—电流传感器；28—快速熔断器

(5)柜内上部装有 RC 回路的放电电阻。

7. 检查安装和使用注意事项

(1)安装前的检查

整流器在安装前，应详细检查柜内所有电气元件有无因在运输途中受震损坏、紧固件松动、导线连接处断裂或线圈绝缘受潮，以及裸露部分是否有碰壳接地或短路等现象，如有上述现象应立即进行修整或烘干，清除柜内灰尘，仔细清除整流管和绝缘子上的灰尘。

(2)整流器安装注意事项

①整流器安装场地应保证通风良好。

②整流器安装基础应牢固、平整，柜下应设有电缆沟。

③整流器安装场地前后应留有大于 700 mm 的空间，保证检修方便。

④如果两面柜体是在现场拼装，就需要注意适时进行柜体间母线的连接，按产品说明书的要求，用厂家提供的材料进行连接，确保连接正确可靠。

⑤整流器吊装时应四角同时起吊，不得有歪斜现象，防止柜体变形。

⑥整流器应与基础固定牢固。

(3)运行前进行绝缘检查

用 2 500 V 兆欧表测量主回路对地绝缘电阻，不应低于 10 MΩ(用兆欧表测量绝缘电阻和做工频耐压试验时，必须将整流元件短路，否则硅整流元件有击穿的危险，其他半导体元件也应作短路)。

(4)二次回路检查

检查声光信号、PLC、控制操作回路是否完整。

接通二次回路电源,观察通断声光信号是否正确、动作是否灵活可靠。

(5)空载运行检查

通过上述检查无误后、可进行空载运行检查,步骤如下。首先接通控制回路电源,然后再接通主回路,使硅整流器空载运行,观察空载电压及声光信号是否正确,保护系统动作是否灵活可靠。

(6)使用注意事项

①开机时首先接通控制回路电源,然后方可按通主回路。

②停机时,应首先切断主回路电源,然后再切断控制回路电源。

③出现故障时,操作人员可根据信号灯指示判断故障性质。用 S1 开关切断音响电源,查找故障原因。当故障排除后要及时接通 S1 开关。

8. 设备维护

(1)整流器应保持清洁,每个季度清扫整流管外壳、散热器和绝缘子上的灰尘。

(2)当整流器故障时,操作人员应在排除故障后才能合闸,否则将扩大事故范围,造成更大损失。

(3)更换快速熔断器之前,先将快速熔断器上的微动开关拔出,更换快速熔断器后再将微动开关装上。

(4)更换整流管时,应按随机提供的元件参数选配。用清洁的抹布清洁散热器的支承面和整流管的接触面,用硅脂均匀涂在整流管接触面上,将整流管接触面上的中心定位孔对准散热器上的定位销,将整流管作旋转运动,以均匀硅脂,元件压力应保证 2.7～3 t,并注意元件的极性。

9. 运输保管

(1)产品在运输过程中,不应有剧烈振动、撞击和倒置现象。

(2)产品不应曝晒淋雨,应存放在空气流通,周围介质温度不高于+40 ℃、不低于−30 ℃,空气最大湿度不超过 90%[相当于空气温度 20 ℃±5 ℃时],及无腐蚀性气体的仓库中。

10. 二次回路对可编程序控制器(PLC)的要求

(1)整流器每个桥臂单只元件故障时,根据用户要求对外提供 3 对无源接点。

(2)整流器每个桥臂两只元件故障时,根据用户要求对外提供 4 对无源接点。

(3)300%额定电流输出 1 min 时,对外提供一对常开、一对常闭接点。

(4)当出现操作过电压故障时,根据用户要求对外提供 3 对无源接点。

(5)当柜内温度达到 90 ℃时,对外提供两对常开接点。

(6)当柜内温度达到 110 ℃时,对外提供两对常开接点。

(7)强行开门时,对外提供一对常开接点。

(8)根据变压器网侧断路器提供的一对常开接点,设立主电路通、断指示。

(9)机内设置单只快速熔断器故障、双只快速熔断器故障、300%额定电流 1 min 报警、操作过电压报警、温度超高故障报警等综合报警功能。

3.13.3.3　西安永电生产的 1 500 kW 整流器

西安永电电气有限责任公司是中国北车股份有限公司永济新时速电机电器有限责任公司所属的专门从事电力电子部件和装置研发、制造、销售、服务的高新技术企业。

1 500 V整流装置YGN2Q 24脉波整流电源，额定功率：2 200 kW；额定交流输入电压：1 180 V；额定直流输出电压：1 500 V；额定直流电流：1 467A；冷却方式：空气自然冷却；过载能力：100%—连续；150%—2 h；300%—1 min；整流器耐压：主回路对地、主回路对辅助回路6 kV；辅助回路对地2 kV；整流桥臂并联二极管的电流不平衡度≤10%；整流器桥臂二极管串并联数：1串3并。

750 V整流装置YGN2Q 24脉波整流电源，额定功率：1 500 kW；额定交流输入电压：590 V；额定直流输出电压：750 V；额定直流电流：2 000 A；冷却方式：空气自然冷却；过载能力：100%—连续；150%—2 h；300%—1 min；北京市轨道交通亦庄线工程牵引供电系统，采用了西安永电电气有限责任公司生产的YGN2Q 24脉波整流器。

整流装置是地铁牵引供电系统专用整流电源。它将牵引变电所内整流变压器输出的1 180 V或590 V交流电压转换成DC 1 500 V或750 V向接触网(轨)供电。每座牵引变电所内，由整流变压器和整流器组成。24脉波整流电路由两组12脉波整流电路构成，12脉波整流由两个6脉波3相整流桥并联组成。其中一个3相整流桥接向整流变压器的二次侧星形绕组，另一个3相整流桥接向整流变压器的二次侧三角形绕组。由于每台整流变压器二次侧星形绕组和三角形绕组相对应的线电压相位错开$\pi/6$，便可以得到两个三相桥并联组成的12脉波整流电路。

1. 设备概述

(1)使用条件

环境温度：−5～+40 ℃。

相对湿度：日平均值不大于95%，月平均值不大于90%(25 ℃)；有凝露发生。

海拔高度：≤1 000 m。

地震烈度：7度。

振动：$f<10$ Hz时，振幅为0.3 mm；10 Hz$<f<$150 Hz时，加速度为0.1 m/s^2。

雷暴日：>90日/年。

(2)主要技术参数

额定功率：1 500 kW。

额定交流输入电压：590 V。

额定直流输出电压：750 V。

额定直流电流：2 000 A。

冷却方式：空气自然冷却。

过载能力：100%额定电流输出连续，150%额定电流输出2 h，300%额定电流输出1 min。

整流器耐压：主回路对地、主回路对辅助回路5.5 kV；辅助回路对地2 kV。

整流器臂并联的冗余度为$P-1$，任一臂并联的二极管有一个损坏时，能正常运行，满足整流器的过负荷要求及承受短路电流的要求。

二极管采用该公司生产的平板式二极管，型号为ZP4000-32，采用铝型材散热器。二极管的反向重复峰值电压为3 200 V，正向平均电流为4 000 A。

整流桥臂并联二极管的电流不平衡度≤10%。

整流器设计寿命为30年。

(3)整流器保护

快速熔断器保护：每只二极管串联一个快速熔断器。

交流侧过电压保护：压敏电阻、特种熔断器。

过电压保护：RC 回路、压敏电阻及特种熔断器。

温度保护：在整流器预测最热处设置温度传感器元件。

(4)控制与信号回路

①二极管故障指示回路。整流器的同一整流桥臂的一个二极管故障，或不同整流桥臂的两个二极管故障时均不跳闸，将二极管故障信号通过接点在当地和远方显示。

②二极管故障跳闸控制回路。整流器的同一整流桥臂的两个二极管故障时，发出跳闸信号，将二极管故障信号通过接点在当地和远方显示。

③整流器温度报警和跳闸指示回路。当整流器测试点的温度超过设定值时，能分级发出报警和跳闸信号，在当地和远方显示故障信号。

2. 结构

整流柜采用 1 200 mm×1 200 mm×2 300 mm(宽×深×高)的 GGD 金属屏柜。柜体无焊接，全部采用不锈钢螺栓连接。在柜体的前后门下部开有进气网孔，上部设有散热通风孔，两侧封盖。柜体经镀锌处理，防腐性强，表面静电塑料喷粉。

两个三相整流桥分别装于屏柜的上下部分，从前后开门可以清楚看到垂直排列的三列元件分上下两部分。前门一面放置 4、6、2 桥臂，后门一面放置 1、3、5 桥臂。两个三相桥的对应序号桥臂 1U1 和 2U1、1U3 和 2U3……并联在一起，共阳极或共阴极组成一组整流堆，每组整流堆由 1 个加工成条状的散热器和 6 个块状的散热器压装上二极管组成，每组整流堆有 6 只二极管，每柜共 6 组整流堆。交流汇流母排 L1、L2、L3、L4、L5、L6 及直流输出母排 L＋、L－集中在屏柜的下方进、出线，如图 3-13-21 所示。

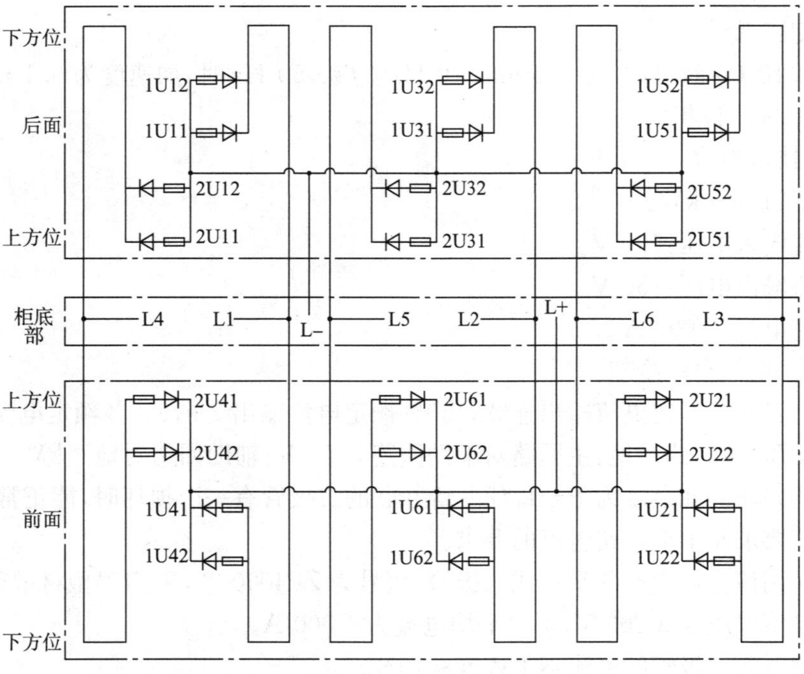

图 3-13-21　整流器主电路示意图

从图 3-13-21 中，可以看到主电路的接线形式完全满足导线短捷的连接要求，而且进出线全部安排在柜底进行，方便现场连接操作。

每桥臂铜母线上串装有逆流保护用电流传感器。快速熔断器一端接至交流母排上，另一端用铜排与块状(独立)散热器连接。

柜体的防护等级为IP20。柜前有模拟图，显示整流器的接线方式。

每个整流柜质量为1 000 kg。

整流器柜外形及内部接线如图3-13-22所示。

3. 屏面说明

(1)仪表

交流输入电压表：0～800 V。

直流输出电流表：0～4 500 A。

直流输出电压表：0～1 000 V。

(2)按钮及指示灯

屏面上的按钮及指示灯主要有DC电源、故障复位按钮、故障指示灯。

(3)故障信息显示屏

快速熔断器熔断显示：1Fu11～1Fu62、2Fu11～2Fu62

霍尔传感器电源故障显示：15 V电源

4. 整流器安装

(1)产品装卸

装卸应严格遵照国家有关装卸规程进行。

装卸设备可采用起重机、汽车吊或叉车等。

起吊在包装箱四下角垫木处挂钢丝绳，无包装或把整流器从包装箱中吊起时，必须同时吊钩柜体上部的四个吊环，谨慎小心，轻起轻落，以防损坏。

(2)产品运输

产品可用汽车、火车、轮船等交通工具运输，装运的车厢等必须保持清洁、无污染物。

在运输过程中，整流器应牢固地固定在运输车上；产品运输过程中，不允许有强烈振动、相互碰撞和移动的现象，不得倒置，应防雨、雪、尘；运输过程中，其倾斜角度不得大于30°。

(3)仓储保管

长期仓储的产品，不得拆除包装，必须在库房存放。库房应清洁、干燥，无灰尘污染，不应同时储存腐蚀性物品。

产品不允许堆码，短期户外存放时，柜体下面要用木方等垫平稳，垫高不小于100 mm。

5. 产品安装

(1)安装尺寸及电源

①整流柜外形及安装尺寸、地脚螺栓及内部接线见图3-13-22所示。

②铜母线L1～L6接交流输入电缆，铜母线L+、L—接直流输出电缆。

③保护控制电源DC 220 V。

(2)安装场地要求

①安装场地为室内，无日晒、雨淋，无腐蚀性气体。

②室内最高环境温度不大于40 ℃ 。

③室内地面干燥，无积水、凝露。

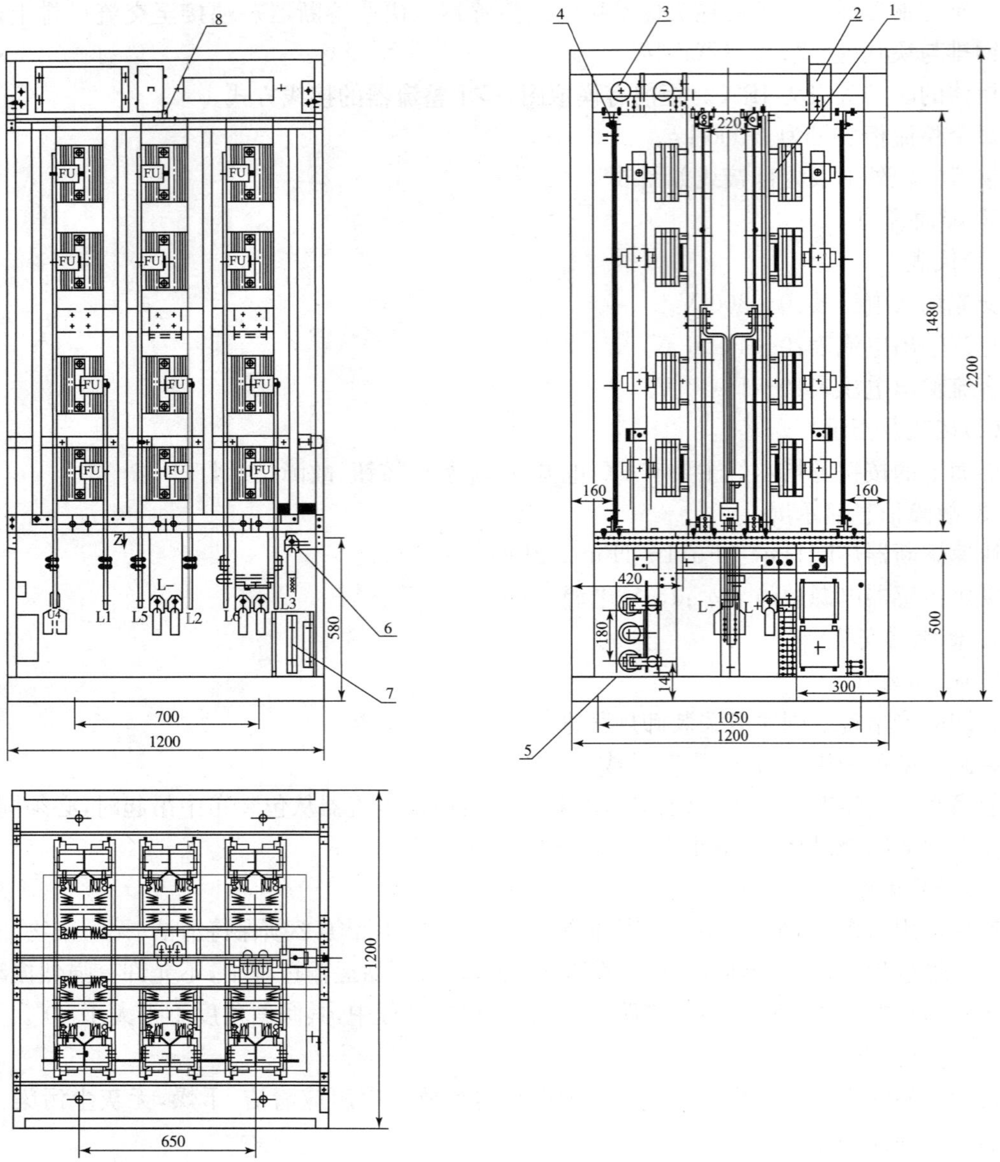

图 3-13-22　整流器柜外形及内部接线示意图

1—整流二极管；2—控制保护单元组装；3—压舱电阻组装；4—走线槽；5—交直流侧保护板；6—接地排；7—二次对外端子；8—测温元件组装

(3)安装位置检查

①测量柜体外形尺寸与进入安装位置处的门、墙等有无冲突。

②安装位置地脚螺钉是否与柜体相符。

(4)安装运输工具

吊车、铲车、套筒扳手、力矩扳手、螺丝刀。

(5)运输落位、安装

①运输落位应注意防止柜体损伤。

②确认柜体内交直流母线、保护电路接口与外部的连接位置距离正确无误。

③柜体底部垫好绝缘垫块，放置绝缘地脚螺栓。

④检查确认柜体与地绝缘隔离后，用扳手拧紧地脚螺栓。

(6)接线

①先用 2.5 kV 兆欧表测量主电路对机壳的绝缘电阻，电阻值要求 5 MΩ 以上，用 500 V 兆欧表测量辅助电路对机壳的绝缘电阻，电阻值要求 2 MΩ 以上。耐压试验后再一次测量绝缘电阻。测量前，将主电路交直流母线短接，电流表、电压表端子短接，辅助回路插头拔下。

②在主电路与机壳之间施加工频交流电压 5.5 kV 1 min，应无击穿和闪络现象。

③在辅助电路与机壳之间施加工频交流电压 2 kV 1 min，应无击穿和闪络现象。

④低压通电试验：用三相调压器，从 L1～L3、L4～L6 输入 AC 380 V，逐渐升高输入电压，观察柜体直流电压表有无输出，以此检查二极管及主回路工作是否正常。

⑤一次回路接线，根据设计确定的电缆数接线。带电零部件之间连接必须牢固。

⑥二次回路接线，二次回路对外接线由端子排引出。

(7)通电前的检查

①外观检查：按图纸检查主电路和辅助电路接线是否正确：检查所有紧固件是否紧固、弹簧垫圈是否压平；清扫绝缘子、二极管、熔断器、电容器表面的灰尘。

②保护显示装置功能试验：

a. 接入电源，检查控制电源是否工作、开门照明灯是否亮、关门照明灯是否熄、DC－DC 开关电源是否工作。

b. 人工短接同一桥臂的一个熔断器或不同桥臂的两个熔断器的辅助触点，观察液晶显示屏有无相应熔断器位置显示，检查端子排有无报警信号输出；短接同一桥臂的两个熔断器的辅助触点，观察液晶显示屏有无相应熔断器位置显示，检查端子排有无跳闸信号输出。

c. 人工短接测温元件的触点，模拟达到报警、跳闸温度，检查端子排有无报警信号输出。将温度显示仪表投入工作，检查显示温度是否与实际相符。

③检查加热装置的手动开关、自动开关是否能正常工作。

各项试验和检查完成后电路恢复原状，安装好前后门的玻璃防护板，关好前后门，准备升高压。

6. 整流器检查

整流器在地铁供电系统中只是其中一个环节，前面有交流开关接入电网，后面有直流开关接通负载。在通电或断电时，整流器虽然没有直接操作，但在通电前和断电后必须对其进行检查。

(1)外观检查

①依照图纸检查主、辅电路接线正确与否。

②检查紧固件有无松动、裂纹，目测弹簧垫圈是否压平。

③检查母线有无过热、氧化发黑等痕迹；过压吸收阻容有无过热烧损现象。

④检查熔断指示器有无跳出。

⑤用毛刷或吸尘器清扫柜下部进风网孔和上部出风网孔的灰尘，清扫电阻、电容、二极管、熔断器、绝缘子、传感器等表面的灰尘。

(2)元器件检查

①用万用表检查各二极管的正反向电阻值有无异常。

②用万用表或阻容电表检查保护用电阻、电容的参数有无异常，是否接入电路中。

(3)动作检查

①辅助电路接入电源，检查控制电源是否工作，开门时照明灯是否亮，关门时照明灯是否

熄灭。

②人工短接同一桥臂的一个熔断器或不同桥臂的两个熔断器辅助触点，用万用表检查端子排有无报警信号输出；短接同一桥臂的两个熔断器辅助触点，检查端子排有无跳闸信号输出；观察液晶显示屏有无故障信息显示。

③在逆流保护电流传感器的二次侧施加电压信号，检查端子排有无跳闸信号输出，观察液晶显示屏有无故障信息显示。

7. 整流器维修

(1)故障处理

整流器报警与跳闸原因分析及故障处理方法见表3-13-14。

表3-13-14　整流器报警与跳闸的原因分析及处理方法

现象	原因分析		处理方法	备注
报警	快速熔断器损坏	同一桥臂有一只二极管损坏或不同桥臂各有一只二极管损坏	根据液晶显示屏提示信息记录故障二极管	继续运行
	电流传感器±15 V电源故障	DC 110 V/DC ±15 V电源模块故障	检查电源模块	
	温度超过报警设定值	散热网堵塞或环境温度过高	清扫散热网	
跳闸	快速熔断器损坏	同一桥臂有两只二极管损坏	检查后更换二极管	停止运行，进行维修
	温度超过跳闸设定值	二极管超过工作温度或散热网堵塞、散热不利或环境温度过高	检查二极管，清扫散热网	

(2)二极管更换

①工具。力矩扳手一幅、M16套筒扳手一幅、M16～M18扳手二件、导电脂一盒、分析用纯酒精、药用纱布若干。

②二极管备品。当元器件损坏时，需换上厂方提供的配件备品。

从整流器出厂履历本找出损坏二极管的峰值电压。并从厂家提供的备品中找出与其相同等级的二极管，要求换上的配件备品与被换元器件的峰值电压相等或相差不大于0.2 V。

③更换步骤。

a. 拆下装在块状散热器前的快速熔断器和与之连接的母排。

b. 松开与损坏二极管套件所连接的全部螺栓，将二极管套件轻轻取下，以免磕碰划伤绝缘件及其他组件。

c. 将二极管套件紧固螺栓松开拆下，取出损坏二极管。

d. 用药用纱布蘸取少许分析用纯酒精，将备用二极管两面及散热器与二极管的接触表面擦拭干净。

e. 按图3-13-23顺序组装散热器、二极管及其附件，用力矩扳手紧固，紧固力矩为70 N·m。

④在组装好的二极管套件上散热器与铜母线接触的地方涂抹导电膏，按照原来顺序将二极管套件安装到位，紧固螺栓。

⑤将快速熔断器、铜排装上恢复原位。

(3)整流器主要配件

整流器主要配件明细表规格参数如表 3-13-15 所示。

表 3-13-15　主要配件明细表

序号	零部件名称	规格型号	生产厂家
1	二极管	ZP4000-32	西安永电公司
2	快速熔断器	1 250 A/690 V	BUSSMANN
3	电源板	2Q41-600-003	西安永电公司
4	压舱电阻	RXG800 A-39 kΩ	咸阳亚华电子电器厂
5	电流传感器	BLFK3000-S1	北京莱姆(LEM)公司
6	换相电容	CBB-16 pF-2 000 V	河南鹤壁华信电子有限公司

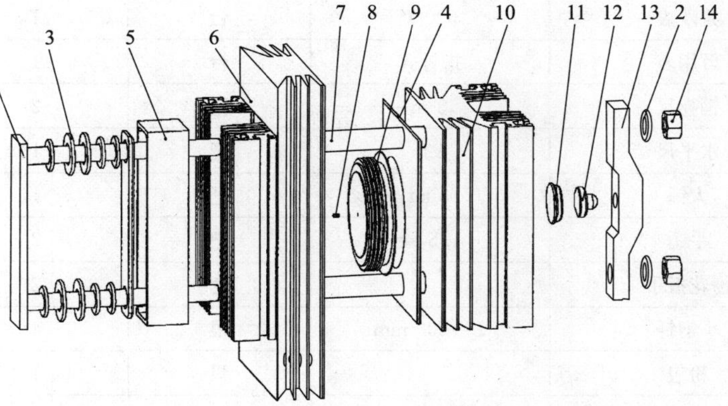

图 3-13-23　二极管压装图

1—压板 1;2—弹簧垫圈;3—垫圈;4—定位绝缘板;5—绝缘板;6—条形散热器;7—绝缘套管;8—定位销;9—二极管;10—块状散热器;11—碟形垫圈;12—钢珠;13—压板 2;14—锁紧螺母 M16

3.13.3.4　整流器安装

综合前述三种整流器的介绍,下面就整流器的安装方式做一简要介绍。整流器要求绝缘安装,采用在开关柜柜体和基础槽钢及地面间加垫绝缘板的方法,保证柜体的对地绝缘。

1. 施工准备

(1)劳动组织

整流器安装的劳动组织如表 3-13-16 所示。

表 3-13-16　整流器安装的劳动组织

作业内容	人　数	备　注
施工负责人	1	施工组织
技术负责人	1	技术质量
变压器运输	6	全体参加
防护罩安装	4	分组
接地线安装	2	分组

(2)常用工机具

整流器安装的常用工机具如表 3-13-17 所示。

表 3-13-17 整流器安装的常用工机具

序号	名 称	型号规格	单位	数量	备 注
1	液压手动叉车	2 t	台	2	
2	扭矩扳手	300 N	套	1	
3	门型吊装架	自制	套	1	
4	倒 链	1.6 t	组	2	
5	手动套丝器	Y2-2	套	1	
6	手电钻	13 mm	台	1	配扩孔器
7	手提砂轮机	单相	台	1	
8	人字梯	3 m	架	1	
9	丝锥	10 mm	套	1	
10	兆欧表	500 V	台	1	
11	万用表	指针式	台	1	
12	钢卷尺	5 m	把	2	
13	水平尺	1 m	把	1	
14	大锤	5 kg	把	1	
15	手锤	1.5 kg	把	2	
16	梅花扳手		套	2	
17	小钢钎	L=300 mm	根	4	
18	粉包		只	1	
19	吹风机	300 W(热风)	台	1	
20	直角尺		把	1	
21	电源配电箱		套	1	
22	照明灯具		套	2	

(3)常用材料

整流器安装的常用材料如表 3-13-18 所示。

表 3-13-18 整流器安装的常用材料

序号	名 称	规 格	单位	数量	备 注
1	绝缘板	环氧树脂，厚 5 mm	块	7	
2	绝缘垫片	ϕ12 mm	只	28	
3	绝缘套	ϕ12 mm	只	28	
4	绝缘帽	ϕ12 mm	只	28	
5	绝缘胶	中性	kg	0.5	
6	双面胶	宽 30 mm	m	30	
7	铅笔	HB	只	1	
8	电力复合脂		kg	0.5	
9	钢锯条		根	10	
10	防锈漆		kg	1	

续上表

序号	名　称	规　格	单位	数量	备　注
11	调和漆	灰	kg	0.5	
12	毛刷	1.5寸	把	2	
13	线绳	ϕ1.0 mm	kg	0.2	
14	棉布	背心布	kg	2	
15	建筑封堵剂		管	1	
16	玻璃胶		管	1	

2. 工艺流程

整流器安装的工艺流程如图3-13-24所示。

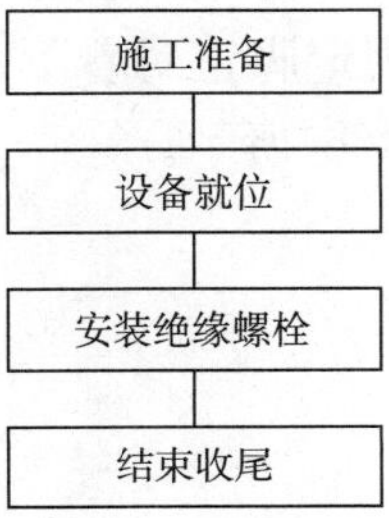

图3-13-24　整流器安装工艺流程图

3. 操作要点

(1)施工准备

①清除整流器柜基础槽钢上及附近的各种杂物,保持施工现场清洁。

②绝缘板安装在基础槽钢和柜体之间,用棉布对绝缘板和槽钢的表面进行擦拭,然后用环氧树脂胶将绝缘板固定在基础槽钢上,用测量对角线长度的方法并配合角尺保证绝缘板的正确位置,如图3-13-25所示。经过24 h后进行下一道工序。

③待环氧树脂胶凝固后,用吹风机驱除绝缘板四周和下方的潮气,并用泡沫填充剂和玻璃胶封堵绝缘板间隙,以防止设备经过长时间运行后,灰尘和其他杂质进入间隙,造成对地绝缘的降低。

④用比设备框架宽度、深度尺寸各大10 mm的整张绝缘板覆盖在基础槽钢上,保证框架的绝缘,如图3-13-26所示。

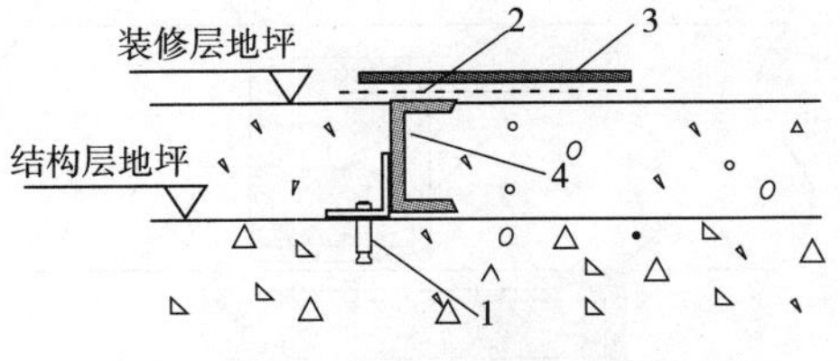

图3-13-25　绝缘板固定在基础槽钢上示意图

1—膨胀螺栓;2—环氧树脂胶;3—绝缘板;4—槽钢

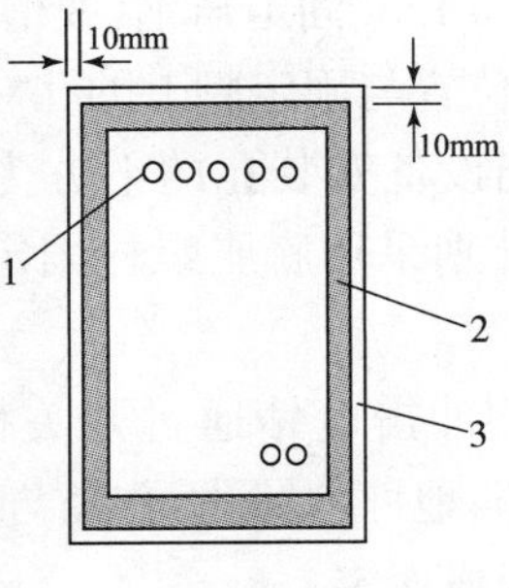

图3-13-26　直流设备框架与绝缘板相对位置示意图

1—电缆进出孔;2—设备框架;3—绝缘板

采用整张绝缘板而不是只在设备框架处垫绝缘条的方法既提高了设备的绝缘效果,又保证了设备的封闭性,还能减少设备封堵的工作量。对于电缆进出的问题可在开关柜就位后在相应位置处的绝缘板上开孔即可。

(2)设备就位

①将直流设备放在绝缘板上。保证绝缘板露出设备框架外沿各10 mm,检查设备应无明

显接地点。调整柜体使其水平、垂直,如图 3-13-27 所示。

按图 3-13-27 所示步骤,首先进行柜体侧面垂直度的测量,然后再进行柜体正面垂直度的测量,也可以先正面后侧面,不推荐采用靠尺(水平尺)进行测量。

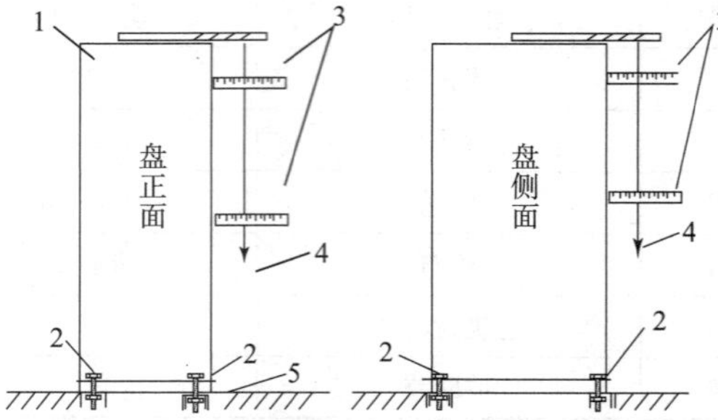

图 3-13-27　柜体安装找平法示意图

1—开关柜体;2—底盘固定螺栓;3—钢板尺;4—铅垂

②当整流器柜柜体框架上有安装孔且安装孔正对着下方基础槽钢时,根据柜体框架安装孔的位置,在下方的槽钢上开孔,如图 3-13-28(a)所示。

③当柜体上无安装孔或安装孔不合适时,需要先在框架上用自攻螺钉安装柜体固定脚,固定脚正对着下方基础槽钢,然后根据固定脚上孔的位置,在下方的槽钢上开孔,如图 3-13-28(b)所示。

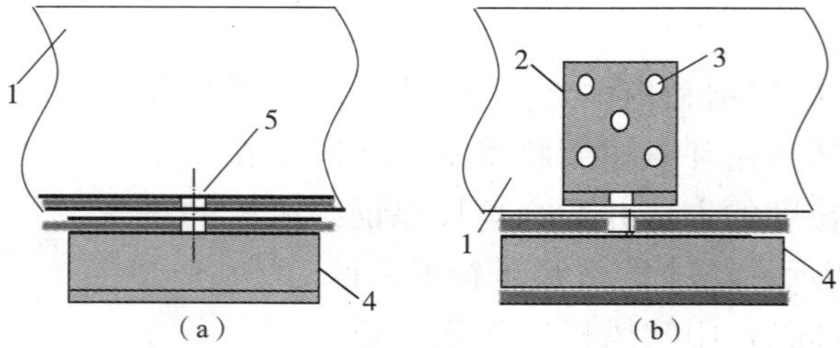

图 3-13-28　整流器柜柜体框架固定示意图

1—设备框架;2—柜体固定脚;3—自攻螺钉;

4—基础槽钢;5—框架安装孔

当柜体固定脚不能正对着下方的基础槽钢时,可以在附近相应的基础槽钢上焊接 50 mm×50 mm×5 mm 固定角钢(或槽钢),角钢伸到固定脚的下方位置,然后在角钢的相应位置上打孔,孔的位置与固定脚上的孔对应,如图 3-13-29 所示。

④当设备安装孔的下方为混凝土地面,同时又计划采用膨胀螺栓固定开关柜时,步骤如下。

a. 用冲击电钻通过开关柜地脚螺栓的安装孔,向地坪内钻孔,孔径与深度根据膨胀螺栓的规格而定。

b. 用吸尘器吸除孔中的粉末。

c. 将绝缘膨胀螺栓放入孔内,稍稍拧紧。

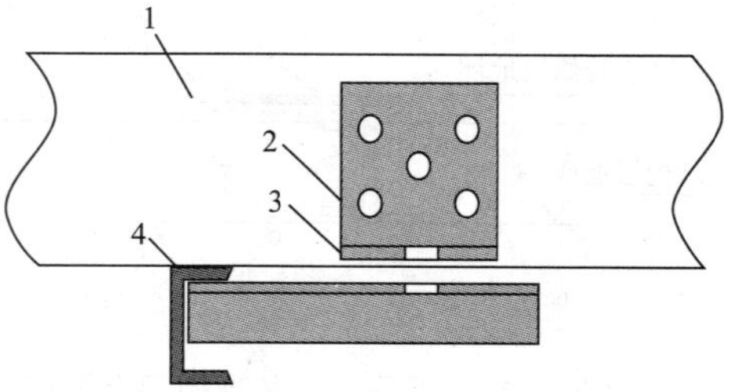

图 3-13-29　整流装置连接螺栓固定位置示意图

1—设备框架;2—柜体固定脚;

3—固定角钢;4—基础槽钢

d. 将开关柜抬起 2～5 cm,并在柜子四周垫上楔铁,用吸尘器、毛刷等清除地面、柜底下、孔四周的粉末,然后落下柜体。

⑤将连接螺栓穿上绝缘套、绝缘垫片,由上向下穿入,连接固定牢固。最后在螺栓上套上绝缘帽,如图 3-13-30 所示。

⑥采用焊接固定角钢方式固定开关柜时,需先在固定角钢与柜体固定脚间加垫上绝缘板,

绝缘板上钻孔，然后用螺栓连接固定。

用绝缘螺栓固定开关柜时，在螺栓外套上绝缘套，拧紧螺栓，然后在螺栓上套上绝缘帽，如图 3-13-31 所示。

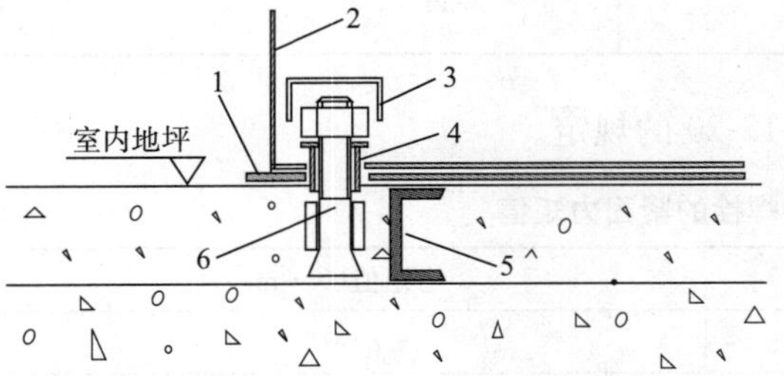

图 3-13-30 整流装置膨胀螺栓固定示意图(一)
1—绝缘板；2—柜体框架；3—绝缘帽；
4 绝缘套；5—基础槽钢；6—绝缘膨胀螺栓

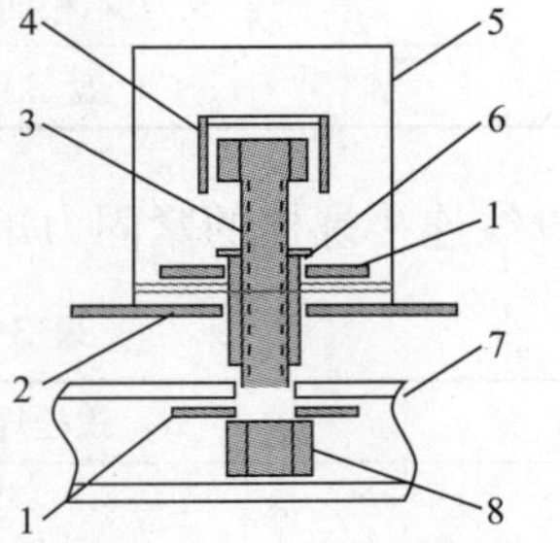

图 3-13-31 整流装置膨胀螺栓固定示意图(二)
1—绝缘垫片；2—绝缘板；3—连接螺栓；
4—绝缘帽；5—柜体(或固定脚)；6—绝缘套；
7—槽钢(或焊在槽钢上的角钢)；8—连接螺母

⑦对于 12 脉波整流器柜而言，在安装的时候要采取成列盘柜的安装标准，两面柜拼接后，要按照产品说明书的规定，进行柜体间的母线连接。此时需要注意连接母线的极性，切不可大意。

⑧柜体安装完成后，需要对柜体的绝缘进行检查，应达到施工标准的规定。

(3)结束收尾

①检查核对柜体连接及柜内母线连接，应正确无误，所有连接点达到产品规定的紧固力矩值。

②检查柜体上安装的测量表计和电磁锁是否达到产品规定，必要时，可接临时电源进行检验。

③检查进出线及接地电缆的规格型号，应符合设计要求，敷设的连接对象符合产品的规定。

④按施工技术标准，剥切制作电缆头并进行连接，在电缆头处做色标标识。

⑤用产品附带的面漆对所有油漆脱落处进行补漆，并对柜体底板进行封堵。

⑥填写整流装置安装技术记录。

4. 施工技术标准

(1)直流整流装置安装完成且一次、二次电缆接线完毕后，整体框架的对地绝缘，用 1 000 V兆欧表测量，不得小于 2 MΩ。

(2)直流整流装置的绝缘板露出直流设备框架外沿应不小于 10 mm，绝缘板布置应平直。

(3)直流整流装置及其他各类盘、柜、屏安装的允许偏差应符合表 3-13-19 规定。

表 3-13-19 盘、柜、屏安装的允许偏差

序号	项目		允许偏差(mm)
1	垂直度		<1.5
2	水平度	相邻两盘、柜顶部	<2
		成列盘、柜顶部	<4

续上表

序号	项　　目		允许偏差(mm)
3	不平度	相邻两盘、柜面	<1
		成列盘、柜面	<4
4	盘、柜间接缝		<2

(4)母线连接螺栓的紧固力矩值应符合表3-13-20的规定。

表3-13-20　母线连接螺栓的紧固力矩值

序号	螺栓规格(mm)	力矩值(N·m)
1	M8	8.8～10.8
2	M10	17.7～22.6
3	M12	31.4～39.2
4	M14	51.0～60.8
5	M16	78.5～98.1

5. 安全控制点

(1)绝缘板安装时必须保证槽钢和绝缘板接触面的清洁,绝缘板必须盖住基础槽钢,且绝缘板的位置必须在柜体的框架位置上。

(2)在基础槽钢上焊接固定角钢时,必须保证固定角钢平直,固定角钢上的孔与柜体的安装孔或固定脚上的孔必须正对,以防止紧固连接螺栓时挤压绝缘套,造成绝缘套损坏而降低柜体的绝缘。固定角钢与槽钢的焊接必须牢固、无虚焊。

(3)在基础槽钢上焊接作业时应对柜体、绝缘板加以防护,防止烫伤或污染柜体、绝缘板。应在设备绝缘板安装前就焊好固定角钢或槽钢,设备绝缘板安装后只能进行钻孔等作业,不得有焊接、烘烤等作业。

(4)安装现场必须保证清洁;安装前、安装过程的间隙和安装完毕后,应用塑料布将开关柜严密封盖,防止灰尘、潮气进入。

3.14　直流设备安装

中国城市轨道交通的建设工程中使用的直流开关设备,主要有镇江大全赛雪龙牵引电气有限公司引进的瑞士赛雪龙公司产品、西门子(中国)有限公司使用的西门子公司或者瑞士赛雪龙公司产品、天津保富电气有限公司和上海电气成套厂引进的德国保富公司产品。进口成套设备价格昂贵,后期维护成本高,对今后轨道交通的产品维护和更新换代不利。为保证中国轨道交通直流开关设备的可持续发展,打破国外垄断,提升国内装备制造水平,在推广国内企业早期已有的国产化成果的基础上,试制具有国内自主知识产权的产品,对推进中国轨道交通供电设备的发展具有重大意义。

牵引变电所直流主接线的形式主要分为两种:一是单母线接线,一是带备用母线的双母线接线。

单母线接线,主接线为单母线接线形式,如图3-14-1所示,整流机组正极通过直流快速开关或电动隔离开关与正母线相连,整流机组负极通过手动隔离开关与负极柜中的负母线相连,

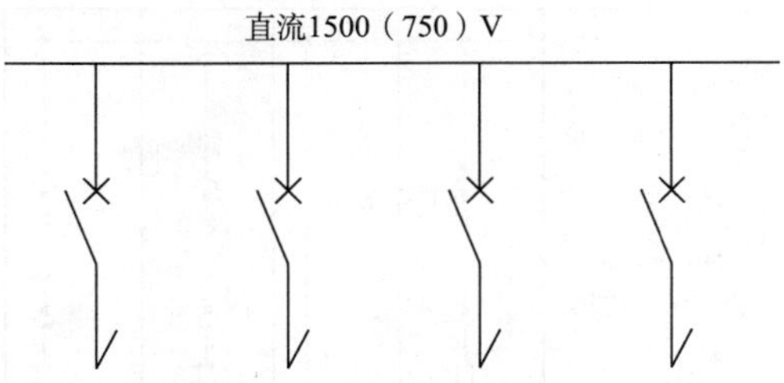

图 3-14-1　单母线接线图

直流正母线设 4 路直流快速开关馈出线，馈出回路通过直流快速开关分别向左右两方向的上、下行牵引网供电。但车辆段变电所的馈出线数量要根据需求设置。馈出线的直流快速开关至正线接触网间设电动隔离开关，作为检修时明显断开点，在上行、下行同一供电分区电分段处设纵向越区电动隔离开关。整流机组正、负极之间设避雷器，正母线设避雷器。变电所内需备用一套直流快速开关手车。

此种接线形式简单实用、可靠性高，无论是整流机组、进线直流快速开关(电动隔离开关)、直流母线、馈出直流快速开关故障或检修，不会影响直流牵引供电系统运行，可以改变运行方式，通过越区电动隔离开关实现大双边供电。车辆段牵引网正常运行方式下为单边供电，当车辆段牵引变电所退出运行时，由正线牵引变电所通过出入段线的联络电动隔离开关向车辆段提供直流牵引电源，仍为单边供电。

带备用母线的接线，直流主接线为双母线接线或称作带备用母线的接线形式，如图 3-14-2 所示，在单母线接线基础上，增加了正母线备用母线和一台旁路备用直流快速开关，直流正母线通过直流快速开关分别向左右两方向的上、下行牵引网供电。工作母线和备用母线之间设有备用直流快速开关，直流开关的备用通过每个变电所与旁路母线连接的备用开关及每个馈线开关的旁路隔离开关实现。备用直流快速开关可以替代四路馈出直流快速开关中的任何一个，具备馈出直流快速开关的所有功能。这种接线的优点是倒闸操作灵活性高，当某一馈出直流快速开关故障或检修，可以先合上备用直流快速开关，将故障直流快速开关退出运行，再抽出检修，这样供电臂始终是双边供电状态。此种接线优于单母线接线，变电所也不必再备用一套直流快速开关手车。

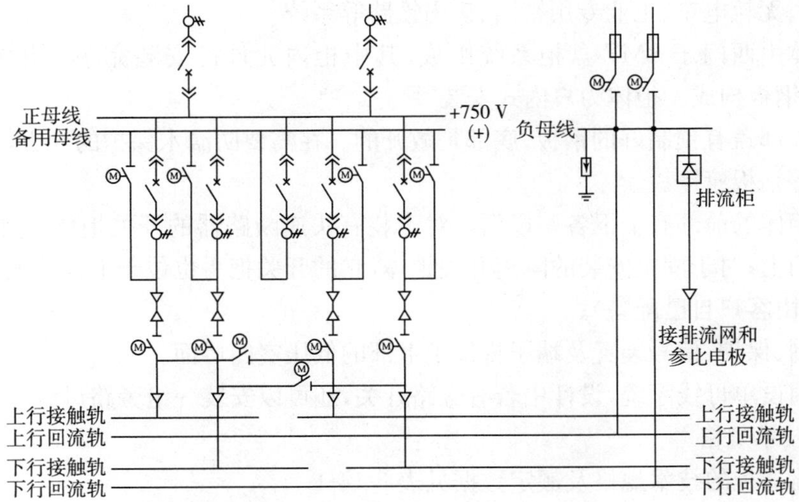

图 3-14-2　带备用母线接线图

该方案的缺点是投资较多，占地面积稍大，开关间联锁关系多，接线较为复杂。其优点是在馈线开关发生故障时，可由调度人员在很短的时间内投入备用，在保证供电可靠性的同时为运营提供了很大的灵活和方便。北京、大连等城市轨道交通直流 750 V 系统采用带备用母线接线形式较多。

1 500 V 直流开关柜的排列布置如图 3-14-3 所示，此种形式也适用于直流 750 V 系统。

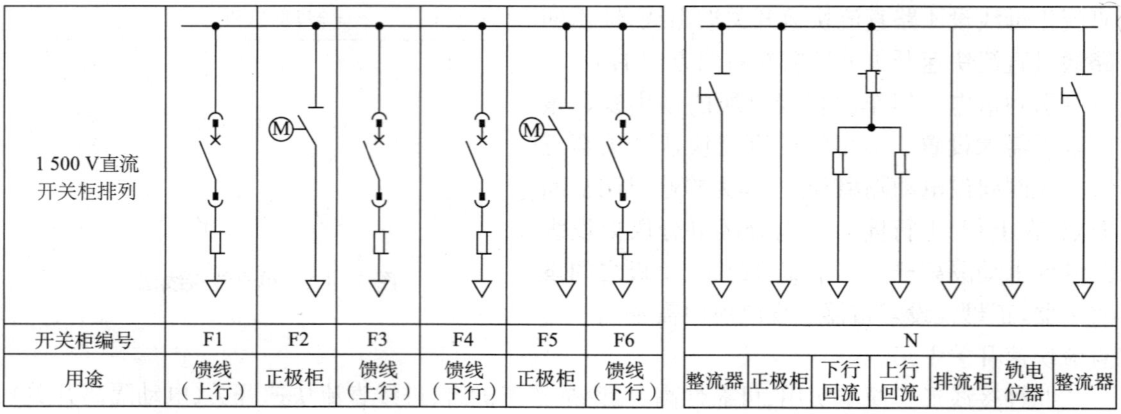

图 3-14-3　直流开关柜的排列示意图

牵引系统中的直流设备(直流开关柜、整流器柜、排流柜、静调电源柜等)要求绝缘安装,采用在开关柜柜体和基础槽钢及地面间加垫绝缘板的方法来实现并保证柜体的对地绝缘。在我国的城市轨道交通直流牵引系统中,存在两种电压等级系统,即 DC 1 500 V 和 DC 750 V,以下对 DC 1 500 V 和 DC 750 V 开关柜安装分别进行介绍。

3.14.1　西门子 8MF94/8MFSI 型直流开关柜

上海轨道交通 3 号线(明珠线)采用西门子(中国)有限公司生产的 8MF94/8MFSI 型直流开关柜,作为牵引供电系统的主要设备。

1. 产品概述

8MF94/8MFSI 型直流开关柜主要用于直流供电制式的轨道交通领域中,包括直流 600～3 000 V 的所有电压等级的地铁、直流快速运输线、高速重轨铁路、直流干线铁路、高速轻轨系统/电车系统、无轨电车、工业专用铁路、矿山铁路等系统。

开关柜体由西门子 8MF 盘柜系统组成,其中柜内元件已安装完毕。开关柜柜体由≥1.5 mm厚的钢板构成。柜体为户内式安装。

开关柜顶部盖有预制好的钢板,底部是敞开的。在需要防滴水保护的地方,开关柜体上将安装一块镀锌钢板遮篷。

开关柜柜体的前部有上下各一扇门。对于装有快速断路器的开关柜体,它的盘柜开关把手位于下部门上;对于固定安装的隔离开关柜体,它的开关把手也位于下部门上。下部的门可用挂锁锁住(由客户自己配备)。

二次控制、保护、信号装置及端子排位于上部的低压室门后面。

开关柜内设单母线系统,设计中若有旁路开关,还可以安装一组旁路母线。

2. 产品技术规格

快速断路器柜的技术规格及额定数据见表 3-14-1。

表 3-14-1　快速断路器柜的技术规格及额定数据

额定电压(V)	DC 600/750	DC 1 500	DC 3 000
绝缘电压 1.2/50μs(kV)	DC 2	DC 2	DC 4
冲击电压(kV)	18	18	40
工频耐受电压(kV/1 min)	5	7	12
母线/馈线额定电流(kA)	6.6/4.0		

续上表

额定电压(V)	DC 600/750	DC 1 500	DC 3 000
条件短路电流(t=10 ms)	160	110	55
环境最高/日均温度(℃)	40/35		
安装海拔高度(m)	≤2 000		
防护等级			
柜体	IP20D/IP21D		
低压室	IP40D/IP41D		
型式试验参照标准	IEC439-1,11.92 和 VDE0660－Pt500:04.94		
耐弧试验参照标准	DIN IEC17D(sec)141(VDE0660－Pt508)Draft06.94		
抗震试验参照标准	IEC68-2-47:82，IEC68-2-57:89，IEC68-2-59:90		
室内安装外形尺寸(mm)			
标准高度/带篷高度	2 200/2 300		
标准进深	1 400	1 400	1 500
标准宽度/可选宽度	800/600	800/600	800
最大净重(kg)			
标准/带旁路	600/660	630/690	690/750
带断路器手车	190	210	230
最小安装高度(mm)	2 400		
操作走廊最小宽度(mm)	1 200		

3. 快速断路器柜

快速断路器柜的设计是按照相关要求进行的，例如，进线柜、馈线柜、带旁路隔离开关的馈线柜、旁路柜、母联柜、区间联络柜等。带手车的馈线柜前视图如图 3-14-4 所示。

该类型开关柜由固定部分及带手车的直流快速断路器组成。

手车及固定部分之间的电气连接，根据开关柜的用途不同分别具有以下各种连接形式：母线隔离触头、电缆连接隔离触头、测试回路隔离触头、控制回路连接、防短路接地连接等。

(1)固定部分

固定部分为下列互相隔离的几个功能单元：快速断路器室、主母线室、电缆室、测试回路室、低压室，以上所列各功能单元全部金属封装。

将开关柜分成功能单元，可使得控制电路与带牵引电压的高压部分形成明显的隔离。

①测试回路元件包括测试接触器、测试电阻、测试熔丝等。

②低压室内安装所有的二次设备(控制、保护、测量及信号)、端子排及控制装置(SIMATIC PLC 和/或 SITRAS DPU 96)，其防护等级为 IP40D。

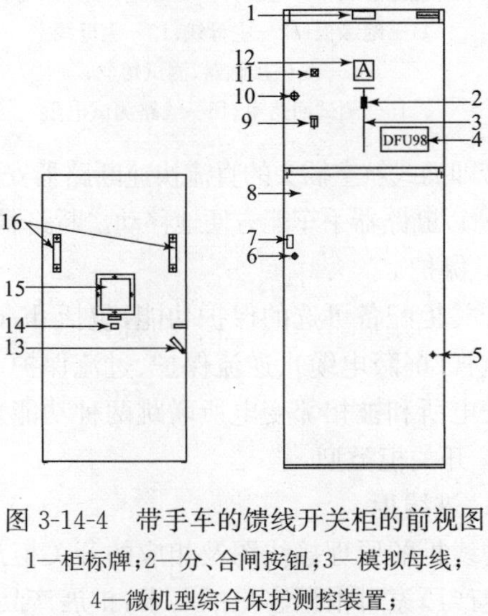

图 3-14-4　带手车的馈线开关柜的前视图

1—柜标牌；2—分、合闸按钮；3—模拟母线；4—微机型综合保护测控装置；5—断路器位置指示器；6—门锁；7—挂锁孔；8—断路器手车室门；9—大地、远方转换开关；10—低压室门锁；11—组报警指示灯；12—电流表；13—解锁连杆手柄；14—操作计数器；15—观察窗；16—手车拉手

低压室内元件与带高压的隔离放大器被分开，以避免电磁干扰低压室内的控制设备。所有的控制部件及相关开关操作显示屏均装设于低压室内，如图 3-14-5 所示。开关柜的模拟盘安装于低压室门上。

(2)断路器手车

断路器手车上面的断路器是主体设备，其本体触头分别连接在母线和电缆上，如图 3-14-6 所示。

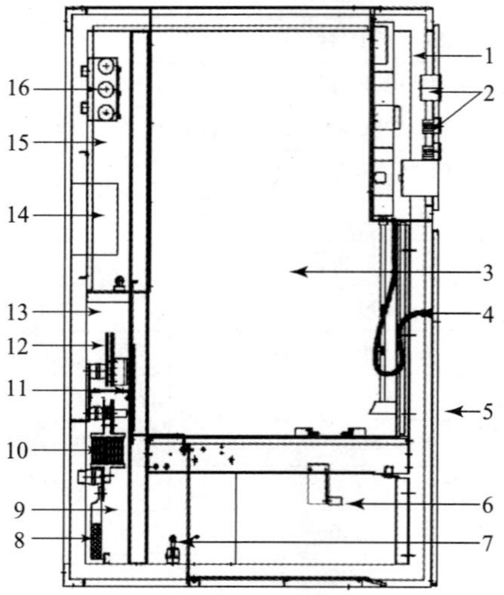

图 3-14-5　开关柜的侧视图（不含手车）

1—低压设备室；2—控制保护和显示装置；
3—快速断路器室；4—控制电缆插头；
5—快速断路器手车推进方向；6—线路测试触头；
7—接地连线；8—电缆；9—电缆室；10—分流器；
11—绝缘板；12—主母线；13—主母线室；
14—测试接触器、测试熔丝；
15—测试回路室；16—线路测试电阻

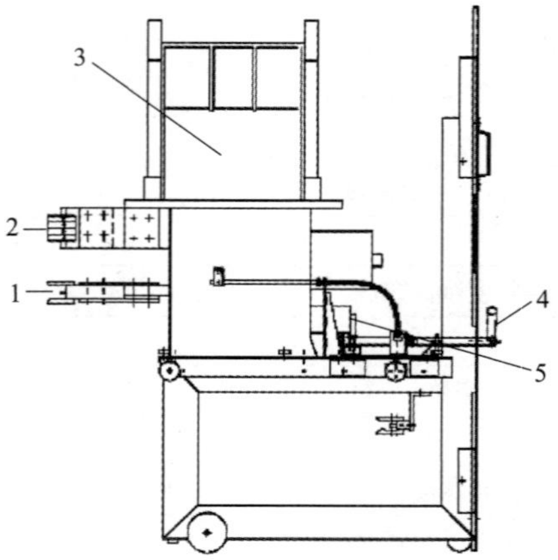

图 3-14-6　断路器手车(侧视图)

1—电缆隔离触头；2—母线隔离触头；
3—快速断路器；4—解锁连杆；
5—控制电缆插头

带即插式航空插头的直流快速断路器安装于断路器手车上。由于其具有前导向轮，并且质量较轻，所以断路器手车能方便地移动。断路器手车可安置于“工作位”、“隔离/测试”和“移出”位置。

4. 保护

开关柜配备可选的保护功能，包括 di/dt(电流变化率)保护、热保护(接触线、电缆)、电缆绝缘监视(屏蔽电缆)、逆流保护、过流保护、框架故障保护、相邻变电所双边联跳(包括去联跳相邻变电所和被相邻变电所联跳两种功能)、直接跳闸电路等。

5. 开关柜类型

(1)进线柜

进线柜的原理接线图及相应的开关柜正面视图，如图 3-14-7 所示。

生产厂家可根据客户的需求，扩展产品的功能。下面是根据客户的要求生产的双进线柜的原理接线图及相应的开关柜正面视图，如图 3-14-8 所示。

进线/负极回流组合柜的原理接线图及相应的开关柜正面视图，如图 3-14-9 所示。

(2)负极回流柜

负极回流柜的原理接线图及相应的开关柜正面视图，如图 3-14-10 所示。

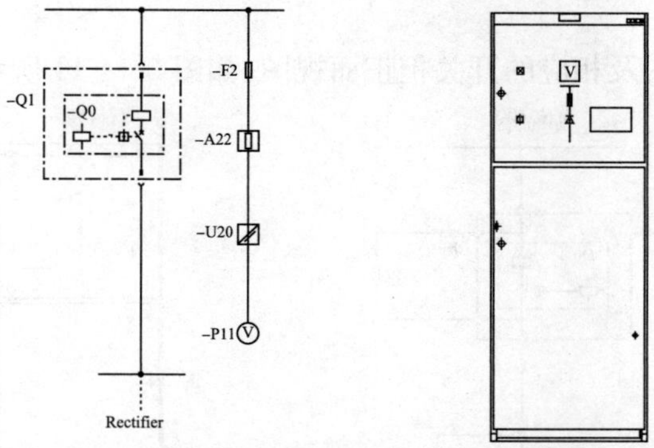

图 3-14-7　进线柜原理接线图及相应的开关柜正面视图

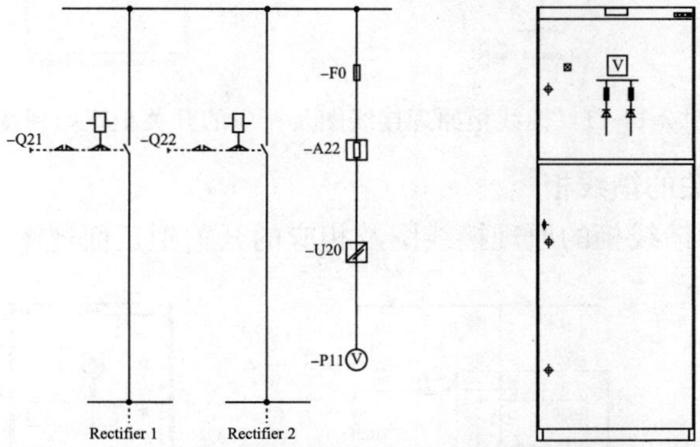

图 3-14-8　双进线柜原理接线图及相应的开关柜正面视图

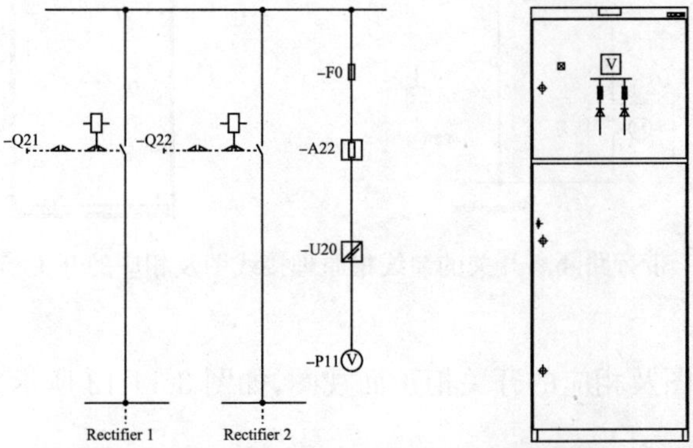

图 3-14-9　进线/负极回流组合柜原理接线图及相应的开关柜正面视图

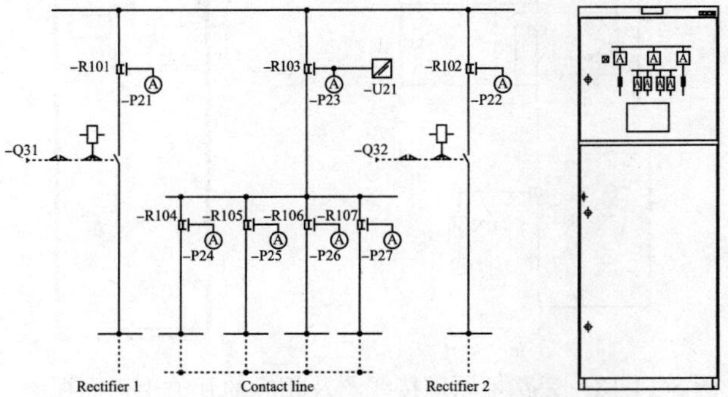

图 3-14-10　负极回流柜原理接线图及相应的开关柜正面视图

(3)馈线柜

馈线柜的原理接线图及相应的开关柜正面视图，如图 3-14-11 所示。

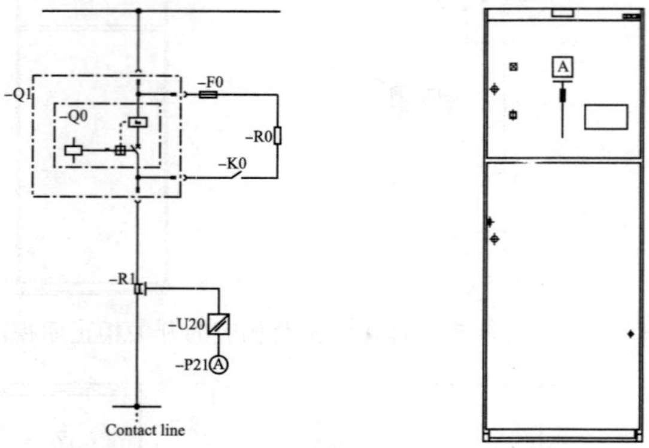

图 3-14-11　馈线柜原理接线图及相应的开关柜正面视图

(4)带旁路隔离开关的馈线柜

带旁路隔离开关的馈线柜的原理接线图及相应的开关柜正面视图，如图 3-14-12 所示。

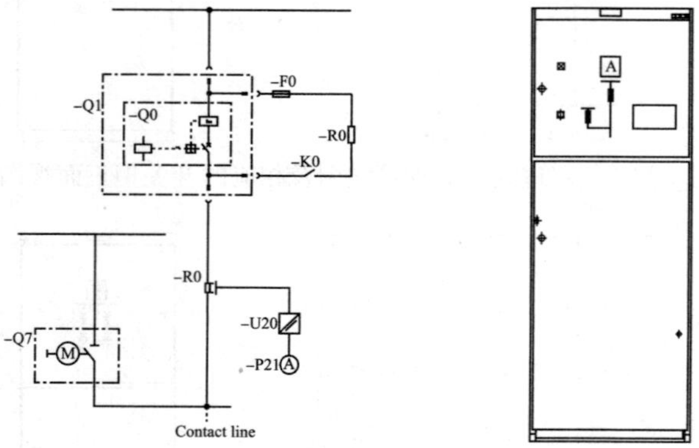

图 3-14-12　带旁路隔离开关的馈线柜原理接线图及相应的开关柜正面视图

(5)旁路柜

旁路柜的原理接线图及相应的开关柜正面视图，如图 3-14-13 所示。

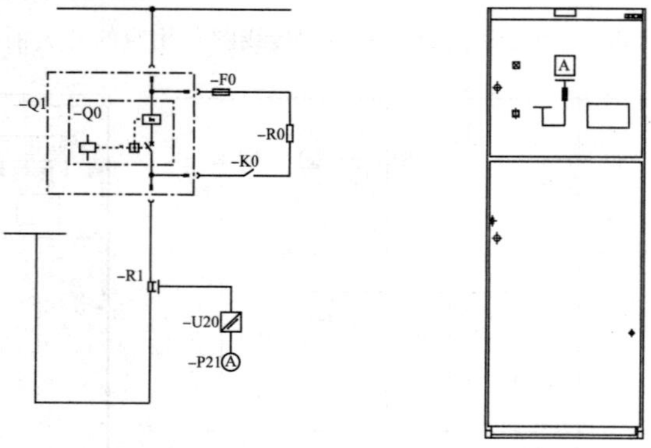

图 3-14-13　旁路柜原理接线图及相应的开关柜正面视图

(6)母联柜或区间联络柜

母联柜或区间联络柜的原理接线图及相应的开关柜正面视图,如图 3-14-14 所示。

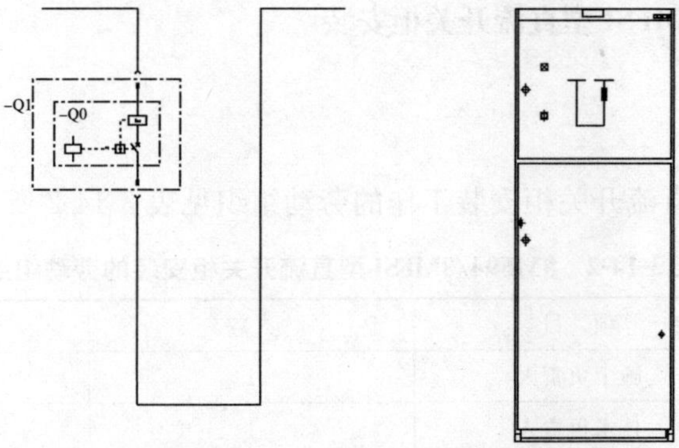

图 3-14-14　母联柜或区间联络柜原理接线图及相应的开关柜正面视图

(7)隔离开关柜

带电动隔离开关的进线柜的前视图和剖视图,分别如图 3-14-15 和图 3-14-16 所示。

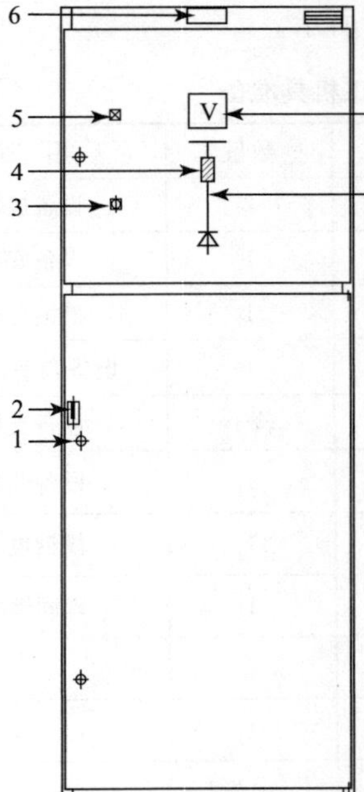

图 3-14-15　带电动隔离开关的进线柜前视图

1—门锁;2—挂锁孔;3—当地、远方选择开关;4—分合闸带灯按钮;5—组报警指示灯;6—柜标牌;7—电压表;8—模拟线

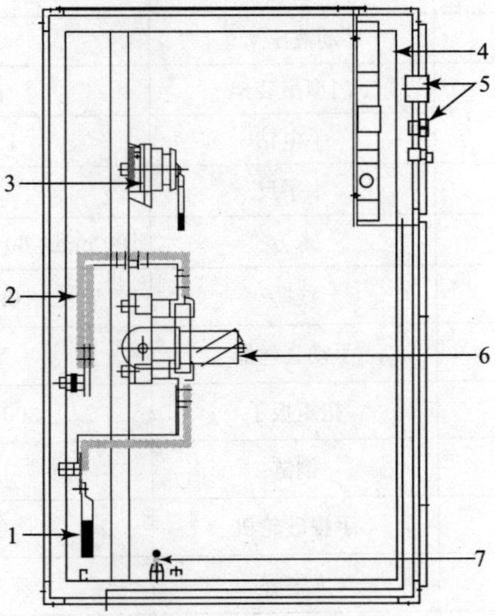

图 3-14-16　带电动隔离开关的进线柜的剖面图

1—电缆室;2—主母线室;3—避雷器;4—低压设备室;5—控制保护和显示装置;6—电动隔离开关;7—接地连线

带隔离开关的开关柜可以按相关要求进行设计,例如,进线柜、负极回流柜、进线/负极回流组合柜。隔离开关为不可移出式,可手动或电动进行操作。

图 3-14-7～图 3-14-14 中的原理接线图使用下述元器件标称代号(不同的工程项目须参照具体图纸):A22—分压器模块;P11—电压表;P21～P27—电流表;Q21、Q22—带闭锁线圈的

进线或回流隔离开关；R101～R107—分流器；U20、U21—隔离放大器。

若需了解具体类型开关柜的详细信息，请参照相应的原理图和元件的操作说明书。

3.14.2 8MF94/8MFSI 型直流开关柜安装

1. 施工准备

(1)劳动组织

8MF94/8MFSI 型直流开关柜安装工作的劳动组织见表 3-14-2 所示。

表 3-14-2 8MF94/8MFSI 型直流开关柜安装的劳动组织

序号	项 目	人数	主 要 职 责
1	施工负责人	1	安装总负责
2	技术负责人	1	负责技术工作
3	安质负责人	1	负责安全质量工作
4	开关柜安装	6	开关柜安装工作

(2)工机具准备

8MF94/8MFSI 型直流开关柜安装所需工机具见表 3-14-3 所示。

表 3-14-3 8MF94/8MFSI 型直流开关柜安装的工机具准备

序号	名称	规格	单位	数量	用 途
1	手动液压叉车	2.5 t	台	2	设备运输
2	门型吊装架	自制	套	1	设备安装
3	手电钻	13 mm	台	1	槽钢打孔
4	水平尺	1 m	把	1	设备调平、调直
5	木方	100 mm×80 mm×5 000 mm	根	若干	设备支垫
6	线坠	0.5 kg	个	1	设备调整
7	手动套丝器	Y2-2	套	1	槽钢攻丝
8	扭矩扳手	300 N·m	套	1	紧固螺栓
9	倒链	1.6 t	组	2	
10	手提砂轮机	单相	台	1	
11	人字梯	3 m	架	1	
12	丝锥	10 mm	套	1	
13	兆欧表	500 V	台	1	
14	万用表	指针式	台	1	
15	钢卷尺	5 m	把	2	
16	大锤	5 kg	把	1	
17	手锤	1.5 kg	把	2	
18	梅花扳手		套	2	

2. 工艺流程

8MF94/8MFSI 型直流开关柜安装工艺流程如图 3-14-17 所示。

3. 操作要点

(1)施工准备

①准备施工用的工具及材料，所用工具应检验合格，材料规格应符合设计及产品质量要求。

②复核设备基础槽钢安装的位置及水平度是否满足施工要求。

(2)设备开箱检查

根据设计图纸的规定，按安装顺序将开关柜依次运输到安装地点附近，并进行开箱检查，同时将厂家提供的安装连接螺栓分门别类摆放在现场的材料盒中。

(3)绝缘板安装

①根据开关柜进出线位置画出电缆孔位置，用扩孔器在绝缘板上开孔，孔径的大小应根据电缆外径决定。

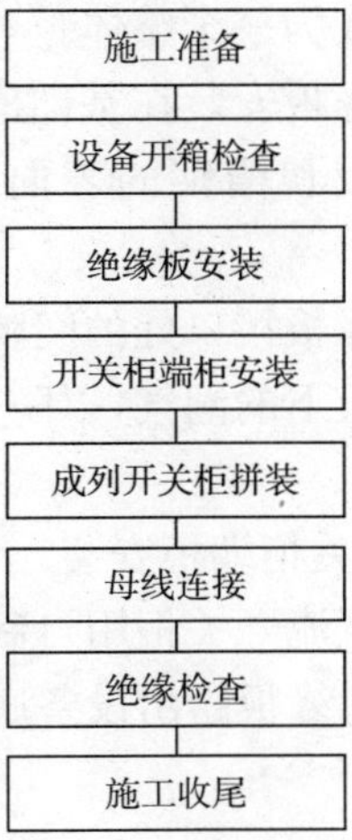

图 3-14-17　8MF94/8MFSI 型直流开关柜安装工艺流程图

②直流 1 500 V 开关柜绝缘板有两种布置形式，如图 3-14-18 和图 3-14-19 所示，图 3-14-18 是开关柜之间连接缝隙与绝缘板缝隙重合的形式，图 3-14-19 是开关柜之间连接缝隙与绝缘板缝隙不重合的形式，绝缘板之间的缝隙是在开关柜的中部。前者是一种比较传统的安装方式，但是由于绝缘板与柜体连接缝隙重合，左重力作用下，绝缘板之间的缝隙可能会变大，影响绝缘。后者柜体与绝缘板错位安装，开关柜对绝缘缝隙的压力较为分散，绝缘缝隙易于封堵，可以保证绝缘质量。

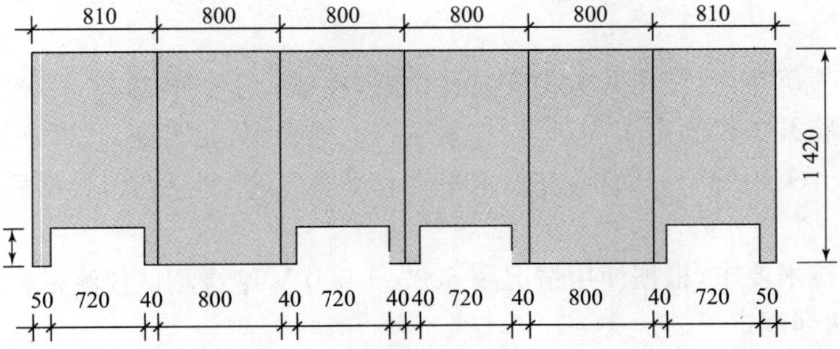

图 3-14-18　直流 1 500 V 开关柜绝缘板安装示意图(一)

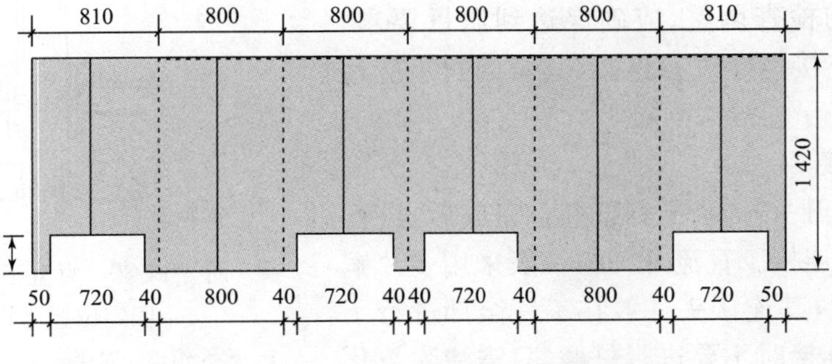

图 3-14-19　直流 1 500 V 开关柜绝缘板安装示意图(二)

无论采用哪种安装方式，提醒施工单位应提高质量意识。尤其是在成列安装直流盘柜的场所，对绝缘板缝隙的处理应采取加强措施，例如，将绝缘板的裁口部位裁斜口，然后用绝缘胶拼接使其成为一个整体。

③绝缘板安装在基础槽钢和柜体之间，根据设备的底座尺寸测出绝缘板的安装位置，用棉布将绝缘板和槽钢的表面擦拭干净，然后用建筑胶将绝缘板粘接在槽钢上，如图 3-14-20 所示。

④绝缘板接口处的间隙用中性绝缘胶填充，待绝缘胶凝固后用砂纸打平。然后用吹风机驱除绝缘板下的潮气，以防止绝缘胶填充后，灰尘和其他杂质进入间隙，受潮后造成对地绝缘的降低。

(4)开关柜端柜安装

①将直流开关柜用自制的起吊架升起，如图 3-14-21 所示，移动起吊架将设备放在绝缘板上。确保绝缘板露出设备底座内、外沿各 10 mm。

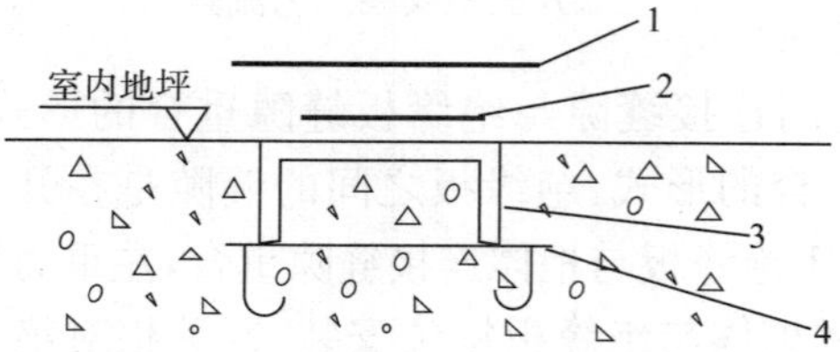

图 3-14-20　绝缘板固定示意图

1—绝缘板；2—建筑胶；3—槽钢；4—预埋件

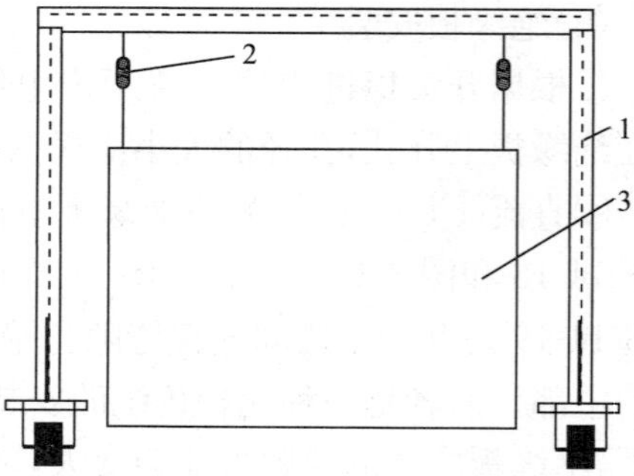

图 3-14-21　直流设备起吊示意图

1—自制起吊架；2—倒链；3—被起吊设备

②开关柜位置确定后，定出开关柜安装孔位置，在槽钢上打孔攻丝，用连接螺栓穿上绝缘套、垫上绝缘垫，将开关柜固定牢固，螺栓拧紧后扣上绝缘帽，如图 3-14-22 所示。

③组立直流开关柜的第一面柜，并做水平度和垂直度的调整检查，合格后按产品的技术规定固定第一面柜。

④按产品的技术要求，根据使用情况用 500～1 000 V 绝缘测试仪测量柜体与接地线之间的绝缘电阻，应达到规定值。

(5)成列开关柜拼装

按照产品的排列要求，组立第二台柜体。同时做好柜间拼缝的检查调整，应确保达到质量要求。柜体间应使用连接螺栓进行连接，其紧固扭矩应达到 32 N·m。

(6)母线连接

①组立两台开关柜后或全部组立完成后，进行柜体之间的母线连接。直流开关柜一般采用多片铜母线作为主母线，其连接头一般在工厂全部进行了镀银处理，现场连接时不要进行打磨，只需清除氧化膜即可。其连接形式如图 3-14-23 所示，紧固扭矩应

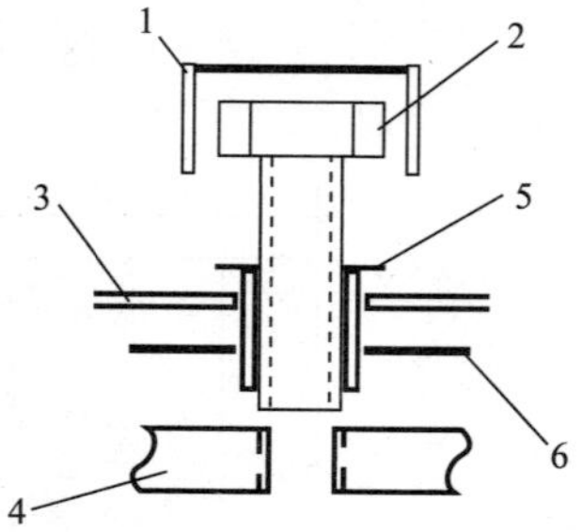

图 3-14-22　直流柜地脚螺栓固定位置示意图

1—绝缘帽；2—固定螺栓；3—柜体固定角；4—基础槽钢；5—绝缘套；6—绝缘板

达到 70 N·m。

②成列柜体组立完成后，进行柜体之间的回流及接地母线连接。其连接形式如图 3-14-24 所示，回流母线紧固扭矩应达到 70 N·m，接地母线紧固扭矩应达到 20 N·m。

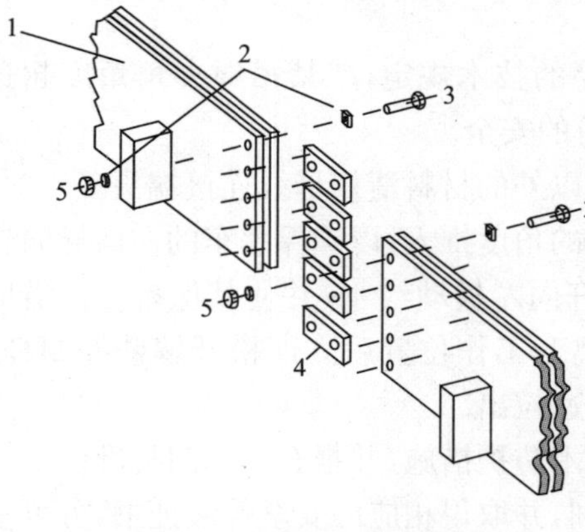

图 3-14-23　柜体之间的母线连接

1—母线排(2 mm×200 mm×10 mm)；2—夹紧垫圈；3—螺栓 M12×50；4—母线连接块(95 mm×40 mm×10 mm)；5—螺母 M12

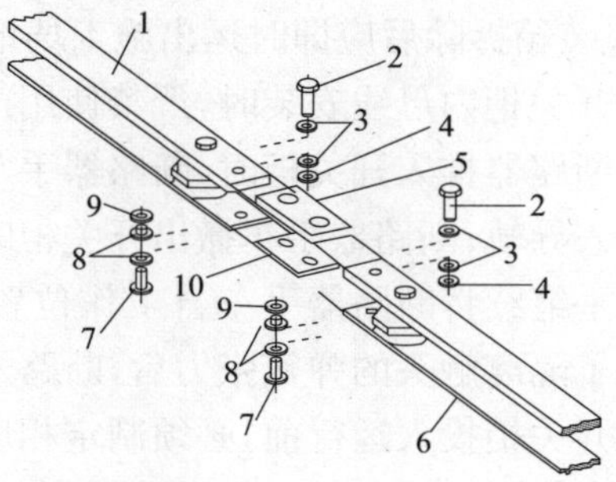

图 3-14-24　回流及接地母线连接

1—回流母线(40 mm×10 mm)；2—螺栓 M12×50；3—夹紧垫圈 M12；4—螺母 M12；5—连接块(95 mm×40 mm×10 mm)；6—接地母线(40 mm×5 mm)；7—螺栓 M8×25；8—夹紧垫圈 M8；9—螺母 M8；10—连接块(75 mm×40 mm×5 mm)

(7)绝缘检查

成列柜体组立完成后，确认所有框架与负极柜框架之间的互联可靠。将负极柜－Rl10 上连接的接地电缆拆除，然后测量成列柜与主接地线之间的绝缘电阻值，应大于 50 kΩ，以保证框架故障保护的安全操作。测试合格后，重新连接接地电缆。

(8)施工收尾

①根据开关柜的实际情况，进行开关柜内设备及母线等安装设施的清扫、检查，随后安装开关柜的边盘或封板。

②清扫现场，撤除施工工具及多余材料。填写设备安装技术记录及过程质量检查记录。

4. 施工技术标准

①所有参加开关柜安装工作的人员必须经过专业技术培训，并达到产品规定的安装人员的技术水平；所有参加送电开通工作的人员必须经过专门的技术培训，且经过专业技术考试并取得合格证，方可参与开通试运行工作。

②开关柜拆除包装箱后进行搬运时，必须将断路器柜中的断路器移出开关柜外，以确保设备安全。开关柜在现场裸吊装时，必须充分考虑吊绳与吊钩之间的夹角，应该达到产品的技术规定。

③成列安装的开关柜在组立完成后，其水平度和垂直度必须满足表 3-13-18 规定。

④直流开关柜在组立完成后，应该测量柜体对地的绝缘，其绝缘电阻值应达到标准规定。为了加强现场的管理，建议施工单位在组立过程中，增加过程质量控制手段。即在每面柜组立后增加一次中间测量，以避免成列柜全部组装完成后，发现接地电阻不合格，造成不必要的返工重做。

⑤开关柜投入运行前，必须对断路器和隔离开关之间的闭锁和联锁关系进行全面检查及

确认，以保证其投入运行后的安全。

⑥所有产品配件及专用在工具施工和试验工作结束后，应登记造册并妥善保管，作为施工移交物资进行管理。

5. 安全注意事项

①开关柜带包装箱及现场裸吊装时，必须遵循产品的技术规定，严禁吊绳夹角角度超过60°。包装箱拆除后应即时运出施工场地，确保施工人员的安全。

②开关柜内母线安装时，严禁使用产品说明书规定以外的材料清扫母线连接端头。

③断路器推入开关柜时，断路器手车应以一个恰当的角度推入，以确保手车的左前导向轮能够进入导轨；断路器手车撤出开关柜时，将解锁控制杆向左扳动约45°并使其保持住。借助于左把手继续将断路器手车自工作位置移动，并且在离开工作位置后立即松开解锁控制杆。在克服了隔离触头的弹簧张力后，断路器手车必须被迅速拉出。

④开关柜投入运行前，必须制定相应的安全运营技术防护措施，并报有关部门批准。

⑤参加运营维护的工作人员必须经过安全技术培训，并取得相应的安全等级证书，方可参加开通试运营倒闸作业及运行维护工作。

6. 设备操作要点

(1)快速断路器柜

1)断路器手车位置

断路器手车基本上有三种不同的位置：工作、隔离/测试、移出。见图3-14-25所示。

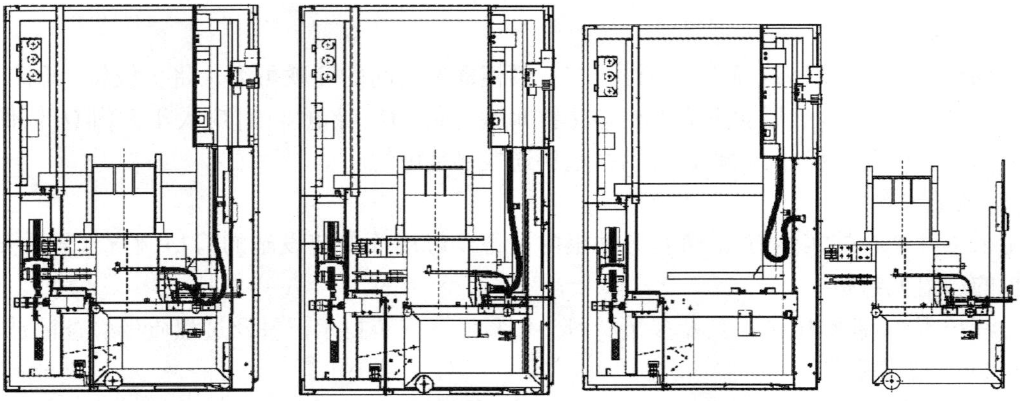

(a) 工作位置　(b) 隔离/测试位置　(c) 移出位置

图3-14-25　断路器手车的三种不同位置

当手车处于工作位置时，开关柜下部高压室的门与上部低压室的门构成了开关柜完整的前部面板。

在隔离/测试位置时，断路器手车从工作位置被拉出大约90 mm，但仍然位于开关柜内。断路器手车的门在隔离/测试位置时仍可以关上，并可用挂锁锁住(挂锁由客户自备)。直流快速断路器及测试回路是与牵引电压隔离的。母线上相应的隔离触头和电缆接线室被安全隔板完全遮蔽起来。

隔离/测试位置通过开关柜前面板上的一个突出约5 mm的红针来表示。

在移出位置时，断路器手车从固定部分完全拉出。与安装在固定部分上的多极控制电缆航空插头相分离。这样可避免航空插头被拉坏。母线上相应的隔离触头和电缆连接室被安全隔板完全遮蔽起来。

2)联锁条件

只有当直流快速断路器处于分闸位置时，才能将断路器手车自隔离/测试位推至工作位置。

在工作位置和隔离/测试位置时，控制电缆航空插头不能被拉出，因为在这些位置时，强迫操作人员无法进入。

只有在快速断路器处于分闸位置时，才能将断路器手车自工作位置拉出至隔离/测试位置。

3)机械操作

①推入断路器手车

a. 打开下部的门(若有锁的话，先将锁除去)，并确定遮板锁针松开。

b. 在进入固定部分之前，断路器手车应以一恰当的角度推入，以确保手车的左前导向轮能够进入导轨。

c. 紧握把手将断路器手车推入开关柜固定部分约 40 cm。

d. 将控制电缆自开关柜固定部分上的支架取下。

e. 将控制电缆航空插头插入直流快速断路器上的对应的航空插槽内，在插的过程中注意导向键及导向槽的位置。注意控制电缆不能折弯。

f. 顺时针旋紧航空插头的前连接螺母。

g. 借助把手将断路器手车进一步推进至隔离/测试位置。

h. 向左扳动解锁控制杆大约 45°使其固定住。

i. 借助于左把手继续将断路器手车向工作位置移动，并且在离开隔离/测试位置后立即松开解锁控制杆。在克服了隔离触头的弹簧张力后，断路器手车必须被迅速推入以使一次触头连接可靠。

j. 将断路器手车移入工作位置，直至解锁控制杆重新闭锁为止。

k. 将下部的门关闭(可用锁将其锁上)。

②移出断路器手车

a. 打开开关柜下部的门(若有锁的话，先将锁除去)。

b. 将解锁控制杆向左扳动约 45°并使其保持住。

c. 借助于左把手继续将断路器手车自工作位置移动，并且在离开工作位置后立即松开解锁控制杆。在克服了隔离触头的弹簧张力后，断路器手车必须被迅速拉出。

d. 继续通过两个拉手将断路器手车拉出，直至解锁控制杆在达到隔离/测试位置后重新闭锁为止。

e. 向左扳动解锁控制杆大约 45°使其固定住。

f. 借助于左把手继续将断路器手车自隔离/测试位置移动，并且在离开隔离/测试位置后立即松开解锁控制杆。

g. 借助于两个拉手将断路器手车拉出约 40 cm。

h. 松开自直流快速断路器的控制电缆航空插头的前连接螺母并将控制电缆分开。

i. 将控制电缆挂在开关柜固定部分的支架上。

j. 借助两个拉手将断路器手车整个抽出。

k. 将开关柜下部的门关闭(可用锁将其锁上)。

③更换断路器手车

无论何时需要更换断路器手车时，只需复核直流快速断路器的额定电流值和电磁过流脱扣器的设定值，若需要可以进行调整。所有其他的整定值均存储于开关柜固定部分的低压控制保护元件中，无需再调整。

4）电气操作

①"工作"位置操作

快速断路器开关柜通常由可编程控制器 SIMATIC PLC，或 SITRAS DPU96 型综合数字保护控制装置进行控制。无论是在当地还是远方控制模式下，所有的"分闸"或"合闸"的命令均来自于 SIMATIC PLC 或 SITRAS DPU96。

直流快速断路器的分合闸可通过下列方式实现：

在开关柜上部门上的带灯按钮，见图 3-14-26 所示。

来自远方的双位置信号或来自远动系统的串行信号，或自中央控制盘经由Profibus-DP总线控制。

在基础设计中，下述操作元件安装于低压室的门上：

当断路器处于分闸状态时，在具备了控制电压后，"分闸"带灯按钮始终发亮。一旦进行合闸操作，首先将进行线路自动检测。此时，"分闸"带灯按钮保持发亮，同时"合闸"带灯按钮闪烁。当检测确定线路不存在短路时，直流快速断路器即被闭合，"分闸"带灯按钮熄灭，同时"合闸"带灯按钮变为始终发亮。

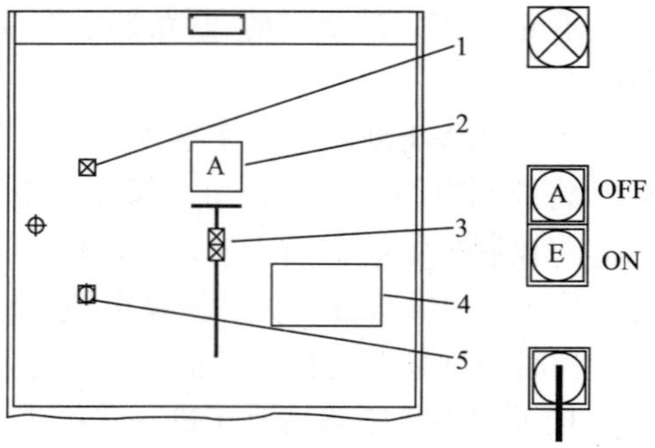

图 3-14-26　低压室门上的操作元件(举例)

1—组报警指示灯；2—电流表；

3—带灯按钮，断路器"分/合；

4—SITRAS DPU96；

5—"当地/远方"转换开关

如果合闸前线路存在持续短路，则在设定的线路测试次数达到后，合闸将被闭锁，且组报警指示灯始终发亮。

当直流快速断路器处于合闸状态，过流触发断路器跳闸后，将自动投入线路测试装置进行线路状态检测。若此故障为持续短路，则在在设定的线路测试次数达到后，直流快速断路器重合闸被闭锁，"合闸"带灯按钮熄灭，同时组报警指示灯始终发亮。在低压室内的"直接合闸"按钮只用于直流快速断路器没有进行 SIMATIC PLC 或 SITRAS DPU96 系统的线路检测时的合闸情况。与此同时，保护装置被启动。

与正常操作合闸不同，"直接合闸"不会启动线路自动测试。断路器被"直接合闸"后，如果发生过流跳闸，将不进行线路自动检测与重合闸。

由"当地/远方"选择开关决定工作方式：

选择"远方"工作方式：直流快速断路器只接受远动合闸命令，直流快速断路器接受远动或当地分闸命令（"分闸"带灯按钮和解锁控制杆）。

选择"当地"工作方式：

直流快速断路器只接受当地合闸及分闸命令（"分闸"/"合闸"带灯按钮，"直接合闸"按钮和解锁控制杆）。

②"隔离/测试"位置操作

在隔离/测试位置时，所有以上的开关操作均可安全执行而不会影响开关设备的操作。如果此时断路器柜带有旁路隔离开关，则旁路隔离开关控制的联锁条件还将保持。

③在“移出”位置操作

在移出位置时，快速断路器只有在某个限位开关（－S01或－S02）被手动分合时才能闭合。限位开关位于固定部分的右侧导轨上（工作或“隔离/测试”位置情况相似）。

对于带有快速断路器和旁路隔离开关的开关柜，快速断路器和旁路隔离开关的动作是由另一个限位开关自动完成的（－S03）。

5）手动操作的隔离开关

①联锁条件

进线及负极回流柜的隔离开关之间的联锁，及其与中压断路器之间的联锁，是通过隔离开关上的电磁线圈实现的，这可防止误操作。

只有在进线隔离开关处于设定的闭合/断开位置时，才可以闭合中压断路器。

只有在中压断路器处于断开状态，同时负极回流隔离开关处于闭合位置时，才可以断开/闭合进线隔离开关。

只有在进线隔离开关处于断开位置时，才可以断开/闭合负极回流隔离开关。

②机械操作

带拉杆的隔离开关为标准化设计。隔离开关借助于随设备附件一同供货的驱动杆来进行操作的。利用此驱动杆操作时须将双手均置于拉杆上的黑色圆形护套后以保证安全。

6）带电动操作机构的隔离开关

①联锁条件

作为隔离开关的电动机构部分的前提条件是：进线及负极回流柜的隔离开关之间的联锁及其与中压断路器之间的联锁，这可防止误操作。

②机械操作

故障情况下，电动隔离开关只能以摇柄手动操作。柜门必须打开以便插入摇柄，然后按照分合闸的方向匀速转动手柄，当快接近分合闸位置时应减小操动力，缓慢的使隔离开关运行到位。若强行转动手柄则将损坏操作机构箱内的传动机构。

若隔离开关的操作导致错误，当插入摇柄时串联的中压断路器（或相关的带旁路隔离开关的直流快速断路器）自动跳闸。

③电气操作

通过可编程控制器（SIMATIC PLC）来控制带电动操动机构的隔离开关柜。

电动隔离开关的分合可通过下列方式实现：

在开关柜上部门上的带灯按钮。

来自远动系统的双位置信号或经由Profibus-DP总线的串行信号控制。作为设计举例，下列操作元件安装于低压室的门上：

当隔离开关处于分闸的状态时，在提供了控制电压后，“分闸”带灯按钮始终发亮。直到进行闭合操作，“分闸”带灯按钮熄灭。当隔离开关达到闭合位置时，“合闸”带灯按钮始终发亮（对于手动隔离开关柜，用一个指示灯来取代带灯按钮）。

若没有明确的位置检查信号返回，则组报警信号灯始终发亮。

由“当地/远方”选择开关决定工作方式：

选择“远方”工作方式：隔离开关只接受远动分/合闸命令。

选择“当地”工作方式：隔离开关只接受当地分合/闸命令（“分闸”/“合闸”带灯按钮）。

3.14.3 KMB 系列直流开关柜

KMB 系列 750 V 直流开关柜是由镇江大全赛雪龙牵引电气有限公司生产，系户内直流牵引供电成套装置，柜内配瑞士赛雪龙公司制造的 UR 或 HPB 系列直流快速断路器、SWI/SWS 转换/隔离开关、SEPCOS 控制与保护装置。该成套设备适用于地铁或轻轨等轨道交通工程中直流牵引供电系统，作为接受和分配电能之用，并对电路实行测量、保护和控制。

KMB 系列直流开关柜品种比较齐全，在国内城市轨道交通中有着广泛的应用。

1. 性能特点

(1)金属封闭式开关柜，带有抽出式直流快速断路器。

(2)采用经过检验的 UR 或 HPB 直流快速断路器，带有一体化电流传感器。分断能力高，可达 150 kA、DC 2 000 V。

(3)可以靠墙安装，隔离开关或转换开关易于近距离接触，适合柜前操作。

(4)一体化的控制和保护系统采用 SEPCOS 装置，允许从牵引网络控制中心进行遥控和遥测。

2. 结构设计

整个开关柜为户内安装的金属封闭式结构，具有 IP3X 标准防护等级，并具备可靠的、合理的泄压通道。柜体采用 2 mm 厚的加强型钢板焊接组装而成，侧面板为固定面板，后面板可为封板或带锁的门，前部面板根据不同的柜型决定。整个结构强度高、刚度好、稳定性强。

在保证规定的防护等级基础上，在其前后部的面板上均开有通风栅孔，这样可以保证柜内空气顺利流动，防止冷空气在柜内的凝结。

3. 主要技术参数

(1)电气参数

开关柜型号：KMB 06/KMB 08；

额定工作电压：DC 750 V/1 500 V；

额定绝缘电压：1 600 V/3 000 V；

额定电流：2 600 A/3 600 A/4 000 A/4 500 A/6 000 A；

一次回路对框架工频耐压：5.5 kV/8.5 kV(50 Hz，1 mim)；

二次回路对框架工频耐压：2.0 kV(50 Hz，1 min)；

冲击耐压：≥15 kV(1.2/50μs)；

额定短路开断电流：150 kA；

保护回路额定电压：DC 220 V；

信号回路额定电压：DC 220 V；

控制回路额定电压：DC 220 V；

防护等级：IP3X。

(2)环境参数

环境温度：－10～＋40 ℃；

相对湿度：日平均值不大于 95%，月平均值不大于 90%；

海拔高度：不超过 2 000 m；

抗震烈度：不低于 8 度。

开关柜内装设凝露控制器和加热器，防止凝露的产生对设备造成危害。凝露控制器的传感器检测到柜内的温度和湿度有可能产生凝露时，凝露控制器接通加热回路，以防止凝露的产生。通过加热器的工作，温度和湿度发生变化，凝露控制器的传感器检测到柜内的温度和湿度不足以产生凝露时，切断加热回路。

4. 设备生产厂家规定的安装要求

变电站基建工作完成，在设备进站之前所有的垃圾均需清理干净。

(1)地板绝缘

开关柜对大地绝缘，以确保框架泄漏保护装置可靠动作。每一组开关柜通过一个低阻抗的框架泄漏保护装置与变电所接地终端相连。

(2)地基

为了使直流快速断路器及活门正确动作，开关柜应安装在每平米误差不超过±1 mm 的水平面上。如果地面平整度达不到这个要求，安装过程中必须通过在柜子底部和地面之间加放一些垫片或薄板来调整。

(3)柜体的安装

首先确保柜体对地面完全绝缘，绝对避免通过紧固螺栓与钢筋混凝土横梁或任何其他部分接触而导致接地的现象。

在每个定位孔中安放一个塑料垫片(尼龙或其他绝缘材料)，固定紧固螺栓。

用欧姆表检查框架与系统地之间的绝缘水平，该绝缘值在 1 000 V 时不小于 1 MΩ。

(4)主母线

主母线在产品出厂前已制作并安装好，柜间连接母排也已制作好，现场安装只需将连接母排连接于两柜主母线之间并紧固即可。

(5)控制母线

在出厂之前，所有开关柜接线和柜体之间的连线均连接完毕，并接受全面的检测。柜间连线采用插拔式端子连接，为了装运方便，柜间连线将断开置于端子柜中，待柜子安装就位，而且母排系统也已连接完成之后，所有的位于柜子上部电缆槽内的控制连线插头需重新正确连接。

(6)开关柜的接地

首先将框架泄漏保护装置电流元件的接地终端连到变电所的总的接地终端。用预设的连接排将各柜的接地母线连接在一起。在开关柜内部连接所有需要接地的引线。

将需接地的避雷器的接地端与变电所主接地终端直接相连。

(7)检查直流快速断路器手车可以正确地插入

在推入快速直流快速断路器手车之前，先按下并松开位于手车室下部左手处的提升杆，来检查开关柜的绝缘活门是否可以正常动作。

如果正常操作失败，不要强行操作。应仔细检查可能影响相关功能的机构。

5. 设备生产厂家规定的搬运及储存要求

(1)搬运

在起吊或搬运开关柜之前，应将手车从手车室中抽出来。运输过程中，手车和柜体分开单独包装、运输，如图 3-14-27 所示。

为安全搬运，起吊时应使用专门安装在开关柜正上方的吊环，钢丝绳顶端的夹角不能大于 60°，如图 3-14-28 所示。

绝对不要使用撬棍放在柜门、前后柜体下面来移动开关柜。否则极有可能损坏开关柜的底板，也有可能造成手车或相关活门不能正常工作。

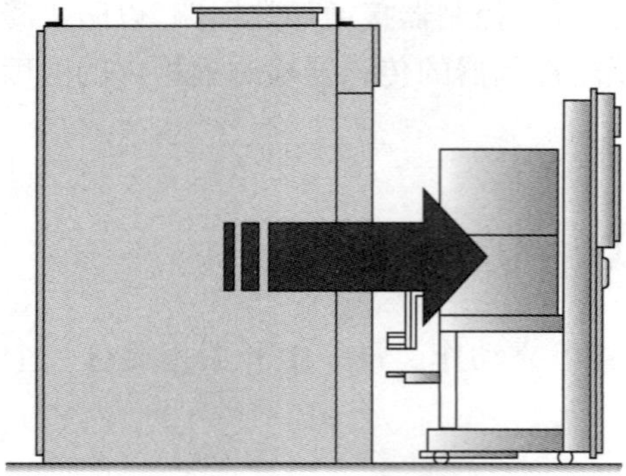

图 3-14-27　断路器手车和柜体分开运输示意图

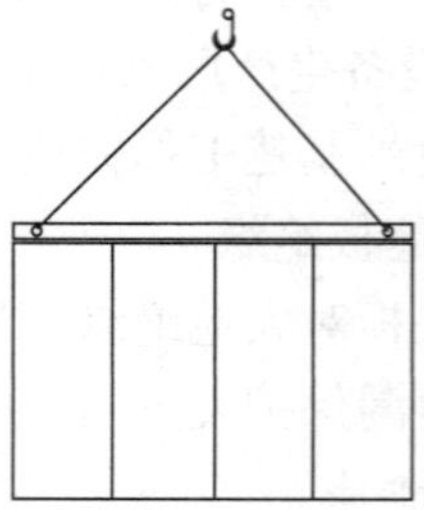

图 3-14-28　开关柜起吊示意图

搬运时应轻拿轻放。不要通过灭弧室来提起断路器或手车。

(2)储存

将设备存放于室内,并将其覆盖以防尘、防潮。除非准备安装,否则不要打开外部包装。

6. 总闸柜和分闸柜

总闸柜和分闸柜由固定的柜体及可抽出式手车组成,其正面结构及功能布置如图 3-14-29 所示。该柜体主体为组装结构,包括手车室、低压电缆室、后隔室,其柜体侧视结构如图 3-14-30 所示。

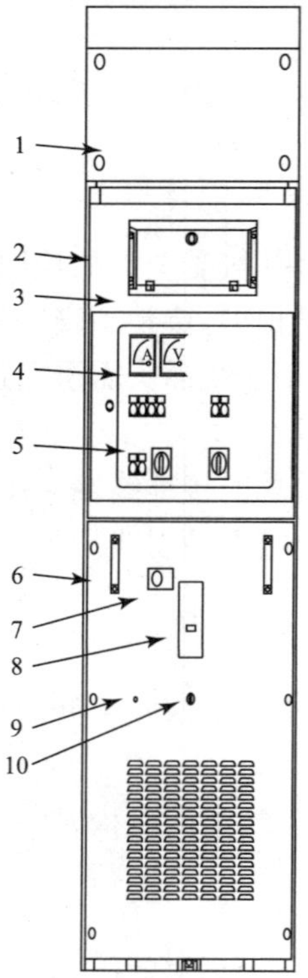

图 3-14-29　总闸柜和分闸柜正面图

1—顶部电缆室;2—低压室门;

3—SEPCOS 单元;4—测量仪表;

5—灯、控制开关、按钮;6—把手;

7—紧急分闸按钮;8—机械位置指示器;

9—紧急解锁孔;10—抽出/插入手柄孔

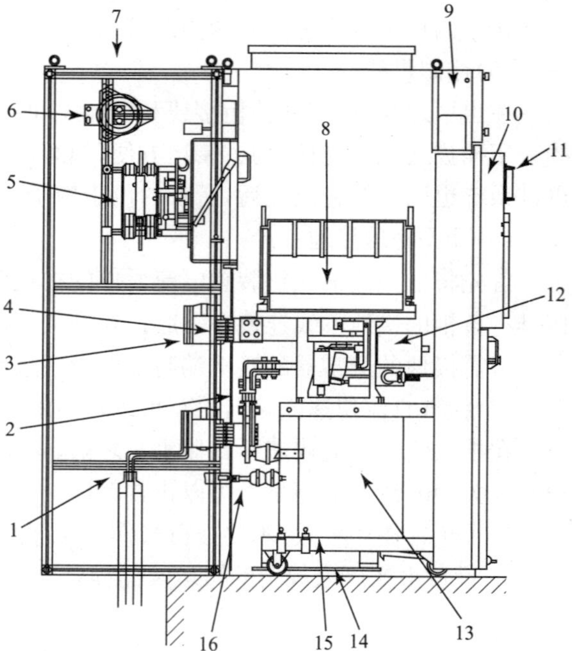

图 3-14-30　总闸柜和分闸柜侧面图

1—电缆接头;2—分流器;3—母排;4—触头;

5—隔离开关;6—避雷器;7—后面;8—灭弧室;

9—二次电缆槽;10—低压室;11—SEPCOS 单元;

12—HSCB 单元;13—测量室;14—接地;

15—手车;16—LTD 参考负极低压

手车室内设有特定的轨道和导向装置供手车滑行和定位，在静触头的前端装有活门机构，将带电体与操作人员隔开，从而保护操作人员的安全。顶部设有压力释放活门，以释放故障时产生的有害压力，保证设备运行安全。

低压电缆室主要用于实现本柜与其他开关柜及控制中心之间的连接、通信。

后隔室内主要装有正极母线、电动隔离开关和馈线电缆连接等。

直流快速断路器安装在可以方便抽出的四轮手车上。手车骨架由钢板折弯焊接而成，装有断路器、电流传感器、动触头、保护和控制单元 SEPCOS 和其他控制元件等。手车通过动触头实现与主母排断开或连接，通过辅助插头实现与二次回路断开或连接。

手车有“工作”、“试验”和“隔离”3 个位置。

(1)在“工作”位置，进线和出线触头都与相应的母线充分接触，断路器处于正常工作状态。

(2)在“试验”位置，进线和出线触头都与相应的母线隔离并保持一定的安全距离，活门关闭，只有二次回路仍然接通。

(3)在“隔离”位置，手车及其控制线路被完全从手车室中拉出来，所有线路均被切断。

电气及机械联锁具有以下功能：

(1)只有断路器处于分闸位置时，断路器手车才能抽出或插入；当手车在“工作”、“试验”或“隔离”位置时，断路器可以进行分、合闸。

(2)当断路器手车在“工作”位置时，低压插头不能拔出；在低压插头未拔出前，断路器手车不能从开关柜中拉出来。

7. 负极柜

负极柜由高强度铝合金型材及加强型钢板组装而成，装设手动或电动隔离开关，开关柜前面设可锁定的金属门，其正面结构如图 3-14-31 所示。负极柜可以根据需要设一套低阻抗框架泄漏保护装置，防止直流设备内部绝缘损坏闪络时造成人身危险，同时对某些特殊故障采取保护措施。连接整流器电源和轨道的母排、框架泄漏保护及接地保护继电器安装在柜内下部。

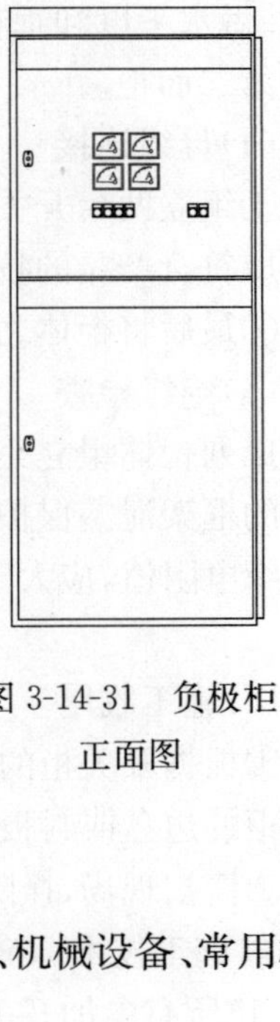

图 3-14-31　负极柜正面图

3.14.4　KMB 系列直流开关柜安装

1. 施工准备

根据现场的具体情况，按照前述介绍的施工准备工作，进行劳动组织、机械设备、常用材料的提前准备；对施工人员进行必要的岗前培训。

2. 工艺流程

KMB 系列直流开关柜安装工艺流程如图 3-14-32 所示。

3. 操作要点

(1)施工准备、设备开箱检查、绝缘板安装

①准备施工用的工具及材料，所用工具应检验合格，材料规格应符合设计及产品质量要求。

②将开关柜运至安装地点，按安装顺序拆除运输包装箱，并进行开箱检查。将断路器手车从柜体内移出，将产品提供的全部紧固件分门别类地码放在现场的材料盒中。

③按前述施工程序对绝缘板进行安装，并检查基础绝缘板的安装是否与柜体尺寸相符，是

否水平。

(2)端柜安装

①利用自制的起吊架安装第一面柜体时，移动起吊架将设备放在绝缘板上。确保绝缘板露出设备底座内、外沿各 10 mm。应将其侧面与建筑物侧墙的距离进行调整，直至符合设计要求。若条件允许，可与现有基础槽钢或框架进行位置校对。

②用水平尺针对柜体的水平面及垂直面进行调整，并使其保持在允许的公差范围内。

③根据不同安装方式，按产品技术要求的扭矩拧紧开关柜地脚固定螺栓。

④测量第一面柜体对地的绝缘电阻，应符合产品的技术规定。

(3)成列开关柜拼装

按照前述开关柜安装的操作步骤组立直流开关柜的第二面柜，并做水平度和垂直度的调整检查，合格后按产品的技术规定固定第二面柜。

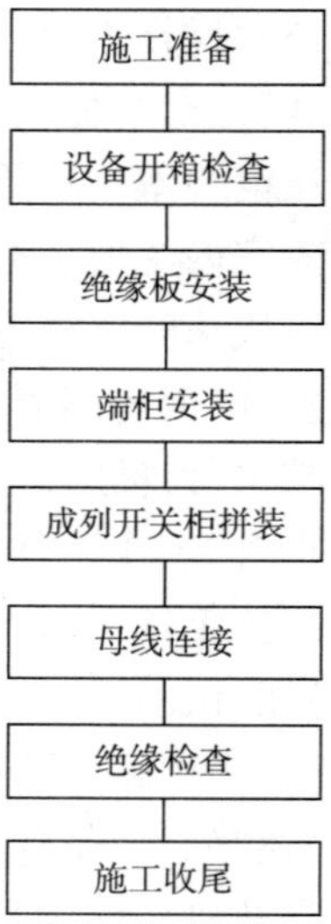

图 3-14-32　KMB 系列直流开关柜安装工艺流程图

(4)母线连接

①组立两台开关柜后或全部组立完成后，进行柜体之间的母线连接。其连接方式及紧固扭矩应符合产品的技术规定。

②最后将柜体之间的接地母线进行连接，其紧固扭矩应符合产品的技术规定。

(5)绝缘检查

成列柜体组立完成后，确认所有框架与负极柜框架之间的互联可靠。将负极柜或端子柜内部的框架泄漏保护电流型继电器上连接的接地连线拆除，然后测量成列柜与主接地线之间的绝缘电阻值，应大于 50 kΩ，以保证框架故障保护的安全操作。测试合格后，重新连接接地连线。

(6)施工收尾

①根据开关柜的实际情况，进行开关柜内设备及母线等安装设施的清扫、检查，随后安装开关柜的边盘或封板。

②清扫现场，撤除施工工具及多余材料。填写设备安装技术记录及过程质量检查记录。

4. 施工技术标准

(1)所有参加开关柜安装工作的人员必须经过专业技术培训，并达到产品规定的安装人员的技术水平；所有参加送电开通工作的人员必须经过专门的技术培训，且经过专业技术考试并取得合格证，方可参与开通试运行工作。

(2)开关柜拆除包装箱后进行搬运时，必须将断路器柜中的断路器移出开关柜外，以确保设备安全。开关柜在现场裸吊装时，必须充分考虑吊绳与吊钩之间的夹角，应该达到产品的技术规定。

(3)成列安装的开关柜在组立完成后，其水平度和垂直度必须满足本手册表 3-13-18 的规定。

(4)直流开关柜在组立完成后，应该测量柜体对地的绝缘，其绝缘电阻值应达到标准规定。在每面柜组立后增加一次中间测量，以避免成列柜全部组装完成后，发现接地电阻不合格，造成不必要的返工重做。

(5)开关柜投入运行前,必须对断路器和隔离开关之间的闭锁和联锁关系进行全面传动检查确认,以保证其投入运行后的安全。

5. 安全注意事项

(1)开关柜带包装箱及现场裸吊装时,必须遵循产品的技术规定,严禁吊绳夹角角度超过60°。包装箱拆除后应即时运出施工场地,确保施工人员的安全。

(2)开关柜内母线安装时,严禁使用产品说明书规定以外的材料清扫母线连接端头。

(3)开关柜投入运行前,必须制定相应的安全运营技术防护措施,并报有关部门批准。

(4)参加运营维护的工作人员必须经过安全技术培训,并取得相应的安全等级证书,方可参加开通试运营的倒闸作业及运行维护工作。

(5)避免使用苯、甲苯、二甲苯、丙酮等各种化学试剂。这些化学试剂有可能对设备中的塑料制品造成腐蚀,推荐用试剂为酒精。

(6)主要的润滑部位包括断路器的各传动部位,手车上和柜体上与手车推进有关的传动部分。

6. 设备操作要点

(1)故障复位

可以通过按 RESET 键来使相关的 HSCB 复位。SEPCOS 系统有一个内部自动复位功能。这种 SEPCOS 系统的内部复位键用于复位那些从 SEPCOS 系统输出的故障信息。

(2)一般操作

手车的推入、拉出:

①推入

要推入断路器手车,首先检查有没有其他物体或工具遗留在直流快速断路器手车室内部,并且触头挡板可以自由地开合(没有闭锁)。

将手车推入到手车室之前,先插接二次插头,保证二次插头的可靠连接,这时柜体的辅助回路与手车的辅助回路接通。将手车推入到手车室之前,在就地操作模式下使直流快速断路处于分闸状态。

如图 3-14-33 所示,将手车推入手车室中直至无法前进,然后用右手握住操作手柄底端将其插入手柄孔内,左手按住电磁解锁按钮,并逆时针旋转手柄。手车即可推进就位。在完成手车推入操作后,注意带走操作手柄。

操作无须施力太大。如果有什么物体遗留在柜子里(例如螺丝刀),形成阻碍,那么手车就不能到达其正确的位置。这就需要重新抽出手车并检查、清理遗留物、克服缺陷。当手车完全就位后,手柄才可以带走!

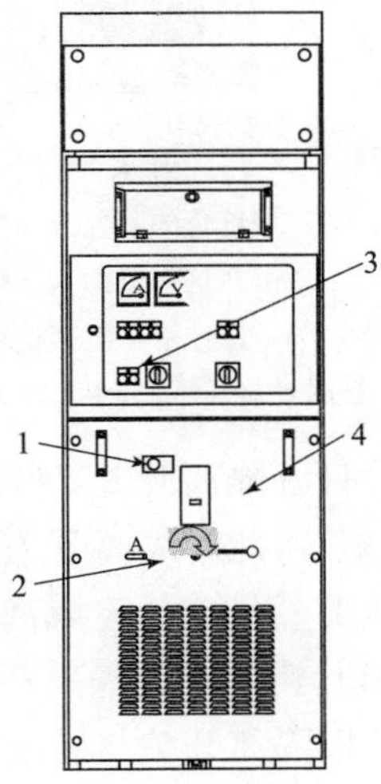

图 3-14-33　开关柜操作示意图

1—按红色的紧急分闸按钮;

2—在这一侧插入手柄;

3—按住手车解锁按钮;

4—逆时针旋转手柄,手车到达工作位置

②拉出

要拉出手车,参考图 3-14-34 首先将选择开关旋到"当地(LOCAL)"位置,并使断路器分闸。按下红色紧急分闸按钮,将操作手柄从左边的"SERVICE"位置插入,按住电磁解锁按钮,同时顺时针旋转手柄转到右边的"DISCON-

NECTED”位置，手车从手车室中退出。完成操作之后，即刻带走操作手柄。

现在主回路被切断，但所有的控制功能都可以得到检测，只有当辅助回路的多极插头断开时，手车才被完全断开。在“DISCONNECTED”位置，绝大多数的保护功能仍然可以检测。但接地故障及远程命令不能检测和实现。

(3)电动隔离开关

①位于总闸柜、分闸柜和负极柜的电动隔离开关操作(正常操作)

确认隔离开关未被B钥匙锁定在OPEN位置，确认隔离开关未处于“手动操作”状态。

②手动操作(在紧急情况下的操作)

确认直流快速断路器处于分闸状态，当直流快速断路器闭合时，千万不要手动打开隔离开关。这非常危险的，由于隔离开关是一个无负载开关。只有当没有电流流过时才能进行分合闸操作。

操作程序参考图3-14-35示意图，顺时针旋转A钥匙，并推进手动操作手柄。此时不能作电动操作。顺时针旋转手柄来合闸隔离开关。检查箭头确保其指向“合(CLOSED)”，当箭头指向正确位置而且隔离开关合闸时，停止转动手柄。

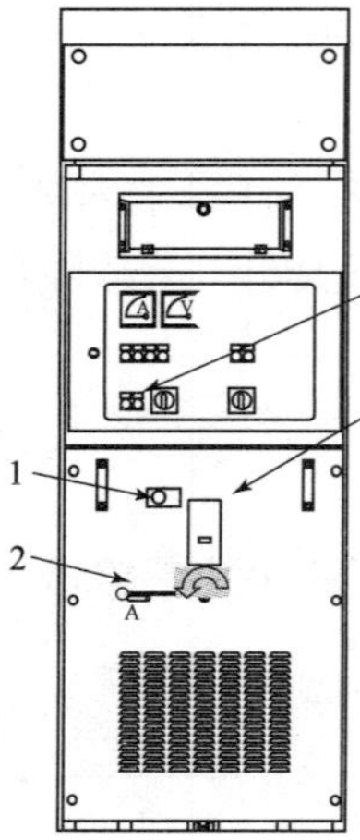

图3-14-34　开关柜操作示意图

1—按红色的紧急分闸按钮；
2—在这一侧插入手柄；
3—按住手车解锁按钮；
4—顺时针旋转手柄，手车离开工作位置

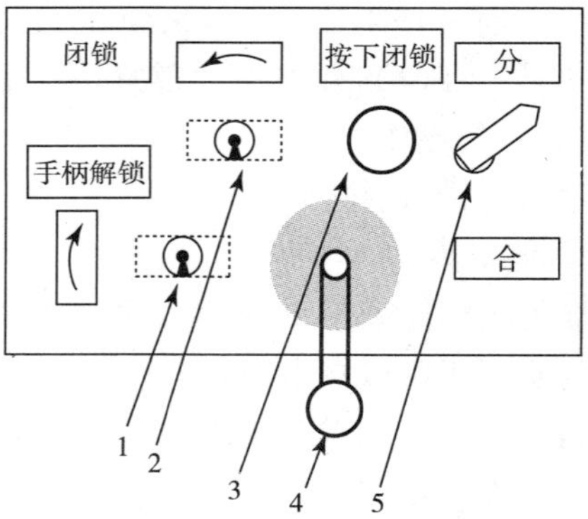

图3-14-35　开关柜操作示意图

1—A钥匙；2—B钥匙；
3—按钮；4—手动操作柄；5—位置指示器

然后打开隔离开关，逆时针旋转手柄并检查箭头是否指向“分(OPEN)”位置。当到位以后，停止旋转，此时隔离开关处于分闸位置。拉出手动操作手柄，逆时针旋转A钥匙。这样就可以旋转B钥匙来锁定隔离开关在分闸位置。如果此时隔离开关的位置箭头不在正确位置，就无法用B钥匙锁住隔离开关。

在负极隔离开关与总闸柜之间有一个电气联锁，负极隔离开关操作的前提条件是总闸柜内对应的电动隔离开关处于分闸位置，而总闸柜内断路器合闸的前提条件是负极柜内对应的电动隔离开关处于合闸状态。

总闸柜内断路器与所串联的电动隔离开关之间具备联锁功能。分闸柜内旁路电动隔离开关和直流配电柜内的电动隔离开关与分闸断路器具备联锁功能，分闸断路器闭合时，将闭锁该柜内的旁路电动隔离开关和该分闸柜所串联的电动隔离开关的分合闸功能，当分闸柜内旁路电动隔离开关闭合时，断路器不能合闸。

如果试图在禁止的情况下分合隔离开关，变电所将跳闸。

当离开操作现场时，确保隔离开关没有被锁住，并随身带走B钥匙。当隔离开关用钥匙锁定之后，就不能作任何电动的分合操作。

(4)运行操作要点

只有在确保没有短路的情况下才能进行如下操作程序，需要注意的是，操作人员必须熟悉并掌握其他生产厂家所提供设备工作原理和操作要点，诸如：ACCB、变压器、整流器等产品的操作规程。

①操作程序Ⅰ——给各单元送电

在进行第一步操作之前，检查在各单元拆分过程中如果有设备接地的话，应确保所有的接地线全部移走；同时检查是否有任何信号或故障指示灯亮着，表明有故障存在，确保柜子内部没有任何工具遗留。就地模式下参照图3-14-34所示，继续如下操作：

第一步：根据ACCB、变压器及整流器使用指南，准备投入使用。

第二步：位于进线柜或负极柜的负极柜隔离开关合闸，总闸柜隔离开关和断路器合闸。确保其位置与位置指示灯相符，一切正常。

第三步：位于整流机组馈线柜，整流机组馈线开关合闸，根据整流机组馈线柜使用指南进行操作。

第四步：位于直流配电柜电动隔离开关合闸。

第五步：位于直流分闸柜，检查开关是否短接，如果合闸，在继续下一步操作之前断开。

第六步：位于直流分闸柜，用选择开关为操作模式选择就地操作状态，将断路器控制开关扭到"ON"使断路器合闸，确保位置与位置指示灯相符，确保一切正常。

一旦人员准备离开现场，应确保模式选择开关处于正确位置。一般情况下应该处于远方操作位置或遵上级指示。

②操作程序Ⅱ——各单元断电，使其与变压器/整流器分离。

根据ACCB、变压器及整流器使用指南或操作细则进行现场操作：

第一步：位置于直流分闸断路器，分断分闸断路器，确保位置指示灯正确指示(分闸＝绿色)。将断路器手车退出至"DISCONNECTED"位置，拔出手柄。

第二步：根据ACCB生产商提供的操作程序来分断整流机组馈线开关。

第三步：位置于总闸柜，分断总闸柜断路器和电动隔离开关，确保位置指示灯正确指示(分闸＝绿色)。

第四步：位于负极柜，分断负极柜电动隔离开关。

如果必要，咨询变电所值班班长，将隔离开关锁定在OPEN位置。确保其被锁住。

现在已经分断各单元，为防万一，给所有相关的开关电源把手贴上标有"请勿操作"的标签。

3.14.5　TD_x直流开关柜

天津保富电气有限公司生产的直流开关装置(以下简称开关柜)适用于给电气机车供电，该公司的产品已经应用到北京地铁15号线。

1. 开关柜基本结构

开关柜是根据EN 50123-6标准设计的空气绝缘带金属外壳的开关装置，由若干单个开关柜构成，每个均包含基本功能。基本开关柜的形式有断路器柜和隔离开关柜。

柜型根据不同功能可细分为母线/电缆连接室、含断路器手车和断路器的手车室、控制小室。功能区彼此隔离。柜体按顺序立于平坦地面上。

柜体相关功能：

柜体相关选项并非在每面开关柜上都有安装。例如：线路测试仪安装在馈线柜上，柜子可获得的相关功能选项：是以设计说明书和订货合同决定的，现场应根据订货合同进行检查验收。

一般情况下，在断路器柜中安装的避雷器是为了保护开关柜不受接触网大气过电压影响而设。避雷器尽可能的靠近电缆接头连接。避雷器位于分接电缆/L＋与负极/L－之间。

在隔离开关柜内：一般情况下，避雷器安装于负极柜并与变电站的地电位相连。当(A1)L＋连接于负极/L-时，必须设有另一个安装于回流线与地之间的避雷器。

断路器柜断路器机械分闸

断路器手车间隔的前门可见一机械脱扣装置，按下此按钮时断路器可机械分闸。该机械装置直接控制断路器分闸。该机械脱扣信息可获取，并显示于 DCP2。且 DCP2 闭锁自动重合闸并阻止线路测试启动。

断路器手车编码

为排除不同装配手车的错误警报(如：断路器－进线柜/馈线柜)，可给手车编码。该编码使得主电流电路仅连接在相应的柜子里。

电缆监控

可安装于每条电力电缆。温度信号与最低值有关。

框架短路保护

框架泄漏电流由一个位于开关柜中心位置的测量分流器实现。

机柜柜门锁定装置

当手车处于工作位时，机柜门被锁定装置锁死，当手车处于实验位时，闭锁才被取消。当门关闭并锁上时，断路器才允许操作。手车可在门敞开时进入工作位。此时有潜在危险。

Gerapid-断路器装配 r-脱扣(低电压脱扣)替代分励脱扣(a-脱扣)。

2. 断路器柜的结构及功能

断路器柜中有断路器手车，如图 3-14-36 所示。断路器原理接线图如图 3-14-37 所示。

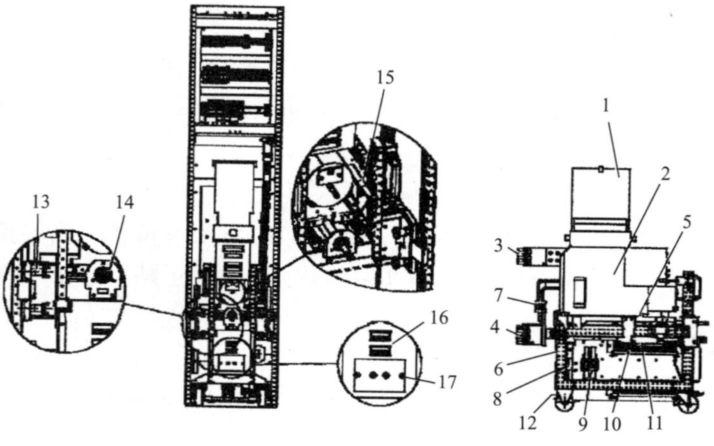

图 3-14-36　断路器手车

1—熄弧罩；2—断路器；3—上触头；4—下触头；5—断路器手车平板；6—断路器手车；7—分流器；8—熔断器；9—接触器；10—线路测试电阻；11—手车锁止机构；12—手车接地触头；13—手车固定轴；14—手车轴承；15—运行位测试位标牌；16—计数器；17—测试孔

断路器基本功能组件置于断路器手车上，包括断路器、线路电流测量及线路测试元件(可选)，手车平板起分离功能。

断路器手车可以在无辅助件帮助的情况下从开关柜体内移出。它有两个定向轮和两个转向轮，可轻松出入开关柜。若要手车进入柜体，则其通过接地触头与柜体相连。通过手车固定轴与柜体锁定，并通过系统插接头与控制缆线相连。

柜体内的活门是置于断路器手车间隔与母线间隔和线缆间隔结合体之间的可活动的隔板。它属于柜体与手车之间的安全防护配件，可在操作断路器到达工作位置前时自动打开及闭合。

断路器在正常情况下遵守 DCP2 07BC 的开关指令打开及关闭主电路。它通过大电流脱扣器或 DCP2 07BC 装置来断开短路电流。为满足必要的工作电流和其他特征，可配置下列断路器，见表 3-14-4。

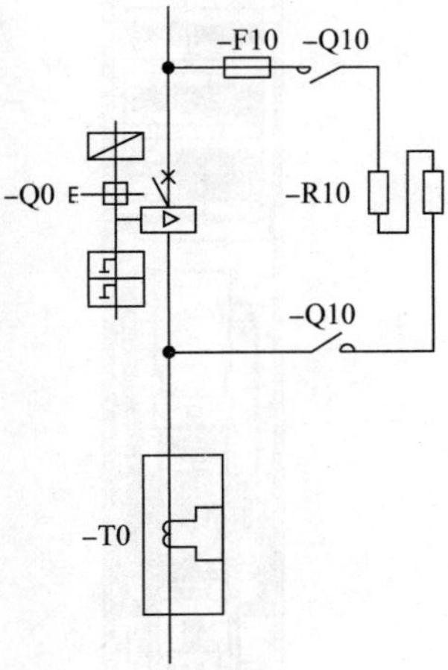

图 3-14-37　断路器原理接线图

表 3-14-4　开关柜可配置的断路器类型

主 电 路	断路器类型
2 000 A	GE2607 或 UR26
4 000 A	4207 或 UR 36/40
6 000 A	6007

注：UR 36 主电路减至 3 600 A。

断路器下部触头安装有分流器，测量回路电流。它通过变送器与 DCP2 07BC 相连。

手车平板下方可见可选线路测试元件。它主要包括测试接触器、测试电阻及测试熔丝。需要的情况下测试电阻也可置于电缆引出柜内。在这种情况下，其通过额外的分离触点与测试电路相连。

3. 馈线柜

馈线柜的原理接线图如图 3-14-38 所示。其柜体前视图及侧视图如图 3-14-39 所示。

宽度为 500 mm 的馈线柜与断路器手车装配在一起。在其控制小室上部门板内安有 DCP2 07BC 装置。在控制小室内还有其他用于控制的辅助装置。

4. 带旁路隔离开关的馈线柜

带旁路隔离开关的馈线柜原理接线图如图 3-14-40 所示。其柜体前视图及侧视图如图 3-14-41 所示。

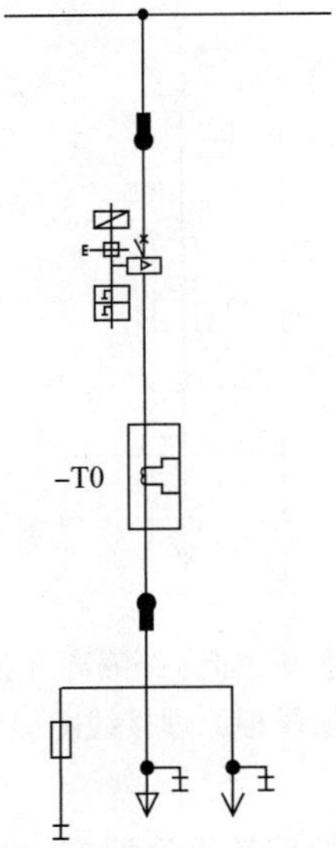

图 3-14-38　馈线柜原理接线图

带旁路母线的开关柜中，馈线柜与另外安装的旁路隔离开关安装在一起，由此可实现旁路柜的替代供电。

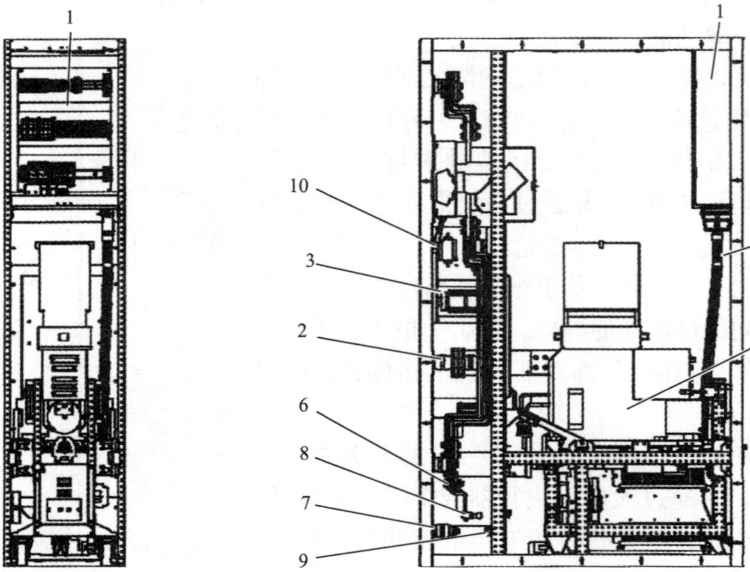

图 3-14-39　馈线柜前视图及侧视图

1—控制小室；2—主母线；3—母线/线缆电压变送器；4—连接电缆；5—断路器手车；6—电缆连接母线；7—负极母线；8—接地螺栓；9—框架接地；10—电缆绝缘监测用电阻

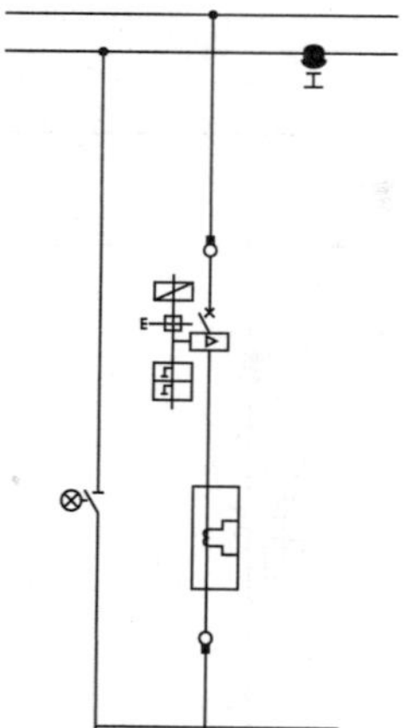

图 3-14-40　带旁路隔离开关的馈线柜原理接线图

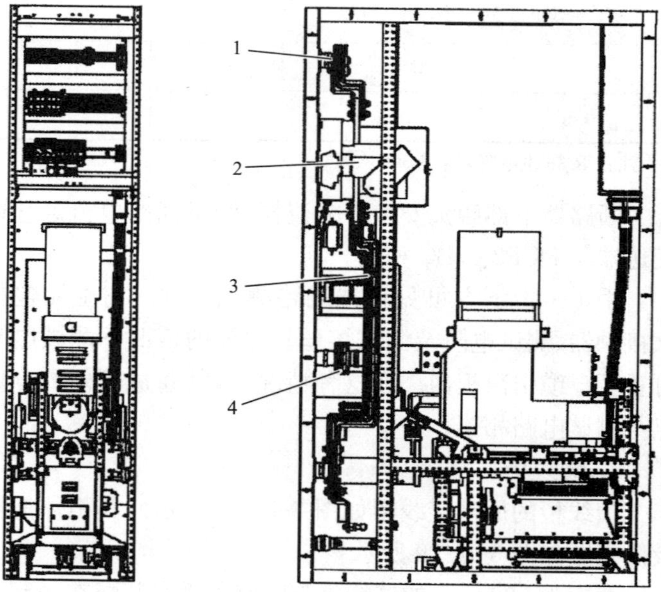

图 3-14-41　带旁路隔离开关的馈线柜前视图及侧视图

1—旁路母线；2—旁路隔离开关；3—旁路连接母线；4—主母线

旁路隔离开关配有一电动机，安装于母线间隔内。断路器与旁路隔离开关之间有一个电动互锁回路。当控制电源不正常时，电动锁紧装置不起作用，这时可使用手摇机械控制旁路隔离开关。

5. 旁路柜

旁路柜原理接线图如图 3-14-41 所示。其柜体侧视图如图 3-14-42 所示。

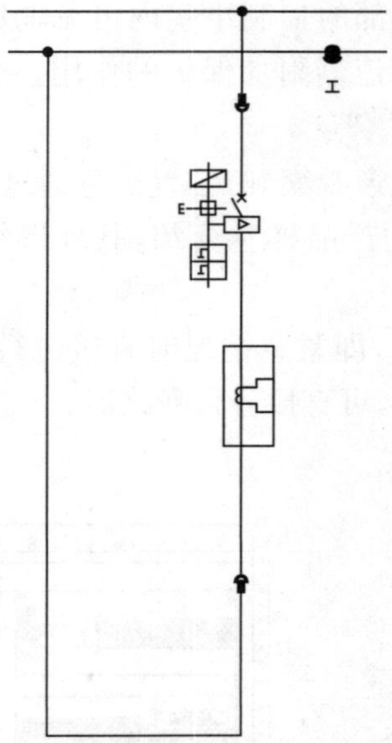

图 3-14-42　旁路柜原理接线图

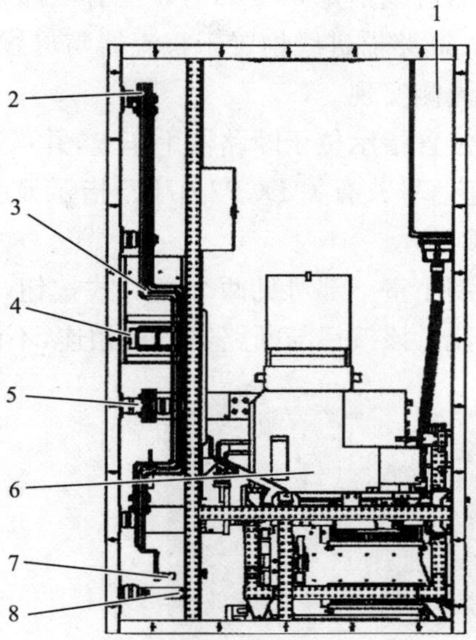

图 3-14-43　旁路柜侧视图

1—控制小室；2—旁路母线；3—旁路连接母线；4—电压测试；5—主母线；6—断路器及手车；7—接地螺栓；8—框架接地

带旁路母线的开关装置中，断路器柜与另外安装的旁路隔离开关安装在一起。在这种情况下由旁路柜获得对相关馈线的保护及控制功能。

旁路柜通过断路器连接主母线与旁路母线。

6. 断路器进线柜

断路器进线柜原理接线图如图 3-14-44 所示。其柜体侧视图如图 3-14-45 所示。

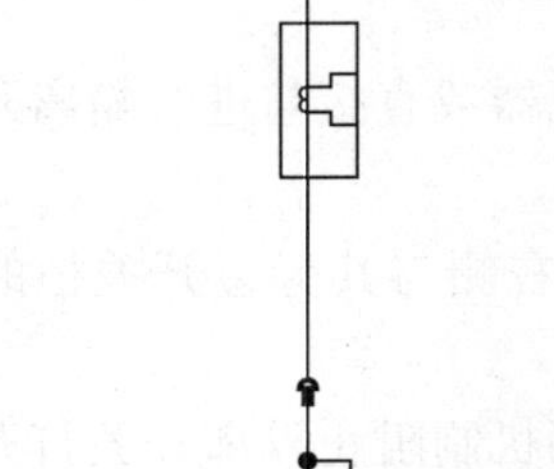

图 3-14-44　断路器进线柜原理接线图

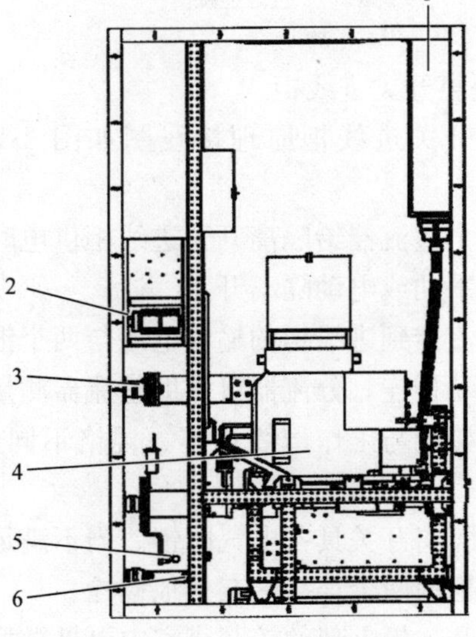

图 3-14-45　断路器进线柜侧视图

1—控制小室；2—电压测试；3—主母线；4—断路器手车；5—接地螺栓；6—框架接地

断路器进线柜宽 500 mm，装配有断路器手车。在柜体上部的控制小室内可见辅助装置和 DCP2。断路器进线柜置于整流器与母线之间，它起到对整流器附加保护的作用。整流器保护在交流侧实现。

机械位置指示位于断路器手车上，并可通过开关柜门板视窗观察到；位置信息通过 DCP2 07BC 传递信号。有关 DCP2 07BC 指示及控制见相关单元的产品样本介绍，其外形结构如图 3-14-46 所示。

在控制小室下部可见两个亮灯式按钮，如图 3-14-47 所示，即紧急情况时直接进行分/合操作的按钮。该按钮与断路器直接相连，不设闭锁回路。因此，可直接分合断路器。

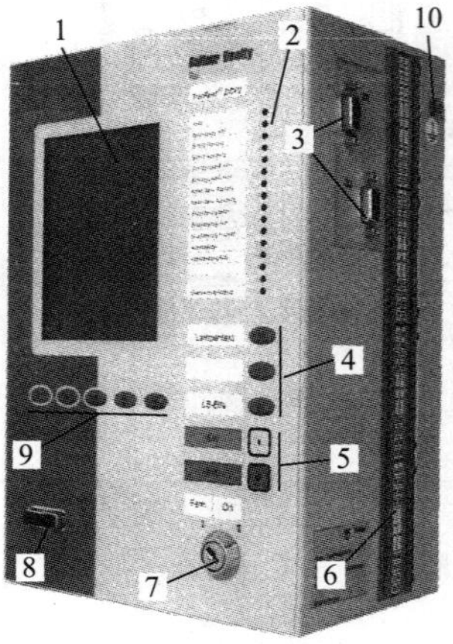

图 3-14-46　指示及控制单元

1—显示屏；2—指示灯；
3—现场总线接口 X3，X4；4—功能键；
5—开关命令键；6—接线端子 X1，X2；
7—钥匙开关；8—PC 接口；
9—菜单键；10—接地连接

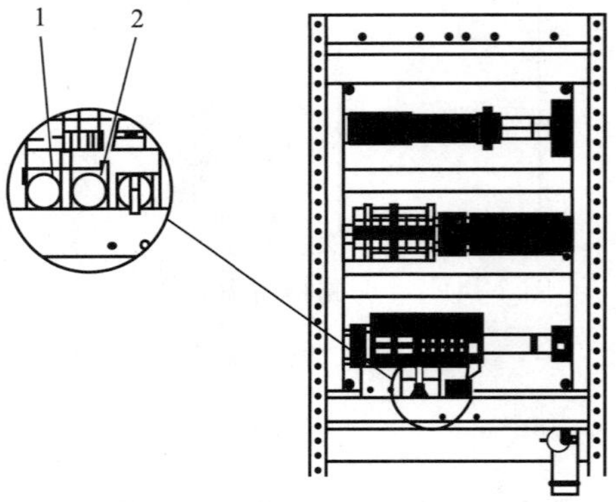

图 3-14-47　直接分合闸按钮示意图

1—分闸按钮；2—合闸按钮

7. 隔离开关进线柜

隔离开关进线柜原理接线图如图 3-14-47 所示，其柜体前视图及侧视图如图 3-14-48 所示。

由两个整流器给隔离开关进线柜供电时，将使用含两台隔离开关的隔离开关柜。视规格要求选择手动或电动隔离开关。

由整流器到进线柜的输电电缆与两个铜排相连，其通过分流器或直接与进线隔离开关的下部接线端相连。分流器可协助整流器测量馈电电流。

上部接线与工作母线相连。规格不同，工作母线在左侧或右侧与其旁边开关柜的母线相连。

电动隔离开关具备电气闭锁。当不满足锁定条件时，该制动机制阻止隔离开关打开。在隔离开关柜的两个连接端有接地螺栓。

隔离开关柜上部的控制小室内可见微型断路器及其他控制和进线柜监控的辅助设备。

8. 隔离开关负极柜

隔离开关负极柜的原理接线图如图 3-14-49 所示，其柜体前视图及侧视图如图 3-14-50 所示。

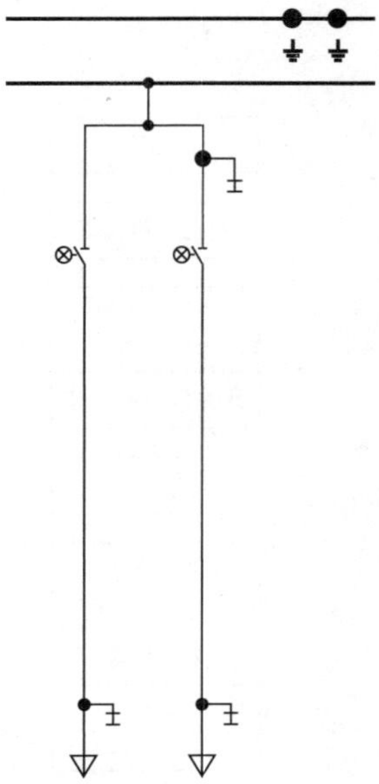

图 3-14-48　隔离开关进线柜原理接线图

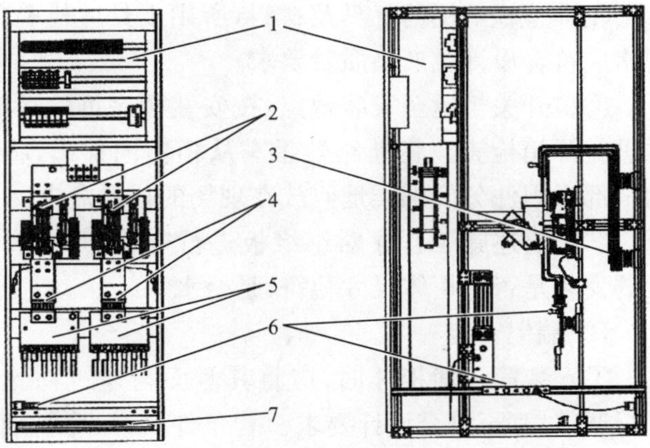

图 3-14-49　隔离开关进线柜前视图及侧视图

1—带辅助设备的控制小室；2—带电机驱动的进线隔离开关；3—母线；4—分流器；5—进线电缆连接；6—接地螺栓；7—电缆固定C形梁

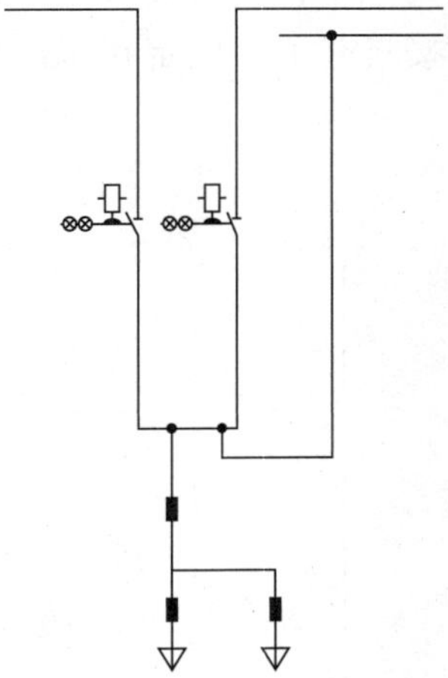

图 3-14-50　隔离开关负极柜原理接线图

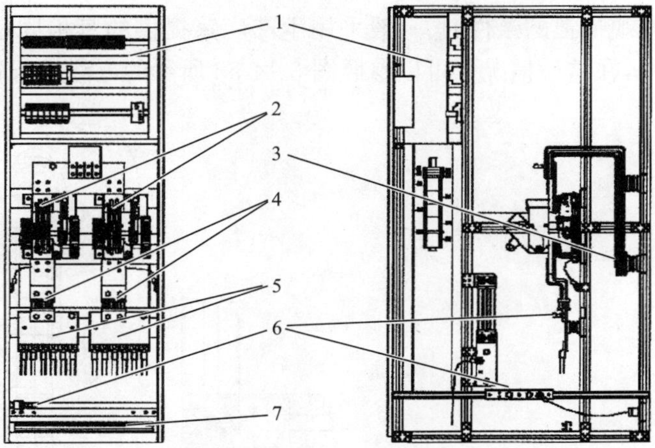

图 3-14-51　隔离开关负极柜前视图及侧视图

1—控制小室及辅助装置；2—进线电动隔离开关；3—母线；4—分流器；5—进线电缆连接；6—接地螺栓；7—电缆固定C形梁

两台整流器的直流系统中，负极柜使用两个隔离开关。视规格要求，选择手动或电动隔离开关。该负极柜位于整流器间并直接将其与负极母线连接。

3.14.6　TDx直流开关柜安装

1. 施工准备

根据现场的具体情况，按照前述介绍的施工准备工作，进行劳动组织、机械设备、常用材料的提前准备；对施工人员进行必要的岗前培训。

2. 工艺流程

TDx 直流开关柜安装工艺流程如图 3-14-52 所示。

3. 操作要点

(1)施工准备、设备开箱检查、绝缘板安装

①准备施工用的工具及材料，所用工具应检验合格，材料规格应符合设计及产品质量要求。

②将开关柜运至安装地点，按安装顺序拆除运输包装箱，并进行开箱检查。将断路器手车从柜体内移出，将产品提供的全部紧固件分门别类地码放在现场的材料盒中。

③按前述施工程序对绝缘板进行安装，并检查基础绝缘板的安装是否与柜体尺寸相符，是否水平。

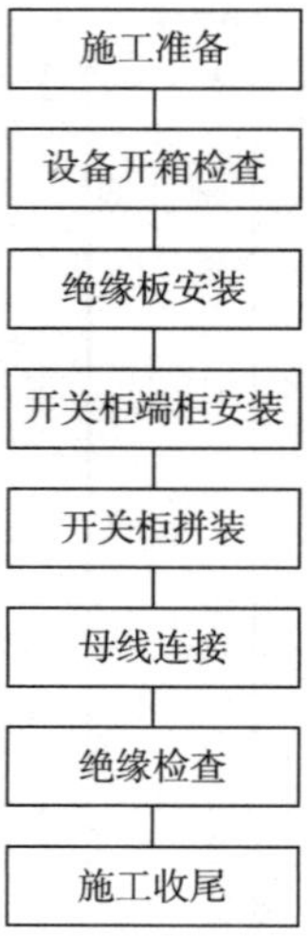

图 3-14-52　TDx 直流开关柜安装工艺流程图

(2)端柜安装

①安装第一面柜体时，应将其侧面与建筑物侧墙的距离进行调整，直至符合设计要求。若条件允许，可与现有基础槽钢或框架进行位置校对。

②用水平尺针对柜体的水平面及垂直面进行调整，并使其保持在允许的公差范围内。

③根据不同安装方式，按产品技术要求的扭矩拧紧开关柜地脚固定螺栓。通常情况下，开关柜采取螺栓或压板的形式固定在基础槽钢上。但也有例外，当房屋下部没有建设电缆沟或电缆通道的条件时，一般采用生产厂家提供的盘柜固定方式：直接将开关柜固定在水泥地面上，在这种情况下可以参照图 3-14-53 所示的方法进行施工安装。

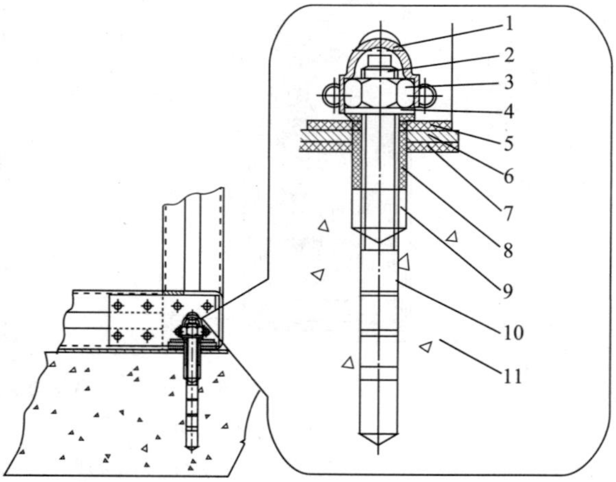

图 3-14-53　柜体于水泥地面安装示意图

1—塑料防护帽；2—螺栓；3—螺母；4—垫片；5—绝缘垫片；6—柜体；7—绝缘板；8—绝缘套管；9—绝缘套管孔；10—胀管；11—水泥地面

④将第一面柜体需要与下一面柜体进行母线连接的柜体侧面隔板拆除，隔板及连接螺栓应妥善保管。

(3)柜体拼接及母线连接

①采用相同的方法，将第二面柜体平移到紧靠第一面柜体，测量并调整其水平度及垂直度，当

满足要求时，从第一面柜体内部通过 C 形梁上的螺栓连接孔将两面开关柜进行柜体连接，彼此拧紧，其紧固力矩应达到产品的技术规定。然后，拧紧柜体固定螺栓。

②柜体之间的母线连接应符合国家标准的有关规定。一般情况下生产厂家在工厂已经将主母线安装在柜体内部，现场仅需按产品说明书的规定卸下活门系统，安装柜体母线之间的连接铜排。根据工厂的规定，安装前需要对铜排用铜清洁剂和少量水或者用黄铜刷，将铜排和母线上的氧化物除去。其具体连接方法如图 3-14-53 和图 3-14-54 所示，母线连接后的顶视效果，如图 3-14-55 所示。连接螺母用 55 N·m 的扭矩拧紧。完成两个柜体之间的母线连接后，恢复活门系统。

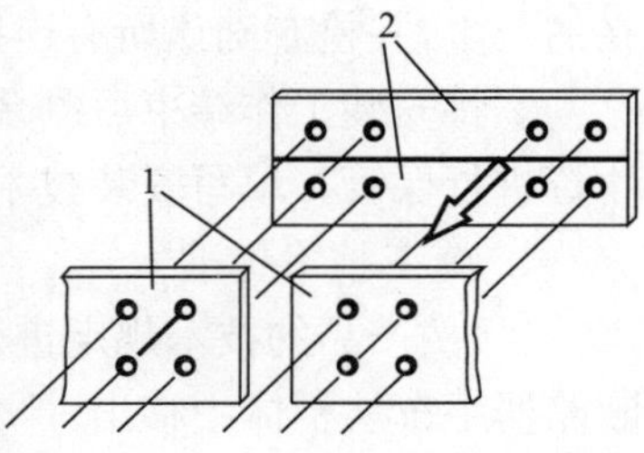

图 3-14-54　安装连接铜排

1—主母线；2—连接铜排

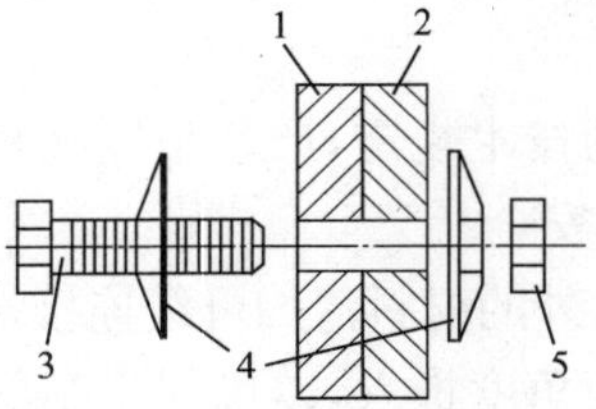

图 3-14-55　母线螺栓连接

1—主母线；2—连接铜排；3—螺栓；4—弹簧垫片；5—螺母

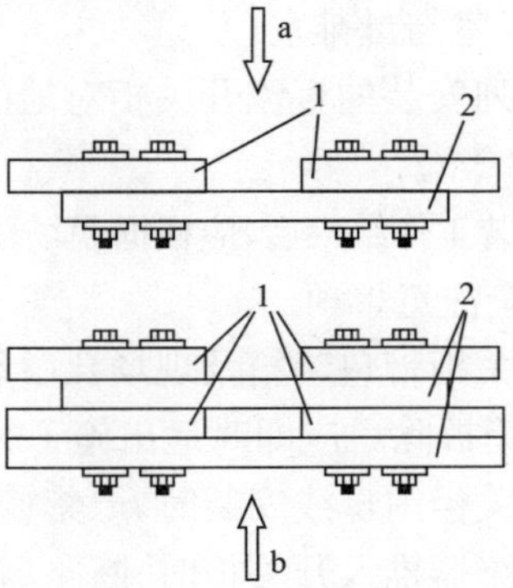

图 3-14-56　母线连接后的顶视图

a—柜体前侧视图；b—柜体前侧视图；1—主母线；2—连接铜排

③依次将其余的柜体按照上述方法全部组立完成，将断路器手车推入柜体。

(4)柜体二次配线连接及绝缘检查

①按产品说明书的规定卸下全部柜体顶部的吊环，卸下开关柜的眉头，敷设厂家提供的柜体之间的环形电缆、控制电缆及现场总线电缆，敷设过程中应该确保对控制小室内三缆线做好边缘的防护。眉头安装过程如图 3-14-57 所示。

②根据开关柜的布置，安装柜体的封口、连接片等，并恢复柜体的眉头。

③待全部安装工作完成后，拆除漏电保护器与地之间的连接电缆，利用测试电压为 1 000 V 的绝缘测量仪，测试柜体对地的绝缘电阻，其绝缘电阻值要达到 2 MΩ 以上。

④按产品说明书的规定，连接柜体内的保护、控制及工作电压的环式干线和用于 DCP 或 PLC 模块数据传输到中央 PLC 的现场总线电缆。

⑤按设计图纸的规定连接引至开关柜的电力及控制、信号等外部连接电缆。

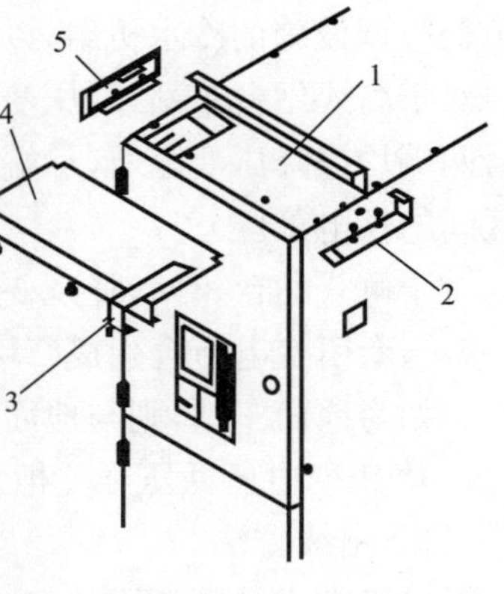

图 3-14-57　柜体眉头安装

1—眉头底部；2—柜体连接片；3—重叠件；4—安装眉头上部；5—安装封口

(5)施工收尾

①全部工作完成后，清扫开关柜内设备及设施上存

在的灰尘，并检查确认所有连接电缆接线正确无误。最后做好防尘措施。

②将安装工作结束后剩余的备品及配件进行清理登记，并交由物资保管员作为竣工移交物资进行保管。填写安装技术记录和施工过程质量控制记录。

4. 施工技术标准

(1)按产品的技术规定进行吊装和运输。拆除包装箱后，开关柜在安装调整过程中必须将断路器手车从柜体中移出，严禁断路器手车存放在柜体中进行二次搬运及调整工作。

(2)直流开关柜应采用绝缘安装，其绝缘电阻值应符合规定要求。安装过程当中应保证柜体之间的连接片及连接螺栓连接可靠。

(3)成列安装的直流开关柜，其水平度、垂直度以及盘、柜面不平度和盘、柜间接缝的标准应符合本手册表 3-13-18 规定。

(4)在断路器柜内当断路器手车拉出时，检查确认该柜的绝缘活门系统，应能够自动隔离断路器手车室与母排室。

(5)成列安装的直流开关柜对地的绝缘电阻，采用 1 000 V 绝缘摇表测量，其绝缘电阻值不应小于 2 MΩ。

(6)安装工作结束后，应根据现场环境采取必要的防尘、防潮措施，确保对产品的有效防护。

5. 安全注意事项

(1)开关柜带包装箱及现场裸吊装时，必须遵循产品的技术规定，严禁吊绳夹角角度超过 60°。包装箱拆除后应即时运出施工场地，确保施工人员的安全。

(2)开关柜内母线安装时，严禁使用产品说明书规定以外的材料清扫母线连接端头。

(3)断路器推入开关柜时，断路器手车应以一个恰当的角度推入，以确保手车的左前导向轮能够进入导轨；断路器手车撤出开关柜时，将解锁控制杆向左扳动约 45°并使其保持住。借助于左把手继续将断路器手车自工作位置移动，并且在离开工作位置后立即松开解锁控制杆。在克服了隔离触头的弹簧张力后，断路器手车必须被迅速拉出。

(4)开关柜投入运行前，必须制定相应的安全运营技术防护措施，并报有关部门批准。

3.15　400 V 设备安装

地下铁道在每个车站都设有降压变电所。降压变电所的位置应靠近负荷中心，尽量靠近大负荷空调设施的冷水机组，以缩短电缆长度和减小电缆截面，降低能耗。

对于岛式站台车站，降压变电所一般设于站台一端。对于大型车站，因负荷增大，也可在站台两端均设降压变电所，一端为主变电所，另一端为辅助变电所，各负责半个车站和相邻半个区间的供电。

对于侧式站台车站，降压变电所也可以设在车站中部。在有牵引变电所的车站，降压变电所一般与牵引变电所合建成牵引降压混合变电所；在没有牵引变电所的车站，则单独建降压变电所。如为地面车站，则与地面站房合建。

1. 降压变电所低压开关柜常见的两种安装方式

(1)下出线方法

下出线方式是最常用的安装方式，变电所配电盘柜下部设有电缆夹层或电缆通道。在地面变电所，电缆夹层或电缆通道的净空高度应不小于 1 900 mm；如在地下车站站台层，其电缆夹层和电缆通道高度可适当降低。

(2)上出线方式

当变电所下部主体结构受环境条件影响不能设电缆夹层或电缆通道时,可采用上出线安装方式。一般高、低压开关柜皆为向上出线,这种出线方式目前在地铁工程中应用比较多。在开关柜的上方应留有敷设电缆桥架或槽道的高度,降压变电所平面布置应符合设计要求。

2. 电源接引原则

降压变电所一般设有两路中压电源,两路电源可以直接来自主变电所或城市电网,也可以来自相邻车站的牵引变电所或降压变电所。在大型车站,因建筑面积大,动力照明负荷增加,需在车站的站台两端建两座降压变电所,一端为电源降压变电所,在车站另一端建一座辅助变电所,其两路中压电源来自车站另一端的电源降压变电所。一般情况下辅助变电所的两台配电变压器不设保护断路器,只设隔离开关以作电源隔离。

3. 降压变电所主接线

降压变电所主接线比牵引变电所相对要简单得多,降压变电所电源侧主接线只有 3 种方案,而低压侧只有 1 种方案。供配电系统中,降压变电所中压进线的 3 种接线方式分别如下。

(1)单母线分段,设分段开关。为运行方便,分段开关可以不设保护,只作为对系统的供电分区重新调整用,如图 3-15-1 所示。

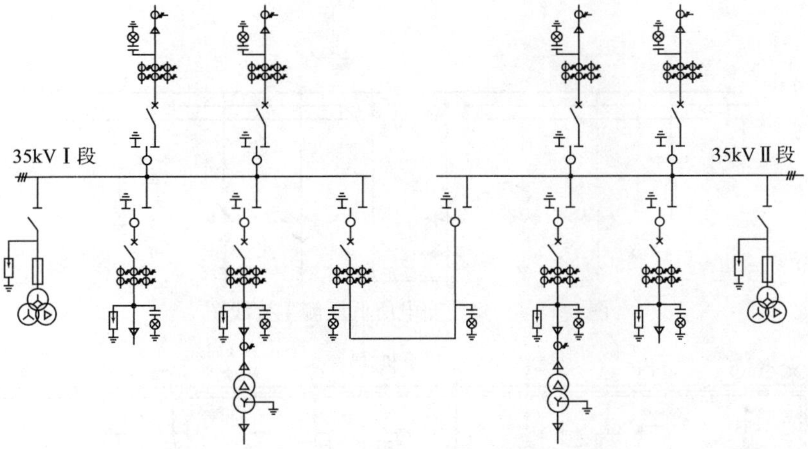

图 3-15-1　降压变电所电源侧主接线图(方案一)

(2)单母线分段,不设分段开关。采用典型的中压网络的环网结构,运营中电力调度方便快捷。在供电系统中只把降压变电所看成环网结构的 T 接方式,如图 3-15-2 所示。

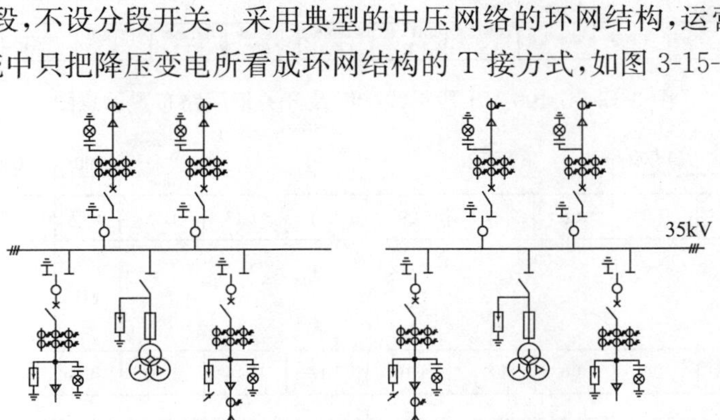

图 3-15-2　降压变电所电源侧主接线图(方案二)

(3)在车站辅助变电所，不设母线，两台配电变压器前只设隔离开关，只作隔离电源用，如图 3-15-3 所示。

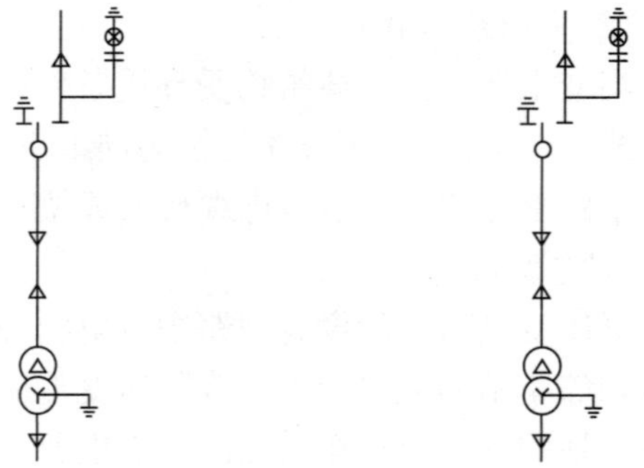

图 3-15-3　降压变电所电源侧主接线图(方案三)

降压变电所低压侧主接线只有一种单母线分段，设分段开关，失压自投、过电流闭锁、来电自复，如图 3-15-4 所示。低压配电系统采用 TN-S 系统，中性线与接地线分开，在变电所一点接地。

变电所设两台配电变压器，分别接于两段母线、分列运行，动力负荷与照明负荷合用。

变电所低压侧设备全部采用配电柜的形式进行安装，其柜体的排列形式及二次回路布置基本相同，如图 3-15-5 所示(局部)。由于变电所的低压配电柜结构的特殊性，因此在现场安装时一般均带有母线桥，其具体安装位置并不是一致的或固定不变的。图 3-15-6 所示低压配电柜平面布置图有一定的代表性，仅供参考。

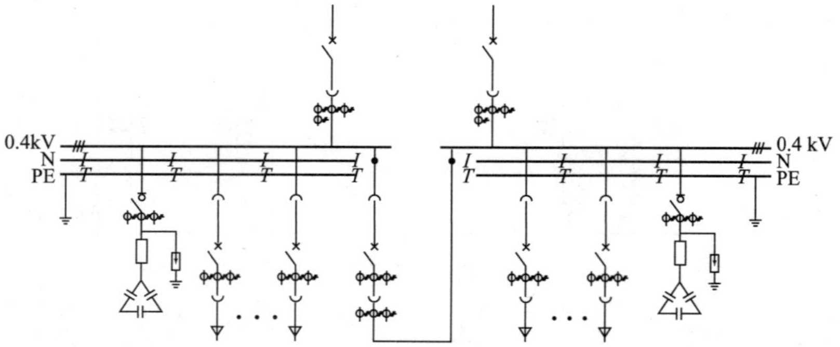

图 3-15-4　降压变电所低压侧主接线图

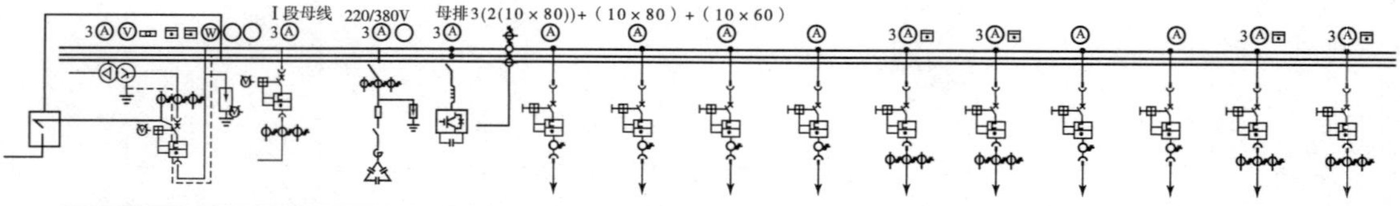

低压柜编号	L01	LM	L03	NL05	L07						L09			
回路名称	电源进线		电容器	滤波装置	烟烙尺箱(主)	烟烙尺箱(备)	自动扶梯(主)	自动扶梯(备)	环控电源(主)	环控电源(备)	售检票	废水泵	AFC配电	备用

图 3-15-5　400 VⅠ段母线接线及开关柜回路布置示意图

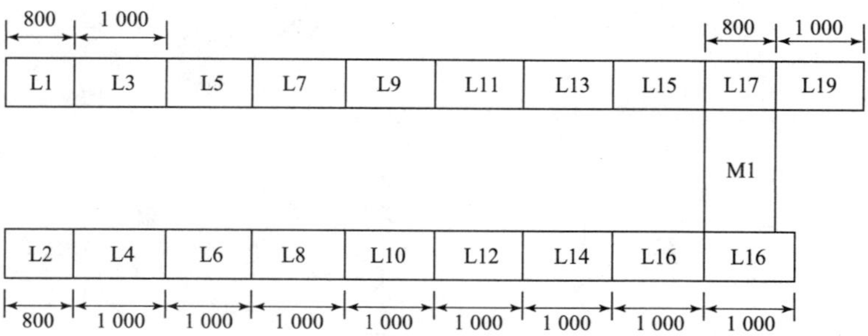

图 3-15-6　400 V 配电柜平面布置示意图

L1、L2—进线柜；L3～L16—馈线柜；L17—母联柜；L18、L19—电容补偿柜；M1—母线桥

3.15.1 施耐德 Okken 型低压开关柜

400 V 低压抽出式开关柜是地铁供电系统中各类变电所必须设置的配电装置，它负责为车站旅客乘车环境及有关各专业设备提供动力和照明电源，是地铁供电系统中重要的组成部分。

400 V 低压抽出式开关柜的产品选择范围很广，国内很多厂家都能够生产。本节以施耐德电气公司生产的 Okken 型 400 V 低压抽出式开关柜为例进行介绍，其产品在北京、广州地铁工程中得到广泛应用。

1. 电气参数

施耐德 Okken 型低压开关柜主要电气参数见表 3-15-1 所示。

表 3-15-1 施耐德 Okken 型低压开关柜主要电气参数

序号	项　目	内　容
1	额定工作电压	400 V
2	额定绝缘电压	660 V
3	额定冲击耐受电压	8 kV
4	最小电气间隙	8 mm
5	最小爬电距离	10 mm
6	隔离距离	功能单元处于分离位置时，它的主电路插接件裸露带电部件与垂直母线或静触头的隔离距离应不小于 20 mm，即使在机械操作试验后也应保持此距离
7	水平母线最大工作电流	4 000 A
8	垂直母线最大工作电流	1 500 A
9	水平母线额定短时耐受电流(1 s)	80 kA
10	水平母线额定峰值耐受电流	176 kA
11	垂直母线额定短时耐受电流(1 s)	60 kA
12	垂直母线额定峰值耐受电流	132 kA
13	额定分散系数	符合 GB 7251.1—2005 中 4.7 的规定
14	温升	符合 GB 7251.1—2005 中 7.3 的规定
15	辅助回路的额定电压	DC 220 V
16	外壳防护等级	不低于 IP40

2. 开关柜结构

开关柜结构的基本骨架采用模数化组合的装配式结构，如图 3-15-7 所示，立柱上以 25 mm 为一个模数单元，每个模数间均留有相应的功能安装孔，保证了柜体及功能单元的安装精度。

Okken 型开关柜的骨架由固定在运输底座上的垂直骨架和水平横梁组成，垂直骨架为一次拉伸成型的异型封闭式立柱，保证了柜体结构具有良好的机械强度，该结构抗冲击、刚度高、不易变形。

顶部及底部横梁可以从外边进行拆卸，而柜体的总体刚度不受影响，便于现场的电缆敷设，也可以在柜外进行电缆鼻子的制作，同时也使连接主母线的鱼形排的连接更容易。

内置运输底座除用于固定垂直骨架外，还可用于配电柜与地面的固定，并作为冷空气入口,形成柜内的空气自然对流从而降低柜内的运行温度;待全部安装工作结束后,再将开关柜下部隔栅安装好,就与其他开关柜形成完整的一体了。

开关柜采用一种规格的骨架就可以满足 4 000 A 及以下电流等级的所有安装要求及各种进出线方式。

骨架表面为环氧树脂静电粉末喷涂,保证了柜体骨架可以长期在恶劣的污染环境下正常使用。

开关柜内的各功能隔室及功能单元均采用优质敷铝锌板,保证了柜体全部金属部件均有良好的防腐能力。

装有电气设备和母线的开关柜内可分为 4 个独立的区域,即母线隔室、功能单元隔室、电缆出线室及二次附件室,如图 3-15-8 所示。

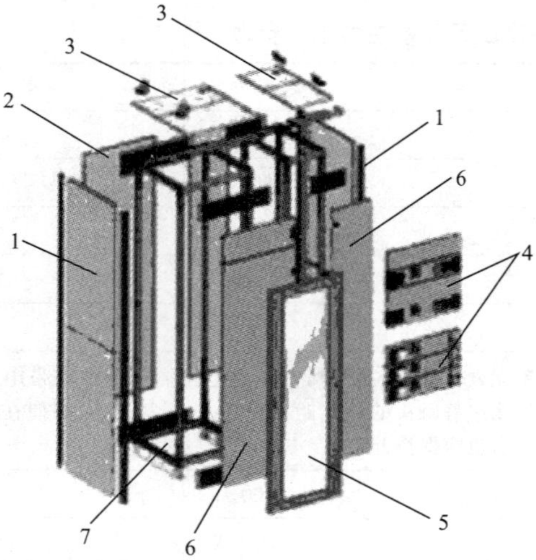

图 3-15-7　基本骨架采用模数化组合装配式开关柜结构示意图

1—两边的侧板;2—后门;3—拼装式的顶板,方便电缆上进线;4—面板;5、6—前门:整体或单独隔离门,普通或者带玻璃;7—内置运输底座,方便现场搬运开关柜(码垛车、叉车等)

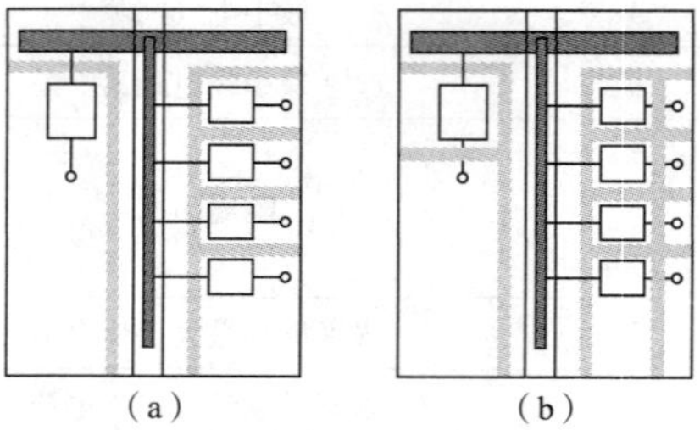

图 3-15-8　开关柜各隔室示意图

(a)功能单元与母线分隔以及所有功能单元的相互分隔,其出线端子除外;(b)同形式(a),但所有功能单元出线端子相互分隔

各隔室间采用敷铝锌板隔开。电力电缆由电缆出线室进出,二次辅助设备位于独立的小室,控制电缆由二次附件室进出,以保证一次、二次间完全隔离,互不影响。

外壳防护等级为 IP40。垂直母线用绝缘罩保护,防止偶然接触,打开门后其内部防护等级达 IP20。

开关柜每个回路出线均标明回路名称。

柜顶部提供开有电缆孔的顶板,并带有阻燃橡胶圈。

(1)母线隔室

水平母线隔室位于柜顶,无论何种安装及进出线方式,母线室的大小及位置均是固定的,深度为 600 mm 的柜体,最大电流可达到 4 000 A。

水平母线统一采用 40 mm×10 mm 规格的铜排,铜排的片数随电流大小而变化。水平母线同垂直母线连接及水平母线间的连接均为无孔连接,大大简化了现场的扩展工作。水平母线间的连接由于采用鱼形排技术(见图 3-15-9),而使得现场的安装更为简便。

同时，由于水平母线系统的铜排呈矩形布置，该种方式带来以下优点：有利于减少电磁辐射，提高了母线的电动耐受能力；侧出线时，既可保证电缆从顶部进出的空间，又同时保证母线表面良好的散热。

垂直母线隔室始终位于开关设备后部的独立隔室中，由 10 mm 厚的铜排组成，其截面和数量取决于垂直母线的电流。垂直母线与开关装置区域隔开，但两者之间的连接完全自由。

630 A 及以下的所有功能单元同垂直母线的连接采用专用双夹头技术，母线上无需打孔。同时，功能单元的插拔均作用于夹头上，因而使得垂直母线在运行操作中没有任何磨损，保证了母线系统的终身免维护。双夹头用于连接功能单元与垂直母线，如图 3-15-10 所示。另外双夹头本身为自补偿型，夹紧力可随着电流的增大而增大，同时连接处能承受运行时应力变化，保证连接始终处于最佳状态下。

图 3-15-9　鱼形排技术示意图

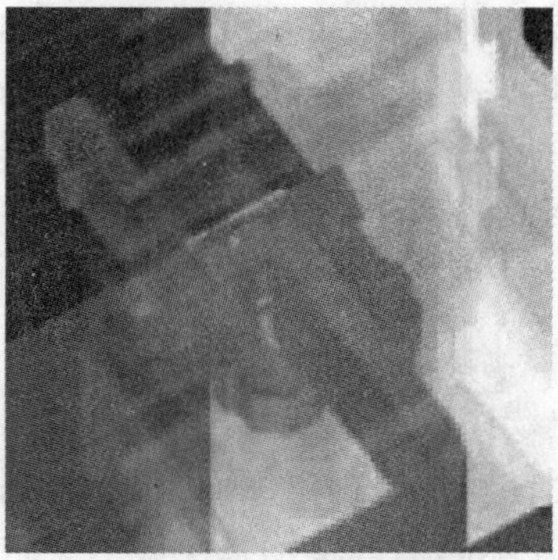

图 3-15-10　母线连接专用的双夹头示意图

由于双夹头的表面及垂直母线的前面均有绝缘防护，使得在带电状态下，在开关柜内随时都可以增加、更换或修改回路，而不必要求配电柜断电，同时也不会影响柜内相邻设备和其他回路的正常运行。

母线系统中所用的母线绝缘支架(SMC 材料)以及柜内所用的塑料材料，其中均不含有任何 CFC 或卤素元素，具有阻燃和难燃的特性，并符合对环境保护的要求。

(2)功能单元隔室

开关柜内各功能单元在垂直方向以 25 mm 为一个模数单元，如图 3-15-11 所示。功能单元的安装考虑了操作方便，易于接线，互换性良好及安全第一，并有防止直接接触带电部分的保护措施。

开关柜内的功能单元均已标准化，630 A 及以下的功能单元均可安装于安装板或安装底座上，是完整而相对独立的功能单元，每一种功能单元均可在开关柜外单独装配。

安装板上的功能单元集固定式方案的经济性和母线上可插入式的灵活性为一体。使用固定式或插入式设备安装在一个配有夹头的支撑部件上，夹头的使用减少了添加馈电回路的停电时间。该功能单元的装配和接线，包括所需的任何电流互感器，均可全部在工作台上完成。它的机械结构可以防止对功能单元的错误操作，只

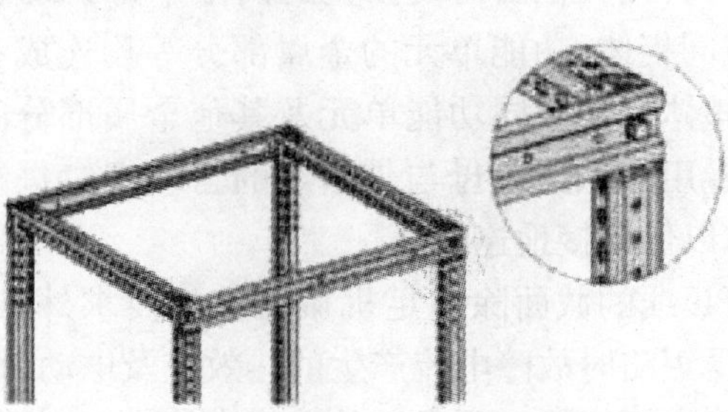

图 3-15-11　开关柜模数单元示意图

有当断电时，才能进行拆除。在同一安装板上可以安装两个回路(≤250 A)，出线电缆连接在侧面或后部扩展中的接线排或端子上。操作机构位于功能单元独立小门的前面板上，这种方案的每个功能单元间均完全分隔，同时独立小门使配电柜完全隔离。相同参数的可动元件对同类型的柜具有完全的互换性，相同参数和结构的其他元件也有互换性。

630 A 及以下的功能单元也可采用 Polyfast 专利系统。

采用 Polyfast 系统后，不需要对开关进行任何接线，可大大提高元件安装的可靠性，避免了人为因素的影响。

在预制的 Polyfast 底座内，进线侧、出线测的每一相间，电源回路和二次回路之间，均由绝缘材料独立分隔，可有效地防范内部电弧故障发生和蔓延。

Polyfast 系统还带有人性化设计的手柄，使其抓持及更换更容易。同时由于配有机械式安全跳闸装置，杜绝了带负载插入和拔出的危险。

采用插入式 Polyfast 功能单元的配电方案，不但提供了最高级别的灵活性、安全性和可升级性，还使得馈电回路不装在抽屉内时也具有抽屉方案的性能，即其连接形式同抽屉功能单元完全一致(均为 WWW 形式，即功能单元的进线侧、出线侧、二次侧的连接方式均为抽出式)。

(3)电缆出线室及二次附件室

电力电缆由电缆出线室进出，电缆出线室位于柜体后部。

二次附件室位于柜体侧面，用于控制电缆进出及安装二次辅助设备，以保证一次、二次间完全隔离，互不影响。特别是保证二次辅助设备避免受一次电力设备的不利影响，如温升、电磁辐射等的干扰。

同时，一次、二次设备的分开还为今后的运行、检修、维护提供了便利条件。

3. 外接导线端子

根据断路器壳体框架电流大小不同而配置不同接线端子，其布置如图 3-15-12 所示。

由于设置了专用的电力电缆及控制电缆出线室，最大限度地考虑了电缆连接时所需的弯曲半径及敷设空间。电缆出线室内专用的电缆支架可以使电缆在敷设时得到有效的绑扎固定，保证电缆接线端子及电缆本身不受到应力的作用。

电缆入口及盖板等处的设计充分考虑安装后柜体所应达到的防护等级及有关防触电措施。

对于所有回路，无论其电流的大小，均配备了一次端子。

4. 保护性接地

每台开关柜内均设独立的铜排作为 PE 线，PE 线同柜体、功能单元的金属部分等均连成有效的整体。骨架同功能单元及其他金属部分间采用专用的爪形螺母与带斜纹的自攻螺钉进行连接，以保证接地连续性。

PE 线的截面除满足机械强度的要求外，还能承受短路时故障电流产生的热效应及电动力。

作为柜体接地可靠性的保障措施之一，就是柜体框架之间采取产品规定的连接方法。在框

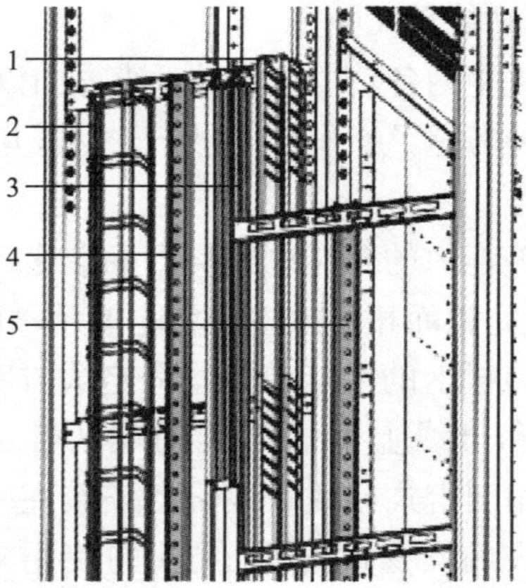

图 3-15-12　开关柜内各种线槽及端子安装导轨分布示意图

1—产品走线槽；2—用户走线槽；3—辅助小母线；4—辅助端子安装导轨；5—电力端子排安装导轨

架顶部用4组连接套件(零件号87171)相连,如图3-15-13所示。在中间部分的框架上,用2个连接片(零件号87170)进行连接,如图3-15-14所示。这些连接片采用ϕ6 mm的钢铆钉固定在相应位置。铆钉的位置距顶部横梁的底部:对于H=2 350 mm的柜体为1 294 mm,对于H=2 200 mm的柜体为1 219 mm。当不能用连接片连接时,可以用连接套件代替。

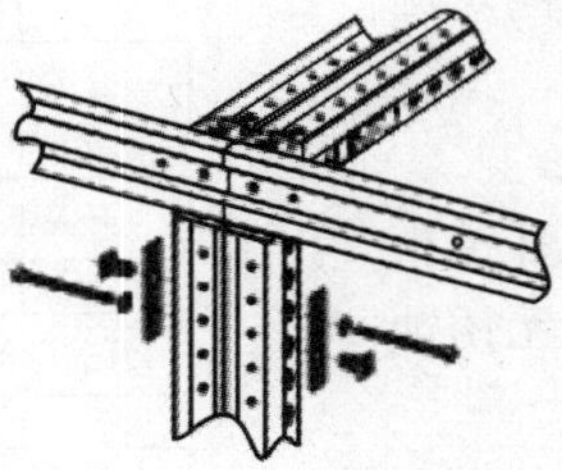
图3-15-13 连接套件连接

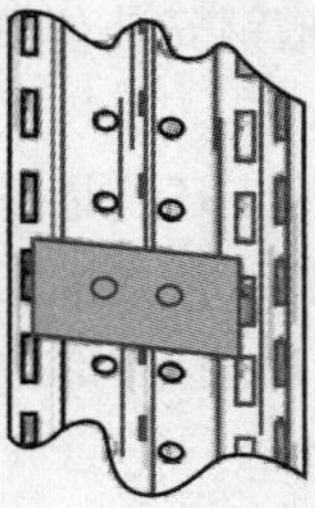
图3-15-14 连接片连接

5. 母线及导线

开关柜采用三相五线制,柜内母线采用高导电率铜导体。

PE、N线及连接排上均开有模数孔用于电缆的连接。

柜内母线和导体颜色及排列符合有关规范的要求,柜内母排均有相序标识。

6. 机械联锁

开关柜的门和抽出单元采用机械联锁装置,使其在通电时不能开门或拉开抽屉,以保障安全。

通过机械联锁,使每个抽出单元都具有“连接”、“试验”、“抽出”和“分断”位置,最多可另外加3把挂锁,同类规格的低压断路器抽屉能够互换。触头的接触压力或温升满足相关的国家及行业标准的规定。

7. 技术性能及要求

低压开关柜为封闭式户内成套设备,其功能为向除地铁牵引供电以外的所有低压用电设备供电,为保证地铁各种用电设备安全、连续正常使用,要求低压开关柜必须满足地铁环境条件,技术先进、生产工艺成熟可靠、结构紧凑、便于安装和维护。

针对630 A(含)以上回路,采用框架断路器,其在柜内采用固定式接线抽出式安装。

针对630 A(不含)以下回路采用塑壳开关,其中630 A(不含)~250 A(不含)建议采用固定分割插拔安装;250 A(含)以下采用抽屉式固定安装或固定分割插拔安装。

低压开关柜及柜内所有元器件和材料应为阻燃或不燃产品。开关柜应选用统一柜型产品。

为便于开关电器的上下级保护配合和方便管理,同一车站的低压开关柜内的框架开关、塑壳开关尽可能选用同一体系(同一厂家)的产品。

3.15.2 施耐德Okken型低压开关柜安装

1. 施工准备

按照有关标准规范的规定及施工承包合同的要求,做好劳动组织、施工机具、设备材料的准备工作。同时,完成作业人员的岗前培训及施工技术交底工作。

2. 工艺流程

施耐德Okken型开关柜安装的工艺流程如图3-15-15所示。

3. 操作要领

(1)施工准备

①复核设备的安装孔距及电缆进出孔位置是否和设计图纸相符。

②复核基础槽钢安装位置及水平度与直线度是否满足施工要求。

③检查现场施工环境是否满足开关柜拼接要求。

④设备运到施工现场后,及时进行开箱检查,检查开关柜外壳是否有碰撞痕迹,各部位螺栓应紧固,油漆完整、无锈蚀现象。

⑤检查开关柜规格是否与设计相符,产品说明书、合格证、备品配件等技术资料是否齐全,并做好收集、记录工作。

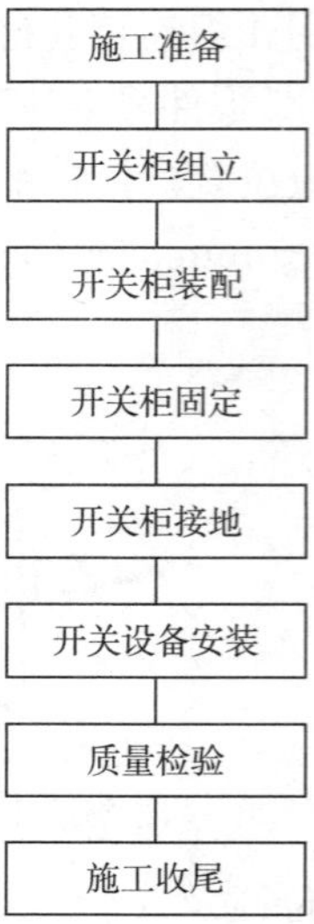

图 3-15-15　施耐德 Okken 型开关柜安装的工艺流程图

(2)开关柜组立

①根据开关柜的安装孔尺寸,在槽钢上定出第一面开关柜安装孔位置,然后用钢卷尺定出所有开关柜的安装孔位置,并复核安装孔对角线是否相等。

②安装孔位置无误后,用手电钻在槽钢上打孔,用攻丝器攻丝。

③用液压叉车将开关柜运至基础槽钢附近后,按设计要求的位置利用门形吊装支架将第一面开关柜安装到位,调整开关柜使其与地面垂直。用同样方法将第二面开关柜运至第一面柜附近约 1 m 远的位置,以盘间能容一人宽的距离为限,并调整使两柜盘面保持在同一水平面上。

④用吸尘器将开关柜外表面清扫干净后,卸下柜顶母线室盖板。

(3)开关柜装配

①用跨顶平行移动第二面柜缓慢接近第一面柜,移动过程中,在柜顶母线室连接处观察母线搭接情况,如出现母线连接错位及相邻盘柜不在同一水平面等情况,应及时调整。

②在柜顶母线室用扭矩扳手将两面柜的母线铜排连接螺栓拧紧。进行母线铜排连接时,需要调整鱼形排的位置,应该按图 3-15-16 所示的方法,对于每相有 4 片或 6 片铜排的母线,可使用最大厚度为 5 mm 的铜排或螺丝刀滑动鱼形排中间垫块。根据视觉参照槽口,可以检查鱼形排是否位于要连接的母排中间。

③将第二面开关柜在槽钢上进行固定。

(4)开关柜固定

①依上述方法,完成后续盘柜安装。每面盘的固定点不得少于两处。

②全部盘柜安装固定完毕后,安装成列盘柜两端的边盘。

(5)开关柜接地

①检查确认开关柜本体的所有接地连接没有遗漏,如图 3-15-17 和图 3-15-18 所示,将所有连接位置按产品要求连接起来,且连接可靠。

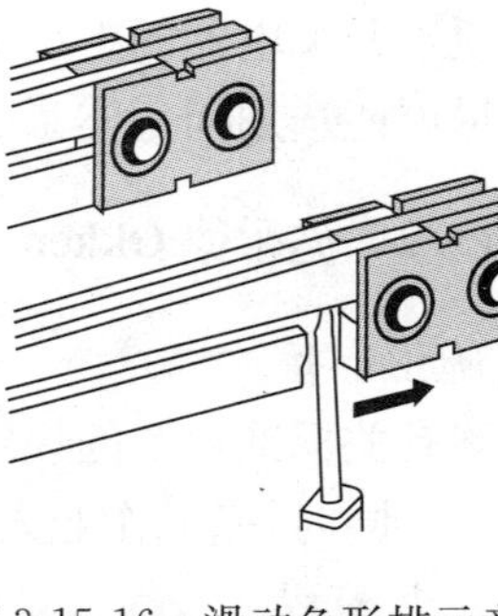

图 3-15-16　滑动鱼形排示意图

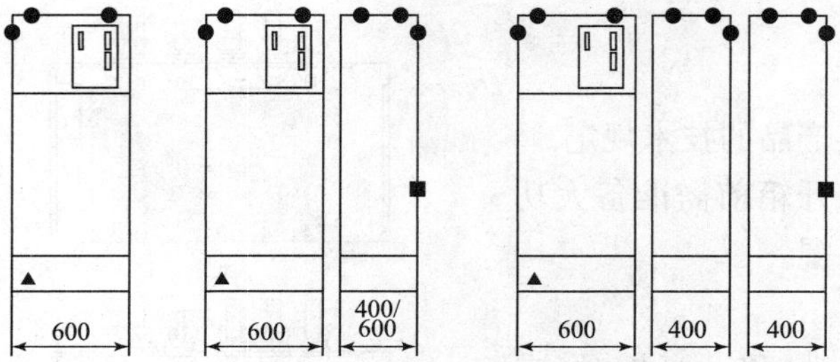

图 3-15-17　相邻的柜体连接示意图

●—必须使用零件号 87171 的连套件进行连接的地方；

■—必须使用零件号 87170 的连接片进行连接的地方；

▲—M10 螺栓进行连接的地方

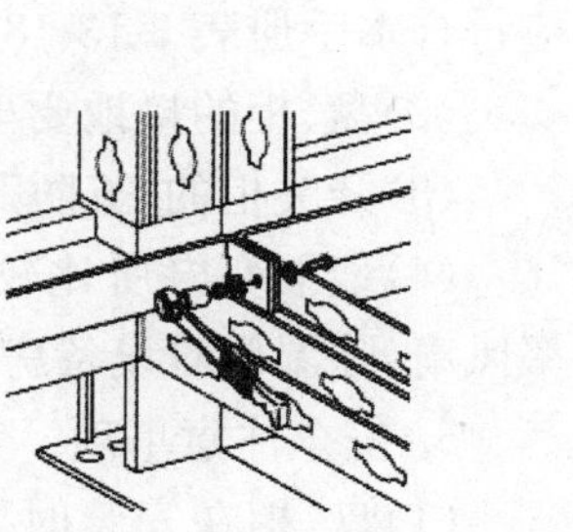

图 3-15-18　接地线排连接示意图

②将柜间的接地铜排连接完成后，测量确认所有接地铜排已贯通，并在成列开关柜的两端用设计要求的软电缆将柜接地铜排与变电所接地扁钢连接起来，设计没有规定时，接地线设置数量应不少于两处。

(6)开关设备安装

①打开设备包装，检查确认 Masterpact MT 系列断路器没有损伤和磕碰。断路器的样式如图 3-15-19 所示。

图 3-15-19　Masterpact MT 系列断路器示意图

②放入 Masterpact MT 系列断路器之前，检查它与抽架是否相符。

③按下释放片将盘面导轨拽出，将 Masterpact MT 系列断路器放在导轨上，确认设备已置于四个支架上。

④将断路器推入抽架中，此时注意不要碰到控制单元。取出摇把插入摇孔，使用解锁按钮解除位置机构锁定；将开关先摇至测试位置，然后再摇至接通位置。

⑤将储能把手向下拉动 6 次，直到听到“喀哒”声，这时储能指示牌显示设备操作机构已经储能；合闸操作按下机械式“ON”按钮，开关闭合后，在窗口中显示“ON”指示牌；分闸操作按下机械式“OFF”按钮，开关分开后，在窗口中显示“OFF”指示牌。

(7)质量检验

①观察及测量开关柜表面平整度和柜体接缝的密贴度，应达到施工标准的规定。

②采用万用表 $R\times1\text{k}$ 挡测量开关柜 1～3 柜和 2～4 柜框架之间和每面开关柜与 PE 线之间及 PE 线与变电所主接地点之间的接触电阻，一般情况下，阻值应为 0。如果哪一步测量值偏大，应逐渐缩小量程，直至找到原因，并进行处理。

③操作抽屉式功能单元，按图 3-15-20 所示分别将它们置于“工作”、“试验”、“断开”位置，检验各功能单元的机械闭锁功能是否可靠。

(8)施工收尾

①把所有拆除的盖板、材料、专用工具从开关柜内撤出，并清点登记记录，作为接管单位移交的物资进行保管。

②填写开关柜施工安装技术记录、质量自检记录。

4. 施工标准

(1)盘、柜独立或成列安装时，其水平度、垂直度以及盘、柜面不平度和盘、柜间接缝的标准应符合本手册表 3-13-18 规定的要求。

(2)盘、柜的接地要牢固，接触良好。

(3)开关柜的“五防”功能必须满足产品的技术规定。

(4)地下变电所比较潮湿，在设备开箱前需准备大功率风扇、除湿机对设备房间进行充分除湿。

5. 安全注意事项

(1)盘、柜在安装时要避免强烈振动，移动盘柜时，应用液压叉车或门形吊装架移动，严禁用撬棍直接撬动盘柜。

(2)推动液压小车时应缓慢行进。要注意盘、柜体的行进方向，随时纠正，防止倾斜。

(3)盘、柜搬运安装时，要防止挤压手、脚和盘、柜上的设备。

(4)盘、柜在未固定牢固前应有防倾倒措施。

(5)变电所施工应对预留孔洞进行防护，防止坠人、坠物。

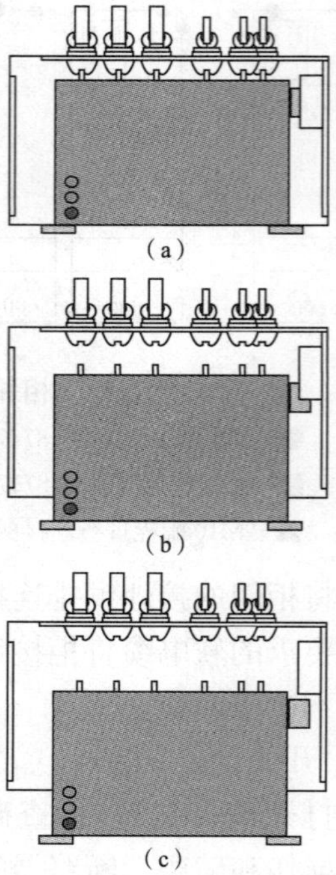

图 3-15-20　抽屉式单元位置示意图
(a)工作位置；(b)试验位置；(c)断开位置

3.15.3　GCH 型低压开关柜

1. 特性与优点

GCH 型低压抽出式开关柜显著特性是集中了 GCK、GCS、MNS 等抽出式低压柜的优点于一身，进出线方便，垂直母线容量基本不受限制，规格灵活多变，安装位置合理，充分利用柜体空间。联锁推进机构简单可靠，出线空间宽松方便。另外，采用模块化、标准化及规范化的柜体结构及元件布置方式，不但提高了加工效率，而且也为安装维修带来方便。

GCH 型低压抽出式开关柜具有下列显著优点。

(1)具有高可靠性与安全性，本柜主要元件采用韩国现代重工产品，保证了无故障运行。外壳防护等级达 IP4X，内部达 IP2X 标准，给运行维修人员带来安全保证。

(2)具有较高的经济性，由于布置合理，尺寸及连接优化，从而降低制造成本。

(3)加工精度高，涂装可靠，外形美观。机加工采用进口数控机床组成的柔性加工系统(Flexible Manufacturlng System，FMS)完成。外涂装采用进口自动线，从去油、除锈、酸洗、磷化、钝化、喷塑一气呵成，是国内少见的环保型涂装设备，不但提高了效率，更保证了加工质量。加工精度高，保证了产品质量可靠；涂装质量过硬，保证了外形美观。

(4)抽屉内开关元件与插接头连接的导体，可以是绝缘导线，也可以采用裸铜排，不必采用特殊规格的导线。

(5)电缆可采用下出线或上出线方式，出线电缆位置可在柜前右侧，也可在柜背后。

2. 型号含义及符合标准

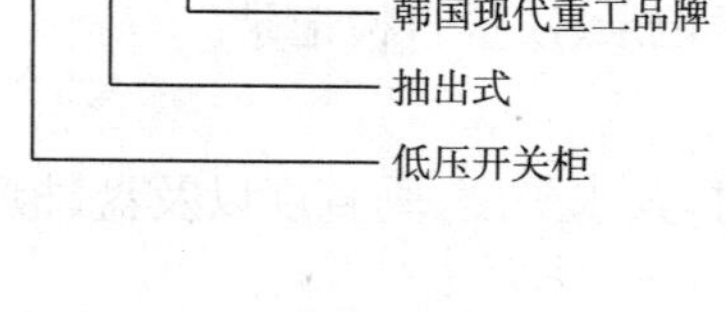

产品符合《低压成套开关设备和控制设备》(GB 7251)；《低压成套开关设备和控制设备》(IEC 60439-1)、《低压抽出式成套开关设备》(JB/T 9661)标准，通过了国家3C强制认证。

3. 主要电气参数

GCH型低压开关柜主要电气参数见表3-15-2。

表3-15-2　GCH型低压开关柜主要电气参数

额定工作电压	AC 400 V/690 V	水平母线额定短时耐受电流	80 kA
额定绝缘电压	AC 690 V/1 000 V	水平母线额定峰值耐受电流	176 kA
额定耐冲击电压	8 000 V	垂直母线额定电流	≤3 200 A
额定频率	50(60)Hz	垂直母线额定短时耐受电流	65 kA
水平母线额定电流	≤4 000 A	垂直母线额定峰值耐受电流	143 kA

4. 产品规格

GCH型低压开关柜产品规格见表3-15-3。

表3-15-3　GCH型低压开关柜产品规格

项目	数据	项目	数据
开关柜名称/用途	柜体宽度(mm)	最大工作电流(A)	产品方案编号
进线柜(柜顶受电)	600～1 100	630～5 000	01、03
进线柜(电缆受电)	600～1 100	630～5 000	02、04
双电源切换柜	800～1 100	100～5 000	05、16
进线＋馈电柜	600～1 100	630～5 000	06
母联柜	600～1 100	630～5 000	07
馈电柜	600～1 000	100～1 600	08～15
电动机控制	600～1 000	100～250	17～21
电容自动补偿	600～1 000	90～240(kvar)	22
电容联动补偿	600～1 000	90～240(kvar)	23

注：1. 此表未列出原理接线图，请参考产品样本。
2. 表中柜体宽度需要根据开关柜选取的最大电流值确定。
3. 产品方案编号可在产品样本中查到。

5. 环境条件

(1)最高温度不超过40 ℃；

(2)最低温度不低于－5 ℃；

(3)相对湿度不大于90%；

(4)地震烈度不超过8度；

(5)无爆炸及严重腐蚀的场所；

(6)海拔高度不超过2 000 m；

(7)污染等级达3级。

6. 结构特点

(1)主骨架采用20 mm敷铝锌板或冷轧镀锌板弯制成的C形材组装而成，其上有间隔模数为25 mm的安装孔。柜门、侧板、顶板及后门封板等外露部件采用环氧粉喷涂。

(2)装置各功能室严格分隔，有功能单元室(抽屉室)、母线室、电缆室。

(3)水平母线采用柜顶立式排列，电缆均可在柜顶柜底进出。

(4)开关柜高度为 2 200 mm,单元安装总高度为 1 800 mm,基准抽屉单元高度一个模数 M(200 mm),柜体可装一个模数抽屉 9 只或 1/2 个模数单元抽屉 18 只,抽屉高度可为 1M、1.5M、2M、2.5M 及 3M。

(5)如果采用前右侧出线,可采用不同电流等级的转接件,1/2 单元抽屉为背板式整体转接件。

(6)抽屉具有“连接”、“试验”、“分离”和“抽出”位置,并有明显标志,抽屉操作手柄与开关操作手柄合用一套,抽屉单元具有联锁装置。

(7)同一尺寸的各功能单元抽屉完全可以互换,柜内也可装抽出式框架断路器、抽屉与框架断路器也可组合安装。

(8)功能单元辅助接点为 20～32 对(1/2M 为 12 对),完全满足自动化及计算机接口需要。

7. 产品安装要求

基础槽钢和柜体采用螺栓固定方式时,螺栓由用户自备。主母线连接时,如表面因运输、保管等原因导致不平整,应加工平整后再连接紧固。

产品安装后投运前的检查和试验内容如下。

(1)检查柜体面漆或其他涂装材料(如喷塑)有无损坏,柜内是否干燥清洁。

(2)电器元件的操作机构应灵活,不应有卡涩或操作力过大现象。

(3)主要电器的主触头的通断应可靠准确。

(4)抽屉或抽出式机构应灵活、轻便、无卡阻和碰撞现象。

(5)抽屉或抽出式机构的动、静触头的中心线应一致,触头接触应紧密,主辅触头的插入深度应符合要求,机械联锁或电气联锁装置应正确动作,闭锁应可靠。

(6)相同尺寸的抽屉应能方便地互换,无卡阻和碰撞现象。

(7)仪表的刻度整定、互感器的变比及极性应正确无误。

(8)熔断器的熔芯规格应符合工程设计的要求。

(9)继电保护的整定应正确,动作可靠。

(10)用 500 V 兆欧表测量绝缘电阻值不得低于 1 MΩ。

(11)各母线的连接应良好,绝缘支撑件、安装件及其他附件安装应牢固可靠。

8. 使用注意事项

(1)GCH 型开关柜为不靠墙安装,正面操作、双面维修的低压配电柜,必须由考核合格的专业人员进行操作检查和维修。

(2)GCH 型开关柜采用专用操作机构,抽屉内开关的分、合由安装在抽屉面板上的操作手柄来实现,按照面板上的标志在近 300°的旋转范围内实现开关的分、合及抽屉的试验、隔离位置并可锁定。

(3)空气断路器、塑壳断路器经过多次分合,特别是经过短路分合后,会使触头局部烧伤和产生碳类物质,使接触电阻增大,应按断路器使用说明书进行维护。

(4)经过安装和维修后,必须严格检查各隔室之间功能单元之间的隔离状况,以确保本装置良好的功能分隔性,防止出现故障扩大。

(5)在投入使用前,断路器的整定值一定要调到合适数值,此数值应由设计单位或供电部门提供。

由于 GCH 型低压开关柜的结构形式与后面将要介绍的 MLS-5.0 型低压开关设备的结构形式基本一致,所以不再重复介绍其安装工艺,可以参照 MLS-5.0 型低压开关设备的安装工艺执行。

3.15.4　MLS-5.0型低压开关柜

上海澳通开关有限公司引进AGE技术生产的MLS-5.0型低压开关设备是采用标准模件由工厂组装的低压开关柜，它适用于交流50/60 Hz，额定工作电压≤660 V，额定电流5 000 A及以下的供配电系统，作为电能分配、转换、控制和无功功率补偿之用。

MLS-5.0型低压开关柜应用于上海城市轨道交通11号线。

MLS-5.0/□低压开关柜型号及其含义如下。

MLS——产品型号(Modular Low-voltage Switchgear System)；

5.0——产品系列号；

□——产品特征号：600表示柜体后部出线；1 000表示柜体右侧旁出线。

1. 使用条件

(1)环境温度：周围空气温度不超过40 ℃，不低于−5 ℃，且在24 h内测得的平均值不超过35 ℃。

(2)环境湿度：空气清洁，在最高温度40 ℃时其相对湿度不超过50%，较低温度时允许有较大的相对湿度。例如20 ℃时为90%，但考虑到由于温度的变化，有可能会偶然地产生适度的凝露。

(3)温度范围在−25～+55 ℃之间适用于运输和存储过程，在短时间内(≤24 h)可达到70 ℃。

(4)海拔不超过2 000 m。

(5)地震烈度不超过8度。

(6)环境污染等级：3级。

2. 技术参数

MLS-5.0型低压开关柜的技术参数见表3-15-4所示。

表3-15-4　MLS-5.0型低压开关柜的技术参数

项　目		单位	参　数
额定工作电压	主电路	V	380,660
	辅助电路		AC 220,AC 380,DC 110,DC 220
额定绝缘电压	主电路	V	400,690
额定冲击耐受电压(1.2/50μs)	—	kV	8
	—		6
额定工作电流(IP3X时)	水平母线	A	≤5 000
	垂直母线		≤1 000,1 600(MCC柜抽出式)，≤2 500柜插拔式
额定短时耐受电流	水平母线	kA/1 s	50、60、80、100
	垂直母线		50、60、90(MCC柜抽出式)
额定峰值耐受电流	水平母线	kA/0.1 s	105、143、176、220
	垂直母线		105、143、198(MCC柜抽出式)

3. 防护等级

产品标准型外壳防护等级为IP3X。根据需要，MLS-5.0/600型外壳防护等级可以为IP31、IP32、IP4X、IP41；MLS-5.0/1 000型外壳防护等级可以为IP31、IP32、IP4X、IP41、IP43、IP52、IP54、IP55。

当外壳防护等级为IP43及以上时，须考虑开关柜因散热能力下降引起的降容，柜内元器件、母排和电缆必须降容使用。并且柜体正面为双层门，内层为功能单元小室门，外层为透明玻璃门；所有门及外壳封板四周有封条密封，防止灰尘和水进入柜内，如图3-15-21所示。

图3-15-21　MLS-5.0开关柜外形图(双层门)

外壳防护等级为IP43时，开关柜上下部位有进出通风孔，具有一定的通风能力；防护等级高于IP43时，开关柜几乎无通风能力，只能靠外壳散热，因此，需保证室内通风良好。

抽屉在连接、试验、主开关合闸或分闸位置时，其外壳防护等级不变；当抽屉处于分离位置时，其外壳防护等级为IP2XD；当抽屉处于移出位置时，隔室内与危险带电部件间的防护等级为IPXXB。

开关柜内各个隔室形式满足IEC 439-1中要求3或4的规定，隔室间防护等级达到IP2X的要求。

4. 结构形式

(1)框架结构采用进口敷铝锌钢板或优质冷轧钢板经特殊模具加工而成的C形材，按$E=25$ mm(或$E=20$ mm)标准模数为最小基本单位，用自攻锁紧螺钉或六角螺栓连接，组装成各种柜形结构和功能单元。

(2)采用流线型铰链，门的开启度达到180°，并且在门板上都使用了新型加强筋，较好地提高了维护时的操作空间和门的强度；操作手柄、仪表板、拉手也都采用流线型，使外观整体效果美观。

(3)柜顶采用了八角形的结构形式，散热孔分布在四边，提高了柜内的散热条件；功能板前后都能散热，提高了母线的截流量。

(4)最佳的一次触头接触压力，有效防止接触电阻增大并且抽屉推拉力适中。

(5)柜内区域划分成水平母线室、垂直母线室、功能单元室、出线端子室。

(6)根据开关柜的用途，产品结构形式分为PC柜(进线、联络和动力中心)MCC柜(电动机控制中心)和无功功率补偿柜。

(7)柜体结构尺寸见表3-15-5所示。

表3-15-5　柜体结构尺寸

高(mm)	宽(mm)	深(mm)	备　注
2 200	300	1 000	母线转接柜
2 200	400	1 000	PC柜
2 200	500	1 000	

续上表

高(mm)	宽(mm)	深(mm)	备　注
2 200	600	1 000	PC 柜和无功功率补偿柜
2 200	800	1 000	
2 200	1 000	1 000	
2 200	1 200	1 000	
2 200	1 000	1 000(600)	MCC 柜(MLS-5.0/1000 旁出线)*
2 200	600	1 000	MCC 柜(MLS-5.0/600 后出线)*

*:二者不能用于同一排列中。

5. 母线系统

MLS-5.0 型低压开关柜水平母线布置在柜顶。可根据容量要求配置一组或者二组水平母线,二者既可单独供电又可并联供电,或者一组作为工作母线,一组作为备用母线。

单独设置并贯穿整个排列的保护导体(PE 线)与裸露导电部件(框架)组成完整的保护接地系统,而且 PE 母线能承受一定的短路电流。根据系统要求,开关柜可以是三相四线制(TN-C)或者三相五线制(TN-S 或 TN-C-S)。

MCC 抽出式开关柜垂直母线组装在绝缘功能板之中,可防止开关电弧引起的对垂直母线的相间放电,提高了产品的电击防护能力和安全运行率。

MCC 固定插拔式开关柜垂直母线的最大容量为 2 500 A(整柜安装 MCCB 开关时),母线隔室采用接地的金属板隔离,具有良好的隔离性能、机械强度和散热条件,同时保证了产品的电击防护能力。

6. 抽屉式功能单元

抽屉式开关柜总的功能单元安装高度为 $72E$(E=25 mm),按照上下左右布置,单元最小高度为 $8E$(200 mm)。抽屉功能单元共有 4 种类型:8E/2、8E、16E、24E,可按需要组合成一台 MCC 柜。

抽屉功能单元的最大容量见表 3-15-6 所示。

表 3-15-6　抽屉功能单元的最大容量

规格	最大容量			有效安装空间(高×宽×深)(mm)
8E/2	100 A(3P,4P)	15 kW	—	150×230×280(330)
8E	250 A(3P,4P)	37 kW	—	150×505×330(380)
16E	400 A(3P,4P)	75 kW	45 kW(Y/△)	350×505×330(380)
24E	400 A(3P,4P)	160 kW	110 kW(Y/△)	550×505×330(380)

注:另可提供非标 12E 抽屉,最大电流 225 A;电动机回路 55 kW,37 kW(Y/△)。

各种抽屉功能单元一般均有 16 节二次隔离触头引出,也可增至 32 节引出端子,每个端子上可接二根 1.5～2.5 mm^2 多股软导线。

抽屉功能单元一、二次插件插入后,导电部分完全密封在阻燃型绝缘体之中,以防电弧对触头的损伤和相间拉弧现象。

抽屉功能单元均采用敷铝锌钢板或优质冷轧钢板制作,具有良好的机械强度和接地的连续性。

抽屉单元具有可靠的机械联锁装置,以防止误操作和带负荷插拔,并通过操作手柄控制指示出功能单元的合闸、分闸、试验位置。锁定分闸位置后最多可以加 3 把挂锁。

7. 固定插拔式功能单元

固定插拔式开关柜总的功能单元安装高度为 $72E$（$E=25$ mm），按照上下左右布置，单元最小高度为 $6E$（150 mm）。插拔式功能单元共有 8 种类型：8E/2、6E、8E、10E、12E、16E、20E、24E。安装最小尺寸的 8E/2 功能单元时，每柜最多可装 18 个功能单元，如图 3-15-22 所示。

插拔式功能单元的最大容量如下。

(1)8E/2-100 A(3P、4P 插拔式断路器)；

(2)6E-200 A(3P 插拔式断路器)；

(3)8E-250 A(3P、4P 插拔式断路器)；

(4)10E-400 A(3P、4P 插拔式断路器)；

(5)12E-630 A(3P、4P 插拔式断路器)；

(6)24E-630 A(3P、4P 抽屉式断路器)。

插拔式功能单元、垂直母线和出线端子之间均相互隔开，柜外操作手柄与门具有可靠的机械联锁。

插拔式功能单元与其他抽屉功能单元或 ACB 断路器单元混装时，应留有 $8E$ 高度的空室作为母线转接用。

8. PC 柜

PC 柜基本宽度有 400 mm、500 mm、600 mm、800 mm、1 000 mm、1 200 mm 六种形式，可根据开关容量和尺寸大小合理选择。PC 柜内可安装 1～3 台框架式断路器，如图 3-15-23 所示。

图 3-15-22　插拔式开关柜

图 3-15-23　PC 柜

对于在一个排列中的母联柜(进线与母联为一个排列),母联柜必须增加 300 mm 宽的母线转接柜。

一般情况下,推荐 PC 和 MCC 单元分开布置,将框架式断路器和功能单元布置在不同的柜型中,以便安装、使用及维护保养的方便;但在特殊情况下,允许将 PC 和 MCC 单元混装,同一个开关柜中既安装有框架式断路器,也安装有功能单元。采用混装方式时,应将 PC 布置在柜体上部,下部布置功能单元,在 PC 和功能单元之间应留有 $8E$ 高度的空室作为垂直母线的转接用。

9. 无功功率补偿柜

根据系统情况,MLS-5.0 型开关柜设计有无功功率补偿柜,供低压无功补偿用。无功功率补偿柜配置有低压电容器,以及接触器或复合开关、低压熔断器、电抗器等相应的控制保护元件,并可根据需要安装自动无功补偿控制器,实现无功功率自动补偿。

根据用电设备情况,无功功率自动补偿柜设计有电网近似正弦波的无功功率补偿方案和配备滤波电抗器的无功功率补偿方案。柜宽有 600 mm、800 mm、1 000 mm、1 200 mm,供用户选择。

10. 进出线方式

根据需要,MLS-5.0 型低压开关柜的进出线电缆可以采取柜旁进出线,也可采取柜后进出线。

MLS-5.0/600(柜后进出线):当水平母线为一组(≤5 000 A)时,在标准柜体尺寸内可任意(柜底、柜顶)进出线。当水平母线为二组或>5 000 A 时,只能柜底进出线;如要柜顶进出线,在标准柜体的后上方配备有一柜顶进出线通道。

MLS-5.0/1 000(柜旁进出线):当水平母线为一组(≤3 200 A)时,在标准柜体尺寸内可任意(柜底、柜顶)进出线。当水平母线为二组或>3 200 A 时,只能在柜底进出线。如柜体深度为 600 mm 时,电缆只能在柜底进出线。

11. 单柜质量

低压开关柜的单柜质量见表 3-15-7 所示。

表 3-15-7　低压开关柜的单柜质量

开关柜类型	容量/规格	质量(kg)
PC 柜(单台断路器)	≤2 500 A	500～900
	>2 500 A	800～1 600
PC 柜(2 台断路器)	≤2 000 A	600～1 000
	>2 000 A	900～1 500
PC 柜(3 台断路器)	≤1 800 A	700～1 100
	>1 800 A	800～1 500
MCC 柜(抽屉功能单元)	MLS-5.0/600 后出线柜	400～600
	MLS-5.0/1 000 旁出线柜	500～700
MCC 柜(固定插拔功能单元)	MLS-5.0/600 后出线柜	300～500
	MLS-5.0/1 000 旁出线柜	400～600
无功功率补偿柜	无电抗器	300～600
	安装电抗器	500～800

续上表

开关柜类型	容量/规格	质量(kg)
混装柜(抽屉功能单元)	MLS-5.0/600 后出线柜	400～700
	MLS-5.0/1 000 旁出线柜	500～800
混装柜(固定插拔功能单元)	MLS-5.0/600 后出线柜	300～600
	MLS-5.0/1 000 旁出线柜	500～700

根据结构形式和柜内安装元器件型号、容量及数量的不同,单柜的质量也不同。

12. 运输与保管

MLS-5.0 型开关柜根据要求进行出厂试验后,即交付用户安装使用。通常情况下,开关柜根据变电站的情况,同时为了减少主母线的接头,可能是1～4台柜组成运输单元,每套开关柜运输单元装有4个吊环。根据要求,包装可能是木箱或者简易包装,且附件通常是分开单独包装的。

(1)运输

①开关柜应直立运输,且必须采取保护人员和器材的安全措施。避免倾翻、倒置和遭受剧烈振动。

②采取防止雨淋、进水的措施,以免开关柜受潮。

③在从车、船等运输工具上装卸时,用吊车、叉车或人工起吊架才能进行装载工作。

④用吊车或起吊架装载时,吊绳应有足够的承载能力,吊钩开启宽度应大于30 mm,连接吊钩的绳子的夹角应小于120°。

⑤起吊开关柜时,允许吊耳有相应的弯曲。

⑥一个或两个开关柜起吊时,可用单钩起吊;3个或4个开关柜起吊时,应采用双钩起吊。起吊方式如图3-15-24和图3-15-25所示。

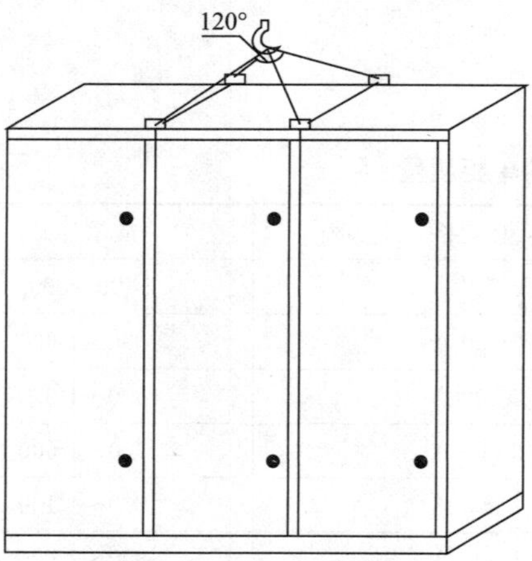

图 3-15-24 起吊方式示意图

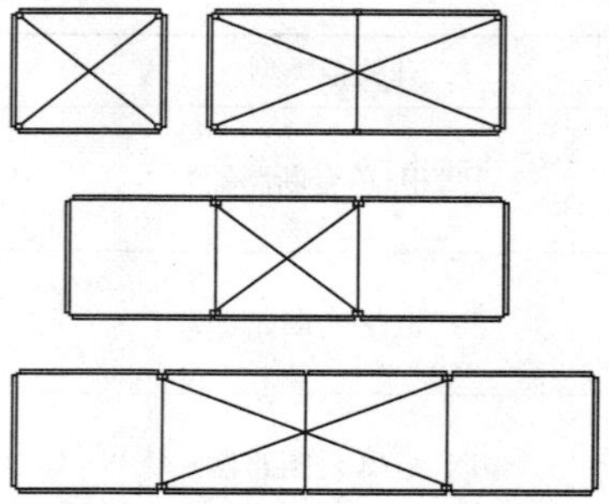

图 3-15-25 不同数量单元起吊方式示意图

(2)保管

对于简易包装或不包装的开关柜,储藏环境应干燥、通风良好,室内温度不低于−5 ℃,没有其他危害性的环境影响。开关柜应直立存放,不应堆叠,不能拆除或损坏包装。无包装箱的开关柜,应用塑料薄膜松散地遮盖以免弄脏。必须保持空气流通以防腐蚀,并有规律地进行凝露检查,直至安装工作开始。

3.15.5　MLS-5.0 型低压开关柜安装

1. 施工准备

按照有关标准规范的规定及施工承包合同的要求，做好劳动组织、施工机具、设备材料的准备工作。同时，完成作业人员的岗前培训及施工技术交底工作。

2. 工艺流程

MLS-5.0 型低压开关柜安装的工艺流程如图 3-15-26 所示。

图 3-15-26　MLS-5.0 型低压开关柜安装的工艺流程图

3. 操作要领

(1)施工准备

①复核开关柜的安装孔距及电缆进出孔位置是否和设计图纸相符。

②复核基础槽钢安装位置及水平度与直线度是否满足施工要求。

③检查现场施工环境是否满足开关柜拼接要求。

④设备运到施工现场后，及时进行开箱检查，检查开关柜外壳是否有碰撞痕迹，各部位螺栓应紧固，油漆完整、无锈蚀现象。

⑤检查开关柜规格是否与设计相符，产品说明书、合格证、备品配件等技术资料是否齐全，并做好收集工作。

⑥在设有母线桥的场所，两列盘柜的位置必须平行，测设的盘柜安装位置，其间距偏差不宜大于 5 mm。

(2)盘柜组立

①根据开关柜的安装孔尺寸，在槽钢上定出第一面开关柜安装孔位置，然后用钢卷尺定出所有开关柜的安装孔位置，并复核安装孔对角线是否相等。

②安装孔位置无误后用手电钻在槽钢上打孔，用攻丝器攻丝或直接在槽钢上焊接螺栓，采用压板固定方式。

③用液压叉车将开关柜运至基础槽钢附近后，按设计图纸要求利用前述的门形吊装支架将第一面开关柜安装到位，调整开关柜使其与地面垂直，然后将其固定在槽钢上。用同样方法将第二面开关柜运至第一面柜附近约 1 m 远(以能容一人宽的距离为限)的位置，并调整使两柜盘面保持在同一水平面上。

④用吸尘器将开关柜顶上表面清扫干净后，卸下柜顶母线室盖板。

(3)盘柜装配

①在一个运输单元中，MLS-5.0 型开关柜的主母线一端伸出开关柜一定长度，以便连接到另一个单元的开关柜中。主母线连接处有适当的避让弯折，可以插入到相邻开关柜主母排中以便连接；开关柜的接地母线同样伸出柜外一定长度，采用活动搭接块连接。在开关柜就位时，应注意主母线和接地母线应插入邻柜的连接位置，以便安装完成后连接母线。

用跨顶平行移动第二面柜或者一个运输单元缓慢接近第一面柜，移动过程中，在柜顶母线室连接处观察母线搭接对位情况，如出现母线连接错位及相邻盘柜不在同一水平面等情况，应及时调整。将开关柜按照布置图给定的排列顺序移至待安装位置。

②用清洁、干燥的软布擦拭母线，清除油脂和黏附的污物。如柜体有脏污现象，应同样清洁后再行安装。

③在基础上一个单元接一个单元地精确调整开关柜的位置和垂直度，开关柜正面的棱边不得偏离垂直线 2 mm 以上。调整开关柜位置时，应注意开关柜的主母线和接地母线，使其插入到邻柜连接位置。如果开关柜多于 10 台，最好从中间开始安装和调整。

④开关柜之间的联屏采用前后各 4 个 M8 内六角螺栓连接。

⑤在柜顶母线室用扭矩扳手将两面柜的母线铜排连接螺栓拧紧(此项工作也可留待全部开关柜安装结束再集中进行连接)。

⑥将第二面开关柜在槽钢上进行固定。

(4)盘柜固定

①依上述方法，完成后续盘柜安装。每面盘的固定点不得少于两处。

②全部盘柜安装固定完毕后，安装成列盘柜两端的边盘，并检查成列盘柜的水平度和垂直度及盘柜接缝是否符合施工规定。

③在有母线桥安装的场所，在两列盘柜之间搭设脚手架，脚手架工作台面高度略低于盘柜高度 10 mm 左右；在母线桥下面加垫薄木板使其达到安装高度，按产品技术规定连接母线桥，母线桥此时的连接应该稍稍使中间部位有点起拱，以便安装就位后不至于下垂，然后安装绝缘子及过桥母线。

④确保母线连接的力矩符合规定，并检查其与桥体的最小安全距离是否达到标准规定；逐层撤除母线桥下面加垫的薄木板，当与柜体等高时，在盘柜顶固定母线桥。

⑤进行过桥母线与盘柜内主母线的连接，此时注意过桥母线与两侧盘柜母线的相序应一致。确保母线连接的力矩符合规定，相序一致。

⑥拆除盘、柜之间的脚手架，检查母线桥安装状态，应无中间下塌现象。

(5)电缆连接及二次回路接线

①首先将盘柜自身的二次回路配线和通信回路配线在盘柜的电缆槽中连接起来，并进行必要的回路校线检验，以确认回路接线正确、导通良好。

②按照盘柜的电力电缆连接通道，测量电缆的连接部位长度，在盘柜外部进行电缆的剥切及制作电缆头。

③根据盘柜的结构，从盘柜下部电缆沟或上部电缆槽道内依次向盘柜内部穿入电缆，将引入盘柜的电缆排列整齐，按产品规定将所有电缆在盘柜内进行固定。

④控制电缆也采用上述方法进行剥切、制作和引入盘柜内部，注意二次回路电缆与一次电缆敷设的位置不同，应符合产品的技术规定。

(6)开关柜接地

①检查确认开关柜本体的所有接地母线连接没有遗漏，且连接可靠。

②将柜间的接地铜排连接完成后，测量确认所有接地铜排已贯通，并在成列开关柜的两端按设计要求的软电缆将盘柜接地铜排与变电所接地扁钢连接起来，设计没有规定时，接地线数量应不少于两处。

(7)施工收尾

①检查盘柜连接螺栓是否拧紧，特别是在现场安装的母线和接地系统的螺栓。

②检查盘柜的母线连接是否符合设计和产品的技术规定，母线连接相序应符合设计要求，且与进线相序一致。

③检查相同规格的框架式断路器和抽屉单元的容量是否符合设计和产品的技术规定，检查框架式断路器和抽屉单元的主开关操作手柄分别在“连接”、“隔离”位置和拉手联锁装置是

否动作可靠。

④检查所有框架式断路器和抽屉单元的二次隔离触头连接是否正确可靠。

⑤仔细清洁开关柜的内部和外壳，并清理干净施工工具和剩余材料，对需要修复的开关柜表面油漆脱落处，应使用产品提供的设备面漆进行修复。

⑥认真检查开关柜内是否有安装留下来的工具、螺栓等剩余物品。

⑦填写开关设备安装技术记录。

4. 施工标准

(1)盘、柜独立或成列安装时，其水平度、垂直度以及盘、柜面不平度和盘、柜间接缝的误差应符合本手册表3-13-18的规定。

(2)盘、柜的接地要符合设计要求，接触良好可靠。

(3)柜内母线连接螺栓的紧固力矩应符合产品的技术规定。

(4)所有专用工具应登记记录，并妥善保管。

(5)地下车站比较潮湿，在设备开箱前需准备大功率风扇、除湿机对设备房间进行充分除湿。

5. 安全注意事项

(1)盘、柜在安装时要避免强烈振动，移动盘柜时，应用液压叉车或门形吊装架移动，严禁用撬棍直接撬动盘柜。

(2)推动液压小车时应缓慢行进。要注意盘、柜体的行进方向，随时纠正，防止倾斜。

(3)盘、柜搬运安装时，要防止挤压手、脚和盘、柜上的设备。

(4)盘、柜在未固定牢固前应有防倾倒措施。

(5)变电所施工后应对预留孔洞进行防护，防止坠人、坠物及小动物进入盘柜。

3.16　其他盘、柜的安装

变电所的其他盘柜指的是除一般高、低压开关柜外，变电所交直流系统屏、综合自动化盘等。本节主要介绍两种类型的变电所交直流系统屏的安装工艺。

3.16.1　上海凯华变电所交直流系统屏

上海凯华电源成套设备有限公司生产的变电所交直流系统屏在上海地铁工程中得到广泛应用。也就如同北京华泰的变压器情况一样，当地的产品如果质量和服务水平能够跟得上，就能够持久的占领自己的市场。上海凯华的交直流电源屏在上海地铁的应用就是一个成功的典范。

上海凯华电源成套设备有限公司高频开关直流电源屏是取得成功运行经验的成熟产品。在上海莘闵轻轨交通线，上海地铁1、3号线北延伸工程，地铁2号线西延伸工程，地铁4、5、6、7、8、9、10、11、13号线号线以及地铁8、9号线二期，南京地铁一号线、重庆轨道交通1号线等工程中的全部交直流设备(含事故照明)都是采用此类产品，智能型高频开关直流电源屏曾荣获国家级新产品证书，上海市新产品证书，上海市重大科技成果转化奖和国家星火计划奖。

GZDW-6系列直流屏产品始终坚持技术的先进性。运用最新技术成果不断改造传统的交直流设备和开发新一代产品，一贯是研制此类直流设备的指导思想，运用高频开关整流技术改造、更新了传统的相控电源整流；运用微机控制技术改造、更新了传统的继电器控制；运用通讯技术改造、更新了原来的无源接点及变送器输送。GZDW-6 系列直流屏技术先进、直流电品质优秀、监控完整方便，显示直观形象，技术指标先进，“四遥”功能完善，能适应全类无人值守变电站的需要。

产品坚持运行的安全性，安全可靠是其设计中的又一指导思想，直流设备的不可靠会造成整个变电站发生重大事故，造成一大片地区的停电等重大事故，后果不堪设想。在提高安全可靠性上除了高频开关电源模块配置采取 $n+1$ 冗余设计，元器件均采用国际国内知名品牌产品外，在电路设计，独立设置充电电路和功率输出电路，万一功率输出电路($n+1$)全部发生故障，充电电路可替代功率输出电路，确保控制母线不失电，这样相当于 $n+2$ 保护，大大提高了系统的安全可靠性，此类产品的 MTBF(平均无故障时间)$>1.3\times10^6$工作小时(约 15 年)。

由于产品采用模块化结构，运行、维护方便。这是设计中的又一指导思想。设备的组件按不同的功能采用模块化设计，如：高频开关电源模块，主监控器、交流监控器、直流监控器、电池监控器，绝缘监控器等，模块和监控器的功能、数量均可扩展，使用维护更方便。

1. 设备集成方案

直流系统由交流输入单元、充电单元、供电单元、电压调整单元、绝缘监察单元、蓄电池组、故障检测及智能监控单元等集成组成，蓄电池组放置在蓄电池屏内，其他设备均安装在充电屏内。

各单元间通过交流监控，直流监控和系统主监控集成总的系统工作方案图(基本电路)，电池监控、绝缘监控，分别对电池及控制母线实施监控。各种监控均按模块化设计要求形成独立的工作模块。

2. 系统集成工作方案

(1)交流屏系统由两路交流自切单元、交流监控单元和交流馈出单元组成。具体的工作原理见后述。

(2)应急照明系统由 1 路交流和 1 路直流切换输入，逆变单元、充电单元和交流馈出单元组成，具体工作原理见后述。

3. 系统配置方案介绍

(1)A 型直流设备蓄电池容量为 200 A · h，适用于高架、地下车站及停车场的变电所。

①根据技术要求 A 型直流设备由 1 面事故照明屏、1 面充电屏、1 面馈线屏和 2 面电池屏，共 5 面屏组成，见图 3-16-1 所示。

②事故照明屏(1 面)由交直流进线切换单元和逆变单元、交流输出单元组成。

③充电屏(1 面)由充电单元，主监控单元和交、直流监控，电池监控，微机绝缘监控，降压硅链等组成。

④馈线屏(1 面)由控制馈线共 26 路输出回路组成(10 A×14，20 A×10，32 A×2，32 A 交流×9)输出，开关选用 ABB 公司 S262DC+S2－S/H 和 S262UC+SD 系列产品。

⑤电池屏(2 面)内放置 C&D 或 GNB 电池 200 A · h/6 V×36 只。

(2)B 型直流设备蓄电池容量为 100 A · h，适用于停车场跟随所、地下区间所、地下区间跟随所、高架区间所、区间跟随所。

①根据技术部分要求，B 型直流设备由 1 面事故照明屏、1 面充电屏、1 面馈线屏和 1 面电池屏，共 4 屏组成，如图 3-16-2 所示。

②事故照明屏(1 面)由交直流进线切换单元和逆变单元、交流输出单元组成。

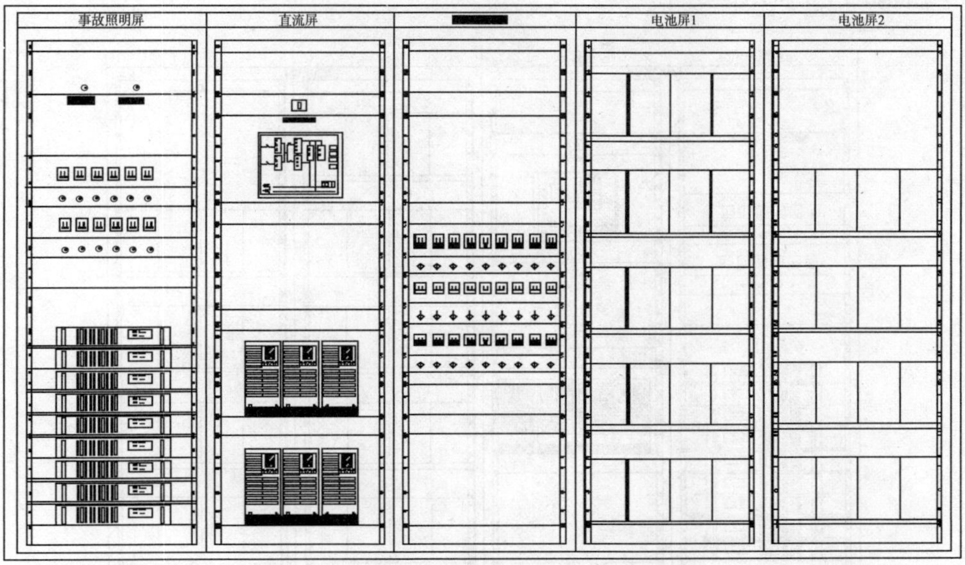

图 3-16-1　事故照明、直流屏(A 型)
混合所 GZDW-6-200 A · h/220 V 示意图

③充电屏(1 面)由充电单元,主监控单元和交、直流监控,电池监控,微机绝缘监控,降压硅链等组成。

④馈线屏(1 面)由控制馈线共 30 路输出回路组成(10 A×12,20 A×6,32 A×2,交流×9),输出开关选用 ABB 公司 S262DC+S2-S/H 和 S262UC+SD 系列产品。

⑤电池屏(1 面)内放置 C&D 或 GNB 电池 100 A · h/12 V×18 只。

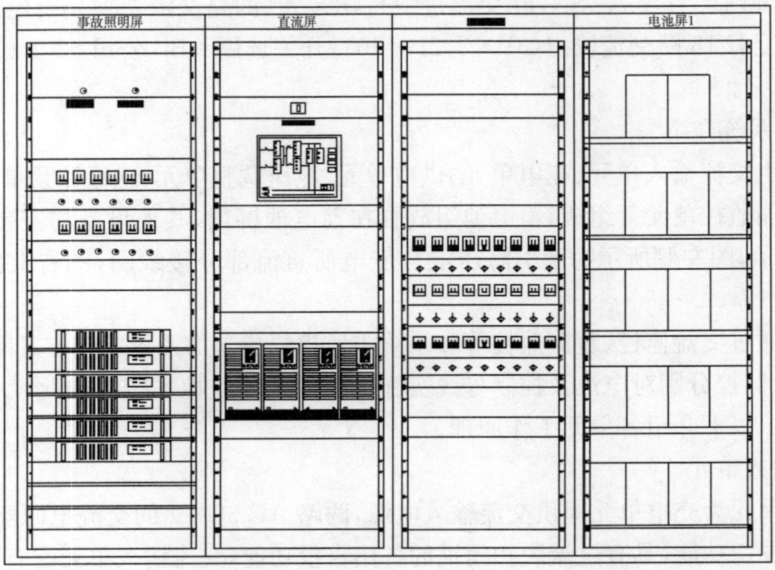

图 3-16-2　事故照明、直流屏(B 型)
混合所 GZDW-6-100 A · h/220 V 示意图

(3)C 型直流设备蓄电池容量为 200 A · h,适用于地下车站蓄电池室。

①根据技术规格的要求 C 型直流设备由 1 面事故照明屏、1 面充电屏和 2 面电池屏共 4

屏组成，见图 3-16-3 所示。

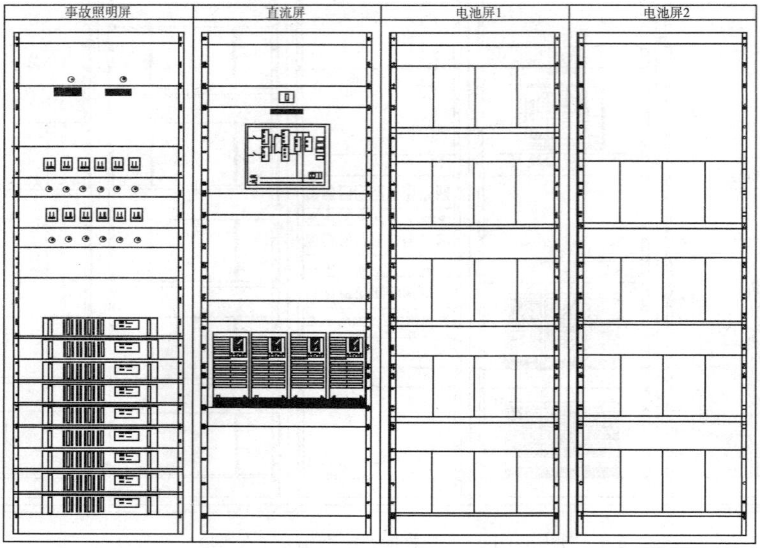

图 3-16-3　事故照明、直流屏（C 型）GZDW-6-200 A · h/220 V 示意图

②事故照明屏（1 面）由 1 路交流和 1 路直流切换输入、充电单元、逆变单元、主监控等监控单元、交直流切换单元组成。

③充电屏（1 面）由充电单元，主监控单元和交、直流监控，电池监控，微机绝缘监控，降压硅链等组成。

④电池屏（2 面）内放置 C&D 或 GNB 电池 200 A · h/6 V×36 只。

每面交流屏内配有 WATSN-40 交流进线自切装置（两路交流切换具有电气联锁和机械联锁的功能），配有 18 路交流输出（3P×8，2P×10），开关选用 ABB 公司 S203＋SD 系列产品，并配有相关的表计。

1. 直流屏系统介绍

直流系统由交流输入单元、充电单元、供电单元、电压调整单元、绝缘监察单元、蓄电池组、故障检测及智能监控单元等组成，蓄电池组放置在蓄电池屏内，其他设备均安装在充电屏内，如图 3-16-4 所示，图左侧所示为牵引降压混合变电所直流部分接线图，图右上侧为事故照明部分。

各单元间通过交流监控、直流监控等和系统主监控集成总的系统工作方案图（基本电路），电池监控、绝缘监控分别对电池及控制母线实施监控。各种监控均按模块化设计要求形成独立的工作模块。以下介绍各单元工作原理。

（1）交流输入单元

交流输入单元为充电单元提供交流输入电源，两路 AC 380 V 的交流电源互为备用，并具有手动或自动投切功能，具有过流脱扣闭锁的备用自投功能，交流输入单元配有防雷、缺相、失压等保护，报警和故障信号均可送到故障检测和智能监控单元。

（2）充电、供电单元

充电、供电单元选用高频开关电源模块，控制模块采用多块并联组供电，$n+1$ 热冗余方式，一个模块故障不影响系统正常运行。

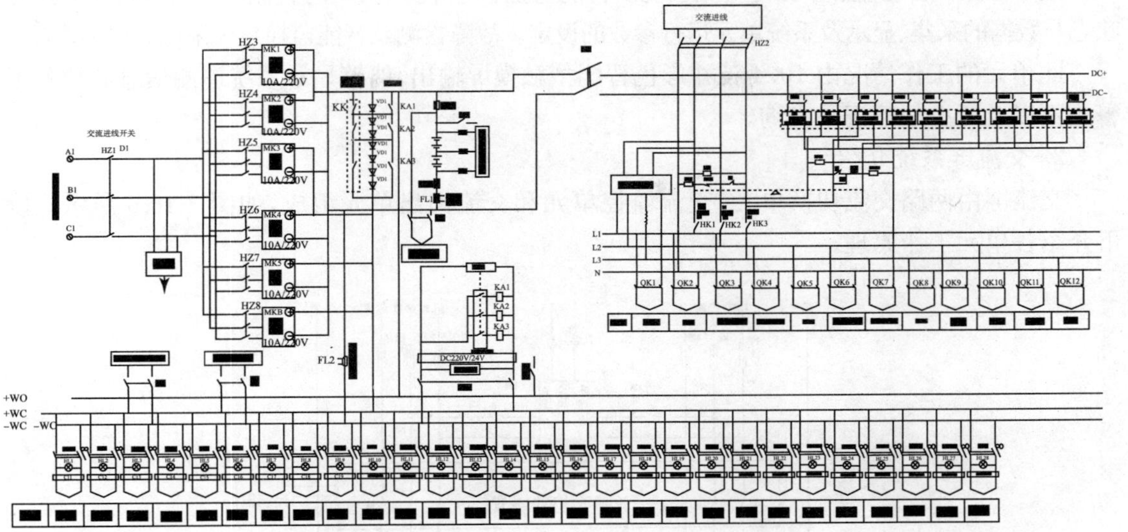

图 3-16-4　上海轨道交通牵引降压混合变电所事故照明及直流屏接线示意图

充电机的容量满足系统运行要求。

充电模块具有以下功能。

①具有可互换性。

②可带电插拔。

③具有限流充电功能。

④可根据温度变化对电池容量进行补偿。

⑤具有防止蓄电池过充、过放功能。

⑥具有短路、过流等保护措施。

⑦内置微处理器协调管理模块各项操作及保护，可脱离监控单元独立运行。

⑧可与监控单元通信，使充电模块具有遥控、遥信、遥测、遥调功能。

⑨各模块并机工作时，具有均流性能。

⑩充电机容量应满足蓄电池充放电特性要求，充电 10 h 蓄电池充到额定容量。

(3)电压调整单元

电压调整单元能自动或手动调整直流母线电压，从而保证了控制母线的电压调节范围。

(4)绝缘监察单元

绝缘监察单元能对母线接地绝缘电阻及各馈线支路绝缘状况进行测量判断，超出正常范围时发出报警信号，并正确指示发生故障的馈线支路，相关信号送变电所综合自动化系统。

(5)蓄电池组

蓄电池采用性能良好的阀控式密封铅酸蓄电池，提供国际名牌的 C&D 或 GNB 公司产品。浮充使用寿命大于 10 年(25 ℃)，自放电率每月小于额定容量 3%，内阻低，大电流放电性能卓越，电池内阻稳定，均衡性好。核对性充放电次数大于 200 次，蓄电池容量应保证所内经常性负荷、1 h 事故负荷放电容量及事故放电末期最大冲击负荷容量的要求。放电末期不低于 90%额定电压，充电 10 h 能充电到 100%容量。

对单体蓄电池状态容量进行在线监测，放电、充电电压随温度自动补偿。

(6)故障检测及智能监控单元

故障检测及智能监控单元是直流系统的智能监控管理单元，负责对直流电源系统各单元运行状态与数据的采集、显示及系统单元运行参数的设定。故障检测及智能监控单元采用微机型产品。

此单元的工作情况由 10.4 英寸彩色智能型触摸屏输出，能够显示系统遥测信息和故障报警画面以及历史故障记录查询。

2. 交流屏系统介绍

交流屏由两路交流切换单元、交流监控单元和交流馈出单元组成，如图 3-16-5 所示。以下介绍各单元工作原理。

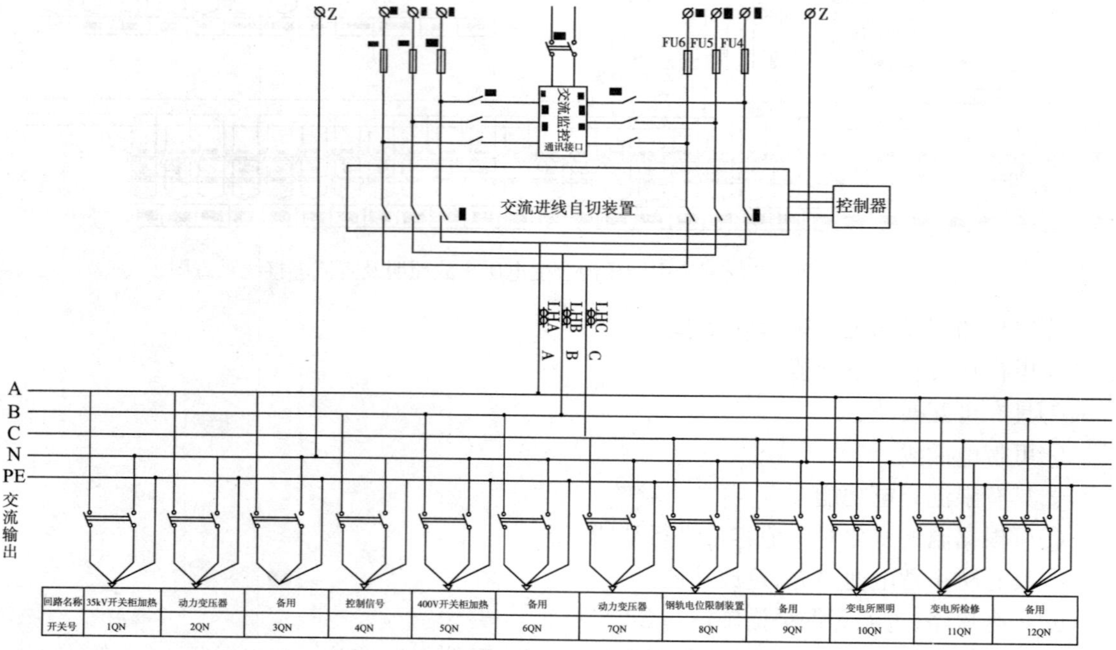

图 3-16-5　交流屏工作原理接线示意图

(1)两路交流切换单元

由两段 0.4 kV 低压引入的交流电经交流进线自切装置(WATSN-40，带机械连锁和电气连锁)和转换开关(LW2-1/F4X)组成交流进线和两路交流自动、手动投切回路(具有过流脱扣和闭锁功能)。

(2)交流监控单元

由集成电路组成交流微机监控单元，主要具有信号传输功能，不仅能传送状态信号量，还能传送电压等遥测量，信号经直流屏主监控送变电所综合自动化系统。它也可以实行两路交流的自切功能，还具有过流、缺相等保护功能。

(3)交流馈出单元

配电采用母排方式，每路输出均配有 ABB 公司自动空气断路器(S262UC 系列)，并配置信号指示等元件。输出回路数及容量规格符合用户要求。

3. 事故照明屏系统介绍

事故照明系统由交直流切换单元逆变模块、充电单元、交直流监控单元、事故照明切换装置、馈电回路及智能主监控等组成，蓄电池组放置在蓄电池屏内，其他设备均安装在事故照明屏内，如图 3-16-4 所示。以下介绍各单元的工作原理。

(1)交直流切换单元

由交流屏引入1路交流电源，直流屏引入1路直流电源，两路电源自动切换。

(2)逆变输出单元

由直流进线开关(ABB公司S262UC-C32)、高频逆变模块(KNB-3.3)和交流接触器(3TD50/220 V)组成逆变输出回路。交流正常供电时，事故照明由交流三相平衡供电。交流失电后，蓄电池组经过逆变模块逆变后通过交流接触器切换对事故照明供电。

(3)充电单元

由交流进线开关(ABB公司S263H-C10)和高频充电模块组成充电回路。交流正常供电时，充电模块对蓄电池组进行充电或浮充电。交流失电后，蓄电池组经逆变输出供事故照明。

(4)监控显示单元

监控单元及智能主监控是事故照明系统的智能监控管理单元，负责事故照明系统各单元运行状态与数据的采集、显示及系统单元参数的设定。监控单元及主监控采用微机型产品和彩色触摸屏组成。

(5)交流馈出单元

配电采用母排方式，每路输出均配有ABB公司自动空气断路器(S262UC＋SD系列)，并配置信号指示等元件。

4. 凯华交直流屏安装工艺

(1)施工准备

凯华交直流屏安装的劳动组织见表3-16-1所示。

表3-16-1　凯华交直流屏安装的劳动组织

序号	项　目	人数	主　要　职　责
1	施工负责人	1	安装总负责
2	技术负责人	1	负责技术工作
3	安质负责人	1	负责安全质量工作
4	施工安装	6	交直流屏安装工作

凯华交直流屏安装的工机具准备表3-16-2所示。

表3-16-2　凯华交直流屏安装的工机具准备

序号	名称	规格	单位	数量	用　途
1	手动液压叉车	2 t	台	1	设备运输
2	门形吊装架	自制	套	1	设备安装
3	手电钻	13 mm	台	1	槽钢打孔
4	水平尺	1 m	把	1	设备调平、调直
5	木　方	100 mm×80 mm×5 000 mm	根	若干	设备支垫
6	线　坠	0.5 kg	个	1	设备调整
7	手动套丝器	Y2-2	套	1	槽钢攻丝
8	扭矩扳手	300 N·m	套	1	紧固螺栓
9	倒链	1.6 t	组	2	
10	人字梯	3 m	架	1	

续上表

序号	名称	规格	单位	数量	用　途
11	丝 锥	10 mm	套	1	
12	兆欧表	500 V	台	1	
13	万用表	指针式	台	1	
14	钢卷尺	5 m	把	2	
15	梅花扳手		套	2	

(2)工艺流程

凯华交直流屏安装工艺流程如图 3-16-6 所示。

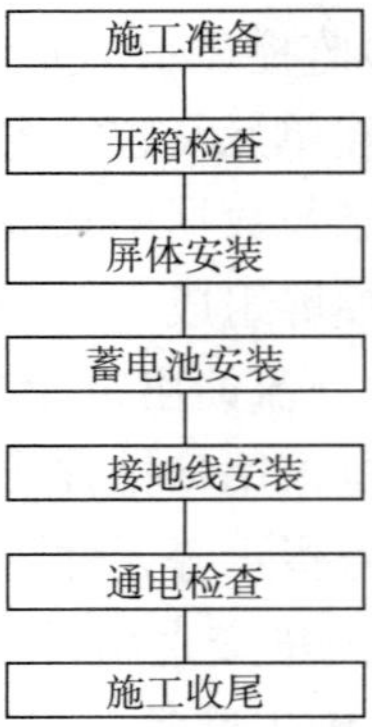

图 3-16-6　凯华交直流屏安装工艺流程图

(3)操作要领

①施工准备

a. 复核设备的安装孔距及电缆进出孔位置是否与设计图纸相符。

b. 复核基础槽钢安装位置及水平度与直线度是否满足施工要求。

c. 检查现场施工环境是否满足交直流屏安装要求。

②设备开箱检查

a. 设备运到施工现场后，应及时进行开箱检查，检查柜体外壳是否有碰撞痕迹，各部位螺栓应紧固，油漆完整、无锈蚀现象，并填写开箱检查记录。

b. 检查设备铭牌是否与设计相符，产品说明书、合格证、备品备件等技术资料是应齐全，并做好收集工作。

③屏体安装

a. 根据设计图纸和交直流屏的安装孔尺寸，在槽钢上用墨斗弹出两条直线，定出第一面交直流屏安装孔位置，然后用钢卷尺定出所有交直流屏的安装位置，并复核安装孔对角线是否相等。

b. 安装孔位置复核无误后用手电钻在槽钢上打孔，用攻丝器攻丝。

c. 按设计图纸要求利用设备吊装支架将第一面交直流屏安装到位，利用线坠调整使其与地面垂直，调整完毕后应及时将交直流屏固定。其余的交直流屏以第一面为标准逐个调整，使其水平、垂直度符合标准；盘、柜间接缝密贴，模拟线对应。然后安装交直流屏间连接螺栓。

④蓄电池安装

a. 在所有交直流屏安装完成后应将蓄电池安装于蓄电池柜中。在安装前应检查蓄电池屏内电池槽的稳定度和水平度等。

b. 按设计要求和产品提供的图纸，正确连接蓄电池之间连线、蓄电池和直流馈线屏的连线，串联成电池组向直流馈线柜提供直流电源。

c. 安装完成后在直流馈线柜正负极熔断器处用万用表测量蓄电池电压。

⑤接地线安装

a. 将屏柜内的接地母排用连接铜排进行连接。

b. 用万用表测量确定接地排已贯通，用 50 mm^2 扁铜编织线与接地螺栓连接固定，一般在每列屏柜的第一面和最后一面与接地支线连接，接地线数量应不少于两处。

c. 建议在预埋接地支线时，接地支线除了与基础槽钢连接外，还应预留至屏体电缆孔洞下，方便屏体的接地连接。

d. 由于交直流屏通常与控制信号屏等屏柜安装在同一列，所以应将接地母排与控制信号屏接地母排连通后，在控制信号屏内与接地线连接。

⑥通电检查及蓄电池充放电

在交直流屏试验完毕后，进行交直流屏通电检查，主要工作内容包括以下几方面。

a. 交流进线电源切换检查等。

b. 各功能手柄的操作检查。

c. 交流进馈线电压电流显示检查，直流馈线电压电流显示检查。

d. 蓄电池充放电及容量校验检查，填写充放电记录，并绘制充放电曲线图；校核蓄电池的容量，应达到产品的技术规定。

e. 检查各功能监控模块与液晶显示屏的通信联络是否正常。

f. 在具备条件的情况下，检查交直流屏与综合自动化屏的通信联络是否正常。

⑦施工收尾

a. 清扫交直流屏内部，清除所有施工余料及杂物，并对交直流屏表面漆膜损伤部位进行补漆处理。

b. 填写交直流屏安装技术记录。

(4)施工技术要求

①屏柜独立或成列安装时，其水平度、垂直度以及屏柜面不平度和屏柜间接缝的标准应符合本手册表 3-13-18 的要求。

②屏柜的接地要牢固，接触良好。接地线规格为 50 mm^2 扁铜编织线。

③屏柜的漆层应完整、无损伤，修补后的颜色尽量和原色一致。

(5)安全注意事项

①屏柜在安装时要避免强烈振动，移动屏柜时，应用液压叉车或门形吊装架移动，严禁用撬棍直接撬动屏柜。

②屏柜在未固定牢固前应有防倾倒措施。

③在安装蓄电池前，应使用专用工具将蓄电池组的熔断器卸下。

④在安装蓄电池时，严禁将电池的正负极短路。

⑤在安装蓄电池连线时，所使用的扳手等工具的手握金属柄部分应采取绝缘措施，防止发生短路事故。

3.16.2　艾默生变电所交直流系统屏

目前生产交直流自用电系统的厂家很多，如北京日佳电源有限公司、大连市旅顺电力电子设备有限公司、安徽鑫龙电器股份有限公司、艾默生网络能源有限公司等。下面以艾默生网络能源有限公司在北京地铁工程应用的典型产品为例进行介绍。

1. 概述

变电所一般设一套交直流系统，为变电所内设备正常操作、运行和柜内照明(有些变电所所内照明也是由交流屏提供电源)提供可靠的交直流电源。交流系统进线为两路交流电源，互为备用，城市轨道交通变电所一般从本所的 400 V 开关柜一段和二段母线各取一路。

2. 电气数据及尺寸

系统技术参数见表 3-16-3。

表 3-16-3　系统技术参数

类别	名称	指标	
		220 V 系列	110 V 系列
输入参数	输入方式	三相四线制	
	输入电压	AC 380 V(1±15%) V	
	频率	45～55 Hz	
输出参数	直流馈出回路	依据实际情况确定	
	浮充电压	DC 198～260 V	DC 99～130 V
	均充电压	DC 220～286 V	DC 110～143 V
	纹波系数	≤0.5%(典型值 0.5%)	
	稳压精度	≤±0.5%(典型值 0.1%)	
	稳流精度	≤±0.5%	
	充电模块间电流不均衡度	≤±5%	
保护参数	输入过压切换点	AC (470±5) V	
	输入欠压切换点	AC (324±4) V	
	充电模块输出欠压告警	198 V	99 V
绝缘特性	输出对地	AC 2 kV,漏电流≤30 mA,时间 1 min,无飞弧	
	输入对地		
	输入对输出		
环境温度	工作环境温度	−5～+40 ℃	
	存储环境温度	−25～+55 ℃	
音响噪声		≤55 dB(离机柜正前方 1 m 处)	
机械参数	单个机柜外形尺寸(高×宽×深)	2 260(或 2 360) mm×800 mm×600 mm	
	单个机柜质量	<200 kg(不包括模块、监控模块和降压硅链)	

3. 主体结构形式

PowerMaster 系列智能高频开关交直流系统有分屏柜系统和一体柜系统两种。一体柜系统由一个机柜组成,分屏柜系统由两个或多个机柜组成。下面分别介绍分屏柜系统和一体柜系统的结构。

(1)分屏柜系统结构

图 3-16-7 是分屏柜系统结构图,其安装的充电模块为 10 个 HD22010-3 充电模块,模块型号以及个数不同,系统结构稍有不同,但总体布局完全一样。

(2)一体柜系统结构

图 3-16-8 是一体柜系统结构图,其安装的充电模块为 3 个 HD22010-3 充电模块,模块型号以及个数不同,系统结构稍有不同,但总体布局完全一样。

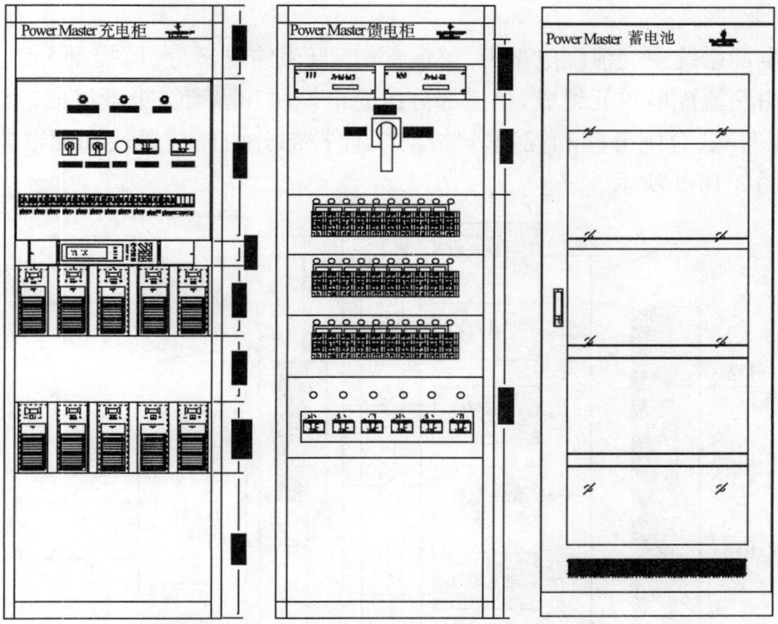

图 3-16-7　分屏柜系统结构

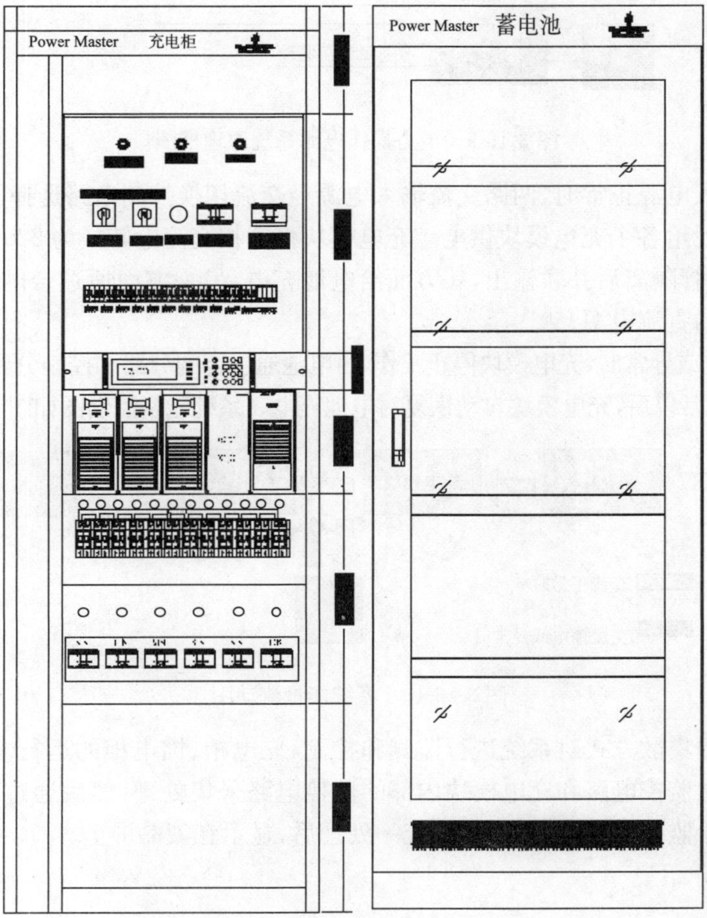

图 3-16-8　一体柜系统结构

4. 工作原理

电力操作电源系统由交流配电部分、整流部分、直流馈电部分、监控部分组成。其中交流配电部分主要由交流配电单元组成，整流部分由充电模块和隔离二极管组成，直流馈电部分由降压硅链、绝缘监测、合闸分路和控制分路组成，监控部分由监控模块和配电监控电路组成。其原理框图如图 3-16-9 所示。

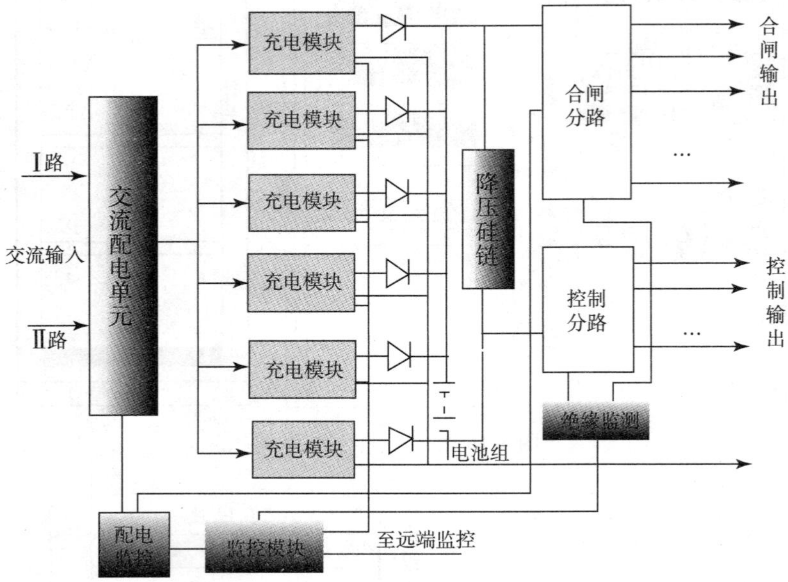

图 3-16-9　电力操作电源系统原理框图

系统交流输入电源正常时，两路交流输入电源经交流切换控制电路选择其中一路输入，并通过交流配电单元给各个充电模块供电。充电模块将三相交流电转换为 220 V 或 110 V 的直流电，经隔离二极管隔离后并联输出，一方面给电池充电，另一方面通过合闸分路和控制分路给负载提供正常的直流电源。

交流输入停电或异常时，充电模块停止工作，由电池通过合闸分路和控制分路给负载供电。交流输入电源恢复正常以后，充电模块自动恢复对电池充电。系统能量流动图如图 3-16-10 所示。

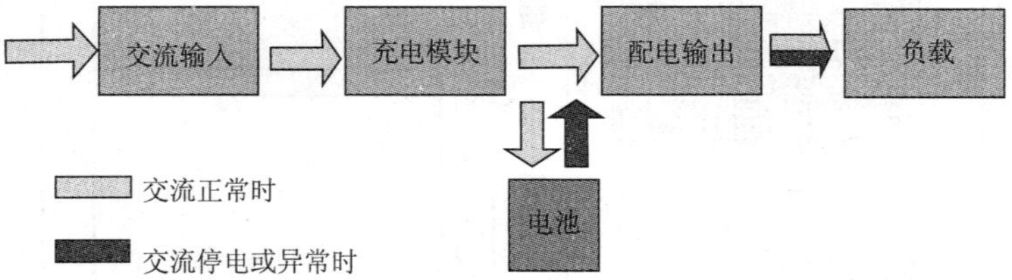

图 3-16-10　系统能量流动图

监控部分采用集散方式对系统进行监测和控制，充电柜、馈电柜的运行参数、充电模块运行参数分别由配电监控电路和充电模块内部的监控电路采集处理，然后通过串行通信口把处理后的信息上报给监控模块，由监控模块统一处理后，显示在液晶屏上。

5. 核心组件介绍

(1)充电模块

下面以 HD22010-3 为例介绍充电模块型号规则，如图 3-16-11 所示。

HD22010-3、HD11020-3、HD22020-3、HD11040-3 充电模块前面板如图 3-16-12 所示，说明见表 3-16-4。

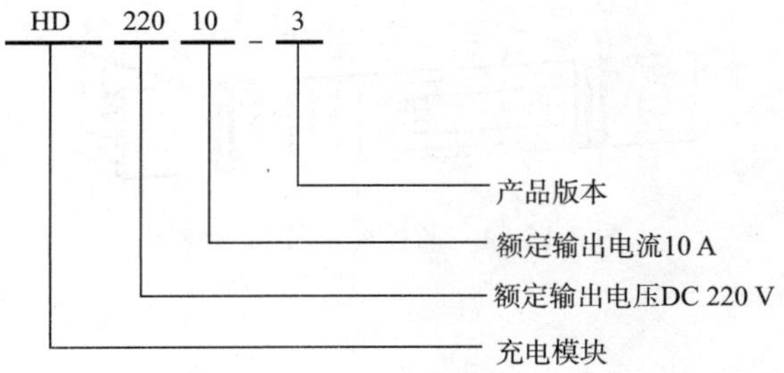

图 3-16-11　充电模块型号规则

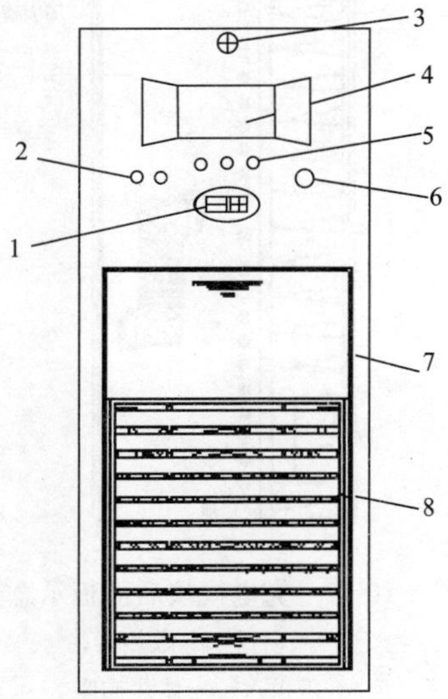

图 3-16-12　充电模块前面板示意图

1—拨码开关；2—手动调压按钮；3—紧固螺钉；4—LED 显示面板；5—指示灯；6—显示切换按钮；7—拉手盖板；8—风扇罩及防尘网

表 3-16-4　充电模块前面板各部分作用

名称	作　用
LED 显示面板	显示模块的电压、电流或告警信息。由显示切换按钮进行输出电压和电流的显示切换。显示 3 位数字，电压显示精度为±0.3 V。HD22010-3 充电模块电流显示精度为±0.2 A，HD22020-3、HD11020-3 充电模块电流显示精度为±0.4 A。出现模块告警时，LED 闪烁显示故障代码
指示灯	模块面板上有 3 个指示灯，绿灯亮时指示电源有输入，黄灯亮时提示模块保护，红灯亮显示充电模块故障
显示切换按钮	显示切换按钮用于切换 LED 显示面板的显示内容。如果 LED 正显示输出电压，按一下该按钮则显示输出电流，再按一下该按钮则又显示输出电压
手动调压按钮	面板上嵌入的两个按钮用来调整模块在手动状态下的输出电压。只有在手动方式下，该按钮才起作用
拨码开关	拨码开关用于选择控制方式和模块通信地址
拉手盖板	模块拉手隐藏在盖板后面。将盖板向下平移，就会露出模块拉手
风扇罩及防尘网	风扇罩用于防止外部物件被风扇吸入充电模块中造成模块损坏，防尘网用于过滤灰尘以延长模块寿命

HD22010-3、HD11020-3、HD22020-3、HD11040-3 充电模块后面板如图 3-16-13 所示。

充电模块采用输入输出一体化插座，可热插拔，因此模块安装维护极为方便。

(2)监控模块

电力电源系统有 PSM-E20 和 PSM-E10 两种监控模块。这两种监控模块外形、面板及尺寸完全相同，如图 3-16-14 所示。

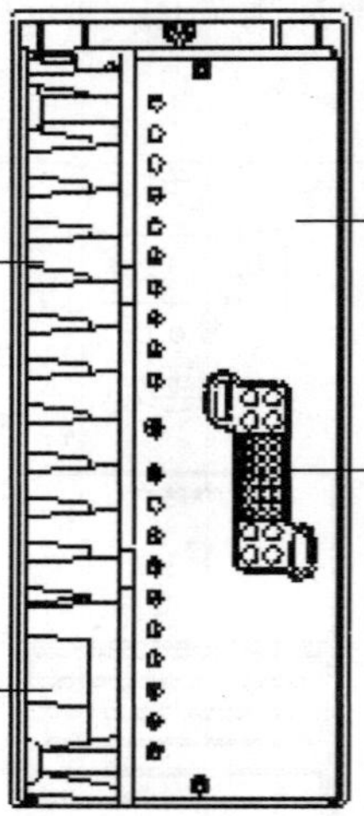

图 3-16-13　充电模块后面板示意图

1—风扇罩；2—散热器；
3—盖板；4—一体化插座

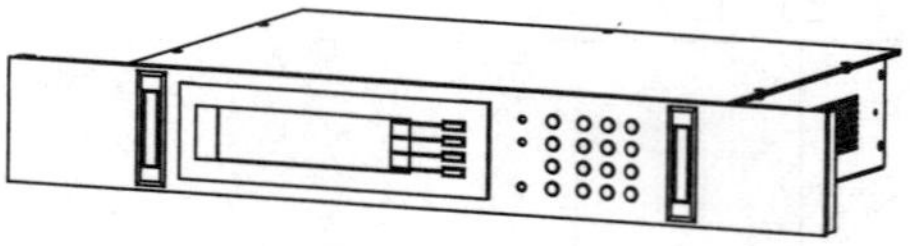

图 3-16-14　监控模块外观示意图

(3)绝缘监测仪

绝缘监测仪用于在线监测直流母线对地绝缘状况和各支路的接地电阻和电容，分主机和从机两部分。主机又分为卧式 JYM-II 和立式 JYM-IIA 两种，如图 3-16-15 所示。这两种主机的电气特性和对外接口完全相同，只是结构和安装方式有区别而已。

(4)电池监测仪

电池监测仪的主要功能是将电池单体电压进行适当转换后上报到监控模块中。组装完成后的电池监测仪如图 3-16-16 所示。电池监测仪的母板、电源板和采集板分别包装发货，需要现场组装。

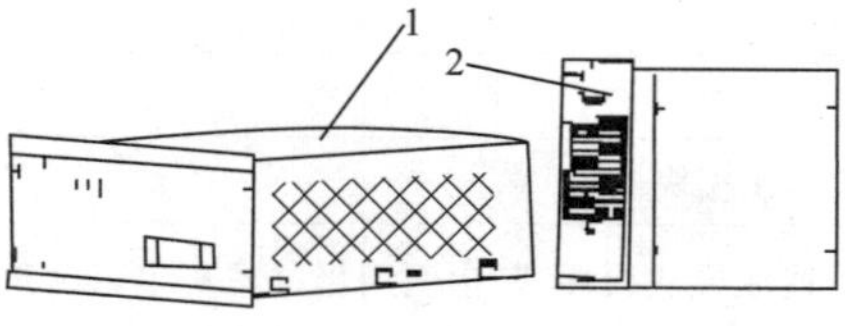

图 3-16-15　两种绝缘监测仪外观示意图

1—卧式；2—立式

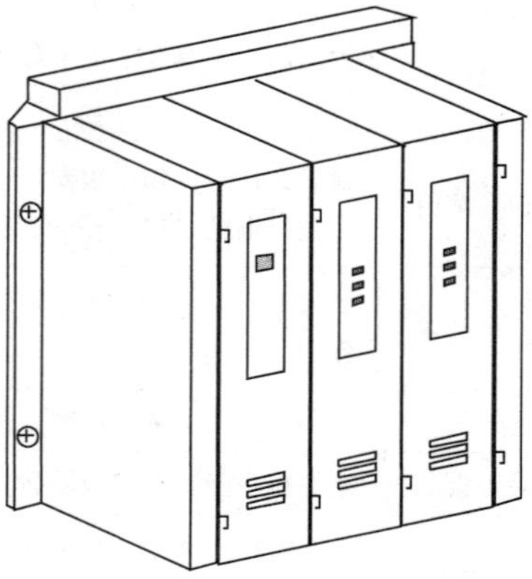

图 3-16-16　电池监测仪组装外形图

6. 安装时执行的标准

(1)《电气装置安装工程 电缆线路施工及验收规范》(GB 50168—2006)；

(2)《电气装置安装工程 盘、柜及二次回路接线施工及验收规范》(GB 50171—2012)；

(3)《电气装置安装工程 母线装置施工及验收规范》(GB 50149—2010)；

(4)施工图纸、施工变更文件及相关会议纪要；

(5)设备出厂图纸、资料、说明书、操作手册。

7. 艾默生交直流屏安装工艺

(1)工艺流程

艾默生交直流屏安装工艺流程如图 3-16-17 所示。

图 3-16-17 艾默生交直流屏安装工艺流程图

(2)操作要领

①施工准备

a. 按前述工艺做好各项施工准备工作。

b. 交直流屏进场通道上，车辆进出的路径范围内，道路要保持畅通，地面平整并压实。拆除路径范围内相应的障碍物。设备室门前的场地应平整压实，无其他任何杂物。进场过程中采用手动液压叉车进行设备运输。手动液压叉车具有灵活方便、重心低、效率高等优点，可以满足车站站台、变电所净空低、面积狭小的环境特点。

在设备进场时车站可能已将地面装修层施工完毕，为了防止设备进场时将土建装修层压坏以及磕坏墙角、台阶，在设备运输的途中在地面铺设盘、柜的包装板或专购的纤维板，在墙角、台阶处也使用包装板保护。

c. 在工程施工时，直流系统输入输出的功率电缆、用户端需要引出的报警信号线缆、与 DCS 系统连接的通信电缆等都需要预先布置。

直流系统输入输出的功率电缆有交流输入电缆、电池输入电缆、主电源系统至各分电屏的馈电电缆、各直流馈出回路至负荷端的电缆。工程施工敷设电缆时，这些电缆都应当满足《电力工程直流系统设计技术规程》(DL/T 5044)的规定，回路压降不得高于 5%额定电压。

d. 电力电源系统对外连接的需要预埋的报警和通信电缆见表 3-16-5。通信电缆、干接点输出和绝缘从机间电缆，建议使用多芯屏蔽电缆，推荐使用 UL2464-26AWG 单隔离的八芯屏蔽电缆。

表 3-16-5 电力电源系统对外连接的需要预埋的报警和通信电缆

编号	起点	终点	信号名称	电缆用途	备注
1	监控模块 PSM	RTU	RS232/485	通信电缆	必须配置
2	监控模块 PSM	报警装置	7 对双线干接点	通信电缆	需外接报警时配置
3	监控模块 PSM	电池监测仪	RS485	通信电缆	配电池监测仪时配置
4	监控模块 PSM	分电屏配电监控 PFU-12	RS485	通信电缆	分电屏检测母线电压电流并送 DCS 时配置
5	主系统配电监控	分电屏馈线监控 PFU-13	RS485	通信电缆	检测分电屏馈出开关故障及状态时配置
6	绝缘监测仪主机	分电屏绝缘监测仪从机	绝缘监测仪间通信等信号	通信电缆	分电屏要求检测支路绝缘时配置

②交直流屏进场

a. 在地上车站变电所设备进出口外搭建枕木平台，至与室内地面相平。在枕木平台上放一块厚度大于 4 mm 的钢板，钢板的一端搭在室内地面上。室内一侧在钢板与地面间加垫一块橡胶缓冲垫，防止叉车从钢板向地面滚动时对地面的冲击损坏。将手动液压叉车推至钢板上，待交直流屏吊起后放在叉车上。若环境限制吊车不能使用，可利用千斤顶或小撬棍升起设备后直接将叉车推入交直流屏下，落下交直流屏并将其推入室内。将手动叉车推至室内指定位置卸下。

b. 对于地下车站的交直流屏进场，采用轨道车进行设备运输，搭建枕木平台时，钢板直接搭在轨道车车厢上，其他步骤与地上基本相同。

③交直流屏组立

交直流自用电系统有只有一台机柜的充馈电一体化机柜系统，有一台充电柜和一台馈电柜组成的分屏柜系统，还有多台充电柜、馈电柜、分屏柜、联络柜等组成的大型系统。这些机柜的机械安装方式完全一样，机柜可以直接安装在水泥地板上，也可以固定在水泥地面的槽钢上。下面介绍机柜的安装步骤。

a. 确定安装位置。根据设计图纸确定机柜的位置，如果图纸没有明确要求，建议遵照图 3-16-18 所示尺寸确定电源机柜在机房中的安装位置。

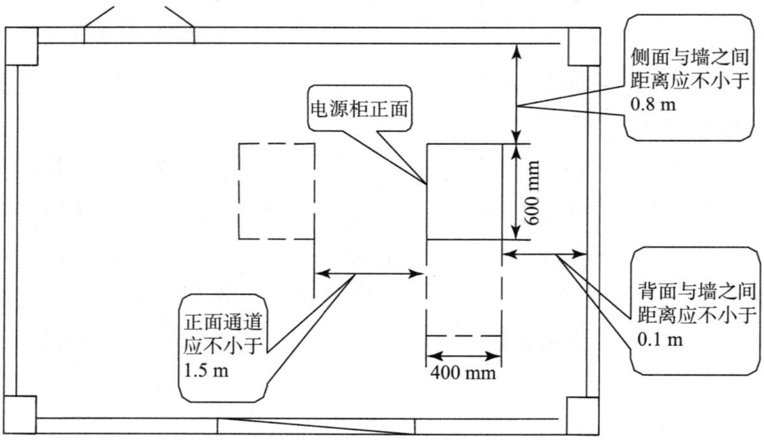

图 3-16-18　确定电源机柜的安装位置示意图

b. 安装膨胀管。根据图 3-16-19 中底座安装图标示的尺寸，在机房地面或者槽钢上标记各安装孔中心点的具体位置。用 ϕ14 mm 钻头在标记点处钻 70 mm 深的安装孔，去除孔中灰尘，将膨胀管装入安装孔。

c. 固定机柜。将机柜移动到安装位置，使机架上的安装孔对准地面已插入的膨胀管预留孔，然后用螺栓固定。

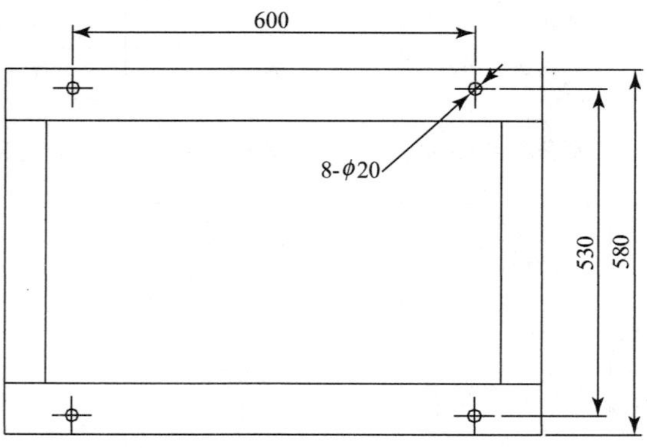

图 3-16-19　机柜的外形尺寸和底座安装图

进行多机柜系统的安装时，一定要在随机附件中找到随机图纸，按照屏面布置图指示的位置依次进行各机柜的安装，机柜排列顺序一定不能错误。首先把每面交直流屏大致调水平，然后从成列交直流屏一端的第一面开始调整。其余的交直流屏以第一面为标准逐个调整，使其水平、垂直；交直流屏间接缝密贴，模拟线对应，保证机柜排列整齐美观，其误差应符合本手册表 3-13-18 规定。然后安装交直流屏间连接螺栓。最后将所有固定和连接螺钉完全紧固。

d. 成列柜固定完毕后，对交直流屏进行外观检查，如有脱落油漆的部位用设备厂家提供的原色油漆补刷。

④连接线缆

a. 连接机柜内部电缆。多机柜系统在机架固定完毕后，如果机柜之间还有电气铜排连接，应当首先连接铜排。同时，也应当依据随机图纸，进行机柜之间的功率电缆和信号电缆连接，保证接线完全符合图纸要求。充电模块之间，充电模块与监控模块之间，监控模块与模拟量采样盒、开关量盒、绝缘监测仪之间，绝缘监测仪主机与从机之间的电缆需要在此时根据随机图纸的标识全部连接完成。

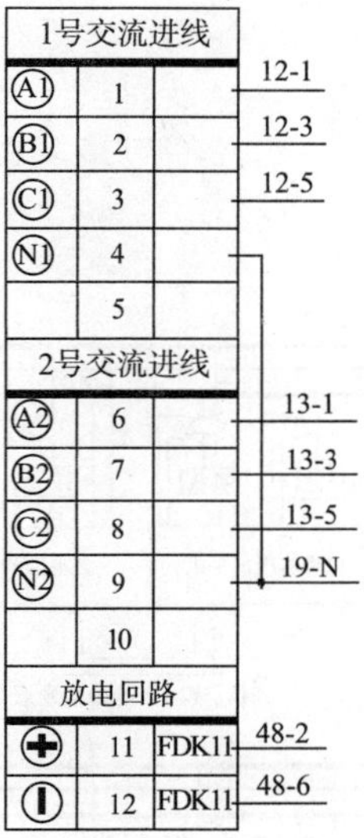

图 3-16-20　交流输入电缆连接端子示意图

b. 连接交流输入电缆。电力电源充电柜后部两侧有电缆输入输出端子排，其中交流输入端子排如图 3-16-20 所示。两路交流输入电缆应对应随机图纸连接。注意：高频开关电源由于使用 Y 电容以减少对电网的反射干扰和保护人身安全，自身是一种大型的漏电设备，因此向直流系统供电的低压配电系统各级配电开关不能配置漏电保护设备。

c. 连接蓄电池组输入电缆。电力电源系统充电柜后下部（在大型电厂的一些系统中可能在联络柜中，具体以随机图纸为准）有蓄电池熔断器。首先断开该熔断器，按照随机图纸连接蓄电池输入电缆。

d. 连接绝缘监测仪电缆。按照随机图纸标识连接绝缘监测仪各种电缆。监测一段母线时，绝缘监测仪的接线如图 3-16-21 所示。监测两段母线时，绝缘监测仪的接线如图 3-16-22 所示。

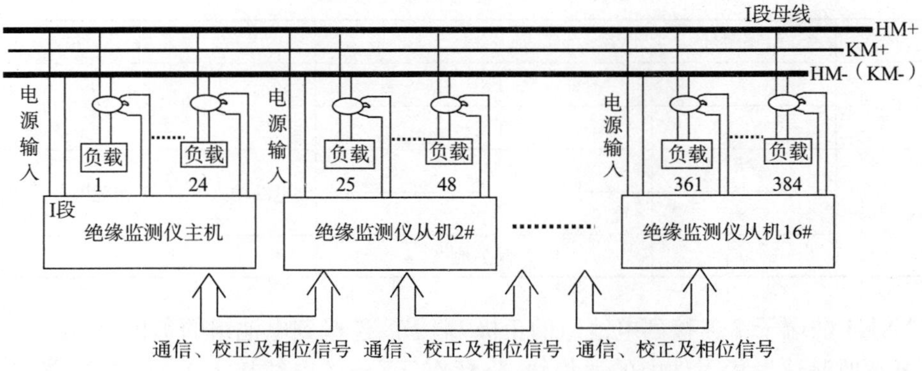

图 3-16-21　监测一段母线时绝缘监测仪的接线示意图

e. 连接电池监测仪电缆。

(a)连接电源线和通信线。电池监测仪母板有三插槽和六插槽两种。第一插槽为电源板接口,第二和第三插槽或者第二至第六插槽为采集板接口。第一插槽的接口排列如图 3-16-23 所示,其中需要连接的端子如表 3-16-6 所示。

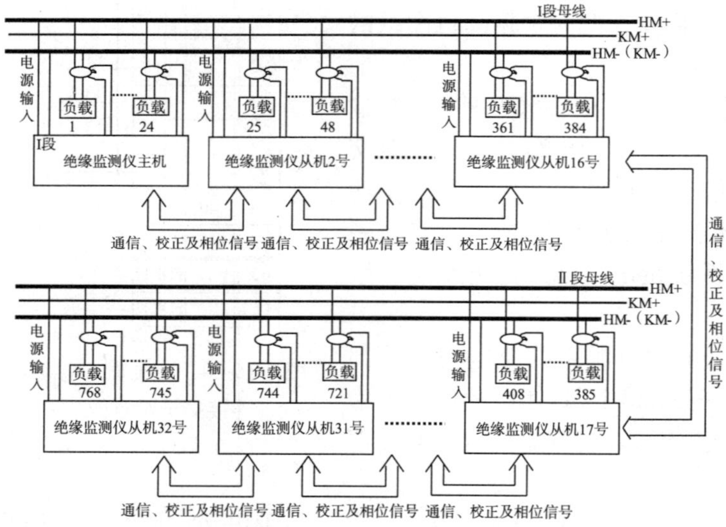

图 3-16-22 监测两段母线时绝缘监测仪的接线示意图

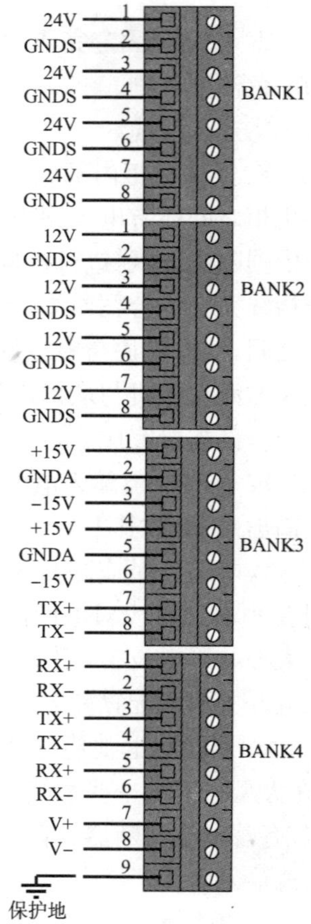

图 3-16-23 第一插槽的接口排列图

表 3-16-6 第一插槽需要连接的端子

BANK 序号	引脚序号	名称	备 注
BANK3	7	TX＋	RS485 通信接口
	8	TX－	
BANK4	7	V＋	电源输入接口,工作范围 DC 80～320 V
	8	V－	
	9	保护地	

将 BANK4 的端子 7 连接到电池组的正极,端子 8 连接到电池组的负极。

取出电池监测仪发货附件中的通信线,将标有 TX＋的电线接入 BANK3 的端子 7,标有 TX－的电线接入 BANK3 的端子 8。通信线另外一端的 DB9 插座插入监控模块的串口 4～7 中的任意一个即可,如图 3-16-24 所示。

(b)连接电压采集线。按照合同技术协议的要求,划分每组需要采集的电池组的电压,确定第一组单元电池组。用附件中的电压采集线,将第一组单元电池组连接到第二插槽的 BANK1 的端子 1 和 2 上。然后依次连接后面的单元电池组到第二、第三插槽或者第二至第六插槽的接线端子上。每排端子最多连接 25 组单元电池。

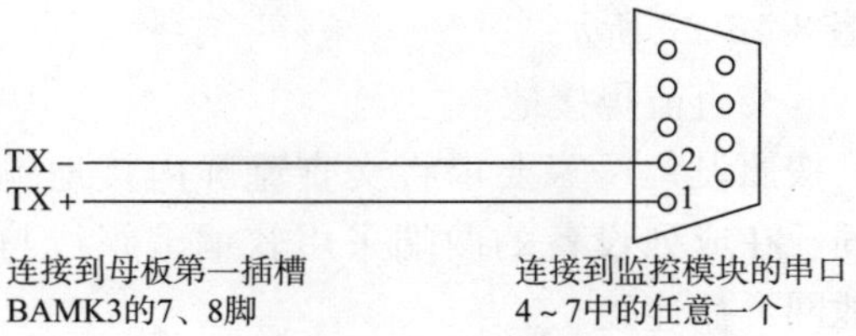

图 3-16-24　监控模块和电池监测仪之间的通信线

由于电池监测仪的采样线直接连接到电池的端子上,存在高压和短路危险,因此必须使用随机配套的保护端头。

电压采集模块插槽(第二至第六插槽)接口排列如图 3-16-25 所示。电池监测仪与电池的连接如图 3-16-26 所示。

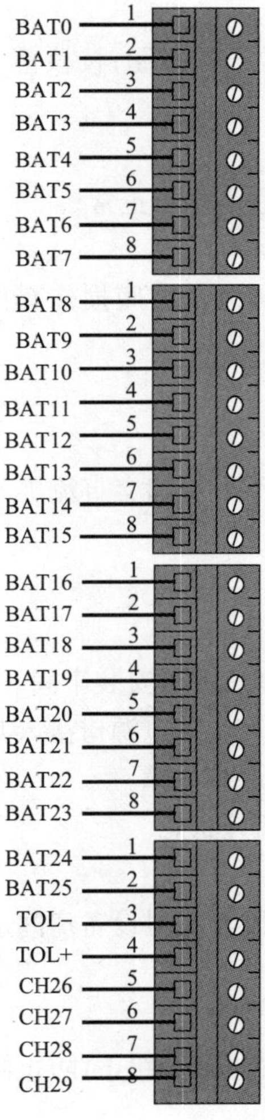

图 3-16-25　电压采集模块插槽的接口排列图

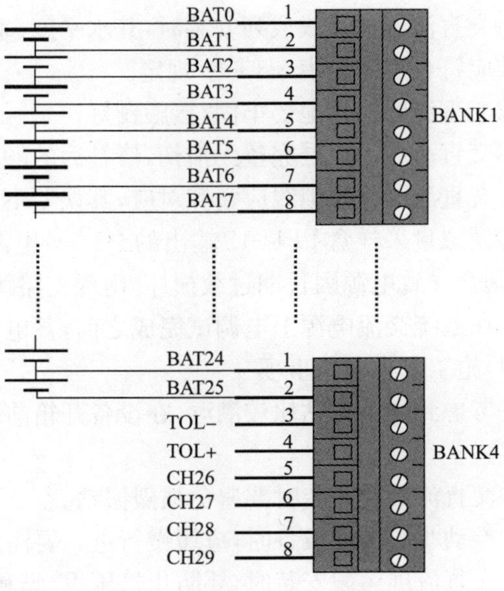

图 3-16-26　电池监测仪与电池连接示意图

电池监测仪所有线缆连接完成后,将电源板插到第一插槽上,将电压采集板插到其后的接了采集线的插槽上。然后在母板两端安装上侧板。安装完成后的三插槽电池监测仪如图 3-16-27 所示。

⑤交直流屏接地

按照设备厂家要求将交直流屏内接地铜排连接牢固。在成列设备的两端采用软铜编织线与变电所接地网可靠连接。

⑥通电检查及蓄电池充放电

在交直流屏试验完毕后，进行交直流屏通电检查。按常规操作让交直流屏带电，并完成以下主要工作内容。

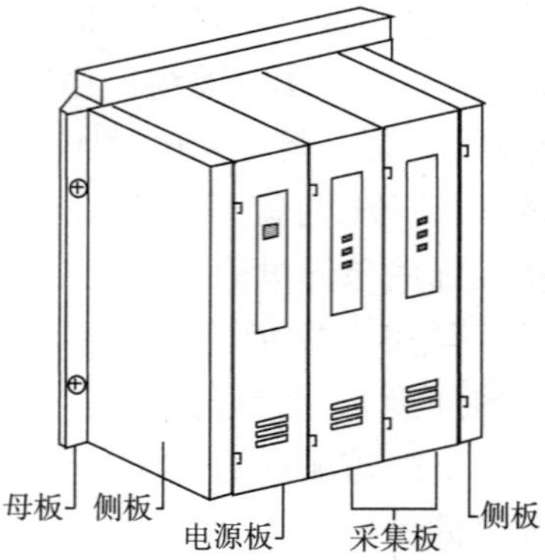

图 3-16-27　电池监测仪外形图

a. 各功能手柄的操作检查。

b. 交流进馈线电压电流表显示检查，直流馈线电压电流表显示检查。

c. 交流进线电源切换检查等。

d. 蓄电池充放电及容量校验检查，填写充放电记录，并绘制充放电曲线图；校核蓄电池的容量，应达到产品的技术要求。

e. 检查各功能监控模块与液晶显示屏的通信联络是否正常。

f. 在具备条件的情况下，检查交直流屏与综合自动化屏的通信联络是否正常。

⑦施工收尾

a. 清扫交直流屏内部，清除所有施工余料及杂物，并对交直流屏表面漆膜损伤部位进行补漆处理。

b. 填写交直流屏安装技术记录。

(3)施工技术标准

①交直流屏独立或成列安装时，其水平度、垂直度以及盘、柜面不平度和交直流屏间接缝的标准应符合本手册表 3-13-18 规定。

②交直流屏的接地要牢固，接触良好。

③交直流屏的漆层完整无损伤，修补后的颜色尽量和原色一致。

④交直流屏间模拟线应整齐对应，其误差不应超过视差范围，并应完整，安装牢固。

⑤模拟量采样盒 PFU-12 输出的±12 V 电源容量有限，严禁在±12 V 电源口接入其他负载，否则会导致电源因长期过载损坏，出现支路跳闸告警无法上报的严重故障。

⑥在系统交流电源上电调试完成之前，蓄电池熔断器必须处于断开状态。

(4)施工安全注意事项

①考虑到地下车站比较潮湿，在设备开箱前需准备大功率风扇、除湿机对设备房间进行充分除湿。

②交直流屏在安装时要避免强烈振动。

③推动小车搬运设备时，应缓慢行进。要注意屏、柜体的行进方向，随时纠正，防止倾斜。

④交直流屏运搬安装时，要防止挤压手、脚和交直流屏上的设备。

⑤交直流屏在未固定牢固前应有防倒措施。

⑥交直流屏安装完毕后，需使用塑料布将盘柜包封，防止灰尘、潮气侵入。

⑦设备进场后，需派专人看守，防止设备被损坏。

3.16.3 变电所综合自动化系统屏安装工艺

变电所综合自动化系统屏的安装工序就不在这里重复叙述了，在前面我们已经介绍了各种盘柜的安装形式，它们都有一个统一的形式，大家可以根据前面的介绍，采取举一反三的思路来不断完善工艺过程。关键就是要符合设计要求并符合《地铁施工规范》的有关规定。在这里我们主要介绍北京和利时系统工程股份有限公司的产品，其产品已经成功应用在北京地铁13号线、大连快轨三号线、武汉轻轨一期、津滨快轨和深圳地铁一期综合监控系统工程等。

1. 系统概述

地铁供电系统中的变电所主要有2种形式，牵引降压混合变电所(简称牵引所)和降压变电所(简称降压所)。变电所综合自动化主要实现对变电所内各种设备的控制、监视、联锁/闭锁、电流、电压、功率、电度的采集等功能。牵引所内需要监控的对象主要有35/10 kV进线、馈线，整流、配电变压器及开关，直流1 500/750 V开关，低压0.4 kV开关，牵引整流机组，排流柜(含杂散电流监测装置)，交直流电源屏，钢轨电位限制装置、制动能量消耗装置等设备。降压所内需要监控的对象主要有35/10 kV负荷开关、低压0.4 kV开关、交直流电源屏、配电变压器等设备。

2. 系统构成

(1)系统构成简介

变电所综合自动化系统采用集中管理、分散布置的模式，分层、分布式系统结构。系统由站内管理层、数据通信层、基础设备层组成。其中：

站内管理层实现变电所控制室对本车站变电所设备的监视、报警功能，并负责变电所综合自动化系统与综合监控系统之间的数据交换。包括监控工作站、双冗余的通信控制器、双冗余的以太网交换机、自动化屏、智能测控单元(含DI/DO/AI模块)等设备。

数据通信层实现变电所内管理层与基础设备层之间的通信。包括光电转换装置、光缆、通信电缆等设备。

基础设备层实现对基础设备数据的采集、测量等功能。包括35/10 kV、0.4 kV交流保护测控单元、1 500/750 V直流保护测控单元、交直流电源系统监控单元、变压器与整流器监控单元、钢轨电位限制器、排流柜(含杂散电流监测装置)、制动能量消耗装置等设备。其中，基础设备智能单元由基础设备供货商提供。

系统以供电设备为对象，通过所内网络将所内的10 kV、0.4 kV交流保护测控单元、750 V直流保护测控单元、交直流电源系统监控单元、变压器与整流器监控单元、钢轨电位限制器、排流柜(含杂散电流监测装置)、制动能量消耗装置等间隔层设备连接起来，通过具有可靠性高、实时性强、冗余设置的通信控制器构成稳定、可靠的变电所综合自动化系统。

变电所综合自动化系统通过冗余的通信通道实现与综合监控系统的通信，通过综合监控系统接受电力调度中心的控制命令；向电力调度中心传送变电所操作、事故、预告、测量等信息。全线所有变电所综合自动化系统通过综合监控系统实现信息汇总，并实现控制中心、变电所控制室对变电所的统一调度管理。

变电所自动化系统出现故障时，自动化系统退出运行，不影响供电系统设备的正常运行。典型牵引变电所自动化系统的构成，见图3-16-28所示；典型降压变电所自动化系统的构成，见图3-16-29所示。

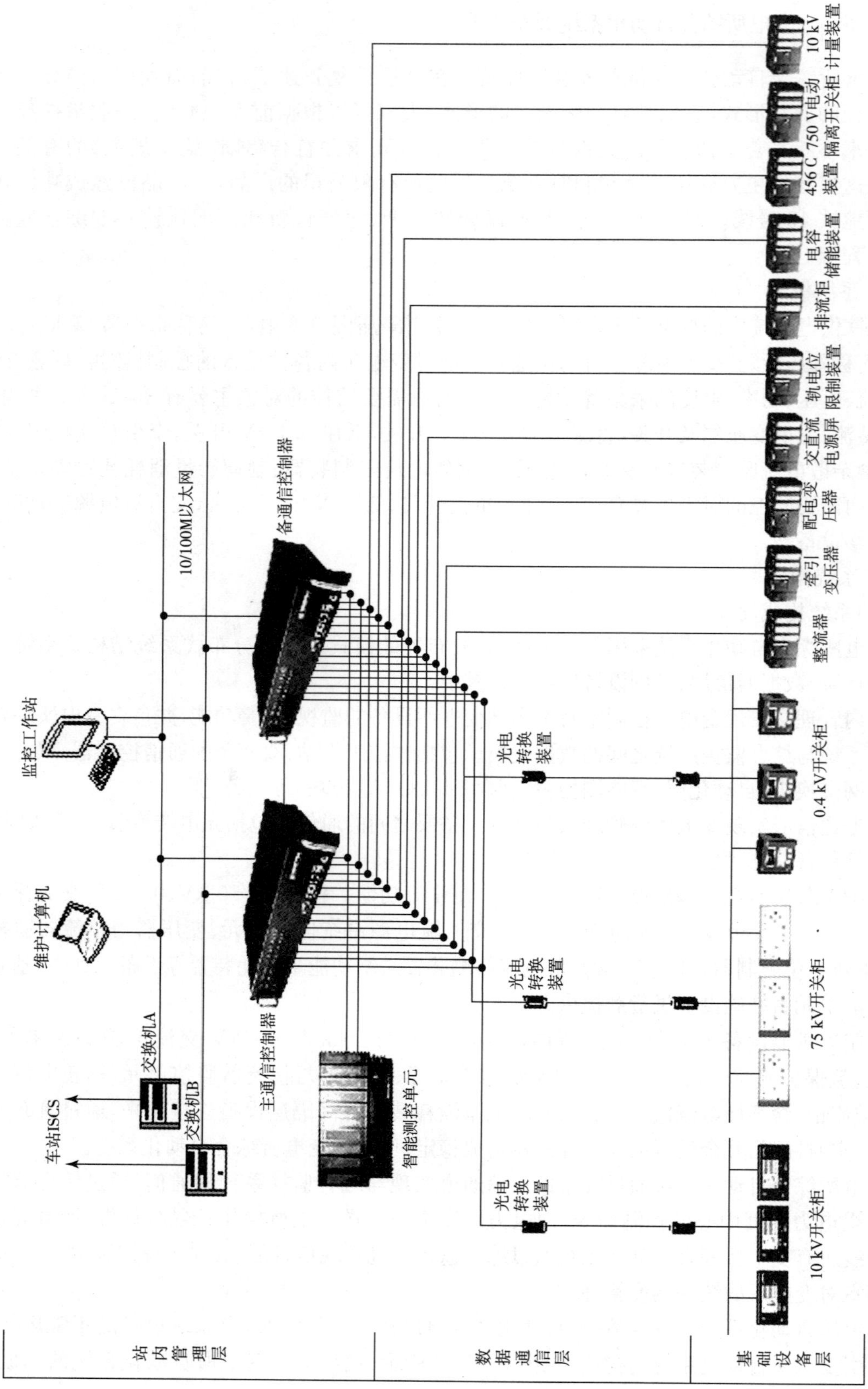

图 3-16-28 典型变电所自动化系统构成示意图

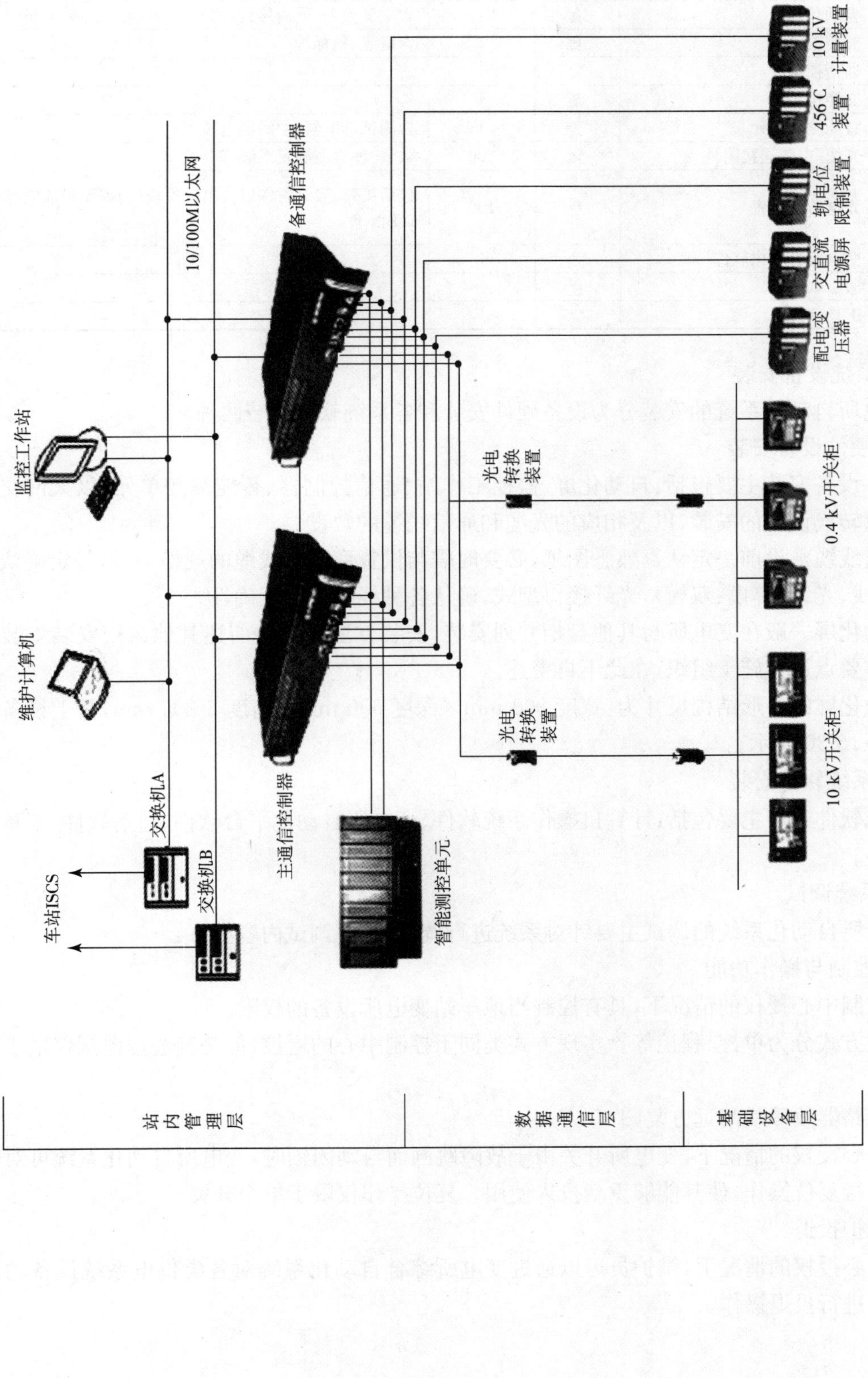

图 3-16-29　典型降压变电所自动化系统构成示意图

(2)主要设备清单

变电所综合自动化系统(以下简称综控屏)主要设备清单,见表 3-16-7 所示。

表 3-16-7 主要设备清单

序号	名　称	单位	总数	备　注
1	自动化屏	套	1	含电源设备、屏内接线、面板显示设备、电铃、电笛等
2	监控工作站	套	1	含键盘、鼠标等
3	通信控制器	套	1	
4	交换机	套	1	
5	智能测控单元	套	1	含测试继电器、中间继电器等
6	光缆/电缆连接附件	套	200	数量、种类应满足系统需要
7	光电转换装置	套	100	包括接口、安装附件以及电源模块(当需要附加电源模块时)等
8	变电所自动化软件	套	1	
9	通信软件	套	1	
10	工具软件	套	1	

3. 系统设备安装

变电所自动化系统的安装分为设备硬件安装和各系统软件安装两种。

(1)硬件设备安装

硬件设备安装主要包括:自动化屏、监控工作站、通信控制器、智能测控单元、以太网交换机及光电转换设备的安装,以及相应的光缆和通信线缆的敷设。

通信线缆敷设前一定认真熟悉图纸,必要时需与供货商确认线缆的规格型号,一定确认总线、双绞线、光纤(单模、双模),光纤接口型式,确认各种线缆敷设正确性。

自动化屏一般在变电所与其他盘柜并列安装,安装方法可参考前述其他盘柜安装安装程序和操作要点进行施工组织,在此不再赘述。

自动化屏的外形结构尺寸为:宽度 800 mm×深度 600 mm×高度 2 200 mm,其上设备布置如图 3-16-30 所示。

(2)系统软件安装

系统软件安装主要包括:计算机操作系统软件、变电所自动化平台软件、通信软件、工具软件的安装。

4. 系统调试

变电所自动化系统的调试主要针对系统进行调试,主要调试内容如下:

(1)控制与操作功能

在控制中心授权的情况下,具有控制当地车站变电所设备的权限。

控制方式分为单控、程控等。实现方式类同于控制中心的遥控,但是其遥控范围仅限于本变电所。

①断路器故障跳闸远方复归

在中心授权的情况下,变电所开关由于故障跳闸而自动闭锁时,变电所自动化系统可对闭锁开关进行复位操作,使其能够重新投入使用。复位操作仅限于单个开关。

②保护投退

在中心授权的情况下,维护员可以通过变电所综合自动化系统对各类供电系统设备的保护软压板进行投退操作。

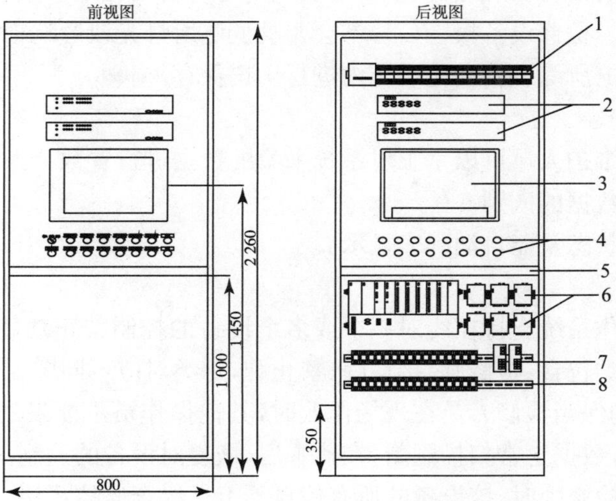

图 3-16-30　综控屏结构示意图

1—辅助电源开关；2—主备通讯控制器；3—监控工作站；4—面板显示设备及音响报警装置；5—鼠标及键盘；6—智能测控单元光电转换器；7—DO 出口继电器主备交换机；8—DO 出口继电器

③保护定值组管理

在中心授权的情况下，维护人员可以对 35/10 kV、1 500/750 V 开关保护装置的保护定值组进行统一管理，包括保护定值召唤、显示、保存、切换、打印等。

可以选择装置名称、装置种类进行召唤显示、保存，保存后可以按照报表格式进行打印。

维护人员可以对 35/10 kV、1 500/750 V 开关保护装置的保护定值组进行远程修改或切换。

④供电系统控制闭锁功能

系统具有控制闭锁功能：当现场供电设备故障时，引起相应开关跳闸，则此开关控制命令的操作被自动闭锁。被控对象在定义时，可编辑输入与之相关的闭锁条件，在满足闭锁条件时，执行命令应被自动屏蔽并给出提示信息。例如，当现场供电开关设备接地刀闸接地时，操作员可在主接线画面上开关符号处设置接地标志，对有接地标志的供电开关设备，系统自动闭锁与之相关控制命令的操作。控制闭锁功能可以人工投退，且可由用户自定义。

⑤遥控屏蔽功能

在中心授权的情况下，综合自动化系统可以对任何一个或多个供电系统受控设备进行屏蔽，使其不能被遥控操作，屏蔽解除后才能恢复遥控功能。设备屏蔽后，控制中心无权对此设备进行控制。

屏蔽操作及解除均须通过手动方式实现。

屏蔽操作分为三种方式：全站屏蔽、按电压等级屏蔽、单开关屏蔽。

进行屏蔽后，在供电系统图及主接线图界面上均给出标识。

不同方式的屏蔽操作可重复执行，但不能同时解除。

解除操作由同级别或具有高级别操作权限的人员执行。解除屏蔽的操作只能解除相应方式的屏蔽操作。

⑥检修屏蔽

检修屏蔽操作分为两种方式：站内按电压等级屏蔽、单开关屏蔽。

设置为检修屏蔽的设备，其信息只上传至变电所综合自动化系统数据库，不上传至中心和车站的综合监控系统。检修设备报警信号不会驱动变电所灯光或音响报警。

检修记录可在变电所综合自动化系统内进行历史保存。

⑦人工置数

具有操作权限的维护人员可以手工对系统采集的数据进行置数。人工置数后的数据须有明显标志以示与正常数据的区别。

所有人工设置的状态量能自动列表显示。

⑧设备禁止

变电所综合自动化系统支持在线对一个或多个设备的控制禁止功能，其方式通过设备挂牌实现。设备挂牌种类包含：检修牌、接地牌、禁止牌，每类对应不同图元。设备挂牌后可抑制对其的控制输出，以确保当检修人员在现场作业时，其他操作员不能发送控制指令，仅保留对挂牌设备的监视功能，数据正常扫描刷新，在摘牌后，恢复对设备的控制功能。

当被监控设备挂检修牌时，该设备的所有信息不上送综合监控系统。

在中心/车站/变电所均允许挂牌操作。

车站/变电所用户不允许解除中心用户设置的挂牌。中心用户也不允许解除车站/变电所用户设置的挂牌。

同区域(同中心或同车站)、同级别、同专业用户允许解除同级别用户的挂牌。

控制优先级显示方式应在中心/车站/变电所显示相同的标志，相互间保持同步。

当监控工作站或通信控制器重启后，挂牌标志不丢失。

5. 数据采集与处理功能

(1)遥信

变电所综合自动化系统采集变电所内各种装置的遥信信息，包括位置遥信(双位置)和保护遥信(单位置)。遥信信息在人机界面上实时刷新，以便操作员及时了解现场设备运行状态。

位置遥信包括各种开关、刀闸、接触器等设备的合、分状态，开关手车的工作、试验、抽出位置状态等。

保护遥信包括：各类保护跳闸动作、重合闸动作的启动、出口、失败等信息，分为事故遥信和预告遥信。事故遥信指使设备停电、停运的事故信号，预告遥信指不影响设备继续运行的故障信号。

系统可定义给出变电所综合自动化系统计算机节点的工作状态、网络运行状态、通道运行状态等虚拟遥信点。

(2)遥测

系统采集本变电所内各类监测对象的交流相/线电压、交流电流，零序电压，零序电流，直流电压，直流电流，有功、无功功率，谐波、功率因数，蓄电池电压，变压器温度等电气量。

遥测可以以周期方式进行采集(最小采集周期为 1 s)，也可以由电力调度中心召唤遥测。

零点嵌位(近零死区的处理)

可在数据库中设置一个近零死区，如果遥测值在近零死区范围内时可嵌位成零(下限值)。当采集点的绝对值在归零死区内时，视该点数据为零值。

遥测信号的传送死区处理

按周期采集的遥测信号，可以定义变化传送死区。每个周期采集时，如果定义了变化死区传送，则只有当本次数据与上次传送的数据之差超过了遥测量变化死区时，数据才传送到控制中心和变电所控制室。

(3)数据处理及打印功能

变电所综合自动化系统接收的基础设备数据信息,经过各种算术及逻辑处理后,将数据存储到系统的实时数据库和历史数据库中。

数据处理主要内容包括:

各种开关操作信息(包括站名、对象、性质、发生时间等,打印颜色为黑色),并记录在事件日志中。

各种故障信息(包括站名、对象、性质、发生时间等,打印颜色为红色),记录在报警列表中。

电流电压曲线(包括站名、时间),可进行打印(需要时)和存盘,打印颜色为黑色。

遥测量超限监视:当电流、电压量超过极限值时,发出超限报警(在显示画面上改变显示颜色并闪烁),可进行打印(需要时)和存盘,打印颜色为红色。

过负荷发生时间、持续时间的监视,可进行打印(需要时)和存盘,打印颜色为红色。

当日负荷峰谷最大、最小值,最高、最低电压、电流出现时间的统计,可进行打印(需要时)和存盘,打印颜色为黑色。

电流、电压、电度量等曲线的显示可以根据不同的时间要求进行时间分割显示,以便观察电流、电压、电度量在不同时间的变化情况。

双重越限检验,对每个点均可设置上限、上上限、下限、下下限限值,超过限值时产生越限报警。

最新故障报警信息及 SOE 事件记录信息存储量不少于 10 000 条,变电所记录信息存储量一般不少于 30 000 条,最小储量不得少于 20 000 条。

(4)SOE 事件记录

SOE(事件顺序)记录用于分辨事件发生的先后顺序(如故障跳闸的顺序)。系统可以以各种方式(按时间、按事故源对象等)查询、分析和打印 SOE 记录。

系统应配置事件顺序记录功能模块,此模块能将各站的开关及继电保护节点动作顺序及时间记录下来,供事后进行事故分析用。事件顺序记录的主要指标是动作时间分辨率,共分为两类,即站内动作时间分辨率和站间动作时间分辨率。前者由远方终端保证,后者则除远方终端外还涉及全部系统的对时。

任何开关点均可以设置为 SOE 方式。通信控制器的 SOE 时标分辨率优于 1 s。

事件顺序记录的内容不能被任何人、用任何方法进行修改。

(5)故障录波数据读取

当供电系统发生故障,保护装置启动保护功能,使故障线路的开关设备事故跳闸的同时,保护装置自动进行故障录波,并以每次故障为单位将故障录波文件存放在当地保护装置中。

用户可按站号、序号将保护装置内的故障录波数据召唤显示并存储在服务器磁盘文件中,文件名以站号、序号和故障时间命名。文件的保存时间和数量只受硬盘容量限制。系统可以以各种方式(按时间、按对象、按类型等)查询、分析和打印故障录波数据。

6. 显示及操作

变电所自动化系统配置中华人民共和国一级汉字库,所有人机界面均应实现中文显示。

(1)人机界面显示及操作功能

人机界面是值班员日常监视、操作的主界面,由运行监控程序和其他辅助的模块组成。主要提供如下功能：

①画面显示、值班员常用操作等功能。

②人机操作接口应提供窗口管理、画面显示以及操作等功能。

③在人机界面可进行相关程序启动操作。

④对系统历史数据进行查询。

系统可显示供电系统图、本变电所主接线图、报警/预告画面及其他画面等。具体画面包括(但不限于以下内容)：

a. 本车站变电所供电设备分布示意图。

b. 本车站变电所综合自动化构成示意图。

c. 本车站变电所主接线和牵引网图。

d. 左右邻站变电所主接线图。

e. 报警/预告信息画面。

f. 变电所综合自动化系统网络拓扑图。

(2)接地状态显示

当现场供电设备接地刀闸处于接地位置时，系统自动在画面上做出明显标记(接地标志或挂接地牌)，同时自动闭锁与之相关的控制命令。

当现场设备由人工挂接地线时，变电所综合自动化系统不能提供接地刀闸信息。此时变电所值班员在画面上采用手工方式做出明显标记。控制中心及变电所控制室相关界面上应有相应的接地状态显示，同时自动闭锁与之相关的控制命令。

(3)趋势显示

遥测量(电压、电流、功率等)按定义的保存周期保存在历史数据库中，曲线浏览程序根据每个模拟量保存的数据点，按要求通过曲线方式显示出来。

系统可以显示实时或者历史模拟量的趋势曲线(包括平均值、最大值、最小值等)。当进行实时趋势曲线显示时，曲线按照一定周期自动刷新。

可以选择曲线进行平移、无级缩放等操作。

趋势曲线画面中同时显示的数量、曲线颜色、显示比例可以由用户自行定义。

(4)变电所综合自动化系统运行状况显示

系统能实时显示所连接变电所综合自动化系统的运行状况。若发现系统设备发生故障能自动报警提示维护人员，并对运行设备的设备名称、设备所在车站、故障发生时间、恢复/更换时间进行自动记录。

7. 报警功能

系统设备发生故障或异常时，自动发出各类预告/事故报警信号。

(1)人机界面报警显示

供电系统设备或者变电所综合自动化系统发生故障时，在变电所人机界面上自动推出报警画面(画面可由用户自定义)。报警应该分为多级，不同级别的报警定义以不同的显示方式，如：一般性报警信息在报警列表采用高亮度或醒目颜色显示，重要报警信息自动推出报警画面(画面可由用户自定义)。报警发生后，值班员必须通过界面上的确认按钮确认，否则，报警信息一直在列表顶端或者人机界面最前端。

(2)自动化屏音响报警

自动化屏配置电笛或者电铃等音响报警装置。当报警发生时，自动化屏内的监控工作站驱动音响报警装置发出报警信号，报警声音分为事故、预告两种类型，两种类型的声音应该有明显区别。

报警音响可以通过人机界面复归、手动复归和自动复归（延时 15 s～3 min 后自动停止报警，时间可调，调整步长 15 s）。用户可以选择其中一种或者多种复归方式。

自动化屏设置报警设备投入/退出/测试转换开关。

8. 冗余装置自动切换

双冗余的通信控制器、网络交换机及通信通道采用热备工作方式，主用设备发生故障时可自动切换到备用设备。

每台通信控制器应配备双网卡，实现网络冗余。通信控制器应具备网络故障的自诊断功能，当单网/单网卡故障时通信控制器应实现双网的自动切换，而不应引起通信控制器之间的切换。

两台通信控制器按照通信端口热备方式工作：当1号通信控制器对某一基础设备的主用端口退出运行时，2号通信控制器处于热备状态的对应端口投入运行，该端口的切换应不引起通信控制器对其他基础设备的主备端口切换；若1号通信控制器故障端口修复后具备正常工作条件，则该端口进入热备状态。端口之间的切换也可以通过人机界面上手动操作来实现。切换过程中如发生状态变位或报警信息，数据应不丢失。通信控制器主备端口之间的切换时间不大于 5 s。

所有的网络、端口等故障均应产生报警信息。

9. 系统自检

能对变电所综合自动化系统设备实时监视。若检测到故障，均应通过人机界面和音响等设备发出报警提示，只有管理人员手动确认才可解除报警。

通过自检可以确定故障发生的部位，并对故障发生时间、恢复时间能自动记录。

10. 通道测试

控制中心或者车站控制室可以通过中心或车站人机界面上的测试按钮向变电所发送测试信息，当变电所综合自动化系统收到信息时，驱动变电所内测试继电器动作，并由智能测控单元采集测试继电器动作信号。变电所综合自动化系统向车站控制室或者控制中心返回继电器动作信号。

11. 权限管理功能

变电所综合自动化系统在应用软件退出及用户登录时均需要值班人员输入相关的用户名及密码。

变电所综合自动化可以与控制中心、车站控制室进行控制权限移交管理，主要包括如下内容：

(1)权限移交标记的管理：默认位置、自动移交、手动移交、安全管理；

(2)追踪标记过程；

(3)HMI 提供权限移交管理的操作界面。

权限移交的授权对象中手动可授权的对象包括：单个可遥控设备；预先定义的成组可遥控设备；全站可遥控设备组成；自动移交功能的可被授权对象由全站可遥控设备组成。

变电所的权限管理及用户管理由综合监控系统统一管理。

12. 时钟同步

变电所综合自动化系统可对其监控的智能设备进行软件同步对时，同步对时间隔时间可调。

13. 改进设计建议

笔者在职期间，由于原单位已经在国内承担了不少地铁项目的施工，工作中不可避免的接触到了地铁供电施工的内容，其中去现场的大部分时间都是在供电工程竣工、投入运行期间，在北京、天津、上海等地的地铁变电所里，无论是哪个设计单位设计的变电所综合自动化系统，都存在一个共同的问题，那就是对变电所各系统集中接引至综合自动化系统盘的数据电缆的设计敷设路径不够重视。变电所综合自动化系统是将变电所供电设备的二次控制、信号、测量、保护回路利用微机技术，经过功能的重新组合和优化设计，对变电所进行自动监视、测量和协调操作的一种综合性的自动化系统。该系统是变电所的心脏，决定着变电所运行的安全、可靠性。可是在现场看到是，各类电力电缆完全按照国际标准排列整齐，各类数据电缆就单摆浮搁的放在普通支架或桥架的电缆上，没有一点保护措施。别小看了这一根根直径不足 8 mm 的数据电缆，它可是变电所的神经系统，同时也是全线供电系统的中枢神经系统，直接关系到城市轨道交通运营的安全问题。当然，谁也不可能断然说变电所数据电缆不会发生事故，因为谁也不敢说变电所不会发生事故。我们应该提前把预防措施做好，把各类电缆有序的布置整齐。这样不是对我们建设单位安心运营、设计单位创造声誉更有好处吗？

笔者认为地铁的建设和设计单位应该严格的负起责任来，只要这两个单位的技术人员严格把关，就一定可以把变电所综合自动化系统的工作做好，不要在出了事故之后再找原因。我们的地铁建设投资那么大，从哪里节省点投资都可以把变电所综合自动化系统的数据电缆敷设在电缆线槽当中，电缆线槽可以设计安装在普通电缆支架或桥架上，位置就设在支架或桥架立柱上端距楼板 50 mm 处，侧式安装。也不用采取什么特殊安装方式，就在立柱上单孔固定即可。在安装线槽转换接口的地方，在立柱上焊接一块钢板即可。线槽的尺寸可以根据综合自动化系统的需要设置，不见得非采用统一规格，可根据成列盘柜的数量选取不同规格的线槽，通过转换接口连接在一起。在特殊情况下，数据电缆也可以穿入塑料管进行保护(如整流、配电变压器)，待临近线槽时，再并入线槽统一通引向综合自动化装置。

3.17 变电所电缆敷设及电缆头制作

3.17.1 电缆的选择

城市轨道交通的变电所主要处于地下和车站内的房间内，所以电缆要求阻燃性好、低毒或无毒。根据整条线的具体情况选择，地下车站的变电所通常选用低烟无卤的电缆，阻燃等级 A 类和 B 类；地上变电所选择低烟低卤的电缆，阻燃等级 A 类和 B 类。

在变电所内外，电缆主要敷设在变电所电缆夹层、电缆竖井、电缆沟、电缆排管和电缆支架上。

变电所的电缆敷设受空间限制，只能采用人工敷设，不能利用机械。所以要选择直径小于 1.4 m 的电缆盘，这样每盘电缆不会太重，方便敷设。直流电缆要求根据电缆的长度配盘，做到无中间接头。所间的光缆和控制电缆也要根据实际情况配盘，尽量不采用或减少中间接头。

有关中压电缆终端头的制作工艺，请参阅本手册电缆线路章节的内容。

3.17.2　施工准备

敷设作业开始前应完成以下项目的操作。

1. 打开室内、外电缆沟的盖板，并将沟内杂物清扫干净。

2. 检查沟内电缆支架是否齐全、规格是否正确，同时检查支架及接地线的焊接是否牢固，必要时及时处理。

3. 在所有电缆沟引出的电缆保护管内穿入牵引电缆的铁线。

4. 将所需电缆分类运至施放地点附近，并完成绝缘检查作业。

3.17.3　劳动组织

根据电缆手册将各种规格型号的电缆盘备齐，运抵变电所施工现场。如果整盘电缆运输有困难，也可以先到变电所将各种电缆实地测量长度后，在仓库将电缆裁好，并缠上白色胶布（白色胶布上写明电缆长度、电缆型号规格、电缆起止点），然后盘起捆好运至变电所，敷设电缆的劳动组织见表 3-17-1 所示。

表 3-17-1　敷设电缆的劳动组织

序号	作业组	人数	作 业 内 容
1	技术负责人	1	负责敷设质量、保证技术要求
2	引导组	2	负责电缆首尾端准确对位，配合敷设
3	敷设组	若干	全部的电缆施放、敷设、固定工作
4	辅助组	2	障碍处理、电缆穿管、转弯处防护

3.17.4　常用电缆敷设工具

常用电缆敷设工具见表 3-17-2 所示。由于变电所电缆规格比较小，表中没有列入各种相关的电缆敷设机具。如果需要使用电缆敷设机具，请参考本手册电缆线路章节的内容。

表 3-17-2　电缆敷设工具

序号	名　称	规　格	单位	数量	用　途
1	电缆盘支架		副	2	放电缆
2	无缝钢管	ϕ50 mm，L=2 000 mm	根	2	放电缆
3	摇表	1 000 V	块	1	测绝缘
4	钢卷尺	50 m	把	1	室外测量
5	钢卷尺	20 m	把	1	室内测量
6	手工钢锯		把	1	裁切电缆

3.17.5　电缆敷设

1. 电缆敷设应从第一层支架上开始，排满一层后再排下一层，且敷设工作开始时应先敷设电力电缆。

2. 每层支架最里层应敷设引至最远端配电设备的电缆，由里往外逐渐缩短敷设长度。尽量避免在同一层支架上敷设方向不同的电缆。

3. 在敷设电缆过程中，遇有电缆需要转弯时，应由辅助人员在转弯处进行防护，必要时可设转向滑轮，以防电缆损伤。

4. 对于单芯交流电缆，在固定时，必须使用非磁性材料绑扎。电缆在电缆桥架上敷设时，三相电缆按“品”字形布置，并用电缆绑扎带固定。

5. 敷设工作完成后，应按技术要求的规定在各有关支架上把电缆绑扎固定牢固，同时还应将在电缆竖井等处加挂的电缆标志牌分层整理，统一形式和所挂部位，以利于查找或核对。

6. 电缆敷设完成后，应及时将所有剩余电缆运出施工现场，消除火灾隐患。同时施工负责人要把电缆的实际长度整理出来，填写好有关记录及报表，做好善后工作。

3.17.6　电缆敷设的施工标准

1. 电缆排列整齐美观，电缆绑扎整齐、方向一致，电缆牌排列整齐，内容正确。
2. 电缆弯曲半径符合施工规范的要求，电缆之间避免有交叉。
3. 电缆不应有铠装压扁、电缆绞拧和裂痕，表面不得有严重划伤。
4. 电缆的各项测试应有记录并符合有关技术指标的要求。

3.17.7　安全注意事项

1. 电缆敷设时应从电缆盘的上部引出，不应使电缆与支架、桥架、地面摩擦拖拉。
2. 敷设电缆时应仔细检查电缆外观，不应有铠装压扁、电缆绞拧和护层开裂等现象。
3. 电缆敷设时，防止作业人员被电缆砸伤或挤伤，严禁电缆砸伤设备。

3.17.8　直流电缆头的制作

直流电缆头有 750 V 和 1 500 V 两种，以下以 1 500 V 电缆头的制作为例介绍。

1. 直流 1 500 V 电缆或地回流电缆在敷设完毕后，根据柜内的空间尺寸和接线端子的连接长度，截去多余电缆，剥去电缆皮，然后按照工艺要求用压接钳将接线端子压接牢固。

2. 按照图 3-17-1 直流电缆终端头示意图中提供的尺寸剥切直流电缆的交联聚乙烯绝缘护层。

3. 按照接线端子压线管的长度剥切直流电缆的交联聚乙烯绝缘层，芯线上的绝缘应去除干净，以保证接线端子和导线之间的紧密电连接。

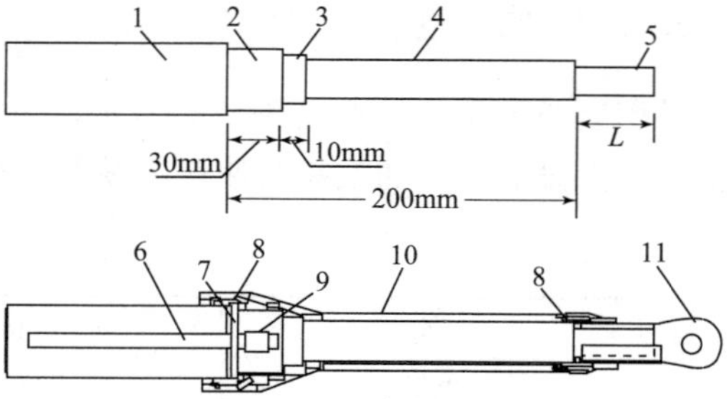

图 3-17-1　直流电缆终端头示意图

1—外护套；2—铜屏蔽；3—内护套；4—芯绝缘；5—芯线；6—接地编织铜带；7—扎线；8—密封胶；9—焊接点；10—热缩绝缘管；11—接线端子；L—接线端子孔深＋5 mm

4. 接线端子的压接采用环压方式压接三道。压接后的压痕应均匀、无尖角等异状。

5. 在接线端子和电缆绝缘的接缝处缠绕 20 mm 宽的热熔密封胶作为电缆运行时的防潮措施。热缩管穿在电缆上，热缩管覆盖接线端子尾部长度 50 mm。

6. 用液化气喷枪对热缩管由上而下进行均匀加热，至热缩管密贴电缆。

3.18　电缆二次配线

变电所控制、保护回路一般采用 KVV 型铜芯全塑控制电缆，并采用塑料终端套封或包缠密封，同时具有防潮措施。控制电缆终端头的制作比较简单，所以本书不作介绍。

电缆二次配线常规采用排把配线或线槽配线的方式。采用线槽配线的方式时，通常在配电盘订货时就需要和制造厂谈妥，由工厂安排生产时直接指定线槽的安装位置，避免在现场安装增加困难。

3.18.1　施工准备

1. 劳动组织

电缆二次配线工作每个变电所设一名施工技术负责人，配电装置和配电盘、柜按每处或每面设一名技术工人考虑，校线工作由配线人员互相配合完成。

2. 常用工机具

电缆二次配线常用工机具见表 3-18-1 所示。

表 3-18-1　电缆二次配线常用工机具

序号	名　称	规　格	单位	数量	备　注
1	号码烫印机	HY-11(G)	台	1	通用型
2	校线电话		部	1	
3	蜂鸣器		只	4	校线
4	剥线钳	165 型	把	实需	
5	压接钳		把		与压接端子配套
6	手电钻	6 mm	把	实需	
7	手工钢锯		把	实需	

3. 常用材料

电缆二次配线施工常用材料见表 3-18-2 所示。

表 3-18-2　电缆二次配线施工常用材料

序号	名　称	规　格	单位	数量	备　注
1	烫印管	ϕ4～6 mm	m	实需	—
2	压接端子	ϕ1.5～4 mm	个	实需	—
3	聚氯乙烯带	20 mm×30 mm	盘	实需	打线把
4	铝包带	10 mm×1 mm	kg	实需	打线把
5	螺栓带帽	M5 mm×15 mm	套	实需	—
6	钻头		只	实需	—
7	钢锯条		根	实需	—
8	塑料线槽		m	实需	配线
9	电池	R6×1.5 V	节	实需	—
10	电缆牌	40 mm×25 mm	个	实需	—

3.18.2　工艺流程

电缆二次配线工艺流程如图 3-18-1 所示。

3.18.3　操作要领

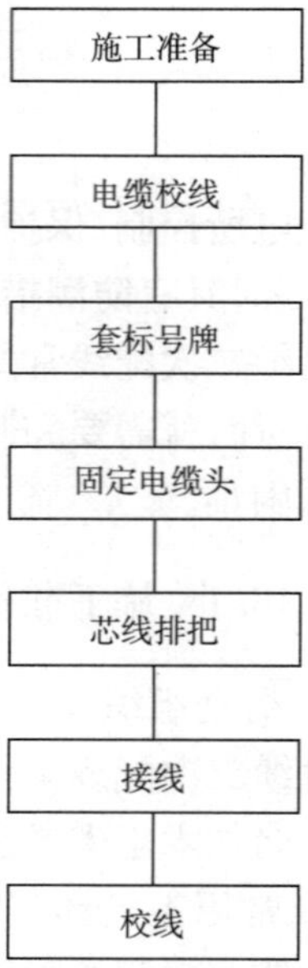

图 3-18-1　电缆二次配线工艺流程图

1. 施工准备

(1)以校核过的端子排接线图为标准,检查核对配电装置或盘、柜的端子排是否符合设计要求,并将与设计要求不符的部分进行更换。

(2)以原理接线图和端子排接线图为依据,以制造厂提供的背面接线图或原理图作参照,分回路对配电装置或盘、柜的内部配线进行一次全面校对,并对校线中发现的问题按设计要求改正过来,同时在背面接线图中把改正的部分标注清楚。

(3)检查配线对象引入的电缆规格、型号、走向是否符合设计要求,检查各电缆开剥的长度是否满足接线要求。

(4)在采用线槽布线的配电装置或盘、柜内按技术要求安装塑料线槽。

2. 电缆校线及套标号牌

(1)确定校对电缆的操作顺序,准备好相应的芯线标号牌。芯线标号牌应提前制作完毕,现场使用的全部是烫印好的芯线标号牌。

(2)用剥线钳剥除待校电缆两端电缆芯线端头的绝缘层,设定校线电话或电子校线器的通话回路。

(3)用查号线或校对端子在电缆两端查找出同一根芯线,确定该芯线的编号,并套上标号牌。

(4)每根电缆所用芯线都确定之后,再将所有芯线重新校对一遍,防止发生混淆。

3. 固定电缆头

(1)按配线顺序把所有电缆头排列整齐,在电缆头以下 100 mm 处用细绑线把所有电缆绑扎成一束。

(2)测出电缆束的尺寸,制作电缆固定卡子。

(3)用电缆固定卡子把电缆束固定在盘、柜的支架上,如图 3-18-2 所示。

(4)对于铠装或屏蔽层及芯线有接地要求的电缆,把所有接地线编成一束,按技术要求焊接或压接接线端子,连接在设定的接地点上。

4. 芯线排把

(1)为便于排把,先用一根硬芯塑料线把同一束电缆的电缆头绑扎在一起,如图 3-18-2 所示,使其相互密贴。

(2)计算电缆束芯线的总数,确定线把排列的形式。如:总数为 72 根,可按 9(根)×8(层)或 12(根)×6(层)排列。当总数为奇数时,可在线把后排填充假线。

(3)芯线排把以端子排编号顺序按倒计数方法排列,即线把第一层靠近端子排侧的第一根芯线为连接在端子排最下部的第一根线,如图 3-18-3(a)所示。

(4)排把时,每层芯线按连接顺序排好后,用铝包带做一个可移动的卡子,使芯线排列整齐。

(5)芯线分层排好后,在电缆头上与端子排之间选一合适位置进行第一道线束绑扎。

由于芯线是由各电缆中分别引出,线把根部必然出现交叉,因此在绑扎时要把芯线根部压紧压实。

(6)把每层芯线的卡子分别向上推 200 mm 左右,把线束理顺,再绑扎第二道。

(7)依上述顺序直至全部绑扎好，即可进行接线。

当电缆采用线槽布线方式时，按以下顺序操作。

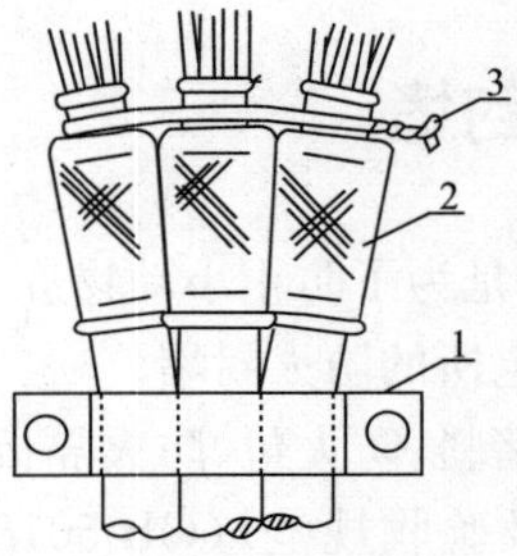

图 3-18-2　电缆束及电缆固定卡子示意图

1—电缆头套；2—电缆固定卡子；3—硬芯塑料线

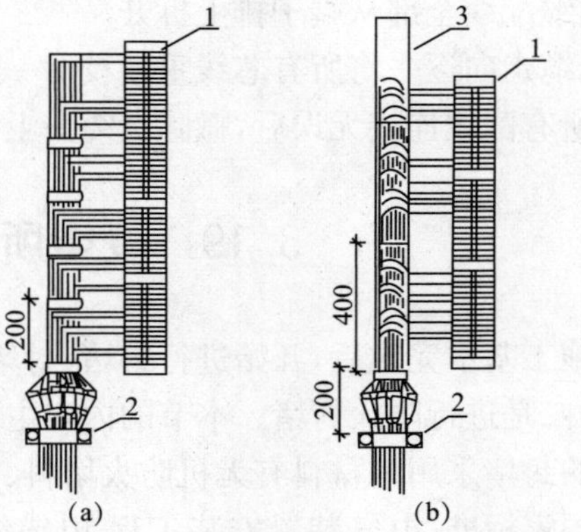

图 3-18-3　电缆线束的绑扎方式

(a)电缆线束排把方式；(b)采用线槽布线方式

1—端子排；2—电缆固定卡子；3—塑料线槽

(1)把同一束电缆头绑扎好后，按芯线的自然排列顺序在距电缆头上沿 30～50 mm 的位置上进行第一道绑扎。

(2)将芯线理顺全部放入塑料线槽中，在线槽的中部和上部用硬芯塑料线临时作一圈绑扎，避免芯线从线槽中脱出。

(3)自下而上将电缆芯线按编号镶入与端子排相对应的线槽槽孔中，芯线预留长度暂预留在线槽外，接线后再收回槽内。

(4)按技术要求把线槽内的芯线每隔 400 mm 进行一次固定，如图 3-18-3(b)所示，然后即可进行接线。

5. 接线

(1)确定芯线预留长度及线端绝缘剥除长度。

(2)截断芯线多余长度，按线芯实需长度剥除绝缘层。

(3)从截断的线头上取下标牌号，套在刚剥好的线芯上。

(4)按接线要求摵线环或压接接线端子。

采用线环方式接线时，线环应按螺钉旋紧的方向摵弯，线环根部距芯线绝缘层的外缘，应留有不小于 2 mm 的间距，如图 3-18-4(a)所示。

采用压接端子接线时，线芯应伸出端子压环 1 mm，如图 3-18-4(b)所示，并确保压接紧密。采用压接方式进行压接端子接线，必须符合并保证压接钳的压力和压接后端子的握着力的规定。

(5)将预留长度进行弯曲或抽回线槽，按连接要求把芯线接到端子排上。

(6)按上述程序，自端子排最下端开始接线，直至全部完成。

(7)备用芯线一律不截断，其长出端子排高度的部

图 3-18-4　电缆芯线的连接方式

(a)摵线环方式；(b)压接端子方式

1—烫印管；2—压接端子

分，均绕成圆环与端子排顶部取齐排列整齐即可。

6. 校线

(1)将电缆配线全部从端子排上拆开。

(2)按电缆走向逐一将所有芯线重新校对一遍，并随校随将其恢复到原连接位置上。

在确认所有配线连接无误后，撤除电缆头上的绑线，扣严线槽盖板。

3.19　变电所孔洞的封堵

变电所施工基本完成后，开始进行封堵，封堵的目的一是为了防止小动物进入变电所设备内引起短路，二是进行防火封堵。本节的内容主要介绍变电所的防火封堵。

变电所的封堵采用的材料有无机防火堵料、有机防火堵料、防火包、防火隔板和防火砖等。应完全按照国家标准《电气装置安装工程 电缆线路施工及验收规范》(GB 50168) 的规定执行，对不足部分进行补充。

无机防火堵料需要与水调成粥状，迅速灌注，防止增稠，适用于电缆穿越墙、楼板、竖井的封堵，但固化后不易更换电缆，需与有机堵料配合使用。无机堵料适用于户内无积水环境条件。

有机堵料外观是橡皮泥状固体，是耐火阻燃剂、黏结剂和塑性有机物的混合物，遇火后不炭化，形成坚固的防火隔层，常温下有很好的可塑性，可保持长期的柔韧性。适用于封堵电缆周围的孔洞，以便于更换电缆，可在户内外各种环境下使用。

防火包又称防火枕，是由阻燃棉布和玻璃纤维布做成，内装无机不燃材料及特种添加剂，遇火膨胀、凝聚，形成烧陶反应。适用于封堵楼板、竖井孔洞。防火包施工方便，有效期长，可在户内外各种环境条件下使用。

防火隔板分为有机和无机两种，无机防火隔板适用于户内外各种环境条件，有机防火隔板适用于户内环境条件。

防火砖是一种新型防火封堵材料，具有不燃、抗水的特点，能用于户外潮湿和有积水等环境。

3.19.1　变电所设备孔洞的封堵

变电所设备安装和调试基本完成后，就可以进行设备孔洞的封堵，主要包括各种盘、柜和变压器的封堵。

在变电所的盘、柜和变压器下，为方便电缆接线，有些电缆孔通常很大，有的还将一列盘柜的电缆孔开成一个大孔，这使防火封堵的工作量大大增加，而且为了保证电气盘柜的防护等级，盘柜的底部一般设有钢板或绝缘板，而板上又开有穿电缆的小孔，这又给防火封堵带来很大困难。盘柜下的孔洞宜采用无机防火隔板做底部固定模板，以有机防火堵料堵住电缆周围(电缆外径的 1.5 倍范围内)，由于无法进行灌注，导致无法使用无机堵料，所以采用防火包堵住旁边大的空隙，防火包的堆放高

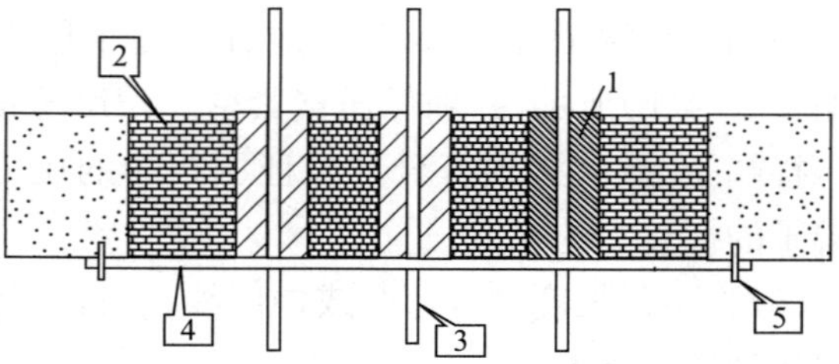

图 3-19-1　设备下电缆孔洞的封堵示意图

1—有机防火堵料；2—防火包；
3—电缆；4—无机防火隔板；5—固定零件

度应不小于 100 mm，如图 3-19-1 所示。

3.19.2　电缆穿越楼板孔洞的封堵

对于小的电缆管穿楼板的孔洞，宜采用无机防火隔板做底部固定模板，以膨胀螺栓固定在楼板的下底面上，用有机防火堵料封堵孔洞，为防止人踩到孔洞上，在孔洞上面还需固定一块防火隔板，如图 3-19-2 所示。

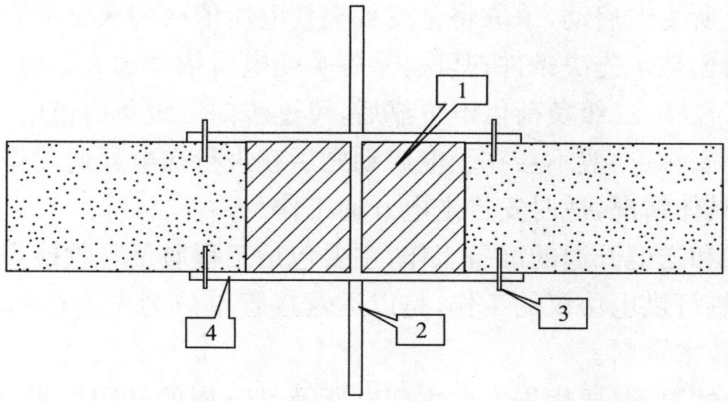

图 3-19-2　电缆穿越楼板示意图

1—有机防火堵料；2—电缆；3—固定零件；4—无机防火隔板

3.19.3　电缆穿越竖井孔洞的封堵

电缆竖井的防火封堵宜以无机堵料和有机堵料配合封堵，以无机防火隔板做底部固定模板，预留好周围的有机堵料孔，灌注无机堵料，固化 24 h 后，拆除侧面的模板，再用有机堵料封堵电缆周围的缝隙，封堵的厚度不应小于 100 mm，如图 3-19-3 所示。

3.19.4　电缆隧道和电缆沟防火分隔的封堵

电缆沟通向配电装置室或控制室的出入口处大多采用侧墙预埋管，电缆从管中穿过的方式，这样只要在管口采用有机堵料即可。电缆隧道和电缆沟的防火墙可采用防火砖加有机防火堵料、防火包的方式，如图 3-19-4 所示。

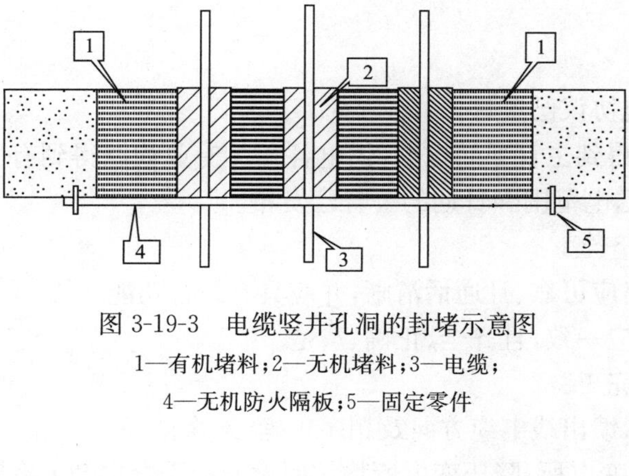

图 3-19-3　电缆竖井孔洞的封堵示意图

1—有机堵料；2—无机堵料；3—电缆；
4—无机防火隔板；5—固定零件

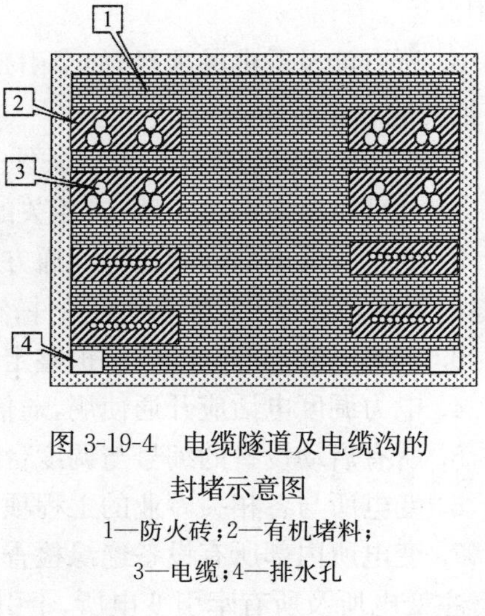

图 3-19-4　电缆隧道及电缆沟的封堵示意图

1—防火砖；2—有机堵料；
3—电缆；4—排水孔

3.20 变电所受电启动及送电开通

变电所受电启动和送电开通的工作，是在工程全部完工后需要进行的最后一个步骤。当然，变电所受电启动和送电开通工作，一般需要分两步实施，先是进行变电所受电启动工作，然后再进行送电开通工作。

首先是进行变电所受电启动，争取将全线各类变电所依次一次全部启动完成，这样就给各类变电所的送电开通创造了先决条件；其次，是各类变电所依开通方案将 400 V 低压配电系统向一、二级负荷供电，在一、二级负荷供电可靠后，可逐步向三级负荷供电。牵引供电系统根据开通方案的具体时间安排，一般不会在受电启动之后就进行送电开通工作；需根据建设方的安排，由现场随时掌握具体情况，适时安排送电开通工作。

变电所受电启动和送电开通的准备工作，主要包括工程质量验收检查及供电协议的签订。通常情况，与供电局签订供电协议的工作，是以运营接管单位为主进行的，施工单位也要主动配合，提供所需工程技术资料。

在有主变电所的情况下，要优先考虑主变电所及其下属的开闭所提前进行受电启动和送电开通的工作，因为一旦全线的所有变电所需要进行受电启动和送电开通的工作时，再进行主变电所的受电启动工作时间就太晚了。

当采用分散供电方式时，只要按照和供电局签订的供电协议或合同，按时启动就可以了。

一般情况下，变电所初次受电启动时，均应采用人工操作，待正式送电开通运行时，再使用控制中心的操作功能进行远方操作。变电所受电前下列工程项目应全部完成。

1. 电缆竖井、穿墙板、配电盘等需要进行封堵的部位，其封堵质量应符合现行国家标准《电气装置安装工程 电缆线路施工及验收规范》(GB 50168)的规定。

2. 专用工具和设备钥匙及各种运行记录簿等配置齐全，正常情况下一般施工单位不可能为了工程开通而准备这些材料、物资或专用工具。设备钥匙由产品生产厂家提供，各种运行记录簿由运营接管单位提供，同时也作为竣工资料的一部分，为运营接管单位留下一笔财富。

安全设施(警示牌、应急照明灯、消防器材)齐全，此类安全设施也由运营接管单位提供，这样做好像不合理，但实际上运营接管单位在成立之初，设计概算里已经增加了运营开支的费用。

3. 所有涉及受电的项目，如牵引变电所、降压变电所、接触网、接触轨等工程质量经过检查，且初验合格。

变电所受电启动应具备下列条件。

1. 外部供电电源已经落实，相关的供电协议已签订。

2. 变电所受电启动和送电开通方案已得到主管部门批准，供电各相关专业均已得到有关送电的通知，且已经达到受电的条件；有关送电范围和日期的公告已发布。

3. 有关图纸、资料、继电保护整定书应齐全。

4. 电力调度电话应开通使用，通信线路应可靠、且通话清晰，并应具有录音功能。

5. 所有启动设备的编号与调度台编号应一致，且齐全、正确、清楚。

6. 变电所与各相关专业的工程项目已完工。

7. 变电所内部所有设备绝缘检查合格，馈出线电缆方向及相序正确，绝缘良好。

主变电所及所有牵引变电所、牵引降压变电所、降压变电所均按照批准的受电启动方案实施，并符合下列规定。

1. 采用集中供电方式的地下铁道系统，应首先启动主变电所及配套的 35/10 kV 开闭所，以实现向各供电分区进行供电的能力。

2. 牵引变电所、牵引降压混合变电所、降压变电所应按照供电分区进行启动，启动过程中应首先依次启动各类变电所的电源环网部分，确保整个供电分区进线回路全部带电。

3. 各类变电所的变压器除主变电所 110 kV 及以上主变压器需要进行 5 次额定电压冲击试验外，其余的地铁供电系统牵引变压器和配电变压器进行 3 次额定电压冲击试验。

4. 主变压器进行 5 次额定电压冲击试验时，在冲击试验过程中，第一次完成冲击试验后，观察 10 min，手动分闸；其余各次间隔 5 min，并模拟变压器的各种保护功能动作跳闸，以及与接线方式相适应的变压器互投试验。牵引变压器和配电变压器额定电压冲击试验，第一次完成冲击试验后，观察 10 min，手动分闸；其余各次间隔 3 min，并模拟变压器的主保护功能动作跳闸。

5. 所有变电所各种保护功能试验正常后，应模拟全所停电，检查交直流电源自动投切功能是否正确，确认所有功能是否正常；牵引降压混合变电所、降压变电所应分别模拟一路进线电源故障，检查变电所配电系统是否能确保一、二级负荷故障状态用电，以及自动切除三级负荷的功能得以体现。

一般情况下，变电所应带电空载运行 24 h，电气设备及二次回路工作正常，无异常情况后，即可向接触网或接触轨供电。下面以北京地区某变电所的受电启动方案为例，按图 3-20-1 所示牵引变电所主接线图，介绍牵引变电所受电启动和送电开通的操作程序。

1. 检查变压器及断路器的绝缘，应符合国家标准的规定。并检查变压器的分接开关位置，应置于设计或供电局规定挡位。

2. 将所有断路器、隔离开关手车全部摇到试验位置，接地刀闸处于合闸位置，撤除所有临时接地线。

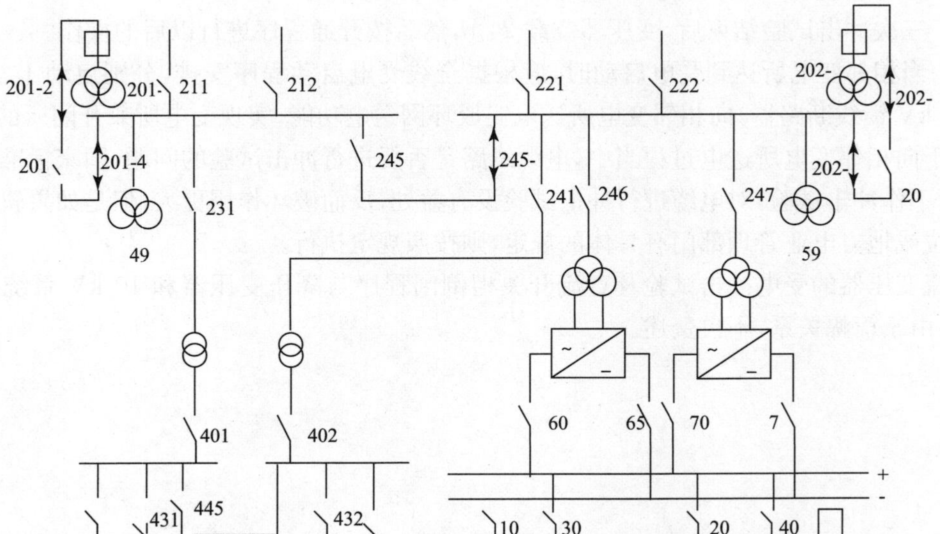

图 3-20-1　牵引变电所主接线示意图

3."远方/当地"控制转换开关在"当地"位置,母联柜备自投开关应打在"撤除"位置。

4. 受电启动当日,准备及检查工作结束,变电所当班值班员要向电调值班人员汇报变电所准备工作情况,并申请变电所受电启动。

受电启动倒闸操作程序如下。

1. 将电压互感器小车、进线柜小车、提升柜小车、母联隔离小车、10 kV1 号、2 号进线断路器小车摇到工作位。

2. 合 1 号进线断路器,变电所 10 kVⅠ段母线受电;合 2 号进线断路器,变电所 10 kVⅡ段母线受电。

3. 观察、测量母线电压是否正确,并向电调汇报。

4. 将母联断路器小车拉到柜外,在此处由专业人员进行一次电源合相。确认无误后向电调汇报。

5. 将母联断路器小车推回柜内,并摇到工作位;同时将互投开关转到投入位置,准备进行 10 kVⅠ段、Ⅱ段母线互投试验。

6. 模拟 1 号进线失压,1 号进线断路器跳闸,Ⅰ段母线失压;母联断路器合闸,Ⅰ段母线恢复供电。

7. 模拟 1 号进线有压,母联断路器分闸;Ⅰ段母线恢复由 1 号进线供电。

8. 模拟 2 号进线失压,2 号进线断路器跳闸,Ⅱ段母线失压;母联断路器合闸,Ⅱ段母线恢复供电。

9. 模拟 2 号进线有压,母联断路器分闸;Ⅱ段母线恢复由 2 号进线供电。

10. 模拟 1 号、2 号进线故障跳闸,此时母联断路器不应合闸。

11. 将 1 号、2 号降压变压器断路器小车摇到工作位;分别合 1 号、2 号降压变压器断路器;对降压变压器进行第一次冲击试验,观察 10 min,无异常后手动分闸。

12. 分别合 1 号、2 号变压器断路器;对降压变压器进行第二、三次冲击试验,观察 3 min,无异常后模拟降压变压器主保护分闸。

13. 三次冲击试验结束后,变压器空载 24 h,然后按开通程序进行以后的操作。

14. 当相邻变电所达到受电启动时,应根据全线受电启动程序安排,分别启动Ⅰ、Ⅱ段母线的 10 kV 馈线断路器,向相邻变电所送电完成环网送电功能,实现变电所兼开闭所的目的。

关于向相邻变电所送电过程当中,电缆线路是否要进行冲击试验的问题,国家标准没有规定,建议不作冲击试验,对电缆进行冲击试验没有益处,反而破坏作用更大;但是如果轨道交通建设单位或地方电业管理部门有具体的规定,则按照规定执行。

整流变压器的受电冲击试验及直流开关柜倒闸程序与降压变压器和 10 kV 系统基本是一致的,由于篇幅关系,不再赘述。

第4章　城市轨道交通接触网施工

4.1　概　述

接触网是一种悬挂在轨道上方沿轨道敷设的，并与铁路轨顶保持一定距离的输电网，通过电动车组的受电弓(或受流器)和接触网的滑动接触，向地铁列车提供DC 750 V或DC 1 500 V的直流电压，驱动牵引电动机使列车运行。

接触网按其结构方式可分为架空式接触网和接触轨式接触网。架空式接触网用于城市地面或地下轨道交通铁路线的电力牵引线路；接触轨式接触网一般用于净空受限制的地下铁道。架空式接触网按其结构特性分为架空式柔性接触网和架空式刚性接触网两种基本形式。架空式柔性接触网又分为简单接触悬挂和链形接触悬挂两种基本类型。接触轨式接触网可分为上接触式和下接触式两种形式。

4.1.1　架空式柔性接触网

由承力索、吊弦、接触线、支持装置组成的接触网沿线路悬挂于轨道的上方，为了满足取流的需要，接触线、承力索的张力都限制在一定范围内，当电动车组的受电弓与接触线接触时，由于具有一定的接触张力，会使接触悬挂有相应的抬升，悬挂呈现出柔性状态，因此称为架空式柔性接触网。

一般当供电制式采用的电压在DC 1 500 V及以上时，采用架空式柔性接触网。

我国在上海、广州及深圳等城市的地铁中广泛地采用了架空式柔性接触网的悬挂形式。

4.1.2　架空式刚性接触网

架空式刚性接触网就是整个架空式接触网具有一定的刚度，即把刚性支持构件直接安装在隧道拱顶或支柱上，并设置必要的绝缘装置，支持构件下接刚性接触线。这种将传统断面的接触导线夹装在铝合金汇流排上，再悬挂于轨道上方，以给电动列车传输电能的装置称为刚性悬挂。这种刚性悬挂形式就称为刚性接触网，在这种刚性悬挂中没有承力索，且对接触线无张力要求，接触线也无弹性。

一般当采用接触网供电方式时，考虑供电方式所要求的净空而影响的技术经济指标时，采用架空式刚性接触网。

架空式刚性接触网在国外地铁领域中发展比较快，而我国在国铁及城市轨道交通领域还未推广使用，目前只是在广州地铁1号线的正线左线坑口—花地湾间有一试验段，该段全长108 m，其中隧道内82 m，地面段26 m。

4.2　接触网的组成

4.2.1　对接触网的基本要求

接触网是牵引供电系统的重要组成部分，属于无备用的户外供电系统，一旦损坏将中断牵引供电。为此，接触网应满足以下基本要求。

1. 由于接触网在工作中无备用，因而要求接触网具备高度的安全性、可靠性。

2. 在各种气象条件下，具有良好的受流特性。

3. 接触网结构应力求简单，并应在施工和运营检修方面具有充分的可靠性和灵活性。

4. 接触网的寿命应尽量长，具有足够的耐磨性和抗腐性。

4.2.2　架空式柔性接触网的组成

1. 适用地面、高架桥上的架空式柔性接触网

此种形式的接触网主要由支柱与基础、支持装置和接触悬挂等几部分组成。

(1)支柱与基础

支柱与基础承受着接触悬挂和支持装置所传递的负荷(包括自身重量)，并将接触线悬挂到设计规定的高度上。

在城市轨道交通领域中，目前广泛采用了预应力钢筋混凝土环形等径支柱、锥形圆钢柱和桁架式普通钢柱等几种形式。

(2)支持装置

支持装置是用来支持悬挂，并将悬挂的负载传递给支柱的装置。支持装置包括腕臂、拉杆、定位装置等。软横跨、硬横跨、门形支架是支持装置的另一种形式。

(3)接触悬挂

接触悬挂是将电能传送给地铁车组的供电设备，包括承力索、接触线、吊弦、补偿装置、悬挂零件及中心锚结等。

接触悬挂的类型很多，在城市轨道交通接触网系统中，应用较多的主要有弹性简单接触悬挂和全补偿简单链形悬挂等类型。

①弹性简单接触悬挂。弹性简单接触悬挂由支持装置、弹性吊索、接触线组成，如图 4-2-1 所示。这种悬挂具有结构简单、支柱高度低、支柱负荷小、建造费用低及施工维修方便等优点。由于增加了弹性吊索，改善了悬挂点处的弹性和运行状态。这种悬挂形式一般用于停车场、车辆段及受条件限制的隧道中，其线路运行速度一般不超过 90 km/h。

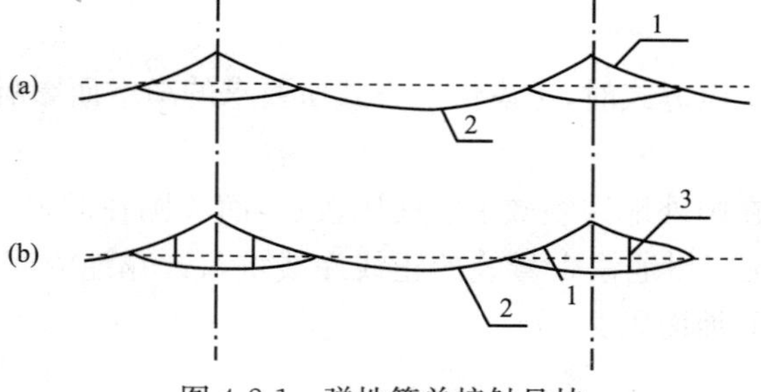

图 4-2-1　弹性简单接触悬挂

1—弹性吊索；2—接触线；3—端吊弦

②全补偿简单链形悬挂。接触线通过吊弦悬挂于承力索上，接触线、承力索在下锚端均安装张力自动补偿装置，这种悬挂即是全补偿简单链形悬挂，如图 4-2-2 所示。它具有弹性均匀、稳定性好、取流性能好的优点。这种悬挂形式可以满足高速运行的要求。

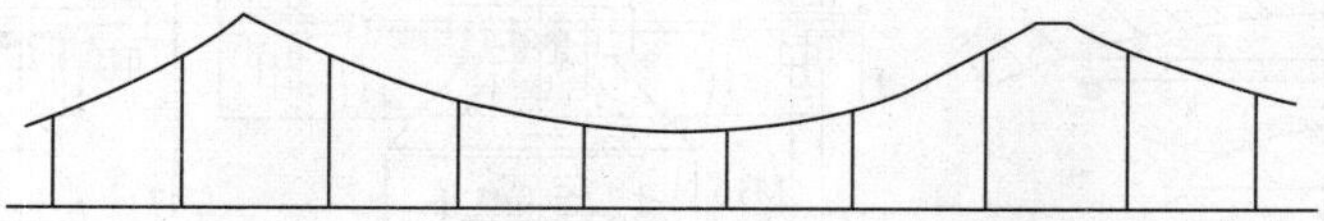

图 4-2-2　全补偿简单链形悬挂

由于城市轨道交通中电压等级一般为 750～1 500 V，所需牵引电流比较大，因此在正线接触网系统中，往往采用双接触线，以增加负载能力和增大有效取流面积，除此之外，还需增加供电线，加强电流供应。

2. 适用于隧道的架空式柔性接触网

由于隧道内空间狭窄，所以接触网需考虑隧道断面、净空距离等因素，此外接触网的支持装置可直接安装在洞顶或洞壁，而不需设立支柱，其结构形式如图 4-2-3 所示。

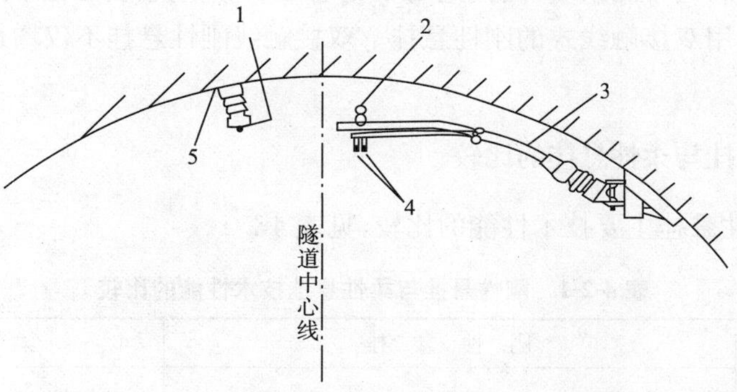

图 4-2-3　适用于隧道的柔性悬挂示意图

1—辅助馈线；2—承力索；3—绝缘和支持装置；4—接触线；5—架空地线

4.2.3　架空式刚性接触网的组成

架空式刚性接触网主要由铝合金汇流排、接触线、绝缘元件和悬挂装置组成，其中铝合金汇流排既作为固定接触线的嵌体，同时又作为导电截面的一部分。这种悬挂方式根据线路通过能力及电流含量的大小，又有单接触线式和双接触线式两种。

1. 单接触线式

常用的单接触线式刚性悬挂如图 4-2-4 所示，它是把接触线固定于铝合金汇流排上。根据铝合金汇流排截面的不同又分为 T 形与 Ⅱ 形两种。其中 T 形安装和架设接触线比较困难，结构稳定性一般，这种形式在日本刚性悬挂中多采用。Ⅱ 形结构的刚性悬挂的特点是：其一，便于安装和架设，在架设接触线时，使用专用滑动式镶线车，利用 Ⅱ 形结构的弹性力可使接触线嵌入虎口槽内；其二，结构稳定，接触线是靠两侧夹持力固定的，因此运行稳定性好，在欧洲刚性接触网中多用 Ⅱ 形铝合金汇流排的形式。

单根接触线汇流排目前有二种类型：一种为高 80 mm 的 PAC80 型，另一种为高 110 mm 的 PAC110 型，其中 PAC110 型截面为 2 213 mm²，每节长度 12 m。

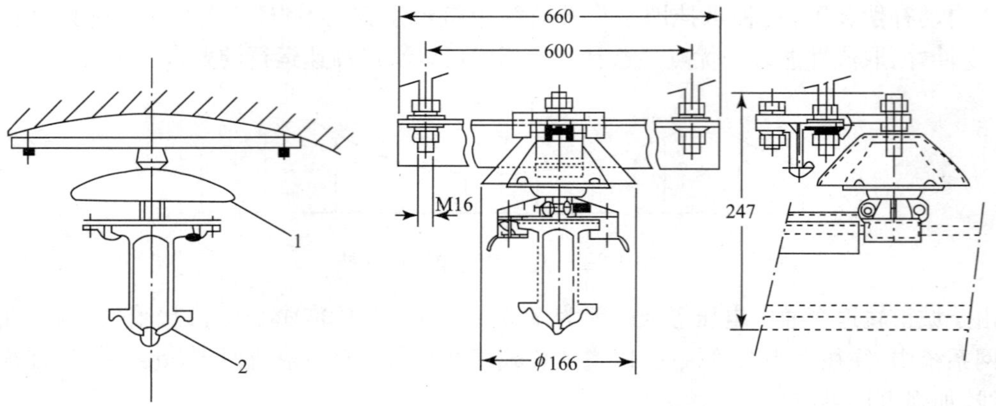

图 4-2-4　刚性悬挂及安装示意图

1—绝缘和支撑装置；2—汇流排和接触导线

2. 双接触线式

由于行车密度高，列车编组多，因此电动车受电弓取流量大，为了加大受电弓与接触线的接触面积，有时也采用双接触线式的刚性悬挂。双接触线刚性悬挂不仅增加了接触面积，而且保证了受流稳定。

4.2.4　刚性悬挂与柔性悬挂的比较

刚性悬挂与柔性悬挂主要技术性能的比较，见表 4-2-1。

表 4-2-1　刚性悬挂与柔性悬挂技术性能的比较

序号	项目	刚　性　悬　挂	柔　性　悬　挂
1	悬挂组成	结构紧凑（汇流排＋接触线＋地线）	较复杂（2 根承力索＋2 根接触线＋2 根辅助馈线＋1 根地线）
2	允许车速	一般为 80～120 km/h。瑞士试验速度提高到 140 km/h，弹性受电弓可达 160 km/h	允许高速
3	可靠性	无断线隐患，可靠性高	有断线隐患，可靠性较差
4	导线磨耗	导线磨耗均匀，允许磨耗是柔性的 2 倍	导线磨耗不均匀，允许磨耗小
5	受电弓取流情况	无特殊硬点，受流效果良好	存在硬点，硬点处受流效果较差
6	精度要求	安装精度要求高	相对可以低
7	施工机械	导线安装和更换需进口专用设备	有成熟的施工机械设备
8	维修、养护	维护工作少，费用较低	维护工作量大，费用高

4.3　接触网工程施工程序

接触网工程施工是一个系统工程，有着特定的程序。无论是在国铁干线上，还是在城市轨道交通线上，其施工程序基本相同，都是由施工调查开始，按照先下部工程后上部工程，先支持装置后接触悬挂的程序进行施工的，下面对施工的具体过程进行简单介绍。

4.3.1　施工准备

施工准备是工程开工前必须进行的一项重要工作，它是确保正确施工的前提。施工准备就是根据批准的初步设计、总概算、技术设计文件、施工单位与建设单位签定的工程承包合同、施工范围、工程数量、工期要求、质量要求、竣工验收交接办法及施工配合、施工协调等的管理办法，针对本工程的特点、进度安排，合理地部署和使用施工资源，从人员、机械、材料、施工方案、施工现场情况等方面为施工创造条件。

施工准备主要包括以下几个方面。

1. 复核设计文件

设计文件是施工的依据。复核设计文件是施工单位在施工前必须进行的一项重要工作。复核设计文件包括两方面的内容。

(1)复核初步设计文件。复核初步设计文件，应重点对设计方案、主要技术条件及技术标准、施工工期、主要工程数量、设备类型、工程概算进行复核，以及对设计文件的完整性、配套性进行复核。

(2)复核施工设计文件。复核施工设计文件，应重点对施工设计文件是否符合已经批准的初步设计及鉴定意见，工程数量、工程范围、技术标准是否超出了初步设计及鉴定意见的规定；施工设计中是否有特殊要求，其特殊要求是否具备实现的条件；施工图中各种零件、设备、结构、尺寸、技术条件是否正确、合理，施工的路径及与其他专业的衔接是否合理；特殊设备和材料的规格、数量是否正确，货源是否落实；对施工中的变更设计，业主单位是否有正式文件进行规定等方面进行复核。

2. 施工调查

施工调查是施工准备工作的一个重要环节，施工单位收到已批准的设计文件后，在工程开工前，应由本工程的项目经理组织专业技术人员和有关部门对施工的区段进行详细的调查，为合理地安排施工做好准备。

施工调查的主要内容有：调查沿线的地质、气象、社会状况等情况；沿线可利用的当地资源和设施，以及通信情况；沿线的公路、水路交通运输情况，以及安装列车、轨道车可停放的车站、股道情况；沿线可利用的房屋，以及材料和设备的存放场地的情况；先期工程的进展情况。

3. 物资申请计划的编制

施工单位收到施工图纸后，应立即组织技术人员进行提料，有关人员做好工程所需的材料、设备等物资的申请及采购工作。

4. 施工机械及工器具的准备

根据工期和施工任务的需求，施工程序及各工地的调配能力，提出本工程的施工机械、车辆以及工器具的配备数量、使用的时间表。

5. 施工组织设计

施工组织设计是指导和组织施工的依据，接触网工程一般规模较大，工期较长且工点分散，因此编制施工组织设计就是对施工的工程项目进行全方位、全过程的指导和管理。

施工组织设计应依据批准的设计文件、施工范围、工期要求、施工调查资料并经施工测量后，结合现场实际进行编制，由上级技术主管部门总工程师批准后实施。在施工组织设计的编制过程中，应注意以下两个方面。

(1)根据接触网的施工特点，结合本工程的实际，积极创造条件，做好先期工程影响、施工和行车干扰影响、材料供应影响等不利因素的转化工作，并制定出相应措施。

(2)在施工中积极推广和采用先进的施工管理、先进的施工组织、先进的施工技术、先进的施工方法、先进的施工机械，不断提高劳动生产率，改善劳动条件。

6. 培训

培训是施工准备必不可少的步骤，也是保证工程顺利进行的前提。培训一般分为技术培训和安全质量培训两个部分。

技术培训就是把工程项目的施工组织设计、采用的技术标准、施工工艺、施工方法、施工规范、工序作业指导书、质量要求向全体施工人员进行详细的技术交底，让施工人员掌握技术要领，以确保施工的正常进行。

安全培训就是进行施工安全知识培训，进行针对本工程制定的安全保证措施培训、质量保证措施培训、文明施工保证措施培训，以确保施工全过程的安全。

7. 开工报告

为了保证工程按时开工，且开工后能持续、正常地施工，工程项目开工前应办理开工报告的审批手续。

工程开工前应对施工准备的各项工作进行检查，逐一落实。当设计文件、施工图能够满足需要，接触网施工定测已经结束，接触网材料、设备的供应已基本落实，人员、机械及其他方面已满足开工需要，施工组织设计已获批准等条件具备后，施工单位即可填写开工报告，申请开工。

4.3.2　下部工程施工

接触网下部工程施工的主要内容包括施工测量、基坑开挖与防护、基础浇制、隧道测量和打孔、桥梁测量和打孔、支柱安装与整正、拉线安装等施工项目。由于上述项目在施工过程中已有成型的施工工艺、施工工法和施工规范，这里就不再赘述，但在施工中应注意以下几点。

1. 在施工测量时，要严格执行技术标准和施工规范，尤其是道岔定位柱、曲线内侧支柱、信号机附近支柱定位时，要符合设计要求。

2. 在隧道打孔时，应利用模具，以防孔位发生扭转、错位。

3. 在支柱安装与整正中，要严格执行技术标准，尤其是曲线内侧支柱、锚柱，要符合设计要求。

4.3.3　上部工程施工

接触网上部工程施工的主要内容包括腕臂柱装配、软横跨安装、硬横梁安装、隧道悬挂装配等施工项目，其装配形式由设计文件指定。

4.3.4　线索架设与调整

接触网施工中的线索架设包括承力索架设、接触线架设以及附加线架设三个方面。无论是哪种线索架设，目前都有比较成熟的施工工艺、工法，随着工程项目的不同，可以以工法作为指导进行施工。

4.3.5　冷滑试验及送电开通

冷滑试验是在接触网未受电的情况下，通过电力机车受电弓的滑行，对接触网进行动态试验检查。接触网冷滑试验分为低速冷滑试验和高速冷滑试验两种。其中低速冷滑试验的速度一般为 5～15 km/h,主要是对接触网设备及接触网系统的性能进行初步检验;高速冷滑试验的速度一般为列车正常运行速度,主要是对受电弓动态包络线进行检测,以检测列车在高速运行时接触网支柱、吊柱、定位器是否有碰弓现象。

送电开通是接触网施工的最后一道工序,送电开通过程一般是先进行接触网全面质量检查,克服和纠正存在的缺点,然后编制送电开通方案、制定送电开通程序报建设单位审批,最后按照批准的送电开通方案和送电开通程序进行。

4.3.6　竣工验收与文件交接

工程竣工后,由业主牵头,设计、监理、接管单位、施工单位参加组成验收交接委员会,并下设各专业小组。接触网验收交接组即是专业小组之一。

施工单位经自检,确认所施工的工程项目达到验收交接程度后,即可向监理单位或接触网验收交接组提报申请验收的报告。接触网验收交接组在征得验收交接委员会同意后,即可依据批准的设计文件,设计、施工时采用的规程、规范和验收标准,工程承发包合同的规定进行现场初验及正式验收。

竣工文件是由施工单位编制,反映施工过程实际情况的一整套完整的技术资料,也是运营单位进行维修和管理的依据。因此,竣工文件的交接也是验收交接的一部分,交接的时间、数量一般由合同规定或和建设单位协商确定。

以上对接触网的施工程序进行了简单介绍,在具体施工中,可以依据实际情况进行调节。

在城市轨道交通接触网施工中,接触网的基础或者说下部工程,基本上是在轨道线路施工时预留的,因此施工的程序和过程就发生了变化。下面各节主要以上海城市轨道交通明珠线一期接触网工程为例,对城市轨道交通接触网的整个施工过程进行介绍。

4.4　施工调查与测量

在上海轨道交通明珠线施工中,由于支柱的基础都是轨道施工时预留的,因此在施工调查时,主要调查了以下内容:明珠线沿线的交通状况及材料、设备运至现场的道口情况,土建工程的施工进度及线路完成情况,土建为接触网工程预留基础的完成情况等,并根据调查的情况编制了实施性施工组织设计,用以指导施工。

由于支柱的基础都是轨道施工时预留的,因此施工测量的主要目的是检查支柱基础法兰盘、车站吊柱法兰盘是否满足设计要求,并根据测量结果确定门形支架横梁及吊柱横梁的长度。对于不符合设计要求的法兰盘,反馈至土建施工单位及时处理。施工测量的主要内容包括:法兰盘预留的位置、水平度,同组两法兰高差及间距,螺栓的外露长度,螺栓有无变形等项目。下面对施工测量的施工组织及方案进行介绍。

4.4.1　施工测量的组织

在已预埋支柱基础法兰盘的轨道交通明珠线施工测量中,一般需要 7～8 人,其中技术人员 1 人,负责用水准仪测量支柱基础法兰盘的高程,其他人负责间距测量和资料整理及其他工作。测量时使用的工具及材料见表 4-4-1。

表 4-4-1　施工测量工机具使用表

序号	名称	规格	单位	数量	备 注
1	水准仪		台	1	测高程
2	钢卷尺	10 m	把	1	测间距
3	水平尺	1.0 m	把	1	
4	雨伞		把	1	
5	红油漆		kg	若干	
6	油画笔		把	1～2	
7	平面图			按需	
8	专用记录纸		张	若干	
9	铁锤	4P	个	1	清理杂物用
10	钢钎	400 mm	个	1	

4.4.2　施工测量的方法

上海明珠线接触网工程，在双线和多线桥上均采用门形支架结构，各连接部件配合紧密，对施工精度要求极高，在国内也是首次使用该结构，为了能顺利、安全、可靠地完成安装作业，测量就显得非常重要。

预埋件是安装接触网门形支架的基础，接触网的大部分设备均安装在门形支架上，因此门形支架的安装精度要求较高，这就要求预埋件应严格按照技术要求施工。预埋件施工应达到以下质量要求。

1. 预埋螺栓外露长度应保证 110 mm，误差要求为－3～＋10 mm。基础螺栓应垂直于水平面，每个螺栓外露部分的中心偏差在螺栓顶端不得超过 2 mm。

2. 每组预埋件距标准位置的允许误差，螺栓孔中心连线直径，腕臂柱为 470 mm，锚柱为 590 mm；任意两相临螺栓的间距，腕臂柱为 145.24 mm，锚柱为 182.32 mm。

3. 预埋件上法兰应保证水平，高低偏差不得大于 5 mm。线路两侧每对预埋件上法兰顶面应在同一水平面内，水平偏差不得超过 10 mm。对于坡道上的预埋件应以最高点作为参考。

由于支柱和基础是靠法兰盘连接的，因此要对法兰盘进行测量，即使用水准仪、钢卷尺对两法兰盘的高差、间距进行测量。测量的方法是，用水准仪依次测出每个法兰盘顺线路和垂直线路上共 4 个点的高程；用钢卷尺测出左右两法兰盘中心的距离，做好记录并用红油漆在基础旁标明，然后进行数据整理，计算每个法兰盘 4 个测量点的高差及同组两法兰盘的高差，并根据计算结果确定所需弧形垫片的型号和数量；根据两法兰盘的中心距，确定所用横梁的长度，如图 4-4-1 所示。

4.4.3　技术要求及注意事项

1. 技术要求

(1)基础横断面尺寸误差：－20 mm。

(2)单个法兰盘的水平度误差：<5 mm。

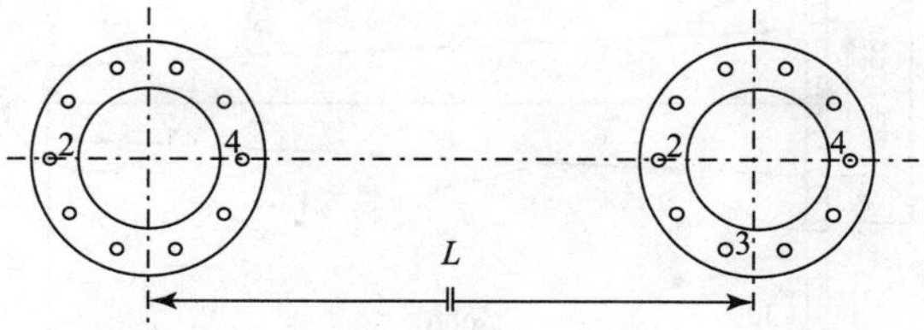

图 4-4-1　法兰盘测量示意图

(3)同组法兰盘的水平偏差：<10 mm。

(4)法兰盘对基础顶面高度误差：−0，+5 mm。

(5)法兰盘与基础的轴心偏移误差：±20 mm。

2. 注意事项

(1)清理基础法兰盘表面杂物时，应防止杂物坠落到桥下。

(2)拆除安全护栏时一定要小心谨慎，注意安全，恢复完毕后要检查其安全可靠性。

(3)测量时，扶杆(尺)人员一定要注意站立位置，确保安全。

(4)测量间距时，钢尺零点位置和读数位置一定要一致，钢卷尺要用力拉平。测量完毕，用红油漆在基础旁标明。

(5)计算高差时选最高点为 0 点，计算出其他三个点与之的高差。确定横梁长度时应根据设计院提供的标准，并留有−50 mm 的余量。测量完毕，用红油漆在基础旁标明。

4.5　门形支架的安装

4.5.1　门形支架的组成及分类

门形支架由两根锥形钢柱和两个横梁梁段组成，两个横梁梁段通过横梁连接套管相连，横梁梁段通过梁柱接头插入钢柱顶部内的过渡套管内，钢柱安装于预留基础的法兰盘上，如图 4-5-1 所示。

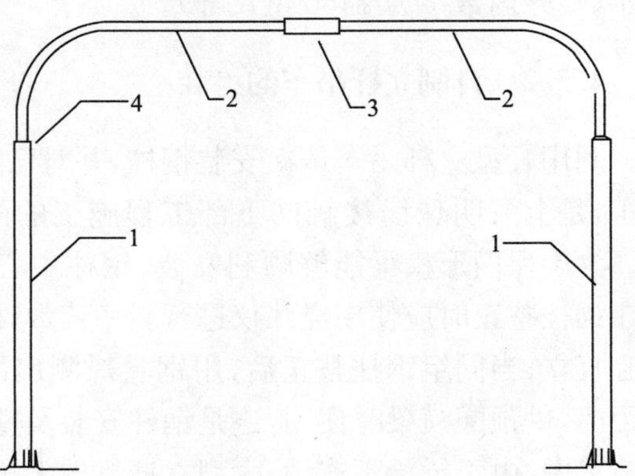

图 4-5-1　门形支架组成示意图

1—锥形钢柱；2—横梁段；3—连接套管；4—梁柱接头处

门形支架按直径可分为 ϕ450 型和 ϕ350 型两种，根据焊接部位的不同每种又分为 A、B、C 三种形式，其中 A 型门形支架不需要焊接，B 型门形支架仅在横梁中部进行焊接，C 型门形支架需在横梁中部及两钢柱顶部的梁柱接头处均进行焊接。

施工时应先安装两根锥形钢柱，整正后再安装横梁。

1. 锥形钢柱

锥形钢柱分为 ϕ350 型和 ϕ450 型两种。ϕ350 型为壁厚 8 mm 的钢板卷制而成，单支柱质量为 472 kg，一般用于中间柱；ϕ450 型为壁厚 12 mm 的钢板卷制而成，单支柱质量为 912 kg，一般用于转换柱、锚柱。其基本结构尺寸如图 4-5-2 所示(括号内数字为 ϕ450 型尺寸)。

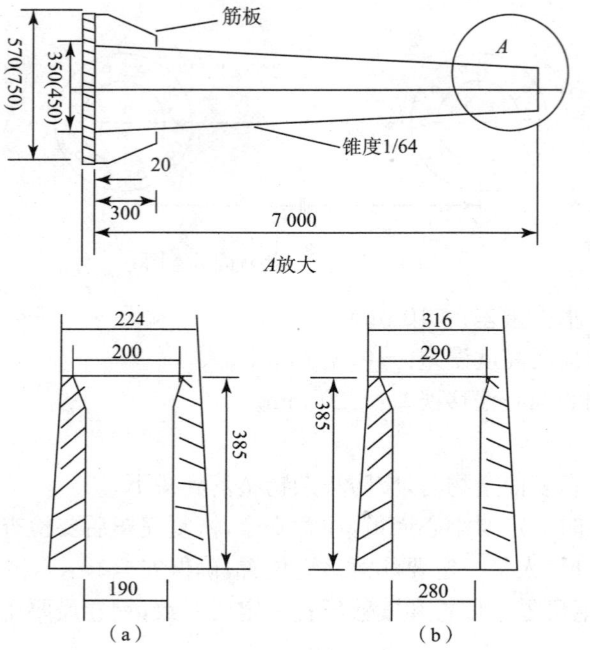

图 4-5-2　锥形钢柱示意图

(a)—ϕ350 型钢柱柱顶构造示意图；(b)—ϕ450 型钢柱柱顶构造示意图

2. 横梁段

横梁段一般由梁柱接头、圆钢管组成。ϕ350 型横梁段和 ϕ350 型锥形钢柱配套使用，由于圆钢管的长度是由线间距决定的，因此其质量为 264～420 kg；ϕ450 型横梁段和 ϕ450 型锥形钢柱配套使用，其质量为 400～630 kg。两种横梁段的结构尺寸如图 4-5-3 所示(括号内数字为 ϕ450 型尺寸)。

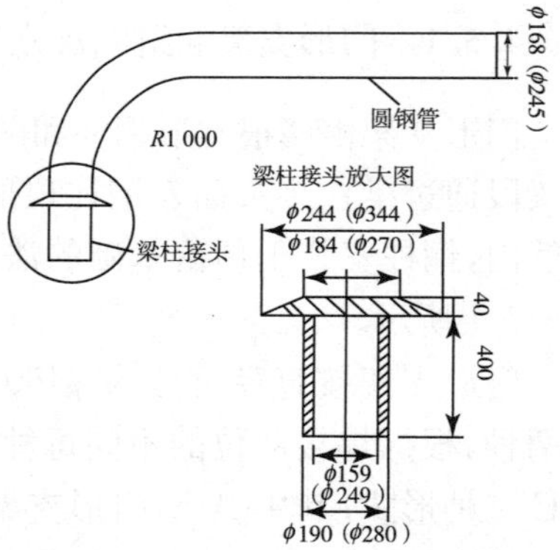

图 4-5-3　横梁段的结构尺寸

4.5.2　自制立杆吊车的组装

利用轻型立杆吊车依次安装钢柱，并对已立钢柱进行整正，是上海明珠线接触网下部工程施工的两个重要方面。为确保门形横梁能够顺利安装，钢柱中心应直立，为此在钢柱整正时应使用经纬仪进行斜率读数，以确保钢柱中心直立；当同组钢柱整正后，用钢卷尺测出两柱顶的中心距离，供预配横梁时使用，这是钢柱安装及整正的基本方法。在上海城市高架轨道交通明珠线施工中，由于桥梁不连续，大型立杆机械无法使用，因此采用了可拆卸式并可在桥面上行走的轻型立杆吊车进行施工，下面对自制吊车组装方法进行叙述。

1. 钢柱安装时自制吊车组装方法

吊车组装是在桥上进行的，一般需要 10～15 人，使用的工机具见表 4-5-1。其组装方法是：由于轻型立杆吊车的部件比较重，因此可利用支柱预留的法兰盘固定一简易腕臂吊车，如图 4-5-4 所示，把轻型立杆吊车的部件从桥下吊至桥面，然后按照轻型立杆吊车的组装说明书进行组装，组装完毕后如图 4-5-5 所示，并用 0.75 t 链式葫芦将立杆吊车固定在指定位置。

表 4-5-1　自制吊车组装工机具使用表

序号	名　称	规　格	单位	数量	备　注
1	腕臂吊车	3 t	台	1	自制
2	发电机	10 kW	台	1	三相
3	汽车		辆	1	载发电机
4	链式葫芦	1.5 t	个	1	
5	链式葫芦	0.75 t	个	6	
6	尼龙吊带	2 t	条	2	
7	电缆	3×16+2×6	m	50	
8	小绳	ϕ15 mm	条	2	长度现场定
9	防护旗	红、黄	面	各 1	
10	防护绳		条	2	＞30 m
11	防护绳支架	＞1.5 m	个	5	地面用
12	防护管		个	10	桥面用
13	口笛		个	1	防护用
14	口哨		个	1	指挥用
15	对讲机		台	2	桥上桥下联络用

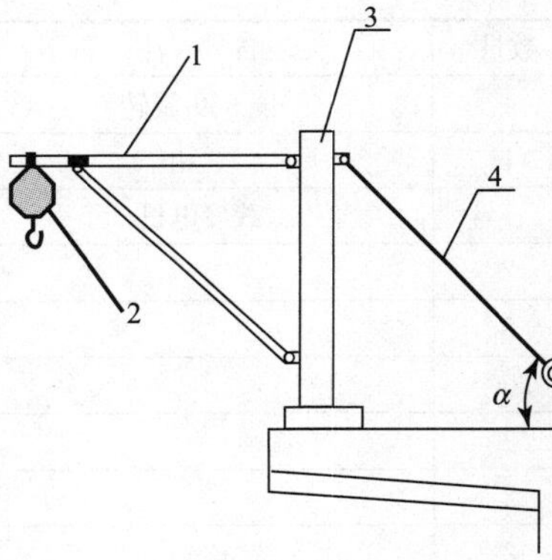

图 4-5-4　自制腕臂吊车示意图

1—加厚 ϕ60 型钢管组成的旋转腕臂；
2—起重臂（3.0 t 的电动葫芦，葫芦绳长≥20 m）；
3—加厚 ϕ150 型钢管立柱；4—ϕ10 mm 钢丝绳；
5—1.5 t 手动葫芦

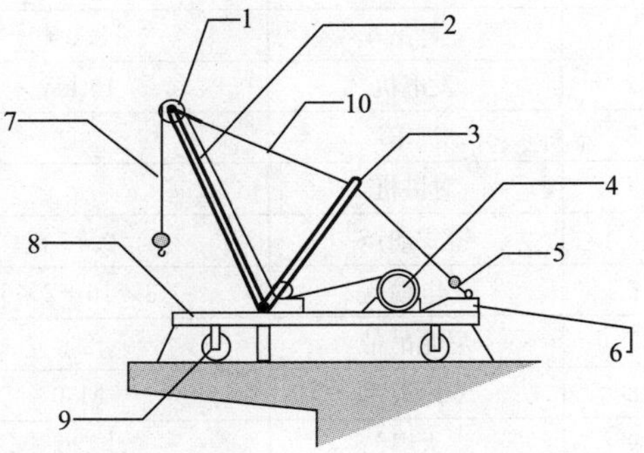

图 4-5-5　自制旋转立杆吊车示意图

1—转向轮；2—起重臂；3—支承臂；
4—旋转机构（由 3.0 t 电动卷扬机、支承底座、齿轮转动机构组成，可进行 360°自由旋转）；
5—3.0 t 手动葫芦，用以控制支承臂的角度；
6—旋转立杆吊车配重箱，最大配重 500 kg；
7—ϕ13 mm 的 3.0 t 电动卷扬机钢丝绳；
8—旋转立杆吊车底座；9—旋转立杆吊车的走行轮，共 4 个；10—旋转立杆吊车起重臂与支承臂间的限位绳，由 ϕ13 mm 的钢丝绳制成

2. 安全注意事项

(1)运输吊车部件过程中应注意保护，防止碰撞变形。

(2)腕臂吊车固定螺母一定要拧紧，拉线角度和位置要合适($\alpha \leqslant 45°$)。

(3)在连接电缆线后，再开动发电机。

(4)在吊装中要听从指挥，桥上桥下协调一致。

(5)立杆吊车组装过程中一定要注意各部件的方向性。

(6)组装完毕后，应由专职安全员对其进行安全性能检验，检验合格后方可使用。

4.5.3 钢柱安装

1. 施工组织及使用工机具

由于上海明珠线平均桥高在 15 m 以上，施工又在人口密集的闹市区，因此施工组织及使用工机具很重要，具体见表 4-5-2 和表 4-5-3。

表 4-5-2　钢柱安装的劳动组织

序号	项　目	人　数	备　　注
1	施工负责人	1	负责整体协调及质量记录
2	立杆人员	10	
3	立杆吊车操作员	1	
4	桥上安全员	2	
5	桥下防护员	2	
6	发电机司机	1	

表 4-5-3　钢柱安装使用的工机具

序号	名　称	规　格	单位	数量	备　　注
1	立杆吊车	3.0 t	台	1	能 360°旋转
2	发电机	10 kW	台	1	三相
3	汽车		台	1	载发电机
4	对讲机		个	2	
5	链式葫芦	0.75 t	个	6	
6	电缆	3×16+2×6	m	200	
7	尼龙吊带	2 t	个	2	
8	专用扳手	M30	把	2	
9	大绳	ϕ20	条	2	>20 m
10	防护绳	ϕ25	条	2	>30 m
11	防护绳支架	>1.5 m	个	6	
12	防护钢管	>1.5 m	根	10	
13	方木	200 mm×200 mm×1 000 mm	根	若干	
14	口笛		个	2	防护用
15	口哨		个	1	指挥用
16	防护旗	红、黄	面	各 2	
17	安全带		条	2	
18	安全吊篮		个	1	紧固螺母用，带大绳
19	法兰盘模具	ϕ350 mm/ϕ450 mm	个	各 1	基础为预留

2. 施工准备

钢柱安装的施工准备工作主要是：将基础表面杂物清除干净，用法兰盘模具检查各螺栓位置是否合适；将轻型立杆吊车就位并用 0.75 t 链式葫芦固定牢固。

3. 钢柱安装方法

由于钢柱安装是在桥上进行，受施工环境的影响，为了保证施工安全，施工过程由施工负责人一人指挥。具体方法是，用尼龙吊带在距钢柱顶部 1.5 m 处套牢，并在钢柱底部绑一大绳以防止钢柱晃动；在各项准备工作完毕后，按施工负责人命令开动发电机，接通立杆吊车电源进行起吊，起吊过程中要有专人拉紧大绳，防止钢柱在起吊过程中晃动，当钢柱底部高于基础螺栓 200～300 mm 时，停止上升，调节起吊臂角度，使钢柱底部法兰盘在基础螺栓正上方；钢柱法兰盘螺栓孔与基础螺栓上下对齐后，缓缓放下钢柱，使钢柱顺利座于基础法兰盘上，这时先将钢柱内侧螺母带齐、拧紧，然后安装安全吊篮，由一人打上安全带拧紧钢柱外侧螺母，即完成钢柱安装工作。

4. 安全保证措施

(1)立杆吊车固定牢固后，应由专职安全员检验合格后方可使用。

(2)立杆过程中作业人员要分工明确，号令统一，协调配合。

(3)在作业过程中，禁止攀扶防护栏。作业人员的安全带应打在牢固、可靠处，紧固用扳手应系上小绳，以防坠落桥下。

(4)在起吊过程中，安全员应时刻注意吊车的安全性，发现问题及时通知操作员停止吊装，并进行处理。

4.5.4　钢柱整正

由于横梁段的梁柱接头需插入锥形钢柱柱顶中(见图 4-5-2 和图 4-5-3)，而二者的配合间隙非常小。其中，ϕ350 型钢柱的配合间隙为

$$190^{+0.115}_{0}-190^{-1.1}_{-1.2}=1.215\sim1.315(\text{mm})$$

ϕ450 型钢柱的配合间隙为

$$280^{+0.13}_{0}-280^{-1.1}_{-1.2}=1.23\sim1.33(\text{mm})$$

因此为了确保横梁的正确、顺利安装，钢柱整正时只有使用经纬仪来完成整正过程中的测量工作，才能满足安装的技术要求。

1. 施工组织及使用工机具

由于钢柱是接触网上部安装的基础，而门形横梁的安装精度又非常高，因此在钢柱整正过程中必须由技术人员负责，以确保门形横梁顺利安装。钢柱整正过程中的人员安排及使用的工具、仪器见表 4-5-4 和表 4-5-5。

表 4-5-4　钢柱整正的劳动组织

序号	项　目	人数	备　注
1	技术负责人	1	负责整体协调
2	技术员	2	负责质量记录及使用经纬仪
3	整正人员	6	包括安全防护人员

表 4-5-5　钢柱整正使用的工机具

序号	名　称	规　格	单位	数量	备　注
1	经纬仪	2 英寸	台	2	
2	撬棍		个	2	
3	钢卷尺	10 m	把	1	禁止使用皮尺
4	专用扳手		把	2	
5	安全带		条	2	
6	油漆	红	筒	1	
7	红蓝铅笔		支	1	标示用
8	记录本		个	1	

2. 钢柱整正方法

首先在钢柱顺线路方向上和垂直线路方向上各置一台经纬仪并调平，然后测出钢柱在顺线路方向上和垂直线路方向上的柱顶中心偏移值；根据测量值，调整钢柱并按需要添加垫片；调整完毕后，拧紧螺母，再用经纬仪测量偏移值，看是否满足标准，若不满足需重新调整；用经纬仪将垂直线路方向上的柱顶中心投影到支柱底部，并用红蓝铅笔做好标记(用以上方法调整另一侧支柱)，并用钢卷尺测出两柱顶标记的距离，做好记录，以备横梁预配使用。

3. 技术标准

(1)钢柱在顺线路方向上中心偏差≤30 mm，垂直线路方向上中心偏差≤20 mm。

(2)钢柱整正完毕后所垫垫片最多不超过 3 层。

(3)钢柱整正时，钢柱的紧固螺母只能松动，不能卸下。

4.5.5　横梁预配与安装

1. 横梁预配的方法

在桥面平整处，用 200 mm×200 mm×1000 mm 的方木垫平，将两横梁段放置在方木上，并在梁柱接头处均匀涂一层黄油，以便顺利安装；按支柱整正后测量的同组钢柱顶端中心距离预配横梁，将连接套管安装于两个横梁段上，然后调整横梁至规定长度，并用钢尺检测。当横梁的长度及其他指标全部符合技术要求后，紧固连接套管的紧固螺栓，并使紧固螺栓的紧固力矩符合设计要求。

2. 横梁安装的方法

首先将轻型立杆吊车就位，并用 0.75 t 链条葫芦固定稳固，进行安全检查完毕后，接通立杆吊车电源；稍微拧松一侧钢柱螺母，以便调整钢柱斜率，同时在横梁中部对称套上两条尼龙吊带(两尼龙吊带应相隔 2～2.5 m)，在尼龙吊带上各绑一小绳；为防止晃动，在横梁两端各绑两条大绳，同时将尼龙吊带和起重钩连接稳固；根据施工负责人的命令开始起吊，当横梁刚刚直立后停止起吊，这时横梁两端用人扶正后，稍稍松下吊绳，并把尼龙吊带转正方向，以使横梁升空后处于垂直状态，然后重新起吊；横梁在安装时应平稳升降，同时在横梁两侧用绳索拉紧以防晃动，当横梁上升到高于柱顶 200～300 mm 时停止上升；首先使未松螺母的钢柱侧的梁柱接头落入过渡套管 50～100 mm，这时两钢柱各上一人至柱顶，扶住梁柱接头上方，然后再使另一侧梁柱接头落入过渡套管。两梁柱接头完全进入过渡套管后，拧紧钢柱的全部螺母至规定力矩值。

3. 技术要求及注意事项

(1)两横梁段应顺直。

(2)横梁的长度误差为±2 mm。

(3)搬运横梁时注意保护横梁段弯曲部位,注意保护横梁外包装,防止划伤铝锌层。

(4)连接套管在安装时应使两横梁段外露对称,连接套管的出水孔,在横梁安装后应向下。

(5)当横梁离开桥面后,两边人员应拉紧大绳,防止横梁撞击钢柱。

4.5.6　横梁焊接

门形支架安装完毕后,按照设计要求应对横梁进行焊接,为保证横梁的顺直,焊接前先利用横梁调直器将横梁调直,然后按设计要求在横梁的中部连接套管处或横梁两端与钢柱连接处进行焊接,并进行防腐处理。门形支架按焊接部位分为B型、C型两种形式,其中B型只对钢柱与横梁接头处焊接,如图4-5-6(b)所示;C型则除了对钢柱与横梁接头处焊接外,还要对横梁连接套管处进行焊接,焊接位置如图4-5-6(a)、(b)所示。

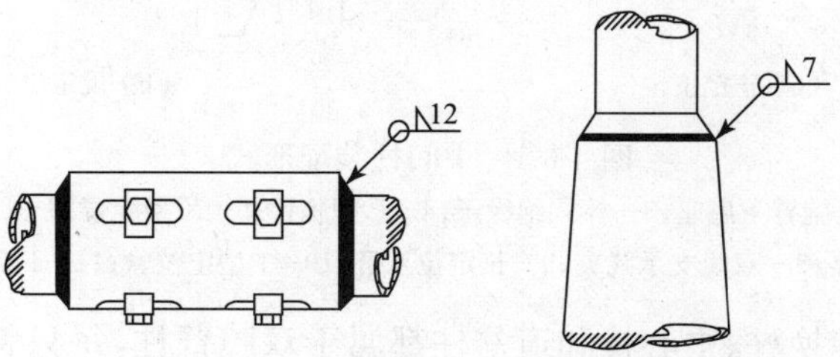

图4-5-6　横梁焊接示意图
(a)横梁连接套管处焊接;(b)梁柱接头处焊接

1. 横梁焊接的方法

首先将梯车立于横梁中部下方或钢柱的线路侧,用ϕ4.0 mm铁线将梯车底部固定牢固,顶部用大绳在四个方向上做拉线式固定;用横梁调直器对横梁的水平度进行调整,调整时一边加大液压千斤顶的压力,一边对横梁的水平度进行测量,当满足技术标准后即可进行连续焊缝焊接;焊接完毕、冷却后除去氧化层并打光,在焊接处先均匀刷一层富锌底漆,待干燥后再刷一层富铝面层护膜即可。

2. 技术要求及注意事项

(1)横梁连接套管处的焊接厚度为12 mm,横梁与钢柱连接处的焊接厚度为7 mm。

(2)横梁拱度不大于45 mm,对于超标的横梁,应进行调整后焊接。

(3)焊接完毕后,由专职检验员进行焊缝质量检查。

(4)对于C形门形支架,必须首先焊接横梁。

(5)电焊工的技术等级应为中级以上,用连续焊缝焊接。焊接所用工具、材料,待电焊工上梯后用小绳将工具包递上,严禁抛上抛下。

4.6　支持定位装置及下锚装置安装

4.6.1　支持定位装置的分类和作用

支持定位装置是用以支承、定位接触悬挂,并将其负荷传给支柱或其他建筑物的结构,根据接触网所在的位置其结构形式有所不同，一般可分为支柱腕臂支持定位结构和软横跨结构两大类。

1. 支柱腕臂支持定位结构

支柱腕臂支持定位结构是最常用的一种形式，主要在正线及站场上使用，有多种形式，但基本可分为单腕臂结构和双腕臂结构两大类。

(1)单腕臂结构是中间柱装配最常用的一种结构形式，只承受一个接触悬挂力，由底座、腕臂、绝缘子、定位管及定位器等组成。按定位方式可分为正定位和反定位两种形式。图 4-6-1 是这两种结构形式的示意图。

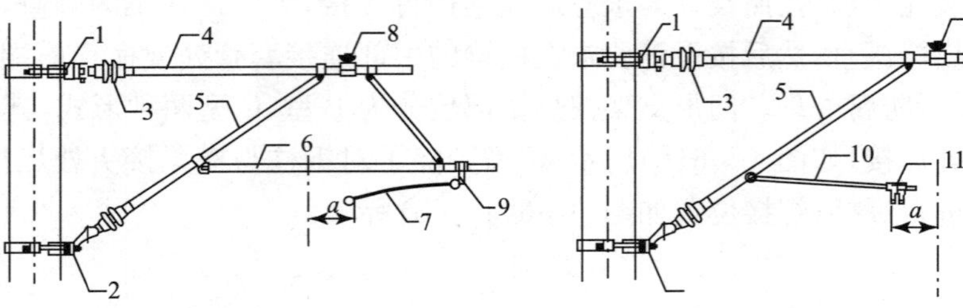

(a) 正定位　　　　(b) 反定位

图 4-6-1　中间柱装配形式

1—腕臂上底座；2—腕臂下底座；3—棒式绝缘子；4—P 型腕臂；5—X 型腕臂；6— 1—1/2 型定位管；7—定位器；8—双线支承线夹；9—长定位双环；10—1 型定位管；11—1 型支持器

(2)双腕臂结构。转换柱、中心柱和道岔柱都属于双腕臂柱，每只腕臂均承受一支接触悬挂，其中：锚段关节中的转换柱一支腕臂承受工作支的接触悬挂，另一支腕臂承受非工作支的接触悬挂；锚段关节中的中心柱及位于道岔处的道岔柱，均承受两支工作支的接触悬挂。

2. 软横跨结构

该结构在跨越股道较多的门形支架上使用，图 4-6-2 所示为多线门形支架上软横跨安装及节点型式示意图。

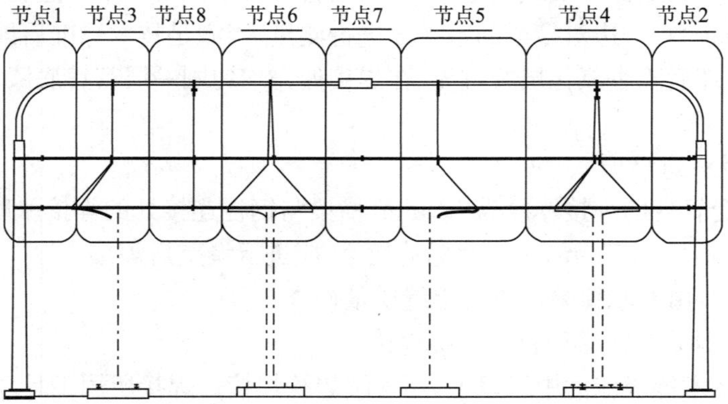

图 4-6-2　多线门形支架上软横跨安装示意图

4.6.2　预配和安装

1. 腕臂柱预配和安装

不论是在国铁干线接触网施工，还是城市轨道交通接触网施工，在接触网“四个一次到位”

技术得到广泛应用的今天，支柱装配计算、软横跨计算、吊弦计算都是采用计算机进行程序化计算的。

在腕臂柱装配计算中，采用“支柱装配计算程序”计算出预配所需的各个长度值，然后按计算尺寸将连接零件安装在腕臂上。

支柱装配计算程序所需的输入数据包括支柱编号、电算代号、上腕臂底座对轨面高度、上下底座间距、支柱侧面限界、支柱内沿斜率、外轨超高和拉出值，共8个数据。其中“电算代号”与“支柱安装图号”相对应，来调用此安装图的结构参数。

计算程序输出数据(腕臂预配数据)包括以下几个。

(1)双线支承线夹在P型腕臂上的安装位置，即支承线夹中心距与P型腕臂连接的棒式绝缘子耳环孔中心的长度值L_1。

(2)与X型腕臂连接的套管双耳在P型腕臂上的位置，即套管双耳中心距与P型腕臂连接的棒式绝缘子耳环孔中心的长度值L_2。

(3)X型腕臂的长度(型号)L_3。

(4)连接定拉管的定位环或定位双环在X型腕臂上的安装位置，即定位环或定位双环中心距连接X型腕臂的棒式绝缘子耳环孔中心的长度值L_4。

(5)支持器(正定位)或长定位环(反定位)中心距定位管钩头中心长度值L_5。

按腕臂预配数据将各连接零件安装在P型和X型腕臂上，并进行标记。腕臂安装可用作业车或人工进行，将P型腕臂和X型腕臂连接后，与支柱上已安装的上、下腕臂底座旋转双耳用销钉连在一起。定位管和定位器应在架设接触线后安装。

2. 软横跨装配和安装

软横跨装配和安装，就是将定位索抱箍按设计位置安装在支柱上及横梁上，然后测出上下部固定绳处门形支架两支柱内侧的距离及各悬挂点处横梁对轨面的高度，按照软横跨计算程序计算出的数据和安装图的连接方式，固定定位环线夹及吊线，预配完成后对各部分尺寸进行检验，无误后即装配完毕，然后将装配好的软横跨运到现场安装。下部定位索应在承力索架设后进行预配、安装。

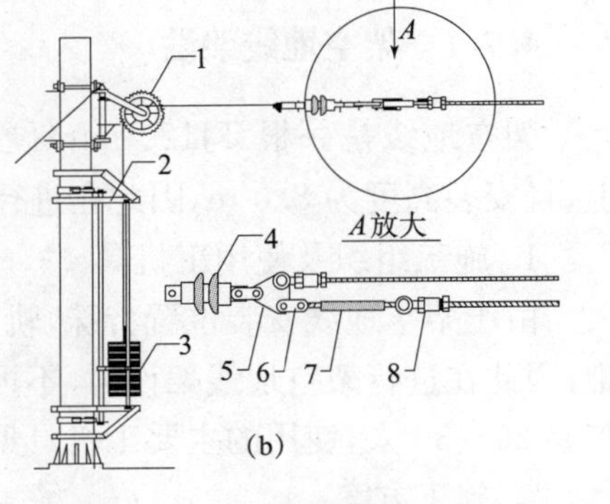

图4-6-3　双承力索下锚安装示意图

(a)双承力索无补偿下锚；(b)双承力索补偿下锚

1—棘轮装置；2—坠砣限制架；3—铁坠砣；4—下锚绝缘子；5—三角调节板；6—双联板；7—调整螺钉；8—终锚线夹

4.6.3　下锚装置作用及分类

下锚装置的作用是将线索的水平力传递给支柱，再通过下锚拉线将该力传递给拉锚基础，或直接将线索的水平力传递给建筑物。

下锚装置按其功能不同可分为无补偿下锚和补偿下锚两大类。

无补偿下锚结构简单，架线时将连接件按要求连接后，直接与下锚抱箍或下锚底座连接即可。

补偿下锚结构比较复杂，主要部件有下锚拉线、下锚底座、棘轮补偿装置、坠砣及坠砣限制架、下锚绝缘子及连接零件，如图4-6-3所示。棘轮补偿装置的作用有以下两个。

1. 将坠砣的重量按传动比(1∶3)放大后施加给承

力索或接触线，以保证线索之恒定张力。

2. 当发生断线事故时，制动机构迅速工作，制动块将棘轮的棘齿卡住，以防止坠砣坠落，减小事故范围。

安装棘轮补偿装置时应注意以下几点。

1. 上、下两承锚板的间距应符合设计要求并保持水平，其穿入的长螺栓销的 ϕ26 mm 孔应保持在铅垂面内，以防止棘轮安装后发生倾斜，造成坠砣绳与棘齿相磨现象。

2. 架线调整后，应保证棘轮大小盘内补偿绳圈数符合设计要求，一般大小轮圈数之和为(3.5±0.5)圈。

3. 安装坠砣限制架时，限制架应垂直，并保证坠砣在限制管上能够自由地上下移动。

4. 棘轮制动块与棘轮棘齿顶之间的距离一般为 10～15 mm。

4.6.4 拉线安装

在城市轨道交通接触网中，下锚拉线的锚环一般是由土建单位预留的，在安装前应复核其位置是否符合设计要求。安装前应在桥面或地面上将拉线以可调螺栓为分界点，分上、下两段进行预配，然后分别将上、下两段与支柱上下锚底座(抱箍)的拉环和下锚拉线环连接好；接着用 0.75 t 链条葫芦将拉线上、下两段拉紧，将拉杆与可调螺栓连接后拆下链条葫芦，对拉线进行预紧，直至锚柱的倾斜值符合技术要求为止。锚柱的倾斜值应符合以下要求。

1. 对向下锚的两条拉线，应使下锚柱中心直立。

2. 对于单侧下锚的拉线，应使下锚柱中心向下锚侧拉倾 10～20 mm。

3. 由于锚柱的基础和桥梁是一体的，因此锚柱在任何情况下向线路侧的倾斜值≤10 mm。

4.7 附加线架设及接触悬挂架设

附加线包括馈电线和架空地线，以肩架和抱箍的形式安装在支柱及横梁上。馈电线肩架安装于上下腕臂底座之间；架空地线抱箍安装于横梁两侧，在单支柱上，架空地线用地线肩架固定于支柱的顶部靠田野侧。由于架设地线和馈线安装位置的特殊，因此在附加线施工程序中，应先架设架空地线，然后架设馈电线，最后再进行支持装置安装及承力索、接触线架设。

4.7.1 架空地线架设

架空地线是一根 TJ120 mm^2 硬铜绞线，它是通过杵座安子悬挂在距支柱 1.0 m 的横梁上，且安装高度为 8.0 m，因此在进行附加线架设时必须先进行架空地线架设。

1. 施工组织及使用工机具

由于架空地线安装位置特殊，轨道作业车等设备无法升到如此高度进行作业，施工比较困难，因此在进行架空地线架设时，不可避免地要使用大量的人力。进行架空地线架设时，一般需要 25～30 人，使用的主要工机具见表 4-7-1。

2. 施工方案

(1)架空地线架设

首先对架空地线的拉线进行检查、紧固，然后利用接触网架线作业车进行起锚、架线作业。在轨道车架线行驶过程中，线盘不施加张力，当放线 5～6 跨后，轨道架线车停下来，挂线施工人员利用竹梯将架空地线悬挂于横梁上的闭口放线滑轮中。在距架空地线落锚的锚柱 15～

20 m时，轨道架线车停下来，将架空地线悬挂于本锚段的最后一个放线滑轮中，此时将线盘车的张力调到1.5～2.0 kN，轨道架线车边行驶边进行紧线作业。当接触网架线作业车的作业平台距锚柱2.0 m时，即可进行架空地线的落锚工作。

表4-7-1　架空地线架设使用的工机具

序号	名　称	规格	单位	数量	备　注
1	链式手动葫芦	3.0 t	台	1	
2	传感式张力计	3.0 t	台	1	施工前准备好电源或充好电
3	竹梯	10 m	架	6	
4	接触网架线作业车	JX-6	台	1	根据特定环境定做
5	平板车		台	1	带张力的放线架
6	紧线器		套	1	适合TJ120线
7	温度计		个	1	
8	报话机		台	4	
9	大绳	ϕ20 mm	条	6～8	
10	钢锯		把	1	
11	闭口放线滑轮	铜	个	30～40	挂线用

(2)架空地线落锚

由于架空地线落锚为硬锚，而上海地区最高气温与最低气温的差别非常大，因此架空地线架设完毕后的张力与弛度，必须符合设计温度曲线的要求。为此，在架空地线落锚中采用了串联传感式张力计的方式，进行架空地线张力测定，这样就确保了架空地线落锚后线索张力，符合设计温度曲线的要求。串联传感式张力计进行架空地线落锚的方法如图4-7-1所示。

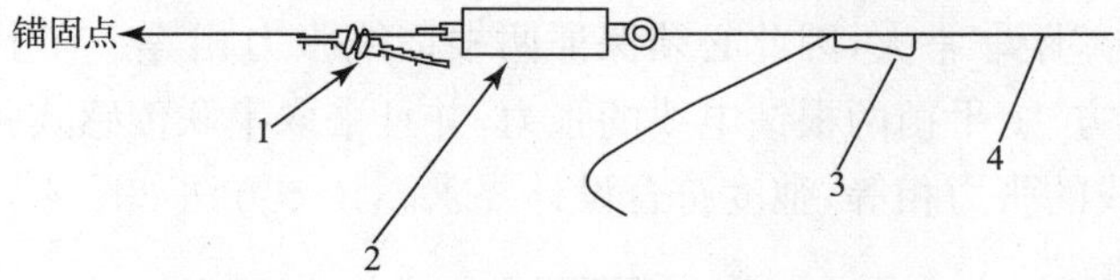

图4-7-1　架空地线落锚示意图

1—下锚绝缘连接件；2—传感式张力计；3—紧线器；4—架空地线

4.7.2　馈电线架设

馈电线由二根2×TJ150 mm^{2}硬铜绞线组成，安装高度距轨面5.5 m。由于馈电线肩架安装于上下腕臂底座之间，即馈电线悬挂于支柱腕臂的三角形之中，因此馈电线架设，必须在腕臂安装这一工序施工前进行。

1. 施工组织及使用工机具

由于馈电线架设必须在腕臂安装工序施工前进行，因此馈电线架设就可以用轨道车进行施工作业。馈电线架设一般需要20人左右，其中施工负责人1人，技术员1人，其他为施工及辅助人员。馈电线架设使用的工机具见表4-7-2。

表 4-7-2　馈电线架设使用的工机具

序号	名　　称	规格	单位	数量	备　　注
1	链式手动葫芦	3.0 t	台	1	
2	传感式张力计	3.0 t	台	1	施工前准备好电源或充好电
3	竹梯	10 m	架	1	辅助落锚用
4	滑轮组	1/3	套	1	
5	下锚平衡轮		套	1	带 10 m70 m^{2}钢丝绳套
6	接触网架线作业车	JX－6	台	1	根据特定环境定做
7	平板车		台	1	带张力的放线架
8	紧线器		套	2	适合 TJ150 线
9	温度计		个	1	
10	报话机		台	4	
11	大绳	ϕ20 mm	条	2	
12	钢锯		把	1	
13	双线放线滑轮	铜	个	30～40	悬挂馈电线用

2. 施工方案

(1)馈电线架设

馈电线架设前应先对锚柱的拉线进行检查、紧固,然后利用接触网架线作业车进行起锚、架线作业。轨道车在架线行驶过程中,线盘施加 1.5～2.0 kN 的张力,挂线施工人员将双支馈电线悬挂于双线放线滑轮中。在距馈电线落锚的锚柱 10～15 m 时,将线盘张力调到 3.0 kN,接触网架线作业车边行驶边进行紧线作业。当架线作业车的作业平台距锚柱 2.0 m 时,即可进行馈电线的落锚工作。

(2)馈电线落锚

由于馈电线为双根 TJ150 mm^{2}的硬铜绞线,其两端的锚固方式是硬锚,而且上海地区最高气温与最低气温的差距非常大,因此必须保证两根馈线张力相等。在上海明珠线施工中采取了用下锚平衡轮的方法,平衡两根馈电线的张力,并且采取串联传感式张力计的方法进行落锚,确保了两根馈电线的张力相等,弛度符合设计要求。具体方法如图 4-7-2 所示。

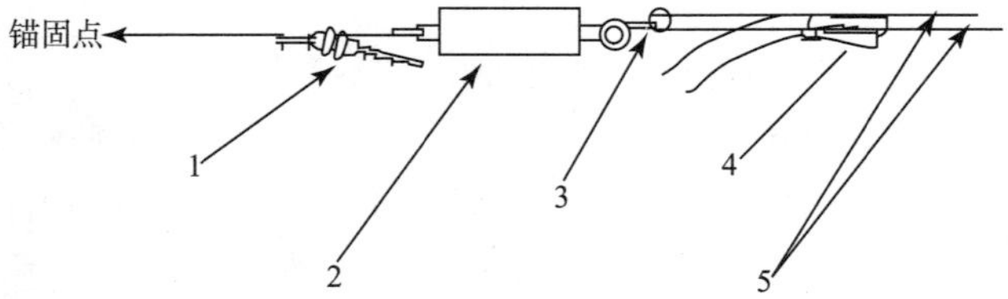

图 4-7-2　馈电线落锚示意图

1—下锚绝缘连接件;2—传感式张力计;3—下锚平衡装置;4—紧线器;5—双馈电线

当馈电线落锚完毕后,为了防止双支馈电线在风力的作用下相互碰撞,造成馈电线损伤,一般每隔 10 m 安装一个并沟线夹,用以固定双支馈电线。

4.7.3　承力索架设

在城市轨道交通中,正线接触悬挂一般采用双承力索、双接触线结构,为做到双线条同时架设，在架线时应使用双线盘放线架，两线盘的张力实现连锁控制，以达到在放线过程中两线条张力一致。下面针对具体情况介绍施工方法。

1. 施工准备

下面所介绍的劳动组织、常用工机具和材料设备主要是当时在上海明珠线特定环境下采用的方式和方法，介绍出来仅供施工参考。劳动组织见表 4-7-3、常用工机具见表 4-7-4、材料设备见表 4-7-5。

表 4-7-3　承力索架设的劳动组织

序号	项　目	人数	备　注
1	指挥	1	负责架线过程的全面指挥
2	技术指导	1	由技术人员担任
3	作业人员	4	作业车作业平台上的施工人员
4	起锚人员	2	起锚、落锚时测量坠砣高度
5	落锚人员	2	进行线索落锚
6	防护及辅助人员	10	车站及交叉施工区段
7	汽车司机	1	接送工
8	吊车司机	1	装卸线盘
9	作业车司机	2	

表 4-7-4　承力索架设的工机具

序号	名　称	规格	单位	数量	备　注
1	接触网架线作业车	JX－6	台	1	为明珠线定做
2	平板车		台	1	安装 2 台带张力的放线架
3	报话机		台	5	
4	钢锯		把	2	
5	钢锉		把	2	
6	紧线器		套	2	
7	链条葫芦	3 t	套	2	
8	大绳	ϕ20 mm	条	4～5	
9	钢卷尺	5 m	把	2	
10	温度计		个	1	
11	钢丝套		个	4	50 mm^2
12	长钩子	6 m	根	8	
13	双线放线滑轮	铜	个	100	悬挂承力索用
14	闭口放线滑轮	铜	个	5	挂线用
15	安全带		条	5	
16	脚扣	ϕ450 mm	副	3	可调节
17	脚扣	ϕ350 mm	副	3	可调节
18	下锚平衡轮		套	1	带 10 m70 m^{2}钢丝绳套
19	电力工程车		辆	1	接送工

表 4-7-5　承力索架设的材料设备

序号	名　称	规格	单位	数量	备　注
1	承力索(2 盘)	TJ150	km	按需	按施工图配盘长度
2	下锚绝缘子	DC 1.5 kV	件	2	
3	铁坠砣	25 kg/块	个	按需	每锚段 64 块
4	镀锌铁线	ϕ2.0 mm	kg	若干	
5	镀锌铁线	ϕ4.0 mm	kg	若干	
6	承力索终锚线夹	T150 型	套	4	
7	调整螺钉		套	2	
8	双联板	D1 型	套	2	
9	双联板	D2 型	套	2	
10	三角形调节板	T1 型	件	2	

2. 施工方法

(1)施工准备

对架线区段支柱装配、拉线进行检查,确认符合设计要求,且在左右线的腕臂间,每间隔两跨用ϕ4.0 mm 铁线进行加固处理,如图 4-7-3 所示。准备好架线工具、机械及材料,将 2 盘配好长度的承力索分别吊装到架线车组平板车的两个放线架上,接触网架线作业车根据放线计划,开赴施工地点,进行双支承力索架设作业。

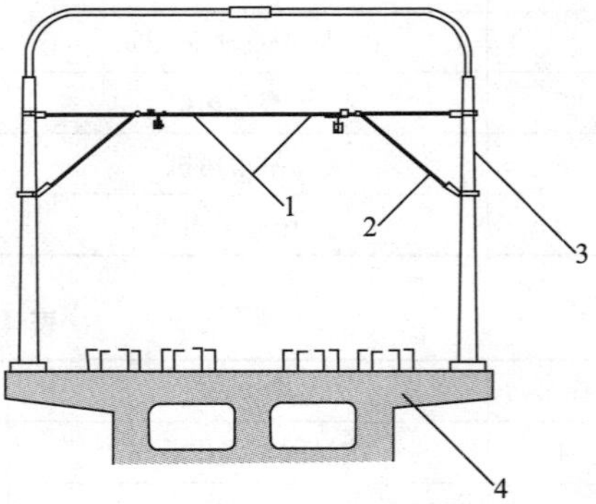

图 4-7-3　腕臂加固示意图

1—ϕ4.0 mm 铁线;2—腕臂;3—门形支架;4—高架桥箱梁

(2)起锚

①起锚人员将棘轮装置的大、小轮补偿绳放出,补偿绳的盘绕圈数应符合技术要求。

②在锚柱处的桥面上将 18 块坠砣安装好,并将棘轮装置的尾绳与坠砣杆连接,然后用双股 ϕ4.0 mm 铁线绑住坠砣底部,以控制坠砣的高度。

③接触网架线车组停靠在起锚锚柱处,作业平台上施工人员将双承力索分别与终锚线夹连接后,并将调整螺钉、双联板、三角调节板、下锚绝缘子与棘轮装置的平衡轮连接,调整螺钉应调节到其调节范围的中间位置。双承力索起锚连接的方式如图 4-7-4 所示。

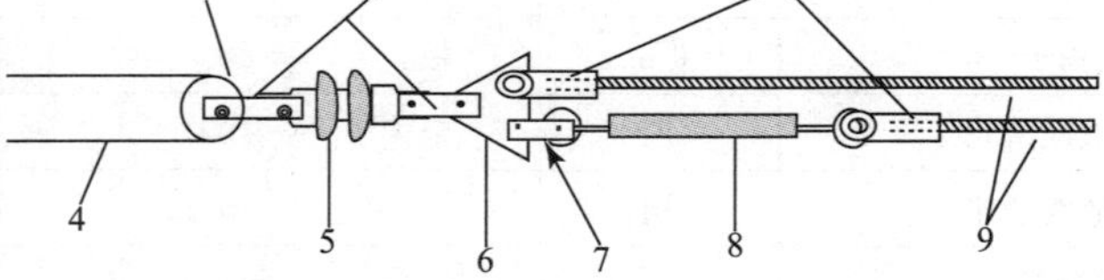

图 4-7-4　双承力索起锚连接示意图

1—棘轮装置的平衡轮;2— D1 型双联板;3—承力索终锚线夹;4—棘轮装置的尾绳;5—下锚绝缘子;6—三角调节板;7—D2 型双联板;8—调整螺钉;9—双承力索

(3)承力索架设

①起锚完成后,派 1 人并带 1 台对讲机看护线盘,操作放线架的张力控制装置,使两线盘

的张力控制在 1.5～2.0 kN 之间，听从施工负责人的指挥，保证线盘张力恒定。

②施工负责人检查一切就绪后，指挥接触网架线车组向前行驶，开始架线，接触网架线车组起锚、架线的组合如图 4-7-5 所示。每到一悬挂点处停车，作业平台上施工人员用双线放线滑轮将双承力索悬挂在腕臂上或软横跨上部定位索上，并用 ϕ 2.0 mm 铁线将开口封死。

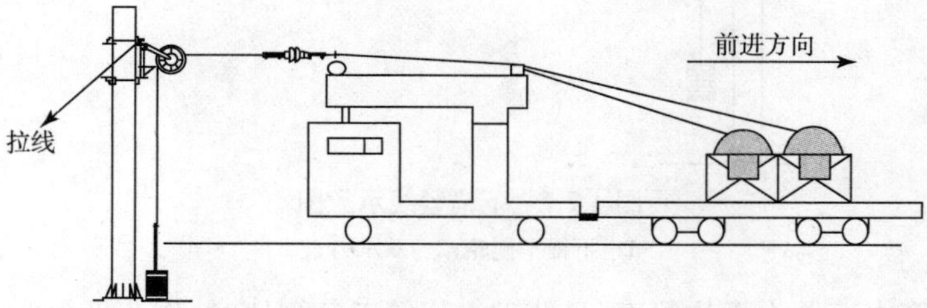

图 4-7-5　接触网架线车组起锚、架线示意图

③接触网架线车组继续向前放线并依次进行悬挂，当接触网架线车组的最前端线盘超过落锚锚柱 5～10 m 时停车，然后进行落锚作业。

(4)落锚

落锚人员应提前将落锚端补偿装置，按要求与坠砣杆、双联板、下锚绝缘子、三角调节板、调整螺钉相连完毕，调整螺钉应调节到其调节范围的中间位置。落锚具体步骤如下。

①在接触网架线车进入最后一跨时，施工负责人与起锚人员联系，当起锚人员准备就绪后，加大线盘的张力至 3.0 kN，利用作业车开始预紧线，当承力索弛度符合技术要求后停止紧线，并使接触网架线车组的最前端线盘超过落锚锚柱 5～10 m。

②平板车刹车并打好铁鞋后，接触网架线车与平板车分开，同时接触网架线车准备进行落锚。

③接触网架线车停在距离锚柱 10～15 m 处，作业平台上的施工人员将下锚平衡轮通过紧线器与两支承力索连在一起。

④将滑轮组一端与下锚平衡轮连接，另一端通过钢丝套子和下锚绝缘子处的双联板连接，下锚平衡轮的连接方式如图 4-7-6 所示。

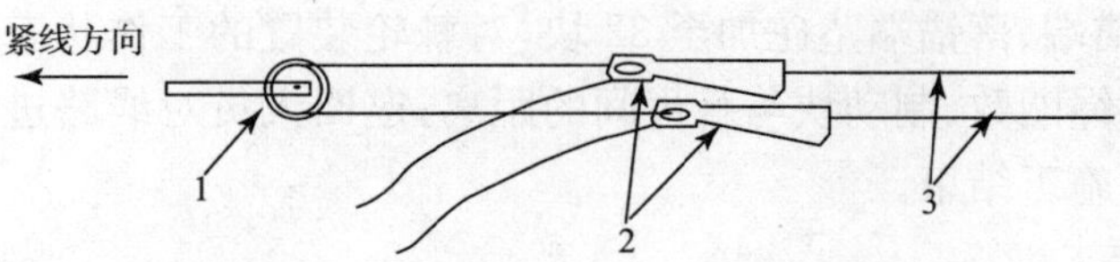

图 4-7-6　下锚平衡轮紧线工作原理示意图

1—下锚平衡轮；2—紧线器；3—双承力索

⑤施工人员开始用手拉滑轮组的尾绳进行紧线，如图 4-7-7 所示。当达到一定力后用链条葫芦紧线。当滑轮组开始紧线时，在滑轮组带动下下锚平衡轮紧线，下锚平衡轮将力一分为二传递给两线，两线各得到 1/2 的紧线力，当一条线松或紧时，可通过下锚平衡轮的转动，使两线达到一种动态的平衡。这样下锚平衡轮紧线，可保证双承力索的张力始终相等，从而保证承力索的弛度相同。

⑥紧线过程中施工负责人应随时通过报话机保持与落锚处、起锚处作业人员的联系。当起落锚坠砣高度达到计算值时停止紧线。

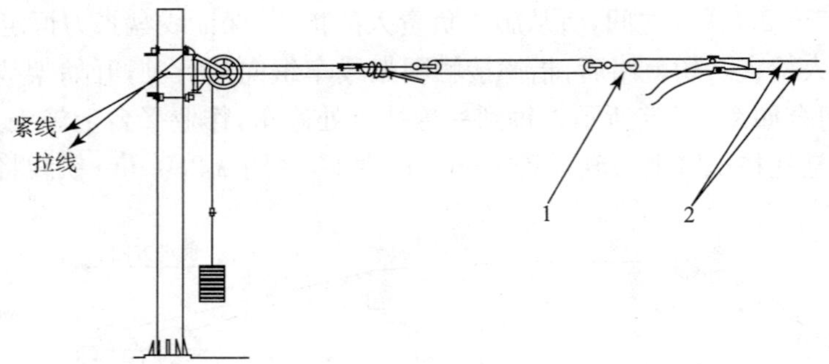

图 4-7-7　下锚紧线示意图

1—下锚平衡轮；2—双承力索

⑦当锚段长度内双承力索均等高，且坠砣 b 值等于计算值时，作业平台施工人员将承力索在合适位置锯断。按图 4-7-8 所示的方法做头，与三角调节板和调整螺钉用螺栓销分别连在一起。

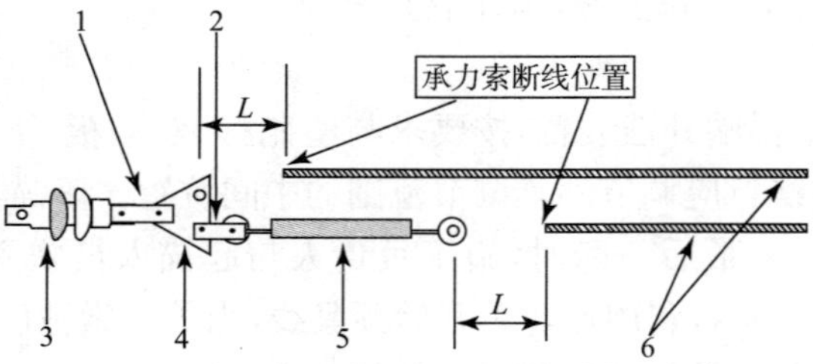

图 4-7-8　双承力索断线示意图

1— D1 型双联板；2— D2 型双联板；3—下锚绝缘子；4—三角调节板；
5—调整螺钉；6—双承力索；L—T150 型终锚线夹有效长度

⑧松掉滑轮组尾绳，将滑轮组、平衡轮、紧线器等取下。

⑨落锚完成后，如发现双承力索的弛度不一致时，应调节调整螺钉的长度，以保证双承力索弛度一致。

3. 质量检查

落锚完毕，将起锚端、落锚端坠砣加至 32 块，对棘轮装置的工作状态进行检查，确认棘轮装置的大小轮上补偿绳圈数、制动块与棘齿间的距离；巡回人员对线路进行检查，确认安全无误后，填写施工记录，施工结束。

4. 技术标准及要求

(1)棘轮装置应转动灵活，棘齿齐全，外观良好，安装后应保持铅垂。

(2)坠砣应完好无损，排列整齐，缺口方向错开 180°。落锚完毕后，坠砣无卡滞现象。

(3)由于双线同时落锚时，落锚张力大，安全系数低，可采用“张力等效负载法”进行承力索的落锚及调整。此方法通过选择合适的下锚张力，使架设承力索时的承力索弛度值，与在设计张力下承力索、接触线架设调整完毕后承力索的弛度相等。这样一来，由于减小了承力索张力，不仅使落锚紧线安全可靠，且坠砣 b 值、腕臂偏移值可按曲线表直接查出，方便准确。

等效张力可由下式确定：

$$T_{等效}=T\cdot g_{c}/g_{c+j+d}$$

式中　$T_{等效}$——承力索等效张力；

T——承力索额定张力；

g_c——承力索单位自重。

g_{c+j+d}——接触悬挂调整完毕后的单位自重。

双承力索下锚时，应采用张力平衡装置使两条承力索张力相等。

如果落锚端采用滑轮组紧线，滑轮组尾绳将产生一个附加力给承力索，使坠砣 b 值在落锚完毕后发生变化，可通过减少坠砣数量来消除。

$$N_{落}=N(K-1)/K$$

式中　$N_{落}$——落锚端坠砣数量；

K——滑轮组变比。

(4)放线滑轮用的钢丝套子应双股使用。

(5)承力索不应有交叉、松散、硬弯、折叠和断股等现象。

(6)承力索应本锚段盘号架设，原则上无接头，需接头时每个锚段内单支承力索的接头数量不超过 1 个。

(7)坠砣 b 值应按曲线表查出，并应考虑新线延伸预留量。

(8)安装棘轮装置时，应保证接触悬挂调整到位后，在平均温度时，棘轮装置大、小轮内补偿绳圈数之和为(3.5±0.5)圈，补偿绳应排列紧密无重叠现象。棘轮制动块与棘轮棘齿顶之间的距离为 10～15 mm。

5. 注意事项

(1)吊装线盘时应注意线盘的转向，承力索应由线盘的上面牵出。

(2)在放线过程中及时进行悬挂，以防刮伤铜绞线。

(3)锯断承力索时，应保证断面平齐，并用钢锉将毛刺锉掉。

(4)锚段两端的调整螺钉分别安装在两条承力索上。

(5)放线时应保证两条线平行，不能打绞。

(6)紧线过程中，巡回人员应密切监视线索及支柱动态，如有异常立即通报指挥人员，停止紧线并及时进行处理。

(7)双承力索在架设时，在一个悬挂点处，两根线索应同时悬挂在一个双线放线滑轮上。

4.7.4　中心锚结安装

在接触网系统中，无论是承力索，还是接触线，只要是两端有补偿的接触网锚段，一般当锚段长度 $L \geqslant 750$ m 时，必须加设中心锚结。

1. 中心锚结的安装位置

由于锚段长度的大小，主要是由承力索或接触线在中心锚结处与补偿器之间的张力差决定的，因此，中心锚结的安装位置是根据线路情况和计算张力来确定的。

(1)当整个锚段全部在直线区段时，中心锚结可设在锚段的中间位置。

(2)当整个锚段全部在曲线半径相同的区段时，中心锚结可设在锚段的中间位置。

(3)当整个锚段位于有直线区段又有曲线区段时，中心锚结可设在曲线多、半径小的一侧。

(4)当整个锚段位于曲线区段且半径不等时，中心锚结可设在曲线半径小的一侧。

(5)特殊情况下，当锚段长度 $L \leqslant 750$ m 时，可不设中心锚结，此时一端的硬锚就相当于中心锚结。

2. 中心锚结的作用

中心锚结安装后，接触线、承力索在中心锚结处是死固定，因此当温度变化时，锚段两端的补偿装置只能使线索向锚柱侧位移，从而保证了线索的张力均匀，并使接触线具有良好的工作状态；另外，当中心锚结的一侧发生故障时，可以不影响另一侧的悬挂，从而缩短了事故范围及恢复时间。

3. 中心锚结的结构

在全补偿链形悬挂中，承力索中锚有两跨结构和三跨结构两种。而在城市轨道交通接触网系统中普遍采用两跨式结构，中心锚结分为两部分：其一是承力索中心锚结，其二是接触线中心锚结。具体如图 4-7-9 所示。

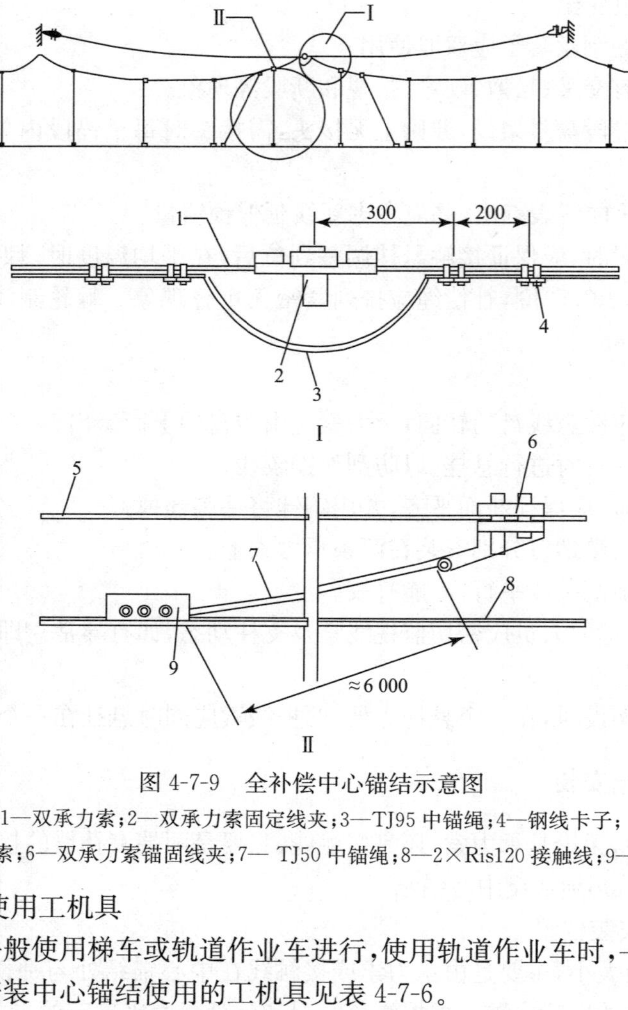

图 4-7-9　全补偿中心锚结示意图

1—双承力索；2—双承力索固定线夹；3—TJ95 中锚绳；4—钢线卡子；
5—2×TJ15 承力索；6—双承力索锚固线夹；7— TJ50 中锚绳；8—2×Ris120 接触线；9—接触线中锚线夹

4. 施工组织及使用工机具

安装中心锚结一般使用梯车或轨道作业车进行，使用轨道作业车时，一般需要 4～5 人，其中 1 人负责指挥。安装中心锚结使用的工机具见表 4-7-6。

表 4-7-6　安装中心锚结使用的工机具

序号	名称	单位	规格	数量	备注
1	轨道作业车	台		1	
2	紧线器	套	适用 TJ95 mm^2	1	
3	链式手动葫芦	套	3.0 t	1	
4	棕绳	条	ϕ16～22 mm	2	
5	镀锌铁线	kg	ϕ4.0 mm	若干	

5. 施工方案

(1)承力索中锚安装

承力索中锚安装前应先进行跨距测量,依据测出的跨距长度、拉出值等技术参数进行长度计算,按计算长度进行预制后,即可进行安装。安装时,起锚后利用轨道作业车将锚结绳拉出,并将中心锚结绳放入中锚转换柱的滑轮内,当中心锚结绳两边的弛度相等并略高于承力索后,即可进行承力索中锚作业。然后按照设计要求安装钢丝绳卡子,将中心锚结绳与承力索固定在一起,承力索中锚安装结束。

(2)接触线中心锚结安装

接触线中心锚结安装应在接触线架设完毕后进行,由于承力索、接触线中心锚结是一对一的关系,因此接触线中心锚结安装和承力索中心锚结安装一起叙述。

接触线中心锚结由 TJ50 mm^2 的锚结绳、双承力索锚固线夹、接触线中锚线夹及 2 个钢丝绳卡子组成。安装时,先将 6 m 长的 TJ50 mm^2 锚结绳和双承力索锚固线夹用 2 个钢丝绳卡子固定在一起,然后利用临时吊弦将中锚线夹处的接触线高度抬高 40～60 mm,拉紧 TJ50 mm^2 中心锚结绳并利用接触线中锚线夹将 TJ50 mm^2 锚结绳和接触线固定在一起。接着,拆除临时吊弦,用水平尺、接触线高度测量尺对接触线中心锚结线夹处的高度进行测量,当中锚线夹处接触线高度超出设计高度 20～30 mm、两支接触线的水平度符合设计要求,即为安装完毕。

6. 技术要求

由于轨道交通接触网系统中,接触线为双线,因此中心锚结安装后应符合以下要求。

(1)承力索中心锚结绳两边的弛度相等并略高于承力索弛度,且固定用的钢丝卡子应相互倒置,并紧固到设计规定的力矩。

(2)接触线中心锚结安装完毕后,中心锚结处的接触线高度应比相邻吊弦点高出 30～50 mm,且中心锚结处两支接触线的水平高差≤5 mm。

(3)接触线中心锚结所在的跨距内,接触线不得有接头。

(4)接触线中心锚结线夹应端正、牢固、不打弓。

4.7.5　柔性悬挂接触线的架设

接触线与承力索架设大致相同,但也有区别。在柔性悬挂接触线架设中,对放线张力要求比较严格。采用恒张力放线可以减少接触线的微小弯曲,改善接触网的弹性。现就采用恒张力进行柔性悬挂接触线架设的主要过程进行叙述。

1. 施工准备

施工准备的主要内容包括劳动组织、常用工机具、设备材料三大类,详见表 4-7-7、表 4-7-8、表 4-7-9。

表 4-7-7　柔性悬挂接触线架设的劳动组织

序号	项　目	人数	备　注
1	指挥	1	负责架线过程的全面指挥
2	技术指导	1	由技术人员担任
3	作业人员	3	作业车、作业平台上的施工人员
4	起锚人员	2	起锚、落锚时测量坠砣高度
5	落锚人员	2	进行落锚准备、作业

续上表

序号	项 目	人数	备 注
6	防护及辅助人员	10	车站及交叉施工区段
7	汽车司机	1	接送工
8	吊车司机	1	装卸线盘
9	作业车司机	2	

表 4-7-8 柔性悬挂接触线架设常用的工机具

序号	名 称	规格	单位	数量	备 注
1	接触网架线作业车	JX-6	台	1	为明珠线定做
2	平板车		台	1	安装 2 台带张力的放线架
3	报话机		台	5	
4	紧线器		套	2	
5	链条葫芦	3 t	套	2	
6	钢卷尺	5 m	把	2	
7	温度计		个	1	
8	钢丝套		个	4	50 mm^2
9	双线环节式工具吊弦		套	120	悬挂接触线用
10	安全带		条	2	
11	脚扣	ϕ450 mm	副	2	可调节
12	滑轮组		套	1	
13	下锚平衡轮		套	1	带 10 m70 m^2钢丝绳套
14	电力工程车		辆	1	接送工
15	断线钳		把	1	

表 4-7-9 柔性悬挂接触线架设的材料设备

序号	名 称	规格	单位	数量	备 注
1	接触线(2 盘)	Ris120	km	按需	按施工图配盘长度
2	下锚绝缘子		件	2	
3	铁坠砣	25 kg/块	个	按需	每锚段 64 块
4	齿形双耳楔型线夹		套	4	
5	调整螺钉		套	2	
6	双联板	D1 型	套	2	
7	双联板	D2 型	套	2	
8	三角形调节板	T1 型	件	2	

2. 施工方法

(1)施工准备

准备好架线用的工具、机械及材料，按锚段长度将 2 盘接触线分别吊装到接触网架线车组的平板车的两个放线架上；依据放线计划将接触网架线作业车组开赴施工地点。

(2)起锚

①起锚人员将棘轮装置的大、小轮补偿绳放出，补偿绳的盘绕圈数应符合技术要求。

②在锚柱处桥面上安装 18 块坠砣后，将棘轮装置的尾绳与坠砣杆连接，并用双股 $\phi 4.0$ mm 铁线绑住坠砣底部，以控制坠砣的高度。

③接触网架线车组停靠在起锚锚柱处，作业平台上施工人员将双接触线分别与齿形双耳楔型线夹连接后，将调整螺钉、双联板、三角调节板、下锚绝缘子与棘轮装置的平衡轮连接，调整螺钉应调节到其调节范围的中间位置，接触线起锚连接的方式与承力索起锚连接的方式相同，只是接触线使用的是齿形双耳楔型线夹。

(3)放线

①起锚完成后，派 1 人并带一台对讲机看护线盘，操作放线架的张力控制装置，确认两线盘的张力联控无误后，将两线盘的张力控制在 1.5～2.0 kN，保持线盘张力恒定。

②施工负责人指挥接触网架线车组向前行驶并开始架线，车速应不大于 5 km/h，作业平台上施工人员，将双接触线通过双线环节式工具吊弦，悬挂在双承力索上，每跨均匀悬挂 2～4 处，根据承力索的弛度不同，选择长度不同的工具吊弦，悬挂方式如图 4-7-10 所示。第一跨距内(起锚锚柱至第一悬挂点间)不能使用双线环节式工具吊弦，而用双股铁线进行悬挂。

③接触网架线车组继续向前放线并依次悬挂，当接触网架线车组的第一个线盘超过落锚锚柱 5～10 m 处停车。

(4)落锚

落锚人员提前将落锚端补偿装置按要求与坠砣杆、双联板、下锚绝缘子、三角调节板、调整螺钉相连完毕，调整螺钉应调节到其调节范围的中间位置。落锚具体步骤如下。

①在接触网架线车进入最后一跨时，施工负责人与起锚人员联系，当起锚人员准备就绪后，加大线盘的张力至 3.0 kN，利用作业车开始预紧线，当接触线平直后停止紧线，并使接触网架线车组的最前端线盘超过落锚锚柱 5～10 m。

②平板车刹车并打好铁鞋后，接触网架线车与平板车分开，接触网架线车准备进行落锚。

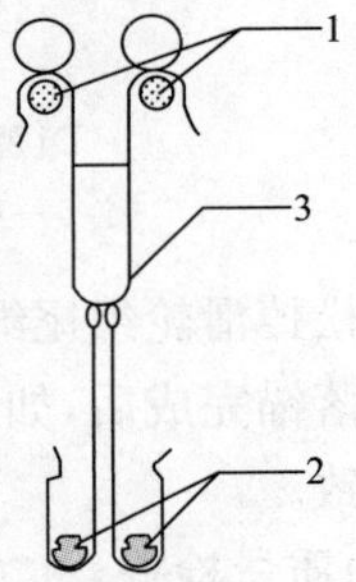

图 4-7-10　双线工具吊弦悬挂示意图

1—双承力索；2—双接触线；3—双线工具吊弦

③接触网架线车停在距离锚柱 10～15 m 处，作业平台上施工人员将下锚平衡轮通过两个紧线器分别与两支接触线连在一起。

④将滑轮组一端与下锚平衡轮连接，另一端通过钢丝套子和下锚绝缘子处的双联板连接，如图 4-7-11 所示。

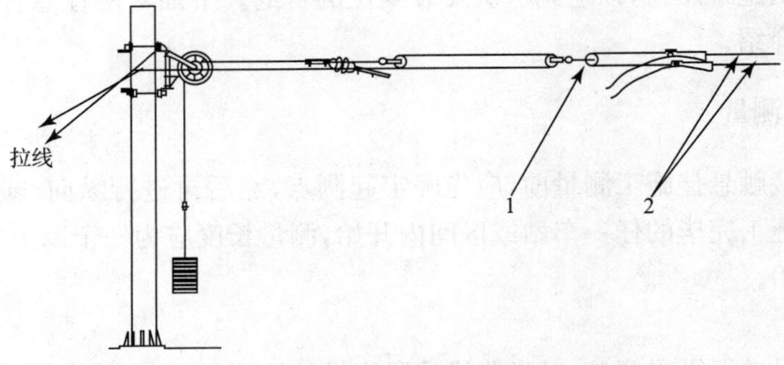

图 4-7-11　下锚紧线示意图

1—下锚平衡轮；2—双接触线

⑤施工人员开始用手拉滑轮组的尾绳进行紧线，当达到一定力后用链条葫芦紧线。

⑥紧线过程中落锚处与起锚处及时通过报话机取得联系。当起落锚坠砣高度达到计算值时停止紧线。

⑦作业平台施工人员将接触线在合适位置剪断并与齿形双耳楔型线夹连接，然后与三角调节板和调整螺钉用螺栓销分别连在一起，如图 4-7-12 所示。

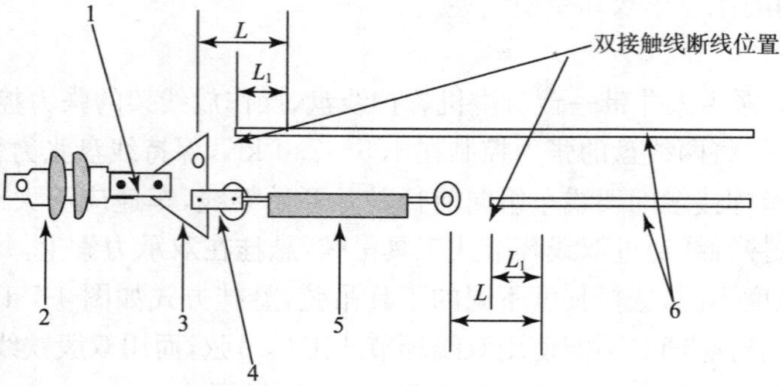

图 4-7-12　双接触线断线示意图

1— D1 型双联板；2—下锚绝缘子；3—三角调节板；4—D2 型双联板；5—调整螺钉；6—双接触线；L—齿形双耳楔型线夹有效长度；L_1—接触线终端弯头长度

⑧松掉滑轮组尾绳，将滑轮组、平衡轮、紧线器等取下。

⑨落锚完成后，如发现双接触线的弛度不一时，应调节调整螺钉的长度，以保证双接触线弛度一致。

(5)质量检查

落锚完毕，将起、落锚处坠砣加至 32 块，对棘轮装置的工作状态进行检查，确认棘轮装置的大小轮上补偿绳圈数、制动块与棘齿间的距离；巡回人员对线路进行检查，确认安全无误后，填写施工记录，施工结束。

4.8　刚性悬挂接触线的安装

由于刚性悬挂接触网系统的安装精度比柔性悬挂接触网系统的安装精度高，调节范围小，因此在进行刚性悬挂接触线的安装时，要从施工测量开始，到刚性悬挂接触线调整到位，严格控制每一道工序的施工质量，以达到一次安装到位的目的。下面对刚性悬挂接触线安装的主要施工过程进行介绍。

4.8.1　施工测量

在进行刚性接触悬挂施工测量前，应先确定起测点，然后再进行纵向、横向测量。一般测量起点可从轨道施工完毕的任一车站或区间内开始，测量长度应为一个以上的刚性悬挂段；也可从锚段关节开始。

1. 纵向测量

应采用钢卷尺进行纵向测量，对于曲线区段应沿外轨测量；两定位点间的跨距应符合设计要求，当遇到诸如隧道连接缝及明显渗水、漏水等位置时，应顺线路进行位移，但最大位移量应符合设计规定。特殊情况应请设计单位解决。

2. 横向测量

由于受电弓中心是刚性悬挂安装的基准，因此横向测量要在纵向测量的基础上，选择科学的测量方法和工具，确保定位准确。

检测车站风管区接触网的预埋件，是否符合设计悬挂安装要求。

4.8.2　悬挂及定位装置安装

悬挂及定位装置安装前应对每个悬挂及定位装置的类型进行复核，然后将悬挂及定位装置按设计要求进行安装，并根据悬挂点设计接触线高度，加 6 mm 接触线高度和汇流排、绝缘子等部件高度，计算出悬吊槽钢底部高度，调整悬吊槽钢和轨面连线平行，高度调至以上计算高度。

4.8.3　汇流排安装

汇流排安装前，应复核整个刚性锚段长度，根据温度变化量预留两端伸缩量，计算出汇流排总长度，并合理布置短汇流排的安装位置；根据计算出的汇流排总长度，计算所需汇流排根数和需预制的短汇流排长度；短汇流排安装位置应尽量靠近悬挂定位点，避免放于跨中位置，全段汇流排按安装顺序依次编号，安装时按编号安装。

首先在安装起点的第一个定位点处安装终端汇流排，第一个定位悬挂线夹安装于标记处，待线夹固定住汇流排，同时在此悬挂线夹两端和第二个定位点处两端安装临时锚固线夹，卡紧汇流排，防止汇流排在安装过程中顺线路滑动；终端汇流排安装好后，按汇流排编号顺序依次对接安装；汇流排安装完，中心锚结安装后，拆除第一、二定位点处的临时锚固线夹。

4.8.4　中心锚结安装

刚性悬挂中心锚结由调整螺栓、锚节绳、连接件组成，如图 4-8-1 所示。当汇流排安装完毕，且中心锚结所在跨距两端悬挂点上汇流排已调至设计位置后，即可进行中心锚结安装。直线上，中心锚结底座中心线应位于汇流排中心线正上方；曲线上，中心锚结底座中心线，应在中心锚结锚固点处汇流排中心线的延伸线正上方。中心锚结最终安装调整到位后，两端拉力应一致，且不能使锚固点出现负弛度。

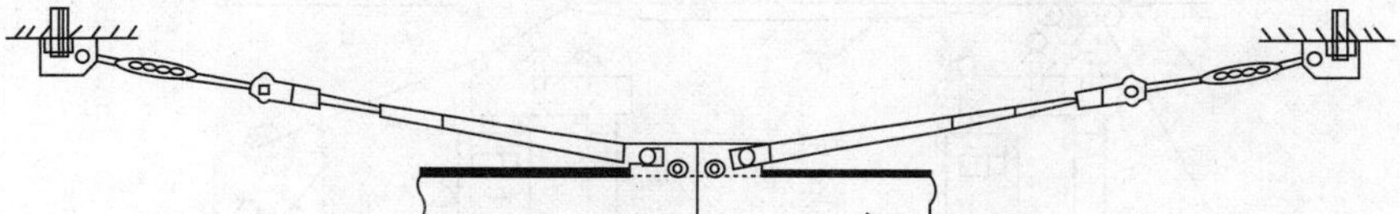

图 4-8-1　刚性悬挂中心锚结示意图

4.8.5　接触线架设

1. 施工组织及使用工机具

刚性悬挂接触线架设相对于柔性悬挂接触线架设来说，不但要把接触线放出，而且还要利用架镶小车将接触线镶入汇流排的沟槽内，因此对接触线架设过程的控制要求比较严格。刚性悬挂接触线架设一般需要 10～15 人，其中施工负责人和技术负责人各 1 人，其他为作业人员。刚性悬挂接触线架设使用的工机具见表 4-8-1。

表 4-8-1　刚性悬挂接触线架设使用的工机具

序号	名称	单位	规　格	数量	备　注
1	架镶小车	台		1	镶接触线用
2	钢锯	把		2	
3	橡胶锤	把		2	
4	扭矩扳手	把	扭矩 40～80 N·m	4	
5	板锉	把		2	
6	油漆刷	把		若干	刷导电脂用
7	手电钻	台		1	配备各种型号的钻头

2. 施工方案

刚性悬挂接触线架设前，应先将汇流排中心锚结安装锚固好，并用锚固线夹卡住汇流排，以使汇流排在放线过程中不滑动。具体施工过程如下。

(1)在放线开始侧的终端汇流排前 2～3 m 处的隧道拱顶上，安装一个临时锚固底座固定接触线。

(2)作业人员在架镶小车前用油漆刷或其他方法，将接触线两边沟槽内均匀涂入导电脂。接触导线在嵌入汇流排前都应涂导电脂。

(3)在刚性悬挂接触线架设的始端，安装并调整好架镶小车。架镶接触线的小车是专门为这种可以像拉链一样拉开和关闭的Ⅱ形截面汇流排配套设计的。在架设接触线的同时，可在另一辆有作业平台的车上将架镶小车用拉线固定于作业平台前端的牵引支架上，从始端把接触线导入汇流排，同时把接触线用专用小车镶拉入汇流排槽内。接触线用专用小车拉镶入汇流排中后，应立即对汇流排接头部位进行紧固。接触网架线车、架镶小车的组合方式，如图 3-7-14 所示。

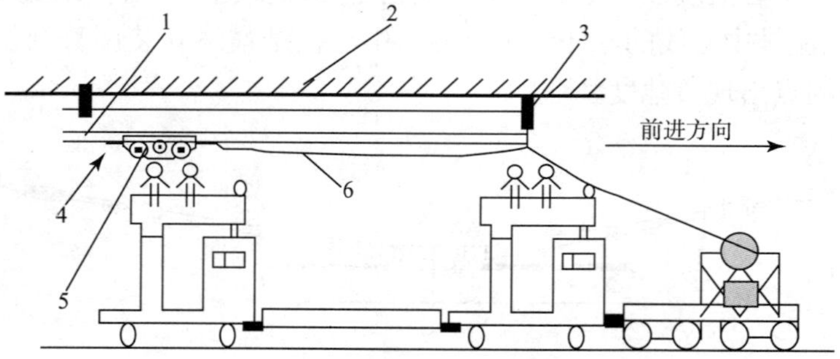

图 4-8-2　接触网架线车、架镶小车架线示意图

1—汇流排；2—隧道洞顶；3—隧道悬挂；4—镶入汇流排的接触线；
5—架镶小车；6—接触线

(4)架线车组架镶接触线时，一般行驶速度不大于 5 km/h，架设接触线时的初始张力，一般以 1.5～2.0 kN 为宜。架镶小车前设一人负责扶正导线，使接触线燕尾端位于汇流排开口正下方，并平行于汇流排以确保架设作业顺利进行。同时在架镶小车后面，应设专人仔细检查接触线嵌入状况，如发现接触线嵌入不到位，及时通知施工负责人停车，将架镶小车后退(这里需要注意的是张力放线车绝对不许后退)，退出此段线，重新用架镶小车将接触线镶入汇流排。

(5)当接触线架设至锚段的末端时,在架镶小车到达弯曲端前,架线车组停车,人工拉动架镶小车,把接触线导入弯曲端,全部导入后,按设计要求预留接触线余量后,用钢锯锯断接触线并用扭矩扳手紧固弯曲头处螺栓至规定力矩,最后向上弯曲导线。

(6)返回始端,按设计要求预留接触线余量后,用钢锯锯断接触线并用扭矩扳手紧固弯曲头处螺栓至规定力矩,最后向上弯曲导线。

(7)返回放线开始侧的终端汇流排前临时锚固底座处,拆除该处临时锚固装置。

4.8.6　刚柔过渡区段的安装

刚性悬挂接触网与柔性接触网之间的刚柔过渡区段,根据设计要求的不同,一般采用切槽汇流排贯通式或关节式的刚柔过渡方法。刚柔过渡区段应设在直线区段,不宜设在曲线区段和坡度区段。刚柔过渡区段接触线高度应等高。

1. 切槽汇流排贯通式刚柔过渡区段的安装

(1)严格按设计标准设定刚柔过渡区段的起始点,过渡区段汇流排安装应从刚柔过渡端起始点开始。

(2)柔性悬挂一支接触线被嵌入切槽汇流排后,立即紧固切槽汇流排的配套螺栓并达到设计规定的力矩值,接着安装锚固线夹。

(3)切槽汇流排应严格按设计位置安装,并保持其处于平衡状态,其前端 4 m 之内,不得安装柔性悬挂的吊弦;此跨柔性悬挂吊弦进行合理布置,确保刚柔过渡实现平滑过渡,切槽汇流排在刚柔过渡起始点处不形成下压或上抬力,以免造成硬点。

(4)双接触线中的另一条接触线,等高进入刚柔过渡区段一定距离(符合设计要求)后逐渐抬高,并成为非工作支进行下锚。

2. 关节式刚柔过渡区段的安装

(1)关节式刚柔过渡区是采用终端汇流排与柔性悬挂并列运行,实现刚性和柔性过渡的,其过渡的方式如图 4-8-3 所示。

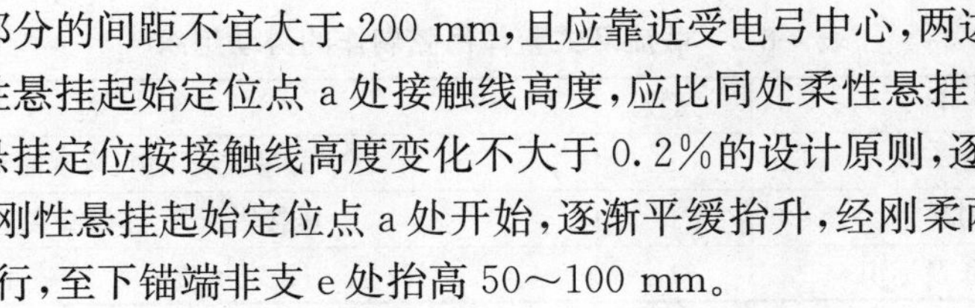

图 4-8-3　关节式刚柔过渡示意图

(2)刚柔过渡部分的间距不宜大于 200 mm,且应靠近受电弓中心,两边均匀布置。

(3)过渡端刚性悬挂起始定位点 a 处接触线高度,应比同处柔性悬挂的接触线抬高 20～30 mm,其后刚性悬挂定位按接触线高度变化不大于 0.2%的设计原则,逐渐平缓恢复到正常高度。柔性悬挂从刚性悬挂起始定位点 a 处开始,逐渐平缓抬升,经刚柔两线等高并行后,柔性平缓抬高脱离运行,至下锚端非支 e 处抬高 50～100 mm。

4.8.7　刚性悬挂调整

由于刚性悬挂的接触线和汇流排都没有弹性,因此对接触线的高度、拉出值要求就非常严格,在进行刚性悬挂调整时,应使用与电动客车完全一致的受电弓进行调整。刚性悬挂调整的技术要求如下。

1. 接触线高度应符合设计要求，允许施工误差为±5 mm。

2. 接触线拉出值应符合设计拉出值，允许施工误差为±10 mm。

3. 在进行锚段关节调整时，锚段关节两定位点的间距及高差应符合设计要求，并能使受电弓平滑地从一个刚性悬挂段过渡到另一个刚性悬挂段，其等高区的长度不小于 2 m，而且不能有硬点；锚段关节处两汇流排间距应符合设计要求，以受电弓中心线为中心两边对称分布，非绝缘关节两汇流排间距越小，受电弓过渡状态越好；绝缘关节处两汇流排间距应符合设计标准，并应保证两汇流排的绝缘距离。

4.8.8　整体吊弦制作

1. 整体吊弦的计算

在城市轨道交通接触悬挂中，使用载流环式整体吊弦将接触线悬挂于承力索上。因整体吊弦在安装后不能进行调整，为保证吊弦安装后接触线在设计高度的位置上，应根据接触悬挂的参数及所在线路的具体位置，使用计算机计算出每跨吊弦的使用数量、吊弦间距及吊弦的长度，按计算结果进行吊弦的制作和安装。

吊弦计算参数有接触线单位自重、承力索单位自重、整体吊弦单位匀布重量、接触线跨中预留弛度值、承力索及接触线张力、跨距长度、两侧结构高度及承力索与接触线的相对偏移值、集中载荷的位置及重量、两悬挂点处接触线对轨面的相对高度差。其中，跨距长度、两侧结构高度及承力索与接触线的相对偏移值需现场进行测量。

在计算机技术得到广泛应用的今天，施工中基本上采用计算机编程进行整体吊弦计算。

2. 载流环式整体吊弦的制作

在城市轨道交通接触网系统中，整体吊弦是载流型的。载流环式整体吊弦由心形环、钳压管、青铜吊弦线和连接线夹组成。利用吊弦制作装置先将吊弦的一端制作成形，然后按计算机计算出的长度定位后，压接另一端的钳压管，制作完成后的载流环式整体吊弦如图 4-8-4 所示。下面就对载流环式整体吊弦的制作方法进行详细介绍。

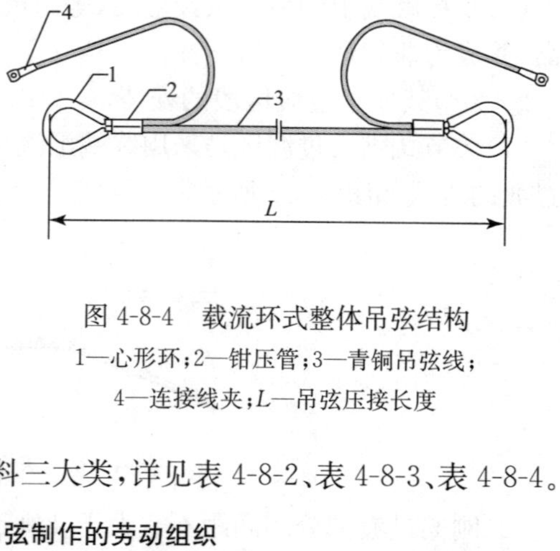

图 4-8-4　载流环式整体吊弦结构

1—心形环；2—钳压管；3—青铜吊弦线；4—连接线夹；L—吊弦压接长度

(1)施工组织

主要包括劳动组织、常用工机具、必备设备材料三大类，详见表 4-8-2、表 4-8-3、表 4-8-4。

表 4-8-2　载流环式整体吊弦制作的劳动组织

序号	项　目	人数	备　注
1	吊弦线下料	1	吊弦线下料、弯制回头
2	压接	1	压接钳压管、连拉线夹、紧线
3	吊弦定长及标识	1	设定吊弦长度、粘贴标识

表 4-8-3　载流环式整体吊弦制作常用工机具

序号	名　称	规格	单位	数量	备　注
1	压力机	63 MPa	套	1	配压接模具
2	专用吊弦制作台	自制	台	1	

表4-8-4　载流环式整体吊弦制作必备材料设备

序号	名　称	规　格	单位	数量	备　注
1	青铜绞线	16 mm²	kg	按需	经检验合格
2	钳压管	16型	件	按需	经检验合格
3	心形环	16型	卷	按需	经检验合格
4	铜线	1.0 mm	kg	若干	
5	尼龙布	1 000 mm×1 500 mm	块	按需	
6	标签纸	20 mm×30 mm	卷	按需	

(2)工作区划分

为了便于进行整体吊弦的制作，经过现场实践，对整体吊弦的制作方案进行了多次优化，对吊弦制作人员的工作区域进行如图4-8-5所示划分，图中A、B、C是指工作人员。

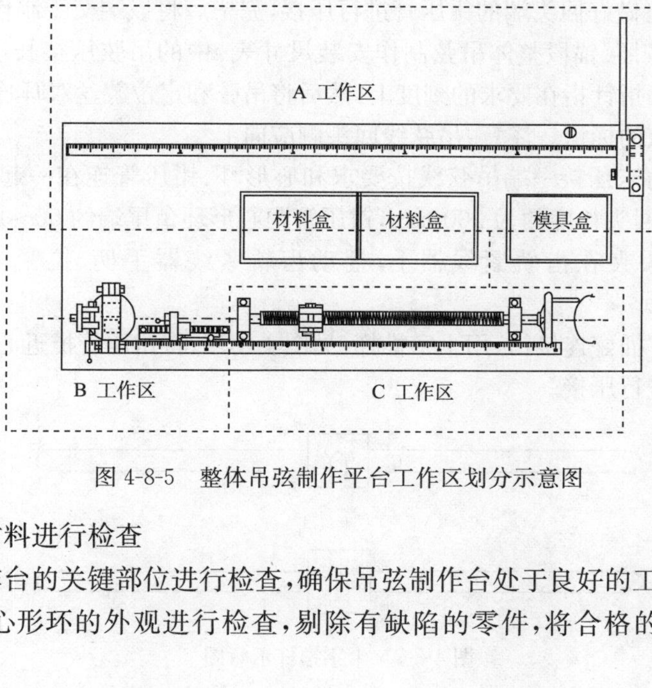

图4-8-5　整体吊弦制作平台工作区划分示意图

(3)对工具、材料进行检查

①对吊弦制作台的关键部位进行检查，确保吊弦制作台处于良好的工作状态。

②对钳压管、心形环的外观进行检查，剔除有缺陷的零件，将合格的零件分类放在材料盒内。

(4)对制作平台设备进行检查

对吊弦制作台所有设备进行检查，以确保吊弦制作台处于良好的工作状态。检查项目有以下几个。

①检查断线器是否能正常工作。

②检查压力机、压接钳是否能正常工作，压接钳固定位置是否合适。

③检查定位游丝转动是否灵活，标尺指针指示是否正确。

④用游标卡尺检查压接模具的各部分尺寸是否在误差范围内。

(5)下料及一端回头制作

①制作人员A将吊弦线从断线器16 mm²穿线孔抽出，并对线材外观进行检查确认。

②根据计算机计算的《锚段整体吊弦制作安装尺寸表》，按照制作人员C报读的长度，将吊弦线顺直、拉紧，然后断线。

③把一钳压管从吊弦线一端穿入，在回头制作器上套入心形环，将吊弦线按预留长度(260 mm)绕制在心形环沟槽内，吊弦线回头穿入钳压管内。

④利用回头制作器将钳压管推至心形环鱼尾端(间隙应为 3～5 mm)，如图 4-8-6 所示。

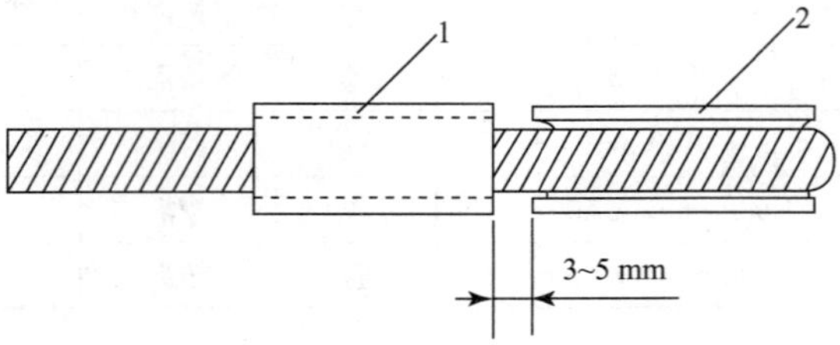

图 4-8-6　钳压管与心形环位置示意图

1—钳压管；2—心形环

(6)定长压接及粘贴标识

①制作人员 B 将做好回头端的钳压管进行压接，完毕后将该端交于制作人员 C。

②制作人员 C 按照《锚段整体吊弦制作安装尺寸表》中的吊弦压接长度，调节定位游丝，使定位游丝上的标尺指针指在要求的刻度上，然后将吊弦和定位游丝双耳连在一起；同时在钳压管上粘贴上该吊弦的标识。注意：吊弦线回头侧应向上。

③制作人员 B 将未压接一端吊弦线按要求和心形环、钳压管连在一起，然后和固定双耳连接。注意：吊弦线回头长度约为 200 mm，钳压管距心形环鱼尾端约 50～80 mm。

④将吊弦线回头夹在齿轨紧线器上，摇动齿轨紧线器手柄，拉紧吊弦线，拉紧力为 15～20 kg。

⑤合上压接钳并插好连接销，用十字推杆(见图 4-8-7)，将钳压管推近心形环，钳压管外端与压接模具平齐后进行压接。

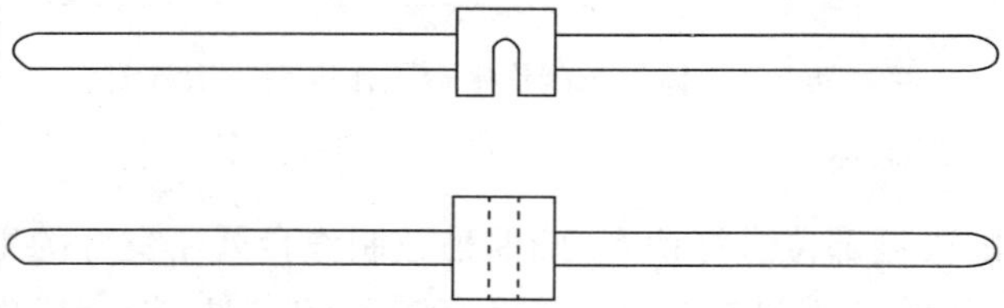

图 4-8-7　十字推杆示意图

⑥压接完毕后，制作人员 C 旋动调节手柄使吊弦松弛，取下连接销钉，将该吊弦排放在货架上。

(7)压接连接线夹及检验、包装

当吊弦定长压接一定数量后，更换压接模具进行本道工序作业。

①制作人员 A 将同一跨距内的吊弦摆放在工作台面上，按规定方向将两端吊弦回头穿上连接线夹。

②制作人员 B 将穿好连接线夹的吊弦进行压接，压接时应注意连接线夹的穿入方向。

③制作人员 C 对成品吊弦的长度进行抽验，对于长度超标的吊弦重新进行制作。

④用细铜线将同一跨的吊弦绑在一起，吊弦两端各绑一道；每 10～15 跨绑成一小捆，同一锚段的几小捆绑成一大捆，外面用尼龙布进行包装。

3. 技术标准

(1)吊弦线下料误差应在±(0～10) mm 之间。

(2)压接模具的压接宽度应小于钳应管长度 2～3 mm。

(3)压接时需一次压接完毕,压接表面应光滑无毛刺。

(4)吊弦标识内容包括区间及锚段号、吊弦所在跨编号、吊弦号。

(5)成品吊弦的长度按 5%进行抽验,长度误差应小于±2 mm。

(6)每压接 2 000 套吊弦应进行一次拉力试验,如拉断力小于 1.1 倍的设计值时,应对模具进行处理。

4. 注意事项

(1)为避免制作过程中出现差错,制作时应按《锚段整体吊弦制作安装尺寸表》依次进行制作。

(2)断线时应迅速,以使截面整齐不变形。

(3)吊弦在自由顺放时,两端心形环应在同一平面内。

(4)作业时三人需协调一致,防止不合格品的产生。

(5)对检验不合格的吊弦,应对其长度做好标记并进行记录,待以后重新利用,防止浪费。

(6)包装时尼龙布应缠绑紧密,保证吊弦顺直。

4.8.9　载流环式整体吊弦的安装、检验

安装整体吊弦时,将吊弦两端的心形环分别与承力索和接触线吊弦线夹的吊弦双耳连接,连接线夹穿入吊弦线夹螺栓内。在测出的吊弦安装位置上将吊弦线夹安装在承力索和接触线上,吊弦的回头绕向应全线一致并保证吊弦线夹在设计平均温度时铅垂。具体过程如下。

1. 施工组织及使用工机具

整体吊弦的安装,可以使用轨道作业车进行,也可以使用梯车进行,但是无论使用何种安装形式,首先应保证吊弦安装位置正确,吊弦安装型号正确。整体吊弦安装用轨道作业车安装时一般需要 5 人,使用梯车作业时另增加推、扶梯车人员。整体吊弦安装使用的工机具见表 3-8-5。

表 4-8-5　整体吊弦安装使用的工机具

序号	名　称	规格	单位	数量	备　注
1	钢卷尺	10 m	把	1	
2	记号笔	油性	支	1	做标记用
3	梅花扳手或呆扳手		把	2	
4	扭矩扳手	10～60 N·m	把	1	
5	线坠		个	1	线长 2 m
6	测量尺(带计算器)		套	1	测导高和拉出值
7	导高、拉出值检查记录表		张	若干	

2. 整体吊弦安装的条件

接触线已在额定张力下经过不少于 7 天的延伸,中心锚结安装完毕。

3. 安装方法及要点

(1)准备材料、工具,按施工任务准备整体吊弦,将吊弦线和吊弦线夹连在一起。

(2)利用梯车由中心锚结处向下锚方向安装吊弦。

(3)用线坠将承力索悬挂点中心垂在接触线上,用记号笔做上标记,作为吊弦布置的测量起点。

(4)用 10 m 钢卷尺沿接触线按整体吊弦制作安装尺寸表测出第一根吊弦安装位置,用记号笔做上标记。

(5)用线坠将接触线上的标记垂在上承力索上,安装承力索吊弦线夹和接触线吊弦线夹,安装时先用梅花扳手预拧紧,再用扭矩扳手紧固至 25 N·m。

4. 调整接触线中锚绳

当整个锚段的整体吊弦安装完毕后,应对接触线中心锚结绳进行调整,使中心锚结线夹处的导线高度高于设计导高 20～30 mm,同时还应保证其相邻吊弦处于受力状态。

5. 接触线水平的调整

当整个锚段的定位和整体吊弦安装完毕后,使用水平尺和钢卷尺对双接触线的等高进行检测,当两接触线的水平高差大于 5 mm 时,可在与悬挂点相邻的吊弦处,用扭面器转接触线线面的办法进行调整,以保证双接触线的水平。

6. 检验

在整个锚段吊弦安装完毕后,技术人员、检验人员应对悬挂点拉出值及导高,跨中拉出值及导高进行检验,对不合格的项目进行分析并调整到符合技术要求,同时应填写质量检查记录表。

7. 整体吊弦安装的技术标准及技术要求

(1)整体吊弦安装过程中,相邻吊弦间距的测量误差应小于±50 mm。

(2)整体吊弦安装后,吊弦的垂直偏差小于±30 mm。

(3)吊弦线夹螺母紧固力矩为 25 N·m。

(4)接触线的高度误差小于±30 mm,中心锚结处接触线高度应高于接触线设计高度 20～30 mm。

(5)两支接触线水平高差应≤5 mm。

8. 注意事项

(1)安装吊弦时应从中锚处向下锚方向安装,同一跨吊弦应从两端悬挂点向跨中安装。

(2)吊弦的偏移应满足设计温度曲线的要求。

(3)为了统一、美观,环式整体吊弦两端回头的绕向应全线一致,吊弦线夹螺栓的穿向应全线一致。

(4)为了避免使接触线出现人为的硬点,在整体吊弦安装过程中严禁踩踏接触线。

4.9　接触悬挂调整

接触悬挂调整这一接触网的工序,在以往的接触网施工中都是靠人工来实现的。从 20 世纪 90 年代末到现在,接触网"四个一次到位"技术日渐成熟,接触悬挂调整基本上可以通过计算机程序化模拟计算来达到设计要求,但是并不是绝对的,还有某些方面需要进行调整。

4.9.1　接触线中心锚结绳调整

锚段内整体吊弦安装完毕后,应对接触线中心锚结绳进行调整,调整项目有以下几个。

1. 调整接触线中锚线夹位置,使其安装在距最近吊弦 500 mm 的位置上。

2. 调整双承力索锚固线夹位置,使接触线中锚线夹处的接触线高度高于设计值 20～30 mm,并应保证吊弦处于受力状态。

3. 调整接触线中心锚结绳,使两条接触线中心锚结绳张力相等。

4.9.2 双接触线等高的调整

在接触网系统中，衡量单接触线系统弓网关系的性能指标有接触线高度、拉出值、坡度、硬点、弹性等，衡量双接触线系统弓网关系的性能指标还应该增加两接触线的等高度及线间距。其中最重要的一条是双接触线的等高度，即两接触线在线路的同一垂直截面内，其底面距轨面的垂直距离是否相等，而不是相对于水平面的高度是否相等。

在上海明珠线接触网工程施工中，双接触线曾出现不同程度的不等高现象，两接触线最大高差值超过 10 mm，受电弓滑过时，受电弓只与较低的一条接触线接触，与另一条接触线不接触，形成严重的偏磨现象。这样，如果地铁车辆上线运行时将产生电火花，灼伤接触线。双接触线的不等高主要有以下特征。

1. 一般曲线区段双接触线不等高情况较为严重，且曲线半径越小、超高越大，不等高情况就越为严重，直线区段双接触线的等高性较好。

2. 双接触线不等高最严重的情况一般出现在曲线半径最小的区段的双接触线定位点相邻的第一根吊弦处。

经现场勘测及分析，造成双接触线不等高的原因为：线路超高造成两接触线高差；定位装置零件间配合间隙造成接触线线面扭转，引起两接触线高差；接触线硬点、接触线在生产及施工过程中出现局部的扭面或线面不正、双接触线吊弦线夹的制造误差(左右不对称)、定位管角度超标等，造成随机性的双接触线不等高。

针对这种情况的调整方法是：整个锚段的定位和吊弦安装完毕后，使用水平尺和钢板尺在悬挂点附近对双支接触线的高差进行检测，当两接触线的水平高差大于 5 mm 时，可按图 4-9-1 所示方法在与悬挂点相邻的两吊弦处，用扭面器扭转接触线线面的办法或其他改善定位器受力的方法进行调整，以保证双接触线的水平。

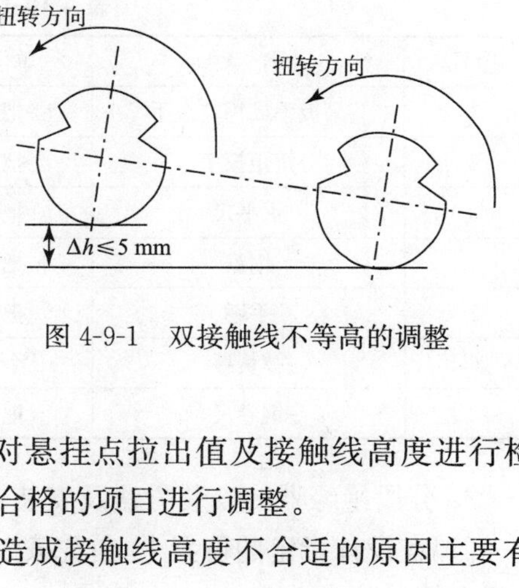

图 4-9-1　双接触线不等高的调整

4.9.3 接触线拉出值及高度调整

在整锚段吊弦安装完毕后，技术人员、安质人员应对悬挂点拉出值及接触线高度进行检验，重点检查关节、中锚等集中荷载比较大的部位，对不合格的项目进行调整。

因整体吊弦均是按计算机计算的长度值进行制作，造成接触线高度不合适的原因主要有以下两方面。

1. 吊弦制作长度错误。如某根吊弦长度不正确，在吊弦安装后会出现该处吊弦过松或过紧现象，应更换长度错误的吊弦。

2. 某一悬挂点结构高度错误。如承力索高度测量不正确或计算时结构高度输入错误，会造成该悬挂点处接触线高度不合适，此时应调整该处承力索高度，以使接触线高度符合设计要求。

4.10 分段绝缘器和隔离开关的安装及调试

4.10.1 分段绝缘器的安装及调试

在城市轨道交通接触网系统中，分段绝缘器分单线分段绝缘器和双线分段绝缘器两种，主要用于正线间渡线、车库线及洗车库线、停车场出入线，其中停车场出入线上采用双线分段绝缘器。

分段绝缘器的结构形式及型号较多，不同结构的分段绝缘器有不同的安装方式和要求，下面仅讲述瑞士AF公司的DC 1 500 V单线分段绝缘器的安装，其结构形式如图4-10-1所示。

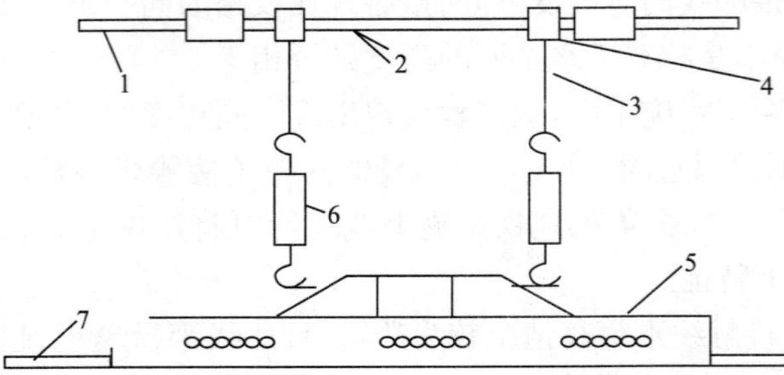

图4-10-1 分段绝缘器安装示意图

1—承力索；2—绝缘棒；3—吊弦线；4—吊环；5—分段绝缘器；6—调整件；7—接触线

1. 施工组织

分段绝缘器安装最好使用梯车进行，安装分段绝缘器一般需要7人左右，使用的工具见表4-10-1。

表4-10-1 分段绝缘安装使用的工具

序号	名 称	单位	规格	数量	备 注
1	呆扳手或梅花扳手	把	16 mm	1	
2	扭矩扳手	把	60 N·m	1	
3	水平尺	把	1 m	1	
4	钢锯	把		1	
5	手锤	把	1 kg	1	
6	弹簧秤	个	150 N	1	测弹性用
7	钢卷尺	把	5 m	1	

2. 分段绝缘器的安装方法及安装要点

(1)在设计指定的位置上，首先安装承力索绝缘子和分段绝缘器吊弦，并确认分段绝缘器位置上的吊弦中心。

(2)测量出分段绝缘器安装位置的轨面超高。

(3)调整两悬挂点处的拉出值，使承力索与接触线在同一垂面内，误差为±20 mm；且承力索与接触线位于线路中心，误差为±20 mm。

(4)在分段绝缘器安装位置，用弹簧秤抬升接触线，当抬升力在120～150 N时，测量出此时接触线的高度 H，这个高度就是分段绝缘器安装后的高度 H。

(5)将分段绝缘器放在接触线上，再次确认分段绝缘器安装位置，无误后即可进行安装。在安装过程中，所有的螺栓必须按规定的力矩用扭矩扳手反复紧固3次，紧固完毕后再次进行检查确认，无误后即可用钢锯按要求锯断接触线，并用手锤使锯断后的端头向上翘。

(6)安装分段绝缘器的导流滑板，在横向绝缘子处使导流滑板的底边低于接触线的底边

3～5 mm，且使分段绝缘器的导流滑板平行于轨道线路。

(7)安装好分段绝缘器的吊弦后，调整两侧的花篮螺栓，使分段绝缘器的安装高度等于 H。

(8)再次检查分段绝缘器的安装高度 H 及导流滑板是否平行于轨道线路，无误后剪断吊弦线并锁死花篮螺栓，即为安装完毕。

4.10.2　隔离开关安装及调试

隔离开关是接触网的重要设备之一，安装的质量直接影响接触网的可靠供电。隔离开关一般安装在支柱 6.5～8 m 的高度上，操动机构安装在距地面 0.9 m 或 1.6 m，操动杆采用单根外径为 41 mm，壁厚 2.5 mm 的钢管焊接而成。

1. 施工准备

(1)人员组织见表 4-10-2 所示。

表 4-10-2　劳动组织

序号	施工人员	单位	数量	备　注
1	施工负责人	人	1	负责施工组织、协调
2	技术人员	人	1	负责技术
3	质量员	人	1	质量检查
4	安全员	人	1	负责安全检查、安全提醒
5	主要施工人员	人	2	安装、调整
6	辅助施工人员	人	4	辅助作业

(2)工具准备见表 4-10-3 所示。

表 4-10-3　常用工具

序号	名称	规格	单位	数量	备　注
1	断线钳		把	1	作业平台
2	扳手		套	2	
3	钢卷尺	10 m	把	1	
4	滑轮		个	2	
5	力矩扳手	SL0－100	把	1	
6	水平尺	D0014－4	把	1	
7	尼龙绳		根	1	
8	液压钳	CP0－1505	把	1	带模具
9	滑轮		个	2	
10	绳子	15 m	根	2	
11	电缆剥切刀		把	1	上网电缆安装

(3)材料表准备见表 4-10-4 所示。

表 4-10-4　常 用 材 料

序号	代　号	名　称	材质	单位	数量
1	GW－1.5/3000 ZDTD－JY－1	直流隔离开关		台	1
2		ϕ300 支柱单台开关底座	Q235A	套	1
3		ϕ300 支柱单台机构箱底座	Q235A	套	1
4	001－CW－17－4306(Ⅰ)	Ⅰ型开关接线板	T2(Y)	件	2
5		传动杆(L＝5 500 mm)	Q235A	件	1
6	CJW－Ⅰ	隔离开关电动机构箱		台	1
7	GB 9327	DTGS－185 型双孔铜接线端子	T2	件	4
8	GB/T 5783—2000	螺栓 M16×60	O6Cr19Ni10	件	4
9	GB/T 6170—2000	螺母 M16	12Cr18Ni9	个	8
10	GB/T 97.1—2002	垫圈 16	12Cr18Ni9	个	4
11	GB 93—87	垫圈 16	12Cr18Ni9	个	4
12		150 mm^2软电缆		m	25
13	CJL 286(60)—2002	双电缆圆管固定卡箍	Q235A	套	4
14	001－cw－13－121(D)	U 形卡箍	Q235A	套	4
15	CJL05(D3)－98	D3 型电连接线夹	ZCuZn31Al2	套	4
16	CDC17(B)－98	B 型电连接线夹	T2	套	4
17		ϕ50 热缩管		米	1
18		中性凡士林		kg	1

2. 隔离开关安装工序流程

安装工序见流程图 4-10-2 所示，本工序首先在中心料库或施工驻地进行各类隔离开关的预配调整，在达到要求后现场进行安装。

3. 操作要点

(1)在中心料库准备一根与现场安装实际规格相等的电杆，按照配备要求可将电杆水平放置在支架上，并绑扎固定牢靠，距地面高度0.8～1 m 左右，作为集中预配调整的基准。

(2)打开包装箱，按装箱单检查开关及配件是否与实际相符，且齐全。检查隔离开关支持绝缘子是否与底座垂直、传动是否灵活，开关打开角度或距离符合产品设计要求。

(3)按照技术人员提供的开关本体支架及操作机构安装高度尺寸数据表，在支柱上安装开关本体及操作机构箱支架，安装后的隔离开关托架与电杆呈垂直状态，且隔离开关托架与操作机构箱支架的距离符合安装高度要求。

(4)在开关托架和支架上安装开关和操作机构本体，调节有关螺栓调节孔的位置，使隔离开关转轴及操动机构转轴同心。

(5)测量隔离开关与操动机构转轴之间的距离，按设计要求选用合适的钢管进行下料预配，钢管与转轴之间的连接方式应符合产品的技术规定。接触网专业的隔离开关一般采用螺栓进行钢管与转轴之间的穿心连接。

图 4-10-2　隔离开关安装工序流程图

(6)操纵杆安装后应竖直，安装后能保证开关羽机构之间灵活转动。在手动操作隔离开关的过程当中检查调整隔离开关和操动机构分合到位，确保隔离开关动触头和静触头中心线重合。检查调整完成后，仔细调整分合闸止钉的位置，应符合国家有关标准的规定。

(7)对于采用电动机构的隔离开关，在有条件的情况下，应进行电动操作试验检查；对于有信号输出要求的各类开关操作机构要对其辅助开关的转换接点进行传动检查，应符合国家有关标准的规定。

(8)将隔离开关和操作机构从预配电杆上拆卸下来，按运输要求进行包装。并与操纵杆统一按安装地点进行编号，由现场施工人员进行安装。

(9)每组隔离开关安装调整完毕，清理工作完成后，继续另外一台同类型隔离开关的预配，直至全部完成。

4. 隔离开关现场安装

(1)测量检查隔离开关支柱电杆的垂直度及建筑限界是否符合规定，根据设计要求确定隔离开关操作机构所处位置或方向，按预配尺寸安装隔离开关和操作机构支架，并与设计图纸尺寸复核应符合规定要求。

(2)利用简易吊架起吊隔离开关，起吊过程中隔离开关要绑扎拖拉绳，以防开关瓷套与电杆发生碰撞。开关起吊到位后，用螺栓进行临时固定。

(3)从隔离开关转轴引下一根铅垂线垂吊与操作机构的同心度，如果两者吻合，即可开始安装操作杆，并逐渐把操作机构上移，使机构转轴与操作杆的安装位置正处于预配的中心，把操作杆用穿心螺栓固定。

(4)手动操作隔离开关进行分合闸检查，并对分合闸止钉的位置进行同步检查。检查结束后，对隔离开关的触头接触部分进行清理并涂抹中性凡士林；对开关所有传动部分涂抹适合当地气候条件的润滑剂。

5. 隔离开关连接线安装

(1)按照设计要求将电缆在腕臂处固定。电缆应保证安装排列平行顺直，转角处弯曲自然。上网电缆敷设到上网处，留够使用长度后截断，压接 B 型电连接线夹。

(2)开关外侧接线端子电缆连接。实测接线端子压接管部分深度，按需要剥除绝缘防护层，露出裸铜线芯，截取 150 mm 长热缩管，先穿入电缆端头，在压接管内部均匀涂抹中性凡士林，将铜线芯插入压接管直至底部(注意铜线芯不要散股)，使用相应规格的液压钳压接。用绝缘胶带把压接管与电缆内绝缘管之间的缝隙全部缠绕平滑，在热缩管覆盖的全部范围那缠绕热融胶带，将热缩管滑动至电缆需要覆盖的部分，用喷灯对热缩管进行整体均匀加热，直至全部收缩密实。

(3)将接线端子与电连接线夹的接触面均进行清洗且均匀涂抹中性凡士林，然后进行连接，紧固力矩应符合国家标准规定。

(4)将隔离开关另外一侧的上网连接导线按有关工艺规定进行连接。

6. 隔离开关二次接线

(1)按照本手册的有关工艺要求，进行控制、信号、通信电缆的连接。

(2)通信电缆的连接应符合国家标准《城市轨道交通通信工程质量验收规范》(GB 50382)规定。

(3)在有条件的情况下进行隔离开关的电气传动试验，应符合国家标准的有关规定。

(4)按照有关要求制作“高压危险”标志牌，并悬挂在规定位置，填写安装设备安装技术记录。

7. 施工技术要求

(1)隔离开关的安装位置符合设计要求,严格按设计图纸和产品技术文件要求安装。隔离开关型号及各部尺寸等技术参数应符合设计要求。

(2)隔离开关所有部件、附件应配套齐全,无损伤变形及锈蚀;绝缘子应完好、整洁,瓷件应无裂纹及破损;主接头接触良好。

(3)隔离开关触头带电部分至接地体距离不应小于 150 mm,任何情况下安装均不得侵入设备限界。

(4)隔离开关中心线铅垂,操纵杆与于操动机构轴线一致,连接牢固无松动现象,铰接处转动灵活。

(5)隔离开关分合顺利可靠,分、合位置正确,角度符合产品技术文件要求。触头接触良好,无回弹现象。操动机构的分合闸指示与开关的实际分合位置一致。

(6)开关引线电缆平行整齐排列,美观自然,容易辨识,不能压叠;电缆固定板安装整齐、牢固、可靠,布置均匀合理。

(7)隔离开关安装图中 150 mm^2 软电缆与 DTGS-185 型双孔铜接线端子连接时,应先用专用工具将绝缘层剥去一定长度,剥绝缘层时应严格、仔细,不能划伤电缆导体外径:150 mm^2 软电缆剥开 70 mm 长,然后将裸露的电缆导体穿入端子的压线孔内进行压接,必须将电缆导体穿到孔的根部,方能压接,压接后电缆导体的握紧荷重不小于 6.9 kN。

(8)隔离开关刀闸接触部分涂中性凡士林,机构的连转动、传动部分涂适合当地气候条件的润滑剂。隔离开关的导电部分应接触紧密,两侧的接触压力应均匀,符合产品技术规定。

(9)开关引线应连接牢固,任何情况下应满足绝缘距离要求,并预留因温度变化的偏移量,弯曲方向与承导伸缩方向相同,电缆弯曲自然。

(10)隔离开关所有底座与支柱本体相连通,可靠接地,接地电阻应符合设计规定。

8. 质量控制点

(1)隔离开关底座安装时,应保证两底座安装面水平,且间距符合设计要求。

(2)隔离开关的所有部件、附件应齐全,无损伤变形及锈蚀,瓷件应无裂纹及破损。

(3)隔离开关机械或电气的闭锁装置应准确可靠;带接地刀的隔离开关,接地刀与主触头间的机械或电气的闭锁装置应准确可靠。

(4)隔离开关操动应灵活、开合到位。隔离开关打开时,刀口距接地体绝缘距离符合设计要求。

(5)开关引线安装前,应将承力索安装位置氧化物等杂质用砂纸、钢丝刷打磨,提高受流质量。开关引线预留长度严格按照安装位置位移进行计算。

(6)在安装完毕后,调整拉杆长度及拐臂的角度,使隔离开关分合到位(隔离开关在分闸位置时,动触头与静触头之间空气绝缘距离不小于 180 mm),当隔离开关分合到位时,应能听到辅助开关的转换声。

9. 注意事项

(1)隔离开关绝缘子应采用麻布软袋包扎保护。

(2)安装调试完毕后,所有隔离开关均应处于分闸位置,所有操动机构箱加锁,严禁随意操动隔离开关。

(3)变电所送电前,在隔离开关电源侧进行可靠接地,并悬挂明显接地标志。

(4)安装于同一支柱上的隔离开关与操作机构编号应相同,隔离开关与操作机构应安装于支柱的同侧，传动杆应安装在外侧（远离线路）。安装时应保证隔离开关的主闸刀在开启时转向田野侧。

4.10.3　隔离开关柜的安装

隔离开关柜一般应用于隧道中或安装环境受到局限的地方。适用于直流 1 500 V 和直流 750 V 的地铁及轻轨线路，在有电压无负荷情况下进行操作，起到对被检修的线路、设备进行电气隔离和电流选择转换的作用。操作上可电动，也可手动，并可以实现远动控制。

隔离开关柜的整体结构采用金属开关柜设计，主要由直流隔离开关、操动机构、二次控制线路和柜体组成，见图 4-10-3 所示。开关柜的内部结构如图 4-10-4 所示，外部尺寸如图4-10-5所示。

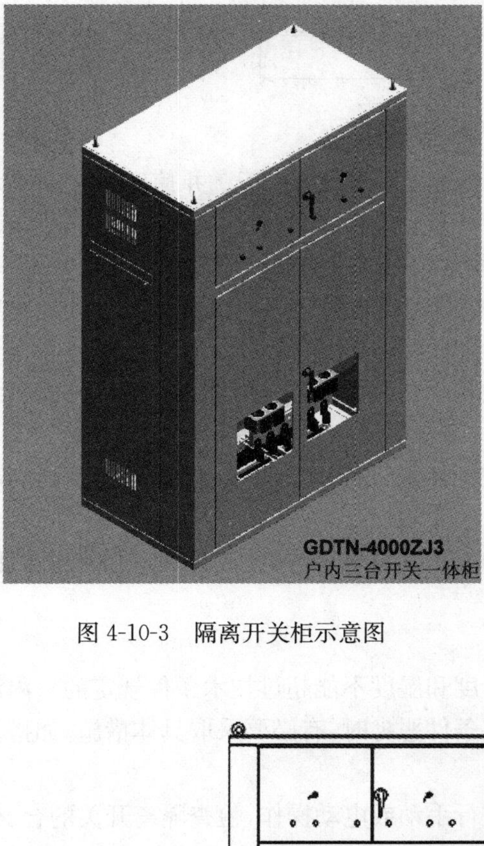

图 4-10-3　隔离开关柜示意图

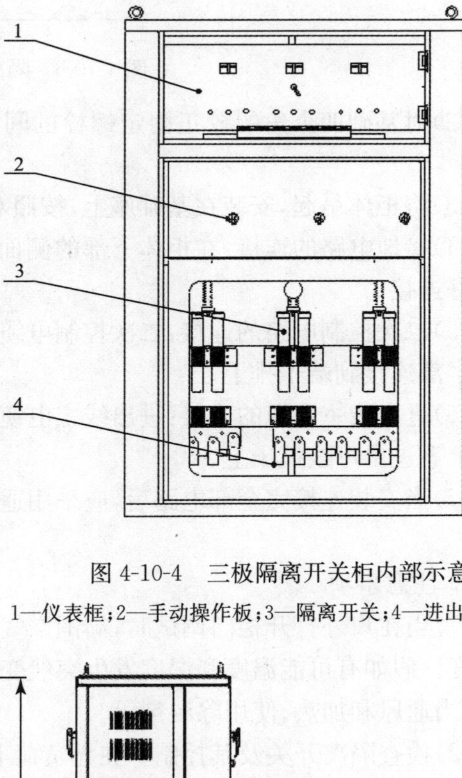

图 4-10-4　三极隔离开关柜内部示意图

1—仪表框；2—手动操作板；3—隔离开关；4—进出线电缆

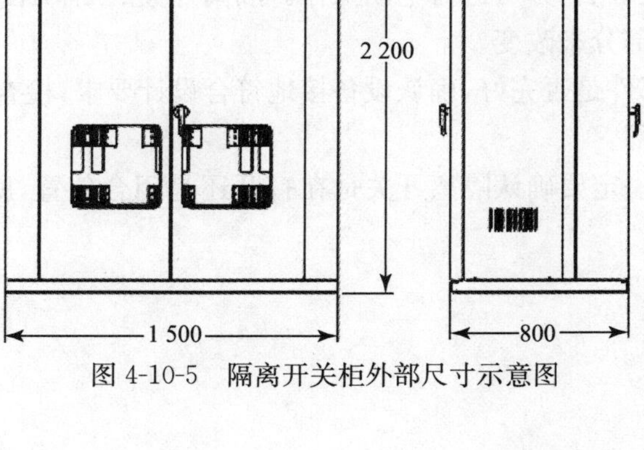

图 4-10-5　隔离开关柜外部尺寸示意图

1. 隔离开关柜安装

(1)隔离开关柜的基础尺寸,如图 4-10-6 所示。

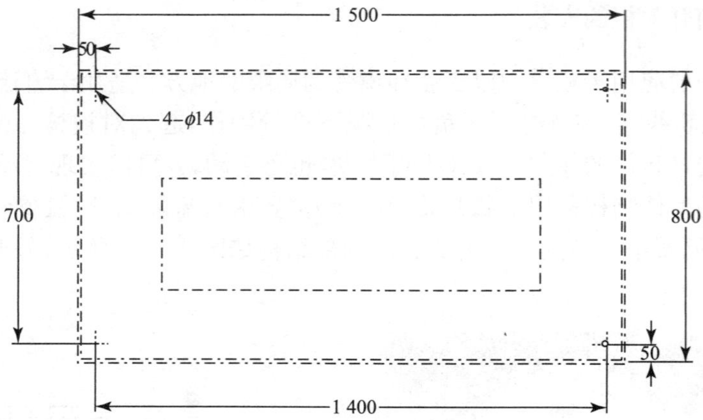

图 4-10-6　隔离开关柜基础尺寸图

(2)对基础四个角的校正固定螺栓的间距和外露进行测量,校正。并使四角在一个水平面内。

(3)将柜体吊起,安装在基础座上,按照对角固定的方式进行螺栓紧固。

(4)接地电路的连接:在柜体下部的侧面有一个 M12 的螺栓,并有接地标志,接地线应与其良好连接。

(5)二次控制电路的连接:二次控制电缆穿过柜体底部,通过二次通道沿柜体侧面爬到柜体上半部连接到端子排上。

(6)进出线主电缆的连接:进出线主电缆穿过柜体底部的电缆夹板,用螺栓连接到隔离开关的上下进出母线端子上。

(7)当安装连接完全部电路后,应采用适当的方法密封进出线电缆与柜体底部夹板之间的缝隙。

2. 注意事项

(1)当在户外打开柜门调试时,周围空气的温度和湿度不能超过技术条件规定的户内温度和湿度。假如有可能温度和湿度发生突然变化或条件恶劣时,有必要采取具体措施,如搭设帐篷、适当通风和加热、使用除湿剂等。

(2)检查隔离开关及其控制。在无负荷下,进行手动或电动操作,检查隔离开关的合、分状态、隔离断口距离及控制信号的正确性。首先必须进行手动操作,在确定操作机构的辅助开关切换时间、合分闸限位正确后,方可进行电动操作。隔离开关的断口距离及闭合位置可通过调整操作机构的机械传动部分来改变。

(3)检查设备及其部件是否完好,确认设备接地符合设计要求;检查电缆是否接触密切;检查有无杂物遗留设备内部。

(4)第一次通电时,一定要确认隔离开关是在打开还是闭合位置,所有安装面板上的设备和柜门是否就位、锁定。

4.11　牵引回流系统安装

4.11.1　均流、回流装置的布置

1. 回流箱是户外的电器设备，用于城市轨道牵引回流电缆的转接。该箱体安置在轨道旁，回流母排安装在箱内的绝缘子上，地铁轨道的负极电流通过回流电缆到回流箱的母排上，再通过出线电缆回到电站的负极柜里。一般在有牵引变电所的车站或停车场的一端设置回流箱，并用电缆连接成通路。牵引回流通路是回流电缆一端与变电所负极柜相连，另一端经回流箱与上下行牵引轨连接，构成牵引回流通路；如图 4-11-1 所示。

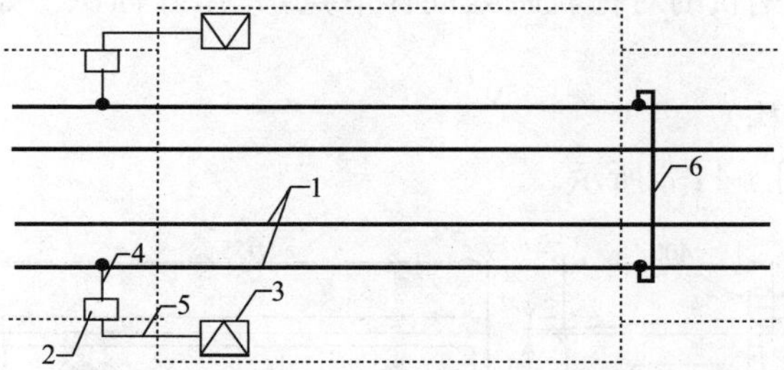

图 4-11-1　有牵引变电所的车站两端回流装置布置示意图

1—钢轨；2—回流箱；3—牵引变电所；4—8 根或 12 根 1×150 mm^{2}电缆；5—4～5 根 1×400 mm^{2}电缆；6—2 根 1×150 mm^{2}电缆

2. 均流箱一般在有降压变电所的车站或停车场不设回流箱的一端设置均流箱，并用电缆连接成通路。轨道均流的通路是用均流电缆，将上、下行线路的牵引钢轨相连，如图 4-11-2 所示。

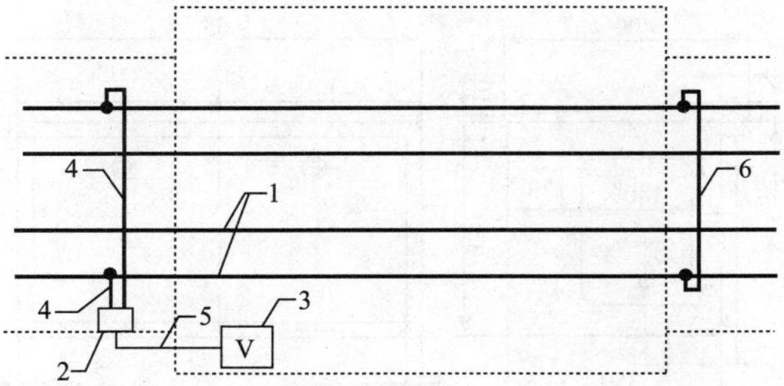

图 4-11-2　有降压变电所的车站两端均流装置布置示意图

1—钢轨；2—均流箱；3—牵引变电所；4—2 根 1×150 mm^{2}电缆；5—1 根 1×400 mm^{2}电缆；6—2 根 1×150 mm^{2}电缆

在无牵引变电所的车站两端分别设置均流电缆，将上、下行线路的牵引钢轨相连，其中有一端应通过均流箱与钢轨电位限位装置相连。

岛式站台的车站均流线应通过均流箱与轨道相连，侧式站台的车站均流线不设均流箱，直接采用 150 mm^{2}电缆与轨道连接。

4.11.2　回流、均流电缆与走行轨的连接方式

电缆与走行轨之间，国内轨道交通系统一般采用放热焊工艺进行焊接，由于采用放热焊受

气候影响易造成断轨，所以放热焊在国内引起很大争议。根据国外广泛采取螺栓连接方式的经验，在他们国家铁路网中一般全部采用螺栓连接，最有代表性的是欧洲国家采用的 3 kV 直流牵引供电系统，他们在牵引回流系统中普遍采用螺栓连接。

目前在北京地区地铁建设管理公司倾向采用螺栓连接，而且在北京地铁 15 号线一期工程供电系统的均、回流电缆安装率先采用两种螺栓连接方式。

一种为塞钉螺栓连接，塞钉由铜套筒、胀杆、自锁螺帽组成，孔径为 ϕ17 mm，主要适用于均流电缆与钢轨的连接。

另一种为胀钉螺栓连接，胀钉由不锈钢螺栓、垫圈、铜管套(一对配套)、自锁螺母组成，孔径为 ϕ19 mm。主要适用于回流与均流电缆在同一个点上与钢轨双面连接。

一般情况下，塞钉、胀钉的安装位置在钢轨的轨腰部，距轨底 79 mm 的中轴上，孔的间距为 200 mm，同时在相邻钢轨的对称轨腰处同样取点，并作好标识。如果设计有特殊规定，钻孔位置应符合设计要求。

1. 均回流箱外形结构

(1)回流箱尺寸见图 4-11-3 所示。

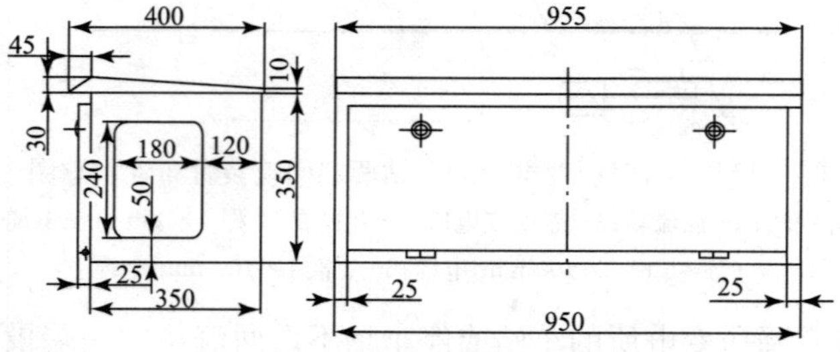

图 4-11-3　回流箱外形尺寸图

(2)均流箱尺寸见图 4-11-4 所示。

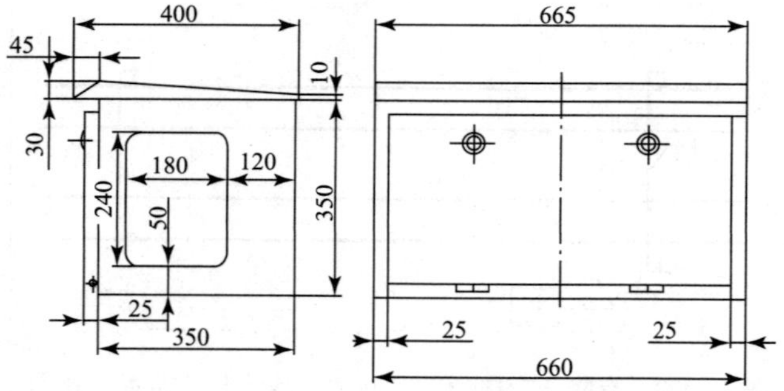

图 4-11-4　均流箱外形尺寸图

2. 回流箱安装

回流箱是通过钢轨传输回路电流的中转系统，将钢轨与回流箱用电缆连接起来，使轨道的回路电流返回变电所负极柜，回流箱安装施工准备如下。

(1)施工准备

①人员组织见表 4-11-1 所示。

②机具准备见表 4-11-2 所示。

表 4-11-1　劳动组织

序号	施工人员	单位	数量	备　注
1	施工负责人	人	1	现场施工组织及协调
2	技术人员	人	1	技术负责
3	质量员	人	1	质量负责
4	安全员	人	1	安全检查、安全提醒
5	主要作业人员	人	3	箱体安装、电缆连接
6	辅助作业人员	人	3	辅助作业

表 4-11-2　工机具准备

序号	名　称	规格	单 位	数量	备注
1	冲击电钻	TE—55	台	1	
2	直角尺		把	1	
3	钢卷尺	10 m	把	1	现场测量
4	记号笔		根	1	
5	照明设备		套	2	
6	活动扳手		把	1	
7	力矩扳手	SL0—100	把	1	
8	钳子		把	2	
9	钢模		个	1	
10	铁锤		把	1	
11	电缆切刀		把	1	
12	清洁刷		个	1	
13	钢丝刷		个	1	
14	电源线盘		盘	1	
15	金刚钻		台	1	

(2)工序流程见图 4-11-5 所示。

(3)施工过程及质量控制点

①回流箱电缆型号、类型、载流截面、安装位置应符合设计要求，电缆弯曲半径应满足产品要求。

②回流箱在固定托架上安装应牢固、箱体安装应水平；设备线夹与连接板的连接螺栓紧固力矩应符合设计要求。

③回流箱外观完好，无掉漆、锈蚀现象，密封良好，整体美观。

④电缆无损伤，无中间接头，电缆端头制作符合规范要求，压接严密可靠，沿隧道或道床敷设时应设置防护管，并可靠固定。

⑤电缆无论采用胀钉与钢轨连接、或热熔焊接工艺进行回流电缆与钢轨连接，连接应牢固，电缆与钢轨接触面或焊接面积要符合设计要求，电缆的敷设要符合设计要求。

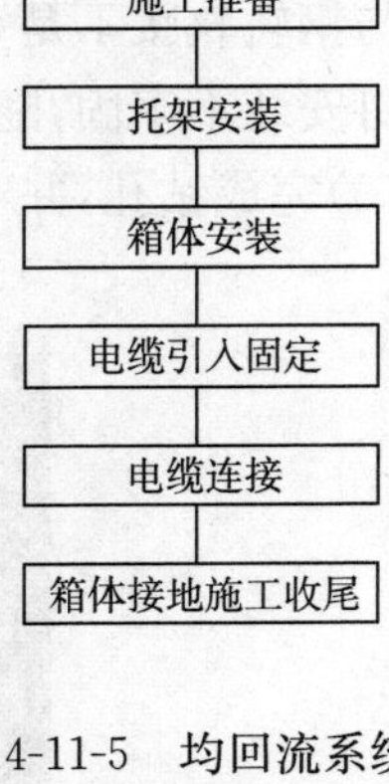

图 4-11-5　均回流系统安装工艺流程图

⑥托架安装或基础制作：依据图纸提供里程，找到相应回流箱预留孔位，地下段采用托架安装，车辆段（停车场）通过制作底座小基础进行安装。托架安装如图 4-11-6 所示。

⑦箱体安装：箱体安装先将箱体安放在拖架或基础上，箱体门采用从下向上开启的方式，易于安装和拆下。再将连接螺栓安装并紧固，紧固力矩符合要求。箱体安装完成后，使用彩条布进行包裹保护。

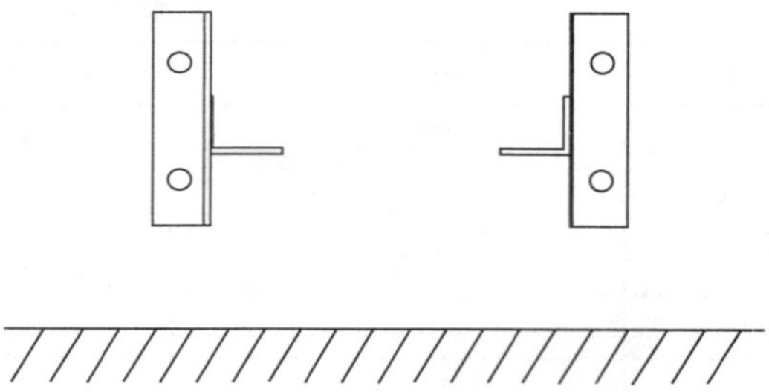

图 4-11-6　回流箱托架安装示意图

3. 用胀钉连接方式的操作要点

(1)回流箱与钢轨连接的电缆采用 150 mm^2 铜电缆，一端采用胀钉连接方式连接至邻近钢轨轨腰，一端压接接线端子，与箱体内铜母排相连接。

(2)电缆与钢轨的连接，需征得轨道和信号相关专业的认可并同意。

(3)在回流电缆与钢轨指定连接位置，用打磨机对打孔位置进行打磨除锈处理。如图 4-11-7所示。

图 4-11-7　打磨除锈示意图

(4)用安装有固定架的钻孔机钻孔，钻孔前，必须调节固定架，使钻机钻头与钢轨轨腰在钻孔过程中始终保持垂直状态，并且一次性钻取孔洞。此步骤十分关键，如果在打孔过程中钻机钻头与钢轨轨腰不是垂直状态，或者不是一次性钻取的孔，将来在安装铜胀钉的时候将会使得铜胀钉安装不牢固，随着温度的变化及列车运行所产生的振动使的铜胀钉慢慢脱落。

(5)完成钻孔，并对钻孔清洁后，将铜胀钉旋入压接钳钳头，放入孔洞之中。如图 4-11-8 所示。

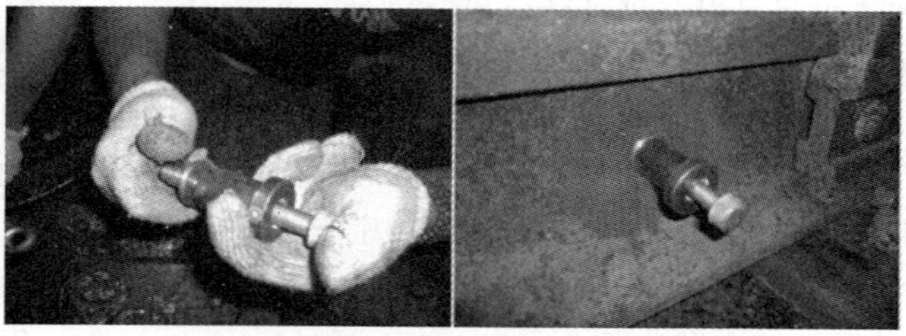

图 4-11-8　胀钉安装示意图

(6)完成上步操作后，将液压压接钳钳口套在钳头上，压动液压钳，进行胀钉压接，在听到“咯噔”一声后，停止压动液压钳，取下液压钳和钳头，操作过程如图4-11-9所示。

图4-11-9　胀钉压接示意图

(7)完成铜胀钉固定后，将回流电缆与钢轨相连的一端压接铜接线端子，压接完成后用热缩管将电缆与接线端子连接处进行热缩处理，然后将压接有连接端子的回流电缆与胀钉部分相连，并上紧防松螺母。

4. 热熔焊接工艺进行回流电缆与钢轨连接

当选用热熔焊接进行电缆与钢轨的连接时，需征得轨道信号相关单位同意。由于热熔焊接使用的焊药也少，对钢轨的损伤小，一般采用热熔焊接工艺。

(1)热熔焊接工序流程，如图4-11-10所示。整个热熔焊接操作程序如图4-11-11所示。

(2)工具准备见表4-11-3所示。

(3)施工准备：主要是焊接电缆端头的处理及各种工器具、材料运抵现场，对施工场地进行清理。在焊接前根据电缆的不同截面积，采用与电缆截面积相同的厚度为2 mm的铜接线管穿入电缆的端部，将铜接线管的端头压成半圆形，以便和走行轨可靠接触。

图4-11-10　回流电缆热熔焊接安装工序流程图

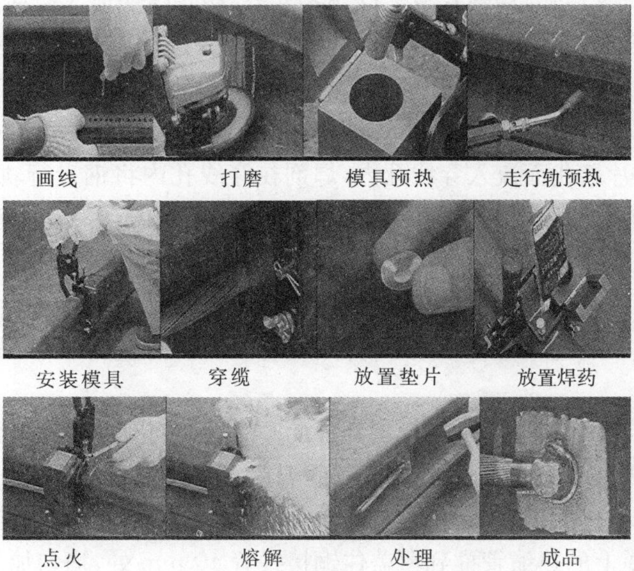

画线　打磨　模具预热　走行轨预热

安装模具　穿缆　放置垫片　放置焊药

点火　熔解　处理　成品

图4-11-11　回流电缆焊接程序

表 4-11-3　施工工机具

序号	名　称	型　号	单位	数量
1	发电机	1.2 kW	台	1
2	角磨机	手持式	台	1
3	液化气喷枪		套	1
4	专用模具		套	1
5	钢卷尺	5 m	只	1
6	红外线激光测温仪	311－2MSCL3	台	1
7	电焊锤		把	1
8	砂纸		张	1
9	组合工具		套	1
10	点火枪		只	1
11	焊接模具	按电缆配	套	1

(4)焊点位置确定：根据信号专业提供的信号绝缘里程位置，找到具体的焊点位置，以该点为中心向两边在走行轨上划两条竖线，两条线之间的距离约 70 mm 左右。

(5)走行轨打磨：用角磨机在划定的区域范围内对钢轨进行除锈处理，将走行轨表面部分的锈蚀除掉，露出光亮部分。

(6)模具和走行轨加热：用液化气喷枪对模具的装药孔的内壁进行 10 s 的烘烤，对模具的内壁进行预热处理；走行轨加热：用液化气喷枪在走行轨焊接点的背面对钢轨进行加热，加热前可将焊点的划线延伸过来，以确定加热范围；加热走行轨的温度最后达到 120 ℃；加热过程中用专用的红外线激光测温仪实时测试走行轨的温度，严格控制，防止走行轨过温加热。

(7)安装模具及缆线穿入：模具及走行轨加热至规定的温度后，将模具安装在焊点位置，将所焊的电缆穿入模具内的穿线孔，穿缆时应注意将端部所压的铜接线管头的边缘与模具穿线孔的外边缘对齐。穿缆前还需先将长度为 100 mm 的热缩管穿在电缆上，然后将模具与走行轨固定牢固。

(8)焊药放入及点火：将专用垫片放入储药孔底部，防止焊药放入后漏入穿线孔；垫片放入后，根据焊药的使用说明，不同截面积的电缆放入储药孔内不同剂量的焊药；将点火引药放进储药孔内的焊药上面，将少许引药放在模具的储药孔的上部边缘，然后将储药孔的盖盖上；用点火枪将储药孔上部边缘的引药点燃，引燃储药孔内的焊药发生化学反应而产生高温，高温焊剂将储药孔底部的垫片熔化而流入穿线孔内，焊剂在穿线孔内将钢走行轨表面及铜接线管端头表面熔解，熔解的走行轨表面与熔解的铜接线管端头表面熔合在一起，起到了连接及导通的效果。

(9)焊点处理：焊药熔剂冷却 30 s 后，将模具取下，将模具储药孔及穿线孔内的残渣清理干净。同时将焊点上的残渣用电焊锤敲下，并用电焊锤对焊点进行敲打焊点的焊接质量进行检查。

(10)走行轨处理：在取下模具进行焊点处理的同时，用液化气喷枪继续对焊点背面的走行轨表面进行加热，加热时间为 5 min，使走行轨的温度缓慢降温(既缓慢冷却)，以防止焊接对走行轨内部结构带来变化而损害走行轨；走行轨冷却后，在电缆护套与铜接线管的缝隙处缠绕绝缘胶带，然后将电缆上的热缩管推到覆盖住铜接线管 10 mm 处，均匀加热收缩热缩管；在焊点处刷沥青漆两遍。

5. 注意事项

(1)现场施工时,电缆敷设应避让信号设备,与钢轨的连接点调整时需经信号确认。

(2)与钢轨连接电缆时,焊点位置应经轨道专业认可,不在轨缝连接处。

(3)回流箱体安装时注意测量限界,箱内绝缘子绝缘电阻和空气绝缘距离满足设计要求。

(4)箱体应保证在正常工作及箱门开闭时不与带电部分接触,并留有安全距离。

6. 均流箱安装

均流系统是用电缆将钢轨连成一个均流网,均流电缆的连接分为有无钢轨绝缘节两种情况。

一种为车站无绝缘节均流电缆连接的形式,如图 4-11-12 所示。另一种为车站有钢轨绝缘节均流电缆连接的形式,如图 4-11-13 所示。

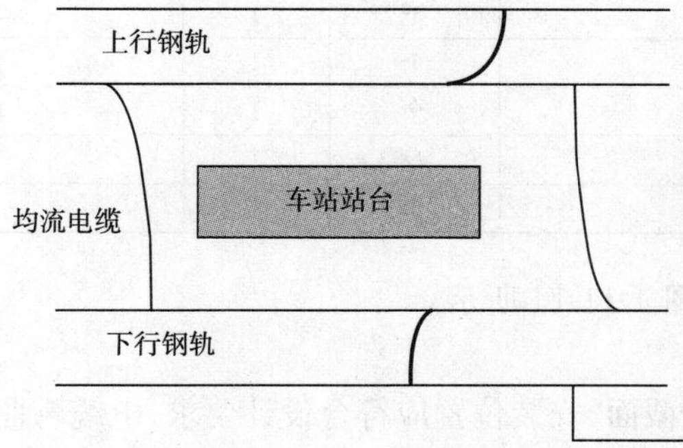

图 4-11-12　车站无绝缘节均流电缆连接示意图

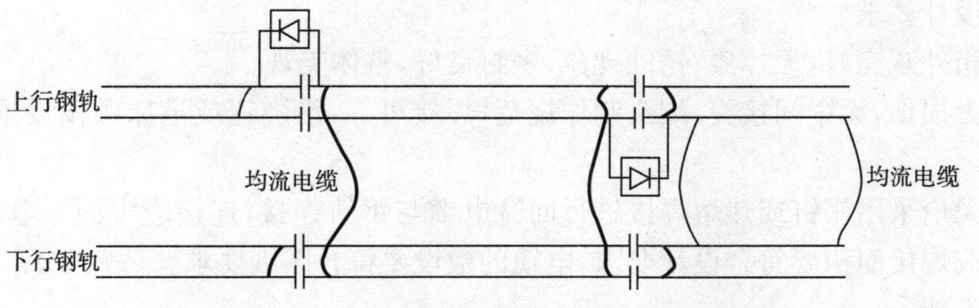

图 4-11-13　车站有钢轨绝缘节电缆连接示意图

(1)施工准备

①人员组织如表 4-11-4 所示。

表 4-11-4　劳 动 组 织

序号	施工人员	单位	数量	备　注
1	施工负责人	人	1	现场施工组织及协调
2	技术人员	人	1	技术负责
3	质量员	人	1	质量负责
4	安全员	人	1	安全检查、安全提醒
5	主要作业人员	人	3	箱体安装、电缆连接
6	辅助作业人员	人	3	辅助作业

②机具准备如表 4-11-5 所示。

表 4-11-5　工机具准备

序号	名　称	规格	单 位	数量	备　注
1	冲击电钻	TE－55	台	1	
2	直角尺		把	1	
3	钢卷尺	10 m	把	1	现场测量
4	记号笔		根	1	
5	照明设备		套	2	
6	活动扳手		把	1	
7	力矩扳手	SL0－100	把	1	
8	钳子		把	2	
9	钢模		个	1	
10	铁锤		把	1	
11	电缆切刀		把	1	
12	清洁刷		个	1	
13	钢丝刷		个	1	
14	电源线盘		盘	1	
15	金刚钻		台	1	

(2)均流系统安装工序流程如图 4-11-14 所示。

(3)操作步骤及质量控制点

①均流箱电缆型号、类型、载流截面、安装位置应符合设计要求，电缆弯曲半径应满足产品要求。

②均流箱在固定托架上安装应牢固、箱体安装应水平；设备线夹与连接板的连接螺栓紧固力矩应符合设计要求。

③均流箱外观完好，无掉漆、锈蚀现象，密封良好，整体美观。

④电缆无损伤，无中间接头，端头制作规范，焊接可靠，沿隧道或道床敷设设置防护管，并可靠固定。

⑤电缆无论采用胀钉或热熔焊接进行回流电缆与钢轨连接，连接应牢固。电缆与胀钉连接的接触面或焊接面积要符合设计要求，电缆的敷设要符合图纸要求。

⑥托架安装

依据施工图纸提供的里程，找到相应均回流箱预留孔位，按图 4-11-15 所示，进行托架安装。

图 4-11-14　回流电缆热熔焊接安装工序流程图

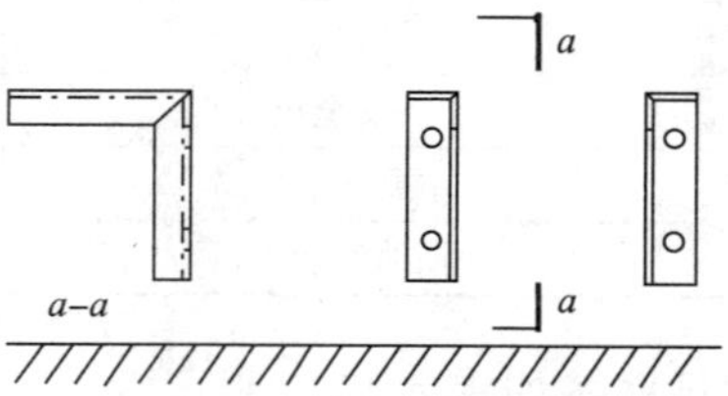

图 4-11-15　均流箱托架安装示意图

⑦箱体安装

先将箱体安放在拖架或基础上，箱体门采用从下向上开启的方式，易于安装和拆下。再将连接螺栓安装并紧固，紧固力矩符合要求。箱体安装完成后，使用彩条布进行包裹保护。

⑧电缆连接

均流箱与钢轨连接的电缆采用 150 mm² 铜电缆，连接方式有时采用胀钉连接方式连接至邻近钢轨轨腰，一头压接接线端子，与箱体内铜母排相连接。有时采用热熔焊接的连接方式。

电缆与钢轨的连接方法与回流电缆连接方法相同。

(4)注意事项

①现场施工时，电缆敷设应避让信号设备，与钢轨的连接点调整时需经信号确认。

②与钢轨连接电缆时，与轨缝焊接点保持一定的距离。

③均流箱体安装时注意测量限界，箱内绝缘子绝缘电阻和空气绝缘距离满足设计要求。

4.12　静调电源柜安装

随着地铁车辆的快速发展，不仅对运行过程中车辆供电系统的要求高，对检修过程中库用电源的要求也在不断提高。静调电源柜可以为地铁车辆提供 DC 1 500 V/750 V 电源，在满足地铁车辆电气设备及车辆空调的维修调试需求的同时，可避免因车辆短路对电网的破坏。下面以上海轨道交通 12 号线南延伸段金桥停车场静调电源柜为例，介绍静调电源柜的安装。

SAPD 系列静调电源柜是引进瑞士赛雪龙公司最先进的设计、制造和检测技术，在瑞士技术专家指导下，在中国设计、制造、安装并经严格测试的成套直流开关设备，其中的关键电器元件，如直流快速断路器、电磁接触器等均由赛雪龙公司直接供货。

SAPD 系列静调电源柜可以满足上海地铁 12 号线金桥停车场工程需要。

4.12.1　使用环境

环境温度：－10～＋40 ℃；

相对湿度：日平均值不大于 95%，月平均值不大于 90%(25 ℃)，有凝露的情况发生；

饱和蒸气压：日平均值不大于 2.2 kPa，月平均值不大于 1.8 kPa；

海拔高度：≤1 000 m；

水平加速度：0.2 g；

垂直加速度：0.1 g。

SAPD 系列静调电源柜已充分考虑到了由于温度变化以及高湿期内可能会偶然产生凝露的影响，在设备上安装了加热器，用以防止凝露对设备的损害。SAPD 系列静调电源柜在上述环境条件或更恶劣环境条件下完全可以正常运行。

4.12.2　基本功能

1. 静调电源柜从外部获得 DC 1 500 V 电源和 AC 220 V 电源，输出满足车辆、车间要求的 DC 1 500 V 电源和 DC 110 V 电源。

2. 静调电源柜输入端接 150 mm² 直流电缆，连接检修库 1 500 V 直流电源；输出端接 120 mm² 或者 95 mm² 柔性电缆，用以连接列车给列车供电。输出电缆长度不小于 60 m，并缠绕在一不锈钢绕线盘上。

3. 当输出过流、过压时，静调电源柜能通过电路进行保护。

4. 当静调电源柜受电时，能发出灯光信号示警，此时柜门不能打开。

5. 当电磁接触器和直流快速断路器处于断开或闭合状态时，具有相应的状态指示灯进行指示。

6. 每个静调电源柜设有紧急按钮，在紧急状态下可通过按压该按钮使车库内所有静调电源柜停止工作。紧急按钮设置在显眼且易于接近的位置，紧急按钮的布置位置由设计确定。当紧急按钮动作后，系统设有蜂鸣器进行报警，报警信号必须手动复位才能解除，复位按钮设于柜体面板上。

7. 每个静调电源柜具有电压表指示输入电压的大小，电压表为指针式，量程为 0～2 000 V，精度为 1.5 级。

8. 静调电源柜通过电磁接触器、直流快速断路器通断 1 500 V 电源，直流快速断路器具有快速分断能力，在下级负载短路的情况下，可快速、自动分断 1 500 V 电源，避免对电网造成破坏。直流快速断路器分断短路电流能力≥30 kA。

9. 电源柜出线端至车辆的电力配线采用国内知名大厂所制造的 95 mm^2 或者 120 mm^2 防紫外线、防水、低烟、无卤软电缆。每个静调电源柜按设计要求考虑附带 60 m 的电力配线。

10. 静调电源柜使用安全，具有列车连接线破皮保护功能，当连接线绝缘层破损时，静调电源柜可自动分断 1 500 V 电源。静调电源柜主电路图如图 4-12-1 所示。

11. 静调电源柜控制逻辑。

(1)柜门上设有一电子锁，该锁有两个位置："0"位和"1"位，当该锁处于"0"位时，电磁接触器、直流快速断路器均不能操作，只有当该锁处于"1"位时，电磁接触器、直流快速断路器才能正常操作。

(2)静调电源柜 DC 110 V 输出回路未闭合或闭合但无 DC 110 V 输出时，电磁接触器、直流快速断路器不能闭合。

(3)静调电源柜 DC 110 V 输出回路断开或无 DC 110 V 输出时，电磁接触器、直流快速断路器立即断开，且直流快速断路器应先于电磁接触器断开。

(4)静调电源柜 DC 110 V 输出回路闭合且 DC 110 V 正常输出时，只有电磁接触器闭合状态下直流快速断路器才能闭合。

(5)静调电源柜 DC 110 V 输出回路闭合且 DC 110 V 正常输出时，只有直流快速断路器断开状态下电磁接触器才能断开。

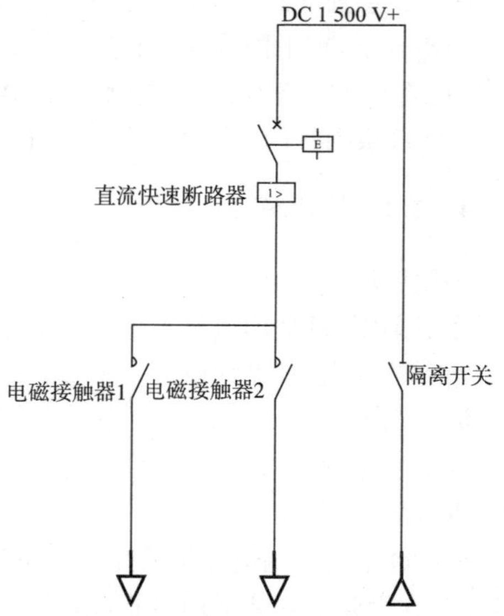

图 4-12-1　静调电源柜主接线示意图

(6)静调电源柜柜门打开或柜门未锁好，电磁接触器、直流快速断路器不能闭合。

(7)静调电源柜受电时，如强行打开柜门，电磁接触器、直流快速断路器将立即断开，且直流快速断路器先于电磁接触器断开。

12. 每套静调电源柜均附带除湿装置。

4.12.3　结构组成

静调电源柜内部装设快速直流断路器、手动隔离开关、电磁接触器、开关电源及可编程逻辑控制器等，均为固定安装。分为前柜和后柜两部分，采用高强度型材组装而成，整个开关柜刚度好、强度高。另外整个开关柜结构采用前开门结构，且设有视察窗，在正常运营状态下能直接观察到开关的分、合状态，可以极大地方便运行维护人员的工作，并确保运行维护人员的安全。

整个柜体包括直流快速断路器室、手动隔离开关与电磁接触器室、电缆室、继电保护室等部分。电缆室位于柜体后部，留有足够的空间，连接母排配有足够的连接螺栓，便于电缆连接；在柜体下部配有带电缆穿孔的防腐蚀的镀锌底盖板，同时配有足够的电缆固定装置，使电缆连接快速方便。柜体各功能室划分明确，其结构如图 4-12-2 所示。

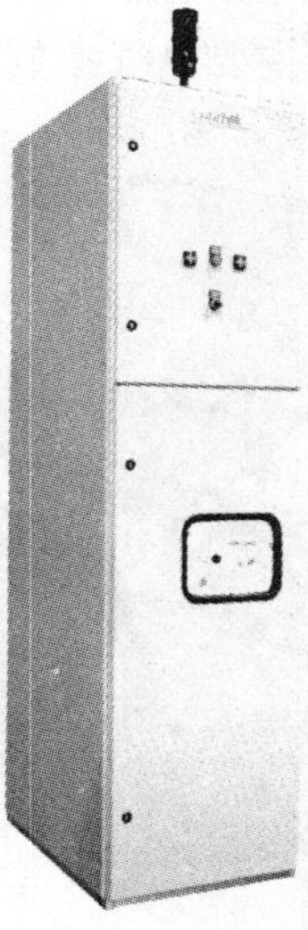

(a)

(b)

图 4-12-2　静调电源柜结构示意图
(a)静调电源柜正视图；(b)静调电源柜内部结构正视图

1. 直流快速断路器室

直流快速断路器室位于柜体的下部，装有直流快速断路器、分流器、电流或电压测量元件等。

静调电源柜内采用的直流快速断路器为瑞士赛雪龙公司高性能 UR6 型直流快速断路器，如图 4-12-3 所示。它是一种双向单极单元，具有电磁吹弧、电动合闸、直接过流、瞬时脱扣和空气自然冷却等特点。赛雪龙断路器具有高可靠性和免维护性，在使用过程中，能为用户显著降低维护成本。该断路器主要电气参数如下。

图 4-12-3　UR6 型直流快速断路器

额定电压：1 500 V；

额定电流：1 000 A；

控制电压：DC 110 V 或 AC 220 V；

短路电流：≥30 kA。

2. 手动隔离开关与电磁接触器室

该功能隔室内部安装手动隔离开关和电磁接触器。

(1)手动隔离开关

静调电源柜内手动隔离开关选用法国 Ferraz Shawmut 公司 HAZ 系列产品，如图 4-12-4 所示。该系列手动隔离开关具有绝缘水平高、操作方便、易维护、使用寿命长等特点，已在众多工程中成功应用，现场运行证明其工作非常可靠。该手动隔离开关主要电气参数如下。

额定电压：1 500 V；

额定电流：1 000 A。

(2)电磁接触器

静调电源柜内采用的电磁接触器为瑞士赛雪龙公司高性能 BMS 型电磁接触器，如图 4-12-5 所示。它在主电路和辅助电路中用作分流接触器、负载接触器、隔离接触器等，专门设计用于电力牵引车辆所处的极为恶劣的工作环境。该接触器主要电气参数如下。

图 4-12-4　HAZ 系列手动隔离开关

图 4-12-5　BMS 型电磁接触器

额定电压：1 500 V；

额定电流：800 A；

控制电压：DC 110 V 或 AC 220 V。

3. 电缆室

电缆室内装正极母排、馈电回路、电缆连接器。

电缆室位于开关柜的后部，后板装卸灵活，便于设备、电缆的安装及维护。

开关柜底部一次电缆入口的开孔位置在柜体的中后部，底板预留各类电缆进出的孔洞，电缆室内配有电缆固定支架，能非常方便地进行电缆连接。柜内设有低压电缆敷设通道及固定件。

柜体下部配有带电缆穿孔的防腐蚀的镀锌底盖板，同时配有足够的绝缘电缆固定装置，使电缆连接快速方便。柜底盖板不但可以保证开关柜规定的防护等级，防止小动物以及在潮湿地区蛇类由电缆沟误入开关柜引起短路事故，同时也减少电缆沟的潮气对开关柜内部设备的腐蚀。

4. 继电保护室

继电保护室装有继电器等低压元件，并留有低压电缆连接端子排和通信电缆通道，控制与保护单元位于上部，打开其挡板即可对其进行检修和测试。在面板上装有指示灯、控制开关和各种按钮。

防护等级：开关柜及柜体的防护等级不低于IP41。

柜体使用钢板，其结构强度和使用材料满足设备设计寿命30年的要求。

柜体尺寸：(高)1 500 mm×(宽)1 200 mm×(深)1 000 mm。

每一台电源柜至车辆的每条电力配线均配备一个不锈钢绕线盘，以利于电源柜不工作时把电缆缠绕在上面，达到整齐、美观的效果。

每台电源柜所配备的三个紧急按钮布线，采用2.5 mm^2聚氯乙烯导线，布线整齐、规范，导线外套镀锌管。

4.12.4　现场设备安装

静调电源柜的安装一律按照变电专业开关柜的安装工艺组织施工，并参考变电专业开关柜的安装工序编制施工程序，以及必要的操作步骤。静调电源柜安装工作的要点步骤如下。

1. 进行设备进货检验，检验内容应符合本手册有关内容的规定。

2. 检查设备基础的强度及静调电源柜安装的水平度和垂直度，应符合《地铁施工规范》的有关规定。

3. 车辆段和停车场与全线的接地系统不是一个整体，而是独力的接地系统，静调电源柜的接地线应按照设计要求连接在车辆段或停车场的变电所引出的接地系统上。

4. 按本手册介绍的电缆敷设及电缆终端头制作方法进行施工，电缆终端头与柜体母线的连接应符合现行国家标准的规定。

5. 对于大型停车场，由于停车线上安装多台静调电源柜，遇此种情况时，同一安装中心线上的静调电源柜施工偏差不得大于5 mm。

6. 电缆终端头全部安装完成后，将柜体下部的孔洞全部封堵严密。

4.12.5　现场试验

现场试验一般由施工单位具有资质的试验部门执行。供货商在买方的组织下，按照买方的工程总工期、试验计划和现场试验规格书的要求提供技术支持。

试验验收报告由买方有关人员、买方督导人员和施工单位签字。

供货商有责任协助施工单位解决试验中发生的技术问题，可提出设备现场验交试验的内容及方法，具体内容在各方联络会议上确定。

现场试验包括但不限于以下试验内容。

1. 检查、操作、保护联动试验；

2. 主回路的绝缘耐压试验；

3. 辅助回路和控制回路工频耐受电压试验；

4. 主回路电阻测量；

5. 短路试验；

6. 安全闭锁试验。

4.13 冷滑试验及送电开通

4.13.1 冷滑试验

当接触网限界检测车已对所有接触网设备进行了检测，解决了所有的侵界问题，满足受电弓安全运行的要求，整个接触网系统具备了冷滑的条件后，即可进行冷滑试验。冷滑试验时使用的受电弓性能，应与实际使用的车辆受电弓一致；冷滑时受电弓对接触线的压力应调至150 N，并保持压力恒定；冷滑用受电弓应设置紧急脱弓装置。

冷滑试验应按先正线，后车场线、渡线的顺序分三次进行冷滑，第一次为低速冷滑，速度为5～10 km/h；第二次为中速冷滑，速度为25～30 km/h；第三次为正常速度(一般为60 km/h)冷滑。受电弓通过线岔时应往返进行冷滑，以确定受电弓从两个方向均能顺利通过线岔。

冷滑试验主要检查以下项目。

1. 检查接触线高度、拉出值是否在设计允许范围内，有无不允许的硬点、硬弯存在。

2. 接触线的接触面应与两轨面连线保持平行，不应出现偏磨现象。

3. 受电弓通过线岔、关节、分段绝缘器时应往返冷滑，以检查转换是否平滑接触，有无脱弓或刮弓的危险。

4. 检查电连接最低点与受电弓的垂直距离是否符合规定。

5. 检查受电弓与定位管之间的距离、受电弓到接地体的距离是否符合设计要求。

6. 检查隔离开关上网电缆连接是否正确、稳固。

4.13.2 绝缘测试

送电开通前，需对接触网的绝缘电阻进行测试，以检查接触网对接地的绝缘性、绝缘关节处两支接触悬挂的绝缘性及上下行接触悬挂的绝缘性，检查有无接地及短接现象。

1. 绝缘测试前应完成并检查、确认的工作

(1)隔离开关和全部绝缘子已经全部清理洁净。

(2)接触网上所有临时接地线均已全部撤除。

(3)电动隔离开关的操作应设置在“当地控制”挡位，全部隔离开关均应处于“打开”位置，并已全部上锁。

(4)施工人员已全部撤离接触网区段，而且整个线路已巡视完毕，并无问题。

2. 绝缘测试的方法

(1)在接触网与架空地线间挂接临时接地线使之放电，确认接触网无电后，在临时接地线中串接2 500 V兆欧表进行绝缘测试。

(2)在理想条件下，测得的绝缘电阻值应大于1.5 MΩ/km；对困难、潮湿区段和供电电缆较长地段进行绝缘测试时，可以使用500 V兆欧表，但是其绝缘电阻最小值应大于0.3 MΩ/km。

(3)特殊情况下，当绝缘电阻小于0.3 MΩ/km并且大于0时，若经过3次检查，确认供电臂没有接地等不符合规定的项目，这时可强行送电。绝缘电阻的测试方法如图4-13-1所示。

4.13.3 送电开通

送电开通是接触网工程施工的最后一道工序，为确保送电开通的顺利进行，绝对保证人

身、设备的安全，必须严密组织，统一指挥，并编制科学、合理的实施性送电开通方案；认真进行送电前的检查、确认工作；准备好抢修工具和材料；安排好抢修人员。

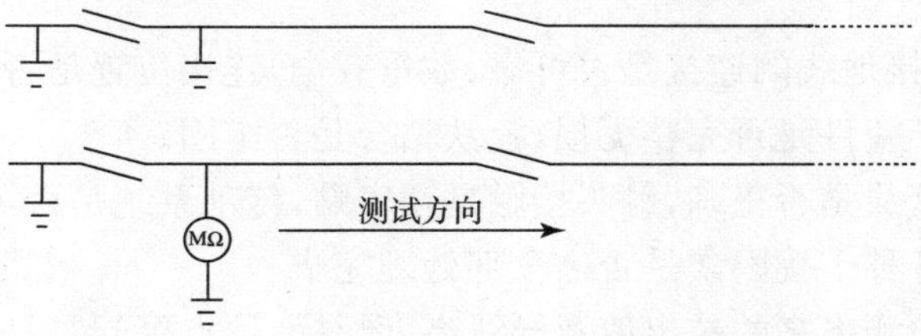

图 4-13-1　接触网绝缘测试示意图

1. 实施性送电开通方案的编制

(1)编制依据

根据业主对接触网送电的要求，本次送电的范围、设计文件、工程的完成情况，编制开通方案。

(2)确定送电开通指挥机构及其职责

为保证接触网工程送电开通的安全顺利进行，成立以业主为主的、有各级施工单位领导及技术人员参加的指挥机构，以确保开通工作有条不紊地进行。

送电开通指挥机构及其责任如下。

①送电开通领导小组：由业主、运营接管单位、监理单位、施工及设计单位的有关人员组成，主要负责组织并领导电力牵引供电工程的送电开通工作，联系解决有关单位和部门涉及或影响开通工作的事项及问题。

②接触网专业指挥组：由负责接触网施工的专业负责人、专业主管工程师、安质人员组成，主要负责送电期间接触网的绝缘测试、送电、验电及事故抢修工作。

③编制送电范围内的牵引供电示意图，用于指导整个送电过程。

2. 送电开通应具备的条件

(1)整个接触网系统工程已全面竣工，并经验收合格，竣工文件能满足开通、送电和维护的需要。

(2)开通范围内其余各专业已施工完毕。

(3)开通范围内的各变电所已受电启动完毕，且正常运行。

(4)变电所与接触网间已建立可靠的通信联络系统。

(5)开通方案已经上报并得到批准，各级开通指挥机构已建立，参加开通工作的人员均已培训合格。

(6)事故抢修组织及人员、车辆、物资、器材等均已按开通方案落实到位。

(7)各种安全防护、警告牌、标牌等设置齐全，沿开通区段的安全宣传工作均已就绪。

(8)接触网工区已具备基本的接管运营能力。

(9)影响接触网送电的树木、电力线、通信线等外部干扰已处理完毕，且满足设计要求。

(10)所有正线的回流箱、均流箱接钢轨回流电缆全部焊接完成，有可靠的回流保证。

3. 送电前的检查及试验

在开通前，应对送电的接触网承力索、接触线、馈电线、架空地线及隔离开关、避雷器、放电间隙、均回流系统、接地系统等，进行一次全面的检查确认，以排除不安全因素，确保一次送电成功，完成机车上网负载运行试验。

(1)送电开通应检查的项目

①检查供电分段的接线是否完整、正确,各类安全距离、交叉跨越及限界是否满足设计要求。

②检查电连接线、接地线的连接是否可靠、数量齐全,连接位置是否符合设计规定。

③检查各类绝缘子瓷件是否完整无损,瓷铁粘合是否牢固。

④检查隔离开关接线是否正确,触头接触是否密贴,传动系统是否灵活,有无卡涩现象。

⑤检查沿线路的各种干扰因素是否已全部处理完毕。

⑥检查冷滑试验检测出来的拉出值及导线高度超标、硬点等问题是否已全部处理完毕。

⑦检查接触网的绝缘子是否已全部擦洗干净,施工期间设置的临时接地线是否已全部撤除,各类标志牌、防护网栅等安装是否齐全牢固。

⑧检查开通运行组织机构是否已建立,参加送电工作的试运行人员是否经过安全、技术培训并通过考核评定。

(2)送电前的试验项目

①对手动隔离开关进行分合闸检查,主要检查开关的操作性能,刀闸的开合角度及触头接触情况,以及主刀闸与接地刀闸之间的闭锁条件是否满足有关标准的规定。

②对电动隔离开关进行远方遥控操作检查,检查其开合位置是否与遥控模拟盘显示位置一致。

4. 接触网送电开通及负载运行步骤

(1)根据电力牵引供电工程开通方案的规定,在送电开通前一天拆除临时接地线,在规定的时间闭合相关手动隔离开关,并在 16 时以前,完成各供电臂的导通检查及绝缘测试工作,并将测试结果向电力调度报告。

(2)开通的当天,接触网专业还需按电调命令对有关的供电臂进行绝缘测试,并将测试结果向电力调度报告。

(3)当牵引变电所分别向接触网送电后,由接触网专业在有关的供电臂末端验电,当验电器的指示灯或鸣笛发出指示后证明该区段已送电成功,并向电调报告验电结果。

(4)机车负载上网运行后,要积极了解、掌握机车运行情况,加强巡视,检查接触网与受电弓的接触状况是否存在拉弧现象,观察接触网绝缘子是否存在击穿或爬弧、闪络现象。巡视人员发现异常情况,要及时、就近利用有效的通信工具立即与电调取得联系,报告发现情况,避免发生停电或触电伤亡事故。

(5)机车负载安全可靠运行 24 h 或双方约定的时间后,与运营接管单位办理交接手续。

5. 送电开通期间的注意事项

(1)凡参加接触网运行、巡视、检修工作的人员,都须经安全技术考核并取得合格证后,方准参加相应工作。

(2)验电及装设或拆除临时接地线的操作,都须由 2 人配合进行,1 人操作,1 人监护。操作人和监护人须穿绝缘靴,戴安全帽,操作人还应戴绝缘手套。

(3)进行线路巡视时,要与设备或线路带电部分保持足够的安全距离。

第5章　城市轨道交通接触轨施工

接触轨，简称三轨。接触轨系统是地铁牵引供电系统的重要子系统，它直接关系到地铁供电系统甚至整个地铁系统的安全运营。自1965年北京建造我国第一条地铁线以来，伴随着我国地铁建设事业的发展，接触轨技术也走过了50多年的发展历程。这期间接触轨技术不断发展，其主要表现为：安装方式由以上部接触受流方式为主导发展成上部接触受流方式与下部接触受流方式并存；导电轨由低碳钢材料发展成钢铝复合材料；防护罩（及支架）由木板材料发展成玻璃钢材料；绝缘子材料除电瓷外，还开发出环氧树脂材料及硅橡胶材料。相应地，一些施工安装方法也有所改进。本章主要以天津地铁1号线为例，介绍上部受流方式的钢铝复合轨的施工安装和调整步骤和方法。

目前，广州地铁4号线和重庆轻轨2号线直流1 500 V接触轨系统已开通运营，同时钢铝复合接触轨的国产化工作也正在逐步展开，这其中面临的问题和遇到的困难也有许多。在这种情况下，对我国地铁接触轨技术的发展历史进行回顾与总结，将有助于目前接触轨新技术的研究与开发。

5.1　接触轨系统的构成和技术特征

5.1.1　接触轨系统的构成

在接触轨系统零部件中，除包括作为导电轨的接触轨以外，还包括绝缘支架（或绝缘子）、防护罩、隔离开关设备、电缆等。

5.1.2　接触轨系统的三大技术特征

接触轨系统的技术特征表现在三个方面，一是电压等级，二是安装方式，三是导电轨材料。

1. 电压等级

目前全世界城市轨道交通中的直流牵引网电压等级繁多，接触轨系统的电压等级有600 V、630 V、700 V、750 V、825 V、900 V、1 000 V、1 200 V、1 500 V等，国外接触轨系统的标称电压一般在1 000 V以下，西班牙巴塞罗那采用过直流1 500 V及1 200 V接触轨，美国旧金山BART系统为直流1 000 V接触轨。目前国内接触轨系统标称电压为直流750 V及1 500 V，国际上接触轨电压等级的发展趋向是IEC标准中的直流600 V、750 V。

2. 安装方式

接触轨系统根据受流位置的不同，可分为上部受流接触轨、下部受流接触轨和侧面受流接触轨三种形式。而且根据采用车体的不同类型，还开发出了位于走行轨中央部分的导电轨，为了确保道路上的行人安全，该导电轨采取由无线信号控制的机械阀门，只在列车到达导电轨上方位置时才打开由移动阀门控制的导电轨盖板向列车供电。

3. 导电轨材料

原来一般情况下接触轨均采用低碳钢材料，随着科学技术水平的提高，在国外运用钢铝复合材料制造的接触轨使用越来越普遍，而国内也就是最近几年，在经济条件比较充盈的城市才采用引进技术和产品在工程建设中得到应用。

5.2 钢铝复合接触轨的应用环境

天津地铁 1 号线工程线路全长 26.19 km，分别由地下隧道、地面线和高架线组成，供电系统采用 DC 750 V 牵引供电方式，导电轨全部采用西门子公司的 ASS5 100 型铝-不锈钢复合轨。

5.2.1 供电系统基本参数(见表 5-2-1)

表 5-2-1 天津地铁 1 号线供电系统基本参数

标称电压	DC 750 V
最高电压	DC 900 V
再生制动时最高电压	DC 1 000 V
最低电压	DC 500 V
接触轨持续载流量	4 000 A(环境温度 40 ℃，最大轨温升至 85 ℃)
接触轨预期最大短路稳态电流	60 000 A
接触轨最大温升	45 ℃

5.2.2 线路及轨道的技术参数(见表 5-2-2)

表 5-2-2 天津地铁 1 号线线路及轨道的技术参数

轨距	1 435 mm
最小曲线半径	区间正线一般为 300 m，辅助线一般为 200 m，困难地段为 150 m
最大纵坡	区间正线 30‰，辅助线 40‰
钢轨	既有线采用 50 kg/m 钢轨，新建线采用 60 kg/m 钢轨
道床型式	地下线路及高架线路均采用混凝土整体道床，地面正线采用碎石道床混凝土枕结构，车场线采用碎石道床木枕结构
地铁车辆	3 动 3 拖，6 辆编组的编组方式，接触轨上部接触受电
车辆最高运行速度	80 km/h
接触轨接触面距走行轨顶面高	(140±5) mm
接触轨中心与线路中心距	(1 417.5±5) mm

5.2.3 地铁道床形式及接触轨支撑块形式

1. 地铁工程地下段为整体道床形式，接触轨安装在预埋(在道床上)的支撑块上。
2. 高架段为承轨台形式，接触轨底座在承轨台侧部加长处预埋安装。
3. 地面区段采用混凝土轨枕形式，接触轨采用钢支撑底座，钢支撑底座安装在轨枕上。
4. 车场内轨道采用木枕形式，接触轨底座采用道钉固定。

5.3　钢铝复合接触轨系统组件及特点

钢铝复合接触轨系统主要组件有接触轨、端部弯头、接触轨支架、膨胀接头及中心锚节、防护罩、接触轨馈线电缆连接板等。

5.3.1　接触轨

ASS5100 型接触轨采用铝－不锈钢复合轨的方式，其中接触轨本体采用铝合金，接触轨接触表面层采用不锈钢。接触轨的不锈钢嵌入层的厚度为 6 mm，接触轨接触面的有效宽度为 65 mm。接触轨为钢铝复合型产品，供货长度为每根 15 m，在安装过程中可以将接触轨切割成为所需的长度，ASS5100 型接触轨的断面结构如图 5-3-1 所示。

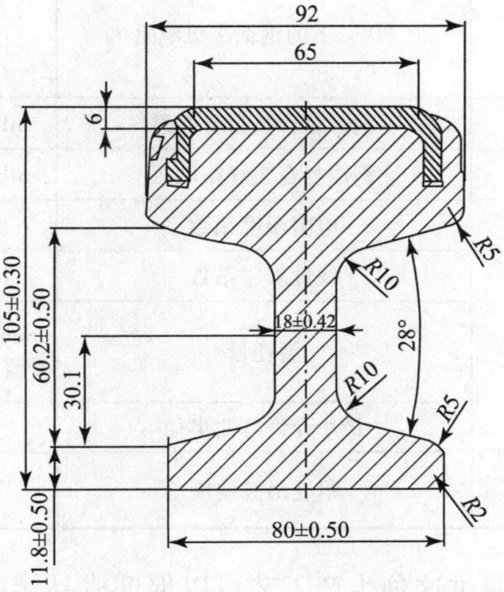

图 5-3-1　ASS5100 型接触轨外形尺寸示意图

天津地铁 1 号线接触轨的技术参数见表5-3-1。

ASS5100 型接触轨的生产工艺为铝轨本体单独挤压成型，不锈钢嵌入层预先加工成平直的不锈钢带。不锈钢带成“┌┐”形，两侧预先留有孔。在最终与铝轨的装配中施加很大的压力将不锈钢带与铝轨紧密结合在一起，并且通过从铝轨两侧连续冲压，将铝材料压嵌入不锈钢带预先加工好的孔中，从而使不锈钢带与铝轨紧密连接。

表 5-3-1　天津地铁 1 号线接触轨的技术参数

序号	内　　容		单位	技术指标	备注
1	接触轨的持续电流		A	大于 4 000	环境温度 40 ℃，最高升至 85 ℃
2	3 s 动稳态电流		A	218 000	
3	接触轨标称截面	铝轨	mm²	4 817	
		不锈钢带		588	
		复合轨整体		5 405	
4	接触轨计算截面		mm²	4 817	
5	截面误差范围		%	<±3	
6	接触轨单位质量		kg/m	17.34	
7	单位质量误差		%	<±3	
8	截面模量		mm³	119 000	
9	弹性模量		N/mm²	69 000	
10	惯性矩		mm⁴	8 000 000	
11	接触面表面硬度		HB	130～170	

续上表

序号	内　容		单位	技术指标	备注
12	20 ℃下的直流电阻	铝轨	Ω/km	<0.007	作为复合接触轨整体的直流电阻，可以不考虑不锈钢带的电阻
		不锈钢带		0	
		复合轨整体		<0.007	
13	20 ℃下的钢铝接触电阻		Ω	<0.000 3	电流只在受流器与不锈钢带接触的位置才流过不锈钢层
14	钢铝复合轨自身电感		mH/km	1.05	
15	钢铝复合轨线路电感		mH/km	1.9	
16	电阻温度系数		1/℃	0.004	
17	线性膨胀系数		1/℃	20.4×10^{-6}	
18	磨耗量		mm/万次受流器通过	大约为 600×10^{-6}（基于实际工程经验）	约 0.042 mm/70 万次
19	最小允许弯曲半径		m	100	
20	耐受最高温度		℃	200	产品寿命基于最高运行温度 85 ℃

通过这种生产工艺可以保证成品接触轨的铝轨与不锈钢带之间密贴，结合可靠。并且由于铝轨与不锈钢带的结合点在 6 mm 厚的不锈钢耐磨层之下，因此钢铝的结合力不受不锈钢磨耗的影响。这样保证了接触轨在运行中更可靠，也延长了其常规检修周期。通过冲压连接可以保证不锈钢层与铝轨之间可靠的、不受磨耗影响的电气传输。铝轨和不锈钢带的这种机械冲压的连接方式，也可以避免在接触轨纵向由于两种材料不同的热膨胀系数而造成铝轨与不锈钢层松脱。

具有同型号不锈钢接触面的接触轨在类似工程中实测的磨耗量小于 0.06 mm/每年每百万次受流器通过。ASS5100 型接触轨的 6 mm 磨耗层可以全部利用，也就是说当不锈钢带磨耗到 0 mm 厚时才需要更换接触轨。

5.3.2　接触轨端部弯头

车辆在通过道岔、路口等地段时，机车将临时脱离接触轨，弯头可使受流器完好地导入、滑出接触轨。制造弯头的材料与接触轨的材料相同，经机械加工而成，弯曲部分与直线部分的过渡是平滑曲线。在接触轨的端部，通过在铝型材上进行切割和焊接处理，使接触轨形成斜坡状，弯头的厚度应保持一致，弯头上可以安装支架和防护罩。

弯头可以通过鱼尾板与接触轨连接，连接后的接触轨其性能指标不发生变化。受流器通过弯头时，可从弯头取流。弯头末端上翘，保证任何不良调整的受流器偏转而不损坏受流器和弯头。

接触轨端部弯头可以为预制件，也可在施工现场使用常规接触轨根据相关图纸制作。接触轨端部弯头安装在电气分段点、道岔和道口处，在要求有缝隙的所有接触轨的端部基本上都需要安装。

端部弯头按照正线和车场线分为两种，正线高速弯头长度为 5.7 m，车场线低速弯头长度为 3.7 m。

5.7 m 长的端部弯头的坡度为 1∶50,3.7 m 长的端部弯头的坡度为 1∶30。

每一个端部弯头的尾部都经过预弯,坡度更大一些,这样能保证端部弯头具有更好的自熄弧特性,两种端部弯头的形式如图 5-3-2 所示。

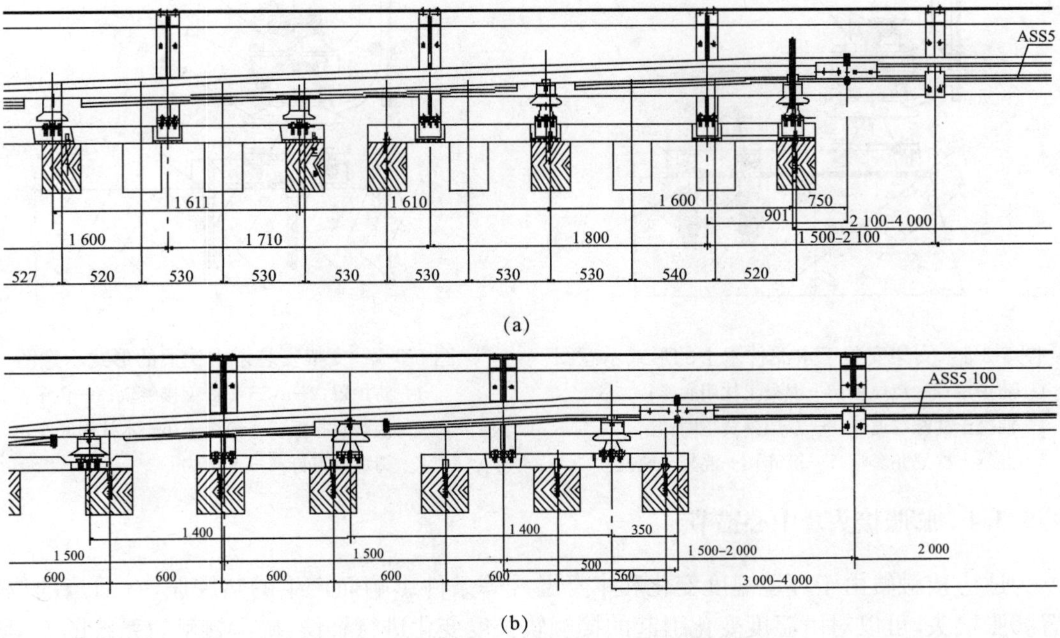

图 5-3-2　地铁两种接触轨端部弯头的示意图

(a)正线高速弯头;(b)车场线低速弯头

端部弯头在与接触轨通过鱼尾板连接的部位是没有坡度的,因此能保证与接触轨之间密贴,不会形成高低差,保证受流器顺利通过。

5.3.3　接触轨支架

接触轨支架用于支撑接触轨。设计规定每相距约 4 m 左右安装一个接触轨支架。在特殊设备的安装位置,例如膨胀接头和端部弯头的安装点,支架间的距离一般情况定在3.6～4.2 m之间。支架的附件包括以下部分。

1. 需用螺钉连接到枕木(或支撑块)上的绝缘子;

2. 需固定到绝缘子上的接触轨扣板;

3. 必要时用以进行高度调整的垫片。

接触轨支架的安装应确保在温度变化的情况下,接触轨可以在水平方向自由移动。而通过中心锚节,又可以保证接触轨向两个方向均匀移动。支架安装于整体道床上的形式,如图 5-3-3 所示;支架安装于水泥枕木上的形式,如图 5-3-4 所示;支架安装于木枕上

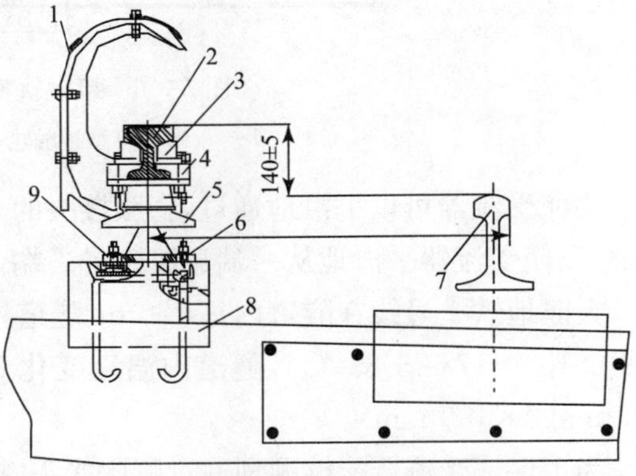

图 5-3-3　支架安装于整体道床上的形式示意图

1—防护罩;2—ASS5100 型接触轨;3—鱼尾板;4—接触轨扣板;5—绝缘子;6—钩头螺栓;7—走行轨;8—整体道床用底座;9—沉头螺栓

的形式，如图 5-3-5 所示。

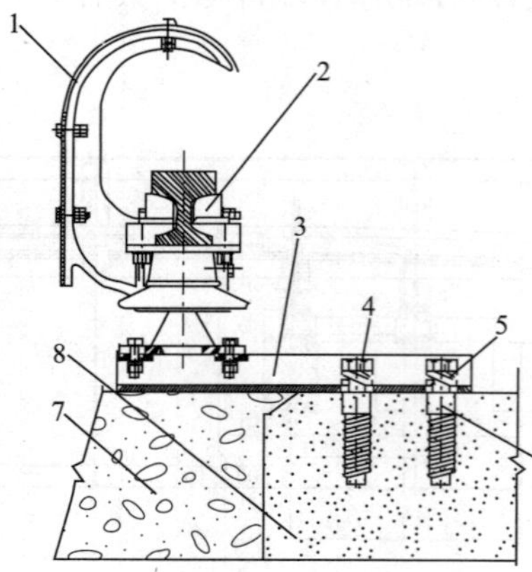

图 5-3-4　支架安装于水泥枕木上的形式示意图

1—防护罩；2—鱼尾板；3—混凝土枕用底座；
4—混凝土枕螺纹道钉；5—双层弹簧垫圈；
6—混凝土枕尼龙套管；7—道砟；8—混凝土轨枕

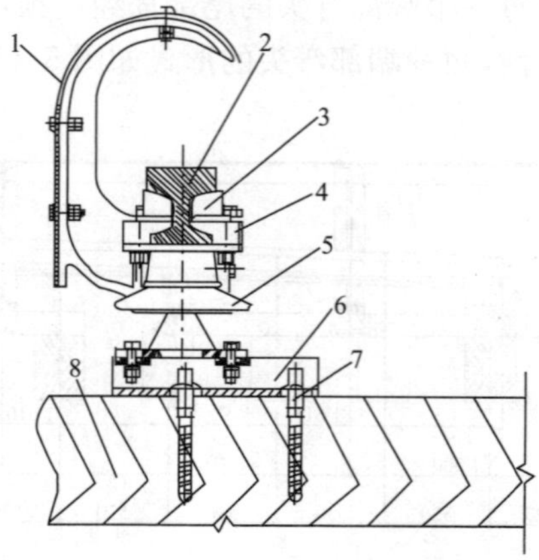

图 5-3-5　支架安装于木枕上的形式示意图

1—防护罩；2—ASS5100 型接触轨；3—鱼尾板；
4—接触轨扣板；5—绝缘子；6—木枕用底座；
7—姆螺纹道钉；8—木轨枕

5.3.4　膨胀接头及中心锚节

为适应接触轨由于环境温度变化和本身温升等条件影响而产生的热膨胀，在适当的位置设置膨胀接头，可以对由温度变化引起的接触轨长度变化进行补偿，确保接触轨系统的安全运行，其安装形式如图 5-3-6 所示。

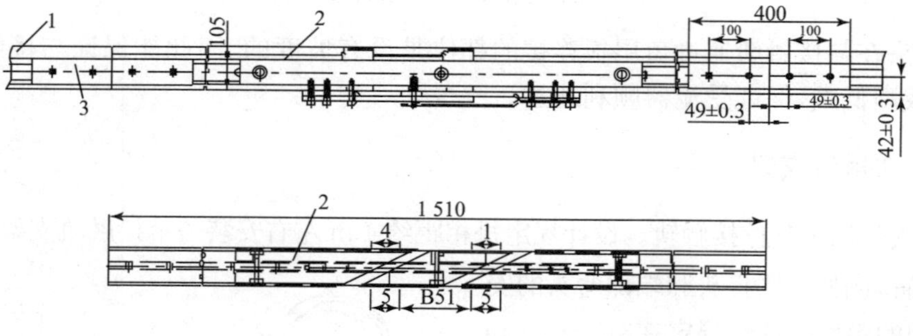

图 5-3-6　接触轨膨胀接头连接示意图

1— ASS5100 型接触轨；2—膨胀接头；3—鱼尾板

为使受流器可以平滑地通过，膨胀接头的表面应平整、光滑。膨胀接头的间隙可以调整或重叠，以使受流器平滑地从一端过渡到另一端，并减小受流器在膨胀接头过渡时产生的电弧。

天津地铁 1 号线在隧道内每 120 m、隧道外每 90 m 设一个膨胀接头。按照隧道外温度变化 102 K(−17～+85 ℃)，隧道内温度变化 80 K(+5～+85 ℃)考虑，膨胀接头的行程为 200 mm(2×100 mm)。

为了保证受流器能够顺利通过膨胀接头，接触轨都要对角切掉 15°(即膨胀接头处接触轨的接缝为斜角)。接触轨与膨胀接头依靠鱼尾板进行连接。在与膨胀接头相邻的两根长轨要开长孔，每一个长孔的尺寸要能满足 100 mm 行程。

膨胀接头与接触轨用鱼尾板连接。膨胀接头在工厂已预装配完成(包括油脂)，在现场仅需要根据安装时的环境温度调整间隙大小。膨胀接头的总长只有约 1 510 mm，小于接触轨的支撑间距。膨胀接头可在接触轨两支架之间任意安装，仅仅需要考虑预留温度膨胀距离即可。

在户外区域膨胀接头间的最大距离一般为 90～100 m。在相邻两个膨胀接头中间必须安装一套中心锚节对接触轨进行固定，以保证接触轨向两个方向均匀伸缩。膨胀接头和中心锚节的准确位置已在相关的接触轨设计图中给出。中心锚节固定安装在一个长轨（两个膨胀接头的距离）的中心位置，以保证长轨在温度变化时能够均匀地向两侧伸缩。

每一套中心锚节是由 4 个铝合金夹具组成，夹具由铸铝材料制成。夹具通过螺栓和螺母从两侧紧紧夹在接触轨的扣板上。安装形式如图 5-3-7 所示。

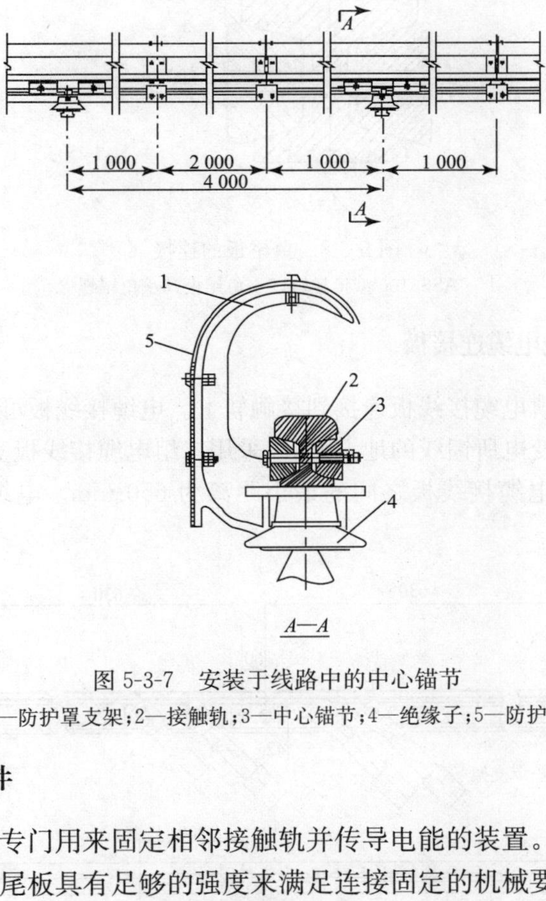

图 5-3-7　安装于线路中的中心锚节

1—防护罩支架；2—接触轨；3—中心锚节；4—绝缘子；5—防护罩

5.3.5　连接固定件

鱼尾板（连接板）是专门用来固定相邻接触轨并传导电能的装置。接触轨是通过鱼尾板和连接件进行连接的。鱼尾板具有足够的强度来满足连接固定的机械要求和足够的电气性能来满足电气连续的要求。鱼尾板材质将采用与接触轨相同的铝合金，可以承载 4 000 A 电流。

安装鱼尾板时，在相邻两根轨的腰线两侧嵌入两个鱼尾板。在每个鱼尾板上要打 4 个孔，通过 4 套螺栓、螺母连接，通过防松螺母锁紧。安装形式如图 5-3-8 所示。

5.3.6　防护罩

防护罩由玻璃钢材料制成，从外侧能覆盖住接触轨系统，这样可以防止无意中与带电部分接触。

防护罩通过特殊设计的防护罩支撑架固定到接触轨上，也可以向接触轨一样直接固定在枕木上。防护罩之间的接缝采用对接。

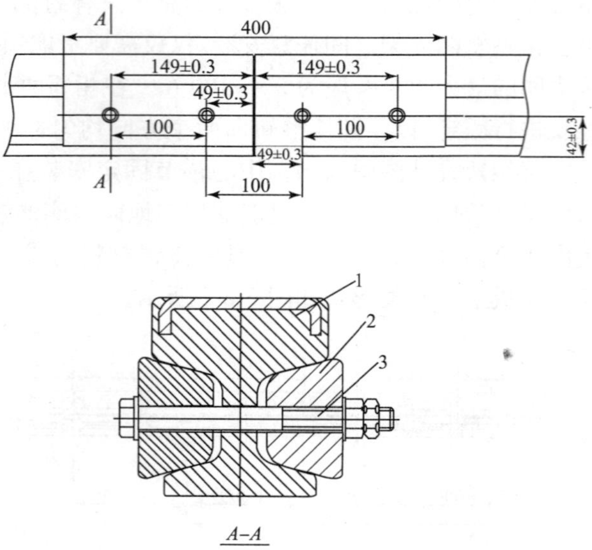

图 5-3-8 鱼尾板的连接

1— ASS5100 型接触轨；2—鱼尾板；3—鱼尾螺栓

5. 3. 7 接触轨馈线电缆连接板

馈线电缆通过接触轨电缆接线板连接到接触轨上。电缆接线板可以连接 4 根 185 mm^2 的电缆。在需要连接牵引变电所馈线的地方，可以采用二组电缆接线板实现连接 12 根 185 mm^2 电缆的接线要求。两组电缆接线板之间的最小距离为 650 mm。电缆连接板安装形式如图 5-3-9所示。

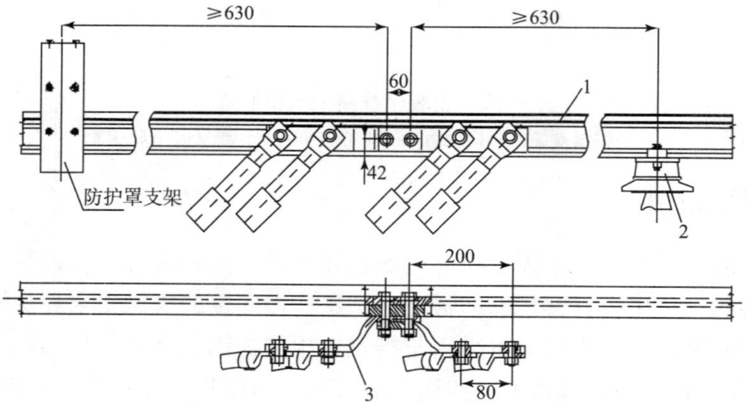

图 5-3-9 电缆连接板安装示意图

1— ASS5100 型接触轨；2—绝缘子支撑；3—电缆连接板

电缆连接板与接触轨之间采用铜铝过渡板，防止铜电缆与铝轨直接接触。电缆连接板与电缆连接的一侧为铜，这样电缆可以直接与电缆连接板连接，不需采取特殊措施。

电缆连接板的安装非常简单，现场在接触轨上开两个孔即可。电缆连接板的设计可以防止对接触轨产生任何机械损伤(例如弯曲或变形)。牵引变电所出来的硬铜电缆要经过特殊设计的柔韧性好的软铜电缆作为过渡，再与电缆连接板连接，从而保证实现最佳的动态特性。

5.4　钢铝复合接触轨安装

5.4.1　安装工艺流程

钢铝复合接触轨安装程序总体流程如图 5-4-1 所示。

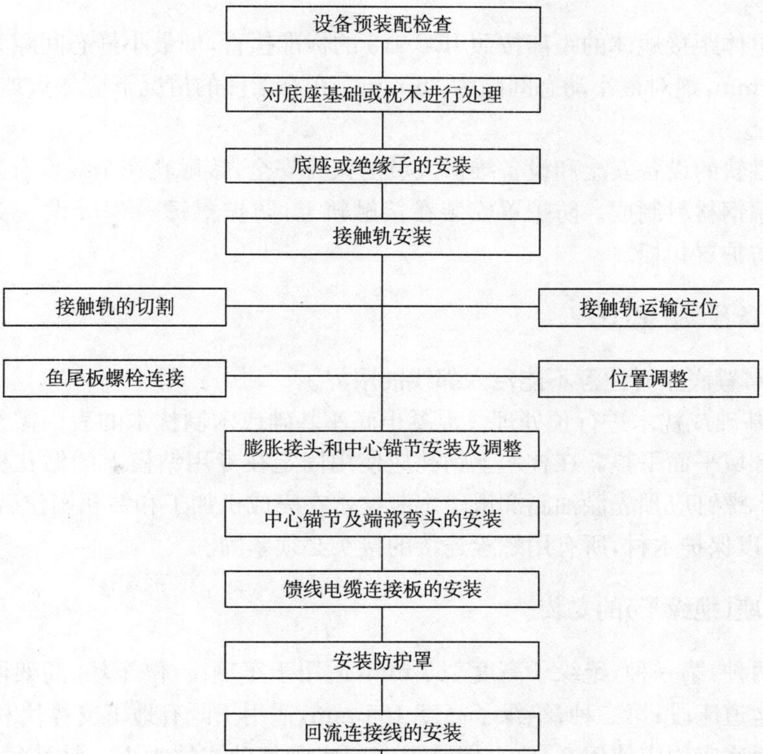

图 5-4-1　钢铝复合接触轨安装程序总体流程图

5.4.2　接触轨安装标准及要求

1. 接触轨安装要求

接触轨采用上部接触受电方式，一般布置在行车方向的左侧，在车站布置时接触轨布置在站台的对侧，接触轨中心线距相邻走行轨内侧工作边的水平距离为 700 mm，接触轨顶面距走行轨轨面的垂直距离为 140 mm，接触轨顶面应和走行轨顶面平行。

钢铝复合轨的最小许可弯曲半径为 100 m，安装钢铝复合轨的工具应全部采用不锈钢材质或双层镀铬的工具。

2. 接触轨支撑间距及底座安装要求

接触轨在整体道床和承轨台区段支撑间距为 4 m，在轨枕段曲线上的支撑间距为3.42 m，在直线上的支撑间距为 3.6 m。接触轨端部弯头处应至少有两点支撑，在长轨中间设中心锚节的支撑点间距应小于 650 mm。

3. 长轨设置原则

接触轨在隧道内每 120 m 为一长轨，隧道外每 90 m 为一长轨，在任意轨段中间应设有中心锚节；任意长轨由标准轨（15 m 长）通过鱼尾板连接而成。

4. 断轨设置原则

接触轨在人防门处、电分段处、平交道口处为保证安全，需设置断轨。断轨间设电连接，电连接采用 12×185 mm^2 电缆。

5. 绝缘距离

接触轨带电体距接地体的距离按照 IEC 913 的标准执行，即最小静态间隙为 25 mm，最小动态间隙为 25 mm，绝对最小动态间隙为 25 mm。在有条件的情况下应尽量加大绝缘距离。

6. 防护措施

为保证接触轨的设备安全和设备维护人员的人身安全，接触轨在全线设有防护罩，防护罩及支架采用玻璃钢材料制成。防护罩安装在接触轨上，防护罩每隔 2 m 设一支架，并在接触轨支撑点处设防护罩扣板。

5.4.3　设备预装配检查

1. 在岔区布置底座时注意不能侵入邻线的限界。

2. 对底座基础或枕木进行预处理。混凝土底座基础或木制枕木的表面需经过平面碾磨，以保证其安装区域平面平整。在枕木上钻孔应使用固定在专用钻模上的钻孔机进行，以保证打孔垂直。枕木螺钉应预先涂油脂润滑。木制枕木在完成机加工和钻孔操作后应用适当的防腐剂进行处理，以保护木材，所有用螺栓连接的接头必须紧固。

5.4.4　底座（绝缘子）的安装

绝缘子分两种：第一种，绝缘子高度 155 mm，适用于车辆段、停车场、高架段、新建地下段和既有地下新建道床段；第二种，绝缘子高度 165 mm，适用于既有地下支撑块利旧段用。

每个接触轨底座均应使用 2～3 个螺钉固定到底座基础或枕木上。钻孔须使用适当的钻模，以确保枕木螺钉孔的位置、同心度和平直度。

1. 底座（绝缘子）的安装步骤

（1）确定安装底座的位置。

（2）分散放置预配好的底座。

（3）按相关施工图纸要求，将预配底座安装到基座上。

（4）对底座进行粗略调整。

所有绝缘子在进场安装前必须经过试验，确认合格后方能进场安装。安装时作业人员应携带盒尺、钢板尺、三轨尺、扭矩扳手等专用工具。

2. 底座（绝缘子）的安装质量控制点

（1）绝缘子必须严格按组装图安装，连接零件齐全，螺栓必须紧固。

（2）T 形螺栓安装前要涂黄油。

（3）绝缘子在安装前先进行电气试验，合格后方可安装。

（4）绝缘子必须清洁、无裂纹、无损坏。

（5）绝缘子顶面距相临走行轨顶面高度（35±5）mm（用三轨尺测量）。

（6）绝缘子顶面中心线距线路中心距离（1 417.5±5）mm（用三轨尺测量）。

3. 底座（绝缘子）的安装注意事项

(1)绝缘子高度控制在－10～0 mm 之间,当发现绝缘子顶面低于规定时,可以在绝缘子与承轨块之间加垫专门订做的厚度不同的垫块进行调整。如果测量时发现绝缘子顶面的高度高出走行轨顶面高度 40 mm,必须更换绝缘子,避免接触轨安装后再更换绝缘子,增加不必要的工作量。

(2)因为采用瓷绝缘子,可根据承轨块的高度定购不同型号的绝缘子,以便在施工中进行调整。

5.4.5　接触轨安装

按照上述步骤所述安装完全部底座和绝缘子后,就可以安装接触轨。

接触轨安装工艺流程如图 5-4-2 所示。

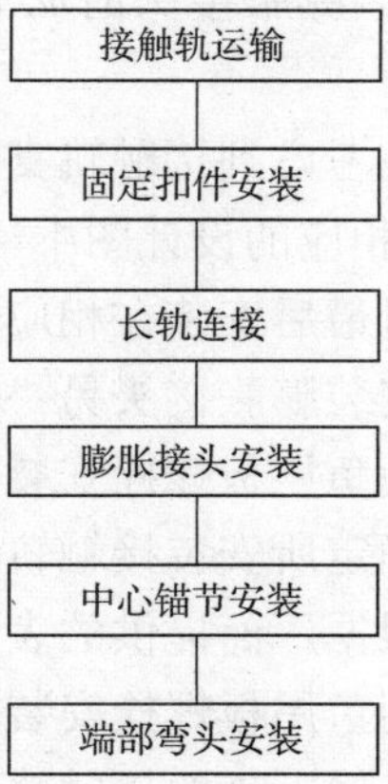

图 5-4-2　接触轨安装工艺流程图

1. 接触轨定位

(1)接触轨用轨道车联挂平板车运送至施工现场,并吊放至绝缘子上。吊放时应注意不得碰坏绝缘子,接触轨铝面要加强保护,不被损伤,且应分散放置(长度为 15 m)。

(2)固定扣件安装。接触轨摆放到位后,根据绝缘子的位置,在接触轨上安装固定扣件,固定扣件上的螺栓不得旋紧,以便接触轨调整。

复测接触轨的轨距和水平度,应在允许误差范围内。当不符合要求时,及时调整绝缘子的高度,避免连接成长轨后调整困难。

(3)长轨连接。采用专用长轨连接工具(不锈钢材质或双层镀铬的工具),按照设计要求连接长轨(隧道内 120 m为一长轨,隧道外 90 m 为一长轨),膨胀接头的接缝处应根据施工时接触轨的温度,对照厂家提供的安装手册预留。

各长轨间应预留出温度补偿接头的位置;且接触轨的鱼尾板在安装时,应距绝缘子 500 mm的距离。

2. 接触轨的弯折

(1)在曲线段接触轨必须进行弹性弯折。当弯曲半径在 100 m 以上时,这种钢铝复合接触轨不需要任何工具即可进行弯折。对于弯曲半径小于 100 m 的情况,可以使用专用的三点弯轨机进行弯折。

(2)接触轨可以在水平方向进行弯折,如有必要也可以以竖直方向进行弯折。

(3)接触轨端部弯头必须使用三点弯轨机进行弯折。

3. 鱼尾板螺栓连接

(1)根据图纸对接触轨的两端进行定位。

(2)清洁鱼尾板的侧接触面和接触轨的接触表面。

(3)在接触表面上涂抹接触油脂。

(4)利用扭矩扳手用螺栓将鱼尾板与接触轨的连接进行固定。

4. 接触轨的切割

如果需要,可以使用切割机对接触轨进行切割。切割须在接触轨定位之后进行。切割须从其上面开始，以避免不锈钢接触面与铝轨之间发生分裂。

5. 位置调整

在对接触轨进行定位、弯折和螺栓连接固定后，必须按照相关图纸对其位置进行精确调整，保证安装精度在允许的安装误差范围之内。在调整接触轨时，必须使用专门设计的位置调整仪(三轨尺)。以保证接触轨的安装尺寸与走行轨之间的准确匹配。

对于直线路段在每一支架处都必须进行测量；而对于弯曲路段，除支架位置外，还要对两个支架的中点处进行测量。测量结果必须在安装记录表中列出。

5.4.6　膨胀接头和中心锚节的安装和调整

1. 膨胀接头的安装和调整

在安装膨胀接头时必须考虑到接触轨设计图纸中给出的位置。安装须按照以下步骤进行。

(1)在考虑到接触轨支架可能位置的情况下确定膨胀接头的准确位置。膨胀接头处的支架布置在相应的设计图中给出。

(2)对最后安装在相应支架上的接触轨端部进行细调。

(3)安装膨胀接头另一侧的接触轨并对其进行粗调。

(4)用鱼尾板螺栓安装方法将膨胀接头的第一部分与一侧的接触轨连接。

(5)确定所安装接触轨的准确温度。

(6)根据厂商提供的表格对膨胀间隙进行精细调整。

(7)用鱼尾板螺栓安装方法将膨胀接头的第二部分与另一侧的接触轨连接。

(8)在接下来的接触轨安装中，对接触轨逐根进行固定，直至安装到下一个中心锚节为止。

2. 中心锚节的安装

中心锚节由特殊设计的两套鱼尾板螺栓连接件组成，螺栓要插入相应位置的接触轨上，因此中心锚节将被安装在与设计图中所确定的两个膨胀接头的中间位置邻近的支架两侧。中心锚节的安装步骤如下。

(1)确定需要安装中心锚节的支架位置。

(2)按照相关图纸，在已经安装到上述支架上的接触轨上钻两个孔。

(3)插入中心锚节螺栓。

(4)拆除膨胀接头处的临时固定件。

5.4.7　端部弯头的安装

接触轨端部弯头必须安装在设计图中确定的合适位置上。安装须按照以下步骤进行。

1. 考虑接触轨支架的可能位置，确定端部弯头的准确位置。

2. 如有必要，对接触轨进行切割，以确保端部弯头位于纵向的正确位置。

3. 将端部弯头置于绝缘子导向板中。

4. 通过鱼尾板螺栓连接接触轨和端部弯头。

5. 根据相关图纸中给出的尺寸，对端部弯头进行微调。

5.4.8　接触轨安装质量控制点

接触轨中心线相邻走行轨内侧工作边的水平距离和接触轨顶面距走行轨轨面的垂直距离

应严格控制在误差范围内。

1. 接触轨轨面中心线距线路中心距离 1 417.5 mm，误差不大于±5 mm。

2. 接触轨顶面距走行轨顶面 140 mm，误差不大于±5 mm。

3. 弯头端部距相临走行轨顶面水平误差为−10～0 mm。连接零件齐全，连接牢固。

4. 接触轨顶面平顺，直线段顺直，曲线段圆顺。

5. 接触轨端部弯头距第一个绝缘子中心距离为 550 mm，误差为±5 mm。

6. 接触轨接触面必须平行于走行轨轨面，误差为±1°。

调整接触轨轨缝时，温度接头轨缝预留值应与设计提供的数值相符。端部弯头处一般不留轨缝。

7. 接触轨扣件应齐全牢固。

8. 端部弯头应不少于 3 处支撑。

9. 鱼尾板及电缆连接板安装时应在表面均匀涂抹电力复合脂，提高接触面的导电性能。

10. 安装的两根接触轨轨面应平整，否则应用角磨机进行细致打磨。

5.4.9　安装防护罩

接触轨全部采用玻璃钢防护罩，停车列检库停车位置的受流器采用局部防护。常规防护罩覆盖接触轨、中心锚节、膨胀接头、端部弯头和馈线电缆连接板。

1. 安装步骤

(1)将间距保持器以最大 0.5 m 的间距分散固定到接触轨上。

(2)将常规防护罩分散放置。

(3)进行试装，根据需要作出标记并用曲线锯在电缆连接处切出一个安装切口。

(4)在间距保持器上扣上防护罩，使用连接件将其固定在一起。

2. 防护罩支架安装

安装防护罩支架时，应达到以下要求：

(1)防护罩支架安装应位置正确、牢固、无损坏，有缺陷及损坏的防护罩支架不许上道。

(2)防护罩支架间距为 2 m。

(3)如设计无特殊要求，支架扣板螺栓应从里向外穿，以便日后检修、巡视。螺母处加一平垫圈和一弹性垫，螺栓头处不加平垫圈。

(4)在安装扣板螺栓时，必须先用铁锤敲打一遍，拧紧，然后再用铁锤敲打一遍，再拧紧一遍。

(5)托架螺栓上第一个螺母时，螺母的拧紧程度要适中，加装备母时，必须用两扳手相对拧紧，第一螺母允许少量回旋。

3. 安装玻璃钢防护板

安装玻璃钢防护板时，如设计无特殊要求，螺栓应从外向里穿，加平垫圈和备母。

4. 质量控制点

(1)安装接触轨中心锚节地段，防护罩支架边缘与绝缘子上座边缘的距离必须大于 120 mm；无中心锚节地段，防护罩支架边缘与绝缘子上座边缘的距离必须大于 60 mm。

(2)玻璃钢防护板搭接在支架上，其最短搭接长度不能小于 50 mm，孔眼不能打豁，否则必须换板。

(3)伸出螺母部分的螺栓，必须涂抹黄油且不得污染防护板。

(4)接触轨温度接头及长度大于 12 m 的接触轨轨条的端部弯头第二块防护板处,必须使用规定长度的膨胀防护板。

(5)防护罩支架及防护板各连接螺栓必须齐全紧固。

(6)支架安装处应避开接触轨鱼尾板、供电电缆接线板的位置。

5.4.10　馈线电缆连接板的安装

1. 电缆接头安装

为避免对接触轨动力学性能造成负面影响,从牵引变电站引出的馈线电缆必须连接一段柔性电缆给接触轨馈电。此电缆接头要位于用夹箍夹持的电缆导管中,并使用收缩管进行绝缘。安装须按照以下步骤进行。

(1)在接触轨上钻水平孔。为了钻出垂直于接触轨铅垂表面的孔,需使用专用钻孔机,并用夹钳将其固定到轨道上。

(2)将一个专用绝缘收缩管套在电缆上。

(3)准备电缆。

(4)对电缆终端端子进行压接。

(5)在压接处套上热缩绝缘管。

(6)加热收缩管直至其紧贴在压接处。

(7)将馈电线鱼尾板临时固定在接触轨上,按照图纸要求在接触轨上钻孔。

(8)按照图纸要求安装馈线电缆连接板。

(9)按照规定的力矩表对螺栓进行紧固。

2. 电缆敷设及接线质量控制点

(1)碎石道床区段,由电缆井引出后的水平悬空长度不得小于 400 mm,以保证弹性。

(2)电缆在接至接触轨、走行轨处应有不少于 1 000 mm 的预留长度。如果现场条件不具备,可预留在直流配电柜或回流箱处。

(3)伸出螺母部分的螺栓,必须涂抹黄油。

5.4.11　回流线的安装

必须按照设计图纸中的规定将回流线连接安装到走行轨上。安装应按以下步骤进行:

1. 检查确认信号专业提供的回流铜排的准确位置。

2. 敷设回流电缆,制作安装电缆接线端子。

3. 将电缆分别连接到回流铜排和回流箱。

4. 按照相应力矩表对螺栓进行紧固。

5.4.12　接触轨施工技术要点

1. 正线段接触轨支撑间距一般为 4 m,在高速断轨断口处两端端部弯头处支撑块间距布置原则为:从断口点位置开始,向内依次隔 0.55 m、1.6 m、1.6 m、1.6 m 放置承轨块,整体道床处每隔 4 m 设置一处支撑块,不足 4 m 时,按 3 m 左右的间距均匀布置。

2. 车辆段接触轨支撑间距一般为 4 m,在断轨的断口两端端部弯头处支撑块布置原则为:从断口点位置开始向内依次隔 0.55 mm、1.4 m、1.4 m 处放置三轨支撑块。长轨长度不超过 90 m。

3. 端部弯头处防护罩支架底座采用三轨支撑块，支撑块的布置间距按前一支撑架起 2 m 开始均匀布置，其余地段防护罩支架安装在接触轨上。

4. 长轨与长轨之间设温度补偿接头，每长轨中部设 2 处中心锚节，当线路纵坡大于 3%时增设 1 处中心锚节。

5. 地面段接触轨支撑底座在混凝土轨枕段每隔 5～6 根轨枕，木枕段每隔 4 根枕设置 1 处，支撑间隔为 3.47～4 m。

6. 接触轨的安装中心线至线路相邻走行轨内侧的距离为(700±5) mm，接触轨顶面至走行轨顶面的垂直距离为(140±5) mm，防护罩支架布置间距为 2 m，并与接触轨支撑块错开布置。

7. 在碎石道床区段，绝缘子及端部弯头支架固定在轨枕端部中间；在整体道床区段，绝缘子及端部弯头支架固定在整体道床用混凝土底座上；在既有改造区段，绝缘子及端部弯头支架用胀锚直接固定在整体道床上，并注意测量该处道床与走行轨之间的高度，以调整绝缘子及端部弯头支架的高度，确保接触轨与走行轨顶面之间的距离为(140±5) mm。绝缘子的底座下可以垫垫片加以调整。

8. 中心锚节紧贴着绝缘子安装，依靠绝缘子及其基础来防止接触轨在热胀冷缩时向一边蠕动而起到中心锚节的作用。

9. 在小曲线半径线路上安装时，防护罩应沿接触轨的导角分段安装。防护罩之间采用对接的方式进行安装，可根据环境温度来调整螺栓在安装调节长孔的位置。

10. 断轨长度一般为 7 m。在地下段人防门处和平交道口处接触轨设断轨，断轨之间用 185 mm^2电缆连接。

正线同一供电分区内，任意断轨间采用 12×185 mm^2电缆；车场及辅助线在同一供电分区内，任意断轨间采用 6×185 mm^2电缆；车库线在同一供电分区内，任意断轨间采用 3×185 mm^2电缆。

11. 正线电分段处采用短三轨方案，两侧接触轨经 12×185 mm^2电缆均与馈电开关柜内开关连接，隔离开关柜开关的另一侧经 6×400 mm^2电缆接至牵引变电所直流开关柜，电分段两侧馈电开关柜出线之间设联络开关，以实现越区供电的要求。

5.4.13　接触轨安装用工具

在安装接触轨时，必须使用专用工具进行弯曲、测量和钻孔等工作。所需使用的工具、施工机具详见表 4-5-1、表 4-5-2、表 4-5-3 所列各项，供参考。

表 5-4-1　接触轨安装专用工具

工　具	用　途
专用于钢铝复合接触轨的液压三点弯轨机	将接触轨和端部弯头水平或垂直弯曲成曲线或坡度
切割机或带有切割盘的研磨机	切割接触轨
调准夹具	接触轨和接触轨端部弯头的细调
带有接触轨支架的便携式钻孔机	在运行轨和接触轨上钻孔
钻模	在木制枕木上钻孔
短路/接地设备	用于维护

表 5-4-2　接触轨安装标准工具

工　具	用　途
小型/研磨机	小型研磨操作
研磨机	接触轨切割和研磨
竖锯	锯防护罩
常规钻孔机	钻孔工作,例如用于中心锚节安装
温度计	测量接触轨温度
扭矩扳手	用于枕木螺钉、螺栓和紧固件
电缆压接设备	馈电线与柔性电缆及电缆接线端子的压接
三轨测量尺	安装测量
常用工具包	通用工具
50m 卷尺	测量

表 5-4-3　接触轨安装机具设备

设　备	用　途
轨道用安装车辆	运输
接触轨运输汽车	运输
轨道用电缆运输台车	运输
带有装卸吊车的运输车	运输
发电机	隧道照明

5.4.14　设备运输注意事项

设备到现场的运输方式必须要避免对材料的任何损坏。因此须对接触轨(15 m)的运输进行专门考虑。接触轨的捆束应至少使用 2 条横向悬带,决不能使用钢丝绳。

此时必须注意避免任何扭转和弯曲。在支架运输中必须避免任何电化学损伤。

5.4.15　送电开通及冷滑试验

接触轨供电系统的送电开通及冷滑试验,基本上与接触网专业是一致的方式、方法及要求,请参考接触网专业送电开通及冷滑试验的有关内容,结合建设方的有关要求进行修改及完善即可,不再赘述。

第 6 章　城市轨道交通环网电缆工程

城市轨道交通环网工程的作用是将外电源的电能传输至牵引降压混合变电所或降压变电所。中压网络构成方案采用“分区环供”的方式，即中压供电网络划分为不同的供电分区，分区内构成环网。每个分区有两路电缆贯通回路，电缆截面满足当其中一路故障时，另一路担负整个分区高峰小时牵引负荷和一、二级动力、照明负荷用电。中压环网线路末端电压损失不宜超过其额定电压值的 5%，中压环网电缆截面通过计算确定。

以上海轨道交通 9 号线一期工程为例，该工程选取两主所间的两个供电分区电缆截面为 300 mm^2，其余均为 240 mm^2，35 kV240 mm^2 截面电力电缆载流量一般大于 650 A 完全能够满足系统载流量的需要，而且规格统一，方便施工及运营维护。

6.1　环网电力电缆布置的基本结构形式及供电方式分类

环网电力电缆布置的基本结构形式决定于城市轨道交通的供电方式，与城市轨道交通主变电所、中心降压变电所、牵引降压变电所、降压变电所的布置等因素有关。每条线路随着设计思路的不同而互有差异。电力配置既要考虑自身的需要、自身的平衡，同时也要考虑公用电网的作用。为了压缩无功消耗，降低造价，公用电网能保证的不应重复设置。

环网电力电缆的布置均按一级负荷设计，城市轨道交通供电系统每座变电所均引入双路电源，互为备用。35(10) kV 电缆线路宜采用交联聚乙烯绝缘非磁性铠装单芯铜电力电缆。中压环网两回电缆线路应分设在不同的电缆路径上或敷设在同一电缆路径的不同支架和管道内。环网电缆应尽量利用轨道交通既有土建结构敷设；无既有土建结构的地段，宜单独设置电缆敷设构筑物。中压电缆中间接头不应设在车站站台板下。

中压交流单相电力电缆的金属护层，必须直接接地，且在金属护层上任一点非接地处的正常感应电压，应符合下列规定。

1. 未采取不能任意接触金属护层的安全措施时，感应电压不应大于 50 V；

2. 采取不能任意接触金属护层的安全措施时，感应电压不应大于 100 V。

中压交流单相电力电缆的金属屏蔽层的接地方式应符合设计要求。当电缆线路装设保护器时，电缆通过保护器接地的方式和装设的位置应符合设计要求。

城市轨道交通供电系统可分为集中式供电、分散式供电、混合式供电三种类型。集中式供电是沿线路设置不少于两个主变电所，把城市高压电网的电压转变为城市轨道交通所需的电源电压等级向城市轨道交通供电，即城市轨道交通专用主变电所。分散式供电是城市轨道交通所需的电源由城市轨道交通沿线的城市公用变电所供给，城市轨道交通无须建造专用主变电所。混合式供电是将上述两种供电方式结合起来供电。

6.2　中压网络常用的两种接线形式

中压网络是供电系统中主变电所、牵引供电系统和动力照明供电系统相互连接的重要环节,其电压等级的确定关系到轨道交通牵引供电系统的供电质量,同时也制约着主变电所位置及数量的确定,在设计轨道交通供电系统时,应对轨道交通中压网络方案进行分析和优化。中压网络常用两种基本接线形式,即“分区环供”形式和“分组专供”形式。“分区环供”方式是把全线的降压变电所和牵引变电所划分成几个供电分区,在每个分区中变电所主接线为单母线分段接线,由最靠近主变电所的降压变电所或牵引变电所从主变电所的两段母线上分别引入一路电源,两段母线上再分别环出一路电源,中压网络采用环进、环出形式,形成变电所之间连接。同一供电分区的变电所接线形式统一,末端变电所仅有两回进线,如图 6-2-1 所示。

“分组专供”形式是把两个相邻变电所作为一组,降压变电所或牵引变电所主接线为单母线分段接线,这一组变电所的两个独立电源来自主变电所的两段母线,左侧变电所一路电源由主变电所一段母线引入,右侧变电所一路电源由主变电所二段母线引入,两个相邻变电所通过联络线相连,实现相互环接,如图 6-2-2 所示。

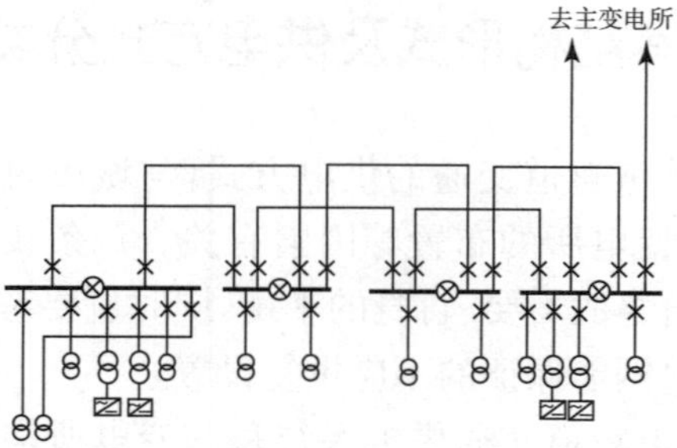

图 6-2-1　“分区环供”形式示意图

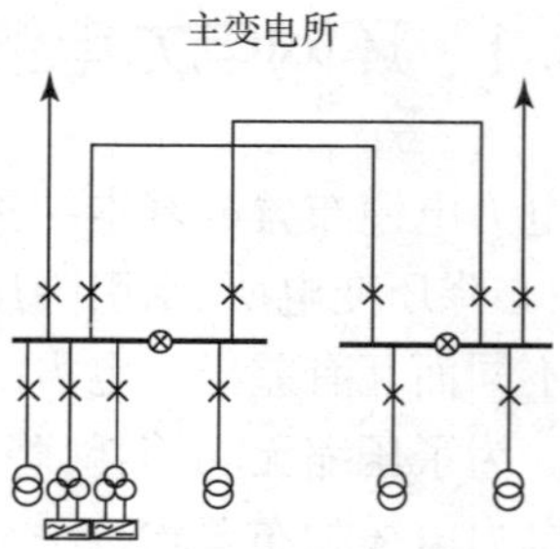

图 6-2-2　“分组专供”形式示意图

综合考虑,“分区环供”形式两路电源在故障时可以迅速切换,能够满足供电可靠性和设计规范的要求,且系统接线简洁,电缆工程量大幅减少,投资比“分组专供”形式节省,工程中得到广泛应用,技术成熟,所以通常采用“分区环供”形式。

6.3　集中式供电方式环网电力电缆布置的基本结构形式

当采用集中式供电方式时,设城市轨道交通供电系统专用主变电所或电源开闭所集中为牵引变电所、降压变电所供电,中压网络等级宜采 35 kV 或 10 kV。集中式供电方式供电系统如图 6-3-1 所示,采用集中式供电方式的优点:

1. 建设专用的主变电所数量少,所内主变压器容量大,要求电力系统引入传输容量也大,接入电压等级较高。高压系统设备先进,控制、保护设置完善,线路故障率低。轨道交通供电系统负荷对电力系统影响小,电力系统改造工程量少,主变电所集中供电方式相对有较高的供电可靠性。

2. 供电系统与城市电力系统间仅通过主变电所接口,产权划分清楚,轨道交通供电系统自成体系,运营维护相对独立,调度管理的接口少。

3. 各城市均有轨道交通系统的外部电源与系统的主变电所资源共享的方案,可以实现网

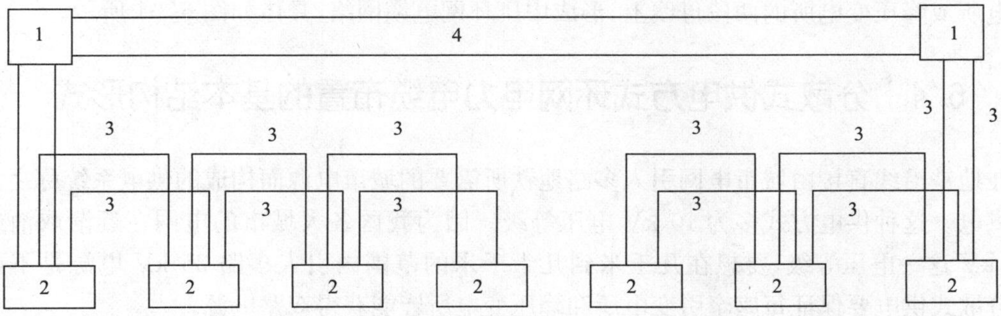

图 6-3-1　集中式供电系统电缆线路连接示意图

1—主变电所；2—牵引变电所或降压变电所；3—环网电缆线路；4—主变电所间电源联络电缆

络资源共享的规划，主变电所的位置应尽可能设置在线路的换乘站，由一座变电所为两条或三条轨道交通供电，形成区域性的资源共享，从而取得较好的整体效益。

4. 电力系统之间的相互影响小，由于接入了城市电力系统的较高电压等级，轨道交通产生的谐波以及电压波动等对电力系统的影响小。

集中供电方式缺点：

1. 电力系统中高电压等级电源点较少，轨道交通通过的市区中心地带则更少，轨道交通主变电所取电源相对困难，因此需要与电力系统规划同步，电源线路一般较长、投资大。电缆线路在市区内敷设，路径选择与施工也比较困难。

2. 变电所规模较大，结构复杂，占地面积大，投资大，与市政接口多，选址困难等。

3. 由于每个主变电所供电范围大，为了尽量减少中压供电网络的电压损失，保证牵引变电所和降压变电所的进线电压水平，中压环网电缆线路与变电所内的设备需采用较高的电压等级，如 20 kV 或 35 kV，相应投资增加。

采用集中式供电方式引入电源的方式为由主变电所馈出两路 20 kV 或 35 kV 电源，接引至牵引降压混合变电所或降压变电所，两路电源互为备用。环网电缆包括：从主变电所至接入变电所的电源电缆和各个牵引降压混合变电所或降压混合变电所之间的联络电缆，并符合供电分区或网络形式的要求。

城市轨道交通集中式供电方式是在城市轨道交通线路附近设置两个主变电所，把城市高压电网的 110 kV 电压等级的交流电变换为 35(10) kV 电压等级的交流电，采用电缆线路构通主变电所与牵引降压变电所或降压变电所供电；由主变电所馈出两路 35(10) kV 电源，至牵引降压混合变电所、降压变电所，两路电源互为备用；35 kV 高压环网电缆包括：由主变电所至中心降压变电所(35/10 kV)的供电电缆线路，中心降压变电所之间的联络电缆线路，这种三级电压供电(110/35/10 kV)方式，只有上海城市轨道交通采用，目前也开始转向两级电压(110/35 kV)供电方式；10 kV 高压环网电缆包括：中心降压变电所(35/10 kV)至各降压变电所的电源线路及各降压变电所的环网供电线路。

这种供电方式的特点：便于用电管理、用电调度；全线采用双环路供电方案，供电可靠性高；采用 110 kV 及以上电源时，允许用户注入的谐波电流大，用户只需采用简单的治理谐波措施即可达到要求；节约投资；但是因主变电所采用高压电源，一次建设投资高；电源电压为高压(110 kV 及以上)，技术管理难度大。

环网电力电缆布置的基本结构形式采用“环进环出”形式，主要包括各牵引降压变电所或降压变电所之间的电缆线路，电缆线路分别自变电所两段母线引出，分别接至相邻牵引降压混合变电所或降压变电所的两段母线上，形成中压环网电缆网络，具体如图 6-3-1 所示。

6.4 分散式供电方式环网电力电缆布置的基本结构形式

在地铁沿线直接由城市电网引入多路地铁所需要的城市电源而构成的供电系统称之为分散式供电。这种供电方式多为 10 kV 电压等级。因为我国各大城市的电网在逐渐取消或改造 35 kV 这一电压等级，要想在几千米到几十千米的范围内引人多路 35 kV 电源是不可能的。分散式供电要保证每座牵引变电所和降压变电所皆能获得双路电源。

当采用分散式供电方式时，不设专用主变电所或电源开闭所，各牵引变电所、降压变电所分别由城市电网就近引两路相互独立电源，电压等级应与沿线电网等级相一致，通常为 35 kV 或 10 kV 电源。适合于电力系统发达且中压供电电源可靠的城市，因此采用该供电方案的城市能源事业发达，电源点丰富，向轨道交通供电毫无困难，经过综合因素比较论证，拟采用分散式供电方式。北京地铁基本全部采用分散式供电方式，分散式供电系统如图 6-4-1 所示。其优点如下。

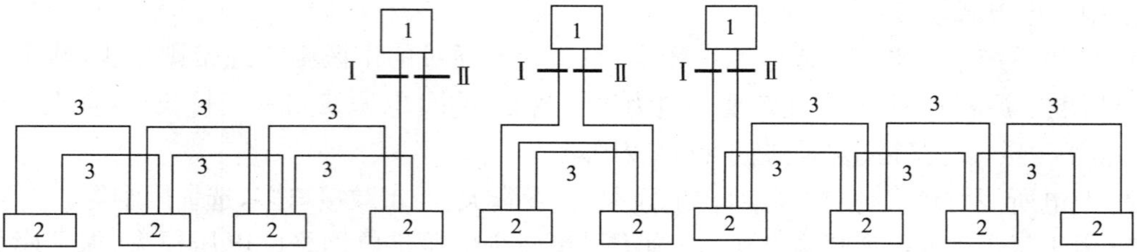

图 6-4-1 分散式供电系统电缆线路连接示意图

1—地方变电所；2—牵引变电所或降压变电所；3—三相电缆线路

1. 适于城市电力系统的电压等级低，沿线电源点较多，取得电源较方便，且能灵活配合轨道交通的供电系统的方案。

2. 中压供电系统与变电所内的设备采用的电压等级低，投资相对小。

3. 不需要建设轨道交通供电系统专用的主变电所，避免了与市政接口多，选址困难等因素。其缺点主要表现为：

(1)与城市电力系统接口多，管理不方便。电力系统容量较小时，接口的系统将会受到牵引供电系统产生的电压波动、谐波等问题的影响。

(2)这种供电方式可以根据城市电力系统电源点的分布，有可能使外部电源工程的投资最小。但其最大的缺点是运营管理和设备选型极为不便，对整个城市轨道交通供电系统的统一规划也不利，目前国内外新建轨道交通项目基本不采用这种方式。

分散式供电引入电源的方式为由城市电源变电所的一、二段母线上分别接引一路电缆至地铁供电系统进线开关柜的两段母线上，在设计规定的地铁供电分区内按环进、环出的方式接引各类变电所之间的环网电缆。两路电源互为备用。对于只有两个变电所的供电分区，城市电源变电所的一、二段母线上分别接引一路电缆至地铁供电系统一个变电所的一台开关柜上，母联柜另一侧的开关柜上与相邻变电所进行连接，作为另一路电源的引入。当一个地铁供电分区内的变电所超过三个时，该地铁供电分区内的最后一个变电所，只有电源引入电缆，没有环出电缆。

城市轨道交通分散式供电方式是在城市轨道交通线路根据沿线电力网络中 110/10 kV 或 220/10 kV 变电站的实际设置情况，将 10 kV 电压等级的交流电从市电引入设置在城市轨道交通供电系统中牵引降压混合变电所或降压变电所中的开闭所，从开闭所用电缆线路构通主变电所与牵引降压变电所或降压变电所供电；由开闭所馈出两路 10 kV 电源，至牵引降压混合变电所、降压变电所，两路电源互为备用；10 kV 高压环网电缆包括：由开闭所至中心降压变电所(35/10 kV)的供电电缆线路，中心降压变电所之间的联络电缆线路，这种三级电压供电(110/35/10 kV)方式，只有上海城市轨道交通采用，目前也开始转向两级电压(110/35 kV)供电方式；10 kV 高压环网电缆包括：中心降压变电所(35/10 kV)至各降压变电所的电源线路及各降压变电所的环网供电线路。

环网电力电缆布置的基本结构形式采用“环进环出”形式，主要包括开闭所与牵引降压变电所或降压变电所之间的电缆线路，以及各牵引降压变电所或降压变电所之间的电缆线路。其中开闭所与牵引降压变电所或降压变电所之间的电缆线路是由两路电源引入开闭所，形成两路独立电源，再由开闭所的两面高压柜分别接入牵引降压变电所或降压变电所的两段母线上；各牵引降压变电所或降压变电所之间的电缆线路分别自变电所两段母线引出，分别接至相邻牵引降压混合变电所或降压变电所的两段母线上，形成中压环网电缆网络，具体如图 6-3-1 所示。

6.5　电缆支架和桥架的安装

城市轨道交通环网电缆采用电缆支架敷设为主，以排管敷设为辅的方式。

6.5.1　电缆支架形式

电缆支架的形式因每个工程的不同而有所差异，主要形式有以下几种。

1. 支架立柱采用镀锌角钢，支架托臂采用镀锌角钢，两者采用电焊连接的方式。该支架特点：支架整组安装；托臂之间的层间距离一经确定及实施后，不能更改。

2. 支架立柱采用镀锌槽钢，支架托臂采用 T 形钢，两者连接方式采用插接。该支架特点：支架立柱与托臂可以分期安装，托臂之间的层间距离可以调整。但该种托臂容易遗失，目前不宜在全国推广采用。

3. 支架立柱采用镀锌“工”字钢，支架托臂由钢板煨制而成。两者采用卡接、螺栓紧固的方式。该种支架托臂之间的层间距离可以调整，一般用在区间与车站电缆过渡的地方，该种支架费用较高。

4. 电缆吊架：在电缆夹层至电缆竖井的特殊地段，由于地板上有防水层，不允许在地板上打孔，因此采用吊架的形式，将支架安装在夹层顶板上。吊架顶部预留焊接钢板，并预留 4 个圆孔，与顶板采用膨胀螺栓固定。

6.5.2　电缆支架分类

电缆支架因区间地段的不同而有所区别，一般分为站台夹层电缆支架、地面段电缆支架、挡土墙电缆支架、隧道电缆支架、高架桥电缆支架、电缆竖井内电缆支架，以上电缆支架的托臂层数与敷设电缆的种类及数量有关。以车站电缆敷设示意图为例，如图 6-5-1 所示，图中分别存在站台夹层电缆支架、电缆吊架、电缆竖井等敷设方式。

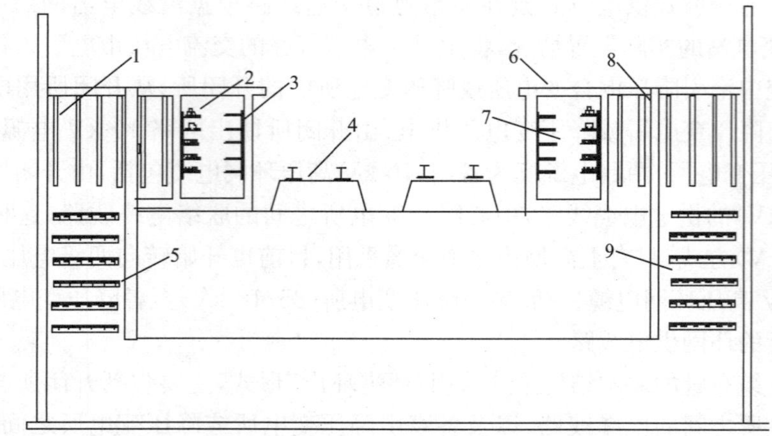

图 6-5-1　车站电缆敷设示意图

1—电缆吊架；2—车站电缆支架；3—通信信号电缆支架；4—承轨台及轨道；
5—竖井横担；6—站台；7—电缆夹层；8—通风夹层；9—电缆竖井

在变电所中除了普通电缆支架外，为了满足施工及维护工作的顺利开展，还增加了电缆桥支架等类型，以方便施工及电缆分类。

6.5.3　电缆支架安装

1. 站台夹层电缆支架安装

电缆支架采用膨胀螺栓固定在站台夹层墙壁上。对于有预埋铁的部分，先在预埋铁上焊接小角钢，再将电缆支架与小角钢用螺栓连接固定。

2. 地面段电缆支架安装

将电缆支架基础安装于图纸要求位置，基础预留地脚螺栓，电缆支架设底板，电缆支架与支架基础采用螺栓压接。

3. 高架桥电缆支架安装

根据区段的不同将电缆支架安装于疏散平台的槽钢立柱上或防噪柱上，两者之间采用螺栓连接。

4. 隧道内电缆支架安装

根据图纸要求，将电缆支架用膨胀螺栓固定于隧道的侧面或顶部，由于杂散电流防护的要求，电缆支架与隧道采用绝缘安装。

隧道内电缆支架的安装，须分为几个步骤完成，首先需要按照图纸要求，测定电缆支架的安装位置，内容包括安装高程、建筑限界等。其中隧道建筑限界必须符合《地铁设计规范》的要求，可参考图 6-5-2 所示圆形单洞单线隧道建筑限界进行检查。一般情况下，在地铁列车最高行车速度为 80 km/h，标准单洞单线隧道的断面积为 20～22 m^2，地铁车辆的断面积为 10～11 m^2，留给站后施工单位的余量不是很大，所以需要按照图纸要求，进行隧道打孔、支架安装、接地线焊接的操作。

这里需要提醒施工单位注意的是，电缆支架接地线是地铁工程中综合接地线的重要组成部分，切不可掉以轻心，其与其他区间或隧道的接地线应连接成一个整体，构成一个完整的综合接地体。具体的连接方式应遵循设计说明书和设计图纸来进行。

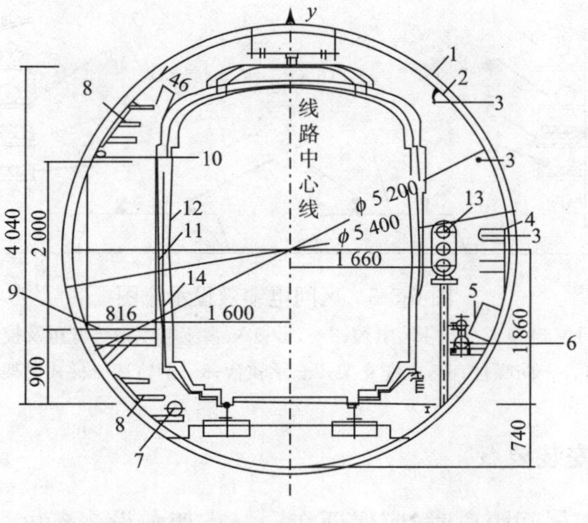

图 6-5-2　地铁圆形隧道建筑限界示意图(内径 5.4 m)

1—管片内轮廓线；2—建筑限界；3—同轴电缆；4—弱电电缆支架；5—电源箱；6—消防水管；7—区间排水管；8—强电支架；9—紧急疏散平台；10—照明灯；11—车辆限界；12—车辆轮廓线；13—信号机；14—设备限界

本图说明：

1. 本图尺寸均以 mm 计；
2. 本图受电弓高度为隧道内高度；
3. $y \leqslant 100$ km/h；
4. 信号机限界适用于非道岔地段。

5. 竖井内电缆支架安装

竖井内电缆支架安装一般采用竖井横担的形式，用膨胀螺栓固定。对于不能承重的墙体(如陶粒砖墙体)，安装电缆梯架，使承重点转移到电缆竖井的上下口位置。

6.5.4　区间桥架安装

城市轨道交通环网电缆支架除给环网电缆提供敷设路径外，还为区间低压电力电缆及控制电缆、光缆提供敷设路径。根据国家标准《电气装置安装工程 电缆线路施工及验收规范》(GB 50168)中的要求，电缆沿支架水平敷设能把电缆固定时，支持点的距离允许为 800 mm。因此相邻电缆支架超过此标准而又无法改变的，在电缆支架底部托臂上安装桥架，为低压电缆敷设创造条件。

电缆桥架由托盘、金属线槽、梯架等构成，用以支撑电缆具有连续的刚性系统。城市铁路区间一般采用梯架的形式，桥架之间采用镀锌连接板或镀锌角钢连接，该种梯架造价低，安装简便。

电缆桥架放置于支架托臂上，采用螺栓固定。根据实际情况，每节桥架长度以 3 m 为宜，以满足线路弯曲处的桥架弯曲半径。在伸缩沉降缝处，采用双螺母并紧松弛连接的方法，以满足桥架本身热胀冷缩的要求。

区间电缆的安装形式各个城市不是完全一致，应该根据设计的具体要求来决定施工方法，图 6-5-3 所示为某城市轨道交通的区间电缆支架和电缆的布设形式，供参考。

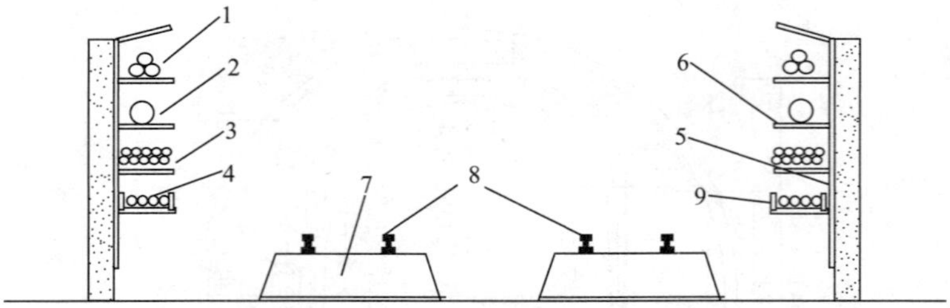

图 6-5-3　区间电缆敷设示意图

1—35 kV 电缆；2—10 kV 电缆；3—1 500 V 直流电缆；4—低压及控制电缆；
5—防噪柱；6—电缆支架；7—承轨台；8—钢轨；9—梯式桥架

6.5.5　电缆支架安装要点

1. 在确定电缆支架层间距离时，应保证在同一支架敷设多条电缆时，能够进行里外移动和更换电缆，并符合国标规定的距离。
2. 无论采用何种电缆支架，其强度应能满足电缆的承重要求。
3. 电缆支架安装应牢固、整齐、美观。
4. 电缆支架本体焊接牢固，电缆支架防腐处理符合要求。
5. 在有坡度的建筑物上安装电缆支架时，电缆支架应与建筑物保持相同的坡度。
6. 螺栓等紧固件防腐应符合室外安装要求。

6.5.6　电缆支架接地扁钢焊接

为了避免电缆发生故障时危及人身安全，电缆支架均应有良好的接地。接地扁钢一般采用耐腐蚀性强的热镀锌扁钢，每个区间电缆支架用扁钢连通，引至车站变电所夹层接地板处，实现与变电所接地网连通。

每个区间连通起来的扁钢本身考虑热胀冷缩的影响，设置伸缩弯。在高架桥伸缩沉降缝处，桥体会产生热胀冷缩的变化，因此在该处的接地扁钢亦应设置伸缩弯。伸缩弯长度应大于桥体最大伸缩值，接地扁钢搭接长度为扁钢宽度的两倍，至少三面施焊。

接地扁钢与电缆支架采用焊接，焊接部位采取涂红丹、刷防腐漆等防腐措施。在站台夹层及电缆隧道进行焊接作业时，由于作业环境处在相对的封闭状态，电焊产生的有毒气体不易挥发，对作业人员危害较大。因此应在作业地点配备通风设备，保障人身安全。

6.5.7　电缆排管制作

环网电缆排管由电缆井、排管等组成，电缆井分为电缆转角井、电缆直角井、电缆直通分支井、电缆四通井。电缆井内预留有拉力环，以备敷设电缆使用。电缆排管制作时应与土建单位密切配合，找准地坪的标高及电缆井与排管的路径与位置，严格按照施工规范及图纸设计尺寸施工。电缆井的形式严格按照设计执行。

电缆井为砂浆砖砌体，沙浆抹面。底部设集水槽，在侧墙上留有预埋铁件，供焊接安装支架使用，顶部设混凝土盖板。电缆排管一般选用钢管、PVC 管、RMP 螺纹管。管子按图纸要求排列完毕后，采用混凝土包封。单芯交流电缆不得采用钢管作为保护，以避免构成磁回路而产生涡流引起电缆发热。金属电缆管在外表涂防腐漆或沥青漆，镀锌管锌层剥落处也应涂防腐漆。管口应无毛刺或尖锐棱角。金属电缆管连接应牢固，密封良好。套接的短管应符合要求，不能直接对接。硬质塑料管在套接或插接时，插入深度符合要求。在敷设电缆管过程中应尽量减少弯头，对于较大截面电缆不允许有弯头。

6.6　环网电缆敷设

环网电力电缆敷设是环网电缆工程中的关键环节，该环节施工质量的好坏，直接影响到供电系统的稳定性。应按照设计给定的供电分区进行电缆敷设，尤其是在采用分散式供电分案时更要注意供电分区的划分。

6.6.1　环网电缆选型

由于环网电缆采用电缆支架明敷设，环网电缆长期运行于露天之下，风吹、日晒、雨淋，运行条件恶劣，因此电缆选型尤为重要。一般采用低烟、低卤、阻燃交联聚乙烯铠装铜芯电缆，电缆外绝缘加入抗紫外线的物质，选用耐日晒型电缆。该种电缆具有绝缘性能好、允许导体工作温度高、载流量大、允许过载能力强、机械性能好、寿命长等特点。

电缆截面选择：环网电力电缆应考虑电缆或机组故障的情况下，工作电缆能够保证正常供电，以保证列车正常运行。同时考虑线路的电压损失不超过国标规定值，电缆的电流密度不大于经济电流密度。

6.6.2　敷设路径

环网电缆敷设方式一般分为以下两种。

1. 根据线路实际情况及设计要求，环网电缆置于线路一侧支架上，线路另一侧放置通信信号电缆。

2. 根据线路实际情况及设计要求，环网电缆置于线路两侧支架上，通信信号电缆置于电力电缆支架下方的通信通道内。

6.6.3　电缆敷设原则

不同电压等级的电缆在电缆支架上分层布置，按电压等级大小由上到下排列，处在同一层的电缆不宜交叉，中间接头应相互错开。合理安排每盘电缆，减少中间接头。在施工前确定电缆的摆放顺序及敷设先后顺序，并编制施工方案及作业指导书。

6.6.4　环网电缆敷设方法

城市轨道交通环网电缆截面大、数量多，为了减少中间接头，每盘电缆长度需增加，每盘电缆一般控制在 9 t 左右，电缆盘自重大，不易挪动。因此施工前必须编写施工方案，确定电缆盘架设位置和电缆牵引方向，校核牵引力及侧压力，完善人员配备及机具配备。根据现场实际情况选择针对性强的施工方法。无论采用何种电缆敷设方法，电缆应从电缆盘上端引出，并在施工区段布放托滚，避免电缆在支架或地面上摩擦拖拉，保证电缆绝缘不受损伤。

1. 利用轨道车敷设电缆

该方法特点：机械敷设高压电缆，集运输电缆、敷设电缆、收取空电缆盘为一体，电缆盘直接支放在轨道平板车上，以轨道车作为牵引力，平车、电缆盘、电缆敷设均在动态中操作，电缆敷设在动态平衡中完成。电缆放线架一次性固定，并可重复利用，减少了中间环节，可以大幅提高工作效率，如图 6-6-1 所示。

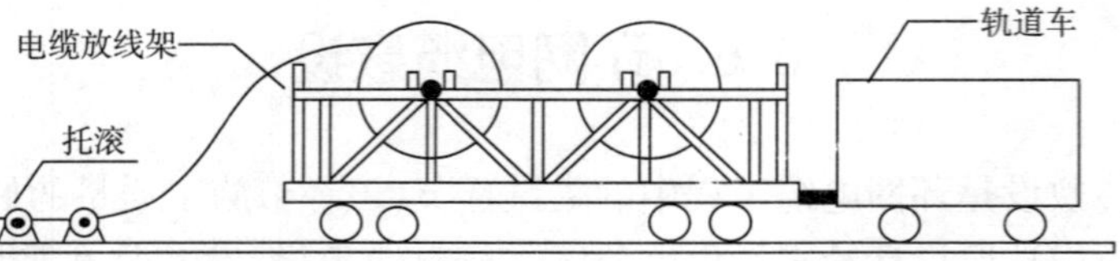

图 6-6-1　轨道车敷设电缆示意图

需要提请注意的是，在采用轨道车敷设电缆时，必须设置安全保障措施，确保施工人员的工作安全。例如，平板车上必须设置安全围栏，工作人员必须站在围栏内进行操作，电缆上架及固定作业由地面工作人员来完成。

制约因素：线路专业铺轨必须完成，施工时间受各专业交叉作业的制约，现场应有距离线路较近的能够堆放电缆盘的场所，需使用轨道车、平板车、吊车等大型机械设备。电缆施放过程当中，严格控制轨道车牵引力、行车速度，避免损伤电缆。

2. 利用卷扬机敷设电缆

利用卷扬机提供牵引力敷设电缆，根据所敷设电缆的截面，选择好卷扬机的功率。卷扬机应符合国标对电缆的最大允许牵引力和牵引速度的要求，对电缆满负荷牵引不应对电缆产生负面影响。

卷扬机牵引电缆需配置一定长度的钢丝绳，其长度应大于整盘电缆的长度，在需敷设电缆的区段布设托滚，使电缆由滑动摩擦转变为滚动摩擦，以减少电缆施放过程中的阻力，还可以有效地保证电缆外绝缘不受损伤，如图 6-6-2 所示。托滚之间的距离应根据电缆的截面进行选择。牵引网套与钢丝绳间加装万向轴，使钢丝绳的扭力不至于传输到电缆上，避免电缆受到损伤。在高架桥处施工时，根据桥体的高低，电缆盘可直接支放在桥面上，也可支放在高架桥下。

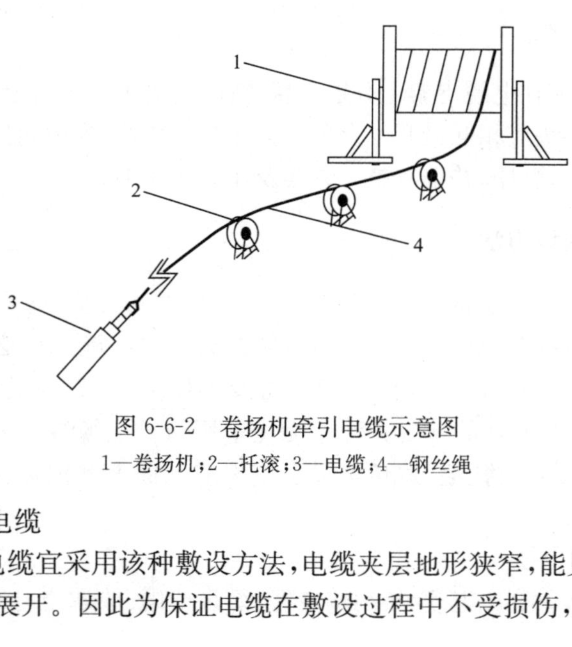

图 6-6-2　卷扬机牵引电缆示意图

1—卷扬机；2—托滚；3—电缆；4—钢丝绳

3. 人机结合敷设电缆

在站台夹层敷设电缆宜采用该种敷设方法，电缆夹层地形狭窄，能见度低，转弯较多，障碍物多，机械化作业难以展开。因此为保证电缆在敷设过程中不受损伤，应以人力牵引为主，机械牵引为辅，并在转弯处设置转角滑轮，设专人防护，保证电缆平滑过度。同时配备牵引网套、万向轴、牵引绳等工具。

人机结合的敷设电缆方法，操作人员必须步调一致，统一指挥，前后呼应。配置必要的通信工具，加强联系。在通过夹层的不同区段合理控制敷设速度，电缆弯曲半径应符合施工规范规定要求。

4. 排管内电缆敷设

电缆敷设前，电缆井的地坪与抹面工作应已结束，并利用疏通器清除排管内杂物，如图6-6-3所示，以保证管内光滑。根据图纸要求，确定电缆的起讫点以及敷设顺序，并按电压等级由上至下排列。电缆盘支放在电缆起讫点的电缆井附近，并将牵引钢丝绳穿过排管与电缆头绑扎固定。每个电缆井安排人员进行敷设电缆的辅助工作，布置托滚，配备通信工具，监视电缆的敷设速度。牵引电缆可采用卷扬机或机械绞磨提供牵引力，通过电缆排管内的钢丝绳牵引电缆移动。由于排管内敷设电缆，管壁与电缆之间发生滑动摩擦，阻力很大，因此必须掌握卷扬机的牵引力与牵引速度，以防损坏电缆。为了减小摩擦力，可在排管内加入滑石粉。

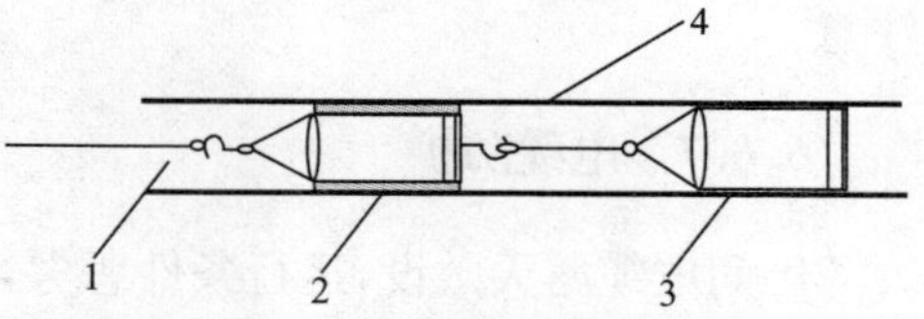

图 6-6-3　疏通器疏通管道示意图

1—牵引钢丝绳；2—玻璃钢通；3—圆形钢丝通；4—管道

对于三芯高压电缆，一根管内只允许穿一根电缆。进入电缆井前，应排除井内浊气。电缆井内工作，应采取防火、防水、防止高空落物等措施。

6.6.5　电缆预留

根据国家标准规定，电力电缆在终端头与接头附近宜留有备用长度，但由于环网电缆截面大，城铁区间地势狭窄，不具备在电缆中间头处预留电缆的条件，因此选择在车站夹层宽敞处或变电所夹层处预留电缆，以备日后电缆故障检修使用。在电缆预留处安装电缆支架，电缆支架呈圆形排列，该圆形的半径应大于环网电缆本身允许的最小弯曲半径。电缆盘圈时，层与层之间应分开，每圈不能形成闭合回路，以减少电磁感应的影响，预留长度一般为 10～15 m。

区间环网电缆露天敷设，露天运行，温差较大，对电缆的热胀冷缩影响较大。为了补偿电缆这种热胀冷缩引起的长度变化，因地制宜，在区间每隔一定的距离设置电缆伸缩弯，以保证电缆在运行中不受外力影响，保证电缆的安全稳定运行，如图 6-6-4 所示。

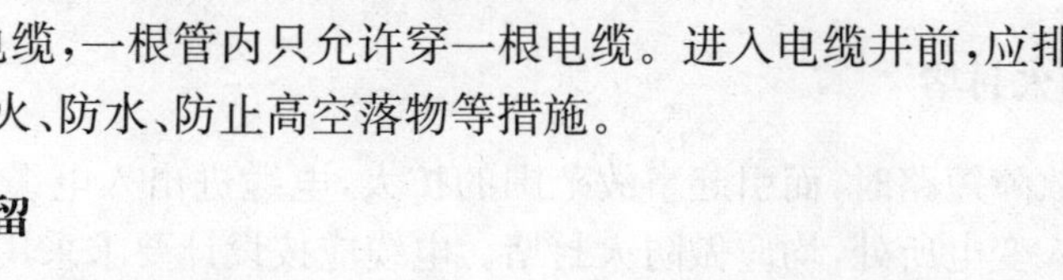
图 6-6-4　电缆伸缩弯预留示意图

6.6.6　电缆固定

单芯高压电缆布置在同侧支架上，A、B、C 三相单芯电缆按正三角“品”字形排列，且每隔 1 m将三相单芯电缆按正三角“品”字形绑扎一次。三相高压电缆在首末两端、中间头处、转弯处、敷设路径有明显高差处，对电缆进行绑扎固定。垂直敷设的电缆在每个支架上绑扎固定，在直线区段每隔 5～10 m 进行绑扎固定。在电缆终端头、电缆接头、拐弯处、夹层内、电缆竖井的上下两端，及时挂设电缆牌。在隧道内每隔 50 m，要悬挂一处电缆牌，以明确电缆走向，方便维护。在我国南方地区，一般可以选用塑料绑扎带进行电缆的绑扎固定；而在我国北方地区，由于受气候影响，不宜选用塑料绑扎带进行电缆的绑扎固定，施工单位应该引起注意。

6.6.7　电缆防护

区间电缆露天敷设，运行条件恶劣，为延长环网电缆使用寿命，电缆应采取必要的防护措施。区间一般采用安装遮阳板及挡板的方式保护电缆。

在区间电缆支架顶部安装遮阳板，可以减少紫外线以及雨雪对电缆的侵害。在支架顶部，支架与支架之间安装角钢，用以支撑遮阳板，遮阳板与支架之间采用自攻螺钉固定，每块遮阳板的长度根据现场实际情况确定。在支架外侧安装挡板，并与支架采用自攻螺钉固定，在高架桥伸缩缝处，遮阳板及挡板设置伸缩补偿装置。遮阳板及挡板一般选用彩钢板为材料，颜色可由实际情况确定。该种方法既能满足防护电缆的要求，又能起到美化环境的作用。施工时，应准确掌握电缆支架及电缆的位置，防止自攻螺钉伤及电缆。

6.6.8　电缆防火封堵

为了避免电缆故障短路时，而引起事故范围的扩大，电缆进出入电缆竖井上下口处，电缆排管内电缆穿管进入变电所处，均应做防火封堵。电缆应按设计要求采用耐火或阻燃电缆，在所有电缆敷设完毕后进行封堵。防火阻燃材料必须经过技术或产品鉴定，在使用时按设计要求和材料使用说明书，制定出施工方案及技术措施。

1. 电缆竖井防火封堵：混凝土浇筑法

采用混凝土浇筑的方法，将电缆竖井上下口封死，并在电缆周围留有一定的空间，以备日后检修更换电缆之用。可采用防火堵料、防火泥对电缆周围空间进行封堵。

2. 电缆竖井防火封堵：采用钢架、钢板封堵法

将钢架、钢板、钢丝网涂刷防火涂料，涂料搅拌均匀，涂层厚度应满足规定要求。然后将钢架、钢板、钢丝网安装在电缆竖井上下口，并在电缆周围留出空间。先将电缆用防火泥包裹，再用防火枕进行封堵。防火枕交叉摆放整齐，防火枕之间的缝隙及摆放厚度应符合规定。在电缆竖井容易进水处，制作防水台。

3. 配电柜电缆防火封堵

进入盘柜的环网电缆采取绝缘板与防火堵料相结合的方法进行封堵。

4. 排管内电缆防火封堵

排管内电缆敷设完毕后，即可进行防火封堵。对于通过管道进入变电所的电缆，采用固体防火堵料封堵。将固体防火堵料与水泥按照 3∶1 的比例，加水搅拌，然后封堵管口。由于固体防火堵料加水后，凝结速度较快，因此制作时应分批量进行制作，以节约材料。

6.8.9　技术标准

1. 电缆沟、电缆隧道、排管、交叉跨越管道及直埋电缆沟的深度、宽度、弯曲半径等应符合设计要求。电缆通道通畅，排水良好。金属部分的防腐层完整。隧道内照明、通风符合安全规

程要求。

2. 电缆及其附件的规格、型号、电压等级应符合产品及设计要求。

3. 采用机械敷设时，牵引机和导向机构应调试完好；机械敷设的速度不宜超过 15 m/min。

4. 电力电缆在终端头与接头附近宜留有备用长度。

5. 电缆在中间接头处，其铠装、金属屏蔽层应各自有良好的电气连接并相互绝缘；在终端头处，电缆铠装、金属屏蔽层应用接地线分别引出，并可靠接地。

6. 各种电缆接头的接地方式、采取的保护措施应符合设计要求。

7. 制作电缆终端头与接头，从剥切电缆开始应连续操作直至完成，缩短绝缘暴露时间。剥切电缆时不应损伤线芯和保留的绝缘层。附加绝缘的包绕、装配、收缩等应清洁。

8. 压接工具必须与电缆规格及压接头相互匹配，插接式电缆终端头必须使用产品规定的配套压接工具。

9. 单芯电力电缆的交叉互联箱、接地、护层保护器等电缆附件的安装应符合设计要求。

10. 单芯电力电缆的固定金具不得形成闭合磁路。电缆的终端上应有明显的相色标志，且与系统的相位一致。

6.7　电缆头制作与安装

电缆接头是电缆的薄弱环节，环网电缆沿线路敷设，露天运行，受外界因素影响较大。城市轨道交通开通后检修时间有限，因此电缆接头应选用技术先进成熟的高质量产品，并具有良好的电气性能，满足电缆运行持续稳定性的要求。工程中选用的电缆接头品种很多，如热缩式、冷缩式和硅橡胶预制型电缆头等。

城市轨道交通环网电缆终端头一般安装在室内，电缆中间接头在室外露天安装。环网电缆头的制作一般包括 10 kV 电缆头与 35 kV 电缆头的制作。

下面以几种 35(10) kV 常规电缆头的制作过程为例，进行介绍。

6.7.1　35 kV 及以下单芯交联聚乙烯绝缘电缆户外终端头制作工艺

1. 施工准备

(1)劳动组织

现场施工操作人员在制作电缆头之前，首先要经过产品制造厂专业技术人员的专题技术培训，实作指导和练习，掌握必要的操作技能。电缆头制作一般可以安排两三个人一组，若干个组同时一起操作，由一名技术人员作指导。劳动组织的形式见表 6-7-1。

表 6-7-1　35 kV 及以下单芯电缆终端头制作的劳动组织

序号	项　目	人数	备　注
1	施工技术负责人	1	全面协调组织、电缆头技术指导
2	电缆头制作人员	2	电缆头制作

(2)工机具及材料

常用工机具及材料准备，见表 6-7-2。

表 6-7-2　35 kV 及以下单芯电缆终端头制作常用工机具及材料

序号	名　称	规　格	单位	数量
1	钢卷尺	5 m	把	1
2	钢锯	L=300 mm	把	1
3	兆欧表	2 500 V	块	1
4	压接钳	KYQ-400	套	1
5	电工刀		把	1
6	平锉	中粗 400 号	把	1
7	手锤	1.5 kg	把	1
8	电缆头附件材料		套	1

2. 工艺流程

35 kV 及以下单芯电缆终端头制作工艺流程如图 6-7-1 所示。

3. 操作步骤

(1)检查电缆，应没有被水泡、损伤等情况，电缆端部校直后，按图 6-7-2 所标注的尺寸进行外护套的剥切，各种规格类型的电缆外护套剥切尺寸见表 6-7-3。距外护套断口外侧 40 mm 处，环形剥开外护套，宽度 40 mm。露出金属铠装，用砂布和锉刀打磨光滑铠装层，在准备接地线引出方向的外护套上，削出一个小斜坡(斜坡尺寸可灵活处理，但要保证防水可靠)，留作固定引出接地线用。

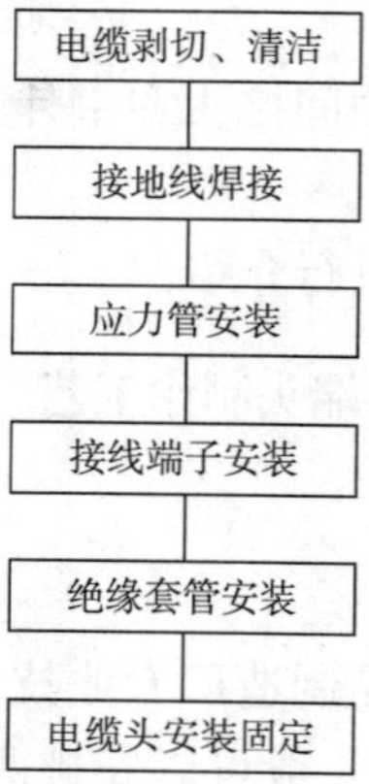

图 6-7-1　35 kV 及以下单芯电缆终端头制作工艺流程图

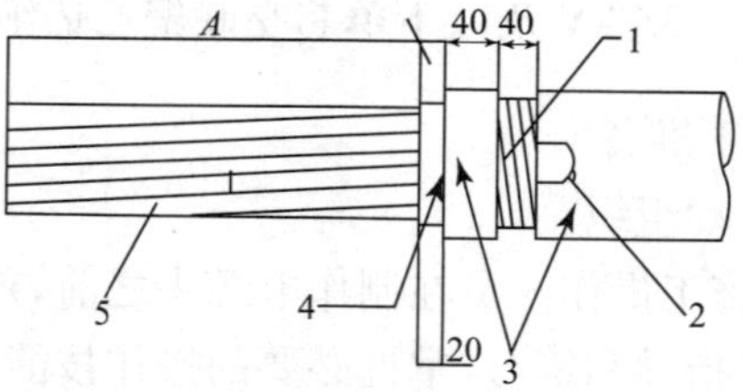

图 6-7-2　电缆剥切尺寸示意图
1—电缆铠装；2—预留接地线槽；3—外护套；4—内护套；5—屏蔽层

表 6-7-3　各种类型电缆的外护套剥切尺寸

电缆芯线截面(mm²)	95	120	150	185	240	300	400
外护套剥切尺寸 A(mm)	415	420	425	430	430	435	440

(2)用扭力弹簧将钢铠接地线，固定在金属铠装上，弹簧绕紧过程中，将地线端头反折一次，压紧在外护套削出的斜坡上，用锤子将地线砸平、压紧，防止其松脱，如图 6-7-3 所示。

(3)按照图 6-7-4 所示尺寸，从内护套断口向接地线的方向，用红色密封胶稍微拉伸，半搭接绕包一个来回，绕包长度 130 mm。在密封胶表面包绕一层 PVC 带。再按照图 6-7-3 所示定位尺寸 40 mm，安装冷缩地线管。地线管的支撑骨架条要边抽拉、边逆时针方向旋转。

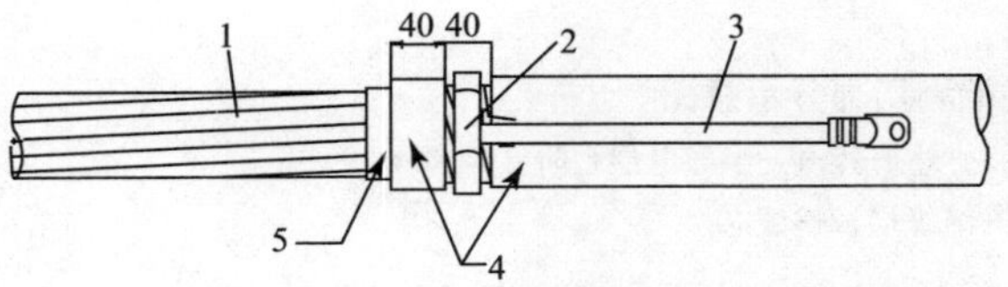

图 6-7-3 电缆铠装接地线制作示意图

1—屏蔽层；2—扭力弹簧；3—铠装接地线；

4—外护套；5—内护套

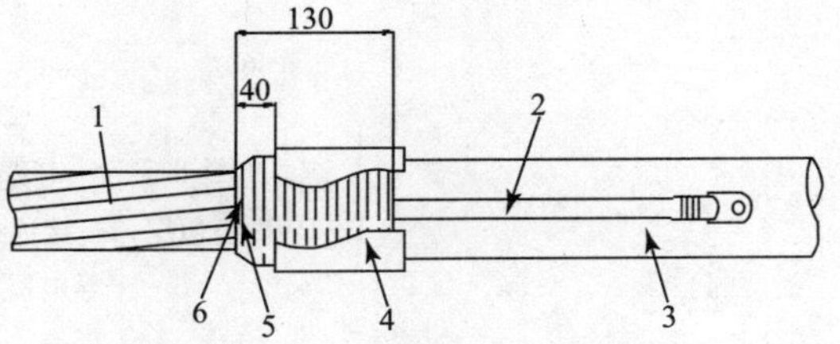

图 6-7-4 冷缩地线管示意图

1—屏蔽层；2—铠装接地线；3—外护套；4—冷缩管；

5—红色密封胶＋PVC 管；6—内护套切口

(4)如图 6-7-5(a)所示，将屏蔽层铜丝在内护套断口处反折整齐(靠近断口处，尽量均匀弯曲，并轻轻打平)。然后，在铠装接地线的另一侧，分成三股扎成“小辫子”，作为屏蔽铜丝接地线，外部收缩一层热缩管，压接端子。按图 6-7-5(b)所示绕包 50 mm 一层半导电带。

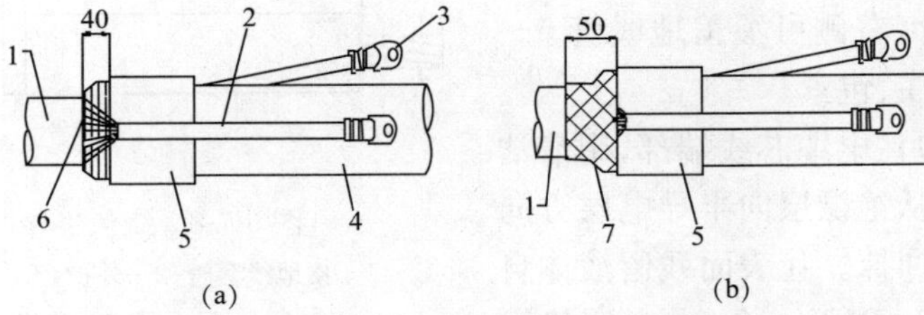

图 6-7-5 屏蔽层接地线制作示意图

(a)屏蔽层扎成辫子；(b)包半导电带

1—半导电层；2—钢丝接地线；3—铠装接地线；4—外护套；

5—地线套管；6—钢丝屏蔽线反折；7—半导电带

(5)按照图 6-7-6 所示 30 mm 处，包绕红色密封胶 60 mm，外加一层 PVC 带，把第二个冷缩地线管对齐半导电带端口收缩到位。

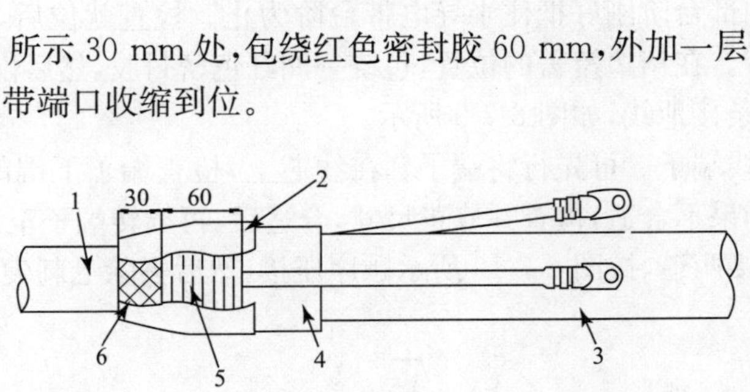

图 6-7-6 缠绕密封胶＋PVC 带示意图

1—半导电层；2—地线管(2)；3—外护套；4—地线管(1)；

5—红色密封胶；6—半导电带

(6)按照图 6-7-7 所示尺寸依次剥切电缆。

①半导电层留下 60 mm，要注意剥切半导电层时不能损伤到绝缘层，环切断口与线芯方向垂直，断口处半导电层不能有层间剥脱现象。

②半导电层断口处做斜坡处理，斜坡长度 20～30 mm，使其平滑过渡、坡面光滑。

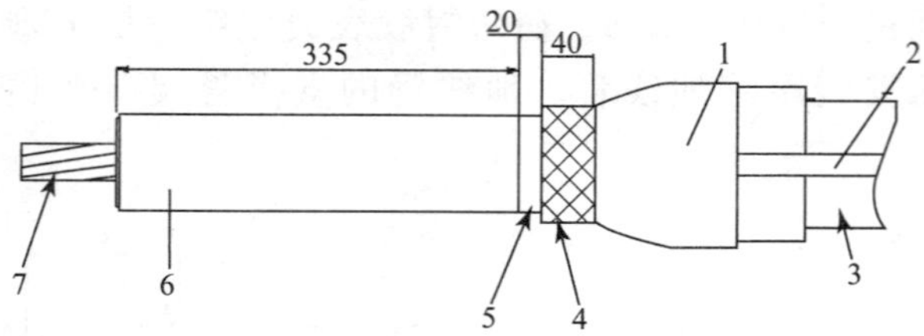

图 6-7-7　电缆终端剥切部分示意图

1—PVC绕包层；2—接地线；3—外护套；4—半导电层台阶；5—半导电层；6—绝缘层；7—线芯

断口不能有尖角毛刺、锯齿状，不能有凹坑或凸起。可用刀片或者玻璃先行处理，然后再用 400 号砂纸打磨。

③内绝缘层外露部分要保证 335 mm。用砂纸均匀打磨，保证没有残留的导电颗粒，不能有刀痕、凹坑或者凸筋，可先用 240 号砂纸打磨处理，然后再用 400 号砂纸进行抛光。

④线芯露出长度：压接端子孔深＋45 mm。绝缘端部倒角 2×45%D。

(7)按照图 6-7-8 所示尺寸，留出 20 mm 半导电层，用半导电带拉伸 200%，包绕一个单边厚 5 mm 的台阶，右侧可覆盖地线管 5～10 mm，尾部用力压住、包紧。

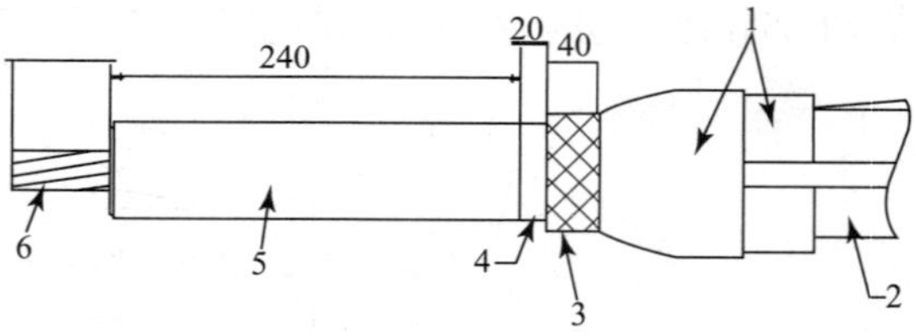

图 6-7-8　绕包半导电带示意图

1—接地线套管；2—外护套；3—半导电层台阶；4—半导电层；5—绝缘层；6—线芯

(8)用 PVC 带包住电缆芯线端部，用清洁纸清洁电缆绝缘层，从绝缘层向半导电层方向一次性抹去，不要来回抹。让表面残留液体自然挥发(不要用嘴吹)，稍干一会，在电缆绝缘上均匀涂抹硅脂，不要过量，薄薄一层即可。然后用塑料棒往终端内表面涂抹硅脂。

(9)安装电缆终端头。翻起终端尾端的裙边，一人双手握紧终端下部，使终端下端部内孔对准电缆，另外一人一只手握住终端中部，另一只手堵住端部的小孔，用力把终端推到电缆上，不宜推入过长，终端内部台阶刚好抵住半导电带台阶为止。检查就位后，抹去多余的硅脂，去掉线芯端部的 PVC 带。在裙边覆盖的位置，包绕一圈红色密封胶，然后恢复裙边，并用尼龙扎带分别固定裙边和两条接地线，如图 6-7-9 所示。

(10)安装终端接线端子。可先行将端子套在线芯上，检查端子下端的防雨帽是否能套住终端上端部小台阶，如果不合适，检查并修正尺寸，合适后，再旋转端子至合适的固定方向后即可压接端子。一般压接两道，按图 6-7-10 所示顺序压接，然后去除毛刺尖端。

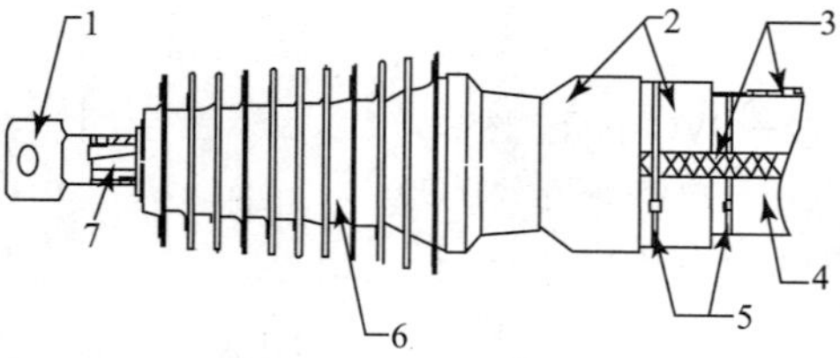

图 6-7-9　安装电缆终端头

1—接线端子；2—接地线管；3—接地线；4—外护套；5—尼龙卡带；6—终端套管；7—线芯

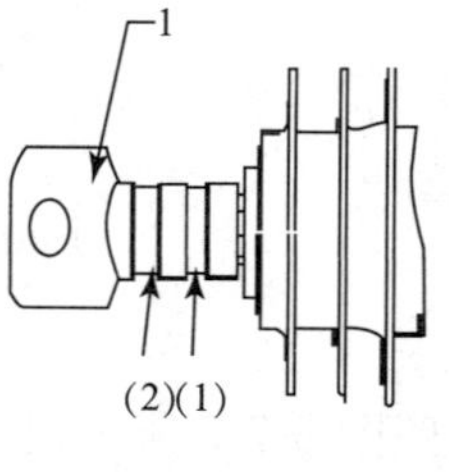

图 6-7-10　接线端子压接示意图

1—接线端子；(1)、(2)—接线端子压接顺序

(11)电缆终端就位后,固定接线端子,按设计要求的位置和方式分别连接铠装及屏蔽层接地线。

4. 施工技术标准

(1)电缆头应保证可靠的电气性能、机械强度,并应满足电气试验的要求,导电良好,能长久稳定传输额定电流。

(2)端头的绝缘能承受电缆工作条件下的额定电压和瞬时过电压。

(3)电缆头应具有良好密封性和足够机械强度。

(4)严禁在潮湿有雾的天气进行室外电缆终端头的制作,必须在潮湿天气制作时,应该采取必要的防潮措施或搭设工作帐篷后再进行操作。

(5)同一类型的电缆压接端子在正式施工前,应该制作代表样品送有资质的检验部门检测(重点监测耐拉力、握着力、接触电阻等几个指标),待检测机构出具试验报告证明合格后,方可正式施工进行压接操作。

(6)电缆终端头的接地方式应该符合设计图纸的要求,并满足施工标准的规定。

5. 安全注意事项

(1)施工环境要保证清洁、无尘,相对湿度不应超过75%,温度应高于5 ℃。

(2)电缆终端的制作应在水平状态下进行,完成后再竖直安装。

(3)剥切电缆护层、铠装带和屏蔽层时不得损伤芯线绝缘,屏蔽层的端部要平整,不得有毛刺。

(4)本工艺适合金属屏蔽和金属铠装分开的双接地方式,如果需要单接地,也可以将两根接地线连在一起共同接地。

(5)固定电缆终端的时候,注意不要使电缆发生扭曲。

6.7.2　35 kV及以下单芯电力电缆中间接头制作工艺

一般情况下,均采用硅橡胶预制式中间电缆接头,中间接头的制作、安装应由受过专门培训的人员进行。按前述工艺进行施工准备。

1. 工艺流程

电缆中间接头制作工艺流程如图6-7-11所示。

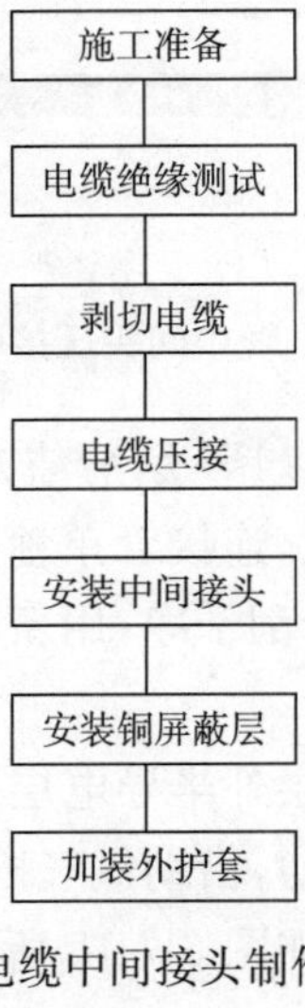

图6-7-11　电缆中间接头制作工艺流程图

2. 操作步骤

(1)将两根电缆的端头锯去一截,确保需对接的电缆内部无水分,并使一端铠装比该端头长出 350 mm。将两电缆拉直对齐,设定对接中心线,按图 6-7-12 所示尺寸预留电缆,剥切内外护套及铠装,把热缩管套在电缆一端。

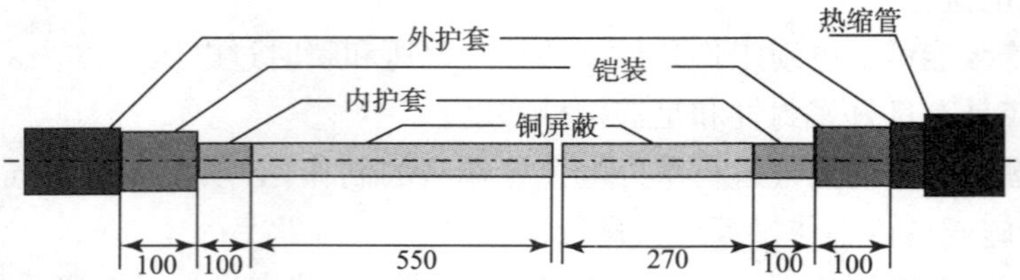

图 6-7-12 电缆中间接头剥切示意图

(2)分别剥切对接线芯的铜屏蔽层、外半导电层及绝缘层。剥除前先用 PVC 带将铜屏带缠绕固定,注意不要损伤绝缘层。绝缘层端部倒角 1×45°(不必削成铅笔头状)。用砂纸打磨紧靠绝缘层的半导电层,使其与绝缘层光滑过渡,如图 6-7-13 所示,其中 E 尺寸为连接管的一半。

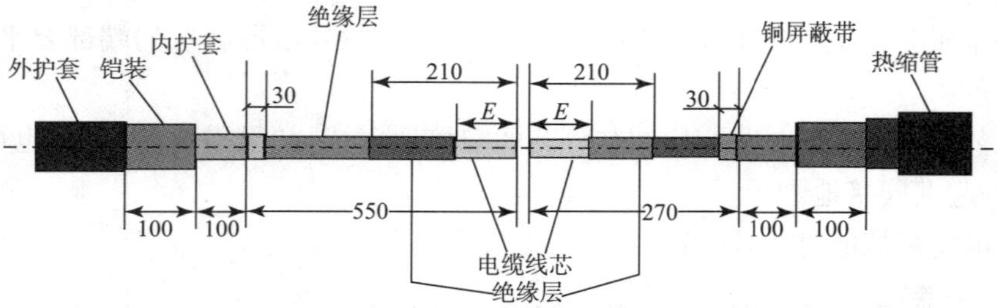

图 6-7-13 中间电缆头剥切尺寸示意图

(3)把连接管套在剥切较长段线芯的导体上,不留间隙,按图 6-7-14 顺序压接连接管,注意压痕须相互错开。压接完成后,用平锉或砂纸清除连接管上的尖角、毛刺,以免划伤接头。

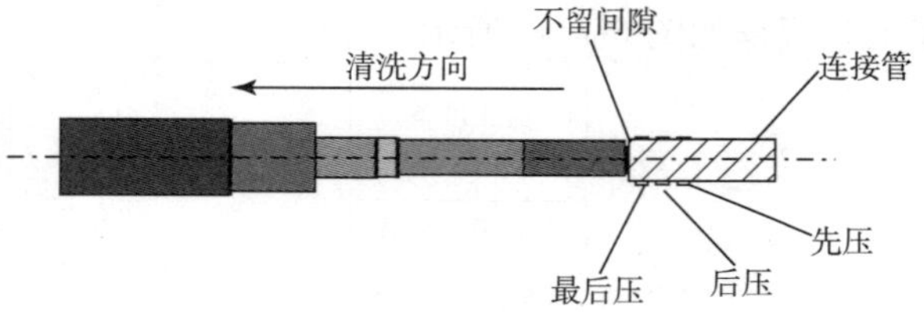

图 6-7-14 电缆中间头压接顺序示意图

(4)用浸有清洗剂的清洁纸按图 6-7-14 所示清洁方向,一次性清洁绝缘层及外半导电层,不得反向,以免半导电颗粒带到绝缘层上,连接管单独清洗。检查绝缘层,如有残留半导电颗粒或较深的凹槽等,可用细砂纸打磨或铲刮干净,用新的清洁纸(浸清洁剂)重新清洁,待清洁剂挥发后,即可安装中间接头。

(5)将硅脂均匀地涂在连接管、绝缘层外半导电层及中间接头体内(用塑料棒涂),然后用手掌堵住一端(推入过程压缩内腔的空气),借助氮气枪,用力一次性将接头套在剥切较长的电缆上,直至电缆绝缘从另一端露出为止,如图 6-7-15 所示。

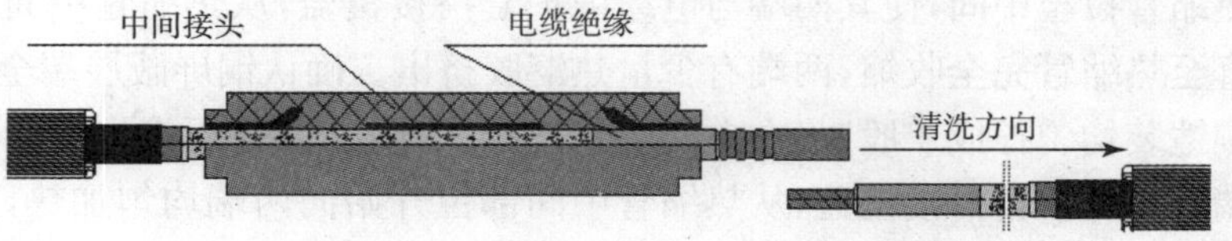

图 6-7-15　安装中间接头体示意图

(6)将对接的另一端电缆线芯插入连接管内，按图 6-7-14 所示顺序压接，再用锉或砂纸清除毛刺，然后从绝缘层向外半导电层方向一次性清洗，连接管单独清洗。若未清洁干净可以重新清洗，但不得反方向，以免把半导电颗粒带到绝缘层上。在对接的电缆上量取距绝缘层端 25 mm 处的外半导电层缠绕一圈相色带(粘面朝外)做拉回位置标记。然后在连接管、绝缘层及外半导电层上涂抹一层硅脂，用力将接头体推回止端标记位置为止。抹去挤出多余的硅脂，如图 6-7-16 所示。

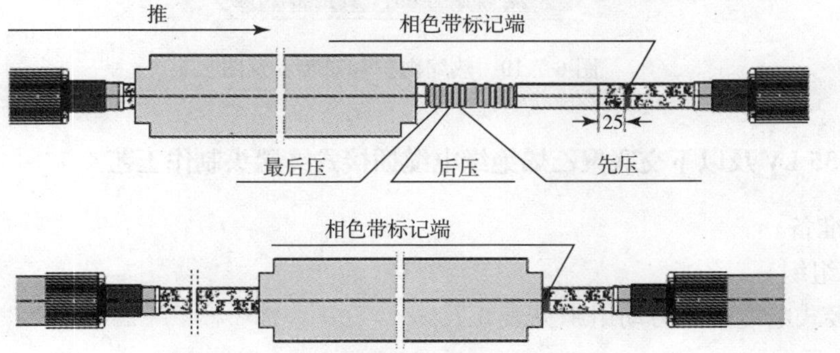

图 6-7-16　中间头安装示意图

(7)拆除相色带标记。在接头体两端用半导体自粘带缠绕成不小于接头体端部直径的缠绕体(起止动作用)，延长缠绕体与电缆平滑过渡，并覆盖 20 mm 的铜屏蔽端部，再以重叠 1/3 形式缠绕一层半导体自粘带，至接头另一端与铜屏蔽搭盖 20 mm 为止，如图 6-7-17 所示。

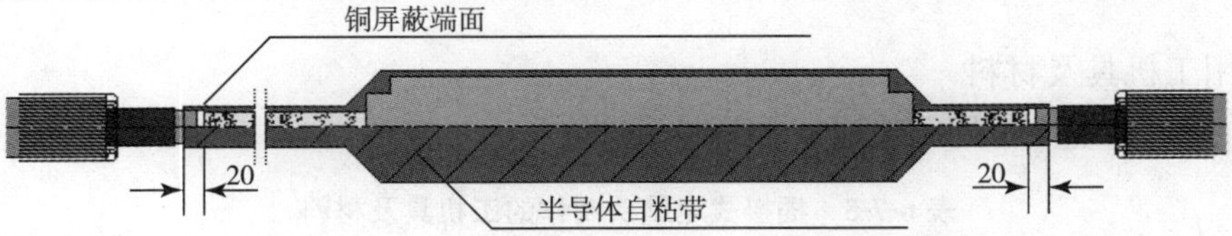

图 6-7-17　半导体自粘带缠绕示意图

(8)从覆盖铜屏蔽层的端部 30 mm 开始以重叠 1/2 的形式缠绕一层铜编织网，至另一端电缆的铜屏蔽上，同样覆盖铜屏蔽层端部 30 mm，并附加一条铜编织带，拉紧，用 4～5 圈 PVC 带将其固定，用铜丝绑扎两端并与铜屏蔽带一起焊牢，如图 6-7-18 所示，此操作过程应注意把铜屏蔽层端部和铜屏蔽带的细小外露铜丝全部清除。

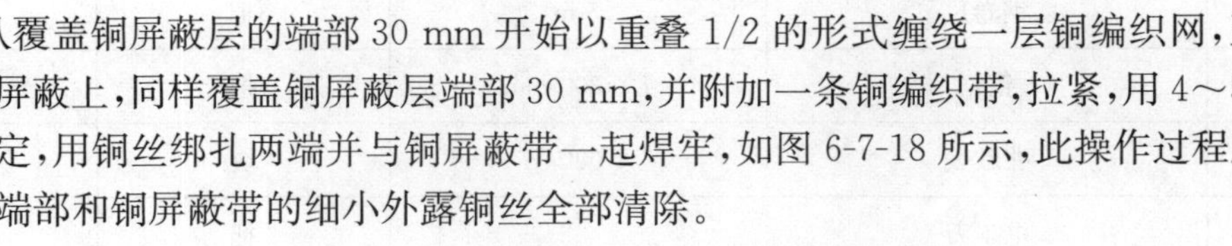

图 6-7-18　编织网安装图

(9)将内热缩管拉至中间,使其两端与电缆内护套搭接覆盖,从热缩管中间部位开始向两端均匀加热,直至热缩管完全收缩,两端有少量热溶胶挤出。确认铜屏蔽层端全部被内护套搭接覆盖,将两侧铠装均匀拧成 4 股,将左右两端铜丝插入连接管,并压接。最后将外热缩管拉至中间,使其端部与外护套搭接覆盖,从热缩管中间部位开始向两端均匀加热,直至热缩管完全收缩,如图 6-7-19 所示。

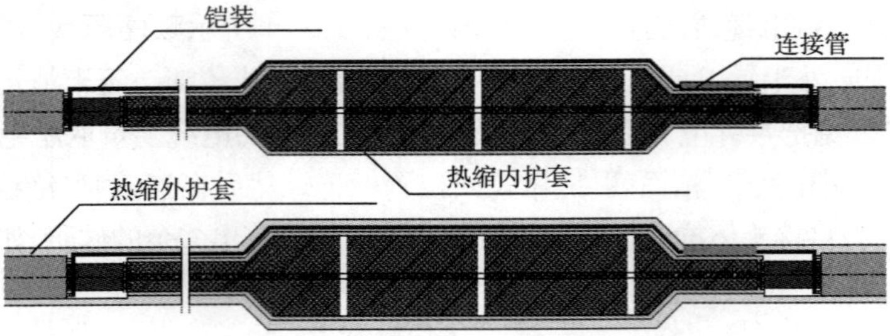

图 6-7-19　热缩内护套安装示意图

6.7.3　35 kV 及以下交联聚乙烯绝缘电缆插接式终端头制作工艺

1. 施工准备

(1)劳动组织

制作插接式电缆头的劳动组织见表 6-7-4。

表 6-7-4　插接式电缆头制作的劳动组织

序号	项　目	人数	备　注
1	施工技术负责人	1	全面协调组织、电缆头技术指导
2	电缆头制作人员	2	电缆头制作

(2)常用工机具及材料

制作插接式电缆头常用工机具及材料见表 6-7-5。

表 6-7-5　插接式电缆头制作的工机具及材料

序号	名　称	规　格	单位	数量
1	钢卷尺	5 m	把	1
2	钢锯	L=300 mm	把	1
3	兆欧表	1 000 V	块	1
4	电工刀		把	1
5	平锉	中粗 400 号	把	1
6	手锤	1.5 kg	把	1
7	压接钳	与电缆附件匹配	套	1
8	电缆头附件材料		套	1

2. 工艺流程

插接式电缆头制作工艺流程如图 6-7-20 所示。

图 6-7-20　插接式电缆头制作工艺流程图

3. 操作要点

(1)对于截面 240 mm^2 及以下的电缆，按图 6-7-21 尺寸进行剥切，金属铠装露出 10 mm，内护套露出 10 mm。注意勿损伤屏蔽铜丝，保证各环切断口与线芯方向垂直，没有毛刺和尖端凸起。距外护套断口下方 50 mm 处，剥开一个 30 mm 宽度的环形缺口，露出金属铠装。在金属铠装上预计安装接地线的位置用 240 号砂纸全部打毛，去除其表面的氧化层，并在打磨部位的下方，将外护套削出一个长约 30 mm、宽约 20 mm 的斜坡。

(2)对于截面 300 mm^2 及以上的电缆，按图 6-7-22 尺寸进行剥切，金属铠装露出 30 mm，内护套露出 295 mm。注意勿损伤屏蔽铜丝，保证各环切断口与线芯方向垂直，没有毛刺和尖端凸起。同样，在金属铠装预计安装接地线的位置用 240 号砂纸全部打毛，去除其表面的氧化层，并在打磨部位的下方，将外护套削出一个长约 30 mm、宽约 20 mm 的斜坡。

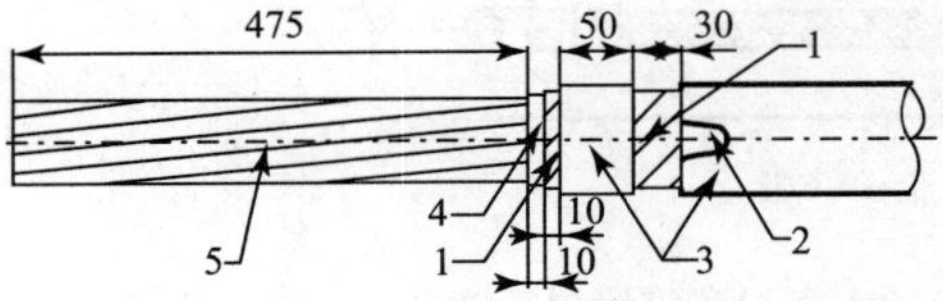

图 6-7-21　截面 240 mm^2 及以下电缆剥切示意图

1—金属铠装；2—刀削斜坡；3—外护套；

4—内护套；5—铜丝屏蔽层

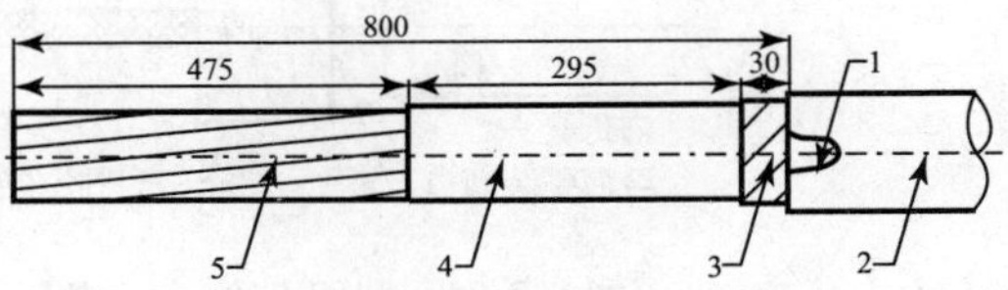

图 6-7-22　截面 300 mm^2 及以上电缆剥切示意图

1—刀削斜坡；2—外护套；3—金属铠装；

4—内护套；5—铜丝屏蔽层

(3)用恒力弹簧将铜编织接地线固定在金属铠装打磨后的接地点上，截面 240 mm^2 及以下电缆如图 6-7-23 所示，截面 300 mm^2 及以上电缆如图 6-7-24 所示。弹簧绕紧过程中将接地线反折一次，压紧在外护套断口的斜坡上，可以用锤子将接地线轻轻砸平、压紧，防止其松脱。

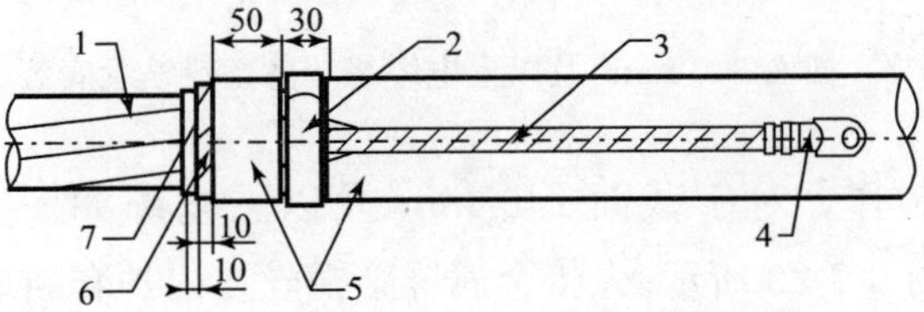

图 6-7-23　截面 240 mm^2 及以下电缆接地线安装示意图

1—铜丝屏蔽层；2—恒力弹簧；3—铠装接地线；

4—接地线端子；5—外护套；6—金属铠装；7—内护套

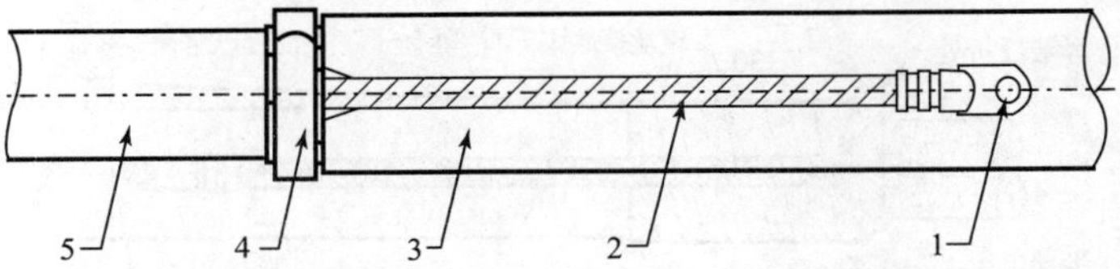

图 6-7-24　截面 300 mm^2 及以上电缆接地线安装示意图

1—接地线端子；2—铠装接地线；3—外护套；4—恒力弹簧；5—内护套

(4)电缆密封防水胶带绕包。对于截面 240 mm^2 及以下电缆如图 6-7-25 所示，对于截面 300 mm^2 及以上电缆如图 6-7-26 所示，从内护套断口(图 6-7-25)或金属铠装断口(图 6-7-26)向接地线的方向先用防水密封胶带拉伸 50%进行半搭接绕包，绕包长度 130 mm(图 6-7-25)或 80 mm(图 6-7-26)，在斜坡处，同时用防水密封胶带对接地线进行绕包做防水处理。然后在防水密封胶带的表面使用绝缘防水带来回绕包 2 层，再用宽 PVC 带绕包 2 层。对于截面 300 mm^2 及以上的电缆，如图 6-7-27 所示，在距离电缆端部 675 mm 处的内护套和 900 mm 处的外护套表面绕包热熔胶，然后套上薄壁热缩管(ϕ80 mm×250 mm)，加热收缩。

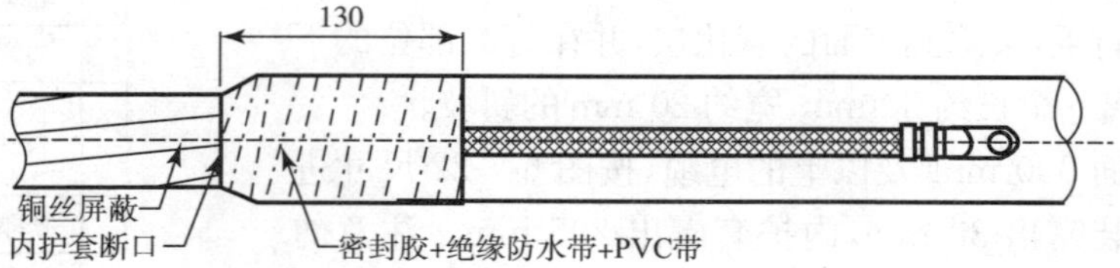

图 6-7-25　截面 240 mm^2 及以下电缆防水密封胶带绕包示意图

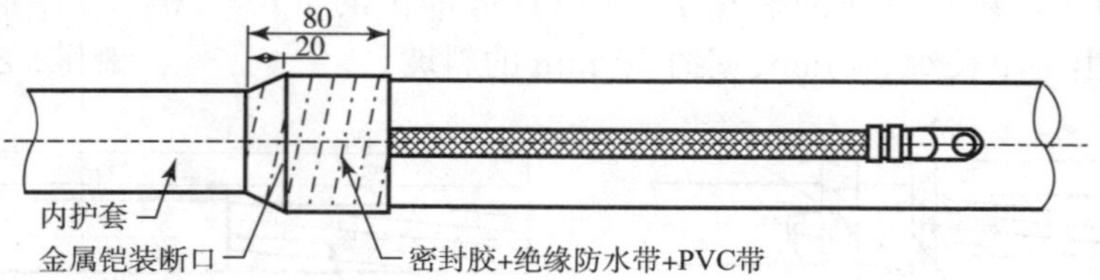

图 6-7-26　截面 300 mm^2 及以上电缆防水密封胶带绕包示意图

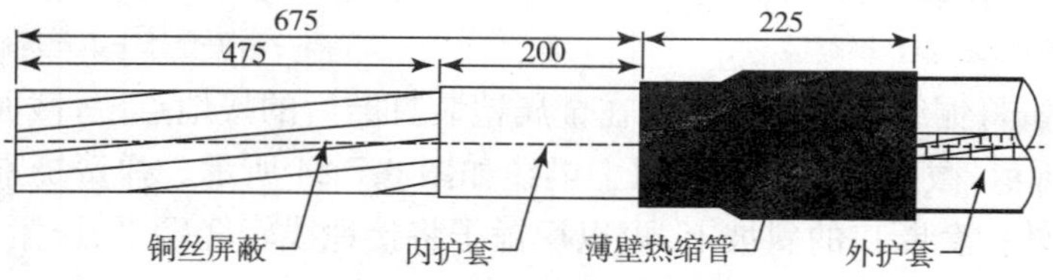

图 6-7-27　截面 300 mm^2 及以上电缆终端薄壁热缩管安装示意图

(5)屏蔽层接地线制作。对于截面 240 mm^2 及以下电缆如图 6-7-28 所示，对于截面 300 mm^2 及以上电缆如图 6-7-29 所示，先将金属屏蔽铜丝在内护套断口处反折整齐(靠近断口处，尽量均匀弯曲，并用锤子轻轻敲平)，然后在金属铠装接地线位置的对称一侧，将屏蔽层铜丝分成三股编扎成“小辫子”作为接地线，并将其端部修剪平整，最后依次套入小热缩管和接地端子。压接接地端子，加热收缩小热缩管，使其缩紧在铜丝接地线上。

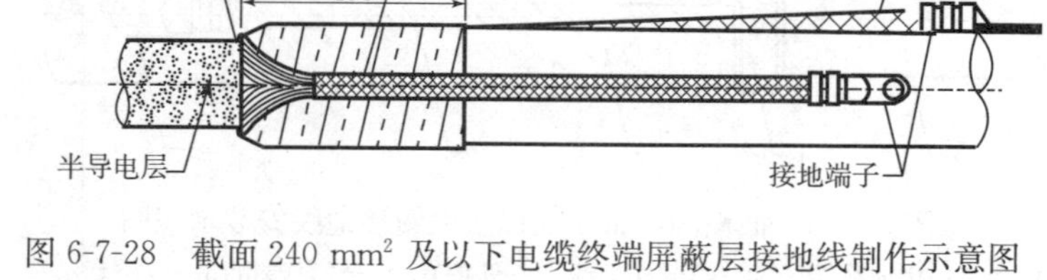

图 6-7-28　截面 240 mm^2 及以下电缆终端屏蔽层接地线制作示意图

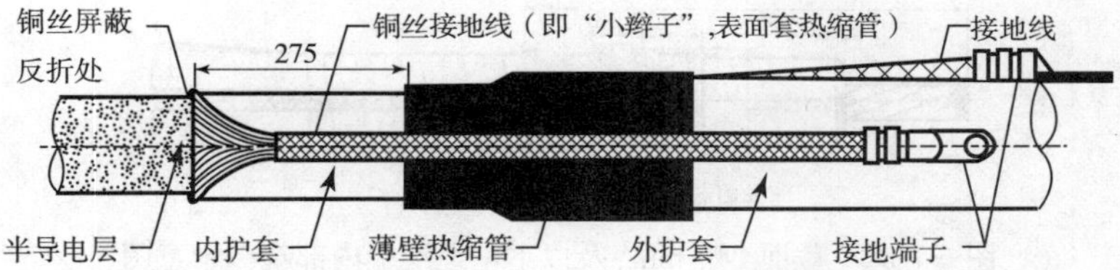

图 6-7-29　截面 300 mm² 及以上电缆终端屏蔽层接地线制作示意图

为方便后续操作，用 PVC 相色带把接地线固定在电缆上。

（6）剥切电缆终端内护套时，从铜丝屏蔽反折处往电缆端部方向量取尺寸，对于线芯截面 240 mm² 及以下电缆按图 6-7-30 所示，量取 275 mm，把多余的电缆锯掉，注意锯口要垂直、平整。对于截面 300 mm² 及以上电缆按图 6-7-31 所示，剥切电缆，电缆线芯量取 85 mm，线芯绝缘量取 95 mm，半导电层量取 95 mm，绝缘层端部倒角 2×45°，并在线芯端部暂时绕包 3 层 PVC 相色带，防止线芯散开。注意保证各环切断口与线芯方向垂直，半导电层断口处不能有层间剥脱现象。

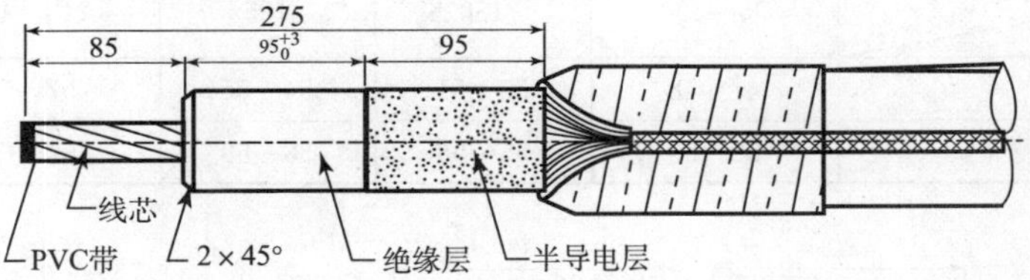

图 6-7-30　截面 240 mm² 及以下电缆终端内护套剥切示意图

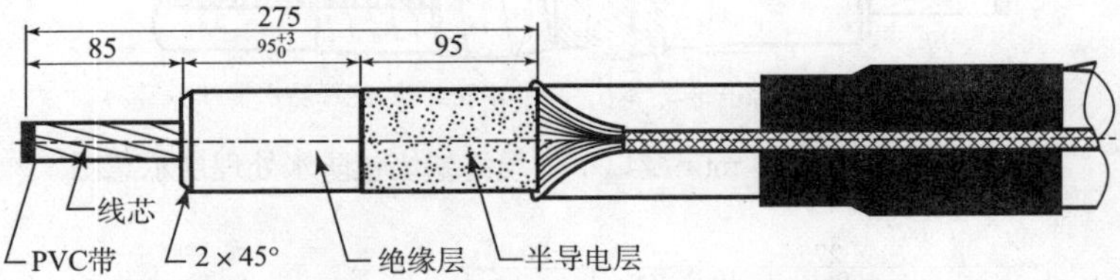

图 6-7-31　截面 300 mm² 及以上电缆终端内护套剥切示意图

在剥切过程中要保护好线芯绝缘表面，不能有刀痕，用玻璃片或刀片对半导电层断口进行斜坡处理，斜坡长 15 mm 左右，然后用砂纸打磨光滑，使线芯绝缘层和半导电层过渡处平滑圆整，如图 6-7-31 所示，不能有台阶、尖角或呈波浪锯齿状。检查半导电层表面有无铜丝痕迹，若有则用砂纸带打磨圆滑。检查绝缘层表面有无凸凹痕、杂质、刀痕或残留的半导电颗粒等，若有则用砂纸带沿电缆绝缘的圆周方向打磨掉，确保绝缘层表面光滑圆整，注意此处电缆不能弯曲，如果电缆较弯应事先校直。

打磨处理时，先用 240 号砂纸进行打磨，再用 400 号砂纸进行抛光。

（7）电缆终端内部绕包操作，对于截面 240 mm² 及以下电缆，如图 6-7-32 所示，截面 300 mm² 及以上电缆如图 6-7-33 所示，按表 6-7-6 所列数值在距离半导电层切断处 30 mm（截面 500 mm² 的电缆为 40 mm），先用半导电带拉伸 200%包绕宽 20 mm 直径为 ϕd 的台阶，接着包绕宽 25 mm 直径为 ϕD 的半导电缠绕体台阶，然后再向后至接地线 25 mm 之间来回包绕 3 层，搭接上屏蔽铜丝。最后，在铜丝屏蔽反折位置往后约 80 mm 之间先用防水密封胶绕包 2 层进行防水处理，然后在防水密封胶的表面使用绝缘防水带来回绕包 2 层，再用宽 PVC 带绕包 2 层，完全盖住屏蔽铜丝，截面 240 mm² 及以下电缆如图 6-7-34 所示，截面 300 mm² 及以上电缆如图 6-7-35 所示。

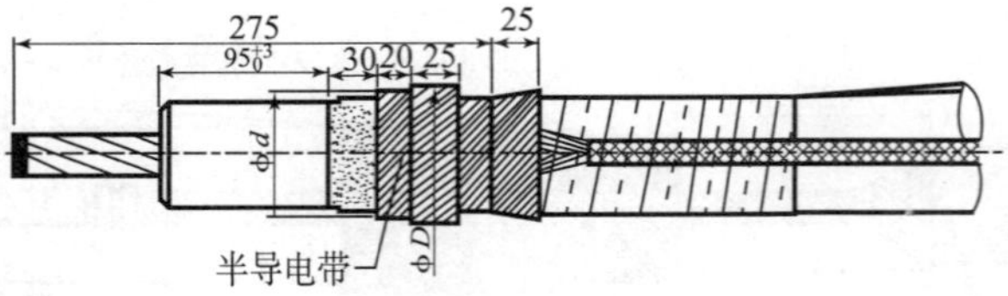

图 6-7-32　截面 240 mm² 及以下电缆终端内部绕包示意图

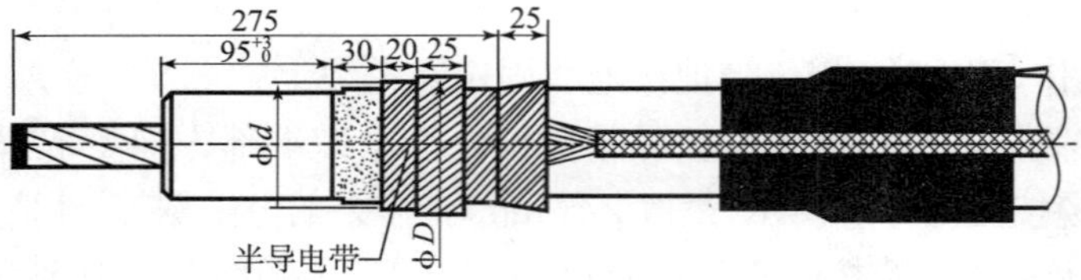

图 6-7-33　截面 300 mm² 及以上电缆终端内部绕包示意图

表 6-7-6　各种规格电缆终端半导电层切断处的距离

截面(mm²) 尺寸	95～120	150	185	240～400	500
ϕd	47～48	50～51	54～55	57～58	60～61
ϕD	52～53	55～56	58～59	62～63	59～60

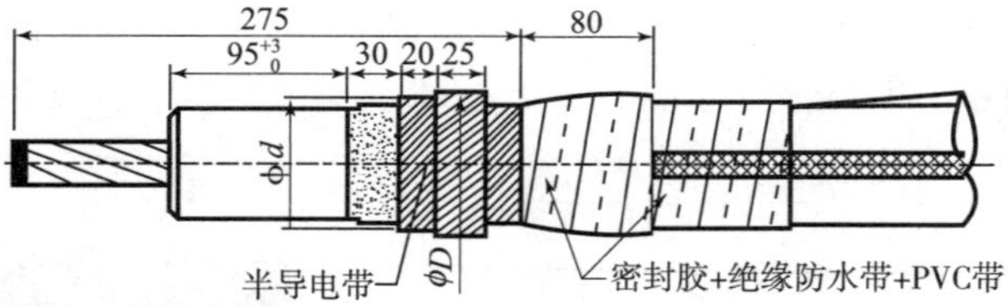

图 6-7-34　截面 240 mm² 及以下电缆终端绕包防水处理层示意图

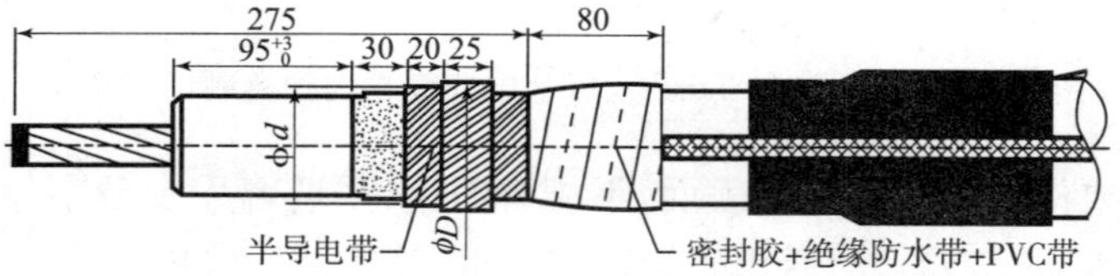

图 6-7-35　截面 300 mm² 及以上电缆终端绕包防水处理层示意图

(8)如图 6-7-36 所示,先将热缩护套管套到电缆上,然后再将铝外壳套进电缆,注意一定要按先后顺序套入这两个配件,否则在终端安装好后,这两个配件都不能再套入。

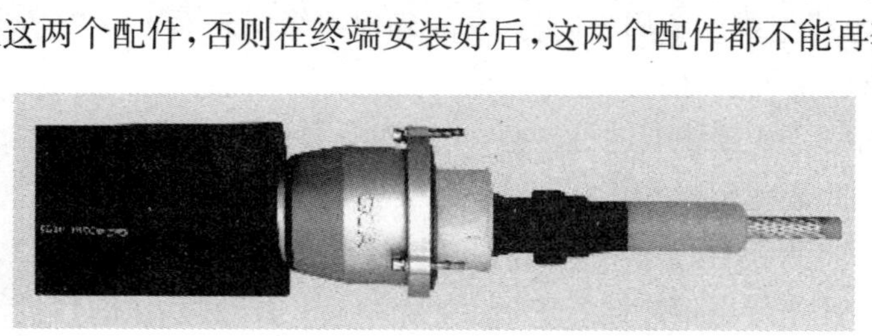

图 6-7-36　先套热缩护套管

(9)用清洁纸按图 6-7-37 所示方向,一次性地清洁电缆线芯绝缘表面,不可来回抹擦。表面残留液体不要用嘴去吹,让其自然挥发。

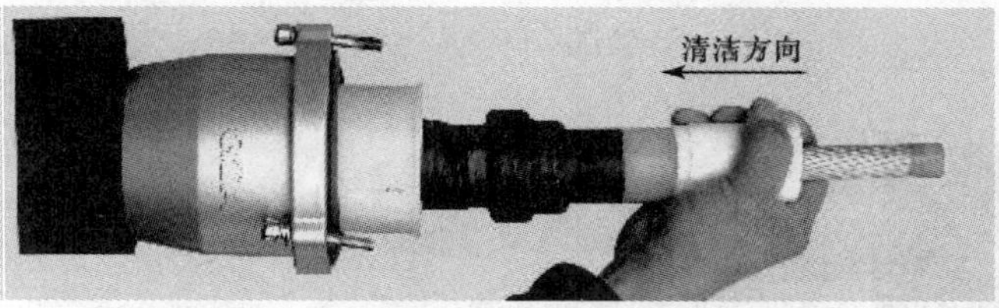

图 6-7-37　清洁电缆线芯绝缘表面

(10)待线芯绝缘表面的清洁剂完全挥发后，再次检查线芯绝缘表面质量，符合要求后方可继续进行下面的操作。在线芯绝缘表面和内锥终端的内表面上，均匀地涂抹上硅脂。注意：硅脂尽量少地涂在半导电层上，如图 6-7-38 所示。

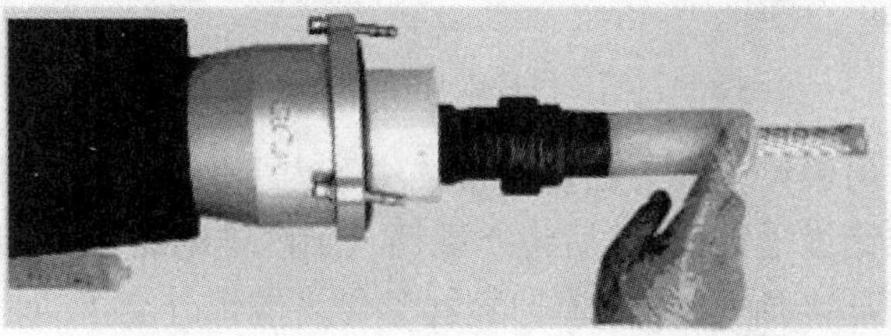

图 6-7-38　涂抹硅脂

(11)如图 6-7-39 所示，把塑料导套套到线芯上，然后一只手抓住内锥终端头，另外一手抓住电缆，用力将终端套在电缆上，直至终端头应力锥台阶与电缆上的半导电带缠绕体接触好为止。

图 6-7-39　安装塑料导套

(12)如图 6-7-40 所示，按顺序分别将承力环、压紧锥和接触环套在电缆线芯上，注意保证承力环与压紧锥端部要贴紧。

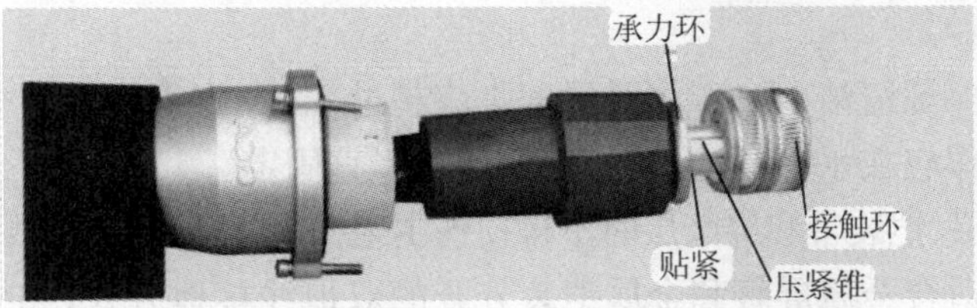

图 6-7-40　安装承力环、压紧锥和接触环

(13)如图 6-7-41 所示，将打紧套套在接触环上，用锤子敲击打紧套，使接触环压紧在压紧锥上，当接触环不动时，停止敲击。注意：敲击不可用力过猛，以防损坏配件。

(14)用产品提供的导体压接装置将接触环压紧在压紧锥上，如图 6-7-42 所示，具体如何使用液压装置压紧接触环，请参阅产品提供的液压工具说明。注意：在导体压接结束后，应该将硅橡胶内锥终端拉回至与承力环接触的位置。

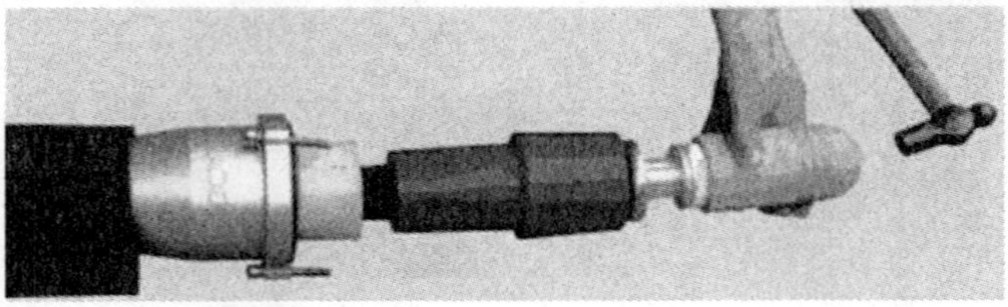

图 6-7-41　用锤子敲击打紧套

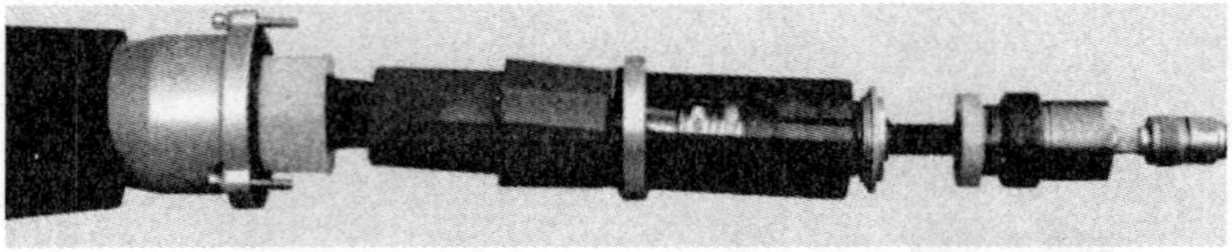

图 6-7-42　将接触环压紧在压紧锥上

(15)用清洁纸清洁内锥终端外表面及内锥绝缘子内表面，待清洁剂完全挥发后，均匀地将硅脂涂抹在终端及内锥绝缘子锥面，然后将终端插入到内锥绝缘子，用 M8×50 螺钉通过铝外壳固定好终端。按图 6-7-43 所示，将热缩护套管套在终端铝外套上，加热使其收缩，并将接地端子按设计要求进行接地。

图 6-7-43　安装热缩护套管

4. 技术标准

(1)电缆头应保证可靠的电气性能、机械强度，并应满足电气试验的要求，导电良好，能长久稳定传输额定电流。

(2)端头的绝缘能承受电缆工作条件下的额定电压和瞬时过电压。

(3)具有良好密封性和足够机械强度。

5. 注意事项

(1)施工环境要保证清洁、无尘，相对湿度不应超过 75%，温度应高于 5 ℃。

(2)终端头的制作应在水平场地进行，完成后再竖直固定。

(3)剥切电缆护层、铠装带和屏蔽层时不得损伤主绝缘，屏蔽层的端部要平整，不得有毛刺。

(4)本安装工艺适合金属屏蔽和金属铠装分开的双地线接地方式，如果需要单接地，也可以在设计允许的情况下将两根接地线连在一起共同接地。

(5)固定电缆终端的时候，注意不要使电缆发生扭曲。

6.7.4　10 kV 三相交联聚乙烯电力电缆冷缩型终端头制作工艺

1. 施工准备

(1)劳动组织，见表 6-7-7。

表 6-7-7　10 kV 电缆冷缩型终端头制作的劳动组织

序号	项　目	人数	备　注
1	操作技工	1	经专项培训取得操作合格证
2	辅助工	1	

(2)常用工机具,见表 6-7-8。

表 6-7-8　10 kV 电缆冷缩型终端头制作的常用工机具

序号	名　称	规　格	单　位	数　量
1	手工钢锯		把	1
2	压接钳		套	1
3	剪刀		把	1
4	兆欧表	2 500 V	块	1

(3)常用材料,见表 6-7-9。

表 6-7-9　10 kV 电缆冷缩型终端头制作的常用材料

序号	名　称	规　格	单位	数量	备　注
1	电缆终端组件	按电缆规格	套	1	3M 公司产品
2	接线端子	按电缆规格	个	3	
3	电缆保护管	按电缆规格	m	—	户外用
4	细铜线		m	0.5	
5	棉纱		kg	0.2	
6	白布		m^2	0.1	

2. 工艺流程

10 kV 电缆冷缩型终端头制作的工艺流程如图 6-7-44 所示。

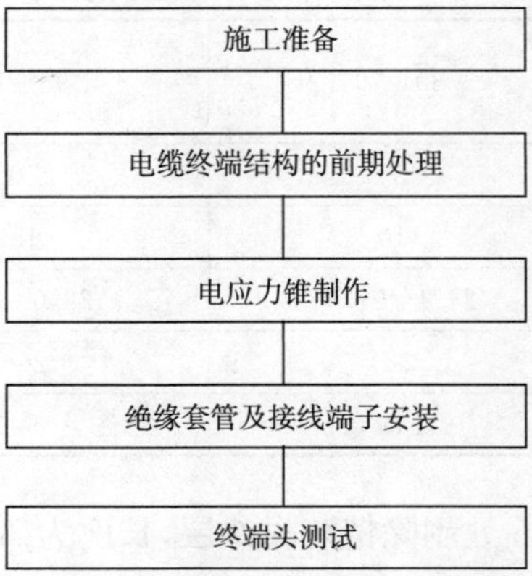

图 6-7-44　10 kV 电缆冷缩型终端头制作工艺流程图

3. 户外冷缩型终端头制作操作要领

(1)施工准备

①用兆欧表测量电缆的绝缘电阻,应满足有关的技术规定。

②将电缆穿入电缆保护管,其端头外露长度应方便终端头的制作。

(2)电缆终端结构的前期处理

①根据图 6-7-45 及表 6-7-10 的规定,测定电缆外护套的剥切长度,并予以剥除。外护套剥除长度为 $A+B+25$ mm。

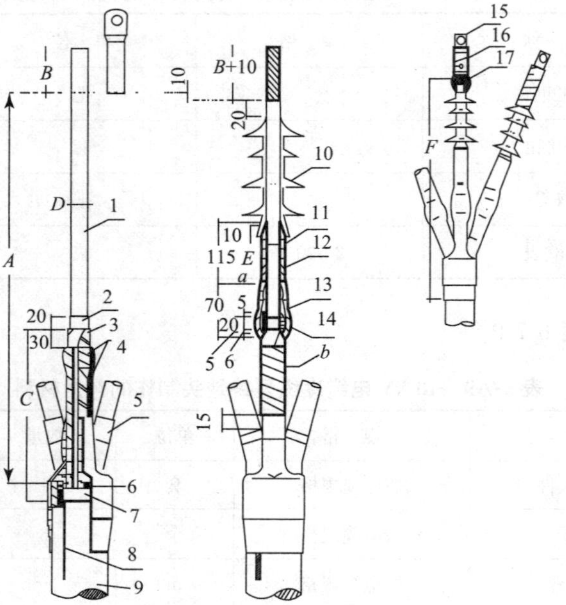

图 6-7-45 10 kV 冷缩型户外终端头结构示意图

1—芯线绝缘层;2—半导电层;3—铜屏蔽层;4、12、17—23 号绝缘带;
5—PST 电缆手套;6—电缆铠装层;7—弹性钢带卡子;8—编织软铜带;
9—电缆外护套;10—PST 带裙绝缘套管;11—PST 绝缘套管;
13—2220 号电应力控制带;14—13 号半导电胶带;
15—接线端子;16—70 号防电弧胶带

表 6-7-10 户外终端头制作尺寸表

尺寸部位(mm) \ 芯线截面(mm^2)	30～70	95～185	240～300
A	455	500	530
C	110	150	160
D	24.1～27.0	28.6～33.3	35.5～37.8
E	22	26.2	31.5
F	510	600	640

②从外护层切口以上 25 mm 处剥除铠装衬垫层,长度为 $A+B$。

③查表得出 C 值,分别在电缆的各芯线铜屏蔽层上量出其位置,并用细铜丝在 C 值位置上绕一圈拧紧。

④用 23 号绝缘带按半重叠绕法，在距 C 值以下 30 mm 处的屏蔽层，向下绕包两层绝缘带，绕包宽度为 50 mm。

本工艺各种绕包层均采用半重叠绕法，该绕法每绕一道为一层(实为每道两层)，以下步骤相同。

⑤从各芯线上部将铜屏蔽层拆开，由铜丝圈处向下折，使其与 C 值下部的屏蔽层和铠装层能够搭接上即可。

⑥用 23 号绝缘带分别按单层从 C 值以下 30 mm 处向下绕包至各芯线的分支处，并使各芯线向下拆回的屏蔽带平伏在芯线的绕包层内。

⑦按图 6-7-46 所示的方法安装接地编织软铜带，步骤如下。

a. 如图 6-7-46(b)所示，将软铜带一端与护套裁口对齐，用弹性钢带把软铜带和屏蔽带与铠装层卡箍在一起，弹性钢带缠绕两圈即可。

b. 将弹性钢带以下多余的屏蔽带裁断，把裁口的尖角向上翻折压平。

c. 把接地软铜带向下折回压平，然后将剩余的弹性钢带全部缠光。手拉软铜带检查，应牢固无松动。

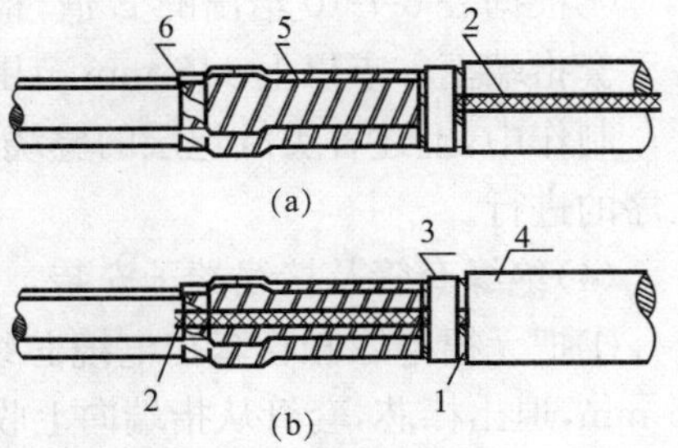

图 6-7-46　接地编织软铜带安装示意图

1—铠装层；2—接地软铜带；3—弹性钢带；4—外护套；5—23 号绝缘带；6—铜屏蔽带

⑧将电缆外护套裁口以下 50 mm 范围内的护套表面擦拭干净，在弹性钢带、接地软铜带及屏蔽带与外护套的结合部位缠绕 23 号绝缘带，绕包宽度为铠装层以上 5 mm 至外护套裁口以下 40 mm 范围，步骤如下。

a. 从电缆分支处开始绕包 23 号绝缘带，并将接地软铜带也缠在绕包层内，当缠至外护套裁口以下 20 mm 处时，绕包层应再缠回起点，然后返回该处，即要缠绕三道。

b. 将接地软铜带向上折起来，继续向下绕包 23 号绝缘带，绕包宽度为 20 mm。缠至预定位置后，再反向缠回电缆分支处。当反向缠到接地软铜带根部时，应及时将其向下折回，再继续向上缠绕 23 号绝缘带。

c. 从电缆分支处按前述步骤再缠绕一层 23 号绝缘带，缠至外护套裁口下 40 mm 后，再返回至接地软铜带根部收头即可。

⑨剥除各芯线绝缘层外部距 C 值 20 mm 以上部分的半导电层，如图 6-7-45 所示，不得损伤芯线绝缘。

⑩将电缆各芯线按电缆手套的分支角度叉开，用 23 号绝缘带把分支处的空隙填平，再按下述步骤安装电缆手套。

a. 收拢电缆各芯线的端部并套上电缆手套，调整各芯线的间距及角度，将手套套至电缆分支的根部。

b. 理顺接地软铜带，用左手握住手套的分支侧，并确保手套分支与电缆分支处密贴。用右手逆时针方向旋转手套套口侧螺旋扩张棒芯的牵拉端，使套口侧由分支处向外随棒芯的退出而首先收缩。

c. 待套口侧收紧后，按上述方法分别退出各芯线指端的扩张棒芯，并挤压手套的分支处，使其与电缆的分支处密贴。

(3)电应力锥制作

①如图 6-7-45 所示，在各芯线的铜屏蔽层和绝缘层之间绕包两层 13 号半导电胶带，绕包

宽度为 30 mm，即分别在屏蔽层和绝缘层各叠包 5 mm。包缠时，胶带的拉伸率为其长度的 30%。

②在距半导电绕包层以下 5 mm 的屏蔽层上，向上绕包 2220 号电应力控制带。绕包到距起点 70 mm 的 a 点(见图 6-7-45)后，再返回到起点。绕包时，胶带的镀银面朝外，拉伸率为其原长度的 10%。

③用 23 号绝缘带从各芯线的 a 点向上绕包 15 mm 宽度，然后向下绕包至 b 点，最后再返回到 a 点，绕包的拉伸率为其原长度的 100%。

④根据表 6-7-10 给出的 E 值，检查电缆芯线的绝缘外径是否符合要求，如小于规定值，应在手套指端至 a 点以上 115 mm 范围内用 23 号绝缘带绕包到规定尺寸。

制作中，上述各类绕包层的叠绕应整齐、密贴，各衔接部位的过渡应平缓、光滑，以利下道工序的进行。

(4)绝缘套管及接线端子安装

①把无裙绝缘套管套在电缆芯线上，扩张棒芯的引出端朝上，套管下端与手套指端重叠 15 mm，退出棒芯，套管从指端向上收缩。

②把有裙绝缘套管套在已收缩的无裙套管上，两套管间重叠 10 mm，退出棒芯使其自下而上收缩。

③实测接线端子接线管的孔深，按图 6-7-45 要求剥除芯线端部的绝缘层。

④根据接线端子的压接工艺规定，进行芯线接线端子的压接。

⑤用 23 号绝缘带填平接线端子的压坑及与芯线绝缘层之间的空隙，然后在接线端子接线管及带裙套管间再绕包一层绝缘带，绕包宽度为两侧各叠绕 5 mm。

⑥在接线端子接线板下沿至带裙套管第一裙面上沿间绕包 70 号防电弧橡胶带，绕包层数以达到外观平整成型为准。

(5)终端头测试

①用兆欧表检测终端头的绝缘电阻，应无异常。

②配合试验人员进行直流耐压及泄漏电流测量，应符合规程要求。

③核对相序，并在各芯线上作出标记。

④填写电缆头安装技术记录。

4. 户内冷缩型终端头制作操作要领

10 kV 交联聚乙烯电力电缆户内冷缩型终端头与户外终端头的制作工艺基本相同，所用材料也为 3M 公司产品，为方便叙述，仅就不同之处简介如下。

(1)作业准备

详见户外终端头工序。

(2)电缆终端结构的前期处理

①根据图 6-7-47 和表 6-7-11 的规定，确定户内终端头的各部尺寸。

②按户外终端头前期处理工序的①～⑩步骤进行操作。

(3)电应力锥制作

详见户外终端头工序的①～③步骤。

户内终端头制作尺寸见表 6-7-11。

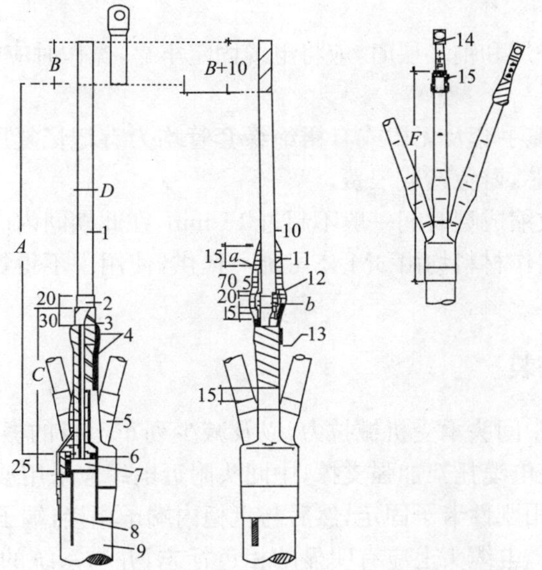

图 6-7-47　10 kV 冷缩型户内终端头结构示意图

1—芯线绝缘层；2—半导电层；3—铜屏蔽层；4、11、15—23 号绝缘带；
5—PST 电缆手套；6—电缆铠装层；7—弹性钢带卡子；8—编织软铜带；
9—电缆外护套；10—PST 绝缘套管；12—2220 号电应力控制带；
13—13 号半导电胶带；14—接线端子

表 6-7-11　户内终端头制作尺寸

芯线截面(mm^2) 尺寸部位(mm)	25～70	70～185	185～300
A	280	430	460
C	110	150	190
D	22.8～27.0	27.0～33.3	33.3～37.8
E	310	470	530

(4)绝缘套管及接线端子安装

①按户外终端头工序的①操作。

②按户外终端头工序的③、④操作。

③翻开绝缘套管的上端管口，在管口四周挤入少量密封剂，放回管口粘牢。

④按户外终端头工序的⑤操作，绕包层数以外观平整成型为准。

(5)终端头测试

详见户外终端头工序。

5. 施工标准

(1)冷缩型电缆终端头的制作，应由经过培训、掌握操作程序的人员进行。

(2)电缆终端头与电缆芯线截面的规格应相符，所用绝缘材料应符合要求。

(3)电缆终端头从剥切到制作完毕应连续作业一次完成，防止受潮。

(4)电缆芯线连接时，连接管与线芯的规格应相符，采用压接时，压模与线芯的规格应相符；采用焊锡焊接时，不得使用酸性助焊剂。

6. 安全注意事项

(1)剥切电缆的外护层和铠装层时,应将电缆固定牢靠,操作时应戴手套,且不得直接用手剥除铠装层。

(2)冷缩型PST电缆手套及无裙或有裙绝缘套管均为有记忆复原功能的配件,未使用前不得退出其螺旋扩张棒芯,避免造成浪费。

(3)冷缩型配件的收缩成型时间一般不超过15 min,在此期间内应防止配件移位。

(4)终端头的全部制作材料均由3M公司统一提供,使用中不得挪作他用,并不得采用其他材料替代。

6.7.5 电缆头的安装

为了防止室外电缆中间头承受机械拉力,以及减少列车运行的振动对电缆中间接头的损伤,电缆中间头处应安装电缆托架加强支撑,中间头附近电缆应采用波浪式敷设。

室内电缆终端头采用刚性卡子固定,然后与盘柜内端子相接,端子处不得受机械拉力。芯线之间应保证足够距离。电缆头上应有明显的相色标志,并与系统的相位一致。在电缆终端就位处,避免线芯错动,以免影响密封效果。

为了避免三芯塑料绝缘电缆在三相电流不平衡时,铠装层因感应电势可能产生放电现象,为了试验检查护层,铜屏蔽和钢铠应分别接地。电缆通过零序电流互感器时,电缆金属护层和接地线应对地绝缘。电缆接地点在互感器以下时,接地线应直接接地,接地点在互感器以上时,接地线应穿过互感器接地。

6.8 电缆试验及电缆线路故障分析

6.8.1 电缆试验

每个回路的高压电缆所有的中间接头及终端头制作完成后,即可对环网电缆进行直流耐压及直流泄漏试验,试验数据应满足有关规定。试验由取得合格证书的试验人员担任,试验场地的电缆终端设置围栏,无关人员禁止入内,电缆另一终端设专人防护,并配备通信工具,加强联系,确保人身及设备的安全。

6.8.2 电缆线路故障分析

1. 机械损伤

机械损伤指电缆线路受外力作用造成的损伤。这类故障在电缆事故中所占比例较大。

2. 中间接头和终端头故障

原因一:绝缘受潮,中间接头和终端头设计和施工不规范,使水分进入电缆头内。

原因二:电缆头选型不合理,材质较差,不适应露天运行的条件。

根据目前掌握的电缆中间接头绝缘击穿事故分析报告,投入运行后不足3个月就发生绝缘击穿故障的电缆中间接头,检测分析认为半导电片本身电阻过高失去导电性,从而使导体连接部位与冷缩绝缘件的导体屏蔽之间形成电位差,使压接管边缘场强集中,产生气隙放电。进而沿电缆绝缘表面树枝状放电,并逐渐发展,最终导致击穿。再有预制绝缘件绝缘屏蔽层的电阻值远大于标准要求,也是造成故障的原因之一。基本上全部是因电缆预制件材料质量不过关引起的。

为全面杜绝这种情况的发生，就要求轨道交通集成项目部和各个施工单位的物资采购部门要树立起责任心来，对于材料不合格的物资供应商坚决给他定为不合格供应商，列入黑名单。尽量采购产品信誉高、服务质量好，确实在市场上有一定信誉度的产品供应商。

当然，这也不是最好的办法，要严格物资招投标管理制度和物资进货检验制度，对于投标时的物资检验报告只是一个企业参与投标资格的参考；物资到货后，每批次的产品还应该提供相应的试验检测报告。应该参照国家标准《额定电压 1 kV 到 35 kV 挤包绝缘电力电缆及附件第 3 部分额定电压 35 kV 电缆》(GB/T 12706.3)或者《额定电压 110 kV 交联聚乙烯绝缘电力电缆及其附件 第 2 部分：额定电压 110 kV 交联聚乙烯绝缘电力电缆》(GB/T 11017.2)进行检查验收。再有就是要加强施工人员的技术培训，例如热缩管的收缩开始点、电缆内护套的表面平整度等方面的规定，提高他们的操作技能，以提升施工质量水平。

3. 因雷击或其他过电压造成电缆线路故障

电缆绝缘所承受的感应过电压超过其允许值，从而造成电缆故障。

第 7 章　城市轨道交通杂散电流防护系统及钢轨电位限制装置施工

7.1　杂散电流的形成及危害

城市轨道交通大多采用走行轨回流的牵引供电方式，如图 7-1-1 所示，虽然大部分电流通过回流轨流回到牵引变电所，但由于钢轨与大地之间不可能绝对绝缘，仍然有一部分电流泄漏到大地中，形成所谓的“杂散电流”或称为“迷流”。

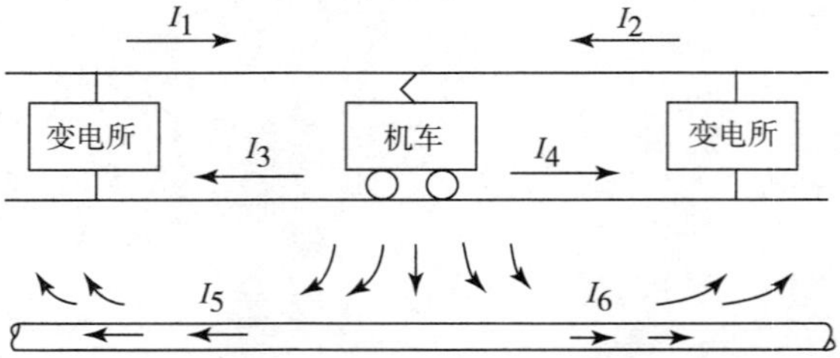

图 7-1-1　杂散电流形成示意图

从图 7-1-1 可以看到，电流 I_1 和 I_2 分别为一个供电区间的两个牵引变电所向机车提供的电流，I_3 和 I_4 分别为通过走行轨向两个牵引变电所回流的电流，I_5 和 I_6 分别为泄漏到地下的杂散电流。

由于杂散电流的作用会对沿线地下公共环境造成污染，引起地下金属及构筑物内的钢筋产生电解形式的腐蚀，而且在金属表面造成深度的穿孔状腐蚀。若防护不当，严重时还可能发生管道漏泄，造成灾难性损失。此外，结构钢筋的腐蚀会破坏混凝土的整体性，降低其使用强度和耐久性，给轨道交通安全运营带来严重威胁。

7.2　杂散电流的防治措施

杂散电流对城市轨道交通和临近建筑物有很大的腐蚀作用，因此对杂散电流的防护和监测成为城市轨道交通的重要课题。为了改善迷流腐蚀问题，通常采用以下做法。

7.2.1　缩短牵引变电所间距

缩短变电所间距可以有效地减少泄漏电流，改善杂散电流对地铁的腐蚀。但缩短变电所间距意味着增加牵引变电所数量，从工程造价来讲是不经济的做法。

7.2.2　采用双边供电方式

在双边供电方式下，机车从两个牵引变电所间的接触网(轨)取流，钢轨回流也分别从两个方向流回到牵引变电所。根据北京地铁运行试验数据：单边供电方式下泄漏到大地中的电流占整个牵引回流的 5%～8%，而在双边供电方式下，这个比例只有 1%～2%。即单边供电方式下杂散电流是双边供电方式下杂散电流的 4 倍。这表明采用双边供电方式是减少杂散电流的行之有效的方法。

7.2.3　减小钢轨阻抗

由于在直流牵引供电方式下，机车走行钢轨同时作为牵引回流用，因此钢轨阻抗越小，从钢轨向外流失的杂散电流也越小。减少钢轨阻抗的有效办法是采用长钢轨，钢轨越长，钢轨接头就越少，钢轨的阻抗也就越小。此外在钢轨接头处加焊铜电缆，也可以减小钢轨的阻抗。

7.2.4　绝缘安装

1. 减少钢轨与地面的接触面也是减少杂散电流的方法之一，为此走行钢轨采用点支承，即用混凝土软枕作为支承(承轨台)。同时在钢轨走行轨(回流轨)与承轨台间加装绝缘垫板，用以提高走行轨对地绝缘电阻，减少杂散电流的泄漏。

2. 承轨台施工中，"三筋"分离，即桥面预埋钢筋、承轨台结构钢筋、支承块外伸钢筋三者之间绝缘，保证"三轨"供电牵引网与桥面的绝缘。

3. 各种金属管线、金属构件、电缆支架(托架)、直流设备采用绝缘安装，防止杂散电流的腐蚀。

7.2.5　建立良好的排流系统

尽管钢轨采用绝缘安装的方法可有效防止杂散电流的产生，但钢轨对地绝缘电阻不可能处于无穷大，因此需建立良好的排流系统，即设置杂散电流收集网。通常在主体结构地板与整体道床间铺设钢筋回流网作为杂散电流主排流网；为保证主体结构钢筋不受杂散电流腐蚀，结构钢筋纵向钢筋与横向钢筋全部焊成一体，作为辅助排流网。在承轨台(整体道床)外侧及建筑物、高架桥结构伸缩沉降缝两端设杂散电流测防端子，并采用绝缘电缆连通，用于杂散电流的收集和测量。

7.2.6　设置杂散电流自动监测系统'

为能实时观测到城市轨道交通迷流腐蚀情况并能实现对处在危险腐蚀状态的线路区间实时报警，设置杂散电流自动监测系统是很有必要的。杂散电流自动监测系统设备包括参比电极、A/D 转换器、传感器、信号转接器及监测装置等。

7.3　杂散电流腐蚀防护措施对相关专业的要求

杂散电流腐蚀防护的治理涉及多个专业，如牵引供电、钢轨、土建、给排水、车辆段、通信、信号、接触网等相关专业，应对相关专业提出具体要求。

7.3.1　对牵引供电系统的要求

1. 合理设置牵引变电所，正线牵引网采用双边供电，提高牵引网电压，减小走行轨的电阻值。

2. 直流牵引供电设备均采用绝缘安装。

3. 车辆段(停车场)设置独立运行的牵引变电所。

4. 牵引回流回路要畅通，加大上下行走行轨至牵引变电所负母线的负回流线截面，电缆根数根据牵引回流大小确定，为保证回路不因意外故障中断，每个回路不得少于两根，回流电缆应与钢轨可靠焊接或采用螺栓连接。

5. 各车站两端上下行钢轨间设置均流线，但在有负回流线的一端，上下行钢轨间不再设置均流线，可利用负回流线代替均流线。在较长供电区段，加设回流点和回流电缆。除车站外，区间上下行走行轨间设置均流线，原则上不超过 600 m 设一处均流线。

6. 车辆基地内应适当设置回流点和均流电缆；停车库内单列位停车时，均流电缆设置应不少于 2 处；停车库内双列位停车时，均流电缆设置应不少于 3 处，停车库内的均流电缆应单端与接地极相连。

7.3.2 对轨道系统的要求

1. 加大走行轨的截面和减小走行轨的电阻，正线走行轨采用 60 kg/m 焊接成长钢轨（无缝钢轨），车辆段（停车场）内采用 50 kg/m 焊接成长钢轨（无缝钢轨），正线钢轨采用鱼尾板连接，正线与岔线连接处的钢轨之间焊接不少于两根 120 mm^2 截面的铜芯电缆。

2. 加大走行轨与大地的过渡电阻，正线回流钢轨、钢轨点支撑和固定采用绝缘垫、绝缘扣件，新建线路走行轨与大地（道床）的过渡电阻不小于 15 Ω · km。

3. 电气化钢轨与非电气化钢轨之间设绝缘分段。

4. 钢轨尽头线的车挡与电气化钢轨之间设绝缘分段。

5. 运行线路与正在建设的线路区段之间实现电气隔离。

6. 道床与混凝土轨枕之间的距离不小于 30 mm，保持道床清洁，严格清扫制度。

7. 穿越道床的所有管线采用绝缘管或具有防护绝缘层的金属管。

8. 在正线与车辆段线路之间及段内检修库、停车库与库外线路之间设置绝缘轨缝，并设单向导通装置。

9. 地下和地面线路分段处设绝缘轨缝和单向导通装置，不允许地面列车电流流入地下段。

10. 牵引变电所回流点附近，设道床钢筋收集网排流端子，全线道床钢筋收集网设有连接端子，需要钢轨施工时预先安装好。

7.3.3 对道床屏蔽网(收集网)的要求

将杂散电流的流经通路和道床内的结构钢筋连通，形成第一道屏蔽网，叫做主收集网，也叫做主排流网，防止杂散电流向道床外部漏泄，如图 7-3-1 所示。利用道床内的结构钢筋实现电气连通，并利用连接电缆将全线钢筋电气贯通，具体要求如下。

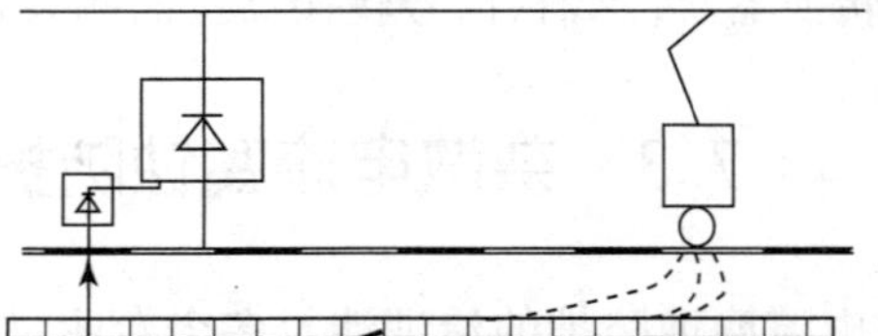

图 7-3-1 道床排流网示意图

1. 将每个道床结构段内的纵向钢筋电气连通，钢筋连接处必须焊接牢固。在结构段两端和中间每隔 5 m，用一横向钢筋与纵向钢筋焊接，形成屏蔽网，其收集网的单线总截面一般不小于 1 800 mm^2。道床结构段内的钢筋不得与辅助排流网的钢筋接触，如主、辅排流钢筋有接触，采用绝缘套隔离。

2. 结构段端部必须引出测量和连接端子，结构段之间利用 95 mm^2 电缆连接，使全线排流网电气贯通，形成屏蔽网。引出的测量端子用于监测系统。另外还要引出排流端子，用于连接牵引变电所的排流系统，排流端子的位置应设在站台侧的墙边（避免设在钢轨中心），即靠近牵引变电所，方便引入连接。

7.3.4　地下主体结构的防护

利用主体结构钢筋连通形成第二道屏蔽网，叫做辅助收集网，也叫做辅助排流网，与主收集网隔离，防止杂散电流向主体结构外部漏泄，避免危及市政公共设施。隧道、地下车站主体结构必须采取良好的防水措施，以保持隧道的干燥。具体要求如下。

1. 盾构区间采用隔离防护方法

对于盾构区间隧道采用的隔离法，即管片间电气隔离，对盾构管片结构钢筋进行防护。隔离法要求管片结构钢筋同管片之间的连接螺栓用混凝土隔离。隔离法充分利用了盾构管片的结构及安装特点，由于盾构隧道是由纵向 1.2～1.5 m 长的管片构成，管片纵向排布密度大，管片间存在用于防水的橡胶垫圈，管片间的接触电阻积累使隧洞纵向电阻相当大，且管片内部结构钢筋同管片之间的连接螺栓通过素混凝土隔离，客观上隔断了管片间的电气连接，使得每片管片内钢筋所收集的杂散电流数量非常小，从而实现管片内部结构钢筋的钝化腐蚀状态，达到防护目的。北方城市轨道交通基本采用隔离防护方法。

2. 盾构区间采用连通防护方法

盾构区间采用连通方式，将盾构区间中的结构管片通过管片四边各螺栓连接口设置电气连接垫片（垫片表层涂有防腐导电膜），通过螺栓紧固，从而使每块间结构管片内部结构钢筋在电气上全部连通，将每个管片通过螺栓连接，使所有管片间形成了电气连通，形成杂散电流辅助收集网，达到防护目的。2004 年 3 月 1 日发布的上海市工程建设规范《城市轨道交通设计规范》中要求："地下车站和地下区间隧道结构纵向主钢筋应在电气上全部连通"。上海市轨道交通均采用连通防护方法。

3. 矩形断面区间采用连通防护方法

隧道结构纵向主钢筋要焊接，沿隧道纵向在电气上全部连通，每段隧道结构始、末端设横向钢筋圈，在结构段中间每隔 5 m，用一横向钢筋与纵向钢筋焊接，使之与隧道结构纵向主钢筋紧密焊接，结构段间留有连接端子，可采用 95 mm^2 的电缆连接。

4. 对于明挖法施工的车站、隧道，利用车站、隧道结构钢筋全部采用电气连通

每隔 5～6 m 选一环向钢筋与纵向钢筋焊接，在沉降缝或变形缝分开的结构段部引出连接端子连通（一般沉降缝或变形缝内有一定底板主筋纵向连通），并利用连接电缆将全线结构钢筋电气贯通，形成屏蔽网。辅助排流网引出测量端子，用于监测系统。测量和连接端子位置应设在内衬结构墙（避免设在钢轨中心），高度距轨面 300 mm。

7.3.5　高架桥主体结构防护

桥面结构钢筋全部采用电气连通，并利用连接电缆将全线结构钢筋电气贯通。每隔 5～6 m选一环向钢筋与纵向钢筋焊接，形成屏蔽网。在结构段端部引出连接端子，用于全线排流网电气贯通。并利用连接电缆将全线结构钢筋电气贯通，形成屏蔽网。辅助排流网引出测量端子，用于监测系统。桥面测量和连接端子位置应设在距钢轨中心 1.4 m 的位置，紧邻电缆沟，避免设在整体道床范围内。高架桥面应有良好的排水措施，不应有积水。

也有桥面结构钢筋全部采用电气连通，做为主收集网，不再利用道床结构段内的纵向钢筋作为排流网，原因是道床结构段内钢筋数量少，不易满足要求。

7.3.6 绝缘防护措施要求

1. 高架桥梁与桥墩内部结构钢筋之间应采取绝缘措施。

2. 由外界引入轨道交通或由轨道交通内引出至轨道交通外部的金属管线均应在衔接处做绝缘处理。沿线的弱电设备金属外壳应经过电缆与电缆支架上的接地线连接，与钢轨绝缘。

3. 进出车站的金属管线必须安装绝缘接头或绝缘法兰，穿越部位应与周围结构钢筋绝缘。金属给水、排水管道与回流走行轨间不应有直接的电气连接。与地面轨道平行铺设的金属管道除进行绝缘涂覆外，应与道床有 3 mm 的距离。

4. 对平行于回流钢轨敷设的金属管道、电缆，在出入地下隧道区间、车站时应与隧道、车站的主体结构钢筋在电气上进行绝缘处理，在隧道和车站内部电气上应连成一体，并单点接地。

5. 在走行轨下方穿越的管线，宜采用非金属绝缘材质，否则需采用特加强防腐层，并在穿越部位两侧装设绝缘法兰。管线上部与走行轨底面的间距不得小于 30 mm。

6. 车站及区间内的所有电气设备的金属外壳、各类金属管线等均应采用绝缘安装，与主体结构钢筋绝缘。

7. 管线支撑结构(无论支架支撑还是墩台支撑)应与管道绝缘，若支架和墩台结构能与道床和隧洞结构绝缘，则可与管线不绝缘。

8. 沿线的通信信号机设备，如道岔控制箱、信号机、电话箱等采用绝缘安装，与走行轨、收集网绝缘。

9. 站台设屏蔽门、安全门，屏蔽门、安全门采用绝缘安装，屏蔽门、安全门的接地应经过电缆与钢轨相连接。要求沿站台边设 2 m 宽的有效绝缘层，其绝缘等级为 AC 1 kV/1 min，绝缘电阻值应大于 0.5 MΩ。

7.3.7 车辆段(停车场)内设施的防护要求

为保证段内运营、检修人员安全，直流牵引供电系统负极(钢轨)为接地系统，即钢轨与接地系统连接，保证一点接地。也有牵引供电系统负极(钢轨)不接地系统，与正线标准一致，即正常情况下系统的设备所有正极和负极均与地绝缘。由于多方面因素，段内室外钢轨采用碎石道床。因此车辆段钢轨无收集网，防迷流系统要采取措施，加强回流和管线自身防护。

1. 正线出入段线与出入场线间以及检修库内外线路间设置绝缘轨缝，同时在此处设置单向导通装置，以限制正线区段钢轨电流通过车辆段钢轨泄漏于地下和限制库外钢轨电流泄漏于库内地下。绝缘轨缝位置应与接触网电分段配合。

2. 为保证人身安全，检修库及停车库内外走行轨需与大地连接，且库内钢轨之间根据规模大小设置均流电缆。另外随库内利用接触网隔离开关独立接地极，待接触网检修时将钢轨接地。

3. 直流牵引供电系统负极(钢轨)为接地系统，有利于段内运营、检修人员安全，但库内钢轨需经电缆引回牵引变电所地网一点接地，也可经轨道电位限制器接地，避免与大地连接形成杂散电流回路，造成杂散电流腐蚀扩散。或者库外场区和库内钢轨之间不设置绝缘轨缝(钢轨绝缘结)，也不设置单向导通，库外场区和库内钢轨看作一个整体。上海轨道交通 1、2 号线、香港等车辆基地均采用此方案。

4. 车辆段内应根据接触网分段情况分别设置回流回路。

5. 车辆段内管线应尽量采用非金属材质，如采用金属材质则应进行加强防腐。进出车辆段的金属管线在进出部位设置绝缘法兰。车辆段内信号采用轨道电路方式，即单牵引轨回流，注意设绝缘结处的连接，保证回流畅通。

7.3.8　接地系统要求

综合接地系统除应满足正常的工作接地和人身、设备保护接地的功能之外，还应考虑杂散电流腐蚀防护的需要。例如，上海轨道交通 9 号线一期工程的接地系统构成如下。

1. 每个车站只设一个综合接地网，供车站各种设备的工作接地和保护接地与结构钢筋独立，其接触电位差、跨步电位差应满足相关要求。

2. 沿线电缆支架上敷设贯通的接地扁钢，沿线电缆支架应采取绝缘安装措施，作为全线的综合接地系统，供沿线区间电气、通信、信号等机电设备保护接地用的接地与结构钢筋独立。

3. 地面段接触网敷设架空地线，供接触网系统设备工作接地、保护接地和防雷接地用，不要自设接地。高架段接触网的设备防雷应按设计要求引至自设接地。

4. 直流牵引回流系统采用浮空不接地方式，钢轨、负回流线、直流开关柜、整流器、负极柜等均采用绝缘法安装。

5. 当杂散电流腐蚀防护设计与保护接地发生矛盾时，优先考虑保护接地。

6. 各车站和车辆段设置钢轨电位限制装置，设置数量为车站 1 台，车辆段 2 台。（广州、深圳设置数量为车站 2 台，车辆段 3 台，在车站变电所可预留 1 台土建位置。）

7. 直流系统钢轨对地最大电位不大于 90 V，交流系统不大于 65 V，目前 IEC 和新的国家标准，直流系统钢轨对地最大电位不大于 120 V。

7.3.9　运营管理要求

投入运营后，除定期对钢轨养护维修外，还应加强杂散电流监测。如果监测系统监测到排流柜电流异常大，应及时检查回流系统，查电气导通“断点和集中泄漏点”的位置，并及时处理。

为保证杂散电流腐蚀防护设施的正常使用，应根据监测系统监测到情况，对相关内容检查、测量，如走行轨与结构钢筋的过渡电阻、走行轨与道床钢筋的过渡电阻、参比电极的本体电位、结构钢筋的极化电位等。

7.4　杂散电流监测及排流系统施工

以北京、上海地区的地铁工程为例，介绍杂散电流监测系统的施工。地铁工程杂散电流防护采取了正线走行轨绝缘安装，利用道床设置杂散电流收集网、变电所设置排流柜的综合防护措施。设置杂散电流监测系统，通过监测道床和地下结构杂散电流收集网极化电位等数据，实现对地铁工程杂散电流分布的综合监测，为运营维护部门判断杂散电流防护系统状况提供依据。

地铁杂散电流监测系统采用车站（变电所）监测和控制中心集中监测二级监测系统。杂散电流防护系统主要由参比电极、整体道床测防端子、地下结构测防端子、测量线、传感器、通信电缆、信号转接器、变电所监测装置组成。

北京地铁 1 号线一期在各车站混合变电所内分别设置 1 台杂散电流监测装置，全线共 13 台。该装置经过通信电缆与该站及该站两端各半个区间内的转接器相连，转接器下连传感器，各监测点传感器经由测量线与该点结构钢筋和整体道床测防端子（地下结构测防端子）对应的参比电极相连，实现对该分区结构和整体道床结构钢筋的极化电位数据采集，数据统计并上传至转接器，再由转接器将数据整合后上传至监测装置处理。杂散电流监测装置通过变电所内通信网络与电力监控系统接口，将处理和统计后的数据传至监控中心。

从施工角度来看，杂散电流防护系统主要包括防护排流和自动监测两大部分。其中自动监测系统包括参比电极及 A/D 转换器安装、传感器安装、信号转接器安装、监测装置安装及监测电缆敷设等；防护排流系统包括测防端子连接、排流电缆敷设、排流柜及单向导通装置安装、调试等内容。

一般在每个车站的有效站台两端以及车站边缘约 200 m 的隧道壁上及道床上设置杂散电流测量端子，上下行各 16 处。在距离测量端子 1 m 范围内分别安装参比电极，参比电极不允许与结构钢筋直接接触，道床连接端子利用临近连接端子替代，参比电极安装于道床内靠外墙侧。每个参比电极及测量端子对应一个传感器，传感器的安装与参比电极距离必须小于 2 m，传感器安装于隧道及整体道床参比电极附近的上下行隧道壁上。在每个牵引变电所所在车站的上下行站台板电缆出口附近各安装 1 个信号转接器，信号转接器安装于车站范围排流端子附近的隧道壁上。无牵引变电所车站的各监测点传感器采用通信电缆与相邻牵引变电所信号转接器相连。

7.4.1 工艺流程

杂散电流监测及排流系统施工工艺流程如图 7-4-1 所示。

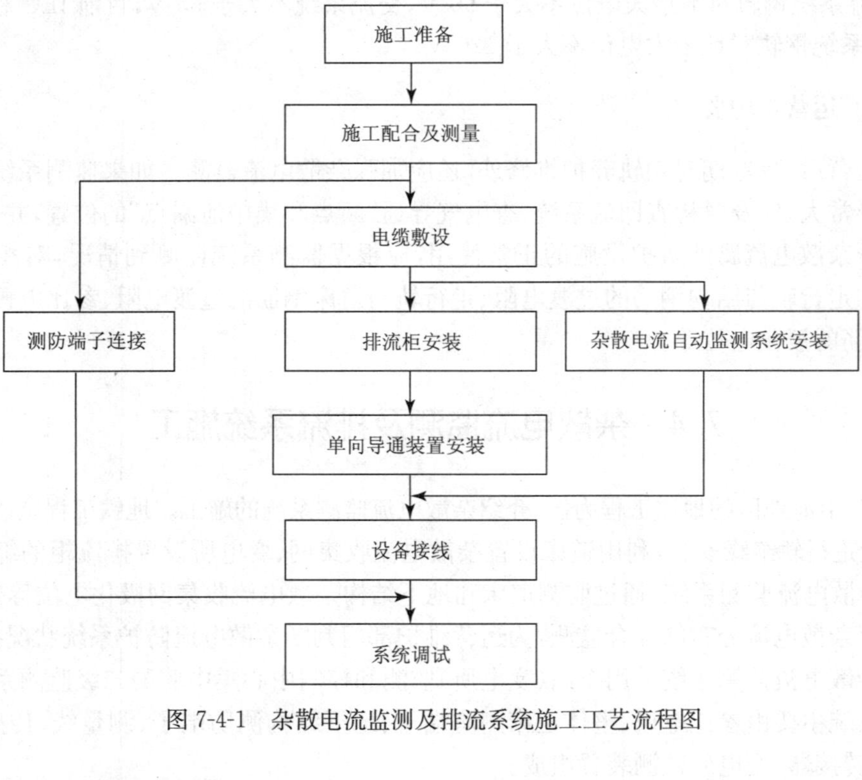

图 7-4-1 杂散电流监测及排流系统施工工艺流程图

7.4.2 施工配合及测量

1. 测防端子连接前对排流网进行全面测试。内容包括检查测防端子预留情况，如连接端子有无遗漏，设置位置、规格型号是否满足设计要求，连接端子是否适于测防端子连接等，测试道床排流网和结构排流网电气导通情况。排流网测试方法如图7-4-2所示。

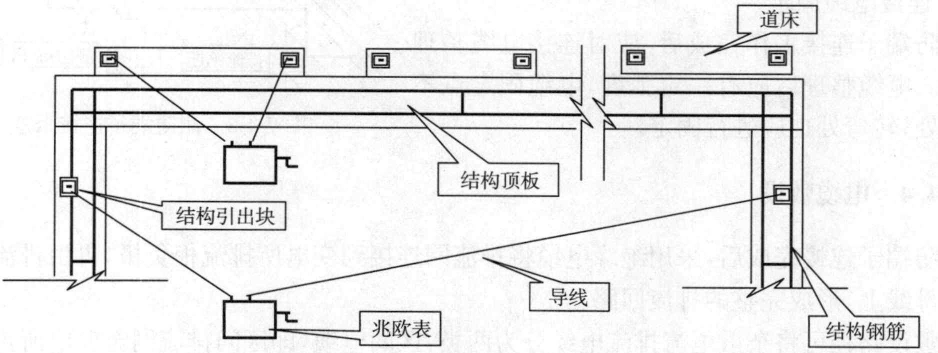

图7-4-2　排流网测试示意图

2. 检查测量每个道床结构段内两端连接端子的导通情况，并对每两个结构段之间的绝缘状态进行检查测量。其绝缘电阻值应符合设计要求。

3. 检查桥面测量和连接端子位置，一般应设在距钢轨中心1.4 m的位置，紧邻电缆沟，避免设在整体道床范围内。高架桥面应有良好的排水措施，不应有积水。

高架桥梁与桥墩内部结构钢筋之间应采取绝缘措施，应进行测量检查。

4. 检查设备基础制作情况。内容包括检查基础外形尺寸是否符合设计要求；基础水平度是否符合施工规范要求；基础预埋件（预埋螺栓或槽钢）绝缘电阻是否满足设计或规范规定等。

上述4项检查内容，如果发现不合格项，应积极与相关施工单位联系解决；如联系之后还是解决不了，应将存在问题向建设、监理及设计单位反映，以求得妥善解决。

7.4.3　测防端子连接

测防端子连接按以下工序进行。

1. 施工测量

测量所连接的测防端子间距，在测量位置处用油漆或防水笔做好标记（编号），并记录下测量区段名称、标记编号及测量间距长度。根据测防端子连接后的电缆弯曲度、接线端子长度等数据及结构伸缩情况计算出所需连接电缆长度，然后将测量区段名称、标记编号及实际电缆长度数据列表整理，交给测防端子连接电缆终端制作工序操作人员。

2. 检查测防端子预留情况

如检查连接端子有无遗漏，设置位置、规格型号是否满足设计要求。

3. 测防端子连接电缆终端制作

根据测量列表数据，按照直流电缆终端头制作工艺制作测防端子连接电缆终端，并在终端头制作好的连接电缆上做好标记。

4. 测防端子除锈

测防端子连接前应用钢丝刷、砂纸及磨光机将表面污垢及氧化层打磨干净并搪锡。

5. 测防端子连接

如图7-4-3所示，电缆接线端子与测防端子之间采用螺栓连接，连接处表面涂导电脂。为防止长期振动造成连接螺栓松动，应采用双螺母连接方式，并在螺母与测防端子连接处加弹簧垫圈。连接完成后，对所有外露金属部分涂刷沥青漆进行防腐处理。

6. 连接电缆固定

测防端子连接工作完成后，应对连接电缆整理和固定。电缆整理后应有一定弛度，电缆固定点不少于两处，转弯处也应进行固定。

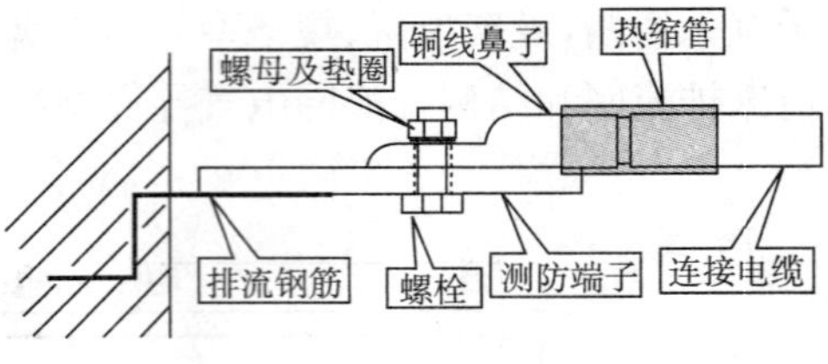

图 7-4-3　测防端子连接示意图

7.4.4　电缆敷设

测防端子连接完成后，采用绝缘电缆将排流网连接到变电所排流柜负极，再由排流柜引至直流负母线上，形成完整的排流回路。

按敷设路径可将杂散电流排流电缆分为两类：区间电缆，即区间排流网至变电所排流柜电缆及结构区段间排流连接电缆；站内电缆，包括车站排流网与变电所排流柜连接电缆、排流柜与直流负极柜间电缆及区间电缆进入站内部分。

1. 监测电缆敷设

监测电缆包括传感器间电缆、信号转接器间电缆、传感器与信号转接器间电缆及信号转接器与监测装置间电缆。监测电缆线径较小，且有防干扰要求，应对电缆采取防护措施，如加保护管或走线槽等。监测电缆采用人力敷设。

2. 监测设备电源电缆敷设

监测设备（如 A/D 转换器、传感器、信号转接器）电源电缆敷设于沿线公共电缆支架上，因分支较多且线径较小，适于人力敷设。

7.5　杂散电流自动监测系统安装

对于供电区间较长，信号传输半径较长的城市轨道交通线路，杂散电流自动监测系统采用按供电区间，分区监测，集中管理的方案。即在每一个供电区内设置一个杂散电流自动监测系统，系统由参比电极、A/D 转换器、传感器、信号转接器、监测装置部分组成，如图 7-5-1 所示。

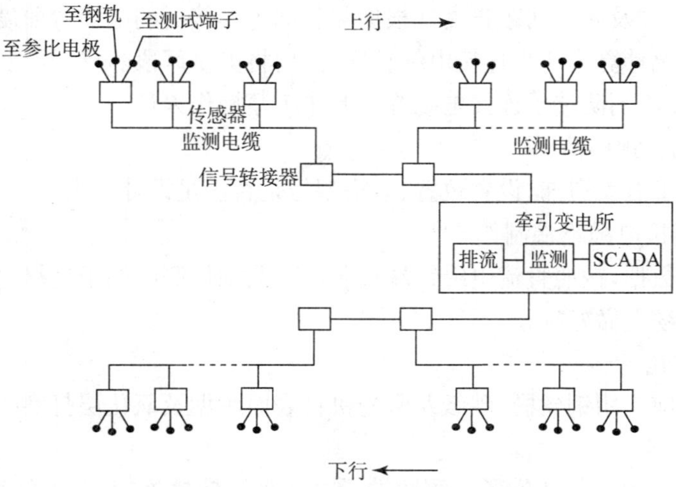

图 7-5-1　杂散电流自动监测系统原理图

7.5.1 参比电极安装

参比电极安设在整体道床、隧道结构上,用来测试结构钢的极化电位,以反映结构钢的腐蚀情况。以埋置式氧化钼参比电极为例,安装方法如下。

1. 埋设位置选择:根据测点位置布置,将参比电极埋设在被测结构物的钢筋附近,距钢筋距离为10～15 mm。根据现场情况将参比电极水平或垂直埋设,在条件允许的情况下,将电极全部埋置在混凝土介质中。

参比电极埋设位置距钢筋的距离现场比较难于掌握,建议施工单位采用先进的数字式地下金属探测仪来解决并确定结构钢筋在混凝土中的确切位置,以满足复杂条件情况下参比电极埋设位置的准确性要求。参比电极的结构及外形尺寸如图 7-5-2 所示。

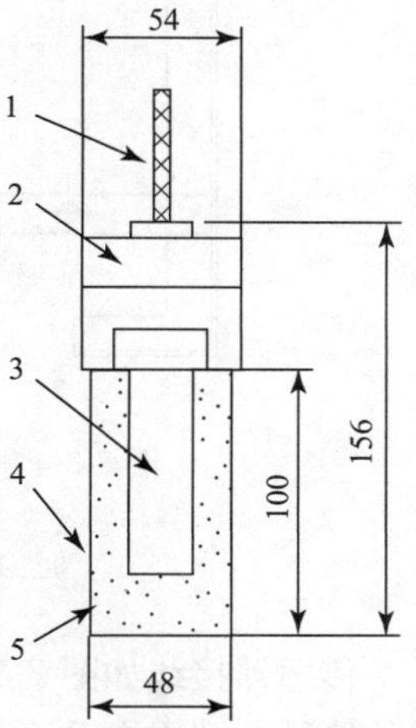

图 7-5-2 参比电极结构及外形尺寸示意图

1—引出电缆;2—电极上盖;3—电极体;4—多孔陶瓷外壳;5—碱性电解液

2. 如测点处于隧道结构上,则在选定位置钻取直径大于60 mm、深度大于160 mm的孔洞或宽度大于60 mm、深度70 mm、长度大于160 mm的方槽;如测点处于整体道床上,则需轨道专业施工时在测点位置预留 ϕ80 mm×180 mm的孔洞,如图 7-5-3 所示。

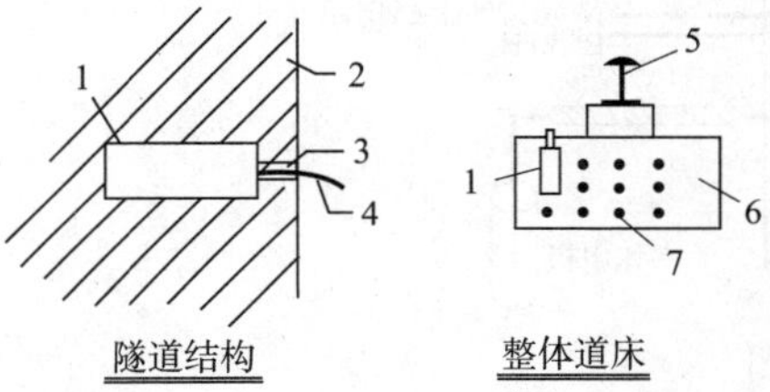

图 7-5-3 参比电极安装示意图

1—参比电极;2—隧道结构;3—套管;4—导线;5—钢轨;6—整体道床;7—钢筋

3. 除掉孔洞或方槽中的混凝土粉块或浮尘,用自来水淋湿内表面。

4. 将事先配好的砂浆填料用蒸馏水(或自来水)调匀,稠度适宜,然后将少许砂浆放入孔洞或方槽底部,将砂浆均匀涂抹在四周壁上。

5. 将参比电极陶瓷外壳涂抹薄薄一层砂浆,轻轻放入孔洞或方槽中。

6. 将电极引线穿过套管取出,将孔洞或槽的空隙封堵,并用砂浆抹平。

7. 将引线接入到传感器回路中。

7.5.2 传感器及 A/D 转换器安装

传感器主要完成参比电极与结构钢筋,轨道与结构钢筋的电位测量,对两个信号进行的采样速度为256次/s,30 min作为一个时间单元。传感器将采集的两个信号通过A/D转换器转换为数字信号,再按相应的数学模型进行计算,把最终计算结果送入信号转接器内,完成模拟信号数字化后准备进行远程传输。

停电后,传感器能自动接收监测装置发出的参比电极本体电位的校正信号,进行参比电极本体电位的自动校正。传感器能自动识别参比电极的好坏,当参比电极发生故障时,能自动发出参比电极故障信息。

传感器及A/D转换器安装于金属支架上,如图 7-5-4 所示。支架与隧道壁或高架桥桥面通过膨胀螺栓固定,为防止迷流对支架的腐蚀,固定膨胀螺栓需加绝缘垫片,如图 7-5-5 所示。

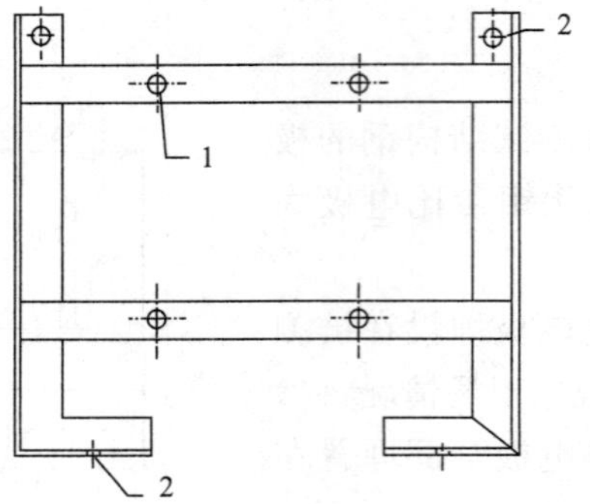

图 7-5-4　传感器安装支架图
1—传感器或 A/D 转换器固定安装孔；
2—支架固定安装孔

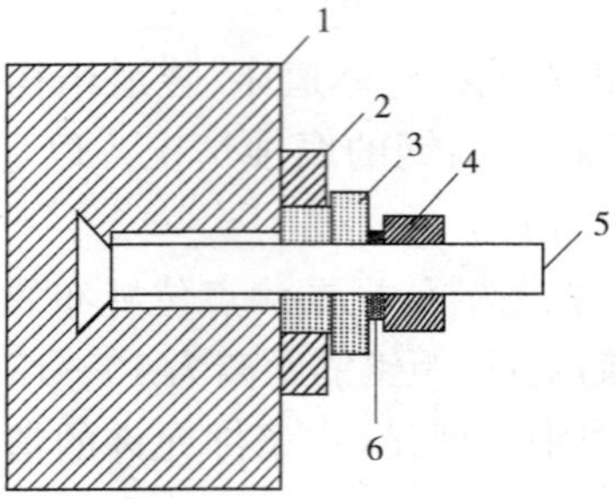

图 7-5-5　膨胀螺栓加装绝缘垫片示意图
1—主体结构；2—支架；3—绝缘垫片；
4—螺母；5—膨胀螺栓；6—弹簧垫圈

传感器接线如图 7-5-6 所示。在图 7-5-6 中不难看出，从回流轨、排流网、参比电极引至传感器的信号电缆均应采用 PVC 管进行安全防护。当然，对于引入传感器的电源线路更应该符合《地铁施工规范》的有关规定，图中虽然没有画出，实际施工当中也必须穿入 PVC 管进行保护。

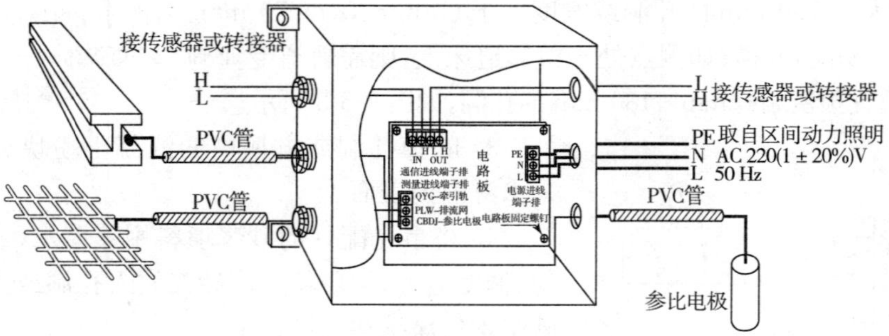

图 7-5-6　传感器接线示意图

7.5.3　信号转接器安装

信号转接器主要用于传感器与监测装置间信号的传输转换，保证信号远距离正常传输，每个信号转接器可以连接 16 个传感器，其安装方式同传感器。信号转接器每隔 30min 将各传感器传输的数据存储于存储器中，并送入监测装置，保证系统的实时测量。监测装置可通过该信号转接器向所连接的传感器发布校正本体电位命令。信号转接器的接线如图 7-5-7 所示，其配线要求与图 7-5-6 所示电缆引入方式应该保持一致。

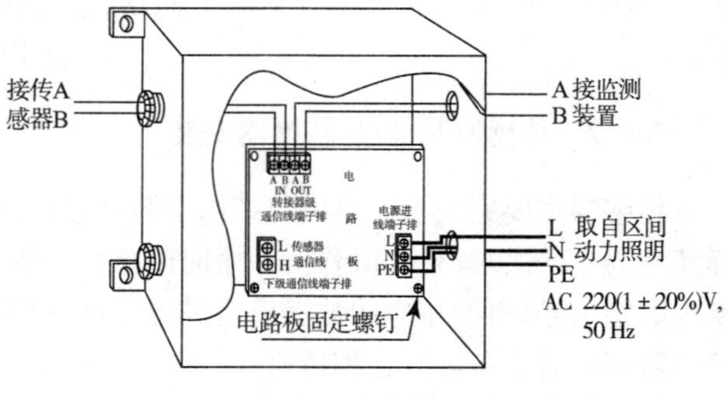

图 7-5-7　信号转接器接线示意图

7.5.4　自动监测装置安装

自动监测装置安装在车站的变电所内，该装置通过信号转接器与传感器进行通信联络，对传感器进行数据交换与管理。自动监测装置体积比较小，一般都集成在 CP 屏或排流柜内。

7.5.5　调试

如图7-5-6所示，传感器有3个接线端子，分别与“参比电极”、“钢轨”及“测试点”连接。“参比电极”端子用于连接现场参比电极测量线，“测试点”端子根据需要可用于连接结构钢筋或道床排流网钢筋（根据CJJ 49—1992要求，测试线截面积不应小于2.5 mm^2，长度不宜超过10 m，且应具有工频2 kV以上绝缘耐压水平）。

根据自动监测系统构成，同一区段传感器以总线方式接至信号转接器，信号转接器之间通过总线再接入车站自动监测装置。

自动监测系统按其功能进行调试。

1. 通信功能测试

每个供电区间的监测装置向信号转接器发送数据采集命令，信号转接器再将命令下传到传感器，传感器接到信号转接器的命令后开始采集数据，之后监测装置通过信号转接器向传感器发数据接收命令，传感器将采集到的数据，按指定格式上传到信号转接器，信号转接器进行地址处理后，上传到监测装置，监测装置将数据保留一天以便计算和显示，并上传到SCADA系统（数据采集与监视控制系统）。

监测装置上传的数据包括：该区间内所有传感器每天接触电压的最大值和极化电位平均值的最大值，供电区间的过渡电阻值，排流柜排流电压、电流的最大值，以及结构钢极化电位超标、钢轨电压超标等报警信号及设备自检报警、通信故障报警等。

调试时应模拟故障信号并在监测装置及上位机上观察数据传输情况，以检测通信功能是否正常。

2. 测量功能测试

传感器负责原始数据的测量，测量参数共有以下5个。

(1)钢轨对整体道床结构钢（主排流网）的电压；

(2)钢轨对隧道结构钢（辅助排流网）的电压；

(3)道床结构钢的极化电位；

(4)隧道结构钢的极化电位；

(5)机车停止运行时，结构钢对参比电极的自然本体电位。

在现场测量以上数据并与上位机上数据对比，其误差应在设计允许范围之内。

3. 计算功能测试

传感器对采集的信号进行以下项目的计算。

(1)供电区间内钢轨对整体道床结构钢（主排流网）电压分布情况；

(2)供电区间内钢轨对隧道结构钢（辅助排流网）电压分布情况；

(3)道床结构钢对参比电极的电位变化情况；

(4)隧道结构钢对参比电极的电位变化情况；

(5)每半小时结构钢极化电压的平均值；

(6)整体道床和隧道结构钢极化电压最大值、钢轨与隧道结构钢电压最大值；

(7)各供电区间轨道对地过渡电阻；

(8)本体电位，定时校正。

检查程序计算公式及系数，根据测量值校核监测装置计算的正确性。

4. 显示功能测试

(1)监测装置就地显示钢轨对道床结构钢和钢轨对隧道结构钢的电压；

(2)监测装置就地显示道床结构钢和隧道结构钢的极化电位；

(3)监测装置就地显示机车停止运行时，结构钢对参比电极的自然本体电位；

(4)监测装置就地显示所属供电区间的轨道对地过渡电阻。

根据现场测量及监测装置的计算数值，观察显示数据是否正确。

5. 报警测试

在设定上、下限后，根据测量值和计算值进行信息报警，报警分类如下。

(1)设备自检报警；

(2)通信故障报警；

(3)超标报警：自然本体电位过低、结构钢极化电位超标或钢轨电压超标均在上位机报警。

模拟故障并在上位机及现场观察报警类别显示、报警音响等信息，应符合设计要求。

6. 控制功能测试

在排流柜内模拟结构钢极化电压信号，对变电所内的排流柜进行控制，如果结构钢极化电压超过或接近 CJJ 49—1992 规定时，启动排流柜进行排流，而在平时不进行排流。

7. 其他功能测试

其他功能包括上位机的查询功能、帮助系统功能、打印功能、配置管理、上位机的操作人员权限管理(密码)等。

7.6　排流柜安装

7.6.1　KDPL－2 型排流柜简介

徐州和纬生产的 KDPL－2 型排流柜，其结构尺寸如图 7-6-1 所示。KDPL－2 型排流柜是带 IGBT(绝缘栅双极型晶体管)斩波调阻单元的智能型排流柜。它的特点是：排流柜的限流电阻是连续可变的，能够自动调节，使排流一直处于理想状态。该装置的限流电阻由两部分组成，一部分是固定限流电阻，一部分是 IGBT 并联电阻，为限流电阻的可调部分。IGBT 为斩波调阻单元，通过监测系统的数据制定相应的排流策略，合理控制排流电流，使排流柜实现智能排流。排流柜配有保护和监测电路，在排流电流大于排流支路最大排流电流时，排流柜不切断排流回路，在保证不损坏排流设备的同时继续排流，并上传报警信号。

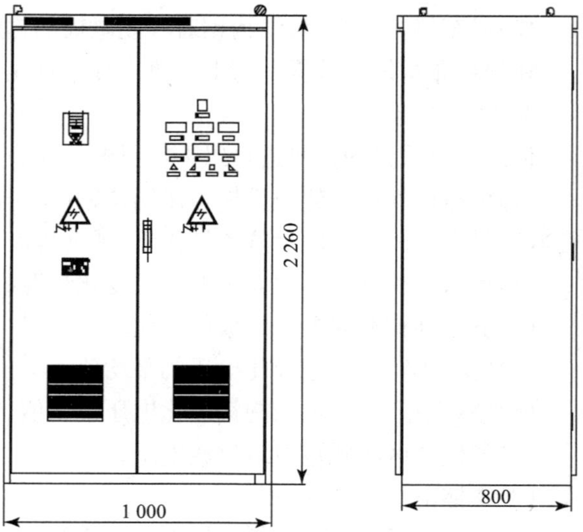

图 7-6-1　KDPL－2 型排流柜结构尺寸示意图

KDPL－2 型排流柜具备与监测装置合建的可能，即排流柜中可以集成监测装置，便于变电所中的设备布置。

KDPL－2 型排流柜技术规格：

1. KDPL－2 型排流柜每台柜内设有两种支路：

(1)负母排与杂散电流防护收集网之间的排流二极管支路。

(2)负母排与牵引变电所接地母排之间的接地二极管支路。

2. 排流柜有4个排流二极管支路(上行道床、上行侧壁、下行道床、下行侧壁)和1个接地二极管支路。

3. 排流二极管支路和接地二极管支路与总母排相连,总母排和牵引变电所内的负母排相连。

4. 每个二极管支路中都串接带IGBT的可自动调节电阻,可以通过从监测系统中得到的监测数据自动有策略的调节排流电流,实现智能排流。该种可调电阻可以达到0～100 Ω 100%线性可调,功率为0.4 kW。该可调电阻具有良好的散热特性。优于普通可调电阻。

5. 每个二极管支路安装一个ABB负荷开关,排流二极管支路负荷开关额定参数:200 A,2 000 V。接地二极管支路负荷开关额定参数:400 A,2 000 V。

排流柜外壳尺寸(宽×深×高 mm)为:1 000×800×2 260。

6. 额定参数

(1)额定电压:

①额定工作电压:DC 750 V/1 500 V

②最高工作电压:DC 900 V1 800 V

(2)额定电流:

①每个接收集网的二极管支路:200 A

②接地二极管支路:400 A

③总母排允许通过的最小持续电流为直流1 200 A

(3)承受短路电流:接地支路为80 kA,100 ms;4个排流支路为50 kA,100 ms。

(4)排流支路分流器采用霍尔电流传感器,实现一次与二次的有效隔离,额定电流±200 A,输出电压±4 V。

(5)二极管支路的负荷开关采用ABB的OT200,额定电流200 A。

(6)采用IGBT控制的可调电阻,使其线性0～1 000 Ω可调,功率0.4 kw,性能更优于普通可调电阻。

(7)接地二极管为两只ZP5 000-30并联,可满足额定电流至2 000 A,反向重复峰值电压3 000 V。

(8)接地二极管保护熔丝,额定电流400 A。

(9)接地二极管支路的负荷开关采用ABB的OT400,额定电流400 A。

(10)接地支路分流器采用霍尔电流传感器,实现一次与二次的有效隔离,额定电流±400 A,输出电压±4 V。

(11)接地支路上有3位半的数字电压表,带按钮操作。

(12)每一个排流支路及接地支路都带有3位半数字电流表显示。

(13)排流柜的电压传感器采用霍尔电压传感器,输入±200 V,输出电压±5 V。

(14)配置智能控制器,控制器内有两组出口继电器,可根据整定需要设置对应出口需要,时间整定可设,满足调节范围0～30 s要求。

(15)排流柜设有控制电源指示灯、故障指示灯。

(16)排流二极管支路

杂散电流排流二极管支路连接在负母排与杂散电流防护收集网系统之间,给杂散电流提供一个回路。

每个支路由直流快速熔断器、传感器、二极管和负荷开关组成。

负荷开关在正常情况下为打开状态，以减少总的杂散电流，同时也减少了钢轨的腐蚀。

单个排流二极管支路的额定电流为 200 A。所有的支路设有过电压和短路保护装置。

(17)接地二极管支路

每个排流柜中有 1 路接地二极管支路，作为将悬浮接地系统转换成二极管接地系统的转换开关，同时为地网中的杂散电流提供金属通路，使杂散电流流回牵引变电所。减少对地网的腐蚀。

每个接地二极管支路由负荷开关、传感器、可调电阻、分流器、接地二极管保护熔丝和二极管组成。

在悬浮接地系统状态下，负荷开关打开。当转换到二极管接地系统状态时，负荷开关闭合。

接地二极管支路的额定电流不小于 400 A，并且能够承受直流牵引系统的短路电流(短路电流为 80 kA、100 ms)的冲击。每个支路设有过电压和短路保护装置。

排流柜设在各车站的牵引变电所内，用于给由回流轨泄漏至道床及其他结构的杂散电流提供引至牵引直流电源负极的单向通路，以减少杂散电流对结构钢筋的腐蚀。排流柜的一端接负极柜内的直流负母排，另一端接排流网杂散电流引出端子。排流柜是城市轨道交通杂散电流防护、监测系统的关键设备，其原理接线图如图 7-6-2 所示，因此排流柜的安装成为杂散电流系统施工中的重要一环。

从图 7-6-2 可以看出，其 4 个电流支路分别连接的是上行道床排流网、上行侧壁排流网、下行道床排流网和下行侧壁排流网，另外还有一个接地二极管支路，其作用是将悬浮接地系统转换成二极管接地系统的转换开关，同时为排流网中的杂散电流提供金属通路，使杂散电流流回牵引变电所，减少对地网的腐蚀。

在施工当中，必须注意这几个方面的问题：一是 4 个排流网电流支路和一个接地二极管支路以及连接直流负极柜的连接电缆的规格应该符合设计要求，敷设时必须保证电缆的头尾与设计图纸一致，不可混淆；二是电缆终端头的连接端子规格必须与电缆规格一致，且连接端子压接紧密、牢靠；三是端子与母线或设备端子连接达到规定的紧固力矩值。

监测装置安装在地铁车站变电所的排流柜内。监测装置的输入端与从沿线各监测点引入的信号电缆连接，实时采集监测分区内的结构钢筋(杂散电流收集网)的极化电位、定时间的参考电极本地电位、排流电流、车站走行轨电位数据，并对数据进行 A/D 转换、存储、统计。该装置配有小键盘，通过键盘可以设定和发出定时间段采样指令，并可取回前 30 min 的采样值；本装置配有数码液晶显示器，采用两组显示，同时显示各监测点的监测值，也可显示定点的监测值和定时间的统计值。

全线按变电所划分了监测分区，每个监测分区在车站变电所设置一台能够对于杂散电流数据采集和统计处理的“杂散电流监测装置”，该装置经过信号电缆与该站及该站两端各半个区间内监测点的接线盒相连，在每个分区内监测点的多少，根据隧洞结构的型式(地下线明挖法隧道、地下线盾构法隧道)来定。

隧洞结构钢筋和整体道床测防端子及对应的参考电极，经测量电缆与监测点的接线盒相连，实现对该分区结构和整体道床结构钢筋极化电位数据的采集，采集后的数据，从接线盒经信号电缆送到监测装置上，在监测装置上进行计算和存储。该装置还可采集该站排流柜电流和钢轨电位(取自钢轨电位限制装置数据)的数据(数字量)。杂散电流监测装置通过变电所内通信网络与综合自动的系统接口连接，并将处理和统计计算后数据传至监控中心。

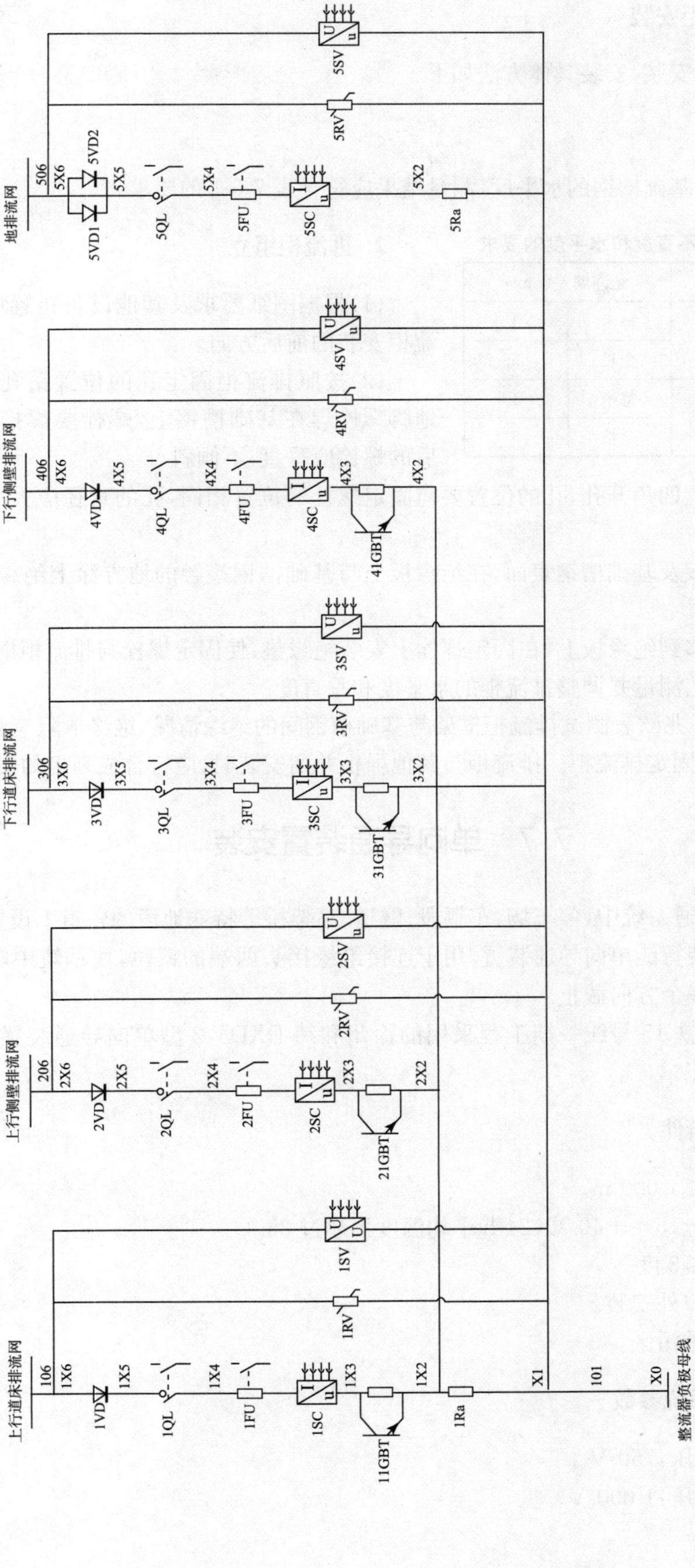

图 7-6-2 排流柜原理接线示意图

7.6.2 排流柜安装

排流柜需绝缘安装，安装具体方法如下：

1. 施工准备

用水准仪测量基础槽钢的水平度，测量结果应符合表7-6-1的要求。

表7-6-1 基础槽钢不直度和水平度的要求

序号	项目	允许偏差(mm)	
1	不直度	每米	1
		全长	5
2	水平度	每米	1
		全长	5

2. 排流柜组立

(1)根据图纸要求及其他设备布置情况确定排流柜安装的前后方向。

(2)按照排流柜固定孔的位置钻孔、套丝或将地脚螺栓焊在基础槽钢上，螺栓要焊接牢固，焊接后的螺栓应垂直，不倾斜。

(3)在绝缘板上四角开孔，孔的位置要与固定螺栓的位置相同，孔的直径应大于绝缘垫直径2 mm。

(4)清理绝缘板及基础槽钢表面，在绝缘板上与基础槽钢接触的地方涂上绝缘胶，将绝缘板与基础槽钢粘牢。

(5)将排流柜移到绝缘板上，在固定螺栓上安装绝缘垫，使固定螺栓与排流柜框架绝缘。

(6)按前述工艺测量并调整排流柜的水平度和垂直度。

(7)用1 000 V兆欧表测试排流柜框架与基础槽钢间的绝缘情况，绝缘电阻应大于2 MΩ。

(8)拧紧螺栓，固定排流柜。排流柜与其他屏柜并列安装时，应符合成列柜的安装要求。

7.7 单向导通装置安装

在城市轨道交通系统中，停车场、车辆段、隧道、高架桥等特殊地段的轨道上设置绝缘接头的钢轨部位，需安装智能单向导通装置，用于连接绝缘接头两端的钢轨，使钢轨中电流只流向一个方向，而在另一个方向截止。

下面以北京地铁15号线一期工程采用的徐州和纬DXDT-2型单向导通装置为例，介绍单向导通装置安装。

7.7.1 环境条件

1. 海拔高度：≤1 000 m。
2. 环境温度：－15～＋40 ℃，24 h平均温度不超过35 ℃。
3. 地震烈度：≤8度。
4. 安装场地：户外安装。
5. 污秽等级：重污区。

7.7.2 相关系统参数

1. 系统标称电压：750 V。
2. 系统最高电压：1 000 V。

3. 辅助电源：AC 220 V。

7.7.3　采用标准

符合国家标准《半导体变流器基本要求的规定》(GB 3859.1)、《电磁兼容》(GB 9245)及有关国际标准的规定。

7.7.4　主要技术要求

单向导通装置通过电缆与绝缘结两端回流轨相连，使回流轨中电流仅单方向流通，以利于杂散电流防护和减少杂散电流影响。其内除设置二极管支路外，还设有隔离开关和消弧装置，隔离开关用于特殊运营方式下，将绝缘结两端回流轨直接电气连接；消弧装置用于车辆再生制动导致单向导通装置附近回流轨电位升高时，该装置电气导通，降低走行轨电位，限制绝缘结两端放电和保证回流轨附近人员的安全。

7.7.5　装置的主回路接线

单向导通装置的主回路接线如图 7-7-1 所示。

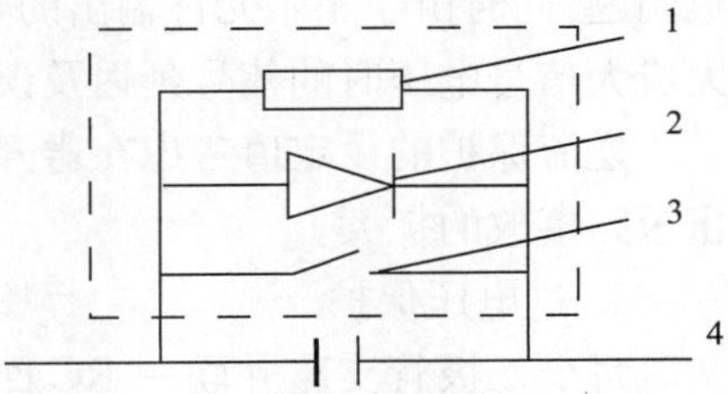

图 7-7-1　单向导通装置与钢轨连接示意图

1—消弧装置；3—二极管回路；3—隔离开关；4—轨道

7.7.6　装置额定值

1. 额定电压：DC 750 V。
2. 绝缘水平：DC 1 000 V。
3. 额定电流：3 000 A。
4. 承受短路电流：80 kA，100 ms。
5. 工频耐压：主回路 5 kV/1 min，辅助回路 2 kV/1 min。

7.7.7　二极管回路

1. 额定电流：3 000 A。
2. 冗余度：二极管支路的设计容量考虑一定冗余度，满足当 1 支二极管损坏断路后，单向导通装置仍可正常运行。
3. 承受短路能力：50 kA(20 ms)。
4. 工频耐压：主回路 5 kV/1 min，辅助回路 2 kV/1 min。

单向导通装置的主回路由 5 个硅整流二极管并联组成，每个二极管支路串有一个带辅助接点的快速熔断器和一个电流传感器，可给故障检测装置提供主回路的通断情况。

主回路整流二极管的选用，采用了高结温高可靠性器件。对于自冷条件下的容量、发生故障时维修人员到现场所需的时间及多只整流管并联时的均流问题，已得到解决，均流系数达 90%以上。不仅稳态均流，负载在变化过程中也是均流的，保证了设备长期运行的可靠性与稳定性。

单个二极管安装在自然冷却的散热片上，散热片具有良好的散热特性，散热片表面进行防腐处理以减少维护工作。

单向导通装置公共桥臂采用整体散热器，散热体进行氧化、发黑处理，可有效防止腐蚀，辐射能力强，有利于自冷散热，结构合理。

单向导通装置桥臂充分考虑了安装位置回路电阻、自感与互感对均流的影响，解决了动态均流问题，且相同规格的二极管具有通用性和互换性。

7.7.8 保护回路

保护回路分为短路保护、断路保护及过电压保护，由快速熔断器、电流传感器、压敏电阻和RC回路组成。

1. 短路保护

短路保护采用快速熔断器保护。装置中每个支路均由数个二极管并联组成，在每个二极管前设有一个快速熔断器。当出现短路时，熔断器首先熔断，保护二极管使其不受损坏，同时通过熔断器本身所带的辅助接点向变电所自动化系统发出信号。

2. 断路保护

装置中每个支路均选用特性相同的二极管，即在正常情况下，每个二极管流过的电流都是相同的。如果某个二极管支路损坏造成断路时，支路中无电流流过，通过其串接的分流器向单向导通装置智能控制设备提供二极管回路的通断情况。

短路保护和断路保护电路中替代分流器的电流传感器采用霍尔器件，解决了分流器的发热问题；同时由于霍尔元件输出的是 0～4 V 的电压信号，也解决了分流器的 mV 级小电压放大成大信号电压时的信号延迟及误差问题。

逆流保护的设定值考虑在避开二极管的反向恢复电流值情况下，可以调节数值，有效地防止短路事故的扩大。

3. 过电压保护

每个二极管支路并联一 RC 回路，以抑制在直流系统短路或电力机车启动时可能出现的涌流。为防止过电压，在 RC 支路上并联一压敏电阻，当二极管两端电压超过其阈值时，压敏电阻将二极管自动旁路，以防止二极管损坏；当电压恢复时，压敏电阻恢复正常。

7.7.9 电动隔离开关

DXDT－2 型单向导通装置配备的电动隔离开关具体参数如下。

1. 额定电压：DC 750 V。
2. 额定绝缘水平：DC 1 000 V。
3. 额定电流：3 000 A。
4. 额定短时耐受电流：9 000 A(2 s)。
5. 额定峰值耐受电流：80 kA(20 ms)。
6. 开关机械寿命：≥10 000 次。
7. 爬电距离：≥250 mm。

隔离开关采用电动操动机构，同时具备电动、手动两种操作方式，电动操作时能实现远程控制。操动机构辅助触点为：8 常开，8 常闭。

7.7.10 消弧装置

工厂提供的单向导通装置配备的自动消弧控制装置能够进行数据采集、智能消弧控制及远程通信，装置可以检测和显示每个支路二极管的故障信息以及快速熔断器的通断信息。当列车通过绝缘接头时，自动消弧装置的控制核心检测绝缘接头的反向电压，当反向电压达到起弧电压时，触发晶闸管使之反向导通，列车通过绝缘接头后，关断晶闸管。列车是否通过绝缘接头，通过测距传感器检测。

起弧电压：DC 10～100 V。

承受放电电流能力：3 000 A，0.1 s。

7.7.11　智能控制装置

单向导通装置设置有智能控制装置，实现电流、电压数据采集，二极管、隔离开关、消弧装置状态信号采集，智能消弧装置控制，电动隔离开关控制。智能控制装置具有远程通信功能，具备将上述信号和电量向变电所自动化系统传送的条件。通信协议采用对用户完全开放的国际标准规约 MODBUS，接口为 RS485，通信距离不小于 1 000 m。通信传输速率不小于 9.6 kbit/s。

智能控制装置技术参数如下。

1. 电源：AC 220 V，电压允许偏差-15%～+10%。
2. 抗干扰性能：符合 GB/T 17626—1998《电磁兼容实验和测量技术》中的要求。
3. 防护等级不低于 IP4X。

智能控制装置具有完善的保护报警功能，通过电流传感器检测二极管各支路的电流，通过电压传感器检测绝缘结两端的电压，经过数据处理，来判断二极管短路和断路以及逆流等故障，控制装置面板用 LED 显示二极管故障和快速熔断器通断等信息，并且通过继电器发出报警信号。控制装置还能判断隔离开关的位置，并在面板显示隔离开关位置和是否正处在消弧状态的信息。

7.7.12　结构

1. DXDT-2 型单向导通装置的柜体外形尺寸（宽×深×高）：1 200 mm×800 mm×2 000 mm，防雨帽尺寸（宽×深×高）：1 400 mm×1 000 mm×70 mm，如图 7-7-2 所示。

2. DXDT-2 型单向导通装置为户外安装的独立式金属柜，为考虑热辐射和雨水的浸击及便于装置的散热，柜顶装有防雨的顶盖，前后门均可开启便于检修，侧面封板，各部件与柜体绝缘。

3. 柜体经电镀锌处理，防腐性能强，表面静电塑料喷粉。

4. 柜门带有锁，柜体预留外壳接地端子。

5. 柜内元器件安装在绝缘板上，柜内设备布置合理。

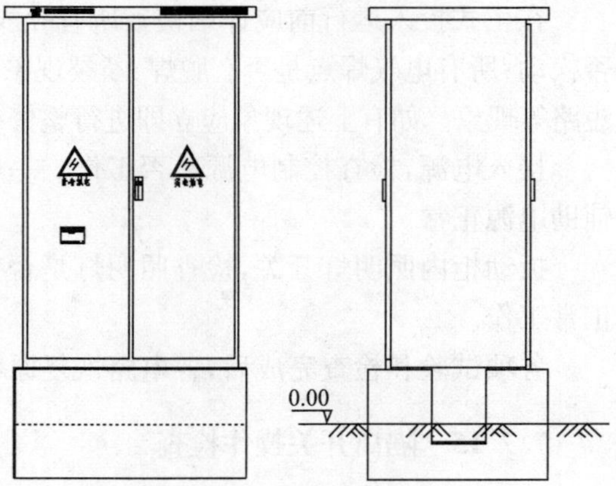

图 7-7-2　徐州和纬单向导通装置外形示意图

7.7.13　安装时注意事项

1. 安装基础上的地脚螺栓不能与基础结构钢筋相连。
2. 设备安装基础应保证平整，周围无积水。
3. 检查安装位置地脚螺钉尺寸是否与柜体相符。
4. 检查柜体落位后柜门开启以及与底部电缆电线连接是否方便。

5. 用 2 500 V 兆欧表测量主电路对柜体外壳的绝缘电阻，电阻值要达到 5 MΩ 以上，再用 500 V 兆欧表测量辅助电路对柜体外壳的绝缘电阻，电阻值要达到 2 MΩ 以上。

6. 带电零部件之间连接必须牢固，紧固件的预紧扭矩应符合表 7-7-1 要求。

表 7-7-1　螺栓紧固件的预紧扭矩

螺栓规格	M6	M8	M10	M12	M16
预紧扭矩(N·m)	9.55	23.4	46.6	81.7	207

7. 二次回路接线安装时，将 AC 220 V 电源线和检测信号输出线分别接于二次接线端子排的相应端子上。

8. 单向导通装置的配线包括辅助电源配线、数据、控制和通信接口配线，其中辅助电源配线的截面积不小于 1.5 mm^2，数据、控制和通信接口配线的截面积不小于 0.5 mm^2。

9. 为了保证装置的可靠接地，必须采用多股导线，其截面积不小于 16 mm^2。接地位置在柜体下方接地点处。

由于单向导通装置在工程中的具体安装位置存在很大不同，施工人员必须根据安装的具体位置来安装接地线。安装在车辆段停车场与区间隧道或高架区段的单向导通装置在接地线的设置方式就存在不同，在车辆段停车场的接地线必须与变电所的接地线系统进行连接，而在线路区间、隧道或高架区段的接地线必须与全线统一的综合接地线连接。

10. 设备在安装检查完成后，应对电缆进出口处进行封堵，以免老鼠或者其他小动物进入，对设备运行造成隐患。

7.7.14　单向导通装置工作状态下的操作检查

在正式投入运行前应详细检查所有导线连接处、紧固件、整流二极管与散热器的连接处是否松动；所有电气焊点是否有脱焊、断裂现象；导线绝缘受潮以及裸露部分是否碰触机壳；是否有短路等现象。如有上述现象应立即进行整修或烘干，清除柜内灰尘并经检查无误后方可使用。

接入电源，检查控制电源是否工作。一般情况下故障检测箱上 MCB 数码管如果亮，说明辅助电源正常。

扳动柜内照明灯开关，检查照明灯是否亮。扳动柜内电加热器开关，检查加热装置是否能正常工作。

各项试验和检查完成后，各电路恢复原状，并关上前后门。

7.7.15　隔离开关操作检查

1. 本地操作检查

(1)将就地/远方选择开关打到“就地”位置。

(2)在端子排的 1 号和 4 号端子上接上 220 V 交流电源。

(3)揿下隔离开关操作机构上低压断路器上的绿色按钮，给操作机构供电。

(4)将手动闭锁开关(在电机轴部位)打到紧挨电机轴位置。

(5)揿下合闸按钮，闭合隔离开关。

(6)揿下分闸按钮，打开隔离开关。

2. 远方操作检查

(1)将就地/远方选择开关打到“远方”位。

(2)在端子排的 1 号和 4 号端子上接上 220 V 交流电源。

(3)摁下隔离开关操作机构上低压断路器上的绿色按钮，给操作机构供电。

(4)将手动闭锁开关(在电机轴部位)打到紧挨电机轴位置。

(5)短接端子排上相关端子，检查隔离开关动作情况，应符合产品说明书的规定。

3. 检查注意事项

(1)隔离开关手动操作时，必须将机构电源切断，即将空气开关的“OFF”端按下，“ON”端弹出，同时将“远方/就地”操作选择开关置于“就地”位置。

(2)当进行电操作时，必须将操作手柄从机构取下，以免发生意外。

(3)隔离开关不允许带负荷操作，应在晚上机车停止运行时，方再合上，开关的闭合一定要到位。

(4)设备在运行时禁止打开柜门，以防触电。

7.8　钢轨电位限制装置

在直流牵引系统中，由于操作电流和短路电流的存在，可能会引起回流回路和大地间产生超出安全许可的接触电压。在此情况下，就需要在回流回路与大地间装配一套钢轨电位限制装置，以限制运行轨的电位，避免超出安全许可的接触电压的发生。当发生超出安全许可的接触电压时，此钢轨电位限制装置就将钢轨与大地短接，从而保证人员和设施的安全。

钢轨电位限制装置主要包含下列功能元件：复用开关，由晶闸管元件和直流接触器组成；多级电压测量元件；控制及测试逻辑模块 PLC。

随着我国现代化的发展，城市地铁发展极为迅速，本节主要介绍江苏大全、天津保富及徐州和纬生产的直流钢轨电位限制装置。

7.8.1　江苏大全钢轨电位限制装置

1. 概述

该厂生产的钢轨电位限制装置共有两种可选择的柜体：适用于户内运行和适用于户外运行的钢板柜体，如图 7-8-1 和 7-8-2 所示。按照有关标准的规定，钢轨电位限制装置配备了一个复用开关，能将最大电流 50 kA 的 50 Hz 正弦半波电流有效短接。这种电流波形当故障发生、切断故障、清除故障和灭弧时经常出现。

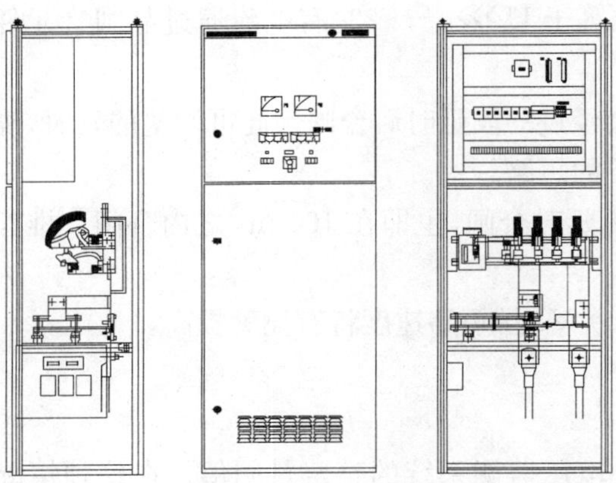

图 7-8-1　户内型钢轨电位限制装置结构示意图

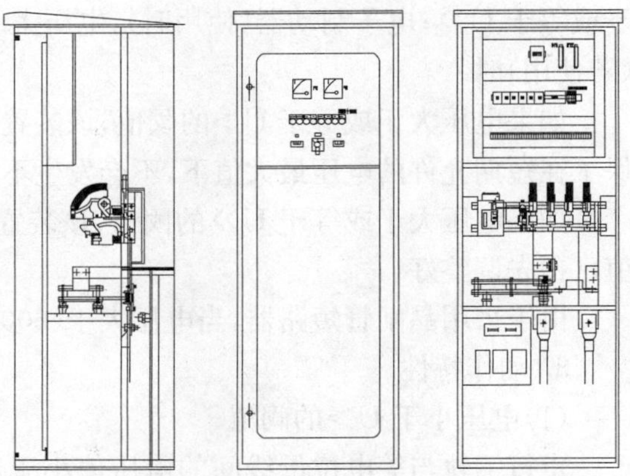

图 7-8-2　户外型钢轨电位限制装置结构示意图

2. 工作原理

钢轨电位限制装置工作原理如图 7-8-3 所示。

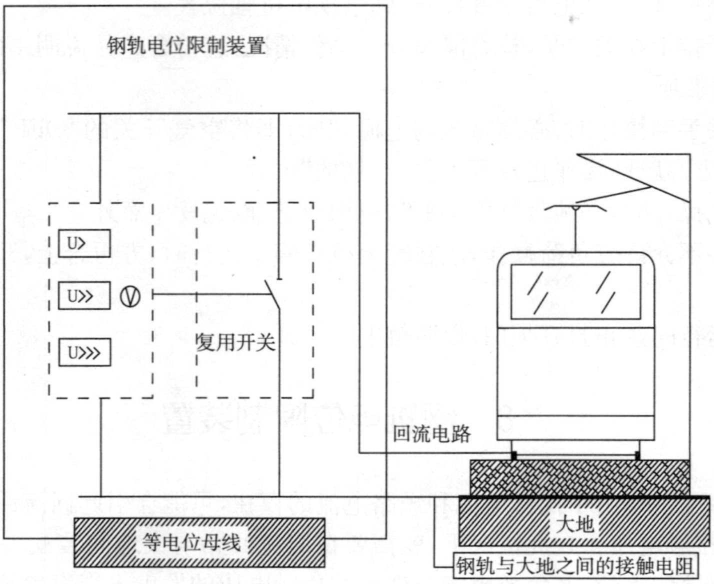

图 7-8-3 钢轨电位限制装置工作原理示意图

钢轨电位限制装置工作原理接线图，如图 7-8-4所示。

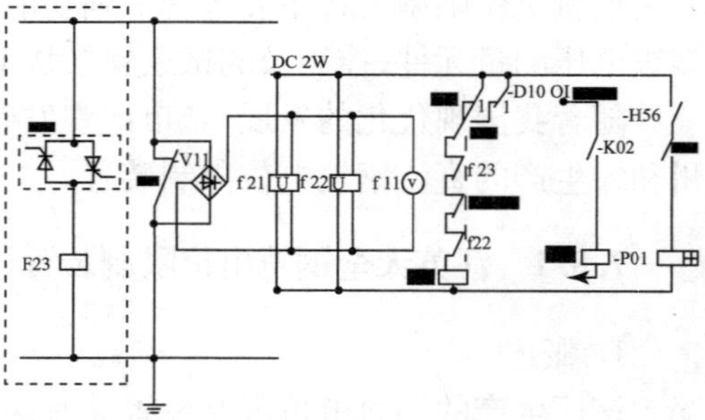

图 7-8-4 轨道电位限制装置工作原理接线图

复用开关由直流接触器－K56 和晶闸管元件－V20 组成。它可将钢轨与大地通过等电位母线短接。在正常情况下，直流接触器的端头是断开的，也即接触器触头是断开的，同时晶闸管元件也处于不导通状态。钢轨与大地之间的电压在电压表－P11 上检测和显示。而由电压测量元件－F21、－F22 和电子触发器（含晶闸管元件时）来判断电压。

具有不同的、可调整定阈值的电压测量元件：－F21，电压大于或等于 U>；－F22，电压大于或等于 U>>；电子制动器（使用时），电压大于或等于 U>>>；－F23，有电流通过晶闸管元件（若使用）时。

如果电压大于或等于 U>的阈值，该装置将会经过一段延时后合闸。此可调整的延时，确保了在短期允许的电压最大值下，不会发生不必要的短路。

如果电压大于或等于 U>>的阈值，该装置将无延时合闸，也即在 100 ms 之内合闸。推荐值已预先调整好。

由于采用晶闸管短路器，当电压大于(600±50) V 时，短路速度将有显著提高。

3. 动作特性

(1)电压小于 U>的阈值

走行钢轨与等电位母线间的电压值小于三种电压监测系统的整定跳闸值。在这种情况下，直流接触器－K56 是开断的，也即主触头（在平时闭合）开断。

(2)电压大于或等于 U＞

测得的电压值大于或等于电压测量元件 U＞的阈值。这意味着，电压测量元件－F21 落下，同时，经过一段设定的延时后，该装置将回流回路有效短接。10 s 之后，直流接触器－K56 再次自动断开，也即断路器再次断开。

如果当时的电压值小于 U＞的阈值，则钢轨电位限制装置经过一段可调整的延时后再进入正常状态。如果电压值又变得很高，将再次发生短路。此过程一直持续到电压又保持在许可范围内，或短路次数达到预定数字(调整范围 1～n)。一旦达到预设值，短路装置即会闭锁。当闭锁时，需按带灯按钮－S31 将其手动复归。

(3)电压大于或等于 U≫

测得的电压值大于或等于 U≫的阈值。这意味着，电压测量元件－F22 落下，也即钢轨和大地被无延时短接。10 s 之后，直流接触器－K56 再次自动断开，也即断路器再次断开。如果当时的电压值小于 U＞的阈值，则钢轨电位限制装置经过一段可调整的延时后再进入正常状态。如果电压值又变得很高，将再次发生短路。此过程一直持续到电压又保持在许可范围内，或短路次数达到预定数字(调整范围 1～n)。一旦达到预设值，短路装置即会闭锁。当闭锁时，需按带灯按钮－S31 将其手动复归。

(4)电压大于或等于 U⋙

如果电压超过 U⋙阈值，则晶闸管元件－V20(在使用时)开通，以抵消直流接触器－K56的机械延时，同时直流接触器－K56 被激活。而闭锁状态继续保持，需按带灯按钮－S31 将其手动复归。

(5)控制电压失效

此钢轨电位限制装置的控制回路采用闭环原理，保证一旦控制电源发生故障，装置会自动将钢轨与大地有效短接。这样，在控制电源发生故障时，人员及设施安全得到了保障。控制电源的失压是通过远程信号传递的。

4. 钢轨电位限制装置故障检测

直流接触器在发生任何故障时都会短路，这保证了人员及设施的安全。经过一段可调整时间后，报警信号发生，同时告警指示器亮起。

断路器故障

直流接触器在非正常情况下发生故障，故障信息在接触器闭合而电压仍存在的时间段里传出，同时"故障"指示器亮起指示。如直流接触器－K56 因故障而一直开断，在电压大于 600 V时，此功能由晶闸管元件执行(无晶闸管元件的钢轨电位限制装置无此功能)。如晶闸管断路器发生故障，则会变得低阻抗。

5. 装置基本动作程序

PLC 开始启动时，I1 是直流接触器的辅助触点，I3 是动作继电器的辅助触点，两个配合使用。

(1)输入 I1 为 1，通过一个上升沿延时器延时 10 s，Q1 输出，直流接触器分闸，并且通过一个上升沿延时器延时 1 s 和一个下降沿延时器延时 1 s，Q2 输出，操作计数器动作一次后恢复。

(2)输入 I3 为 1 时，和 I1(开关位置)异或，输出取反，Q4 不输出。

(3)输入 I4 为 1 时，并且和 Q3 锁定比较(反逻辑)，合闸时 60 h 清零 trg，通过一个反向器经过 60 h 输出 Q4。

(4)输入 I5 为 1 时，延时 0.8 s 通过一个反向器输出 Q2，Q4 接触器闭合，并且在 60 s 内，有三次，就输出 Q4，Q3，Q6。

(5)输入 I6 为 1 时，输出 Q3，和 U<与只有当其没有故障发生，输出 Q4，Q7。

(6)输入 I7 为 1 时，输出 Q3，Q4，Q8。

(7)输入 I2，I10 时，直接复位(一个就地，一个远方)，PLC 开始启动时，I1 是直流接触器的辅助触点，I3 是动作继电器的辅助触点，两个配合使用。

6. 施工安装

按照本节最后介绍的施工要点进行装置的就位安装。

7. 调试试验

首先，工作人员按图检查元器件型号。设备主要器件包括：电源控制开关 F12；加热器控制 F11；PLC 控制元器件 logo；电压继电器；直流接触器；晶闸管；电流继电器；220 V 整流桥；电压表；电流表；分流器；一次整流桥；温控器；分压电阻；转换开关；按钮指示灯。

其次，按照图纸用万用表通断挡，效验检查线路是否正确。最后，由具有资质的试验人员进行以下项目的设备调试和试验。

(1)本地快速测试

首先把电压继电器 F21 调节动作时间的指针调到 0，然后调节面板上的转换开关 S24，转到 U>，同时测量 F21 的 e、f 间的电压(直流电压)，并同时调节分压电阻 R85 的阻值，调节到电压一段的定值(一般在 90～110 V)。最后调节 F21 动作时间的旋钮，使其动作。(U>是在 60 s 内动作三次闭锁然后上传，在前两次动作是不闭锁晶闸管，也不上传)

(2)电压继电器测试

把电压继电器 F22 调节动作时间的指针调到 0，然后调节面板上的转换开关 S24，转到 U≫，同时测量 F22 的 e、f 间的电压(直流电压)，并同时调节分压电阻 R86 的阻值，调节到电压二段的定值(一般在 120～170 V)。最后调节 F22 动作时间旋钮，使其动作。(U≫动作一次就闭锁直流接触器的，并且上传)

注：以上调节分压电阻 R85，R86 的时候，必须在面板上的转换开关 S24 在 0 位，粗调结束。(并且现场快速测试就可以了)

(3)计数器检查

计数器 1 是总的计数次数的，是用来看直流接触器的总的动作次数的。计数器 2 是可复位的，是用来看 U>的前两次动作的，前面提到的 60 s 内动作的前两次是并不上传的，所以这个计数器 2 对于现场的监测使用是重要的。

(4)一次测试(需要以下的测试设备)

绝缘电阻测试仪、继电器保护仪、升压变压器、一次整流桥、微欧计等。

①模拟一次线路。首先在快速测试结束后，把继电器保护仪上的加电压的正和负的电源线加到负母排和框架排上的一次取样线上，然后把 F56 上的辅助触点的取两组，一组作为继电器保护仪的启表条件，一组作为继电器保护仪的止表条件。然后慢慢加电压看其一段动作的电压值及动作的时间，测试二段动作的电压时要把 F21 的 e、f 上的两根线拆掉，以使测试二段时一段不动作，其他步骤和测试一段时一样。

注：以上的测试是测量直流接触器动作的阀值，与动作时间。

②测试晶闸管动作。首先需要一个升压变压器和一组整流桥，升压变压器作为输入通过整流桥整流出直流的电压，加在晶闸管的触发管上。(注意：不可以经常的、反复的进行这个实验，可能会造成损坏)

③测试电流继电器动作。只要在一次侧加上电流使电流继电器动作。

(5)简单的故障排除。

①直流接触器不动作。看看是否 220 V 电源正确,24 V 的正负极是否正确。

②当面板上的转换开关转到 U>,U≫时如果电源短路,检查二次的整流桥是否损坏。

③在柜子进入现场的时候由于长时间没有送一次电,所以可能轨电位装置会动作,这并不是故障,只要手动的让 U>动作一次就可复位。

④如果当直流电压调节可变电阻电压调不动时,检查二次整流桥是否完好、检查可变电阻是否完好。

⑤如果当直流接触器不动作,可能还需要检查直流接触器的辅助触点是否动作,因为有时现场的环境可能湿度太大,辅助触点中的弹簧可能受潮。检查辅助触点是否动作。

⑥当如果发现直流接触器不动作,先检查 PLC 是否正常能够工作(最简单的方法是让其运行一下停止一下,看其输出是否有变化)。如果什么都是正常的,但是直流接触器仍不动作,检查一下电流继电器的常闭触点是否通。

⑦另外钢轨电位限制装置其还有个特殊保护是大于 2 V 保护,就是当直流接触器故障动作好以后,即是闭合状态,还是有大于 2 V 电压流过,会报故障。

7.8.2　天津保富 TracFeed VLD 电压限制装置

电压限制装置一般采用固定式安装方式,用于走行轨作为回流轨的直流牵引系统中。在直流轨道交通系统中,位于接触网(轨)和集电弓架区域的金属导电部件或建筑物不同时连接至回流线路和地。由于迷流散布于大地,同时连接这些部件是不允许的。不允许的高接触电压或易影响电压就会在回流走行轨、与之相连的导体、其他金属导电部件以及建筑物之间产生,这些电压可能会伤到人们。

VLD 电压限制装置设有短接接触器来保护人们不受这种危险。型号为 HVL 120-0.3 的低电压限制器专门设计用于处理不允许的短时接触电压或危险电压。

电压限制装置能够防止接触电压残余,并且满足短期和长期故障事件的需求。

依据设计给出的保护测量定值对线路进行核查,尤其是在要对直流牵引供电设备及其周边事物进行建设或操作时。如果不能提供安全保证,这时 VLD 电压限制装置就可用来提供有效的人身安全保证。

为保证电压限制装置的正常功能,所有附近相连的避雷装置必须移除。

本电压限制装置可在户内固定安装在低于直流 3 000 V 的直流铁路系统中。

在车辆段,最大允许接触电压不能超过 90 V,VLD90 型电压限制装置装设有另外的电压监测设备来满足此项要求。

1. 主要技术参数

动作电压:120 V(VLD120)或 90 V(VLD90)

短路耐受容量:50 kA/250 ms

额定绝缘电压:3.6 kV 或 5.5 kV

持续热载流能力:1 000 A

短接装置重开电流:100～500 A 可调

控制电源电压:AC 230 V,50 Hz

保护等级:IP30

柜体尺寸：W600×D500×H2 200

整柜重量(含元件)：250 kg

2. 低电压限制器 HVL 120-0.3 的技术参数

最大跳火放电电压：120 V

额定短时耐受电流：20 kA

可逆电流：300 A

长期耐受电流：500 A 持续 1 800 s

变阻器技术参数标称放电电流：20 kA 8/20 μs

依照 IEC 60 099-4 安装在 HVL 内高冲击电流：100 kA 4/10 μs

在标称放电电流下的残余电压：380 V

3. 工作环境

电压限制装置设计用于户内使用，可在以下条件使用：

温度范围：0～+40 ℃。

湿度：在+20 ℃时不大于 90%；在+40 ℃时不大于 50%。

4. 适用标准

电压限制装置的构造、生产、型式试验和出厂试验参照标准 IEC 62128 第 1 部分和第 2 部分，EN 50122 第 1 部分和第 2 部分，EN 50123 第 5 部分，以及 IEC60099 第 1 部分。

5. 供货范围

电压限制装置安装在开关柜体内，可直接连接使用。如用于车辆段，则在出厂前选装电压监测装置。

6. 功能、工作方式和配置

电压限制装置 TracFeed VLD 的基本设计原理，如图 7-8-5 所示。

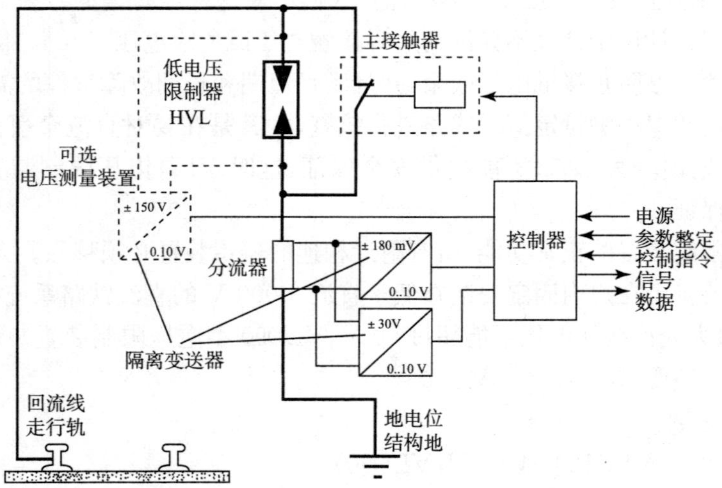

图 7-8-5　基本设计原理示意图

电压限制装置为金属封闭开关柜，安装有一低电压限制器并联一短接接触器和控制保护附件。

回流线与地之间可能产生的 DC 120 V 的接触电压将被低电压限制器在极短的时间内降低并限制在安全范围内。具体参数详见 HVL 120-0.3 的产品说明。

当低压限制器启动，通过分流器测量得到的电流输入到控制器，主接触器带有常闭触头(短接触头)。正常工作状态，接触器操作线圈得电，短接触头断开。

电压限制装置柜体设计用于绝缘安装，因此，其柜体框架可被包含于电压或电流型框架保护监测系统的保护中。

在一定条件下，主接触器会被启动闭锁，这样短接触头将保持闭合。

7. 闭锁条件

当检测到电压满足：

(1)$U>120$ V时，HVL快速导通，随后接触器动作，短接触头闭合。

(2)90 V$<U<$120 V时，接触器动作，短接触头闭合。

动作后根据表7-8-1中的电流判断接触器是否闭锁(短路触头闭合)。

表7-8-1　动作后根据电流判断是否闭锁

I>	使接触器动作的电流值(不可修改)	当电流超过设定值(50 A)时，接触器线圈失电，短接触头闭合10 s后断开，电流持续20 s后，短接触头再次闭合闭锁动作
I>0	最大容许泄漏电流	当通过短接触头的电流超过最大容许泄漏电流并持续30 min，闭锁动作
I>IAus	需要复位的闭锁电流值	当电流超过设定值(100 A)时，接触器线圈失电，短接触头闭合，闭锁动作
I>I>>>	需要立即使馈线区间跳闸的闭锁电流值	当电流超过设定值(1 000 A)时，接触器线圈失电，短接触头闭合，闭锁动作
nkhm	在规定时间周期内主接触器的开合次数	在一定时间(10 min)内接触器超过最大分合循环次数(10次)后闭锁

如果确定故障或已经排除引起闭锁的原因，主接触器可被打开，并复位电压监测设备至初始状态。闭锁次数显示在PLC的显示上。

8. 当地控制选项

以下控制指令可在当地实现：

灯测试：用于检测信号灯和短路接触器位置指示器；闭锁复位并打开短路触头；测试电压限制装置。

9. 控制外部设备/元件

根据通过主触头的电流，可产生一个跳闸信号并发送到另一场所。此控制指令可用于在变电站中切断对故障供电区间的馈出。用于产生跳闸信号的电流极限值可在控制器中整定(I>>>)。

10. 系统指示

以下系统信号会在就地显示并可发送至远方：

工作、主接触器故障、主接触器非正常位置、I>>>动作、闭锁、HVL故障、短路接触器位置指示。

11. 整定值

控制器中厂方预设参数及其含义见表7-8-2。

表 7-8-2　控制器预设参数

缩写	定　义	数值	单位	默认值
+I▷	引起主触头立即闭合的电流值(不可整定),触头保持闭合 10 s	固定值+50	A	固定值+50
−I▷	引起主触头立即闭合的电流值(不可整定),触头保持闭合 10 s	固定值−50	A	固定值−50
+IOFF	需要复位的闭锁电流值;极性:回流+,地−	+100～+500	A	+100
−IOFF	需要复位的闭锁电流值;极性:回流+,地−	−100～−500	A	−100
+I⋙	可立即使区间馈线跳闸的电流值 极性:回流−,地+	+1 000～+3 000	A	+1 000
−I⋙	可立即使区间馈线跳闸的电流值 极性:回流+,地−	−1 000～−3 000	A	−1 000
nKHM	在一定时间内主接触器最大允许开合循环次数 tKHM	1～100		10
tKHM	主接触器开合循环监视时间 KHM	60～18 000	s	18 000(5 h)

电压限制装置的功能和操作方式适用于回流线路(轨道)和地之间具有不同电压极性的情况。

实际整定值的变化取决于不同的项目,并在出厂前由厂家整定。关于整定值信息请参阅调试证书及用户手册。出于安全考虑,设定了密码对控制器整定值的存取进行保护,要改变整定值必须经过 Balfour Beatty Rail 认可。

12. 柜体结构

柜体外观结构见图 7-8-6 所示。指示灯和控制元件见图 7-8-7 所示。

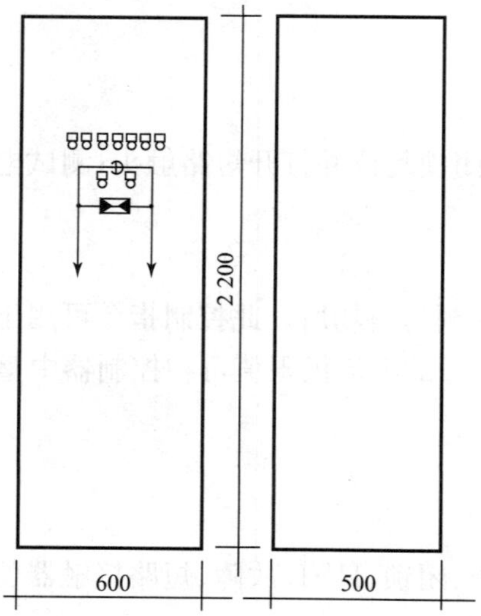

图 7-8-6　柜体外观结构及尺寸示意图

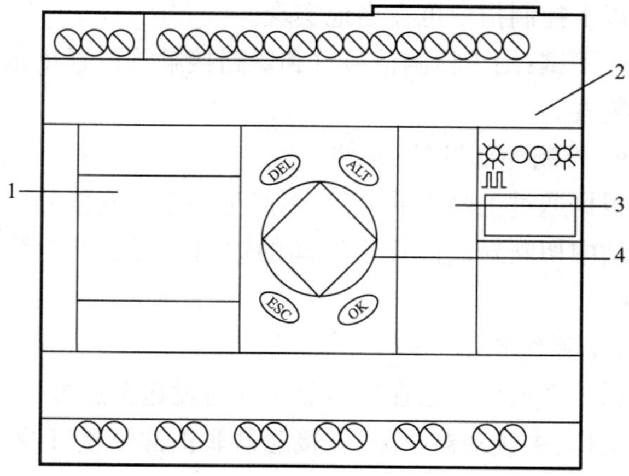

图 7-8-7　VLD90 显示屏示意图

1—液晶显示屏;2—工作状态 LED 灯;3—存储卡接口;4—按键区。

按钮和指示灯所表示的信息内容见表 7-8-3 所示。

表 7-8-3　按钮及指示灯信息

按钮名称	显示信息
－S14	按钮"灯测试",颜色:黑色
－H05	指示灯"工作",颜色:绿色
－H03	指示灯"主接触器故障",颜色:红色
－H04	指示灯"主接触器故障位置",颜色:黄色
－H02	指示灯"脱扣 I>>>",颜色:红色
－H06	指示灯"闭锁",颜色:红色
－H07	指示灯"HVL 故障",颜色:红色
－H0	短路触头位置指示,闭合位置颜色:绿色;分闸位置颜色:红色
－S01	按钮"复位",颜色:黑色
－S02	按钮"测试",颜色:黑色

主接触器位置指示器(－H0)位置表示:"合闸"位置,显示绿色水平光条;"分闸"位置,显示红色垂直光条;"非常"位置,同时显示绿色水平光条与红色垂直光条。

主要零部件安装位置及构成,柜体内部设备安装位置及结构见图 7-8-8 所示。

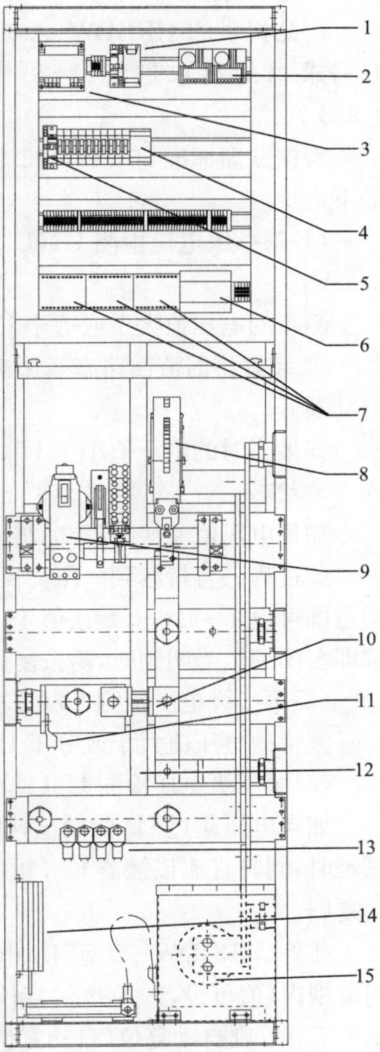

图 7-8-8　VLD120/90 柜体内部设备示意图

1—直流 24 V 电源带微型断路器;2—控制柜内加热器温、湿度调节器;3—交流 230 V 二次电源隔离变压器;4—闭锁复位继电器;5—交流 230 V 微型断路器;6—控制器;7—隔离/测量变送器;8—带灭弧罩的主接触器;9—主接触器控制器;10—分流器;11—结构地电缆连接处(地电位);12—控制电缆进线槽;13—回流线电缆连接处(走行轨);14—柜内加热器;15—低电压限制器 HVL 安装于箱体中

7.8.3　徐州和纬钢轨电位限制装置

1. 主要技术参数(表 7-8-4)

表 7-8-4　主要技术参数

系统额定电压	DC 750 V
系统最高电压	DC 1 000 V
可调电压的范围	DC 30～DC 650 V
装置动作时间	接触器动作时间≤100 ms,快速导通动作时间≤0.1 ms,装置整体动作时间≤35～70 ms 且满足人体耐受电压曲线(提供试验报告)
装置承受短路电流	50 kA,200 ms
接触器机械寿命	≥150 万次
装置寿命	30 年
外形尺寸	(宽×深×高)600 mm×600 mm×2 200 mm

2. 设备技术要求及性能

装置用于室内安装,由短路装置、测量和操作回路、SCADA 信号接口模块、防凝露加热器、状态显示、及相应的二次回路等组成。

3. 短路装置

产品提供的HRGDW－2型钢轨电位限制装置，接触器所有动作参数完全能够根据用户需求书的要求进行设定。直流接触器采用国际进口元件，持续通过额定电流为1 250 A。

根据欧洲标准50122-1，12.97的要求，HRGDW－2型钢轨电位限制装置的出厂设定值如下：

(1)第一级电压检测U1(U>)：110 V<1 s(时间可设0～120 s，动作电压可设DC 25～250 V)。

测得的电压值大于或等于U1的阈值，经过一段设定的延时后(0.1～120 s可设，默认值1 s)，该装置将回流回路有效短接。3 s(1～120 s可设，默认值3 s)之后，直流接触器KM再次自动断开。

如果当时的电压值小于U1的阈值，则钢轨电位限制装置经过一段可跳闸的延时后再进入正常状态。

如果电压值又变得很高，将再次发生短路。

此过程一直持续到电压又保持在许可范围内，或短路次数达到预定数字(时间为连续，时间范围可设1～120 s，默认值15 s，次数1～9次可设，默认值3次)。一旦达到预设值，短路装置即会闭锁。当闭锁时，需按复位按钮将其手动复归。

(2)第二级电压检测U2(U≫)：160 V<0.1 s；DC25～250 V可设

测得的电压值大于或等于U2的阈值，钢轨与大地被无延时短接，并永久合闸。

(3)第三级电压检测U3(U⋙)：600 V<20 ms；DC 550～650 V可设

如果电压超过U3的阈值，则晶闸管元件KP(在使用时)开通以抵消直流接触器KM的机械延时，同时直流接触器KM被激活，而闭锁状态继续保持。闭锁状态需按复位按钮将其手动复归。

此外，HRGDW－2型钢轨电位限制装置还具有自动复位功能投退：闭锁后，当在连续时间范围内(值可设，1～999 s，默认值999 s)，检测总电流小于I1(I<)(值可设，0.1～99 A，默认值5 A)，则自动复位(自动复位功能设定为投)。

闭锁状态(恒定合闸)时，短路装置不再断开，并给出报警信号。

当短路装置短接时，若在钢轨和大地间仍有一个电压，则设备被认为出了故障，此时由硬接点向SCADA系统发送故障信息。

HRGDW－2型钢轨电位限制装置采用三级电压检测的方法具有分级明确，响应时间短等优点，并且可以手动调节各级电压检测值。

4. 测量和操作回路

HRGDW－2型钢轨电位限制装置拥有两路电流检测回路(霍尔电流传感器，一路总的，一路晶闸管回路)，冗余电压检测，即两路电压检测回路(霍尔电压传感器)。

操作回路用来对短路装置的动作进行控制。

5. 电磁兼容

HRGDW－2型钢轨电位限制装置在电磁兼容部分则包括两方面，一方面确保柜体具有一定的电磁敏感度，以保证柜体对电磁干扰具有一定的抗扰度，即钢轨电位限制装置在运行过程中对于自身产生的电磁环境和它所处的牵引变电所的电磁环境，能按设计要求正常运行；另一方面，确保钢轨电位限制装置产生的电磁噪声必须限制在一定的水平，使由它所产生的电磁干扰不致对它周围的电磁环境造成严重的污染和影响其他设备或系统的正常运行。

6. 信号接口模块

HRGDW－2型钢轨电位限制装置通过485接口、硬接点信号与变电所综合自动化系统通信，在综合自动化系统可显示钢轨电位限制器的工作状态、报警、故障、内部和外部的短路信号及测量数据。

7. 信号显示

HRGDW－2型钢轨电位限制器的工作状态、报警、故障、内部和外部的短路信号及测量数据在本装置上也有显示，信号的显示经当地经复归后才能消失。

柜上显示部分如下：

(1)显示总电流、轨道电压、接触器合闸总次数、接触器状态。

(2)合闸次数计数器显示

(3)轨道电压显示：模拟电压表(DC 0～750 V表)

(4)指示灯：工作电源(绿色)、合闸(红色)、闭锁(红色)、故障(黄色)

8. 二次回路

辅助交流电源回路设施耐德C65H型微断保护，微断保护附SD报警触头，一旦该电源发生故障，可发出报警信号，优于用户需求书。并设浪涌保护。

9. 防凝露加热器

钢轨电位限制装置内设有防凝露加热器，由柜面板前面的湿度仪和手动、自动选择开关控制。具体电路示意图如图7-8-9所示。

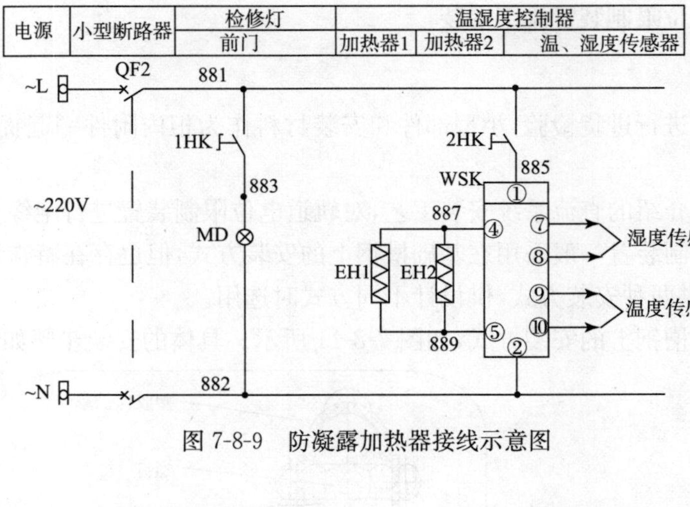

图7-8-9　防凝露加热器接线示意图

10. 指示灯

钢轨电位限制器柜面板前面有施耐德品牌的指示灯，显示钢轨电位限制器的状态、辅助电源的状态、防凝露加热器的状态以及装置的报警、故障状态。柜面显示内容如图7-8-10所示。

11. 对地电显示

柜上设置电压表显示钢轨的对地电位。

12. 动作次数记录仪

钢轨电位限制装置内应设有2个动作次数记录仪。一个为可复归式，量程为0～9 999；另

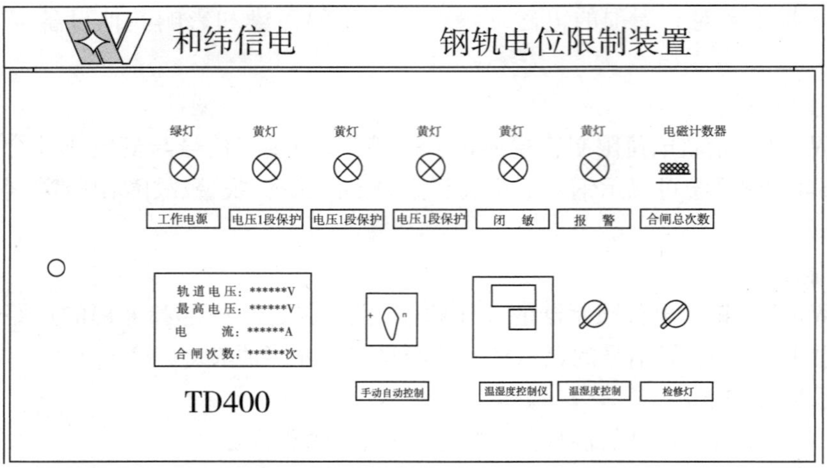

图 7-8-10 钢轨电位限制器前面板示意图

一个为不可复归式，量程为 0 ~999 999。

13. 辅助电源

装置的辅助电源采用单相工频交流 220 V。

14. 控制电源额定工作电压

AC 220 V(允差为－10%～＋15%)

15. 电压变送器

具有电压变送器，输入 AC 0～600 V，输出 4～20 mA。

7.8.4 钢轨电位限制装置施工安装

1. 安装要点

(1)按正常程序进行进货检验，小型部件和安装材料作为柜内附件一起提供，检查附件是否完好无缺。

(2)参照本手册介绍的直流系统安装工艺，对轨道电位限制装置进行绝缘安装的准备。

(3)轨道电位限制装置一般采用在基础槽钢上的安装方式，但也存在特殊情况。在这里根据产品用户手册提供两种安装方式，供设计不同方式时选用。

第一种，在基础槽钢上的安装方式，如图 7-8-11 所示。具体的安装步骤如下。

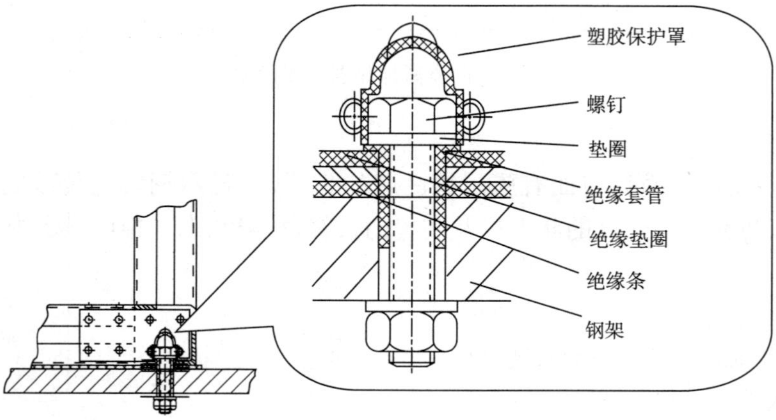

图 7-8-11 在基础槽钢上安装示意图

①检查钢架结构上的绝缘板(带)位置是否正确。

②在绝缘板和槽钢结构上钻直径 13 mm 的孔,用于固定安装。

③用 M10 六角螺钉及其他附件固定柜子。

第二种,在地面上的安装方式,如图 7-8-12 所示。具体的安装步骤如下。

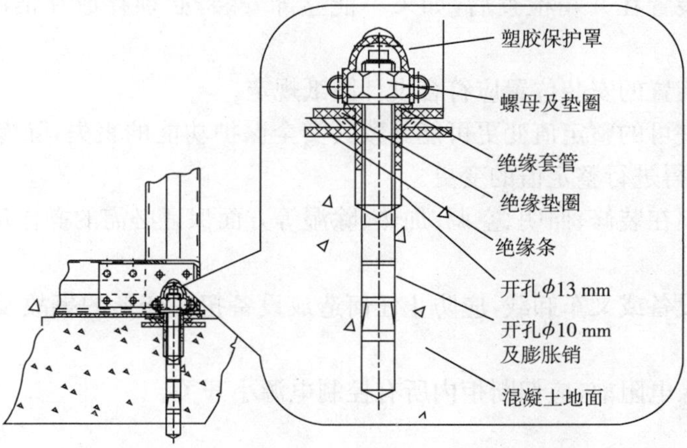

图 7-8-12　在地面上安装示意图

①检查混凝土地面上的绝缘板位置是否正确。

②在绝缘板(带)和混凝土地面上钻直径 10 mm 的孔,深度为 80 mm。

③用 13 mm 钻头将现有的孔扩大,扩孔深度为 25 mm。

④用提供的膨胀销及其附件固定柜子。

(4)轨道电位限制装置安装完毕后,测量柜体框架和结构地之间的电阻值。用试验电压为 1 000 V 适合的绝缘测试仪表进行测试,绝缘电阻必须≥2 MΩ。

(5)参照图 7-8-8 所示进行电缆连接

①在分流器右侧可连接 4 根接地电缆;在分流器下方横向母排可连接 4 根回流电缆,具体的电缆连接数量应查阅施工图确定。

②引入的 230 V 交流电源,依照产品的要求应直接连接到微型断路器的上端口。

③二次控制保护回路按常规施工方法进行校线及配线。

④电缆与走行轨之间一般采用放热焊工艺进行焊接。

放热焊是通过铝与氧化铜的化学反应(放热反应)产生液态高温铜液和氧化铝的残渣,并利用放热反应所产生的高温来实现高性能电气熔接的焊接工艺。这种方式连接稳定可靠,过渡电阻小。

采用放热焊工艺在北方地区存在热胀冷缩的问题,需要引起施工单位的注意。对于这个问题建议施工单位应加强与有关施工单位和建设单位的联系,确认和解决以下问题。

首先,施工单位要与轨道专业取得钢轨焊接位置的确认,确认电缆连接处没有轨缝,不论是钢轨电位限制装置,还是回流箱、均流箱的电缆连接,只要采用放热焊或者螺栓连接,都要确定电缆连接处的钢轨不是处于轨缝焊接连接处。

其次,积极与建设单位研究确定施工方案及采用的连接方式,根据国外广泛采取螺栓连接方式的经验,施工单位应提前掌握螺栓连接方式的施工工艺,做好技术储备,一旦建设单位决定采用螺栓连接方式,就有足够的技术力量满足施工条件的要求。

2. 安全注意事项

(1)参加设备运输、安装的工作人员必须经过工厂组织的专门技术培训，且取得合格证，方准上岗操作。

(2)在装卸和运输过程中，必须保证设备始终处于垂直状态。

(3)电压限制装置在开箱检查后，如果不能立即安装，必须存放在洁净、无尘、封闭的空间中。

(4)电压限制装置的安装位置应符合设计图纸规定。

(5)任何未经许可的整定值变更可能导致其安全保护功能的丧失，除专业试验人员外，任何其他工作人员不得进行整定值的变更。

(6)设备室必须在装修、照明、空调、加热、除湿等方面保证必需的操作环境，这些条件都在完好状态。

(7)采用起重设备或叉车卸载，应防止任何造成设备扭曲变形的事故发生，可选配专用的起吊装置。

(8)在测量绝缘电阻前，应切断柜内所有控制电源小开关。

第8章　综合接地系统

8.1　综合接地系统概念

综合接地系统工程是城市轨道交通工程中，一套既复杂又明确的施工项目。说它复杂主要是涉及所有带电的专业，例如牵引供电、车站通信和信号等设备，以及沿线各种临时用电设施的接地线，都要连接到专用的综合接地系统。

综合接地系统的普通概念：利用矩形金属材料将全线的牵引变电所和降压变电所的接地系统通过设在隧道和桥梁上的电缆支架之间的接地线连接成一个整体，形成全线的综合接地系统主干网；再通过综合接地系统主干网分别采取在合适的地点接引分支接地线，来完成各种功能的接地线连接。综合接地系统的接地线设置如图8-1-1所示。

从图8-1-1中可以看到，在综合接地系统当中，每个车站有一个独立的接地网，在这个基础上，牵引变电所或降压变电所内全部设置强电设备接地母线(PCE)，也就是后面将提到的总接地铜排；而在车站车控室设备、信号设备室内信号设备、通信设备室内通信设备、环控电控室等设备全部连接到弱电设备接地母线(WCE)，也就是后面将提到的低压配电系统采用TN—S接地方式，并在车站适当位置设置弱电专用接地端子箱和等电位接地端子箱。从车站牵引变电所或降压变电所内引出接地母线经车站电缆通道或区间电缆支架上，构成综合接地系统主干网。在区间的设备(信号机、区间电话箱、道岔控制箱、轨道电连接箱等)全部由接地主干网上连接接地点。

8.2　综合接地系统工程的专业分工

综合接地系统的施工一般为环网电缆专业承担，但是在供电系统当中，还是有必要要求各个专业分别承担自己专业应该负责的部分。下面按专业分别介绍。

8.2.1　牵引变电所专业承担的综合接地系统工程

1. 安装牵引变电所总接地铜排，要求与建筑物绝缘。

2. 敷设变电所总接地铜排至整流器柜、直流开关柜等电气设备的接地电缆，以及至排流柜和负回流箱的接地电缆。

3. 直流设备本体绝缘安装，设备接地线包括整流器柜、直流开关柜、排流柜和负回流箱等的接地线，均经负极柜内的框架泄漏保护装置引至变电所总接地铜排。

4 牵引变电所内所有电缆桥架、支架按设计要求的矩形导体制作接地线，其连接方式应该符合设计要求。

5. 将变电所的电缆桥架、支架接地线引至将要设置综合接地系统主干网的地点并做预留，后续工作由承担综合接地系统主干网工程的部门完成。

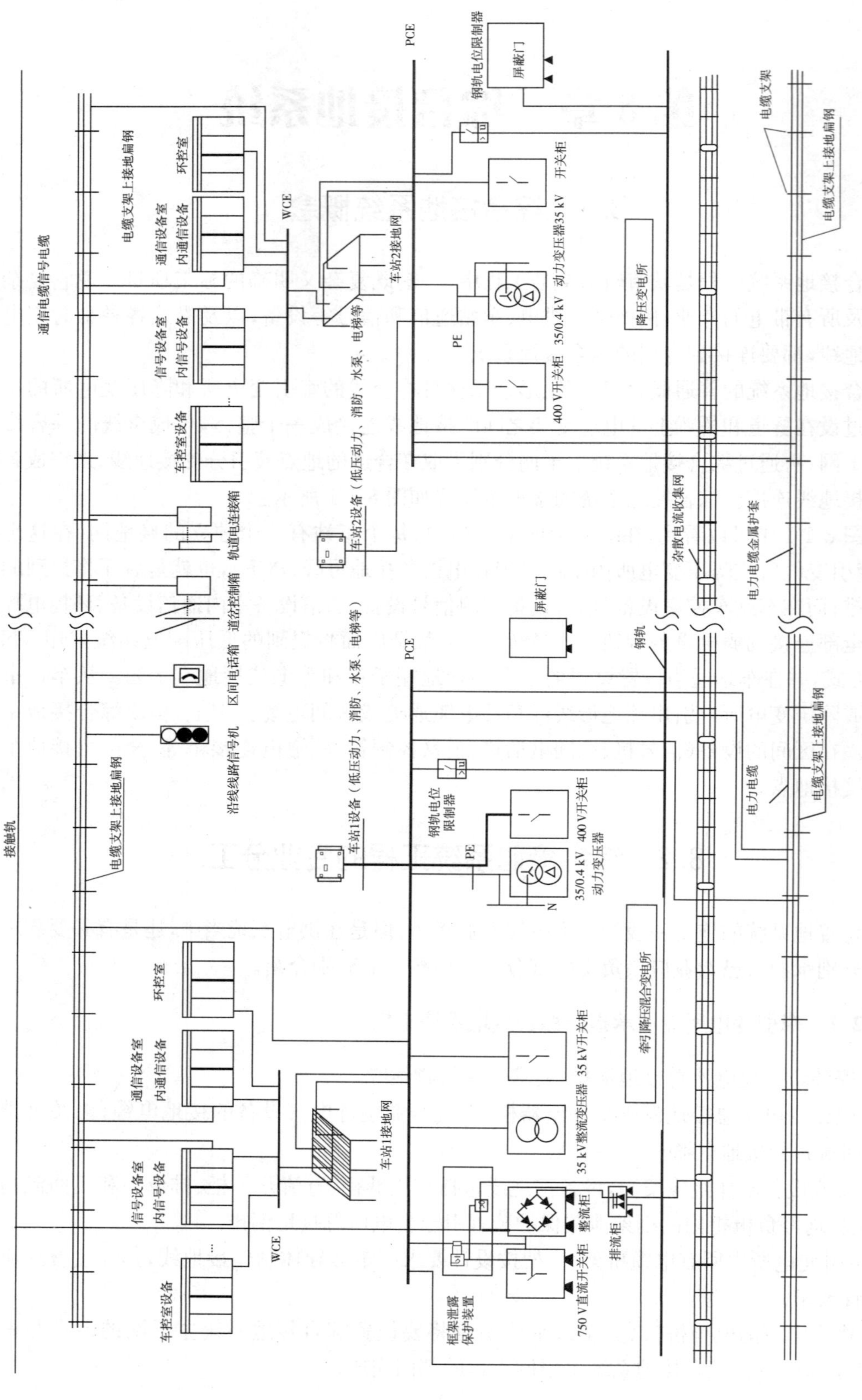

图 8-1-1　综合接地系统接地线设置示意图

PCE—强电设备接地母线；WCE—弱电设备接地母线

8.2.2　降压变电所专业承担的综合接地系统工程

1. 安装降压变电所总接地铜排，要求与建筑物绝缘。

2. 将所有交流开关柜、电源屏、配电变压器、电缆支架等设备和设施的接地线均引至变电所总接地铜排。

3. 将变电所的电缆桥架、支架接地线引至将要设置综合接地系统主干网的地点并做预留，后续工作由承担综合接地系统主干网工程的部门完成。

8.2.3　动力照明专业承担的综合接地系统工程

1. 每个车站设置一个综合接地装置，由降压变电所专业设计，接地电阻≤0.5 Ω，车站的防雷接地与车站设备接地共用同一接地网。低压配电系统采用 TN-S 接地方式。

2. 在车站每层每端的适当位置设置弱电专用接地端子箱和等电位接地端子箱。

3. 在动力照明施工图中增加接地示意图。

4. 各站弱电系统的配电回路及引出室外的动力、照明回路增加浪涌保护。浪涌保护器的极数与线路的芯数匹配，引入引出室外的控制电缆应采用屏蔽电缆。引入引出室外的电缆的屏蔽层、金属护套、电缆保护管、水管、煤气管等在引入引出处应与等电位接地端子连接。

5. 电气装置的下列金属部分应与 PE 线可靠连接。

(1)电机、变压器、电器等的底座和外壳。

(2)电力设备的传动装置(如电梯、扶梯等)。

(3)互感器的二次绕组。

(4)配电屏、控制屏的框架。

(5)靠近带电部分的金属围栏和金属门。

(6)金属接线盒、终端盒(需要绝缘安装)的外壳和电缆外皮、导线保护管等。

(7)装有避雷线的灯柱。

(8)控制电缆的外皮。

(9)电缆支架。

6. 弱电专用接地的保护范围：通信、信号、FAS、BAS、SCADA、AFC、光纤的钢筋架等，在房间内形成一个环，要求仅有一个接地点。但上述系统中交流 380/220 V 电源的受电设备外壳也应与 PE 线可靠连接。

7. 等电位接地的保护范围：公用设施的金属管道，如风管、上下水管、煤气管道引入段等；楼梯扶手、闸机外壳、金属栏杆、自动扶梯裙板、垂直电梯导轨、金属门框、天花龙骨、架空地板龙骨等人体可触及的非用电金属件。电缆支架设专用接地扁钢，并就近与接地端子箱焊接。

8. 接地线的规格：接地线干线为单芯 95 mm^2 的电缆，由接地母排接引，接地母排具体位置由综合接地专业设计。

9. 等电位连接安装要求详见国家标准《等电位连接安装》(02D501-2)。

10. 等电位连接设计分工：楼宇设施及垂直电梯导轨的等电位连接由动力照明专业设计。楼梯扶手、闸机外壳、金属栏杆、自动扶梯裙板、金属门框、天花龙骨等电位连接由装修专业设计，设计范围是等电位接地端子箱至被保护设备之间的连接导线。

8.2.4　接触网专业承担的综合接地系统工程

1. 在隧道口处接触网、地上线路接触网上隔离开关处(接触网侧)、地上线路接触网应每隔 500 m 左右设置具有故障脱扣功能的硅橡胶无间隙氧化锌避雷器。

2. 地上线路接触网架空地线抬高兼作避雷线,保护半径满足要求。宜每隔 200 m 左右通过放电间隙接地。

3. 车辆基地一般位于郊区空旷地带时,宜设置独立避雷针。

4. 正线上、下行架空接触网应分别设置贯通架空接地线。

5. 车辆基地内成排的架空接触网支柱应设置贯通的架空地线、零散支柱应通过跳线或电缆与架空地线相连。

6. 接触网系统的所有不带电金属部分均应连接至接地线,接地线应与牵引变电所的接地母排连接。

7. 地上线路接触网的隔离开关、避雷器、放电间隙等设备应设置接地极,接地极的接地电阻不大于 10 Ω。

8.2.5　接触轨专业承担的综合接地系统工程

1. 正线上、下行接触轨应分别设置贯通接地线。

2. 对采用接触轨系统的高架线路两侧宜设置贯通的防雷带,防雷带高度应使其防雷范围覆盖接触轨和回流轨,防雷带每隔 200 m 左右经放电间隙接地。

3. 钢轨回流及均流在有牵引变电所的车站,设回流电缆将上下行钢轨与牵引变电所负极连通,在不设负回流线的一端,上下行钢轨间设置均流线。无牵引变电所的车站两端上下行钢轨间设置均流线,其中一端通过均流箱接至钢轨电位限制装置。在较长供电区段,加设均流点和均流电缆。

8.2.6　电力专业承担的综合接地系统工程

1. 利用全线环网电缆支架上安装的接地母线,构成轨道交通工程的综合接地系统主干网。

2. 将各个车站的接地网连接到综合接地系统主干网上。

3. 将区间有关的用电设施(控制箱、连接箱、电话箱等)进行接地连接。

8.3　综合接地系统的构成原则

以上海轨道交通 9 号线一期工程的接地系统构成原则举例如下。

1. 每个车站只设一个接地网,供车站各种设备的工作接地和保护接地用,且与结构钢筋独立,其接触电位差、跨步电位差应满足相关要求。

2. 沿线路电缆支架上敷设贯通的接地扁钢,供沿线区间电气、通信、信号等机电设备保护接地用,且与结构钢筋独立。

3. 敷设架空地线,供接触网系统设备工作接地、保护接地和防雷接地用,不要自设接地,高架段接触网防雷的设备引至自设接地。

4. 直流牵引回流系统采用浮空不接地方式,钢轨、负回流线、直流开关柜、整流器、负极柜等均采用绝缘法安装。

5. 当杂散电流腐蚀防护设计与保护接地发生矛盾时，优先考虑保护接地。

6. 各车站和车辆段设置钢轨电位限制装置，设置数量为车站 1 台，车辆段 2 台。

7. 直流系统钢轨对地最大电位不大于 90 V，交流系统不大于 65 V。

8.4　综合接地系统的施工要点

1. 综合接地系统主干网采用的材质规格、型号，以及其与电缆支架及其自身的连接方式应符合设计要求。

2. 当采用焊接方式或螺栓连接方式连接时，必须满足国家标准的规定。

3. 沿线变电所与综合接地系统主干网的连接，必须符合设计要求；对于独立设置接地网的变电所，综合接地系统主干网应与其接地网有明显的断开点。

4. 对于主变电所、地上变电所的接地网如果设计规定是独立的接地系统，不需要接入综合接地系统的，变电所专业就不应该将所内接地线引至综合接地系统主干网附近，而应该按设计要求在变电所内设置明显断点。

5. 协助各相关专业做好信号机、区间电话箱、道岔控制箱、轨道电连接箱等的接地位置连接预留工作。

总之，综合接地系统需要各个专业的设计明确自己专业的接地线应该如何布置，如何连接。只有各个专业有一个统一的指导方针，尤其是各专业的配电系统的端子箱必须明确要求绝缘安装，只有这样才能全面杜绝杂散电流的产生，也才能够移交给运营接管单位放心的工程。

建议各个设计单位在设计综合接地系统时，接地材质的连接尽量采用电焊连接方式，不宜采用螺栓连接方式，因为螺栓连接方式很难达到国家标准《电气装置安装工程 母线装置施工及验收规范》(GBJ 149)的规定。同时，采用电焊连接可以保证与沿线的电缆支架的可靠连接。

第9章　再生电能吸收装置

9.1　再生制动能量的利用

9.1.1　制动能量的认识

无论是国家电气化铁路的电力牵引机车还是城市轨道交通中的电力牵引地铁、轻轨等直流机车，都存在一个再生制动和电能反馈的问题。

以国内某地已经投运的地铁线路为例，一趟列车编组6节(3动3拖B型车)，满载从起点站至终点站，消耗电能430 kW·h，制动能量折合电能165 kW·h，制动能量约占牵引能量的38%。制动能量一部分以再生制动转换为电能，该电能可以被线路上相邻车辆和本车辅助用电设备吸收，如不能被吸收，则该部分制动能量转换为车载电阻发热消耗，对于无车载电阻的车辆则制动方式由再生制动转换为机械制动，通过机械摩擦消耗。以某特大城市某骨干地铁线路为例，以全天运行18 h计，每年牵引用电约8 760万kW·h，其中制动能量约折合电能3 328万kW·h，经过模拟计算，可被其他车辆和本车辅助用电设备吸收利用的再生电能约占总制动能量的57%，剩余43%的制动能量(折合1 431万kW·h)被车辆电阻和机械制动消耗，制动消耗的能量本来也是来自牵引阶段车辆用电能积累起来的动能，这部分能量相当可观，且白白浪费和散发热量在地铁隧道。为了减少电阻制动逸散在隧道内的温度，工程中不得不加大隧道内排、通风量或增大空调功率，造成工程建设费用及运营费用昂贵。

因此，取消或减少车载电阻的措施，不但能够减少地铁建设的投资，有利于环保，而且也能有效利用车辆制动能量。这应是我国地铁行业节约电能、建设可持续地铁的重要研究内容之一。

9.1.2　加强列车节能减少制动能量的措施

由于地铁车站间距短、运营速度控制要求高，因此车辆具有“启停频繁”的特点。车辆在每个区间的运行包括启动、惰行、制动3个阶段，在启动阶段，车辆从牵引网取得电能，给车辆电机和辅助设备供电；在惰行阶段，车辆从牵引网取得电能，为辅助设备供电(主要是空调用电)。目前地铁车辆普遍采用以再生制动为主、机械制动为辅的制动方式。

一般市区轨道交通站间距比较短，大约0.8～1.5 km就设有一个车站，虽然地铁工程设计人员可以利用有效的线路节能坡，来实现车辆节能，并尽量减少车辆的频繁启动与制动操作，但节能坡的设置受工程条件限制。所谓的“节能坡”，即地铁线路规划之初，建设单位就提出该线路利用节能坡的规划，并具体到哪几个区间采用节能坡设计。设计单位根据建设单位的具体要求，在作线路设计时，就按照“出站下坡，进站上坡”的设计原则，在保证运营速度情况下，利用车辆惯性和坡度的结合，减少不必要的牵引用电和充分利用线路制动，节约电能。此方案虽然有一定的效果，但难于在所有城市轨道交通线路上实施。为保证运营速度要求，制动能量可达到牵引能量的40%左右。

9.1.3　国内再生制动能量利用技术应用现状

自从我国 20 世纪 90 年代开始大规模发展地铁至今,我国地铁线路大部分在车辆上设置电阻,车辆采用"再生制动+机械制动"的制动方式。车辆制动时,首先采用再生制动,再生制动能量一部分被沿线其他车辆吸收,一部分通过电阻消耗,当车速低于设定的速度(5～10 km/h)时,通过机械制动来实现车辆减速、停车。

北京地区地铁线路车辆上基本不设置电阻或设置少量电阻(部分线路),车辆采用"再生制动+机械制动"模式,制动时,首先采用再生制动,但当牵引网电压超过设定值(无法再生制动时)后,即转入机械制动模式。2008 年开通的首都机场线因车辆型式,在变电所设置了再生能量电阻消耗装置。2007 年开通的北京地铁 5 号线在 4 座车站牵引变电所设置了再生电能电容储能装置,电容储能装置为全进口装置。为减少车辆重量,减少机械制动(降低制动闸瓦的维护更换工作量),同时实现车辆制动的平稳和准确,或者同时兼顾减少车辆向地下区间的散热,降低地下隧道温度,2010 年北京地区开通的 15 号线一期、昌平线、亦庄线、房山线均在变电所设置了再生电能电阻消耗装置。

目前北京、重庆、广州等地区在建的地铁线路,车辆上基本不再设置制动电阻,或者在变电所设置再生电能电阻消耗装置,或者尝试和试验节能型的再生电能逆变技术和晶闸管双向整流逆变技术。

国内地铁采用的变电所电阻消耗装置均是国产设备,通过在重庆、广州、北京等地区地铁线路上与车辆联调、试验、应用,国内已经积累了丰富的再生电能电阻消耗装置生产和应用经验。在此基础上,目前国内已经研制出混合逆变和晶闸管式双向变流器等再生电能有效利用装置。其中混合逆变装置是以湖南恒信电气有限公司生产的 HXXS－NB/380V 型产品,将再生电能斩波逆变为 400 V 电能,接入变电所 400 V 低压配电系统,为车站其他设备供电。但由于车站设备用电比较稳定,制动能量的波动性大,峰值较高,逆变的电能不可能完全被车站设备使用,因此并联一定的电阻,消耗掉剩余的再生电能。该产品已经经过挂网试运行和线路上联调试验,初步具备工程实施条件。

我国其他在建地铁的城市,大多数在观望北京、广州、重庆等地区的应用经验,部分在建地铁预留了将来实施或安装再生电能吸收装置的场地和空间。这也是笔者为什么将再生制动能量吸收装置单独列为一章的目的所在。

9.1.4　国产 HXXS－NB/380V 型装置需要解决的问题

混合逆变装置一边向 400 V 系统供电,一边经配电变压器向地铁中压系统反馈电能。由于车站负荷的稳定性,且混合逆变装置只向一段 400 V 母线供电(地铁变电所 400 V 配电系统为单母线分段接线,如果混合逆变装置向两段母线同时供电,需要增加一套隔离变压器设备,造成系统过于复杂),以一般地下车站为例,一段母线的负荷平时也就 300～600 kW,而地铁车辆再生制动馈出车外电能能量(以 3 动 3 拖 B 型车为例)则在 1 000～2 300 kW 之间,因此大部分再生能量要反馈到中压网络。HXXS－NB/380V 型混合逆变装置技术上兼具了逆变和电阻的功能,但存在变电所配备设备增加多,再生电能利用经过电气设备多,效率相对较低,且谐波含量需要慎重考虑的问题。

这个问题也同样发生在国家电气化铁路上,由于电气化铁路是交流供电,不存在逆变设备的问题,其向 25 kV 牵引变电所反馈的电能,也经由主变压器向地方高压电网馈电。这个问题也没有得到很圆满的解决，地方供电部门发现这个问题后，也只是让铁路部门更换了带逆止装置的电度表，反馈电能不得抵消供电电能。

地铁直流供电系统如果要向电力系统反馈电能(不论经由什么路径)，需要注意的问题是反馈电能其谐波含量的大小及频率是否满足国家标准的规定，再有就是向高压反馈有没有现实意义；因为制动能量毕竟有限，且基本上是瞬时能量，应尽量避免盲目投资加大地铁的建设成本。根据目前了解的情况，访问湖南恒信电气有限公司网站了解到其目前正在开发研制更为先进的全逆变型城市轨道交通再生制动能量吸收设备和电容型混合逆变城市轨道交通再生制动能量吸收设备，希望能从根本上解决上述问题。

9.1.5 国外再生制动能量利用技术应用现状

由于发达国家电气制造技术水平相对较高，结合电气材料的技术发展，国外在再生电能利用技术上除了电阻消耗装置外，还研制了逆变、双向整流、飞轮储能、电容储能、蓄电池储能等技术产品，但由于发达国家地铁建设已经成熟，这些技术应用量不大，且部分技术还在不断完善。另外这些产品价格均较高，不适合大面积引进。

1. 电容储能设备

电容储能设备最早是西门子公司研制的产品，北京地铁 5 号线安装了 4 套产品，电容静态储能装置的关键为其储能介质——超级大功率电容。其是利用电容的充放电原理实现车辆再生电能的吸收和再利用。储能装置主要采用 IGBT 逆变器将列车的再生制动能量吸收到大容量电容器组，当供电区间内有列车启动、加速需要取流时，该装置将所储存的电能释放出去并进行再利用。该吸收装置的电气系统主要由储能电容器组、IGBT 斩波器、直流快速断路器、电动隔离开关、传感器和微机控制单元等组成。该装置具有储能(储存车辆再生电能)和稳压(稳定牵引网电压)两种工作模式。两种工作模式可以自动切换。但是由于单个电容电压为 2.5 V，电容容量为 1 F，串联电容较多，电容体积较大，容量也有限，装置最大瞬时充电功率为 1 000 kW。该装置不能满足大容量地铁完全再生制动需要。

随着太阳能发电和混合动力汽车技术的发展，大功率电容最近几年得到了大幅度发展，电容电压和容量均大幅提高，目前日本一些公司研制出了更大功率的地铁电容储能装置。

2. 飞轮储能装置

飞轮储能装置由控制隔离、斩波器、飞轮储能三部分组成，直接接在变电所正负母线或牵引网和回流轨间，其核心技术是利用核物理工业的物质分离衍生技术而制造的飞轮，该装置设置在真空壳体内，飞轮经过特殊材料和加工工艺制成的轴支撑在底部结构上。当判断变电所附近列车有再生电能需要吸收时，飞轮加速转动，储存能量；当判断变电所附近有列车启动牵引用电时，飞轮转速降低，作为发电设备向牵引网反馈电能。该产品除具有电能吸收功能外还具有稳压功能，通过设置运行状态，可在牵引网电压较高时吸收电能，在电压较低时释放电能，稳定电压。该产品由英国 UPT 电力公司制造，在香港电力系统、纽约部分地铁、香港巴士公司有应用。

该产品不足之处是飞轮毕竟是高速转动机械产品，采用了真空环境和特殊轴类制造技术，国内掌握该技术看来比较困难，如果完全依靠进口，将来对维护维修影响较大。

9.2 HXXS系列再生电能吸收装置

湖南恒信电气有限公司是一家以专业研发生产轨道交通电气控制产品为主导的有限责任股份合作制企业。2002年5月被评为湖南省高新技术企业,同年9月其主导产品HXXS型城市轨道交通再生制动能量吸收设备被列为湖南省火炬计划项目。

2001年12月,湖南恒信电气有限公司成功开发出拥有自主知识产权的HXXS型城市轨道交通再生制动能量吸收设备(即第一代产品)。2002年3月该项目通过了由北京市科委主持的专家鉴定,鉴定结论认定该项目填补了国内空白,达到了国际同类产品的先进水平。

2008年,湖南恒信电气有限公司开发成功第二代混合逆变型城市轨道交通再生制动能量吸收设备,于当年初在天津通过省部级科技成果鉴定,同样获得填补国内空白,达到国际同类产品先进水平的鉴定结论。

在湖南恒信电气有限公司产品开发完成之前,国内还没有相应的吸收装置正式产品投放城市轨道交通领域。北京地铁车辆厂为了确保每辆出厂的车辆能达到技术性能指标要求,于2000年底开始与湖南恒信电气有限公司合作,由湖南恒信电气有限公司主持设计制造一套试车线HXXS1型再生制动吸收设备。该设备直流侧电源为DC 750 V,总吸收功率2 100 kW,采用工控机集中控制,根据车辆电制动力矩的大小,自动调节吸收功率,使之处于恒压吸收状态。后又分别为铁道科学研究院(HXXS4型)和青岛四方机车车辆厂(HXXS7型)提供的两套试验设备,为重庆轻轨(HXXS2型)、广州地铁(HXXS-NB/380 V)、北京地铁($HXXS_X$)、天津地铁(HXXS-NB/380 V)等运营线提供的设备均在正常运行之中。

湖南恒信电气有限公司和北京地铁车辆厂于2006年开始了地面电阻一逆变混合吸收方式的科技攻关,通过铁道科学研究院组织的产品型式试验和与车辆、380 V电网的配合试验以及北京地铁试车线和天津地铁的各项性能考核,产品性能满足380 V电网电力系统的要求。随着地面电阻一混合逆变吸收方式的优点越来越被认识,其在城轨工程的应用也越来越广泛。

随着我国城市轨道交通建设的迅速发展,地铁及轻轨电动客车控制技术也得到长足的进步。在国外,为减少车载设备,抑制地铁隧道内温度的升高,一般在车上不设置全功率电阻制动装置,而在运营线的每个牵引变电所设置一套总的功率吸收设备。电阻吸收方式是目前国外应用得比较普遍的方案。该方案控制简单、工作可靠、应用成熟、功率组合方便;采用斩波调阻控制系统实现对电网恒压调节,有效地控制了车辆再生制动时可能引起的制动过电压;但是,由于电阻吸收是将再生能量消耗,再生能源没有得到充分利用。而采用电阻一逆变混合吸收的模式,将再生能量逆变成380 V电能回馈至380 V电网系统,实现了节能,同时考虑到380 V电网的容量,在逆变吸收不了的情况下,再利用电阻吸收,确保车辆再生制动的安全稳定。而且该方案设备投资较小,性价比高。

HXXS系列再生电能吸收装置是城市轨道交通工程供电系统的配套设备,安装在牵引变电所内,在列车进行再生电制动且线路上无其他车辆进行牵引耗电的情况下,将列车馈出的电能以电压回馈及电阻发热的形式消耗。

9.2.1 设备工作原理

湖南恒信电气有限公司可以根据每一条运营线路对设备的不同要求,提供HXXS系列再生电能吸收装置的不同配置,其功率、设备接口等会有相应变化,但设备总的结构、原理不会改变。HXXS系列再生电能吸收装置采用电阻—逆变混合吸收的工作原理,如图9-2-1所示。

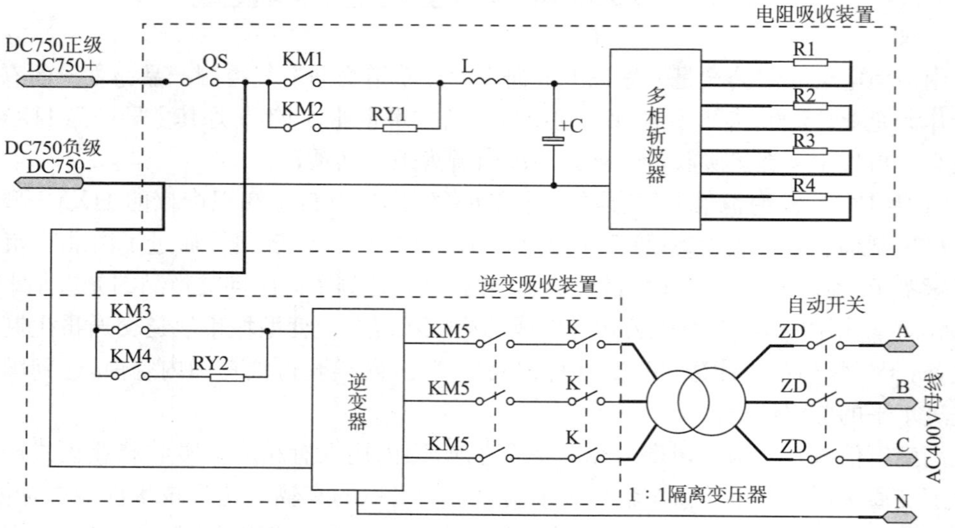

图9-2-1 电阻—逆变混合制动能量吸收系统原理示意图

主电路由电动隔离开关(QS)、线路接触器(KM1、KM3)、滤波装置、IGBT电阻吸收装置、IGBT逆变吸收装置、隔离变压器(B1)、电流电压传感器(7LH,6LH,5LH,1YH~4YH)、控制电源、微机控制系统(HXMXZ)等构成。

该装置整个电路可分为开关及滤波环节、电阻吸收单元、逆变吸收单元三部分,用电设备为各车站380 V系统用电装置。

电网电压的变化以及牵引、制动工况的信号等由各传感器进行检测,检测结果送给微机控制系统,由微机控制系统综合判断得出牵引或制动状况。

微机控制系统根据电网电压的大小来控制吸收装置是否工作。微机控制系统首先合上充电接触器KM2、KM4,给滤波电容充电,然后合上线路接触器KM1、KM3,此时完成吸收装置投入工作前的准备。此后微机控制系统将自动测定线网空载电压值和吸收电压值,或接受人工功率限制挡位信号,根据各个传感器检测信号综合判断线网上是否有列车处于再生电制动状态。一旦确认列车处于再生制动状态并需要吸收能量时,系统设置了二级判断基准值,当电网电压升到第一级判断电压时,系统首先投入逆变吸收;逆变转换成AC 380 V电压,自动跟踪市电AC 380 V并网向用电负载供电,将再生能量消耗在用电设备上。如果逆变吸收消耗不了该能量,将引起电网电压进一步的上升,当电网电压升到第二级判断电压时,电阻斩波器立即投入工作,电阻吸收装置将再生制动能量消耗,稳定电网电压不再上升,确保列车充分有效利用电制动。

根据设计参数要求或测定参数要求,吸收过程中微机控制系统进行快速的电流跟踪和恒压控制运算。当车辆制动级位较低时,即回馈电流较小,经控制单元运算后,调节逆变器和斩波器导通比,使逆变器和斩波器处于低开通状态。随着制动级位增加,控制系统经PID实时运算,快速调节导通比,以维持电网电压的相对恒定,直至线网电压值低于设定的吸收电压值后,关闭逆变器和斩波器,等待下次车辆的再生吸收。整个制动过程,可以根据线网电压变化及再生功率大小,实现实时控制。

1. 设备的控制

设备系统控制采用双微机控制方式,上位机为管理机,由一台32位控制机组成,下位机为两台控制机，由16位单片机构成。

上位机主要执行设备的投入、撤除、试验等操作，自动记录各种牵引、制动电压、电流及吸收电流曲线等，通过通信接口可发送给变电所自动化系统；对吸收设备实行监控，通过触摸液晶显示屏及键盘，完成参数的设置、运行状态监视、故障判断及处理、数据记忆及外部打印等功能；具有当地与远程遥控功能，具有RS485标准通信口与变电所综合自动化系统接口。

下位机主要执行判断、调节及斩波器、逆变器投入等功能。系统根据综合判断，确定在线车辆已处于再生制动状况后，首先开通各相逆变器。随后，根据线网再生反馈电流的大小，自动对逆变器进行PWM调节，实现吸收功率平衡，稳定线网电压。一旦需要吸收的能量大时，下位机经判断自动将电阻吸收投入，确保直流侧电网电压稳定。当车辆由再生电制动转为其他工况运行时，经系统判断，自动关断逆变器、斩波器，使吸收设备处于待命状态。

2. 设备的保护

设备系统具有过压、过流、过热、短路、接地、欠相、欠压及安全操作等保护。

故障必须经人工判断处理后，设备才能再投入工作。上述故障均为电子快速保护。

设备具有对控制电源的监视功能，当直流控制电源发生故障时，系统迅速切断线路接触器，发出故障报警信号。

3. 设备的信号

设备通信采用标准通信接口(RS485)与变电所综合自动化系统接口。

通过信号接口实现设备的远程操作、故障信号遥控、各运行参数的遥测、各运行特性曲线的采集。

信号接口可实现与变电所综合自动化系统的时钟同步，所有监控信息均采用时标功能。

9.2.2　使用环境条件

环境温度：－15～＋45 ℃。电阻柜允许环境温度：－15～＋50 ℃。

相对湿度：日平均值不大于95%，月平均值不大于90%(25 ℃)。

海拔高度：≤1 000 m。

地震烈度：≤8度。

安装条件：隔离开关柜、制动控制柜、斩波控制柜、逆变控制柜、隔离变压器柜为室内安装。制动电阻柜为室内或室外安装。

9.2.3　适用的技术标准

制动能量吸收装置的设备及元件符合相应的国家标准、IEC标准、行业标准的规定。

HXXS系列再生电能吸收装置有DC 750 V、DC 1 500 V两种电压制式产品，用户可以根据需要进行选择。

9.2.4　主要技术参数

1. 20 s短时功率：1 500～3 500 kW，周期120 s。

2. 额定工作电压：DC 750 V，DC 1500 V。

3. 允许电网电压波动范围：DC 500～900 V，DC 1 100～1 800 V。

4. 额定吸收电流：1 000～1 500 A。

短时电流：1 500～3 600 A，20 s。

5. 峰值电流:6 290 A。

6. 电网电压恒定平均吸收控制值:850～900 V,1 640～1 800 V。

7. 逆变吸收部分。

吸收功率:按一个车站 380 V 用电设备考虑,20 s 短时吸收功率为 600～1 200 kW,周期 120 s。

转换判断电压:850 V,1 680 V(可调)。

交流侧电压:AC 380 V,三相四线制。

频率:50×(1±5%) Hz。

谐波率:不大于 4%。

功率因数:大于 90%。

控制方式:正弦波 PWM 方式。

8. 电阻吸收部分。

20 s 短时吸收功率:800～2 500 kW,周期 120 s。

转换判断电压:870～900 V(可调),1 640～1 800 V(可调)。

斩波器每相工作频率:100 Hz。

合成频率:600 Hz。

斩波器调节范围:5%～95%。

9. 工作制:间隙工作制。

10. 辅助电源电压:DC 220 V(控制、保护和信号回路),在上述数值的 80%～120%范围内各种电气设备动作准确可靠。

电阻＋逆变混合吸收装置可以达到的主要技术指标见表 9-2-1。

表 9-2-1　混合吸收装置主要技术指标

系统参数		
电压制式	DC 750 V	DC 1 500 V
20 s 短时功率(周期 120 s)	2 000～3 500 kW	2 000～4 200 kW
允许电压波动范围	DC 500～900 V	DC 1 500～1 800 V
短时吸收电流	2 200～4 200 A	1 100～2 500 A
电网电压恒定平均吸收控制值	850～900 V	1 650～1 800 V
转换判断电压	850 V 可调	1 650 V 可调
逆变吸收部分		
逆变短时吸收功率	500～2 300 kW	500～2 200 kW
交流侧电压	AC 380 V 三相四线制	AC 380 V 三相四线制
频率	50×(1±5%) Hz	50×(1±5%) Hz
谐波率	不大于 4%	
功率因数	大于 90%	
电阻吸收部分		
短时吸收功率	500～1 200 kW	500～2 200 kW
斩波器每相工作频率	150～300 Hz	150～300 Hz
合成频率	600 Hz	600 Hz
斩波器调节范围	5%～95%	5%～95%
工作制	间隙工作制	间隙工作制

9.2.5　设备配置

组成制动能量吸收装置的各种柜体的外形尺寸见表 9-2-2。

表 9-2-2　吸收装置外形尺寸及型号

序号	设备型号	柜体外形尺寸(W×L×H)(m)							
		开关柜	斩波器（单柜 4 相斩波）	电阻柜	逆变柜	隔离变压器柜	负极柜	框架柜	64D 接地漏电保护柜
1	HXXS9	1.3×1.3×2.3	1.3×1.3×2.3	1.3×1.3×2.3			0.8×1.3×2.3	0.5×1.3×2.3	0.8×1.3×2.3
2	HXXS10	1.3×1.3×2.3	1.3×1.3×2.3	1.3×1.3×2.3			0.8×1.3×2.3	0.5×1.3×2.3	0.8×1.3×2.3
3	HXXS4G	1.3×1.3×2.3	1.3×1.3×2.3	1.3×1.3×2.3			0.8×1.3×2.3	0.5×1.3×2.3	0.8×1.3×2.3
4	HXXS-NB/380 V(2)	1.3×1.3×2.3	1.3×1.3×2.3	1.3×1.3×2.3	2.3×1.3×2.3	1.6×1.3×2.3	0.8×1.3×2.3	0.5×1.3×2.3	0.8×1.3×2.3
5	HXXS-NB/380 V(4)	1.3×1.3×2.3	1.3×1.3×2.3	1.3×1.3×2.3	2.3×1.3×2.3	1.6×1.3×2.3	0.8×1.3×2.3	0.5×1.3×2.3	0.8×1.3×2.3
6	HXXS9(B)	1.3×1.3×2.4	1.3×1.3×2.4	1.3×1.3×2.4			0.8×1.3×2.4	0.5×1.3×2.4	0.8×1.3×2.4
7	HXXS10(B)	1.3×1.3×2.4	1.3×1.3×2.4	1.3×1.3×2.4			0.8×1.3×2.4	0.5×1.3×2.4	0.8×1.3×2.4
8	HXXS-NB/380 V(6)	1.3×1.3×2.4	1.3×1.3×2.4	1.3×1.3×2.4	2.3×1.3×2.4	1.6×1.3×2.4	0.8×1.3×2.4	0.5×1.3×2.4	0.8×1.3×2.4

制动能量吸收装置工作的好坏与系统判断控制技术有直接的关系，如果判断不准确，将造成设备的误投入。设备采用的交直流相对电压判断和电流辅助判断技术，保证了装置在电网电压波动下能够可靠投入吸收；当一个牵引电站撤出工作时，该电站的制动能量吸收装置仍能正常投入。电流辅助判断则有效地解决了车辆在近端、远端再生制动时轨道电阻压降的影响问题。装置在牵引变电所中的接线图如图 9-2-2 所示。

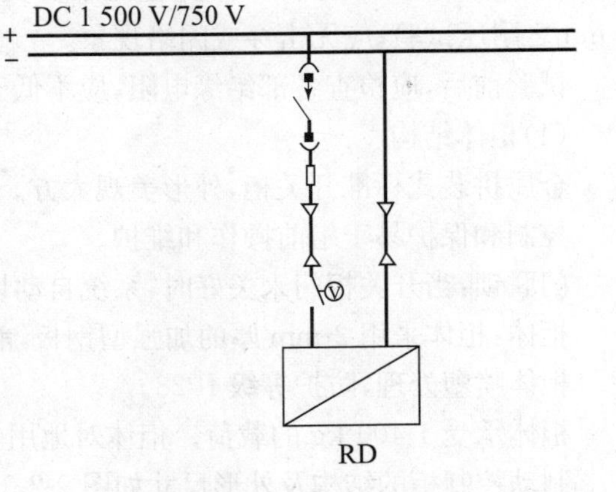

图 9-2-2　制动能量吸收装置部分的主接线图

1. 制动控制柜

制动控制柜主要由 IGBT 斩波器、驱动器、电动隔离开关、避雷器、电磁接触器、电压传感器、电流传感器、滤波电抗器、滤波电容、微机控制单元及相关电阻等部分组成，实现吸收装置自动投入、撤出、滤波等功能。

控制柜由电动隔离开关柜和斩波器柜组成，采用自然风冷、户内型设备。电动隔离开关柜内主要设置电动隔离开关、接触器、滤波电抗器和滤波电容器，斩波器柜内主要设置 IGBT 斩波器、微机控制装置等。

HXXS－NB/380 V型隔离开关柜主要具有执行再生制动吸收设备与电网接通或分离，电网滤波，系统故障保护执行功能。

(1)开关柜额定技术参数

额定工作电压：DC 750 V；DC 1 500 V。

额定工作电流：DC 1 000 A。

最大工作电流：3 200 A。

(2)各器件技术参数

①直流接触器。

额定电压：DC 1 500 V。

额定电流：1 500 A。

②电动隔离开关。作为DC 1500 V线网与吸收装置的隔离用，须在不带负荷的情况下分断。

额定电压：DC 1 500 V。

额定电流：2 000 A。

③预充接触器。

额定电压：DC 1 500 V。

额定电流：16 A。

(3)电气要求

电气间隙：≥20 mm。

爬电距离：≥28 mm。

绝缘强度主电路高压部分，装置相互绝缘的带电体之间及对地应能承受交流正弦50 Hz，试验电压为5 750 V(有效值)，1 min之耐压试验，应无击穿或闪络现象。对于控制电路部分，相互绝缘的带电体之间及对地，应能承受交流正弦50 Hz，试验电压为2 000 V(有效值)，1 min之耐压试验，应无击穿或闪络现象。

试验前后，应检查各部绝缘电阻，应不低于相应标准要求。

(4)柜体结构

金属拼装式标准开关柜，外形美观大方。

控制和保护易于柜前操作和维护。

门联锁：当开关柜门未关好时，系统自动切除。

柜体：柜体采用2 mm厚的加强型钢板，前后开门，具有门锁。

柜体喷塑处理，防护等级IP23。

柜体承受1 400 kg的载荷。柜体对地用M10螺栓接地，并标注接地标识。

制动控制柜的结构及外形尺寸如图9-2-3所示。

(5)分闸与合闸操作

分闸机构在额定电压的70％～125％范围内开关设备能可靠分闸，空载分闸不产生影响正常工作的机械损伤。

合闸机构在额定电压的70％～125％范围内开关设备能可靠合闸。在规定的下限时，能关合其额定关合电流。在规定的上限时，它能空载合闸而不产生影响正常工作的机械损伤。

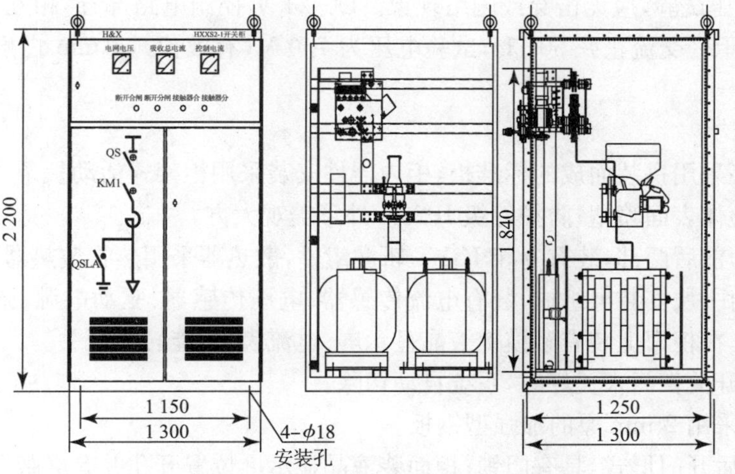

图 9-2-3　制动控制柜的结构及外形尺寸示意图

(6)联锁、监控单元和辅助继电器

为了保证运行维护人员和设备的安全,开关柜的不同元件之间设可靠的联锁。对于主回路来说,必须遵守下列规定:只有断路器处于分闸位置时,电动隔离开关才能打开或闭合,断路器在运行、试验或拉出位置能分合闸;只有当主回路隔室的元件不带电的情况下,隔室的门或盖板才能开启,对于防止因误操作或用于保证检修人员工作安全的隔离断口的主回路元件引起的损伤,装设了锁定装置。

监控单元用于实现设备的控制和信号监视,与变电所内监控网络进行数据交换。

辅助开关及辅助回路能承受其所控制回路的电流和长期工作电流,且温升不超过规定。辅助开关容量在设计联络时确定。装在开关设备构架上的辅助开关具有适当的防护,以防止来自主回路意外燃弧的损害。

2. 斩波控制柜

HXXS－NB/380 V 型斩波控制柜主要实现吸收装置自动转换及检测等功能。由 n 个独立的 IGBT 斩波支路及微机控制装置等组成,每一支路 IGBT 斩波器控制其开通或关断,差相工作。检测电网电压变化由电压传感器 SV1 检测,牵引、制动工况判别由电流传感器 SA10、SA11 及 SV3 电压传感器检测。本斩波柜采用电力电子器件 IGBT 作为开关元件,根据实际再生制动力的大小调节吸收电流,充分满足车辆的再生制动功能。并具有过流、过压和短路等保护。

(1)主要技术参数

额定工作电压:DC 1 500 V。

最大工作电流:n×750 A。

每相额定工作频率:150 Hz。

导通比:5%～95%。

(2)电气要求

电气间隙:≥20 mm。

爬电距离:≥28 mm。

绝缘强度:主电路高压部分,装置相互绝缘的带电体之间及对地应能承受交流正弦 50 Hz,试验电压为 5 750 V(有效值),1 min 之耐压试验,应无击穿或闪络现象。对于控制电路部分,相互绝缘的带电体之间及对地,应能承受交流正弦 50 Hz,试验电压为 2 000 V(有效值)，1 min 之耐压试验，应无击穿或闪络现象。DC 24 V 控制电路部分，相互绝缘的带电体之间及对地，应能承受交流正弦 50 Hz，试验电压为 750 V(有效值)，1 min 之耐压试验，应无击穿或闪络现象。

(3)柜体结构

斩波控制柜采用拼装而成的标准柜，柜内器件安装采用柜架式活动板条支座形式，拆装方便，柜底进线，柜体表面喷塑；防护等级 IP23。外形美观大方。

斩波柜分为前后两部，装有 n 相 IGBT 斩波组件，散热器采用热管散热器，自冷式，散热效果好。柜后部由一块安装屏组成，装有电流传感器、电压传感器、驱动电源、微机控制系统、工控机主机箱等。在柜面上装有触摸键液晶显示屏、电流表、功能转换开关。

门联锁：当开关柜门未关好时，系统自动切除。

柜体：柜体采用 2 mm 厚的加强型钢板。

柜体为前、后开门形式，具有门锁；柜面装液晶显示屏位置开孔并有屏蔽盒。

考虑到冷却问题，柜体上下部应开通风网孔。

柜体对地用 M10 螺栓接地，并标注接地标识。

斩波柜柜体结构及外形尺寸如图 9-2-4 所示。

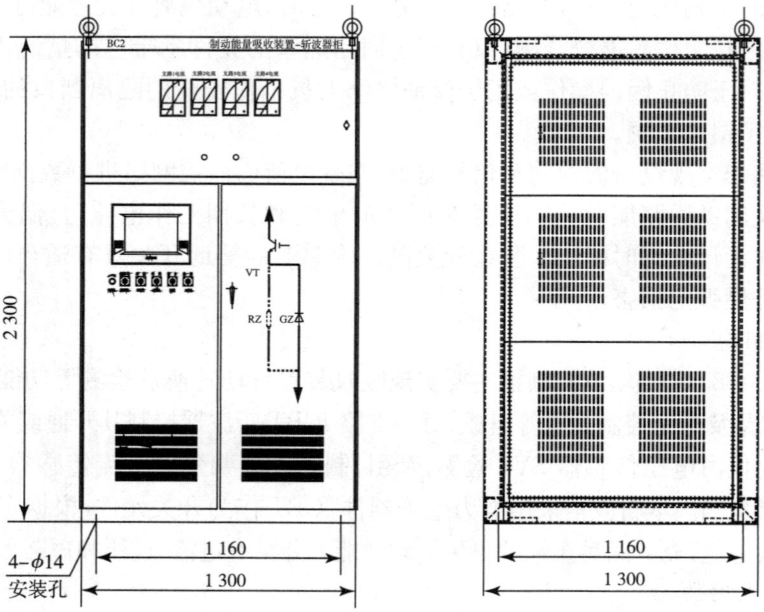

图 9-2-4　斩波柜柜体结构及外形尺寸示意图

(4)微机系统的组成

控制系统根据应用的需要和相应设备的特点，分为上、下两级控制。其中下位机采用高性能的 16 位微处理器，结合其他外围器件，构成一个性能稳定、可靠、功能强大的底层系统。完成数据采集、逻辑处理、故障判断、控制输出、PI 调节运算、多相 PWM 输出、系统通信等工作。

上位机采用具有高可靠性和功能强大的工业控制机，是控制系统的人机交互工具，也是一个系统通信中枢。主要进行状态监视、数据存储和图形表现、系统参数设置、运行控制、通信处理等工作。

为了便于系统的维护与开发，整个上位机系统是模块化设计的。上位机主要是接受操作指令，以及数据处理、保存与打印。

上位机操作画面用于监视下位机的状态。它通过RS485与下位机进行通信，其主要功能就是设置系统参数与获取系统工作状态。

(5)主要功能

斩波器采用英国Dynex的IGBT作为斩波元件，共设置6个斩波支路。斩波器柜内设置控制电源模块、微机控制系统、IGBT斩波组件、快速熔断器、电压电流传感器等。

斩波器由6个独立的支路组成，每一支路由一个IGBT斩波器控制，构成三相不重恒压吸收控制系统。电网电压变化由电压传感器检测，牵引、制动工况的信号由整流输出正极柜提供的母线电流信号、交流侧提供的交流电压信号及电网电压传感器检测，送给微机控制系统，微机控制系统综合判断牵引变电所所处的工况(牵引或制动)，确定斩波器的投入或退出，并对斩波器的导通比进行控制。

装置设置了温度检测功能，检测吸收电阻柜空气出口温度、斩波器各热管温度。当发现某一环节温度过高，控制系统将自动降低吸收功率，限制温度继续上升，直至关闭系统工作，保证了吸收装置在无人监守的情况下自动安全运行。

装置在工作时的直流侧谐波电压应满足相关标准的要求，谐波干扰应不影响通信和信号系统的正常工作，并符合有关电磁兼容标准的规定。

(6)对IGBT的保护

单个IGBT安装在自然冷却的热管散热器上，散热器具有良好的散热特性，散热片表面进行阳极氧化防腐处理并染黑色以增加散热效果和减少维护工作。

装置选用1 200 A、3 300 V的IGBT，并与驱动器、续流二极管、热管散热器等元件形成组件，采取专用母线连接，降低了母排的电阻和分布电感，使每个支路并联IGBT的电流不平衡度小于8%。当任一支路的IGBT损坏时，装置充分考虑了系统余量，能保证正常运行。

每个IGBT均串有快速熔断器进行保护，快速熔断器带有检测装置和接点。当熔丝熔断后，熔断指示器上的指示红牌伸出显示，同时连锁微动开关向数据采集装置发出故障信号，用于报警或跳闸，并在当地显示熔断器所在回路编号，使工作人员能在现场发现。当一个IGBT支路熔丝熔断时，发出报警信号，熔断熔丝超出一个时，发出跳闸信号。

(7)装置显示装置

斩波器柜面板上设有显示装置，该装置具有以下功能。

①显示主回路直流电压(显示精度为1.5级)。

②显示主回路直流电流(显示精度为1.5级)。

③显示斩波器各支路熔断器熔断信号及已熔断的熔断器位置。

④显示斩波器最热点的温度。

⑤显示斩波器跳闸信号。

⑥显示控制电源失电报警信号。

⑦显示装置工作状态。

⑧显示吸收特性。

(8)装置保护功能

装置具有过压、过流、过载、过热、短路、欠压等保护。

直流侧过电压保护(雷击过电压、操作过电压和来自地铁车辆上的过电压)。当网压超过1 000 V时，设备停止工作，给出过压信号，断开接触器，断开制动能量吸收装置支路快速断路器。

在斩波器元件散热器上设置温度传感元件，用于监视元件散热器的温度。当出现过载过热时，设备降功率运行；如果故障仍没消除，封锁斩波器；如果故障循环多次仍不能消除，则断开接触器，发出过载或某部位过热报警信号。

短路保护分为斩波器前短路保护和斩波器后短路保护，当短路点发生在斩波器后一级，设备首先关断斩波器，发出相应支路短路保护信号，短路点发生在斩波器前一级（含斩波器本身），设备发出短路故障信号，断开快速断路器。当发生过流、短路故障时，迅速向对应直流断路器发出故障跳闸信号，并指示故障回路。

设备还具备过电流保护，当总吸收电流超过设置的整定值时，设备发出过流报警，关闭斩波器并分断接触器，向对应直流断路器发出故障跳闸信号。

当牵引网压低于设备工作电压时，设备中各相斩波器自动关断，发出网压欠压信号，当牵引网压恢复后，设备自动投入工作。

装置具有对控制电源的监视功能，当直流控制电源发生故障时，迅速切断接触器，发出故障报警信号。

装置在投入、撤除以及在投入时间内的任何运行状态下，都不影响供电系统继电保护装置的正常工作，其中投入时的涌流变化率不大于正常机车启动时的电流变化率。

装置具有自动温度检测功能，检测吸收电阻柜空气出口温度、斩波器各热管温度，当发现某一环节温度过高，控制系统将自动降低吸收功率，限制温度继续升高，直至关闭系统工作，并给出超温报警信息，保证吸收装置在无人监守的情况下自动安全运行。

(9)装置试验功能

设备还具有运营和试验两套功能，在对车辆进行试验时，设备可根据车辆运行状况模拟有吸收、无吸收、瞬间有吸收和瞬间无吸收。可人工设置试验参数，并具有数据、各运行特性曲线采集，供试验人员分析。

3. 逆变柜

HXXS－NB/380 V 型逆变控制柜主要实现逆变吸收、自动并网及逆变电流调节等功能。由 n 个独立的 IGBT 逆变支路及微机控制装置等组成，每一支路 IGBT 逆变器控制其开通或关断，差相工作、PWM 调节。逆变柜采用电力电子器件 IGBT 作为开关元件，根据实际再生制动力的大小调节吸收电流，充分满足车辆的再生制动功能。并具有过流、过压、缺相和短路等保护。

(1)主要技术参数

短时功率：600～1 200 kW。

输入电压：DC 750～900 V；DC 1 500～1 800 V。

允许电压变化范围：DC 750～1 050 V；DC 1 500～1 800 V。

输出电压：AC 380 V　三相四线制。

输出频率：50×(1±5%) Hz

谐波率：＜4%。

功率因数：＞90%。

转换效率：＞90%。

(2)电气要求

电气间隙：≥20 mm。

爬电距离：≥28 mm。

绝缘强度：主电路高压部分，装置相互绝缘的带电体之间及对地应能承受交流正弦50 Hz，试验电压为 5 750 V(有效值)，1 min 之耐压试验，应无击穿或闪络现象。对于控制电路部分，相互绝缘的带电体之间及对地，应能承受交流正弦 50 Hz，试验电压为 2 000 V(有效值)，1 min 之耐压试验，应无击穿或闪络现象。DC 24 V 控制电路部分，相互绝缘的带电体之间及对地，应能承受交流正弦 50 Hz，试验电压为 750 V(有效值)，1 min 之耐压试验，应无击穿或闪络现象。

(3)柜体结构

逆变控制柜采用拼装而成的标准柜，柜内器件安装采用组件形式，拆装方便，柜底进线，柜体表面喷塑；防护等级 IP23。外形美观大方。

逆变柜分为前后两部，装有 n 相 IGBT 逆变组件，散热器采用型材散热器，强迫风冷，柜后部装有电流传感器、电压传感器、驱动电源、微机控制系统等。柜前装有电抗器、线路接触器、交流接触器、均衡电阻、电度表等，在柜面上装有三相液晶电流表。

门联锁：当开关柜门未关好时，系统自动切除。

柜体：柜体采用 2 mm 厚的加强型钢板。

柜体为前、后开门形式，具有门锁；柜面装液晶显示屏位置开孔并有屏蔽盒。

考虑到冷却问题，柜体上下部应开通风网孔。

柜体对地用 M10 螺栓接地，并标注接地标识。

逆变柜柜体结构及外形尺寸如图 9-2-5 所示。

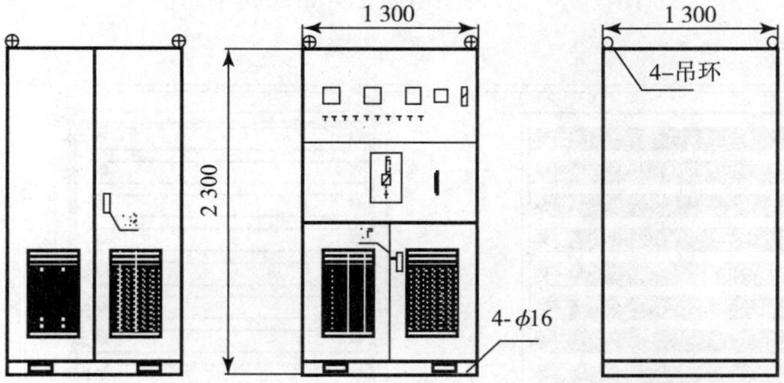

图 9-2-5　逆变柜柜体结构及外形尺寸示意图

4. 制动电阻柜

HXXS-NB/380 V 型制动电阻装置用作再生制动吸收设备功率吸收元件。

(1)主要技术参数

额定电压：DC 1 500 V。

最大短时(20 s)电流：n×600 A。

短时(20 s)功率：n×550 kW。

支路短时(20 s)最大电流：588 A。

发热功率：n×30 kW。

支路数：n，分为 A、B 柜。每柜中最多装有 2 条独立支路。

防护等级：户内型 IP20；户外型 IP23。

(2)电阻组件技术参数

额定电压：DC1 500 V。

额定电流：166 A。

冷却方式：自然冷却。

材料：Ni—Cr 非磁性电阻带。

(3)结构

户内、户外型电阻柜外形结构如图 9-2-6 和图 9-2-7 所示。

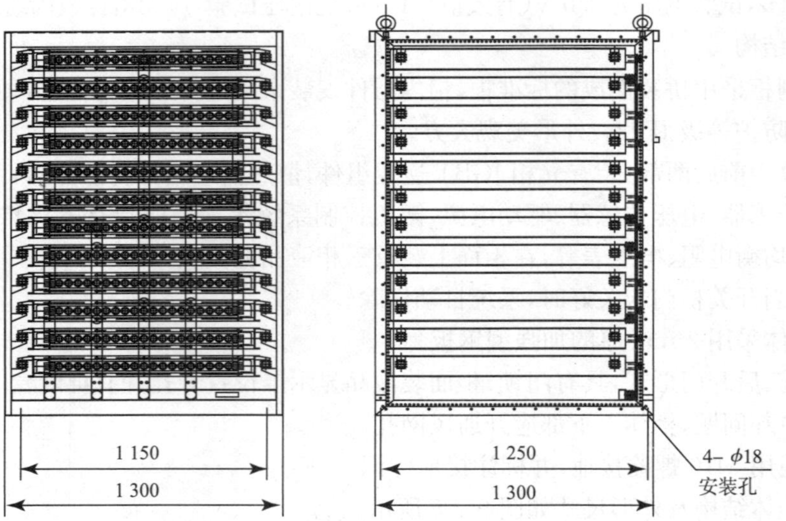

图 9-2-6　户内型电阻柜外形结构示意图

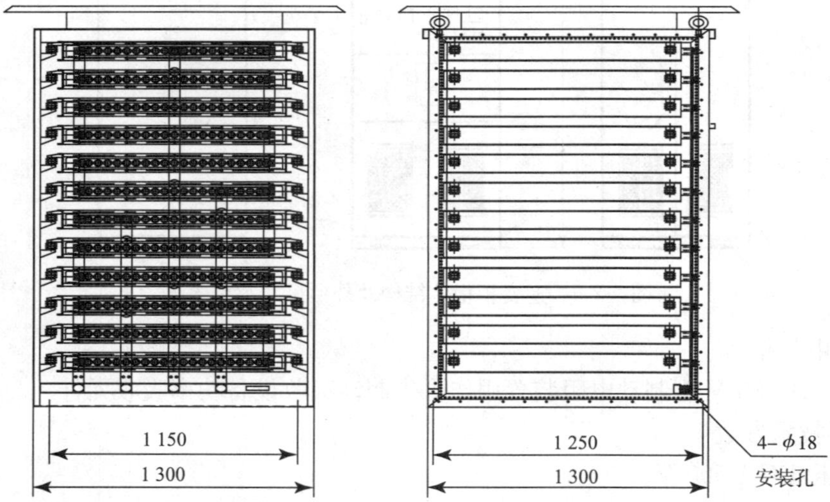

图 9-2-7　户外型电阻柜外形结构示意图

户外型电阻柜工厂配套生产遮阳防雨棚，供货合同应明确遮阳防雨棚的规格和安装要求。

吸收电阻装置由 n 条独立电阻单元组成，分别安装在两柜中。

(4)柜体

柜体采用 1 mm 厚的加强型不锈钢板。

电阻器组件采用无骨架长波型电阻元件，吊挂结构安装，材料选用非磁性镍铬合金材料，电感量低、电阻值温漂变化小、耐受温度高。每一支路电阻由 n 个电阻器组件串并联组合，大大减少了分布电感对功率电子器件的影响。6 相电阻分别安装在三面制动电阻柜内。

电阻柜前后开门，电缆连接于电阻铜母线上，柜门与主电路带有开关锁，柜门上有安全警告标志，柜内装有温度传感器，实现超温报警，柜体上部有出风道，柜体下部有入风口。

制动电阻柜内设置三级温度开关，对空气出口温度设定三挡，当温度超过 150 ℃时，吸收功率自动降低到 2/3；当温度超过 170 ℃时，吸收功率自动降低到 1/2，并报警；当温度超过 200 ℃时，吸收装置自动关闭，分断接触器并报警。

5．隔离变压器柜

(1)主要技术参数

型号：HXXS-NB/380 V-1.5。

额定工作电压：AC 400 V。

额定功率：315～630 kW。

变比：450∶400；1 000∶400。

短路阻抗：4%。

(2)主要功能

实现直流电网与交流 400 V 电网的电气隔离。隔离变压器线圈采取整体灌封方式，原次边绕组间绝缘处理按 DC 1 500 V 电压标准执行。每套装置隔离变压器柜数量为 1 面。

隔离变压器带有温度检测功能，可检测变压器绕组的工作温度，并能根据需要选择保护方式。本系统的隔离变压器温度保护动作方式在设计联络会确定。

(3)外形结构尺寸

隔离变压器柜外形结构尺寸如图 9-2-8 所示。

(4)与 400 V 系统关系

HXXS-NB/380 V 吸收装置与 400 V 系统的配置关系如图 9-2-9 所示。

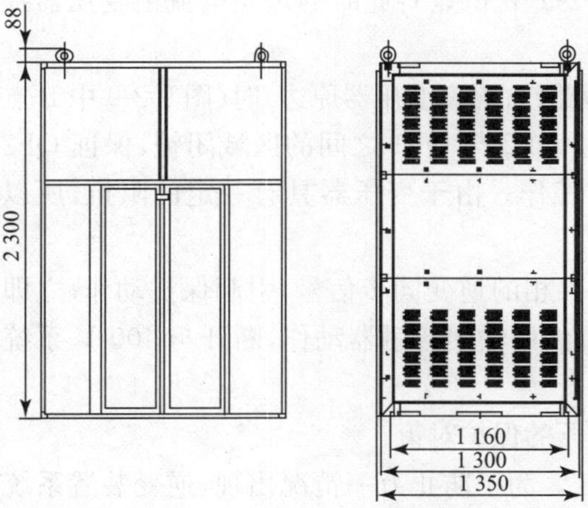

图 9-2-8　隔离变压器柜外形结构尺寸示意图

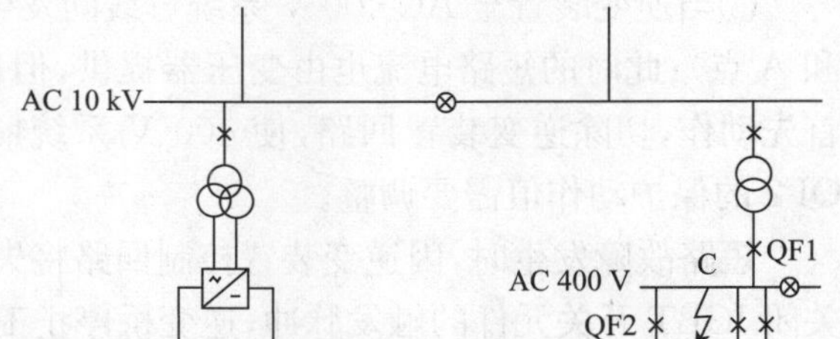

图 9-2-9　逆变系统安装原理及短路点示意图

逆变装置跨接在 DC 750 V 或 DC 1 500 V 直流系统与 AC 400 V 交流系统之间，其设备的安全稳定对系统的正常运营至关重要。为了保证其可靠工作，在故障条件下不对系统的其他设备的运行造成影响，必须对各种可能的故障进行有效保护。

①逆变装置发生桥臂元件短路时。图 9-2-10 为逆变装置的主回路原理示意图，逆变装置由 4 个错相并联的逆变桥组成。

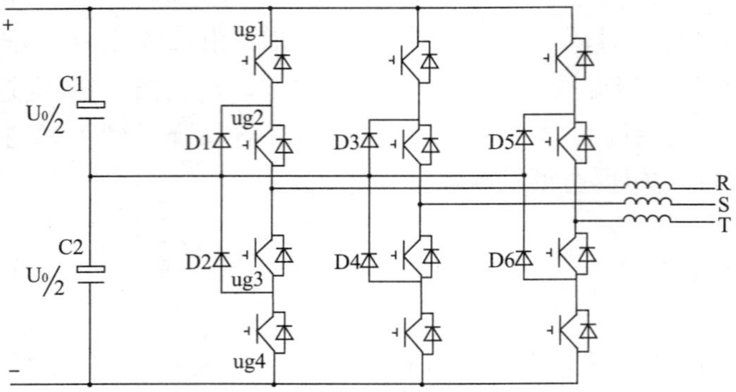

图 9-2-10　逆变桥原理图

当出现任意一组半桥臂短路时，此时直流电压将直接进入交流系统，虽然系统具有快速保护，但由于保护动作依靠有触点器件，将会对 AC 400 V 侧的交流用电设备造成损害，尤其是牵涉到运营安全的重要设备，如信号、通信等。为了避免这一问题，在逆变装置与 400 V 母线间加入一台隔离变压器，保证直流电压决不进入交流系统，同时，依靠逆变装置自身的开关动作切除直流电压，同时断开与 AC 400 V 的连接，逆变装置退出运行，由电阻吸收装置承担车辆的制动能量吸收，如图 9-2-1 所示。

②当逆变桥臂发生正负间短路时：造成正负逆变桥短路的概率比较小。但是一旦逆变桥臂发生正负间短路，相当于形成直流侧正负极短路，此时将由直流系统的快速开关保护动作。

③当逆变器输出侧短路或过流时(图 9-2-9 中 A 点)：发生此类短路时，系统迅速将逆变桥臂的 IGBT 关断(μs 级)，故障报告上一级微机控制系统，迅速断开直流侧的快速断路器。

④当 AC 400 V 系统母线侧发生短路时(图 9-2-9 中 C 点)：此时的短路电流由变压器提供，由图 9-2-9 中 QF1 执行短路保护。

⑤当逆变装置至 AC 400 V 系统母线间发生短路(含隔离变压器原边)时(图 9-2-9 中 B 点和 A 点)：此时的短路电流也由变压器提供，但通过 QF2 与 QF1 之间的区域闭锁，保证 QF2 首先动作，切除逆变装置回路，使 400 V 系统照常工作。由于变压器具有一定的阻抗，所以 QF2 的保护动作值需要调整。

短路故障发生时，因逆变装置控制回路将失去某相的逆变同步信号，引起保护动作，立即关闭 IGBT 开关元件的触发脉冲，逆变桥停止工作，然后输出接触器动作，断开与 400 V 系统的连接。车辆的制动能量由电阻吸收装置吸收。

(5)逆变装置投入工作可能引起 400 V 系统过压的保护对策

逆变装置投入工作时不会引起 400 V 系统过压。为了防止万一情况出现，逆变装置系统设置了 400 V 过压保护，一旦 400 V 电网出现超过 440 V 的过压时，系统将逆变桥的脉冲封锁，发出 400 V 过压故障信号，装置线路接触器分断，逆变退出工作，再生能量由电阻吸收装置消耗。

9.2.6　安装工作要点

本手册关于交直流开关柜安装工艺的介绍已经很多了，本节就不再重复介绍了。关于 HXXS-NB/380 V 吸收装置的安装，可以参考本手册前面章节介绍的内容，进行相关的设备进场验收、施工准备、操作要点、施工标准、安全注意事项等的施工程序安排。

主要提示施工单位注意以下重点问题：

1. 由于直流电源正负极全部引入再生电能吸收装置，再生电能吸收装置是否需要向直流开关柜那样采取绝缘安装应符合设计图纸要求，如果需要绝缘安装，可以参考直流系统安装工艺进行操作。

2. 再生电能吸收装置及电阻吸收柜的排列组合顺序及容量应符合设计要求。室内安装的电阻吸收柜房屋应有通风装置；室外安装的电阻吸收柜应有遮阳防雨棚，并装设安全防护围栏，其型号、规格应符合设计要求。

3. 再生制动电能吸收装置与 1 500 V/750 V 直流母线正负极，以及 400 V 交流母线相序与装置连接相序一致，且正确，并应符合设计要求，投入运行前经过电气试验部门试验验证。

4. 所有高低压电缆应分层敷设，电缆终端头的制作应符合有关规定。

5. 施工结束，应自觉填写安装技术记录和施工质量自检记录。

第 10 章　供电系统电气试验

10.1 概　　述

城市轨道交通供电系统的首要任务是安全可靠地供电，如果存在任何故障导致停电，都会影响城市交通的正常运输秩序，给市民带来极大的不便，给国民经济造成较大的损失。因此轨道交通供电系统在建成后能否顺利投入运行，以及投入运行后能否保证各种电气设备运行稳定、性能良好，进行电气试验是非常重要的。

电气试验目的是检验新安装的电气设备性能是否符合有关技术标准的规定，判定新安装的电气设备在运输以及安装施工过程中是否遭受绝缘损伤或电气性能是否发生变化。

电气试验分单体设备试验和整组传动试验。单体设备试验包括绝缘试验和特性试验两部分。如交流耐压试验、绝缘电阻的测试、泄漏电流的测试、局部放电量的测试等均为绝缘试验，线圈直流电阻的测试、变压器变压比的测试、极性的测试、断路器分合闸时间的测试等均为特性试验。

上述试验的共同目的，就是通过试验发现设备的某些缺陷，但这些试验项目又有一定的局限性，试验人员需根据试验结果，结合有关标准、出厂数据，以及同类设备的试验数据进行比较，经过综合判断来发现电气设备绝缘缺陷或薄弱环节。

轨道交通供电系统电气试验包括变电所试验、接触网电气设备试验和电力电缆试验等几部分。

电气试验参照的国家标准主要包括表 10-1-1 所列内容。

表 10-1-1　电气试验参照标准

序号	标 准 名 称
1	电气装置安装工程电气设备交接试验标准 GB 50150
2	地下铁道工程施工及验收规范 GB 50299
3	高电压试验技术 第一部分 一般试验要求 GB/T 16927.1
4	高电压试验技术 第二部分 测量系统 GB/T 16927.2
5	高电压试验技术 第三部分 现场试验的定义及要求 GB/T 16927.3
6	绝缘子试验方法 第 2 部分 电气试验方法 GB/T 775.2
7	互感器试验导则 第一部分 电流互感器 GB/T 22071.1
8	互感器试验导则 第二部分 电磁式电压互感器 GB/T 22071.2
9	继电保护和安全自动装置基本试验方法 GB/T 7261
10	继电保护和电网安全自动装置检验规程 DL/T 995
11	电力设备预防性试验规程 DL/T 596
12	GIS 现场耐压试验导则 DL/T 555

续上表

序号	标　准　名　称
13	现场绝缘试验实施导则 DL/T 474.1～5
14	电力设备局部放电现场测量导则 DL/T 417
15	接地装置特性参数测量导则 DL/T 475
16	电力变压器试验导则 JBT 501
17	高压绝缘子抽样方案 JB 3384
18	设备质保资料(如使用说明书、出厂试验报告等)

对于无特殊说明的电气试验,一般以表 10-1-2 规定为准。

表 10-1-2　电气试验规定

序号	试　验　条　件
1	电气设备的绝缘性能试验宜在良好天气,被试物与环境温度不低于＋5 ℃,空气相对湿度不高于 80％的条件下进行
2	工频交流耐压试验持续时间,无特殊说明时,均为 1 min
3	电气设备进行绝缘电阻试验时,采用相应电压等级的兆欧表
4	绝缘电阻值采用兆欧表摇测 60 s 时的绝缘电阻值
5	主要电气设备的绝缘特性试验,其试验有效期宜为 6 个月
6	电气设备的绝缘性能,当只有个别项目达不到有关标准规定时,则应根据全面试验结果进行综合判断,经综合判断认为可以投入运行时,可以投入运行
7	国外进口电气设备或标准无明确规定的电气设备,其试验标准应按合同中的技术规定及厂家制造标准执行

10.2　变电所一次设备单体试验

轨道交通供电系统有 110 kV 及以上电压等级主变电所、牵引变电所和降压变电所等类型。牵引变电所的任务就是将电力系统提供的三相交流工频电转换为牵引所用的直流电能。在电力牵引系统中,牵引变电所是地铁列车正常运行的重要保障,在牵引系统中起着极其重要的作用。根据牵引制式的不同,牵引变电所分为交流牵引变电所和直流牵引变电所。目前我国城市轨道交通牵引制式为直流牵引,因此牵引变电所也为直流制式。降压变电所顾名思义,它的用途为将高电压变为低电压,向牵引变电所供电或向车站设施(如照明、消防、信号等设施)供电。

牵引变电所由整流机组、SF_6 断路器或真空断路器、电压互感器、电流互感器、避雷器、负极柜及直流快速开关等电气设备组成。整流机组包括 12 脉波变压器(或 24 脉波变压器)和整流器,变压器一般采用环氧树脂浇注干式变压器,该变压器具有结构简单、安装方便、便于维护等特点。

降压变电所由降压变压器、SF_6 断路器或真空断路器、电压互感器、电流互感器、避雷器及 400 V 低压配电柜等组成。

下面分别介绍上述各种设备的试验项目及试验方法。

10.2.1　变压器的电气试验

1. 变压器试验项目及参照标准

(1)变压器的试验项目,见表 10-2-1。

表 10-2-1　变压器试验项目

序号	试验项目	干式变压器	油浸式主变压器
1	绝缘油试验		◎
2	测量绕组连同套管的直流电阻	◎	◎
3	检查所有分接头的电压比	◎	◎
4	检查变压器的三相接线组别	◎	◎
5	测量与铁芯绝缘的各紧固件及铁芯绝缘电阻	◎	◎
6	非纯瓷套管的试验		◎
7	有载调压切换装置的检查和试验		◎
8	测量绕组连同套管的绝缘电阻、吸收比或极化指数	◎	◎
9	测量绕组连同套管的介质损耗角正切值 $\tan\delta$		◎
10	测量绕组连同套管的直流泄漏电流		◎
11	变压器绕组变形试验		◎
12	绕组连同套管的交流耐压试验	◎	◎
13	额定电压下的冲击合闸试验	◎	◎

注:标注◎的必须进行该项目的试验。

(2)变压器试验参照标准值,见表 10-2-2。

表 10-2-2　变压器试验标准

序号	试验参照标准值
1	电压等级 60～220 kV 的绝缘油的击穿电压:≥40 kV 对于绝缘油的理化分析应按照有关标准委托有资质的试验室进行
2	绕组直流电阻的测量,应在各分接头的所有位置上进行;1 600 kV · A 及以下三相变压器,各相测得值的相互差值应小于平均值的 4%,线间测得值的相互差值应小于平均值的 2%;1 600 kV · A 以上三相变压器,各相测得值的相互差值应小于平均值的 2%,线间测得值的相互差值应小于平均值的 1%;与同温下产品出厂实测值比较,相应变化不应大于 2%
3	检查所有分接头的变压比,与制造厂铭牌数据相比应无明显差别,且符合变压比规律
4	检查变压器的三相接线极性,必须与设计要求及铭牌上的标记和外壳上的符号相符
5	铁芯及铁芯紧固件的绝缘应采用 2 500 V 兆欧表测量,持续时间为 1 min,应无闪络及击穿现象;铁芯必须为一点接地
6	套管的主绝缘采用 2 500 V 兆欧表测量,绝缘电阻值不应低于 1 000 MΩ;非纯瓷套管的主绝缘介质损耗角正切值 $\tan\delta$ 和电容值,应符合 GB 50150 第 16.0.3 条的规定
7	测量有载调压切换装置的过渡电阻阻值、三相同步偏差、切换时间的数值、正反向切换时间,偏差均符合制造厂技术要求。在额定电压的 85%及以上动操作时操作无卡涩、连动程序,电气和机械限位正常
8	绝缘电阻值不应低于产品出厂试验值的 70%,当测量温度与产品出厂试验时的温度不符合时,应换算到同一温度时的数值进行比较;电压等级在 35 kV 及以上,且容量在 4 000 kV · A 及以上时,应测量吸收比,吸收比与产品出厂值相比应无明显差别,在常温下不应小于 1.3

续上表

序号	试验参照标准值
9	电压等级为 35 kV 及以上且容量在 8 000 kV·A 及以上的变压器测量绕组的 $\tan\delta$ 值换算到同温度后不应大于产品出厂试验值的 130%
10	测量绕组连同套管的直流泄漏电流应符合 GB 50150 第 7.0.11 条的规定
11	宜采用频率响应法测量绕组特征图谱
12	容量在 8 000 kV·A 以下、绕组额定电压在 110 kV 以下的变压器，应进行交流耐压试验，持续时间为 1 min；110 kV 主变压器中性点交流耐压试验应为 76 kV 1 min
13	在额定电压下对变压器的冲击合闸试验，应进行 5 次，每次间隔时间宜为 5 min，无异常现象；冲击合闸宜在高压侧进行

2. 绝缘油的击穿电压试验

绝缘油的击穿电压试验用来检验绝缘油被水分和其他悬浮杂质污染的程度。击穿电压是表示绝缘油电气性能好坏的主要参数之一。

试验通常采用绝缘油介电强度测试仪，该仪器具有自动测试、自动搅拌、自动处理、自动打印功能，符合国家标准《绝缘油击穿电压测定法》(GB/T 507)要求。试验时用标准规检查电极距离，应保持 2.5 mm；用试品油冲洗油杯，然后将平衡到室温的试品油注入油杯。注入时，应使试品油缓慢沿杯壁流下，以减少气泡，最后倒入油杯的试油油面高度距杯口为 20 mm；检查电源达到设备要求，设备可靠接地后，操作人站在绝缘垫上进行试验；选定标准，按"开始"键，仪器自动开始测试，按约每秒 2 kV 的升压速度进行试验。每次击穿后对电极间的油进行充分的搅拌，并静置 5 min 后再重复试验；每测试完一次，仪器自动记录和显示击穿电压值，在测试完 6 次后，仪器可显示或打印出 6 次击穿电压及其平均值。

试验时严格按照仪器使用说明书进行，仪器外壳和接地点应可靠接地；先检测交流电源，在保证仪器符合要求的情况下才能接通电源；确认仪器检定有效期，标准规厚度应保证在 2.5 mm±0.1 mm 之内；油杯和电极清洗后，严禁用手或不洁净物接触；样品和规定值偏差大于 10%时应引起注意，最好重复取样做平行试验，以便证实是否是由操作不当引起的。

绝缘油的理化分析应取油样委托有资质的试验室进行。取样方法应符合国家标准《石油液体手工取样法》(GB/T 4756)的要求，必要时委托专业人士取样。

3. 变压器的绕组连同套管的直流电阻试验方法

绕组直流电阻的测试是变压器试验中的一项重要试验，因为它反映的是变压器本身特性的优劣。通过该试验，可以检查出线圈内部导线接头的焊接质量是否良好，引线与线圈接头的焊接质量是否良好，分接开关与引线的焊接质量是否良好，分接开关各个分接位置接触是否良好等。在交接、预防性试验中，该项目均为必测项目之一。

测试直流电阻的原理为欧姆定律，即在变压器线圈中加直流电压，测回路电流，根据欧姆定律 $R=U/I$，算出电阻值。

直流电阻的测试方法比较多，最简单的是用 24 V 蓄电池作电源，回路中加直流电流表进行测试电流，从而算出电阻值，但该方法缺点是变压器充、放电时间较长，且精度不高。

在现场进行测试时，一般使用电桥法。应用的电桥有单臂电桥(惠斯顿电桥)和双臂电桥(凯尔文电桥)两种。单臂电桥是平衡电桥中最简单的一种，一般测量 10 Ω 电阻以上时较为准确。测量 10 Ω 电阻以下时，由于受连接导线电阻、电桥端钮间接触电阻等的影响，从而造成较大的误差，因此测量 10 Ω 电阻以下时应使用双臂电桥。

需要注意的是，用 QJ44 双臂电桥测量 0.1 Ω 以下阻值时，G 按钮应间歇使用。测量连接导线的电阻应不大于 0.01 Ω。测量其他直流电阻时，导线电阻不大于 0.05 Ω。测量时，四端连接法的电位端 P1、P2 靠近被测电阻，电流端 C1、C2 分别接在 P1、P2 的外侧，次序不可颠倒。另外，测量的有效数字依据测量仪器决定，例如 QJ23 单臂电桥四位读数盘要求全部使用。

利用电桥测量的优点是准确度高、灵敏度高、可直接读数，而缺点也是充电时间较长，导致工作效率不能提高。

随着电子技术的飞速发展，现在有多种直流电阻测试仪，如上海电工仪器厂生产的 PC9 型数字微欧计、上海佳特高电压电气设备公司生产的 JTHL 型电阻测试仪、北京三晶科技产品制作厂生产的 PS-Ⅱ、PS-Ⅳ型感性负载低电阻快速测试仪等，这些仪器通过产生大电流(100 A 或 200 A)以提高精确度，如 JTHL 型电阻测试仪测量范围一般为 1～1 999 μΩ，分辨率为 1 μΩ，精度为 0.5%，且具有快速充电的功能，充电速度比电桥快数十倍至上百倍，克服了大电感充电时间较长的缺点。因此这些仪器在现场得到了广泛的应用。

这些智能化仪器操作简单，但使用时一定要注意在测试中不能断开回路，防止线圈产生的反电势损坏仪器，测试完毕后，按消弧键对线圈进行充分放电，然后才可以拆除测试导线。

由于此种仪器操作简单，这里就不再叙述。下面重点介绍对测试结果的分析与判断。

因为电阻与温度的变化有很大的关系，为了便于比较，测试值必须换算到同一温度，一般规定以 75 ℃为准，其换算公式为

$$R_{75}=KR_t \tag{10-2-1}$$

式中　R_{75}——75 ℃时的直流电阻值；

R_t——测试温度是 t ℃时的直流电阻值；

K——直流电阻的温度换算系数，按下式求出

$$K=(T+75)/(T+t) \tag{10-2-2}$$

其中　T——常数，铜导线为 235，铝导线为 225；

t——测量时的温度，以绝缘油顶层温度作为被测线圈的温度。

当测得的电阻与出厂试验报告数据相比超过标准时，应从以下几点分析。

(1)仪器电池电压不足，此时测试数据偏差很大。

(2)变压器引线和线圈焊接处接触不良，或多股并绕线圈中有一股或几股断线或未焊接牢固，这时电阻值将增大。

(3)变压器的套管中，导电杆和引线接触不良等。

4. 变压器变压比检查

变压比的测量可以验证变压器的电压变换效果，还可以检查各线圈的匝数比与设计是否相符、各分接引线连接是否正确，以及变压器匝数是否短路等。因此该项试验是变压器交接、大修后必须测试的项目，也是判断变压器是否能够投入运行的重要依据。此外，当变压器在运行中有异常时，变压比检查是判断匝间有无短路的重要手段之一。

变压比检查常用的方法有双电压表法和变压比电桥法，另外现在较为先进的还有变压器变压比自动测试仪等。

(1)双电压表法

该测试方法是在变压器一次侧加电压，在二次侧进行电压测试，然后进行变压比误差计算。具体试验方法如下。

①单相调压器一次侧接 220 V 交流电源，二次侧接在变压器一次侧，同时在变压器一次侧

电源回路中并联一块电压表，电压表的准确级不应低于 0.5 级。

②在变压器二次侧并联一块电压表，准确级应与一次侧电压表相同，接线图如图 10-2-1 所示。

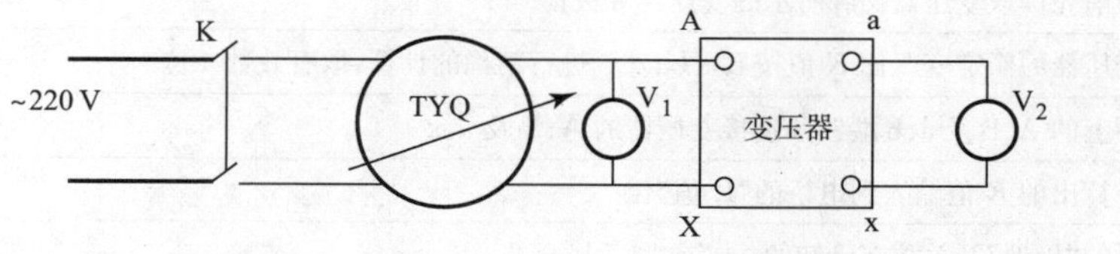

图 10-2-1　变压器变压比双电压表测试法

K—开关；TYQ—调压器；A、X—变压器一次端子；

a、x—变压器二次端子；V_1——一次侧电压表；V_2—二次侧电压表

③合上电源开关，缓慢升电压到 100 V，待数值稳定后，分别读取变压器一次、二次电压。

④将电压调至零，切断电源。

⑤变压比误差计算。变压器的额定变压比按下式计算：

$$K_N = U_{1N}/U_{2N} \tag{10-2-3}$$

式中　K_N——额定变压比；

U_{1N}——一次侧额定电压；

U_{2N}——二次侧额定电压。

变压器变压比误差按下式计算：

$$\Delta K\% = \frac{K-K_N}{K_N}\times 100\% \tag{10-2-4}$$

式中　K——实测变压比；

$\Delta K\%$——变压比误差。

(2)变压比电桥法

在现场测试变压器变压比，较常用的是 QJ35 型变压比电桥，其变压比测量范围为 1.02～111.12，误差测量范围为－2%～＋2%，准确级为 0.2 级。

变压比电桥法与双电压表法相比，具有以下优点：如不受电源稳定程度的限制；准确度与灵敏度高；试验高压较低，比较安全；变压比误差可以直读；变压比试验的同时，还可以测试极性。

QJ35 型变压比电桥的原理方框图如图 10-2-2 所示，其工作原理如图 10-2-3 所示。

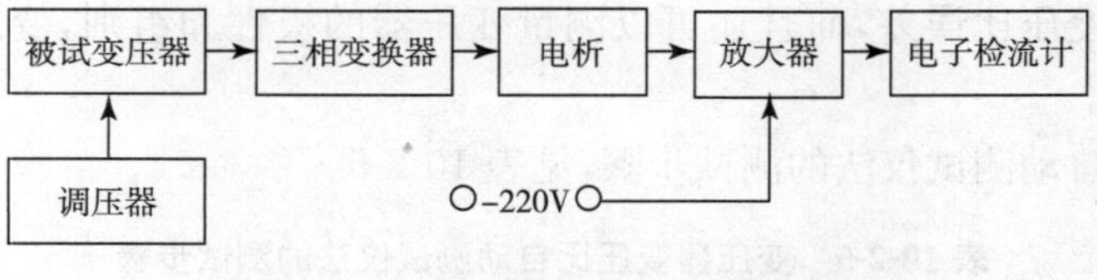

图 10-2-2　QJ35 型变压比电桥原理方框图

在变压器的一次侧加电压 U_{I}，则在变压器的二次侧感应出电压 U_{II}，调整 R_1 的电阻值，使检流计(微安计)G 电流为零。这时变压比可以按下式算出：

$$K = U_{\mathrm{I}}/U_{\mathrm{II}} = (R_1+R_2)/R_2 = R_1/R_2 + 1 \tag{10-2-5}$$

QJ35 型变压比电桥测试变压器变压比的试验方法，见表 10-2-3。

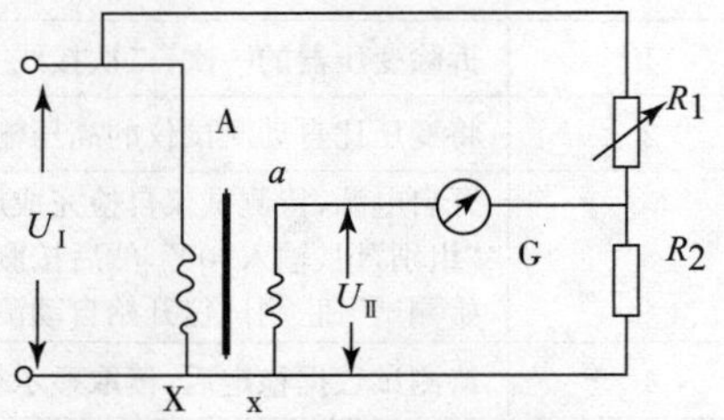

图 10-2-3　QJ35 型变压比电桥工作原理图

表 10-2-3 QJ35 型变压比电桥测试变压器变压比的试验方法

序号	试验方法
1	试验前先读取变压器铭牌所示的变压比和极性
2	把变压器的额定变压比 K 值按 $K=U_1/U_2$ 进行精确的计算，取有效数 4 位
3	电桥上的 A、B 及 a、b 端钮分别接变压器的 A、X 及 a、x
4	将计算出的 K 值输入到电桥的“K 值”位
5	电桥的“极性”开关放在已知的“－”或“＋”上
6	电桥的“三相变换”开关放在 AB/ab 位
7	开启电源，把“试验电压”开关 K2 放在 250 V 上，调压器放在零位
8	接通放大器开关 K1，红灯亮，使放大器预热 1 min 左右，然后把灵敏度旋钮旋至最大，调整微安计 G 为零位，再适当降下灵敏度
9	合上电压表开关 K3，调节调压器，使电压表指示在 5 V，同时应注意微安计指针不要超过满刻度，如果超过时可以降低放大器的灵敏度。再超过时，应将电压置零，关闭电源开关，仔细检查连接线极性和变压比读数，查明原因，纠正后再次送电试验
10	调整误差盘及灵敏度至最大，使微安计指示为零，然后关闭电压表开关 K3 作细调，此时误差盘上的读数，即为变压器的变压比误差
11	降低电压为零，切断电源，并将所有开关放在断开位置或零位

变压比电桥的操作比较烦琐，因此操作中一定要仔细，防止误操作，损坏电桥，安全注意事项见表 10-2-4。

表 10-2-4 QJ35 型变压比电桥测试变压器变压比的注意事项

序号	注意事项
1	试验电压表指示最大为 7 V，操作时注意电压不能升高，防止烧毁电桥
2	使用时应对连接线等做好标记，连接线 A、a 绝对不允许对调，否则将高电压送入电桥，使放电管放电（误接时放电管亮）
3	作准确测量时一定断开电压表开关 K3，否则对变压比误差读数有 0.005%～0.02%的影响
4	电压表指示的是变压器的二次电压，一般要求在 5 V 以内

(3)变压器变压比自动测试仪法

以保定斯锐电气公司生产的变压器变压比自动测试仪 SR-2 000 型为例，该仪器不仅可以自动测量变压器的变压比误差，而且还可以测量变压器的极性和组别，变压比误差以数字显示，容易读取。

变压器变压比自动测试仪法的测试步骤，见表 10-2-5。

表 10-2-5 变压器变压比自动测试仪法的测试步骤

序号	测试步骤
1	拆除变压器的一次、二次接线
2	将变压比自动测试仪的高压输出 A、B 接变压器的一次端子 A、X，低压输出接变压器的二次端子 a、x
3	开启电源，待测试仪自检完成后，按测试仪的“变压比”钮，输入变压器的变压比“1.000”，再按测试仪的“组别”钮，输入“00”，然后按测试仪的“分接开关位置”钮，输入“0.00%”，检查输入数据正确后，按“开始测试”钮，测试仪开始自动测试
4	待测试数据稳定后，读取显示框中显示的数据
5	按“停止”钮，然后切断电源

为了正确使用测试仪器，得出准确的变压比误差，以及良好地保护仪器，变压比测试中应注意如下事项。

①测试仪与变压器接线中，注意高、低压侧不要接反。

②如果在测试中，测试仪的"高、低压侧接反"指示灯亮，应及时关机，检查接线，更正错误后，再进行测试。

③在测试中，操作人员不允许接触变压器和测试仪的接线端子。

5. 检查变压器引出线的极性

检查极性是单相变压器特性试验中的一项关键试验，变压器能否并联使用，主要依据三个条件：第一，额定高、低压电压等级相同；第二，阻抗电压相同；第三，单相变压器的极性相同或三相变压器的连接组别相同。可见单相变压器的极性对于变压器并联使用起着举足轻重的作用。

变压器极性的试验方法也有几种，如直流法、交流法等，也可以使用极性试验器直接测试。

(1)直流法

直流法的原理是在变压器的一次侧加电压，在二次侧监视指针式电压表指针的偏转，而判断变压器的极性。如果指针正偏，则表示变压器为减极性，反之，则为加极性。详细试验方法如下。

①用两节 1.5 V 电池串联，正极通过刀闸开关接变压器的 A 端，负极接变压器的 X 端，如图 10-2-4 所示。

②把指针式万用表打至毫伏挡，万用表正极接变压器二次侧 a 端，负极接变压器二次侧的 x 端。

③合刀闸开关，观察合闸瞬间、分闸瞬间万用表指针偏转的方向。如果合闸时指针正偏，分闸时指针反偏，则变压器为减极性；如果指针摆动方向与上述相反，则为加极性。

(2)交流法

交流法测试变压器极性的试验方法如下。

①将变压器的一次或二次侧的一对同名端连接起来(如 A、a 相连)。

②在一次侧并联一只电压表，在另一对同名端 X、x 间并联一只电压表，接线图如图10-2-5所示。

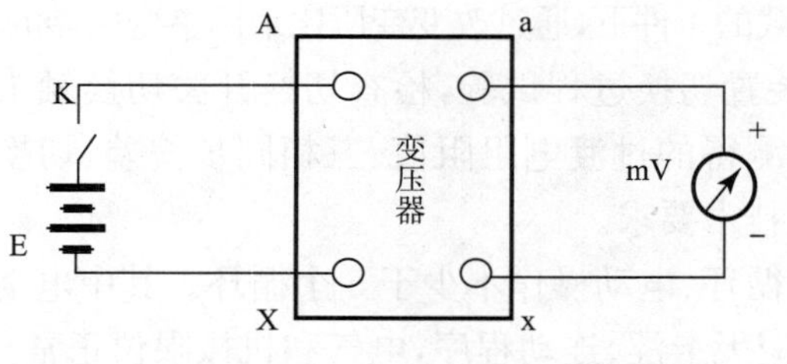

图 10-2-4　直流法测变压器极性接线图

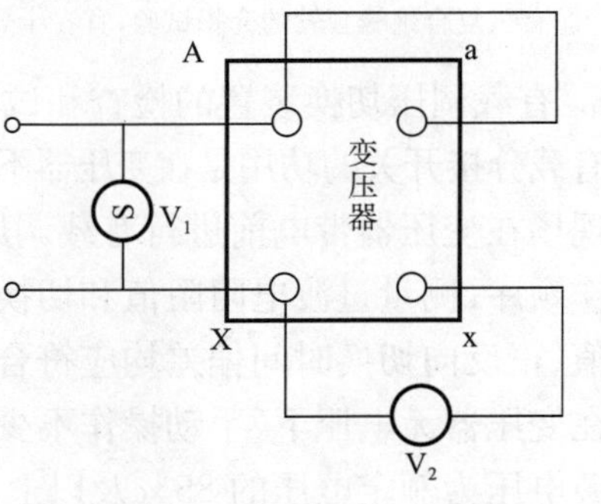

图 10-2-5　交流法测变压器极性接线图

③在一次侧加电压 U_1，读取另一只电压表指示数据 U_2。

④如果 U_1 大于 U_2，则变压器为减极性，反之为加极性。

(3)极性试验器法

极性试验器是专门用来测试极性的仪器，其原理与直流法相同，但较直流法更为简单，且可以调节灵敏度，电源可以为电池，也可以为交流 220 V，使用起来非常方便。试验方法、数据判断方法与直流法相同，这里就不再重复叙述。

6. 测量与铁芯绝缘的各紧固件及铁芯绝缘电阻

测量与铁芯绝缘的各紧固件及接地线引出套管对外壳的绝缘电阻，试验仪器为 2 500 V 兆欧表，测试时间为 1 min。把变压器铁芯引出线打开，兆欧表“L”端接铁芯引出线，“E”端接变压器外壳，进行测试。

进行器身检查的变压器，应测量可接触到的穿芯螺栓、轭铁夹件及绑扎钢带对铁轭、铁芯、油箱及绕组压环的绝缘电阻。当轭铁梁及穿芯螺栓一端与铁芯连接时，应将连接片断开后进行试验。

7. 非纯瓷套管的试验

66 kV 及以上的电容型套管，应在安装前测量“抽压小套管”对法兰或“测量小套管”对法兰的绝缘电阻。采用 2 500 V 兆欧表测量，绝缘电阻值不应低于 1 000 MΩ。

在测量完毕绕组的介损之后采用正接法测量导电杆对末屏的 tanδ，试验电压为 10 kV；在室温不低于 10 ℃的条件下，套管的介质损耗角正切值 tanδ 不应大于表 10-2-6 的规定。

表 10-2-6 套管主绝缘介质损耗角正切值 tanδ(%)的标准

套管主绝缘类型		tanδ(%)最大值
电容式	油浸纸	0.7(500 kV 套管 0.5)①
	胶浸纸	0.7②
	胶粘纸	1.0(66 kV 及以下电压等级套管 1.5)①②
	浇铸树脂	1.5
	气体	1.5
	有机复合绝缘③	0.7
非电容式	浇铸树脂	2.0
	复合绝缘	由供需双方商定
其他套管	由供需双方商定	

注：①所列的电压为系统标称电压。
②对 20 kV 及以上电容式充胶或胶纸套管等老产品，其 tanδ(%)值可为 2 或 2.5。
③有机复合绝缘套管的介损试验，宜在干燥环境下进行。

8. 有载调压切换装置的检查和试验

有载分接开关的功用是在变压器不中断负载的条件下，通过改变变压比来调整变压器的电压。

现场在变压器带电前进行有载调压切换装置切换过程试验，检查切换开关切换触头的全部动作顺序，测量过渡电阻阻值和切换时间。测得的过渡电阻阻值、三相同步偏差、切换时间的数值、正反向切换时间偏差均应符合制造厂技术要求。

在变压器无电压下，手动操作不少于 2 个循环、电动操作不少于 5 个循环。其中电动操作时电源电压为额定电压的 85%及以上。操作应无卡涩、连动程序，电气和机械限位正常。

循环操作后进行绕组连同套管在所有分接下直流电阻和电压比测量，试验结果应符合标准要求。

对切换开关油箱内的绝缘油进行抽样，检验其击穿电压，应符合有关标准的规定。

在变压器带电条件下进行有载调压开关电动操作，动作应正常。操作过程中，各侧电压应在系统电压允许范围内。

9. 测量绕组连同套管的绝缘电阻、吸收比或极化指数

测量变压器绕组连同套管的绝缘电阻，使用仪器是 2 500 V 兆欧表，测量步骤分两步，一步为“高压对低压及地”，另一步为“低压对高压及地”。如果测“高压对低压及地”，试验方法为把变压器一次侧 A、B、C、N 短接，接兆欧表的“L”端，二次侧 a、b、c 与变压器外壳短接，接兆欧表的“E”端。测“低压对高压及地”，则与上述试验接线方法相反。

变压器绝缘电阻的具体试验方法叙述如下。

(1)进行测试前应拆除变压器所有对外的连线，用干燥清洁的棉纱擦拭瓷套管表面。

(2)进行正式测试前应检查兆欧表的好坏。将 2 500 V 兆欧表放平稳，摇动手柄到额定转速(120 r/min)，此时兆欧表应指示为“∞”；然后用导线短接“L”端和“E”端，此时应指示为“0”。

(3)把“L”端接变压器高压侧(同时将高压侧全部短接)，“E”端接变压器低压侧(将低压侧全部短接并接地)。如果试验环境湿度较大，瓷套管表面泄漏较大时，可加等电位屏蔽，屏蔽线接于兆欧表“G”端，屏蔽环可用软裸线在瓷套管靠近刀闸部位缠绕几圈(但不能碰上)，接线图如图 10-2-6 所示。

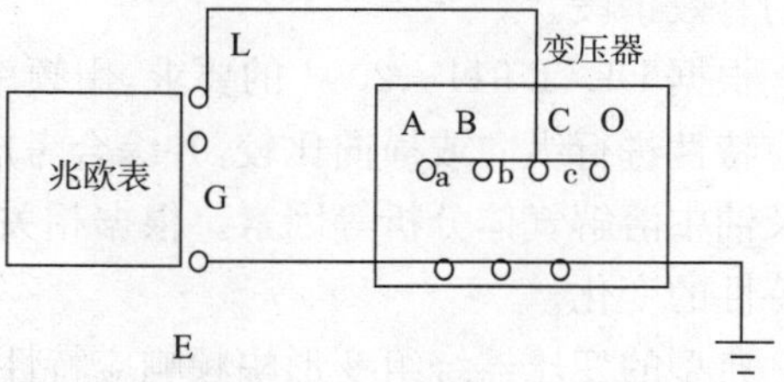

图 10-2-6　变压器绝缘电阻测试接线图

(4)以要求的恒定转速(120 r/min)转动手柄，待指针稳定后，记录绝缘电阻的数值(同时记录试验时环境温度、湿度)。

(5)读取数值后应在手柄转动的情况下断开“L”端连线，然后再停止转动，以防止积聚电荷反馈放电而损坏仪表。

(6)变压器“高压对低压及地”绝缘电阻测试完毕后，另一步为测试“低压对高压及地”的绝缘电阻和铁芯绝缘电阻，试验方法与上相同。

(7)操作时应注意：兆欧表水平放置，接地线接地良好，用绝缘良好的导线作测试连线，“L”线与“E”线不能相碰，必要时把兆欧表放在绝缘垫上。

10. 测量绕组连同套管的介质损耗角正切值 $\tan\delta$

测量绕组连同套管的介质损耗角正切值 $\tan\delta$，可以检查套管是否有绝缘受潮、劣化、老化等分布性缺陷或绝缘中有无气隙放电缺陷。

以 SR9000 全自动抗干扰介损测试仪为例，测试步骤如下。

(1)仪器应用专用接地线良好接地。确认“电源”键未按下，从“HV”或“Cx”端子用仪器专用线缆接至被试品高压端和低压端。

(2)通电源，试验负责人发出“将要合闸”命令，其他人员退出围栏以外，指定操作人员合上闸刀开关。按下“电源”键，仪器自检完毕。

(3)“电压选择”键选择试验电压，变压器、非纯瓷套管测试选择 10 kV。

(4)“正/反接线”键选择接线方式。非纯瓷套管测试选择“正接”，变压器测试选择“反接”。

(5)操作者一只手放在闸刀开关旁边，随时准备拉开关，另一手按下“高压允许”键，再按下“启动”键，仪器自动升压，开始测量，蜂鸣器发出信号，并在显示窗口显示从 5 到 1 倒计数(此时可松开“启动”键，退出测量状态)。倒计数结束，高压加至试品，蜂鸣器发出警示信号，测量过程不超过 60 s，测量结束，高压自动降下，此时，必须按窗口提示将“高压允许”键松开，窗口会显示测量结果。然后关机，拉开开关，用放电棒将被试品充分放电，并将接地封线挂在高压输出端，才可宣布“高压已断开”，才能允许其他工作人员进入围栏工作。

影响 $\tan\delta$ 测量的因素，除温度外，还有频率的影响，电源质量一定要好；被试品表面的影响也很大，当空气相对湿度较大或表面脏污时，瓷套表面泄漏电流的影响，对测试结果影响很大，易发生误判断，有条件时，可以在太阳光下干燥后再进行试验，或用电热风机将瓷套表面的瓷裙吹干。

11. 变压器绕组变形试验

绕组变形指变压器绕组在机械力或电动力作用下发生的轴向或径向的尺寸变化，通常表现为绕组局部扭曲、鼓包或移位等特征。变压器在遭受短路电流冲击或在运输过程中遭受冲撞时，均有可能发生绕组变形现象，它将直接影响变压器的安全运行。

绕组变形试验是检验变压器的制造工艺水平和判断运输过程中对变压器绕组有无不良影响的有效手段。

根据 DL/T 911—2004 的要求，用频率响应法判断变压器绕组变形，主要是对绕组的幅频响应特性进行纵向或横向比较，并综合考虑变压器遭受短路冲击的情况、变压器结构、电气试验及油中溶解气体分析等因素。根据相关系数的大小，可较直观地反映出变压器绕组幅频相应特性的变化。

典型的变压器绕组变形幅频响应特性曲线，通常包含多个明显的波峰和波谷。经验及理论分析表明，幅频响应特性曲线中的波峰或波谷分布位置及分布数量的变化，是分析变压器绕组变形的重要依据。

对于 35 kV 及以下等级的变压器宜根据 DL/T 1093—2008 短路阻抗法进行变压器绕组变形试验。

12. 变压器绕组连同套管的工频交流耐压试验

在绝缘电阻测试后，为了保证变压器的质量符合国家标准，必须进行绝缘的电气试验，即工频交流耐压试验。交流耐压试验时，所有被试绕组部分对地的试验电压均相等。它对考核变压器主绝缘的强度、绝缘的局部缺陷，具有决定性的作用。在变压器生产过程中，产生的局部性缺陷是常有的，对于这种缺陷，只有用超过额定电压的一定倍数的高电压进行试验才能发现。

变压器工频交流耐压试验的接线与绝缘电阻的接线相同，使用仪器为交流耐压试验器，试验电压参照本章附录的规定值，试验时间为 1 min。需要注意的是，普通的交流耐压试验是根据试验变压器的变压比，在低压侧读取试验电压。这种试验方法对于容量小的试品（如隔离开关、绝缘子等）是合适的，而对于变压器等容量较大的试品，就不能在低压侧读取试验电压，而必须利用阻容分压器等在高压侧直接读取试验电压，具体原因分析如下。

对于试验变压器而言，试品是容性负载，而试验变压器为电感负载，当一个电感 L 和一个电容 C 串联时，如图 10-2-7 所示，在交流电压 U 的作用下，$I=I_C=I_L$，当 $1/(\omega C)>\omega L$ 时，电路将呈容性，并产生一个容性电流 I，I 流过电感 L 时的电压降为 U_L，I 流过电容 C 时的电压降为 U_C，向量图如图 10-2-8 所示。

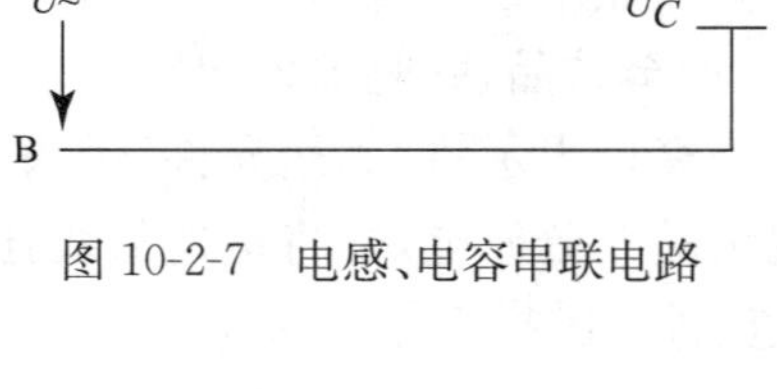

图 10-2-7　电感、电容串联电路

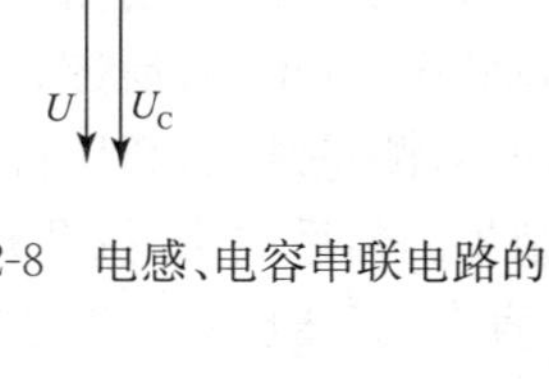

图 10-2-8　电感、电容串联电路的向量图

根据电工原理，A、B 间电压降 U 等于 U_L 与 U_C 的向量和，即

$$U=U_C+U_L \tag{10-2-6}$$

由于电感压降超前，电容压降滞后，所以 U 在数值上实际为 U_C 与 U_L 之差，即

$$U=U_C-U_L \tag{10-2-7}$$

$$U_C=U+U_L \tag{10-2-8}$$

由此可以看出，在电感一电容回路中，当容抗大于感抗时，电容两端的压降 U_C 比 AB 间压降 U 高，所高的电压等于在电感上的压降 IX_L。当电源电压一定时，X_C 越小（即 C 越大），I 越大，则 IX_L 越大；当 X_C 越大（即 C 越小），I 越小，则 IX_L 越小。可见电容 C 越大时，其上的电压也就比电源电压高得越多。

(1)变压器工频耐压试验方法

变压器工频耐压试验接线图如图 10-2-9 所示。试验方法如下。

①工频交流耐压试验必须在绝缘电阻测试合格后方可进行，试品表面应清洁、干燥。

②试验区应挂警示旗、警示牌、防护网，且设专人监护。

③耐压试验仪器、设备的布置和线路连接应正确可靠，试品底座、仪器、仪表外壳应可靠接地。

④试验前应不连接试品，进行空载试验，试验仪器、仪表及连接线路是否正确。

⑤插上电源插头，打开仪器电源开关，按高压启动按钮，接触器动作后，速度均匀地调节调压器手柄，电压升至试验标准值时，开始计时 1 min。

⑥试验时，应观察仪器电压表、电流表，同时仔细观察试品。

时间到后，迅速均匀地将电压降至零，按高压停止按钮，然后关电源开关，拔下电源插头。

⑦耐压试验中，如果有异常现象（如放电、发光等），应立即降压，断开电源，检查原因。

⑧试品在交流耐压持续时间内，不击穿为合格。

⑨试品是否击穿，由以下几点判断：电流突然上升；电压突然下降；试验器接触器跳闸；耐压有异常后，绝缘电阻明显下降。如果因为空气湿度、温度或表面脏污等原因引起闪络放电而跳闸，不应判为不合格，经处理、清洁后，再进行试验。

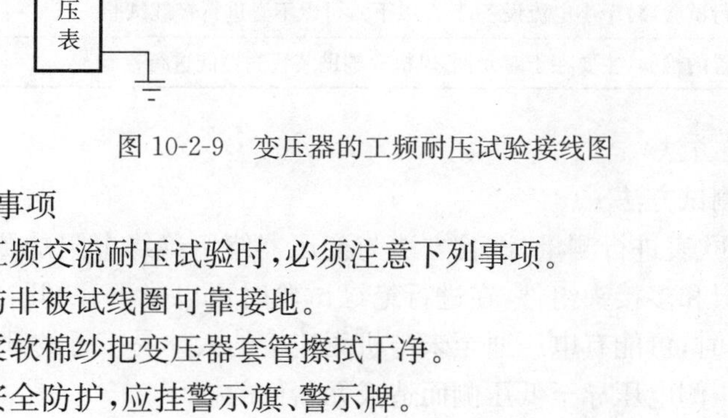

图 10-2-9　变压器的工频耐压试验接线图

(2)操作时注意事项

对变压器进行工频交流耐压试验时，必须注意下列事项。

①试品的外壳与非被试线圈可靠接地。

②试验前应用柔软棉纱把变压器套管擦拭干净。

③一定要注意安全防护，应挂警示旗、警示牌。

④操作中如果有放电声或其他异常情况，应立即降下电压，切断电源，对变压器进行检查。

⑤试验结束后，应迅速平稳地降电压到零，切断电源。试验过程中应避免在试验电压下切断电源，以防止引起操作过电压。

13. 变压器额定电压下的冲击合闸试验

检查被冲击电力变压器进线侧开关均为正常状态，进线侧电压表显示进线电压正常，操作回路、保护回路均正常工作。变压器高、低压两侧接地线均拆除干净。具体操作方法和注意事项如下。

(1)操作方法

①试验人员两人均持对讲机，一人在控制室操作，一人在被冲击电力变压器旁监视。

②对于中性点接地系统，试验时必须先合变压器中性点接地开关。

③冲击试验应进行 5 次，每次间隔时间宜为 5 min，无异常响声、异常气味等异常现象。

(2)注意事项

①冲击试验前应仔细检查变压器一次、二次回路的正确性。

②操作人员与监视人员应口令统一。

10.2.2 整流器的电气试验

1. 整流器试验项目及参照标准

(1)整流器试验项目见表 10-2-7。

表 10-2-7 整流器试验项目

序号	试 验 项 目
1	测量整流器的绝缘电阻
2	整流器的轻载试验
3	辅助装置的试验

(2)整流器试验的参照标准见表 10-2-8。

表 10-2-8 整流器试验的参照标准

序号	参 照 标 准
1	在试验前，可先用 1 000 V 兆欧表测量试品的绝缘电阻，在环境温度(20±5) ℃和相对湿度为 90%的情况下，其数值应不小于 1 MΩ
2	整流器的轻载试验，仅在额定输入电压下进行，对于高压整流器，轻载试验可以在比额定电压低的电压下进行试验，对于小电流设备(5 A 以下)，可以不必进行轻载试验
3	辅助装置的检验，主要在于对元件、风机等辅助装置的性能进行检验

2. 整流器的试验方法

(1)绝缘电阻的测试方法

使用 1 000 V 兆欧表进行测量，试验方法与变压器绕组绝缘电阻的测试方法相同。需要注意的是，印制电路板和多接头组件，在进行绝缘试验时可以拔下、断开，或用标准件代替，如果辅助装置绝缘破坏时，可能有电压通至未与机壳连接的人体易接近的部位，构成人身危险的隐患；或者可能有高压侧电压导至低压侧而造成元器件的损坏。

(2)整流器轻载试验方法

轻载试验的目的是为了验证电气线路的所有部分以及冷却系统的连接是否正确，能否与主电路一起正常运行，设备的静态特性是否能满足规定要求。具体试验方法及注意事项如下。

①利用三相升压变压器作为电压源，输出端三相接整流器三相。

②缓慢升电压至整流器额定电压值，或产品技术说明书要求试验值。

③停留时间为 1 min，被试品应无异状。

④完毕后，降电压至“0”，切断电源。

注意事项：试验前应在试验区应挂警示旗、警示牌，且应有专人监护；试验仪器、设备的布置和线路连接应正确可靠，试品底座、仪器、仪表外壳应可靠接地。

(3)辅助装置的检验

根据设计图纸要求，对每一只元器件以及所要求实现的功能进行试验，如温度报警、温度跳闸、熔断管故障等，这里就不再一一叙述了。

10.2.3　SF_6 断路器的电气试验

1. SF_6 断路器试验项目及参照标准

(1)SF_6 断路器试验项目，见表 10-2-9。

表 10-2-9　SF_6 断路器试验项目

序号	试 验 项 目
1	测量绝缘拉杆的绝缘电阻
2	测量每相导电回路的电阻
3	交流耐压试验
4	测量断路器的分、合闸时间
5	测量断路器的分、合闸速度
6	测量断路器分、合闸的同期性
7	测量断路器分、合闸线圈绝缘电阻及直流电阻
8	断路器操动机构的试验
9	测量断路器内 SF_6 气体的微量水的试验
10	密封性试验
11	气体密度继电器、压力表和压力动作阀的校验

(2)SF_6 断路器试验参照标准，见表 10-2-10。

表 10-2-10　SF_6 断路器试验参照标准

序号	参 照 标 准
1	35 kV 断路器绝缘拉杆的绝缘电阻，在常温下不应低于 3 000 MΩ
2	每相导电回路的电阻值及测试方法，应符合产品技术条件的规定
3	耐压试验，应在断路器合闸状态下，且 SF_6 气压为额定值时进行，试验电压按出厂试验电压的 80%
4	测量断路器的分、合闸时间，应在断路器的额定操作电压、气压或液压下进行，实测数值应符合产品技术条件的规定
5	测量断路器的分、合闸速度，应在断路器的额定操作电压、气压或液压下进行，实测数值应符合产品技术条件的规定

续上表

序号	参　照　标　准
6	测量断路器的分、合闸的同期性，应符合产品技术条件的规定
7	测量断路器分、合闸线圈的绝缘电阻值，不应低于 10 MΩ，直流电阻值与产品出厂试验值相比应无明显差别
8	操动机构的试验，应符合有关标准的规定
9	测量断路器内 SF_6 气体的微量水含量，应符合下列规定：与灭弧室相通的气室，应小于 150 μL/L；不与灭弧室相通的气室，应小于 500 μL/L；微量水的测定应在断路器充气 24h 后进行
10	采用灵敏度不低于 1×10^{-6}（体积比）的检漏仪对断路器各密封部位、管道接头等处进行检测时，检漏仪不应报警；采用收集法进行气体泄漏测量时，以 24 h 的漏气量换算，年漏气率不应大于 1%；泄漏值的测量应在断路器充气 24 h 后进行
11	气体密度继电器及压力动作阀的动作值，应符合产品技术条件的规定。压力表指示值的误差及其变差，均应在产品相应等级的允许误差范围内

2. 测量 SF_6 断路器绝缘拉杆的绝缘电阻

断路器绝缘拉杆位于断路器瓷支持套管中，不方便直接测量绝缘电阻。可以通过测量断路器上端导电部位与下端接地部位的绝缘电阻来代表拉杆的绝缘电阻。该电阻值包括两部分，一部分为拉杆的绝缘电阻，一部分为磁支持套管的绝缘电阻。为了减少测量误差，应将瓷支持套管擦拭干净或对瓷支持套管加屏蔽环。断路器绝缘拉杆的绝缘电阻值测试方法，与变压器绕组绝缘电阻测试方法相同，使用的仪器也是 2 500 V 兆欧表，在这里就不多叙述。

3. 测量 SF_6 断路器每相导电回路的电阻

断路器导电回路的接触电阻，是断路器特性参数之一，它反映断路器触头接触是否良好，如果接触不良，电阻值较大，带电运行后容易烧毁触头接触面。接触电阻可以采用 QJ44 双臂电桥测量。测试方法与变压器绕组直流电阻测试方法相同。

需要注意的是，在测量时，应先分合几次断路器，以破坏触头上的金属氧化膜，减少电阻值误差；另外接线时应用弹性较大的线夹，牢固夹在触头最近端，且用力拧动线夹，以破坏线夹与断路器接触面的氧化膜，减小电阻误差值。测量时，四端连接法的电位端 P1、P2 靠近被测电阻，电流端 C1、C2 分别接在 P1、P2 的外侧，次序不可颠倒，如图 10-2-10 所示。

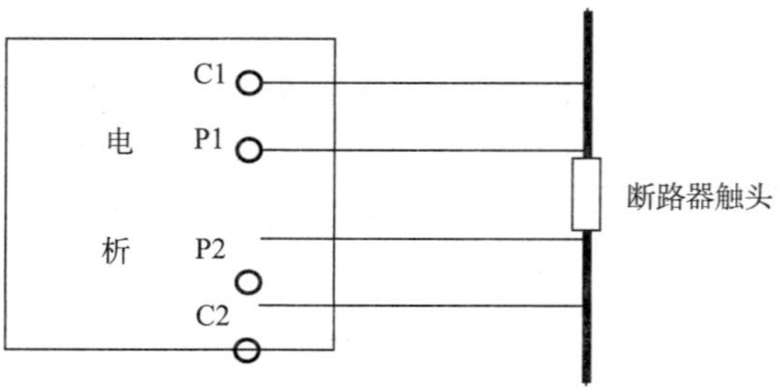

图 10-2-10　QJ44 电桥接线图

4. SF_6 断路器交流耐压试验

SF_6 断路器交流耐压试验，与变压器耐压试验相同。试验方法可参照变压器绕组耐压试验。对于 35 kV 断路器，只进行断路器合闸状态下，且 SF_6 气压为额定值时的耐压试验。试验电压按出厂试验电压的 80%。

5. 测量 SF_6 断路器的分、合闸时间及同期性

断路器分、合闸时间与同期性可以同时测试。仪器可以采用电秒表或断路器参数测试仪。电秒表与断路器参数测试仪相比，接线复杂，且对于高精度要求的设备，误差较大。因此推荐使用断路器参数测试仪，下面介绍采用断路器参数测试仪的试验方法及注意事项。断路器参数测试仪的试验接线图如图 10-2-11 所示。

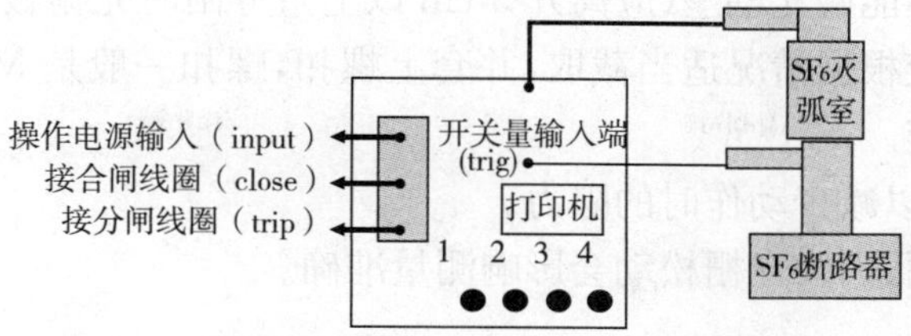

图 10-2-11　SF_6 断路器分、合闸时间及同期性测试接线图

1—分、合闸选择钮(trip/close)；2—启动旋转钮(start)；
3—准备按钮(ready)；4—准备指示灯(ready)

(1)操作方法

①试验前先手动、电动分合断路器几次，确保断路器机构灵活。

②按照图 10-2-11 所示接线。

③选择“合闸”或“分闸”钮 1。

④按下“准备”按钮 3，待“准备指示灯”4 亮后，旋转“启动”钮 2，断路器动作一次。

⑤记录打印机显示数据，包括分闸时间、合闸时间、同期时间和弹跳时间。

⑥共测试 3 次，取平均值。

(2)注意事项

新安装的断路器必须经过严格的调整，手动操作正常，并且经过若干次手动、电动分、合闸以后再进行时间、速度等测量。

液压机构和电磁机构必须在符合测试要求的条件下进行测量。

6. 测量断路器的分、合闸速度

断路器分、合闸速度的测试也采用断路器参数测试仪，试验方法如下，如图 10-2-12 所示。

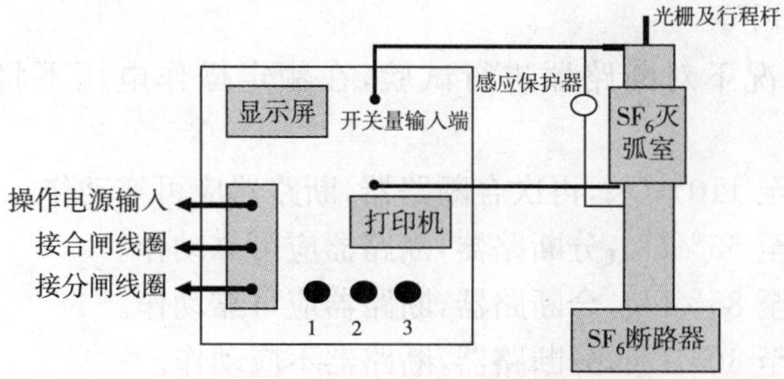

图 10-2-12　断路器分、合闸速度测试接线图

1—分、合闸选择钮；2—启动旋转钮；3—准备按钮

(1)操作方法

①接行程传感器，应在断路器合闸状态下安装。打开触头箱的盖子，插入测量杆并拧在触头的螺孔中，传感器底座固定在静触头上，用螺母和光垫片把测量杆和光栅的绝缘接头接好。

②行程信号用行程电缆线连接光栅架和主机行程插口。

③触头信号用触头线将主机 A、B、C 相插座和开关动、静触头连接。

④操作电源，将操作电源正极接到电源输入端子，输出端子分别接到分闸或合闸线圈。

⑤然后进行试验操作。

(2)装接传感器的要求

①合闸时测量杆不能碰光耦座(应离开 3 cm 以上);分闸时光栅板不能碰静触头,所以断路器厂家配带的连杆应根据情况适当截取,并套上螺扣,螺扣一般是 M6,也有 M5 或 M8 的,根据断路器型号来确定。

②传感器要装正,以减少动作时的阻力。

③传感器要接牢固,因为光栅松动会影响测量准确。

(3)注意事项

①所有接线经检查无误再接交流 220 V 电源。

②电磁干扰较强的测量环境,应在断路器断口两端及触头与地之间接保护器,如图 10-2-12 所示。

③测量前熟知被试断路器的技术参数,以便与高压开关特性测试仪测量数据进行比较。

④正式测量前应作一次模拟试验,一切正常后再上断路器测量。

⑤新安装的断路器必须经过严格的调整,手动操作正常,并且经过若干次电动分、合闸以后再进行测量。

⑥液压机构、电磁机构和空气操作机构必须在符合测试要求的条件下进行测量。

7. 测量断路器分、合闸线圈及合闸接触器线圈的绝缘电阻及直流电阻

断路器分、合闸线圈及合闸接触器线圈的绝缘电阻及直流电阻是否符合要求,将直接影响断路器是否能够正常、可靠地操作,因此该试验项目非常重要。直流电阻可以采用 QJ23 电桥进行测量,绝缘电阻采用兆欧表进行测量。试验方法可以参照变压器直流电阻和绝缘电阻的测量方法。

8. 断路器操动机构的试验

该试验进行前须保证断路器能够可靠地电动操作,且具有可以在 65%～110%间随意调节的操作电源。如果没有可以随意调节的操作电源,可以通过串联滑线电阻器来改变电压的高低。具体试验步骤如下。

(1)先在“就地”状况下对断路器进行试验,在额定操作电压下将断路器进行分、合闸试验。

(2)操作电压调节至 110%U_N,再次合断路器,断路器应可靠动作。

(3)操作电压调节至 65%U_N,分断路器,断路器应可靠动作。

(4)操作电压调节至 85%U_N,合断路器,断路器应可靠动作。

(5)操作电压调节至 30%U_N,分断路器,断路器不应动作。

(6)电压调至额定电压,根据设备技术要求,调节液压最高、最低范围,进行分、合闸试验,断路器应可靠动作。

(7)后在“远控”状况下对断路器重复进行上述试验,断路器均应可靠动作。

9. 测量 SF_6 气体的微量水含量;密封性试验;气体密度继电器、压力表和压力动作阀的校验

由于断路器型号不同,生产厂家不同,所以使用的仪器与专用接头也不尽相同,该试验可以参照出厂资料进行操作,这里就不再叙述。

10.2.4　真空断路器的电气试验

1. 真空断路器试验项目及参照标准

(1)真空断路器试验项目,见表 10-2-11。

表 10-2-11　真空断路器试验项目

序号	试　验　项　目
1	测量绝缘电阻
2	测量每相导电回路的电阻
3	交流耐压试验
4	测量断路器主触头的分、合闸时间，测量分、合闸的同期性，测量合闸时触头的弹跳时间
5	测量分、合闸线圈及合闸接触器线圈的绝缘电阻和直流电阻
6	断路器操动机构的试验

(2)真空断路器试验的参照标准，见表 10-2-12。

表 10-2-12　真空断路器试验参照标准

序号	参　照　标　准
1	整体绝缘电阻值测量，应参照制造厂规定；35 kV 断路器绝缘拉杆的绝缘电阻，在常温下不应低于 3 000 MΩ
2	每相导电回路的电阻值及测试方法，应符合产品技术条件的规定
3	10 kV 等级的断路器相对地、相间或断口施加 42 kV 1 min；35 kV 等级的断路器相对地、相间或断口施加 95 kV 1 min
4	测量断路器的分、合闸时间，应在断路器的额定操作电压、气压或液压下进行。实测数值应符合产品技术条件的规定；合闸过程中触头接触后的弹跳时间，40.5 kV 以下断路器不应大于 2 ms，40.5 kV 及以上断路器不应大于 3 ms
5	测量断路器分、合闸线圈的绝缘电阻值，不应低于 10 MΩ，直流电阻值与产品出厂试验值相比应无明显差别
6	操动机构的试验，应符合有关标准的规定

2. 测量绝缘拉杆绝缘电阻的试验仪器及标准

试验仪器为 2 500 V 兆欧表。

由有机物制成的绝缘拉杆的绝缘电阻值在常温下不应低于表 10-2-13 的规定。

表 10-2-13　绝缘拉杆在常温下的绝缘电阻值

额定电压(kV)	20～35
绝缘电阻值(MΩ)	3 000

3. 测量每相导电回路的电阻

(1)试验方法及注意事项

①试验仪器为直流双臂电桥或断路器分析仪。

②测量前应先分合几次断路器，以破坏触头上的金属氧化膜，减少电阻值误差。

③接线时应用弹性较大的线夹，牢固夹在触头最近端，且用力拧线夹，以破坏线夹与断路器接触面的氧化膜，减小接触电阻。

(2)标准规程

测量每相导电回路的电阻值及测试方法，应符合产品技术条件的规定。

4. 交流耐压试验

试验仪器为交流高压试验器和阻容分压器。

应在断路器合闸及分闸状态下进行交流耐压试验。当在合闸状态下进行时，试验电压应符合表 10-2-14 的规定。当在分闸状态下进行时，真空灭弧室断口间的试验电压应按产品技术条件的规定，试验中不应发生贯穿性放电。

表 10-2-14　操动机构的合闸接触器的动作要求

额定电压(kV)	35
1 min 工频耐压试验电压有效值(kV)	95

5. 测量断路器分闸时间、合闸时间、同期性和弹跳时间

试验仪器为断路器分析仪。

测量断路器的分、合闸时间，应在断路器额定操作电压及液压下进行，实测数值应符合产品技术条件的规定。

测量断路器主触头分、合闸的同期性，应符合产品技术条件的规定。

断路器合闸过程中触头接触后的弹跳时间不应大于 2 ms。

6. 测量分、合闸线圈及合闸接触器线圈的绝缘电阻和直流电阻

试验仪器为 500 V 兆欧表和直流双臂电桥。

测量断路器分、合闸线圈及合闸接触器线圈的绝缘电阻值不应低于 10 MΩ，直流电阻值与产品出厂试验值相比应无明显差别。

7. 断路器操动机构的试验

(1)操作方法

①首先在“就地”状况下对断路器进行试验，在额定操作电压下将断路器进行分、合闸试验。

②将操作电压调节至 110%U_N，再次合断路器，断路器应可靠动作。

③将操作电压调节至 65%U_N，分断路器，断路器应可靠动作。

④将操作电压调节至 85%U_N，合断路器，断路器应可靠动作。

⑤将操作电压调节至 30%U_N，分断路器，断路器不应动作。

⑥将电压调至额定电压，根据设备技术要求，调节液压最高、最低范围，进行分、合闸试验，断路器应可靠动作。

⑦然后在“远控”状况下对断路器重复进行上述试验，断路器均应可靠动作。

(2)标准规程

断路器操动机构的试验，应符合下列规定。

①合闸操作。当操作电压在表 10-2-15 范围内时，操动机构应可靠动作。

弹簧、液压操动机构的合闸线圈以及电磁操动机构的合闸接触器的动作要求，均应符合表 10-2-15 的规定。

表 10-2-15　合闸接触器的动作要求

电压		液压
直流	交流	
(85%～110%)U_N	(85%～110%)U_N	按产品规定的最高及最低值

注：对电磁机构，当断路器关合电流峰值小于 50 kA 时，直流操作电压范围为(80%～110%)U_N。U_N 为额定电源电压。

②脱扣操作。直流或交流的分闸电磁铁，在其线圈端钮处测得的电压大于额定值的 65% 时，应可靠地分闸，当此电压小于额定值的 30%时，不应分闸。

附装失压脱扣器的，其动作特性应符合表 10-2-16 的规定。

表 10-2-16　失压脱扣器的动作特性表

电源电压与额定电源电压的比值	小于 35%	大于 65%	大于 85%
失压脱扣器的工作状态	铁芯应可靠地释放	铁芯不得释放	铁芯应可靠地吸合

注：当电压缓慢下降至规定比值时，铁芯应可靠地释放。

附装过流脱扣器的，其额定电流规定不小于 2.5 A，脱扣电流的等级范围及其准确度，应符合表 10-2-17 的规定。

表 10-2-17　脱扣电流的等级范围及其准确度

过流脱扣器的种类	延时动作	瞬时动作
脱扣电流等级范围(A)	2.5～10	2.5～15
每级脱扣电流的准确度	±10%	
同一脱扣器各级脱扣电流准确度	±5%	

注：对于延时动作的过流脱扣器，应按制造厂提供的脱扣电流与动作时延的关系曲线进行核对。另外，还应检查在预定时延终了前主回路电流降至返回值时，脱扣器不应动作。

③模拟操动试验。当具有可调电源时，可在不同电压、液压条件下，对断路器进行就地或远控操作，每次操作断路器均应正确、可靠地动作，其联锁及闭锁装置回路的动作应符合产品及设计要求；当无可调电源时，只在额定电压下进行试验。

直流电磁或弹簧机构的操动试验，应按表 10-2-18 的规定进行。

表 10-2-18　电磁或弹簧机构的操动试验

操作类别	操作线圈端钮电压与额定电源电压的比值(%)	操作次数
合、分	110	3
合闸	85(80)	3
分闸	65	3
合、分、重合	100	3

注：括号内数字适用于装有自动重合闸装置的断路器。

10.2.5　六氟化硫封闭式组合电器(GIS)试验

1. SF_6 封闭式组合电器试验项目及参照标准

(1)SF_6 封闭式组合电器试验项目见表 10-2-19。

表 10-2-19　SF_6 封闭式组合电器试验项目

序号	试　验　项　目
1	测量主回路的导电电阻
2	主回路的交流耐压试验
3	密封性试验
4	测量六氟化硫气体含水量
5	封闭式组合电器内各元件的试验
6	组合电器的操动试验
7	气体密度继电器、压力表和压力动作阀的检查

(2)SF_6 封闭式组合电器试验参照标准见表 10-2-20。

表 10-2-20　SF_6 封闭式组合电器试验参照标准

序号	参 照 标 准
1	主回路的导电电阻值，宜采用电流不小于 100 A 的直流压降法。测试结果，不应超过产品技术条件规定值的 1.2 倍
2	按照 DL/T 555 的有关规定进行，试验电压值为出厂试验电压的 80%
3	采用灵敏度不低于 1×10^{-6}(体积比)的检漏仪对各气室密封部位、管道接头等处进行检测时，检漏仪不应报警
4	六氟化硫气体含水量(20 ℃的体积分数)，有电弧分解的隔室，应小于 150 μL/L；无电弧分解的隔室，应小于 250 μL/L
5	封闭式组合电器内各元件的试验，应按本标准相应章节的有关规定进行，但对无法分开的设备可不单独进行
6	操动试验时，联锁与闭锁装置动作应准确可靠。电动、气动或液压装置的操动试验，应按产品技术条件的规定进行
7	在充气过程中检查气体密度继电器及压力动作阀的动作值，应符合产品技术条件的规定。对单体到现场的这些设备，应进行校验

2. 测量主回路的导电电阻

通过检查 SF_6组合电器主回路的直流电阻，是判断回路中的各元件如母线、开关、电流互感器的连接是否可靠连接的重要措施。测试之前，将母线隔离/接地组合开关合于接地位，再将馈线隔离/接地组合开关合于接地位，将断路器合闸，打开两个接地开关的接地连接铜排，将测试线夹分别同时夹在不同接地开关的同一相上，测试该相回路的导电电阻。

在 GIS 亚真空状态时严禁测量主回路的导电电阻。

3. 主回路的交流耐压试验

GIS 设备现场安装、调试完成，必须进行耐压试验。其目的是考核组合电器母线、绝缘子、套管、开关连同互感器的绝缘状况，检查总体安装后的绝缘性能是否完好，验证是否存在各种隐患导致内部故障。

交流耐压时对试品的要求，试品应完全安装好，充气到额定密度气动管路接头，并进行密封性试验和气体湿度测量合格；耐压试验前，应对试品测量绝缘电阻；耐压试验前气动管路接头，GIS 上所有电流互感器的二次绕组应短路并接地；耐压试验前，应隔离高压电缆、架空线、电力变压器和电磁式电压互感器、避雷器。

由于 GIS 绝缘介质的电容量比较大，现场交流耐压试验宜采用串联谐振试验装置，试验电压值为出厂试验施加电压值的 80%。规定的试验电压应施加到每相导体和外壳之间，每次一相，其他相的导体应与接地的外壳相连。试验电源可接到被试相导体任一部位。选定的试验程序应使每个部件都至少施加一次试验电压。在制定试验方案时，必须同时注意要尽可能减少固体绝缘的重复试验次数。

GIS 现场交流耐压试验的第一阶段是“老练净化”，其目的是清除 GIS 内部可能存在的导电微粒或非导电微粒。这些微粒可能是由于安装时带入而清理不净，或是多次操作后产生的金属碎屑，或是紧固件的切削碎屑和电极表面的毛刺而形成的。“老练净化”可使导电微粒移动到低电场区或微粒陷阱中和烧蚀电极表面的毛刺，使其起不到绝缘危害作用。“老练净化”的基本原则是既要达到净化试验的目的，又要尽量减少净化试验过程中微粒触发的击穿，还要减少对被试设备绝缘的损害,即缩短设备承受较高电压作用的时间。逐级升压时,在低电压下可保持较长时间,在高电压下则不许长时间耐压。施加电压的幅值和持续时间如图 10-2-13 所示。

GIS 的每一部件均已按选定的试验程序耐受规定的试验电压而无击穿放电,则认为整个 GIS 通过试验。

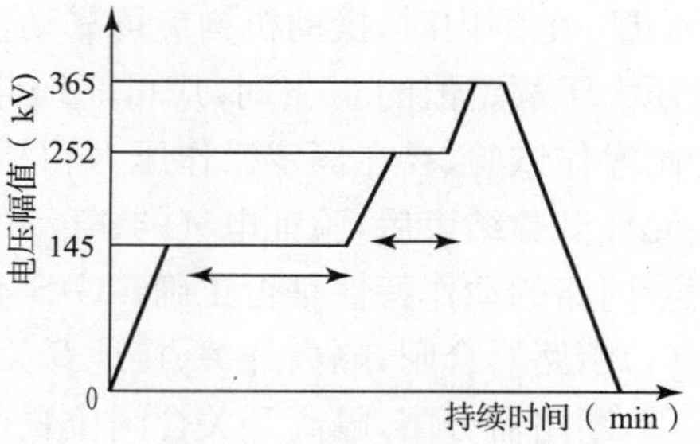

图 10-2-13　现场交流耐压加压过程图

4. 密封性试验

GIS 经现场安装,应对其拆装对接的每一处密封环节要进行严格的密封试验,如果存在漏点则必须返工处理,直至合格,以保证整个气室的年漏气率符合标准。

定性检漏作为判断 GIS 气室漏气与否的一种手段,是定量检漏前的预检。采用抽真空检漏和检漏仪检漏两种方法,对气室进行抽真空作为初步的密封检测及排出气室内的水分是必要的步骤,通过抽真空可检测出所有硬性密封环节的漏点。

当 GIS 气室抽真空到真空度已达到或小于 133 Pa 时,在继续抽真空 30 min 后停泵,静止 30 min 后读取真空度 A 值,再间隔 5 h 后读取真空度 B 值,如 $B-A<133$ Pa,则认为气室的密封性良好。

用灵敏度不低于 1×10^{-6} 的 SF_6 气体检漏仪沿外壳焊缝、密封面、管路接头、转动密封等部位,用不大于 2.5 mm/s 的速度在上述部位缓慢移动,检漏仪没有报警(无反应)则认为密封性能良好。

实施局部包扎法:用 0.1 mm 厚的塑料薄膜按密度部位的几何形状围一圈半,接缝向上,尽可能构成圆形或方形,经整形后用胶带粘贴密封。塑料薄膜与被测品应保持一定的间隙,一般为 5 mm 左右,包扎后经 24 h 测定包扎腔内 SF_6 气体的浓度,应取不同位置四点的平均值。

5. 测量六氟化硫气体含水量

常态下,SF_6气体无色无味,有良好的绝缘性能和灭弧性能,当气温骤降时,SF_6气体中超标的水分可能会凝结在固体介质表面而发生闪络,严重时造成组合电器发生爆炸事故。

充气之前气瓶的气体须经验收合格。充气时要求充气压力略高于当时温度下的额定压力。该项试验充气完毕静置 48 h 后测量。

采用露点仪测量时,首先用不锈钢管把封闭式组合电器 SF_6 充气口与设备进气口连接;打开测量设备电源,选择“测试数据”,设备会自行自检,自检成功后,调节断路器充气口阀门,逐渐放气;再调节露点仪的流量阀门,应调节流量在 0.5～0.9 L/min;试验数据显示在液晶屏上,测试完毕后,拧紧封闭式组合电器充气阀门,以防漏气。

测量时应注意气路管道连接要可靠,严防泄漏;仪器的排气应用 10 m 以上的排气管引至下风口;取样接头、管道应做好防潮处理;通常不应在相对湿度大于 85%的环境中测试,阴雨天气不能在室外测试;在测量过程中,测量调节针形阀应慢慢打开,防止压力突变,以免压力和流量传感器损坏。

6. 封闭式组合电器内各元件的试验

对于 GIS 内部安装的断路器、隔离开关、负荷开关、接地开关、避雷器、互感器、套管、母线等元件的试验,按照有关标准进行。

7. 组合电器的操动试验

GIS元件调试过程中，应注意检查所有管路接头的密封，螺钉端部的连接，以及接线和装配是否符合图纸和说明书的要求。操动机构的试验，应符合下列规定：当操作电压在(85%～110%)U_N范围内时，操动机构应可靠动作。直流或交流的分闸电磁铁，在其线圈端钮处测得的电压大于额定值的65%时，应可靠地分闸，当此电压小于额定值的30%时，不应分闸。连续分合闸操作试验，要在额定操作压力和额定控制电压下连续进行5～10次分合闸操作。

元件试验结束后，验证电气的、气动的、液压的和其他连锁的功能特性，并验证保护、操作和信号回路的动作特性是否正确。GIS不同元件之间的连锁应满足以下要求。

(1)断路器合闸，隔离开关、接地开关不能动作。

(2)断路器分闸，隔离开关合闸位置，接地开关不能动作。

(3)当隔离开关分闸时，接地开关可以操作。

(4)当接地开关合闸时，隔离开关不能操作。

(5)当接地开关分闸时，隔离开关可以操作。

8. 气体密度继电器、压力表和压力动作阀的检查。

SF_6气体密度继电器、压力表、压力动作阀是用来检测运行中的SF_6组合电器本体中SF_6气体密度变化的重要元件，其性能的好坏直接影响到组合电器的安全运行。因此，对SF_6气体密度继电器、压力表、压力动作阀的检验是非常必要的。

当SF_6设备安装完成后，对本体进行充气时，利用充气过程对密度继电器进行校对，检验其报警启动压力值、闭锁启动压力值，SF_6密度继电器带有压力表时检验压力表示值。

利用组合电器的放气过程对密度继电器进行校对，检验其报警返回压力值、闭锁返回压力值。

10.2.6　互感器的电气试验

由于轨道交通供电系统的变电所为室内安装，因此采用的互感器一般是干式互感器，因此这里只介绍干式互感器的试验。

1. 互感器试验项目及参照标准

(1)互感器试验项目，见表10-2-21。

表10-2-21　互感器试验项目

序号	试验项目
1	测量绕组的绝缘电阻
2	测量35 kV及以上电压等级互感器的介质损耗角正切值 $\tan\delta$
3	局部放电试验
4	交流耐压试验
5	测量绕组的直流电阻
6	检查接线组别和极性
7	检查互感器的变比
8	测量电流互感器的励磁特性曲线
9	测量电磁式电压互感器的励磁特性

(2)互感器试验的参照标准，见表 10-2-22。

表 10-2-22　互感器试验参照标准

序号	参照标准
1	测量一次绕组对二次绕组及外壳、各二次绕组间及其对外壳的绝缘电阻；绝缘电阻不宜低于 1 000 MΩ
2	电压等级 35 kV 及以上互感器的介质损耗角正切值 tanδ 测量应符合标准规定
3	电压等级为 35～110 kV 互感器的局部放电测量可按 10%进行抽测，若局部放电量达不到规定要求应增大抽测比例
4	互感器交流耐压试验应按出厂试验电压的 80%进行；二次绕组之间及其对外壳的工频耐压试验电压标准应为 2 kV
5	电压互感器：一次绕组直流电阻测量值，与换算到同一温度下的出厂值比较，相差不宜大于 10%。二次绕组直流电阻测量值，与换算到同一温度下的出厂值比较，相差不宜大于 15%。 电流互感器：同型号、同规格、同批次电流互感器一、二次绕组的直流电阻和平均值的差异不宜大于 10%
6	检查互感器的接线组别和极性，必须符合设计要求，并应与铭牌和标志相符
7	用于非关口计量，电压等级 35 kV 以下的互感器，检查互感器变比，应与制造厂铭牌值相符，对多抽头的互感器，可只检查使用分接头的变比
8	测量电流互感器的保护级绕组的励磁特性曲线，测量后核对是否符合产品要求
9	对于电压互感器额定电压测量点(100%)，励磁电流不宜大于其出厂试验报告和型式试验报告的测量值的 30%，同批同型号、同规格电压互感器此点的励磁电流不宜相差 30%

2. 测量绕组的绝缘电阻

测量绕组的绝缘电阻，能够有效地检查出高压设备绝缘整体受潮，部件表面受潮或脏污，以及贯穿性的集中性缺陷，如瓷件破裂、引线接壳、器身内有金属接地等缺陷。

互感器绝缘电阻的试验方法，可参照变压器绕组绝缘电阻的试验。试验仪器为 2 500 V 兆欧表。

对于测量结果应进行“纵”的比较(即与本台设备的出厂及历年试验结果相比较)；进行“横”的比较(即与同类设备的试验结果相比较)，这时都不应有明显的下降或较大的差别，否则必须引起注意，不然要查明原因，在比较电气设备绝缘电阻时也要考虑温度、湿度、脏污及气候条件的影响。测试前要对被测设备进行放电和污垢处理，残余电荷和被测设备表面的脏污都会影响被测电阻值的偏大或偏小，引起测得的绝缘电阻不准确；测试前一定要拆除与被测设备相连的连接线，防止高压串到其他设备上造成设备和人员的危害。

3. 测量 35 kV 及以上电压等级互感器的介质损耗角正切值 tanδ

35 kV 及以上互感器，测量一次绕组的介质损耗角正切值 tanδ，尤其对绝缘受潮、劣化及套管绝缘损坏等缺陷，反应非常灵敏。

互感器的绕组 tanδ 测量电压应在 10 kV 测量，tanδ 不应大于表 10-2-23 中数据。

表 10-2-23　tanδ(%)限值

种类 \ 额定电压	20～35 kV	66～110 kV	220 kV	330～500 kV
油浸式电流互感器	2.5	0.8	0.6	0.5
充硅脂及其他干式电流互感器	0.5	0.5	0.5	—
油浸式电压互感器绕组	3	2.5		—
串级式电压互感器支架	—	6		—
油浸式电流互感器末屏	—	2		

测量介质损耗角正切值时对于不同形式的互感器应采用相应的接线形式。对于非电容型电流互感器，试验电压应施加在短接的一次绕组与地之间，通常短接的二次端子和绝缘的金属箱壳均应接入测量电桥；对于电容型电流互感器，试验电压应施加在短接的一次绕组与地之间，短接的二次端子和绝缘的金属箱壳均应接地，一次绕组电容屏的地屏接入电桥用正接法测量。对于不接地的电压互感器，试验电压施加在短接的一次绕组上，二次绕组短接接到测量电桥，金属底座和箱壳接地。对于铁芯接地的电压互感器，试验时将一次绕组的末端接地，试验电压施加到一次绕组的首端，各二次绕组均开路并将任一同名端相连接。电桥、箱壳和铁芯均接地。铁芯不接地的电压互感器试验时，将互感器与地面绝缘，一次绕组首端施加电压末端接地，各二次绕组开路并将任一同名端相连，且与底座相连接后接入测量电桥。

测试前拆除所有与互感器连接的外部连线，确认带电区域，拉好安全警戒带，挂好警戒标牌"止步高压危险"。并派专人防护好，以防其他人员误入高压区，防止高压送到其他设备造成设备损害和危及人员安全；测试过程中精力要集中，设备接地要可靠，发现有异常情况赶紧切断电源，放电后再检查原因。

4. 局部放电试验

环氧树脂浇注的互感器的工艺特点使其绝缘内部总是存在多个气泡，运行后，导致互感器绝缘层内部放电，且放电的特点是脉冲重复率较高，如果气泡较多，放电脉冲就会叠加在一起，使绝缘击穿。因此，检测互感器的局部放电非常重要。

互感器局部放电试验方法及注意事项如下。

(1)试验方法

①按照图 10-2-14 将互感器与试验设备对应接线。

②测定基本放电量。

③电压到试验要求预加值，停留 10 s 以上。

④电压至测量电压值，停留 1 min。

⑤调节放电量的阀值，同时调节灵敏度调节钮，使灵敏度最大。

⑥"有效"指示灯处于闪烁的临界状态时，此时放电量阀值就是试品的最大放电量。

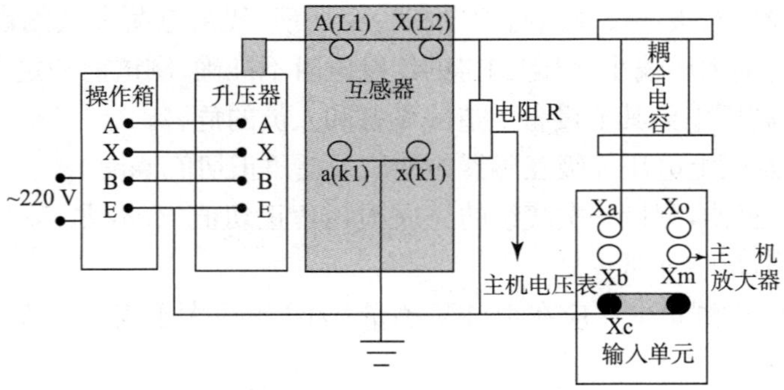

图 10-2-14　互感器局部放电试验原理接线图

(2)注意事项

①放电试验应在耐压试验以后进行，此时测试效果更接近真值。

②对于电压互感器，低压绕组的首端应悬空，不允许与末端短接。

③对于串级式电压互感器，应施加感应电压，频率一般为 150～200 Hz。

④环氧浇注的互感器内部总存在多个气泡，且分布不均匀，有的靠近高压侧，有的靠近低

压侧，因此正、负脉冲高度在正、负半周很不对称，所以，在排除掉确认的外干扰脉冲的情况下，应以确认为内部的较高半周的脉冲作为测量结果。

(3)标准规程

①35 kV 及以上固体绝缘互感器应进行局部放电试验。

②测试时，可按现行国家标准《互感器局部放电测量》的规定进行。测试电压值及放电量标准应符合表 10-2-24 的规定。

表 10-2-24　互感器局部放电测量标准

接地方式	互感器型式	预加电压（$t \geqslant 10$ s）	测量电压（$t \geqslant 1$ min）	绝缘型式	允许局部放电水平
					视在放电量(pC)
中性点绝缘系统或中性点共振接地系统	电流互感器与相对地电压互感器	$1.3U_m$	$1.1U_m/\sqrt{3}$	液体浸渍	20
				固体	100
	相与相电压互感器	$1.3U_m$	$1.1U_m$	液体浸渍	20
				固体	100
中性点有效接地系统	电流互感器与相对地电压互感器	$0.8\times1.3U_m$	$1.1U_m/\sqrt{3}$	液体浸渍	20
				固体	100
	相与相电压互感器	$1.3U_m$	$1.1U_m$	液体浸渍	20
				固体	100

注：U_m 为设备的最高电压有效值。

5. 交流耐压试验

全绝缘互感器的交流耐压试验，可参照变压器绕组耐压试验。试验电压以本章附录规定值为准。

对于串级式电压互感器，对绝缘性能有怀疑时，宜进行倍频感应耐压试验。试验接线如图 10-2-15 所示。

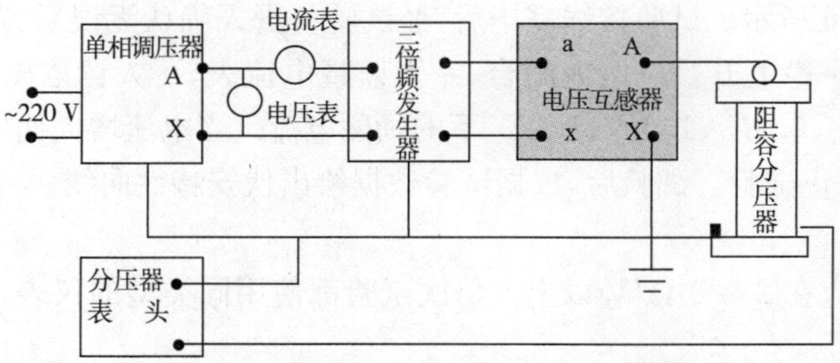

图 10-2-15　串级式电压互感器倍频感应耐压试验原理接线图

倍频感应耐压试验电压、频率、时间要求如下。

(1)倍频感应耐压试验电压应为出厂试验电压的 85%。

(2)试验电源频率为 150 Hz 及以上时，试验时间 t 按下式计算：

$$t=60\times100/f \tag{10-2-9}$$

式中　t——试验电压持续时间(s)；

F——试验电源频率(Hz)。

(3)试验电源频率不应大于 400 Hz，试验电压持续时间不应小于 20 s。

(4)倍频感应耐压试验前后,应各进行一次额定电压时的空载电流及空载损耗测量,两次测得值相比不应有明显差别。

(5)倍频感应耐压试验时,应在高压端测量电压值。高压端电压升高容许值应符合制造厂的规定。

6. 测量电压互感器一次绕组的直流电阻

电压互感器一次绕组的直流电阻测试,可参照变压器绕组直流电阻的测试方法。这里就不再重复叙述。

7. 检查互感器的极性和变比

试验方法可参照变压器极性与变比的试验,对于电流互感器的变比试验,须采用双表法进行,表计为 0.5 级或更高精度的电流表。

8. 测量电流互感器的励磁特性曲线

励磁特性曲线可以检查电流互感器其他二次线圈有无纵绝缘缺陷,以及可以计算准确限值系数是否满足要求,具体试验方法及注意事项如下。

(1)试验方法

根据互感器铭牌上的参数以及实际测量出的绕组的电阻数值由以下公式计算出极限电动势 E_1。

$$E_1 = A_{\mathrm{LF}} \times I_{2\mathrm{n}} \times \sqrt{(R_{\mathrm{ct}} + R_2)^2 + (X_{\mathrm{ct}} + X_2)^2} \tag{10-2-10}$$

式中　A_{LF}——准确限值系数;

$I_{2\mathrm{n}}$——额定二次电流(A);

R_{ct}——二次绕组电阻(Ω);

X_{ct}——二次绕组漏电抗(可按 0.1 Ω 估算)(Ω);

R_2——额定输出对应负荷的有功分量(Ω);

X_2——额定输出对应负荷的无功分量(Ω)。

试验前,应将电流互感器二次绕组引线和接地线均拆除,试验时,一次侧开路,从二次侧施加电压,如图 10-2-16 所示。试验接线完毕后,经试验负责人确认无误后方可调压。升压过程中,中途不要下降,平稳上升。应两人配合,一人监视电流表,一人读取电压值。测量出对应 $0.6E_1$、$0.7E_1$、$0.8E_1$、$0.9E_1$、$1.0E_1$、$1.1E_1$ 下的励磁电流。当电流增大而电压变化不大时,说明铁芯已饱和,应停止试验。试验后,根据试验数据绘出伏安特性曲线。

(2)注意事项

①电压表内阻应在 2 000 Ω/V 以上。每次试验都使用同类型的仪表,以便同类型设备进行比较。

②升压过程中,中途不要下降,平稳上升。应两人配合,一人监视电流表,一人读取电压值。如果互感器二次接线没有完全断开,特别是接地端没有断开,注意试验电源零火线应仔细检查。应严格按照试验接线图接线和核对电源极性,防止合闸瞬间烧毁仪表。

③进行试验的电流互感器二次绕组,必须短接接地,不可开路。

④进行试验的电压互感器二次绕组,必须开路,不可短接。

9. 测量电磁式电压互感器的励磁特性

电压互感器励磁特性测试接线图如图 10-2-17 所示,试验接线完毕后,经试验负责人确认无误后方可升压。升压过程中,中途不要下降,平稳上升。应两人配合,一人监视电压表,一人读取电流值。

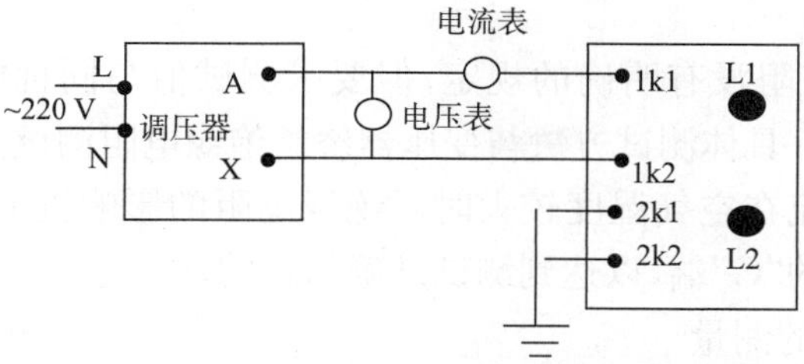

图 10-2-16　电流互感器励磁特性曲线测试接线图

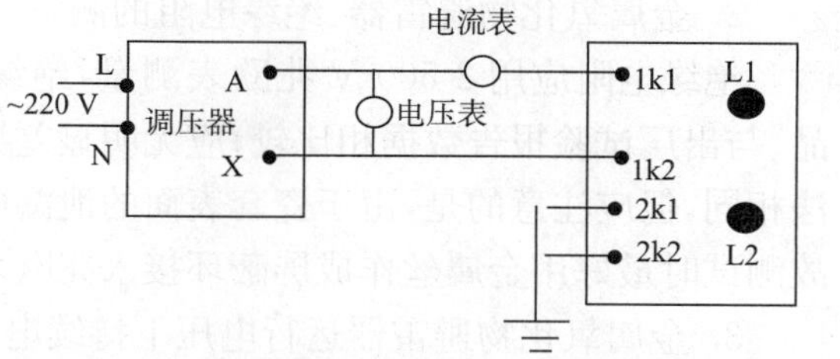

图 10-2-17　电压互感器励磁特性曲线测试接线图

电压互感器进行试验时，高压侧开路，低压侧通以电压，读取其电流。读数以电压为准。一般情况下，励磁曲线测量点为额定电压的 20%、50%、80%、100%、120%，逐点读取相应电流值。对于中性点直接接地的电压互感器（N 端接地的），电压等级 35 kV 以下的电压互感器最高测量点为 190%、电压等级为 66 kV 及以下的电压互感器最高测量点为 150%。

试验后，根据试验数据绘出励磁特性曲线。

用于励磁曲线测量的仪表为方均根值，若发生测量结果与出厂试验报告和型式试验报告有较大出入（>30%）时，应该核对使用的仪表种类是否正确。对于额定电压测量点（100%），励磁电流不宜大于其出厂试验报告和型式试验报告的测量值的 30%，同批次、同型号、同规格的电压互感器次点的励磁电流不宜相差 30%。

试验时，一次测将产生高压，特别注意应设置安全围栏且有人防护。

10.2.7　金属氧化物避雷器的电气试验

1. 金属氧化物避雷器试验项目及参照标准

（1）金属氧化物避雷器的试验项目，见表 10-2-25。

表 10-2-25　金属氧化物避雷器的试验项目

序号	试　验　项　目
1	测量金属氧化物避雷器及基座绝缘电阻
2	测量金属氧化物避雷器的工频参考电压和持续电流
3	测量金属氧化物避雷器直流参考电压和 0.75 倍直流参考电压下的泄漏电流
4	检查放电计数器动作情况及监视电流表指示

（2）金属氧化物避雷器的试验参照标准，见表 10-2-26。

表 10-2-26　金属氧化物避雷器的试验参照标准

序号	参　照　标　准
1	35 kV 以上电压等级的避雷器用 5 000 V 兆欧表，绝缘电阻不小于 2 500 MΩ；35 kV 及以下电压等级的避雷器用 2 500 V 兆欧表，绝缘电阻不小于 1 000 MΩ；低压（1 kV 以下）：用 500 V 兆欧表，绝缘电阻不小于 2 MΩ；基座绝缘电阻不低于 5 MΩ
2	金属氧化物避雷器对应于工频参考电流下的工频参考电压，整支或分节进行的测试值，应符合产品技术条件的规定；金属氧化物避雷器在持续运行电压下的持续电流，其阻性电流或总电流值应符合产品技术条件的规定
3	金属氧化物避雷器对应于直流参考电流下的直流参考电压，整支或分节进行的测试值，应符合产品技术条件的规定。实测值与制造厂规定值比较，变化不应大于±5%。0.75 倍直流参考电压下的泄漏电流值不应大于 50 μA，或符合产品技术条件的规定
4	放电计数器应动作可靠，避雷器监视电流表指示应良好

2. 金属氧化物避雷器、绝缘电阻的测量

绝缘电阻应用 2 500 V 兆欧表测量，绝缘电阻没有明确的规定，但要求测试值与同批试品、与出厂试验报告数据相比较，应无明显差异。具体测试方法与变压器绕组绝缘电阻测试方法相同，但应注意的是，由于瓷套表面的泄漏电流在空气湿度较大时对绝缘电阻的影响很大，故测试时最好用金属丝作成屏蔽环接入兆欧表的“G”端，以达到测试准确的目的。

3. 金属氧化物避雷器运行电压下持续电流的测量

测量运行电压下的持续电流(即泄漏电流)，是在避雷器上施加交流电压，测量此时的泄漏电流。所施加的交流电压数值为系统的持续运行电压。试验仪器为工频交流耐压试验器和泄漏电流测试仪。具体试验方法如下。

(1)将避雷器上端连接线拆除。

(2)将用柔软棉纱把避雷器瓷套擦拭干净。

(3)将把工频交流耐压试验器正确接线，用测试线把高压输出端与避雷器上端连接。

(4)将把泄漏电流测试仪串联在避雷器下端接地线中。

(5)将合电源开关，匀速平稳地升电压到运行电压值(31.5 kV)。

(6)将读取交流泄漏电流值与阻性电流。

(7)试验完成后，匀速降下电压至零，切断电源。

因为测试的是运行电压下的持续电流，因此在系统带电运行后，进行此项试验时，也可以把泄漏电流测试仪串联在避雷器接地回路中，直接读取泄漏电流值。但是这种方法的弱点是系统电压不一定稳定，不易与出厂试验、安装试验值相比较。在条件允许的情况下，应尽量使用工频交流耐压试验器试验。

4. 测量避雷器对应于直流参考电流下的直流参考电压

一般金属氧化物避雷器的直流参考电压为 1 mA，当避雷器通过直流 1 mA 电流时，测量避雷器两端的电压。它是金属氧化物避雷器的一个重要参数，其值决定于过电压配合系数与阀片压比，而该值又直接影响避雷器的荷电率(荷电率 $S=\sqrt{2}U_{CH}/U_{1\,mA}$，其中 U_{CH} 为持续运行电压)，荷电率增高，避雷器的可靠性下降，如超越某一限度时，避雷器将会损坏甚至发生爆炸，直接影响接触网的正常供电。

测试 1 mA 参考电流下的参考电压的同时，还须测试 $75\%U_{1\,mA}$ 下的直流泄漏电流，虽然标准没有明确规定泄漏电流值的大小，但目前国内生产的金属氧化物避雷器一般出厂规定值不允许超过 50 μA。

测试仪器为直流高压发生器，具体试验方法如下。

(1)按图 10-2-18 接线。

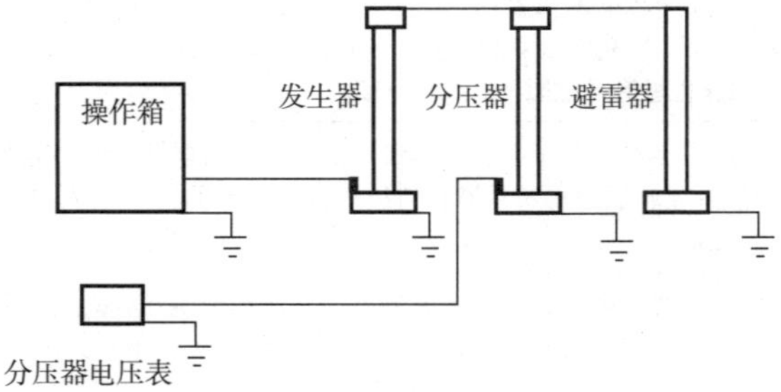

图 10-2-18　避雷器对应直流参考电流下的直流参考电压测试接线图

(2)缓慢匀速地升电压,同时观察泄漏电流值,泄漏电流为 1 mA 时,读取电压值。

(3)计算此电压的 75%数值,然后降电压至该值,稳定后读取泄漏电流值。

(4)然后匀速降电压为零,切断电源。

(5)用放电棒放电(注意:直流高压试验结束后,必须进行充分放电)。

5. 金属氧化物避雷器检查放电计数器

金属氧化物避雷器配套安装的放电计数器,目前使用的以 JS 型与 JLG 型较多。

通常对计数器的检查方法有两种,一种是交流 220 V 点击法,一种是高压点击法。

交流 220 V 点击法的具体操作步骤如下。

(1)用万用表校出交流 220 V 的火线和零线。

(2)将计数器接地端可靠接地。

(3)用 220 V 火线点击计数器上端,计数器将动作一次,最后使指针指示在零位。

高压点击法与交流 220 V 点击法操作方法相同,一般以 1 kV 为宜,电压不可太高,且操作人员应戴绝缘手套、穿绝缘靴,该方法虽然可靠性高,但操作不太方便。

另外现在宁夏电子仪器厂生产的 CS-1 型计数器试验器是做上述试验的专用仪器,原理与高压点击法相似。

10.2.8 直流快速开关和负极柜的电气试验

直流快速开关在变电所中的作用与断路器相同,但是由于直流电弧的熄灭过程与交流电弧不同,其电弧电流在时间上不过零点,属于非周期变化的,因而在直流电弧的熄灭上较交流电弧困难。一般来说,熄灭直流电弧的直流开关在速度上有较高的要求,目的是为了加速断开短路或过负荷的直流电流所产生的电弧。

目前我国对于直流快速开关还没有相关的国家标准。因此直流快速开关的试验可以参照断路器的有关标准,如绝缘电阻、交流耐压、接触电阻、分合闸时间、分合闸速度等。详细试验方法可以参照 SF_6 断路器的试验。

另外,在直流牵引变电所中,还有负极柜,其作用实际为牵引负极回流。内部有手动隔离开关一台,用于分断负极回流。隔离开关的试验项目有绝缘电阻和交流耐压。

10.3 变电所二次设备单体试验

供变电装置中,为了高压电气设备的安全运行和实现一次设备的操作控制而设置的控制、信号、测量、继电保护及自投装置等低压、弱电电气设备,通常称为二次设备。二次设备主要有继电器、仪表等低压电气设备。继电器包括电流继电器、电压继电器、差动继电器、时间继电器和中间继电器等,目前我国轨道交通一般采用集成化继电器,如上海明珠线变电所采用了德国 ISEG 公司的电流保护装置,不仅包括速断、过流、零序过流等保护,还包括它们的延时及出口;电压保护装置与电流装置相同,也包括过压、欠压等保护,同时还有它们的延时及出口。仪表分电压表、电流表及功率表等。

下面分别介绍上述各种设备的试验项目及试验方法。

10.3.1 电流保护装置试验

电流保护装置的试验包括电流整定、返回值检查,时间整定及其他功能检查。

1. 电流整定、返回值检查的试验方法

(1)首先按照设计整定书将继电器进行设定(如整定值为 1 A)。

(2)采用继电器试验仪匀速升电流至 1 A,继电器应动作,如果动作值超过误差范围,应重新整定或对继电器进行调节。

(3)继电器整定合格后,匀速降电流,读取继电器返回值。

(4)计算返回系数,不应超过产品技术要求值,返回系数计算公式如下:

$$a = I_{dz}/I_{fh} \tag{10-3-1}$$

式中 a——返回系数;

I_{dz}——电流动作值;

I_{fh}——电流返回值。

2. 时间整定的试验方法

(1)首先按照设计整定书将继电器进行设定(如整定值为 1 s)。

(2)按照继电器试验仪的要求进行接线,升电流至 1.2 A,使继电器可靠动作,关闭电流。

(3)突然开启电流开关,此时的动作时间为继电器实际动作时间,如果动作时间超过误差范围,应重新整定或对继电器进行调节。

3. 其他功能检查

对于集成化的保护装置,可能根据设计需要,还有一些附加功能,如整定值切换、动作闭锁等,可以根据具体要求进行检查,这里就不再叙述。

10.3.2 电压保护装置试验

电压保护装置的试验可参照电流保护装置的试验方法。

10.3.3 仪表校验

仪表的校验,共分下列几个步骤。

1. 外部检查

进行仪表外部检查时,应注意下列几项。

(1)仪表应有必要的标志和符号。

(2)仪表外部、内部应无脱落的零部件。

(3)指针与刻度位置应平直、正确。

2. 检验可动部分的平衡

检验可动部分的平衡,即在不通电时测定倾斜影响。检测时将仪表自规定的正常工作位置向任一方向倾斜角度不得大于表 10-3-1 的规定,其指针对刻度零位的位移不应超过表 10-3-2的规定。

表 10-3-1 测试仪表向任一方向倾斜角度

仪表的结构及适用条件	对工作位置倾斜的角度
普通具有机械反作用力矩的仪表	10°
带光标指示器的仪表、带拉丝的仪表和自动记录仪表	5°

表 10-3-2　测试仪表指针对刻度零位的位移

仪表精确度	0.2	0.5	1.0	1.5	2.5	4.0
以刻度长度的百分率表示的指示值容许变化	±0.2	±0.5	±1.0	±1.5	±2.5	±4.0

3. 通电检查和预热检查

将仪表通电，平稳地增加被测量值，使指针从零位偏转至测量上限，然后缓慢而平稳地减少被测量值至零，此时应观察下列项目。

(1)仪表的可动部分是否转动灵活。

(2)当平稳地减少被测量值至零时，指针是否回零位。

(3)在刻度的某部分上，指针有无谐振性振动。

(4)仪表接通额定电压或电流预热不少于 15 min 后，再次观察当平稳地减少被测量值至零时，指针是否在零位。

4. 绝缘电阻的测量

仪表的绝缘电阻用电压为 500～1 000 V 的兆欧表进行测量。

在温度为(20±5) ℃和湿度为 85%以下，单元件所有电路对仪表外壳的绝缘电阻不应小于 10 MΩ；当仪表连同二次回路一起测量时，要求绝缘电阻值不小于 1 MΩ。

5. 仪表基本误差的测定

仪表基本误差的测定方法如下。

(1)按照被试仪表的不同类型，进行接线。用于检定的标准表精确度应大于被检定仪表两级，如被检定仪表精确度为 1.5 级，标准表精确度应为 0.5 级。

(2)对于 1.0～4.0 级仪表应通电预热不少于 15 min。

(3)由零平稳地增加被测电气量，在被试表各刻度点，读取标准表的指示值。然后再由上限平稳地减少被测电气量，在被试表各刻度点，读取标准表的指示值。取两次读数中标准表与被试表指示值之差中较大的一个为该刻度点的基本误差。

(4)计算相对误差和变差，不应大于表 10-3-3 的规定。

表 10-3-3　仪表基本误差判定标准

仪表精确度	0.2	0.5	1.0	1.5	2.5	4.0
容许的最大基本误差(%)	±0.2	±0.5	±1.0	±1.5	±2.5	±4.0

相对误差 $\gamma\%$ 的计算公式为

$$\gamma\%=(A_X-A_0)\times 100\%/A \tag{10-3-2}$$

式中　A_X——实测值；

A_0——标准值；

A——被测仪表的测量上限。

变差 V 的计算公式为

$$V=(A_1-A_2)\times 100\%/A \tag{10-3-3}$$

式中　A_1——增加被测电气量的实测值；

A_2——减少被测电气量的实测值。

10.4　变电所的整组传动试验

10.4.1　整组传动

变电所一次设备、二次设备单体试验合格后，为了确保变电所系统功能的可靠性、协调性，应进行全所自动化调试，即整组传动，以保证测量回路、控制回路、信号回路以及继电保护回路正确显示、可靠动作。

1. 调试应具备的条件

(1)变电所单体电气设备试验完毕，且均合格。

(2)具备完整的一次、二次施工设计图纸。

(3)具备设计提供的变电所整定计算书。

(4)继电保护装置已经按照设计整定计算书进行整定。

(5)变电所应有稳定、可靠的交流、直流电源。

2. 调试用仪器及工具

(1)继电保护测试仪(SVERKER750)1 台。

(2)数字万用表 3 块。

(3)高频对讲机 1 对。

(4)组合工具 1 套。

3. 整组传动试验项目

(1)开关上电检查。

(2)直流传动。

(3)交流模拟量传动。

(4)开关自投。

4. 调试步骤

(1)调试准备。

(2)开关柜上电。

(3)直流传动。

(4)交流模拟量传动。

(5)停电、恢复接线、检查屏柜。

(6)开关自投。

5. 操作方法

(1)开关柜上电

将开关柜内二次回路所有熔断管拔下或关闭电源小开关，所有电源开关分开，插入断路器与开关柜连接的航空插头，对直流控制回路、直流信号回路、直流电源回路、电机储能回路及交流回路等进行正负之间、正负对地、相间、各相对地的绝缘测量，绝缘电阻均不应小于 1 MΩ。

将直流 220 V 控制电源、信号电源投入，测量熔断管上口是否为正常电压，确认正负极是否反向。如果电源正常，则把熔断管逐只插上，由于电压等级不同，插熔断管时应注意各个熔断管的安培值。

检查各灯光指示、继电器、储能指示是否正确。

(2)直流传动

①各种开关(如断路器、快速开关、隔离开关等)应正确动作,信号指示应正确。

②实际接线与原理图应相符,且回路间无寄生回路。

③继电器动作顺序应正确,且配合和谐。

④直流开关量模拟事故、信号出口,开关动作、灯光显示、音响等应正确。

⑤检查闭锁回路的正确性及可靠性。

(3)交流模拟量传动

①交流回路传动

a. 使用继电器测试仪在电流互感器二次侧测量回路加额定电流,仪表指示应正确。

b. 合断路器,在电流互感器二次侧保护回路加故障电流至设计整定值,断路器应可靠跳闸,动作值正确,同时通过当地微机保护装置和中央信号屏计算机观察,事故信号应显示正确、音响正确。

c. 对于有闭锁条件的,加故障电流至设计整定值,下级断路器跳闸,上级被闭锁,断路器不动作。

②电压回路传动

a. 在电压互感器二次侧拆开所有二次回路,以防二次侧加量,一次侧产生高电压。

b. 使用继电器测试仪在电压互感器二次侧测量回路加额定电压,仪表指示应正确。

c. 在电压互感器二次侧保护回路加额定电压,继电器应可靠动作;对于有过压保护的,升电压至设计整定值,断路器应可靠跳闸;对于有欠压信号的,降电压至设计整定值,应显示正确的声光信号;对于有失压保护的,降电压至设计整定值,断路器应可靠跳闸。

③开关自投

根据施工设计图纸要求,对进线断路器和母联断路器的自投功能进行检查,在自投条件满足的情况下,母联或一侧进线自动投入,同时应伴随相应的信号和音响。如果缺某一条件,断路器不应自投。

对于 400 V 开关柜,当进线失压断路器跳闸、母联自投前,应切除所有的三类负荷,然后自投;如果跳闸侧进线恢复来电,母联应自动跳闸,同时切除三类负荷,进线开关自动投入,恢复正常运行状态。

④结束工作

调试结束后,将所有电源开关分开,恢复二次接线,检查屏柜仪表、继电器等均在正常位置,经试验负责人确认后,方可结束。

10.4.2　框架保护试验

为了减少杂散电流的产生,变电所直流开关柜及整流器(变电所内所有直流设备)均采用绝缘安装的方式,针对该绝缘安装设有框架保护,即碰壳保护。框架保护为直流系统主保护,如果框架保护动作,则本所所有直流开关、整流机组、35 kV 断路器,邻所与本所联跳有关的开关均无延时跳闸。

开关柜在外壳与地之间连接电流继电器或分流器,负极与框架之间连接电压继电器或变送器,过流与过压均跳闸,如图 10-4-1 所示。有些产品过压设置为报警,过压报警设置为反时限曲线,电压越高,延时时间越短。曲线图如图 10-4-2 所示。

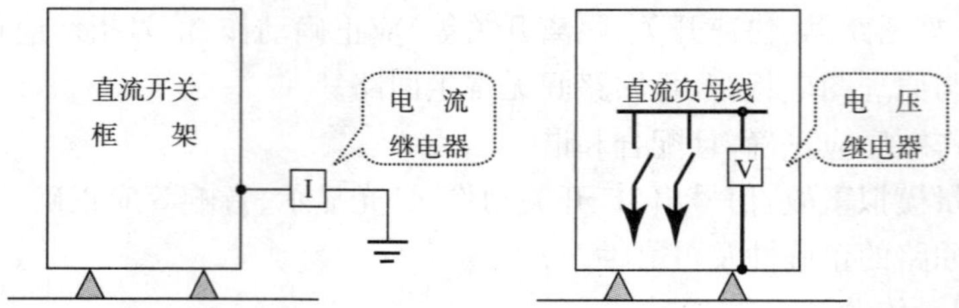

图 10-4-1 框架保护接线示意图

试验方法如下。

1. 合上本所两台整流机组断路器和所有直流开关，合邻所向本所方向馈出的直流开关。

2. 在接地回路加直流电流到整定值，所有开关应跳闸，同时伴随音响和故障指示信号。

3. 在负母线与框架之间加电压到整定值，应延时报警(或跳闸)，同时伴随音响和故障指示信号。

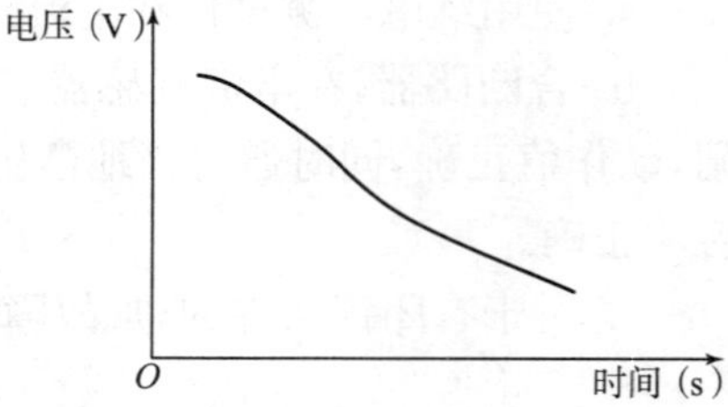

图 10-4-2 框架保护电压曲线图

4. 再合所有开关。

5. 关闭二次控制回路电源，所有开关应跳闸，同时伴随音响和故障指示信号。

10.4.3 直流馈线 d*i* /d*t* 保护试验

牵引网短路，在单位时间内电流突变量超过设计整定值，直流快速开关跳闸。

试验方法如下。

1. 准备试验的直流快速开关合闸。

2. 使用直流电流源，在直流互感器二次回路(或变送器)缓慢加电流至整定值，快速开关应不跳闸。

3. 关闭直流电流源开关，然后突然合上开关，直流快速开关应跳闸，同时各种信号显示、音响应正确。

10.4.4 直流馈线 Δ*i* 保护试验

牵引网短路，如果电流增量超过设计整定值，直流快速开关跳闸。

试验方法如下。

1. 准备试验的直流快速开关合闸。

2. 使用直流电流源，在直流互感器二次回路(或变送器)加电流至整定值，快速开关应跳闸，同时各种信号显示、音响应正确。

10.4.5 接触网过负荷保护(过热保护)试验

在馈线开关分流器施加直流电流至过负荷设计整定值，待延时到达后，开关应跳闸，同时各种信号显示、音响应正确。

10.5　变电所外的电气设备试验

10.5.1　电力电缆的试验

在城市轨道交通供电系统中，由于供电线路要穿越市区，为了保证供电安全、不影响市区的规划、不占用市区的土地，因此供电线路一般采用高压电缆敷设的方式，而很少采用架空线路。轨道交通的电力电缆一般沿高架桥和地铁隧道敷设。电缆质量及施工质量的优劣，决定着以后供电系统能否正常运行，以及轨道交通运输的正常运行，因此电力电缆的试验，显得尤为重要。

下面介绍电力电缆的试验项目及试验方法。

1. 电力电缆试验项目及参照标准

(1)电力电缆的试验项目，见表 10-5-1。

表 10-5-1　电力电缆的试验项目

序号	试　验　项　目
1	测量绝缘电阻
2	直流耐压试验及泄漏电流测量
3	交流耐压试验
4	测量金属屏蔽层电阻和导体电阻比
5	检查电缆线路两端的相位

(2)电力电缆试验参照标准，见表 10-5-2。

表 10-5-2　电力电缆的试验参照标准

序号	参　照　标　准
1	耐压试验前后，绝缘电阻测量应无明显变化；橡塑电缆外护套、内衬套的绝缘电阻不低于 0.5 MΩ/km
2	18/30 kV 及以下电压等级的橡塑绝缘电缆直流耐压试验电压应按 $U_t=4\times U_0$ 计算
3	18/30 kV 及以下的橡塑电缆交流耐压试验 $2.5U_0$（或 $2U_0$）时间 5（或 60）min，21/35 kV 的橡塑电缆交流耐压试验 $2U_0$ 时间 60 min
4	测量金属屏蔽层电阻和导体电阻比时，测量在相同温度下的金属屏蔽层和导体的直流电阻
5	电缆线路的两端相位应一致，并与电网相位相符合

2. 测量电力电缆的绝缘电阻

(1)进行测试前用干燥清洁的棉纱擦拭电缆终端头表面。

(2)对于三相电力电缆，应逐相测试绝缘电阻，如测试 A 相时，应将 B、C 相短接接地。

(3)按照图 10-5-1 将被试品与兆欧表对应接线。

(4)以恒定的转速(120 r/min)转动手柄，待指针稳定 1 min 后，记录绝缘电阻的数值(同时记录试验时环境温度、湿度)。

(5)读取数值后应在手柄转动的情况下断开“L”端连线，然后再停止转动，以防止积聚电荷反馈

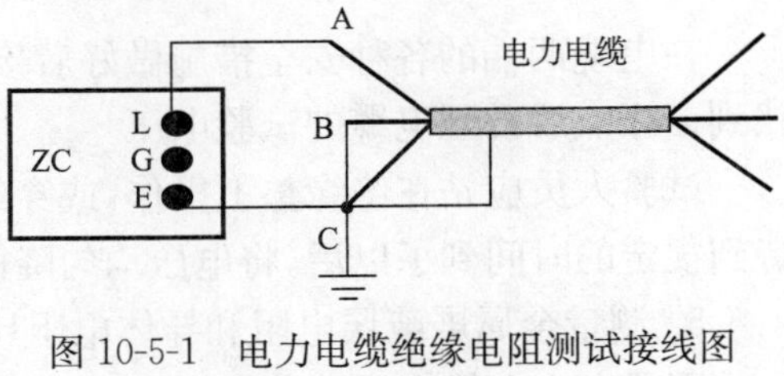

图 10-5-1　电力电缆绝缘电阻测试接线图

放电而损坏仪表。

(6)试验完毕或重复试验时，必须将被试品对地充分放电。

3. 直流耐压试验及泄漏电流测量

试验现场应设“高压危险”标志，必要时加设围栏。接线完毕后，经检查确认无误且电缆另一端汇报准备完毕后方可开始试验。接线图如图 10-5-2 所示。

试验时，试验电压可分 4～6 阶段均匀升压，每阶段停留 1 min，并读取泄漏电流值。测量时应消除杂散电流的影响。电缆的泄漏电流具有下列情况之一者，电缆绝缘可能有缺陷，应找出缺陷部位，并予以处理。

(1)泄漏电流很不稳定。

(2)泄漏电流随试验电压升高急剧上升。

(3)泄漏电流随试验时间延长有上升现象。

升至电力电缆电压等级所规定的试验电压时，时间保持 15 min，读取并记录泄漏电流值。测试完毕迅速将调压器恢复零位，切断电源，将被试品对地充分放电，在进行换线作业时，应在仪器高压输出端挂临时接地线，以保证人身安全。试验前应进行过压保护整定，以免电压过高损坏设备绝缘。试验前放电棒应进行检查，用绝缘电阻表探测接地线至放电针的电阻值，内部不应断线或短路。

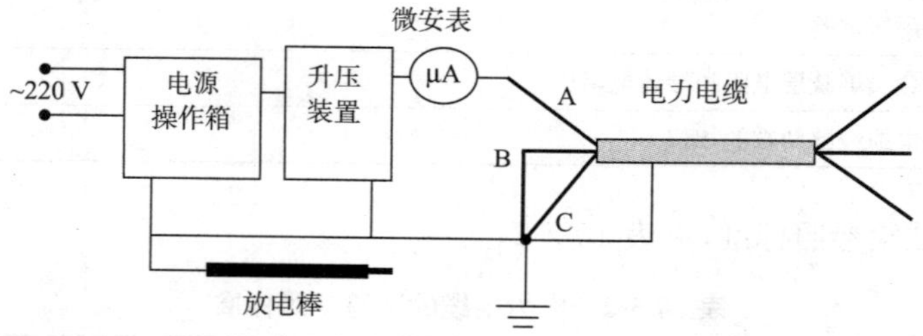

图 10-5-2　电力电缆的直流泄漏电流测试接线图

4. 交流耐压试验

橡塑电力电缆采用直流耐压存在明显缺点，直流电压的电场分布与交流电压下电场分布不同，不能反映实际运行状况。国家标准要求橡塑电缆优先采用 20～300 Hz 交流耐压试验。

首先根据被试电缆的规格和长度计算出它的电容量，根据计算出的电容量应用下面公式在 30～300 Hz 的谐振频率间选配电感组合。

$$f=\frac{1}{2\pi\sqrt{LC}} \tag{10-5-1}$$

根据被试品电容量及谐振频率和所需耐压值，可计算出谐振电流 I_c 验证装置额定容量满足试验要求。

$$I_c=2\pi fCU_c \tag{10-5-2}$$

在电缆两端的各种安全措施做好后接通试验装置的电源，设置装置参数，通过手动或自动找到谐振点后升至电缆的试验电压。

试验人员应站在绝缘垫上操作，或穿绝缘靴、戴绝缘手套操作。加压期间注意安全防护，待到规定的时间到了以后，将电压均匀降回零后切断装置电源。对被试品进行放电。

5. 测量金属屏蔽层电阻和导体电阻比

测量电力电缆金属屏蔽层电阻和导体电阻及其阻值比，可判断屏蔽层是否出现腐蚀，为以后的预防性试验提供参考值。

电缆线路的始端开路，末端三相短路，短路要可靠到可以忽略短路处的接触电阻。

用 QJ44 电桥测量出 R_{AB}、R_{BC}、R_{CA}，用下列公式计算出 R_A、R_B、R_C。然后测量出屏蔽层与一相导体的直流电阻之和计算出屏蔽层的直流电阻 R_P。

$$\begin{aligned} R_A &= (R_{AB}+R_{AC}-R_{BC})/2 \\ R_B &= (R_{AB}-R_{AC}+R_{BC})/2 \\ R_C &= (R_{BC}+R_{AC}-R_{AB})/2 \end{aligned} \tag{10-5-3}$$

6. 检查电缆线路的相位

(1)试验方法

①对于三相电力电缆，应逐相测试，如测试 A 相时，电缆另一端应将 A 相短接接地，如图 10-5-3 所示。

②摇动兆欧表，绝缘电阻值为“0”。通知电缆另一端打开接地。电缆绝缘电阻瞬时变大，为绝缘电阻测试值。

③再分别接兆欧表“L”端至电缆 B、C 相，这时绝缘电阻值很大，为绝缘电阻测试值。

④A 相检查完毕后，将电缆每一相对地充分放电，然后再检查 B、C 相。

(2)注意事项

①该试验项目也可以与“电缆绝缘电阻测量”同时进行。

②试验前应统一口令，如 A、B、C 相或黄、绿、红，以免试验中混淆发生错误。

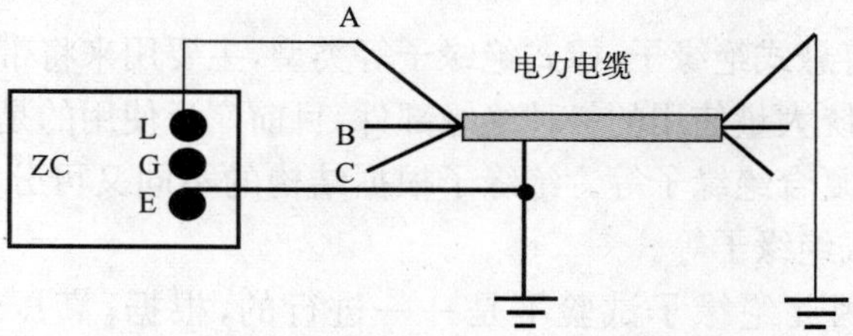

图 10-5-3　电力电缆相位检查接线图

10.5.2　隔离开关试验

隔离开关按用途分，有单极隔离开关和双极隔离开关；按操作方式分，有手动隔离开关和电动隔离开关。隔离开关是一种能为电路的运行及操作提供许多便利条件，但不能切断载流电路的高压电器。顾名思义，它只能起隔离电压的作用，开关本身不具备强大的熄弧能力。因此隔离开关操作时，有一定的规定：不能在有负荷的情况下分合隔离开关，而只能在没有负荷的情况下进行操作。

1. 隔离开关的试验项目

隔离开关的试验项目有绝缘电阻测试、工频交流耐压试验。对于电动隔离开关，还有检查操作机构线圈的最低动作电压和操作机构的试验。

2. 试验参照标准

(1)绝缘电阻测试值应与同批试品相比较，且与出厂试验报告相比较。

(2)工频交流耐压试验电压参照附录所规定的标准值，试验时间为 1 min，试品应无异状。

(3)电动隔离开关操作机构线圈的最低动作电压值，应符合制造厂的规定。

(4)电动隔离开关操作机构的电动机接线端子的电压在额定电压的 80%～110%范围内时,隔离开关的主闸刀或接地闸刀应能可靠地分闸和合闸。

3. 隔离开关的绝缘电阻的测试

绝缘电阻值的测试可参照变压器绕组绝缘电阻的测试。

4. 隔离开关的工频交流耐压试验

工频交流耐压的试验可参照变压器绕组工频交流耐压的试验。

5. 电动隔离开关操作机构线圈最低动作电压的测试

使用继电器测试仪对操作机构线圈最低动作电压进行测试,具体试验方法如下。

(1)断开操作机构线圈外部回路。

(2)确认线圈为交流或直流工作电压及额定电压值。

(3)从继电器测试仪引出一对电压线,接至线圈两端。如果线圈工作电压为直流,应将继电器测试仪直流电压正负极分别接至线圈正负极。

(4)缓慢匀速地升电压,同时观察试品,线圈动作时,记录电压值。

(5)将试验结果与产品出厂试验报告测试值、说明书规定值相比较,应符合要求。

6. 操作机构的试验

(1)把电动机工作电压调至额定电压的 80%,隔离开关应可靠合闸、分闸。

(2)将电压调至额定电压的 110%,此时隔离开关也应可靠地合闸、分闸。

10.5.3 绝缘子试验

绝缘子按用途分,有悬式绝缘子、棒式绝缘子等类型,主要用来将带电体与非带电体隔离。

绝缘子是接触网系统大量使用的一种绝缘部件,目前广泛使用的是瓷质绝缘子,其次还有钢化玻璃绝缘子和有机复合绝缘子等。绝缘子根据结构的不同又可分为悬式绝缘子、支柱绝缘子、针式绝缘子及棒式绝缘子等。

由于使用量较大,因此绝缘子试验不是一一进行的,根据《高压绝缘子抽样方案》(JB 3384)中的规定,绝缘子抽试量如下。

小于 16 只时,抽试量为 2 只;

16～25 只时,抽试量为 3 只;

26～90 只时,抽试量为 5 只;

91～150 只时,抽试量为 8 只;

151～500 只时,抽试量为 13 只;

501～1 200 只时,抽试量为 20 只;

1 201～10 000 只时,抽试量为 32 只;

10 001～35 000 只时,抽试量为 50 只。

绝缘子试验合格率判定标准如下。

抽试量为 2～13 只的绝缘子批量,当不合格数为 0 只时,该批绝缘子合格。

抽试量为 20～32 只的绝缘子批量,当不合格数小于或等于 1 只时,该批绝缘子合格。

抽试量为 50 只的绝缘子批量,当不合格数小于或等于 2 只时,该批绝缘子合格。

1. 绝缘子的试验项目

(1)测量绝缘电阻。

(2)工频交流耐压试验。

2. 绝缘电阻试验参照标准

(1)用于 330 kV 及以下电压等级的悬式绝缘子的绝缘电阻值,不应低于 300 MΩ;用于 500 kV 电压等级的悬式绝缘子,不应低于 500 MΩ。

(2)35 kV 及以下电压等级的支柱绝缘子的绝缘电阻值,不应低于 500 MΩ。

(3)采用 2 500 V 兆欧表测量绝缘子绝缘电阻值,可按同批产品数量的 10%抽查。

(4)棒式绝缘子不进行此项试验。

(5)半导体釉绝缘子的绝缘电阻,符合产品技术条件的规定。

3. 工频交流耐压试验参照标准

35 kV 及以下电压等级的支柱绝缘子,可在母线安装完毕后一起进行,试验电压应符合本章附录的规定。

35 kV 多元件支柱绝缘子的交流耐压试验值,应符合下列规定。

(1)两个胶合元件者,每元件 50 kV;

(2)三个胶合元件者,每元件 34 kV。

悬式绝缘子的交流耐压试验电压均取 60 kV。

4. 绝缘子的绝缘电阻的测试

绝缘电阻值测试需使用 2 500 V 兆欧表,具体试验方法可参照变压器的绝缘电阻值测试。

总的来说,绝缘子的绝缘电阻值受温度、湿度、绝缘子表面的清洁程度等影响很大,如果排除上述影响,绝缘子的绝缘电阻是很高的,一般绝缘子损坏、有裂纹时,其绝缘电阻也不会降低多少,只有当潮气、灰尘进入裂纹中时,绝缘电阻才会明显降低。由此可知,绝缘电阻的测试,并不能真正保证绝缘子的绝缘程度,但其数值对于实际绝缘的好坏程度,仍有一定的参考作用。

5. 绝缘子的工频交流耐压试验

对绝缘子进行耐压试验时,绝缘子的布置与安装应尽可能地相似于正常使用时的电场状况。与接地体和临近物体的距离一般应不小于高压部分与接地部分最小距离的 1.5 倍。

试验时,先施加约 75%的试验电压,然后以约每秒 2%的速率上升至规定的耐受电压,保持 1 min 不应发生闪络和绝缘体击穿。然后迅速降低电压,但不能突然截断电源。

对于有机绝缘产品,试验后立即触摸被试品表面,不应有普遍或局部发热现象。若耐压后测量的绝缘电阻值比耐压前下降 30%以上,则判定为不合格。

在试验过程中,若由于环境因素、脏污等原因,绝缘表面仅滑闪放电或空气放电,则不应判定为不合格,经清洁、干燥处理后再次试验。如果放电原因是由于瓷件破损或老化引起,则判定为不合格。

10.5.4　放电间隙的试验

放电间隙作用与避雷器大致相同,主要用来抑制过电压,当架空地线电压超过正常运行电压,对设备构成危害时,空气间隙击穿,使线路接地,从而起到降低线路电压的作用。

放电间隙的作用类似于避雷器,但其工作原理远远比避雷器简单,因此放电间隙的试验项目也比避雷器少。

1. 放电间隙的试验项目

放电间隙的试验项目在国家标准《电气装置安装工程电气设备交接试验标准》(GB 50150)中没有明确规定,根据运行原理、试验经验以及生产厂家的测试标准,放电间隙的试验项目应包括测量绝缘电阻值、间隙击穿电压测试。

2. 试验参照标准值

绝缘电阻值的测试，可以根据生产厂家试验报告、试验经验等进行判定。

间隙击穿电压值，则根据生产厂家的试验报告、技术规格书、说明书等规定值进行测试。

3. 放电间隙的试验方法

对于绝缘电阻值的测试，可以参照变压器的测试，试验仪器为 2 500 V 兆欧表。这里不再重复叙述。

间隙击穿电压的测试，是保障放电间隙正常、可靠运行的关键。试验工具为工频交流耐压试验器和游标卡尺(或塞尺)，具体试验方法如下。

(1)根据产品技术规格书要求间隙的尺寸数值，用游标卡尺进行测量。

(2)测量完毕后，将间隙的固定螺钉牢牢拧紧，防止尺寸的变化。

(3)正确对工频交流耐压试验器进行接线，将高压端接放电间隙的一侧。

(4)放电间隙另一侧可靠接地。

(5)启动电源，缓慢匀速地升压到间隙击穿。

(6)记录击穿电压值，并切断电源。

(7)与产品技术规格书要求击穿电压值相比较，如果不能满足要求，则需对间隙尺寸重新调整。

10.5.5 分段绝缘器的试验

绝缘器按用途分，有分相绝缘器和分段绝缘器两种类型。由于直流牵引制式的决定，轨道交通接触网只有分段绝缘器，用在供电区段之间。

在国家试验标准中，对绝缘器没有明确规定，所以可依据产品技术规格书规定项目、规定试验值进行试验。一般试验项目为绝缘电阻测试与工频交流耐压试验，有些进口绝缘器(如瑞士 AF 公司进口的绝缘器)还要求测试直流泄漏电流值。分段绝缘器的工频交流耐压试验电压应按照产品出厂技术规格书规定值进行试验。

对于绝缘电阻值、工频交流耐压的试验方法可参照绝缘子的试验方法，但其试验率宜为 100%。

下面重点介绍测试直流泄漏电流值的试验方法。

(1)直流泄漏电流试验值的测试应使用直流高压发生器。

(2)将绝缘器用柔软棉纱擦拭干净，绝缘器上端接发生器高压输出，下端可靠接地。

(3)将直流高压发生器正确接线，操作箱与升压器接地端子应可靠接地，具体接线方法与金属氧化物避雷器泄漏电流测试接线相同。

(4)开启电源，缓慢升电压到规定值，停顿 1 min，待电流、电压显示稳定后，读取电流值。

(5)匀速降电压至零，切断电源。

附录　高压电气设备工频耐压试验电压标准

高压电气设备工频耐压试验电压标准，见附表1。

附表1　高压电气设备工频耐压试验电压标准

额定电压(kV)		最高工件电压(kV)				1 min 工频耐受电压有效值(kV)							
						穿墙套管				支柱绝缘子、隔离开关			
		电压互感器		电流互感器		纯瓷和纯瓷充油绝缘		固体有机绝缘、油浸电容式、干式、SF_6 式		纯瓷		固体有机绝缘	
		出厂	交接	出厂	交接	出厂	交接	出厂	交接	出厂	交接	出厂	交接
3	3.6	25 (18)	20(14)	25	20	25 (18)	25 (18)	25 (18)	20(14)	25	25	25	22
6	7.2	30(23)	24(18)	30	24	30 (23)	30 (23)	30 (23)	24(18)	32	32	32	26
10	12	42 (28)	33(22)	42	33	42 (28)	42 (28)	42 (28)	33(22)	42	42	42	38
15	17.5	55 (40)	44(32)	55	44	55 (40)	55 (40)	55 (40)	44(32)	57	57	57	50
20	24.0	65 (50)	52(40)	65	52	65 (50)	65 (50)	65 (50)	52(40)	68	68	68	59
35	40.5	95 (80)	76(64)	95	76	95 (80)	95 (80)	95 (80)	76(64)	100	100	100	90
66	69.0	140/ 185	112/ 148	140/ 185	112/ 148	140/ 185	140/ 185	140/ 185	112/ 148	165	165	165	148
110	126	200/ 230	160/ 184	200/ 230	160/ 184	200/ 230	200/ 230	200/ 230	160/ 184	265	265	265	240

参考资料

[1] 黄德胜,张巍．地下铁道供电．北京:中国电力出版社,2010.

[2] 王靖满,黄书明．城市轨道交通供电系统技术．上海:上海科学普及出版社,2011.

[3] 罗学琛．SF_6气体绝缘金属封闭式组合电器(GIS)．北京:中国电力出版社,1991年1月第一版．

[4] 河南平高电气股份有限公司．六氟化硫封闭组合电器安装手册．

[5] 上海西门子(中国)有限公司．8DA/8DB系列金属全封闭六氟化硫气体绝缘中压开关柜产品说明书,8MF94/8MFSI型直流开关柜安装、操作、维护手册．

[6] 厦门ABB开关有限公司．UniGear ZS1铠装式金属封闭开关设备产品说明书,ZX2气体绝缘中压开关柜安装操作使用说明书．

[7] 北京华泰变压器有限公司．F级绝缘树脂绝缘干式变压器使用说明书．

[8] 顺特电气有限公司．树脂绝缘干式电力变压器安装使用说明书．

[9] 永济新时速电机电器有限责任公司．1 500 kW整流器电气原理接线图．

[10] 江苏大全集团．KMB直流金属封闭开关柜操作维护指南,直流牵引系统的轨电位限制装置操作使用说明书．

[11] 天津保富电气有限公司．TracFeed TDx直流开关柜操作说明,轨道电位限制装置产品介绍及应用．

[12] 施耐德电气(中国)投资有限公司．Okken高可靠性低压配电柜使用手册．

[13] 上海澳通开关有限公司．MLS-5.0低压开关柜安装使用说明书．

[14] 现代重工(中国)电气有限公司．GCH低压抽出式开关柜产品介绍．

后　　记

自从给铁道出版社申报编制计划，就开始着手编写这本施工手册，到目前完成已经将近十三、四年的时间了，说实话都有些不好意思了。现在退休了，也有时间完成这本手册的编写事情啦。同时也就完成了我对铁道出版社的承诺，一个人在社会上总要有点承诺，只要能够实现的必须得践行。这也是一个做人的诚信问题。

在职时，收集资料也不太容易，因为当时我国的轨道交通建设还没有像现在这样的规模。另外，笔者还有自己的本职工作，在职期间主要从事铁道行业标准及企业标准的制、修、订工作；还利用业余时间组织相关工程技术人员编写有关施工技术及施工管理方面的书籍。

目前，有幸参与了国家新版《地铁施工规范》的制、修、订工作，使自己的知识面不断扩大，从而使这本施工手册的内容也由开始的牵引供电工程，扩充为轨道交通供电系统工程，虽然书名只有两个字之差，但书的结构和内容就有了巨大的变化。自从参与新版《地铁施工规范》的制修订工作以来，我又积极联系在各地的地铁项目施工人员，尤其是那些小有建树的项目经理和工程技术人员，向他们约稿和寻找资料，积极为完成这本施工手册做出努力。

退休了，不受任何干扰，再重新组织工程技术人员共同完成这本施工手册，我相信我的号召力还是可以的，也有时间寻找资料、从容编写修改，并不断完善，力争能够为我国的城市轨道交通工程提高施工技术水平贡献微薄力量。

最后，不得不说的是，在本书中介绍的电气产品国内制造的类型比较少，恳切地希望，国内有实力、有志气的电气生产企业尽快追赶国际先进技术水平，争取早日打破国外技术占优势的局面。

另外，还有许多类型应用的产品本手册可能没有一一介绍到，也希望有关厂家予以谅解，因为仅靠一本施工手册不可能就所有地铁应用的设备种类全部介绍到，希望再有作者编写类似的技术书籍时能够给予弥补。在此表示感谢！

笔者对本公司的高占奎、刘强、刘东坡、吴建德、陈模标、吴阶矿、田宇、赵惠超，对集团公司的罗兵、李增山、赵海亮、钟辉、曹明、韩兰贵、陈海婷、张鹏等同事表示衷心的感谢，感谢他们提供具体资料及帮助，没有他们的奉献精神，这本施工手册也是难以完成的，在此深表谢意！

编者

2013.1